U0923241

中国汽车产业与技术发展报告（2022）

Annual Report of China Automotive Industry and Technology Development（2022）

工业和信息化部装备工业发展中心
上汽集团创新研究开发总院　主编

電子工業出版社
Publishing House of Electronics Industry
北京 • BEIJING

内容简介

本书由总报告篇、产业环境篇、安全篇、市场篇、车型篇、技术篇、零部件篇和附录八个部分组成。书中结合国家“双碳”目标，立足汽车产业发展实际，对中国汽车产业政策环境、汽车安全、市场发展、车型特征、技术应用等进行全面的系统梳理、深入分析和精准研判。同时，对关键零部件、动力电池、电驱动总成、智能网联汽车产业与技术进行深入的分析研究，是社会各方面了解中国汽车产业与技术发展总体情况和发展态势的重要参考资料，也是一部权威性、综合性的汽车行业年度书籍。

本书适合汽车产业管理部门、企业决策部门、企业技术战略研究机构人士阅读及研究。

图书在版编目（CIP）数据

中国汽车产业与技术发展报告. 2022 / 工业和信息化部装备工业发展中心，上汽集团创新研究开发总院主编. —北京：电子工业出版社，2022.11

ISBN 978-7-121-44536-1

Ⅰ. ①中… Ⅱ. ①工… ②上… Ⅲ. ①汽车工业－产业发展－研究报告－中国－2022②汽车工业－技术发展－研究报告－中国－2022 Ⅳ. ①F426.471②U46-12

中国版本图书馆 CIP 数据核字（2022）第 213536 号

责任编辑：秦　聪
印　　刷：天津千鹤文化传播有限公司
装　　订：天津千鹤文化传播有限公司
出版发行：电子工业出版社
　　　　　北京市海淀区万寿路 173 信箱　邮编 100036
开　　本：787×1 092　1/16　印张：25.25　字数：646.4 千字
版　　次：2022 年 11 月第 1 版
印　　次：2022 年 11 月第 1 次印刷
定　　价：268.00 元

凡所购买电子工业出版社图书有缺损问题，请向购买书店调换。若书店售缺，请与本社发行部联系，联系及邮购电话：（010）88254888，88258888。

质量投诉请发邮件至 zlts@phei.com.cn，盗版侵权举报请发邮件至 dbqq@phei.com.cn。

本书咨询联系方式：（010）88254568，qincong@phei.com.cn。

中国汽车产业与技术发展报告（2022）
编委会

陈东森　陈镇涛　周　华　周　坤　周博雅　周　瑶
孟庆宇　孟祥峰　郑贺悦　贺可勋　姚　勇　祝月艳
徐传康　徐　迎　秦孔建　郭亚辰　郭　苑　庹瑞锐
曹敬煜　黄悦峰　彭双印　彭海丽　韩　睿　谢荣琼
曾小松　颜　燕　薛　凯

联合撰稿单位　上汽集团创新研究开发总院
清华大学
中国汽车工业协会
中国汽车工程学会
中国汽车技术研究中心有限公司
中国汽车工程研究院股份有限公司
浙江吉利控股集团有限公司
长城汽车股份有限公司
一汽解放汽车有限公司
宁德时代新能源科技股份有限公司
苏州绿控传动科技股份有限公司
精进电动科技股份有限公司

序　言

当前，汽车产业在经济社会发展和生态文明建设中的重要作用和战略价值日益凸显。作为国民经济的支柱产业和战略性的新兴产业，汽车产业具有规模大、产业链长、关联度高、涉及面广、拉动性强等特点，是人才、技术、资金等高度密集的集大成型产业。目前，中国汽车制造业增加值约占全部工业增加值的 7%，汽车零售额约占社会消费品零售总额的 10%，汽车及相关产业还提供了大量的优质就业岗位。正因如此，国家对于汽车产业的重视程度不断提升，明确了建设制造强国必须建设汽车强国的战略定位，并将其列入稳增长、保就业的重点领域之一，相继出台了一系列政策及措施，激励和保障汽车强国的加快建设和汽车市场的平稳发展。

与此同时，在新一轮科技革命的驱动下，全球汽车产业正在发生前所未有的深刻重构，产业链更加复杂，影响更加广泛，变化更加快速，机遇与挑战空前。一方面，汽车电动化、网联化、智能化技术的发展不断加速和深化，正在改变着汽车产品及产业，从而孕育出后发赶超的历史机遇；另一方面，汽车产业重构恰逢中国经济转型、国际形势不确定性增强及新冠肺炎疫情等“黑天鹅”事件，从而产生了一系列全新的严峻挑战，如芯片短缺、电池原材料涨价、供应链重塑等现实问题都给产业发展带来了困难。这就要求中国汽车产业必须全力抢抓机遇，有效应对挑战，不断提高自身的核心竞争力。

令人欣喜的是，近年来中国汽车产业的发展步伐越来越稳健，在汽车强国建设的征程上不断取得重要成绩，主要体现在以下三个方面：

抢抓机遇，铸就辉煌。中国汽车产业紧紧抓住了电动化转型的历史机遇，加强顶层设计，强化技术创新、产品创新和市场创新，实现了新能源汽车的规模化快速发展。2021 年，我国新能源汽车年销量已连续 7 年位居全球第一；2022 年上半年，我国新能源汽车产销规模再创新高，保有量突破 1000 万辆大关，成为全球汽车产业电动化转型的引领性力量。同时，新能源汽车契合产业绿色低碳的发展方向，为国家“双碳”目标的实现做出越来越大的贡献。此外，电动化还与网联化、智能化技术相互结合，不仅使动力电池、电机、电控等关键产业链环节得到拓展和做强，也带动了智能座舱、自动驾驶、智能网联等新技术的快速应用，智能电动汽车产业生态正在不断成长和完善。

统筹发展和安全，引导高质量发展。随着新能源汽车产销量与保有量的不断攀升，新能源汽车自燃等新的安全问题受到关注，成为产业可持续发展的基础和前提；智能网联汽车技术的不断应用，尤其是 5G、大数据、云计算、人工智能、融合感知、车辆智能控制等技术不断取得突破，又催生出与传统汽车安全问题不同的新型汽车安全性问题。因此，有效统筹发展和安全是新能源汽车与智能网联汽车产业相关工作的重中之重。2021

年，工业和信息化部发布了《关于加强智能网联汽车生产企业及产品准入管理的意见》，提出软件升级、功能安全和预期功能安全等管理要求，强化汽车数据安全、网络安全监管；2022 年 4 月，工业和信息化部等五部门联合印发《关于进一步加强新能源汽车安全体系建设的指导意见》，为全面提升新能源汽车安全水平进行了系统部署。这些措施正引导着中国汽车产业稳步实现高质量发展。

保供稳链，增强韧性。汽车供应链安全既是汽车产业安全的重要基础，也是全球供应链稳定、经济运行畅通的有力支撑。没有强大的汽车供应链，就不可能有强大的汽车产业。目前，中国汽车供应链全面优化升级、向上发展的内生动力逐步显现，掌控能力不断提升。特别是面对世界百年未有之大变局和新冠肺炎疫情的持续影响给汽车产业带来的严重冲击，中国汽车供应链展现出了极强的韧性。2022 年 3 月以来，在全国疫情多点频发和芯片等核心资源紧张的双重影响下，国内部分汽车企业面临零部件供货无法接续、物流运输堵点频发等多重挑战。在此情况下，工业和信息化部会同有关部门和地方政府迅速采取行动，组织搭建了“汽车产业链供应链畅通协调平台”，快速精准地协调和解决企业遇到的实际困难，推动相关企业有序复工复产，确保物流畅通，积极引导原材料价格回归理性，多措并举保障汽车芯片生产供应，并出台多种政策鼓励汽车消费。目前国内汽车产销正在迅速恢复，补短板、强基础、锻长板等工作也在加快开展。

中国汽车产业已完成了“从小到大”的转变，正在加快“由大变强”的进程，在创新驱动、转型升级、高质量发展的新要求下，在“以国内大循环为主体、国内国际双循环相互促进”的新格局下，在推动落实国家“双碳”目标的新契机下，汽车产业与技术发展的最新趋势亟待识别和判断，经验教训亟待总结和汲取，关键问题亟待明确和解决。鉴于此，工业和信息化部装备工业发展中心（以下简称“装备中心”）作为承担汽车行业管理支撑职责的机构，广泛凝聚行业智慧，按年度组织编写《中国汽车产业与技术发展报告》（以下简称“蓝皮书”）。应该说，这项工作的开展恰逢其时。

蓝皮书是一部兼具综合性、热点性、权威性的汽车行业年度报告，2021 年首次出版发布后，得到了行业的广泛关注和积极评价。为此，2022 年装备中心继续牵头组织编写该蓝皮书，联合上汽集团，汇集清华大学、中汽中心、中国汽研等研究机构，以及吉利汽车、一汽解放、长城汽车、宁德时代等整车及产业链重点企业的专家学者，共同编制完成了《中国汽车产业与技术发展报告（2022）》，致力于提供精品研究成果，为产业发展提供参考和借鉴。

在此过程中，本人有幸担任了蓝皮书的评审专家，并受邀为本书作序。纵览全书，新年度的蓝皮书持续研究了中国汽车产业及技术的发展现状、存在问题及最新趋势，并着重分析了当前的一系列热点问题，包括对新能源汽车产销激增亮点的分析；对动力电池、电驱动总成等关键零部件及智能网联技术的研究；将汽车安全管理提升到新高度，对新能源汽车安全、传统主被动安全、数据安全、网络安全、软件升级、功能安全和预期功能安全进行了全面研究；关注供应链变局与建设，对“缺芯”“少电”等不利因素进行了研判；面向“双碳”目标，对双积分政策下汽车产业的碳减排效益进行了评估等。

蓝皮书的研究视角新颖、覆盖领域全面、数据信息丰富、分析论证扎实，系统描绘了中国汽车产业与技术最新情况和全景图，既有助于行业同仁把握中国汽车产业与技术的发展进程，也可为汽车及相关企业制定发展战略和进行重要决策提供宝贵借鉴，还可作为社会各界了解汽车产业与技术的重要参考资料。特此向广大读者推荐。

世界汽车工程师学会联合会（FISITA）终身名誉主席

清华大学（车辆学院）汽车产业与技术战略研究院院长

2022 年 10 月

前　言

2022年是党的“二十大”召开之年，站在我国汽车产业由大变强的发展新起点上，工业和信息化部装备工业发展中心（以下简称“装备中心”）作为承担汽车行业管理支撑职责的机构，连续第二年编纂出版《中国汽车产业与技术发展报告》。本书由装备中心牵头组织，联合上汽集团创新研究开发总院，汇集清华大学、中国汽车技术研究中心有限公司、中国汽车工程研究院股份有限公司等研究机构，以及吉利汽车、一汽解放、长城汽车、宁德时代等整车及产业链重点企业的专家和学者共同编纂完成。全书基于《道路机动车辆生产企业及产品公告》、机动车出厂合格证、财税优惠目录、乘用车双积分等汽车行业数据优势资源，充分吸纳和征求行业各界专家的意见及建议，系统总结了2022年我国汽车产业及其相关技术发展的新进展和新变化，重点剖析存在的问题，明晰产业发展脉络，是一部权威性、综合性的汽车行业年度书籍，致力于为政府主管部门的管理工作及汽车企业的生产经营和发展提供有价值的权威参考。

本书由总报告篇、产业环境篇、安全篇、市场篇、车型篇、技术篇、零部件篇和附录八个部分组成，结合国家“双碳”目标，立足汽车产业发展实际，对中国汽车产业政策环境、安全管理、市场发展、车型特征、技术应用、关键零部件等方面进行全面的系统梳理、深入分析和精准研判。

总报告篇综述2021年以来中国汽车产业及技术的发展情况，识别和判断最新趋势，提出下一步发展的思考与建议。本篇分析显示，我国汽车产业虽面对新冠肺炎疫情、芯片短缺、原材料价格持续高位等不利因素影响，但依然展现出强大的发展韧性和发展动力，总体保持市场规模、发展质量“双提升”的良好态势。同时，产业结构面向电动化、网联化、智能化加速调整，新能源汽车呈现高速增长，智能网联汽车发展正从测试验证转向多场景示范应用的新阶段，关键核心技术实现突破。展望未来，我国汽车产业需应对包括“双碳”目标要求、国际竞争压力增大、产业链供应链安全等新形势和新问题，但长期向好的基本面不会改变，建议继续以支持新能源汽车加快发展为核心，引导资源要素汇聚，围绕优化产业发展环境、提升产业技术水平和资源保障能力、挖掘汽车消费、完善标准体系、推动企业国际化发展等方面，研究支持促进我国汽车产业高质量发展的储备措施。

产业环境篇分析在“双碳”目标下中国汽车产业政策法规体系走向，评估双积分政策实施以来的碳减排效益，介绍中国工况研究新进展及标准导入情况。本篇分析显示，在碳达峰碳中和背景下，世界发达国家纷纷明确汽车产业低碳政策体系，我国汽车产业低碳发展的路径是完善汽车油耗标准和双积分政策、加快普及新能源汽车、引导绿色出行和跨产业协同“减碳”。一方面，在双积分等政策法规引导下，乘用车行业平均油耗持续改善，新能源汽车产业竞争力提升，促进汽车产业减碳效果显著；另一方面，油耗标准法规和管理不断加严，基于 WLTC 和中国工况，持续修订完善传统车辆节能标准体系，建立健全新能源汽车及替代燃料汽车能耗限值评价体系，完善各类汽车能源消耗当量转换和节能综合评价体系，逐步建立汽车关键节能技术能耗测试和评价方法标准体系。

安全篇全面剖析汽车电动化、网联化、智能化融合发展带来的传统和新型汽车安全问题。本篇分析显示，在新一轮科技革命和产业变革的历史趋势下，汽车安全的内涵和外延发生演变，在主被动安全的基础上，车辆功能安全、预期功能安全、网络安全、数据安全等新型安全问题相互交织。一方面，安全是新能源汽车产业高质量发展的前提，需要加强新能源汽车安全体系建设，全面增强企业在安全管理机制、产品质量、运行监测、售后服务、事故响应处置、网络安全等方面的安全保障能力。另一方面，统筹发展和安全成为智能网联汽车行业重点工作，要以系统工程的方法保障汽车功能安全和预期功能安全，通过强化汽车数据安全、网络安全监督要求，推动智能网联汽车合规。

市场篇和车型篇分析 2021 年以来中国乘用车、商用车、新能源汽车的市场运行特征、车型技术特征，研判未来发展趋势。从市场表现看，我国汽车市场结束了 2018 年以来的负增长走势，新能源汽车进入规模化快速发展新阶段，商用车电动化转型加速，已成为汽车领域推动落实“双碳”目标的关键路径。从新车型特征来看，乘用车新车型发布总体较为平稳，新能源汽车产品布局逐步加快，商用车新车型规模较大，并在动力性、经济性、可靠性等方面技术水平不断提升，总体呈现轻量化、节能化、绿色化发展趋势。

技术篇选取节能与新能源汽车技术、智能网联汽车技术，梳理 2021 年以来技术发展与应用情况，分析中国汽车测试工况对油耗及节能技术的影响等内容。本篇分析显示，2021 年我国汽车先进节能技术应用比例大幅提升，涡轮增压和缸内直喷等传统节能技术加速普及，变速器向自动化、多挡化方向发展；新能源汽车整车及关键技术指标稳步提升，整车续驶里程、能耗等关键指标持续优化，动力电池技术达到世界先进水平；智能网联汽车关键技术持续发展，信息交互技术构筑领先优势，高精度地图基础支撑技术不断迭代，但仍存在车规级芯片、操作系统受制于人，测试验证与真实驾驶环境存在差距等问题。

零部件篇加强对芯片、动力电池、电驱动总成、智能汽车线控底盘系统的分析研究，揭示目前中国汽车供应链的薄弱环节及存在问题，提出发展建议。本篇分析提出，新冠肺炎疫情给我国汽车产业链供应链安全稳定运行带来了挑战。如芯片短缺成为我国车市增长短期掣肘，车规级芯片制造能力亟待突破，要大力推动国产芯片、构建芯片检测认证体系等；动力电池产业发展取得长足进步，整体处于全球前列，但原材料成本大幅上涨，对新能源汽车产业造成的冲击已逐步显现，在安全性、能量密度、快充能力、循环寿命、低温性能、成本控制等方面也需要进一步提升。

2022 年是我国进入全面建设社会主义现代化国家新征程、向着第二个百年奋斗目标进军的重要一年。站在“十四五”规划承上启下的关键一年，本年度报告结合国家战略发展方向和行业企业关注问题，从产业链供应链不同角度评析汽车产业及其相关技术的发展现状、问题，提出高质量发展建议。但与此同时，汽车产业不断发生新变化，如中国传统车企率先宣布停产内燃机汽车；产业形势风起云涌、大浪淘沙，第一梯队已涌现出来并取得了初步发展；“业外”企业纷纷进入汽车生态圈，越来越多地发挥作用；“软件定义汽车”方兴未艾，汽车产品的属性和架构正在发生根本性改变等，我们也将继续跟踪研究，努力在新年度的报告中体现这些内容。

本书的编纂出版凝聚了行业协会、研究机构、主机厂、零部件供应商等行业主体力量，谨此向为本书提供支持和帮助的相关单位和专家学者致以衷心感谢！鉴于编写时间仓促和经验水平有限，书中难免存在疏漏和不足之处，恳请各位专家、同行和读者批评指正。

《中国汽车产业与技术发展报告（2022）》编委会

2022 年 10 月

目　录

Part 1　总报告篇

第一章　2021年中国汽车产业与技术发展综述

郑贺悦，邱彬，王芳，刘万祥*

摘要：本章基于《道路机动车辆生产企业及产品公告》、机动车出厂合格证数据、财税优惠目录、乘用车双积分情况等汽车行业资料及数据，对中国汽车产业运行特征和技术发展进行了全面的系统梳理和深入分析。2021年，中国汽车产业面对新冠肺炎疫情、芯片短缺、原材料价格持续高位等不利因素影响，展现出了强大的发展韧性和发展动力，总体保持市场规模、发展质量“双提升”的良好态势，实现了“十四五”良好开局。2022年，受国际形势和疫情多发影响，中国汽车产业面临供给受阻、需求转弱的双重挑战，但长期向好的基本面不会改变。

关键词：汽车产业；技术发展；高质量发展。

第一节　2021年中国汽车产业发展情况

无论是汽车保有量和产销量，还是占国民经济的比重、就业人数，中国汽车产业在国民经济中的地位和作用持续增强，在稳增长、稳投资、稳就业、促消费方面发挥了重要作用。新冠肺炎疫情已深刻改变了世界经济的运行方式，全球汽车市场经受严峻考验。2021年，中国汽车产业仍展现强大韧性，全国汽车类商品零售额达4.4万亿元，占社会消费品总额的9.9%，汽车相关产业税收占全国税收比、从业人员占全国城镇就业人数比连续多年超过10%，产业结构面向电动化、网联化、智能化快速演进，为我国工业经济持续恢复发展、稳定宏观经济增长贡献了重要力量，也为全球汽车产业发展注入了强劲动力。

一、中国汽车产业呈现长期稳定向好的发展态势

（一）汽车市场总体保持市场规模、发展质量“双提升”的良好势头

2021年，中国汽车产业面对新冠肺炎疫情、芯片短缺、原材料价格持续高位等因素影响，展现出强大的发展韧性和发展动力。根据机动车出厂合格证数据统计，2021年中国汽车累计生产2555.7万辆，同比增长3.6%，结束了2018年以来的负增长走势，市场

---

* 郑贺悦，教授级高级工程师，工业和信息化部装备工业发展中心副主任；邱彬，高级工程师，工业和信息化部装备工业发展中心综合处处长；王芳，工程师，任职于工业和信息化部装备工业发展中心数据管理处；刘万祥，工程师，任职于中国汽车技术研究中心有限公司中国汽车战略与政策研究中心。

规模连续 13 年蝉联全球第一。其中，新能源汽车呈现超预期增长，汽车出口规模实现历史性跨越，成为我国汽车产业发展的重要动力。图 1-1 所示为 2014—2021 年中国汽车生产运行走势。

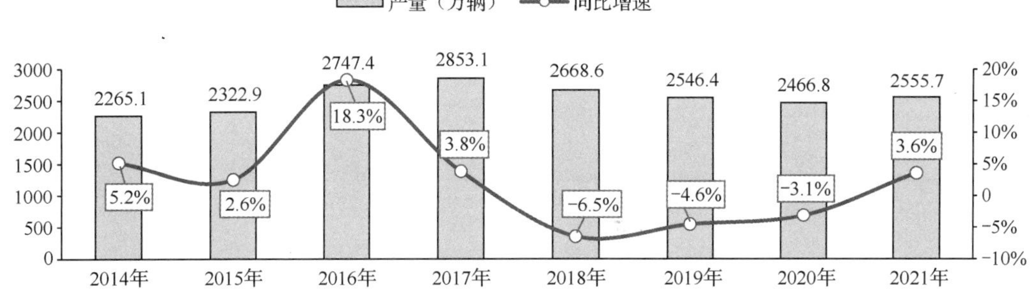

图 1-1　2014—2021 年中国汽车生产运行走势

数据来源：机动车出厂合格证

分产品类型看，受同期基数较低影响，2021 年第一季度，乘用车产量整体呈现较强增势，同比增长 89.0%；但自 5 月份开始受芯片短缺等影响，产量连续 7 个月出现下滑走势，直至 12 月增速由负转正，乘用车全年累计生产 1990.6 万辆，同比增长 4.5%，较 2019 年下降 1.1%。商用车方面，受宏观经济环境以及消费者出行习惯等影响，公路客运量和公交客运量有所下滑，客车市场已进入“存量竞争”阶段；由于 2021 年 7 月全国范围实施重型柴油车国六排放标准，禁止生产、销售不符合国六排放标准的重型柴油车，重卡产量出现短期波动，下半年缓慢回升。根据机动车出厂合格证数据统计，2021 年我国商用车累计产量为 565.1 万辆，同比微增 0.7%，较 2019 年增长 5.9%。2021 年中国乘用车和商用车月度生产运行走势如图 1-2 所示。

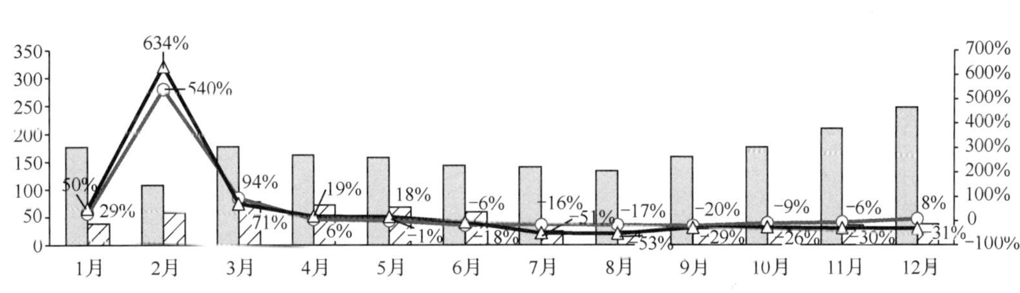

图 1-2　2021 年中国乘用车和商用车月度生产运行走势

数据来源：机动车出厂合格证

自 2020 年起，国际碳中和步伐明显提速，新能源汽车作为全球汽车产业绿色发展、低碳转型的重要方向，市场呈现高速增长，保持向上发展势头。根据机动车出厂合格证数据统计，2021 年我国新能源汽车累计生产 326.7 万辆，同比增长 1.6 倍，市场渗透率达 12.8%，同比提升 7.6 个百分点，月度产量延续“前低后高”走势（见图 1-3）。分产品类型看，新能源乘用车产量达 305.6 万辆，同比增长 1.7 倍，占新能源汽车总量的 94%；新能源商用车产量达 21.0 万辆，同比增长 61%，其中新能源客车、专用汽车产量分别为

4.7 万辆、16.4 万辆，新能源客车市场渗透率达 41.5%。

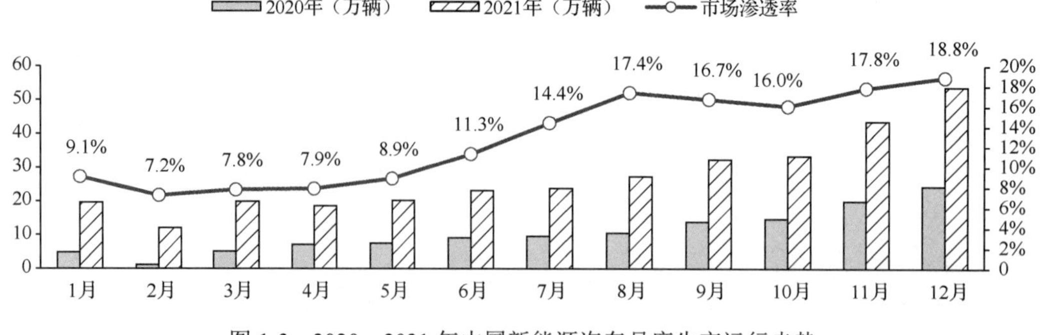

图 1-3　2020—2021 年中国新能源汽车月度生产运行走势

数据来源：机动车出厂合格证

汽车出口规模跨越 200 万辆水平，中国车企加速开拓海外市场。根据海关总署数据统计，2021 年我国汽车（含底盘）出口 212.0 万辆，同比增长 95.9%，首次突破 200 万辆，占汽车销量的 8.1%，同比提升 3.8 个百分点。其中，受益于先发优势及良好的产业基础，我国新能源汽车出口 31.0 万辆，同比增长 3 倍，占出口总量的 15%，成为全球新能源汽车出口第一大国。从产品类别看，乘用车、商用车分别出口 164.1 万辆、47.8 万辆，同比增长 103.8%和 73.0%。近年来，我国车企陆续将研发中心、生产工厂、销售渠道等向海外市场迁移，通过直接投资模式推动中国品牌成功出海。2021 年，我国汽车出口企业近 50 家，前十名企业出口量达 180 万辆，占出口总量的近 90%。其中，上汽集团、奇瑞汽车、特斯拉（上海）、长安汽车、东风汽车、长城汽车、吉利集团 7 家企业出口量均超过 10 万辆。如图 1-4 所示为 2005—2021 年中国汽车出口数量（含底盘）。

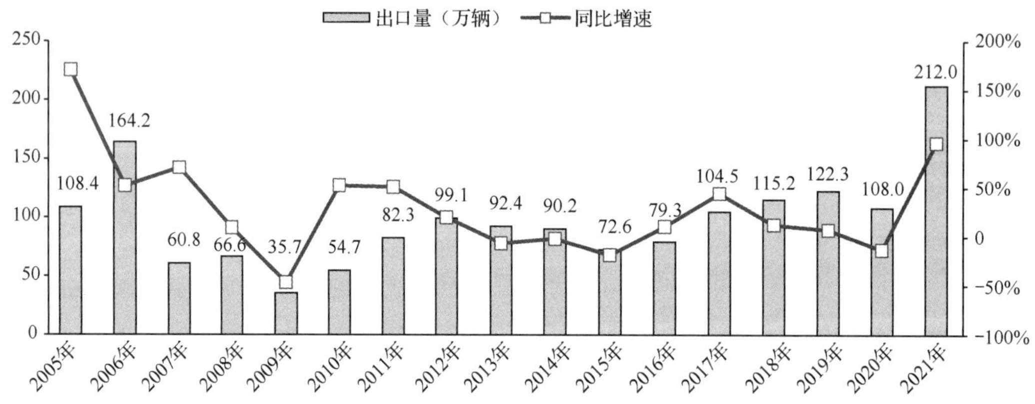

图 1-4　2005—2021 年中国汽车出口数量（含底盘）

数据来源：海关总署

（二）行业管理体系持续优化，产业发展环境有效提升

积极落实“放管服”要求，完善行业管理体系。2021 年 8 月，工业和信息化部发布《关于加强智能网联汽车生产企业及产品准入管理的意见》（工信部通装〔2021〕103 号），提出软件升级、功能安全和预期功能安全等管理要求，强化汽车数据安全、网络安全监

管，迈出智能网联汽车准入管理的“第一步”。全年发布第340～351批共12批《道路机动车辆生产企业及产品公告》（以下简称《公告》），第1～12批《新能源汽车推广应用推荐车型目录》，完成第4批、第5批道路机动车辆检验检测机构备案的受理和审核，为机构开展标准检验工作做好保障。截至2021年年底，已完成备案的汽车整车检验机构达21家，零部件检验机构达29家。此外，切实用好“工具箱”、主动打出“组合拳”，形成企业准入条件保持情况飞行检查、产品生产一致性监督检查、信访举报核查及信用信息“大数据”监管有机结合的多维度监督检查体系。2021年，工业和信息化部发布了2批特别公示企业名单，动态更新特别公示企业名录，全面提升特别公示制度系统性和权威性，促进提升产能利用率和产业集中度。联合有关部门进一步完善新能源汽车安全体系建设，加强“大吨小标”、货车非法改装专项整治，形成有效震慑，进一步规范产业发展秩序。

多措并举保障芯片供应，推动汽车工业平稳向好。2021年，为有效缓解芯片供应紧张局面，工业和信息化部组建汽车半导体推广应用工作组、保障汽车企业稳定生产工作专班，搭建供需信息对接平台，并针对芯片短缺给车辆生产企业在履行《公告》管理中带来的实际困难，在保障安全的前提下简化程序、加快审核进度，实施产品准入“容缺受理、先办后补”等政策措施，方便整车企业快速实现紧缺零部件替代方案的装车应用。同时，建立央地协同机制，动态跟踪重点物料保障情况，推动解决散点疫情造成的关键零部件断供问题。

积极引导汽车电动化、网联化、智能化协同发展。2021年，“双碳”目标很大程度上加速了汽车电动化转型步伐，中共中央、国务院《关于完整准确全面贯彻新发展理念做好碳达峰碳中和工作的意见》和《2030年前碳达峰行动方案》均提出加大推广新能源汽车。工业和信息化部等部门继续开展新能源汽车下乡活动，启动换电模式应用试点，优化调整双积分政策，启动燃料电池汽车示范应用。鼓励限购地区积极优化新能源汽车指标管理政策，继续实施新能源汽车购置补贴、免征车辆购置税，明确2022年购置补贴政策方案，以财税政策稳定市场预期。与此同时，组建智能网联汽车推进组，编制发布《智能网联汽车道路测试和示范应用管理规范》，开展智慧城市基础设施与智能网联汽车协同发展试点，加快推进整车信息安全、软件升级、数据记录系统等标准制定。

二、产业链供应链优化升级、全面向上发展的内生动力显现

（一）市场需求仍有较大空间，城乡联动发展成效显著

汽车保有量突破3亿辆，市场发展空间充足。根据公安部数据统计，截至2022年6月底，全国汽车保有量达3.10亿辆，占机动车总量的76.4%，持续保持稳定增长。从千人汽车保有量来看，我国千人汽车保有量由2012年的89辆提高到2021年的214辆，已超过世界平均水平，但仍显著低于发达国家。目前发达国家千人汽车保有量总体在500～800辆的水平，仍是我国的2～4倍，说明我国千人汽车保有量仍有较大的增长空间。未来随着居民收入的不断提高，消费不断升级，城市化逐步推进，预计千人汽车保有量也将在较长一段时间内持续平稳增长。

汽车保有量超过百万辆级的城市快速增加，城乡差别逐渐缩小。从城市市场发展格局来看，2021 年全国有 79 个城市的汽车保有量超过百万辆，同比增加了 9 个。北京、成都、重庆的汽车保有量超过 500 万辆，苏州、上海、郑州、西安的汽车保有量超过 400 万辆，武汉、深圳、东莞、天津等 13 个城市的汽车保有量超过 300 万辆。从城乡发展态势看，2021 年新能源汽车下乡车型共销售 106.8 万辆，同比增长 169.2%，新能源汽车下乡活动的普惠效应不仅拉动了居民的消费潜力，同时推动充换电基础设施建设不断下沉至乡镇和农村地区，有助于缩小城乡差别，进一步完善城乡联动发展。

（二）企业经营能力提升，制造业发展保持韧性

得益于我国高效统筹疫情防控和经济社会发展、汽车产业链供应链相对完善且运行稳定等因素，汽车制造业企业生产经营逐步恢复。根据国家统计局数据（见图 1-5），2021 年汽车制造业实现营业收入 8.67 万亿元，同比增长 6.7%，占全国规模以上工业企业营业收入总额的 6.8%，在 41 个工业大类行业中位居第三名，汽车制造业企业引领带动作用仍然显著；实现利润总额 5305.7 亿元，同比增长 1.9%。面对复杂严峻的国际环境和国内疫情散发等多重考验，汽车制造业发展仍有较强韧性。

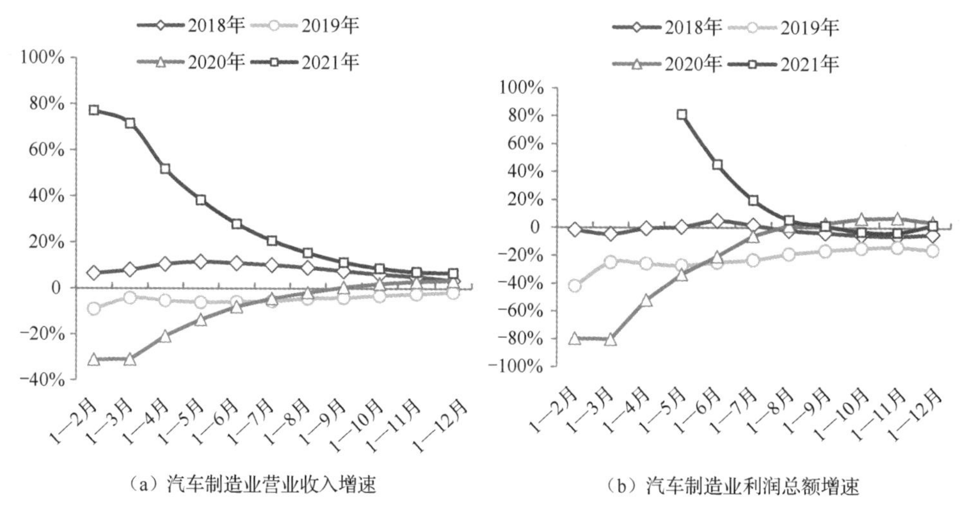

图 1-5　2018—2021 年中国汽车制造业营业收入与利润总额增速

数据来源：国家统计局

注：由于同期基数较低原因，2021 年汽车制造业前 4 个月的利润总额增速较高，不在图中显示

（三）零部件保障供应能力提升，专业化发展取得新成效

我国汽车零部件产业伴随着整车市场规模扩大和全球化采购而增长迅速，为汽车制造业持续稳步发展提供了良好的基础。经过多年发展，中国形成了全球规模最大、配套最完备、品类齐全的产业体系，并已融入全球供应链，成为全球重要的零部件生产和供应基地。

一是随着汽车整车企业全球资源的再配置和全球采购范围的扩大，中国汽车零部件产业发展迅速。如图 1-6 所示，2021 年，中国汽车零部件制造业营业收入约 4.07 万亿元，

同比增长约 12.0%，零部件占汽车制造业营业收入比重进一步增加至 46.9%，达到过去十年以来最高点。2021 年，中国汽车零配件进口金额为 376.44 亿美元，同比增长 15.9%；出口金额为 755.68 亿美元，同比增长 33.7%。贸易顺差 379.24 亿美元，同比增加 138.53 亿美元。

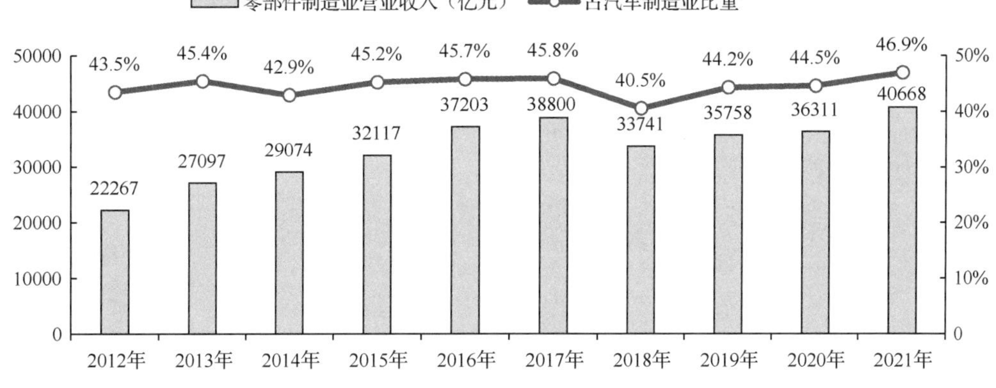

图 1-6　2012—2021 年中国汽车零部件制造业营收规模

数据来源：国家统计局

二是中国汽车零部件企业的品牌影响力逐渐扩大。随着中国汽车零部件产业专业化发展程度的加深，国内部分零部件制造企业的生产规模、研发实力和整体技术水平不断提升，在专业细分领域出现了具有全球竞争力的优势企业。根据机构统计排名，全球汽车零部件企业百强榜中，2021 年共有 12 家中国汽车零部件企业入选，中国企业凭借商用车、新能源汽车领域优势，整体营收实现逆势增长，收入占比提升至 11%，其中潍柴集团排在第 4 名，较 2020 年上升了 4 位。

三是关键核心零部件企业加速国内产品配套和技术研发，汽车生产供应链体系健全完善。从动力电池企业来看，包括宁德时代、比亚迪、中创新航、国轩高科等 20 多家企业在 2021 年纷纷宣布扩充产能，电池产能赛道竞争升级，迎接大规模制造时代。全球份额最高的 10 家动力电池生产企业中，中国企业占据 6 个席位，以“一超多强”的模式抢占全球市场。根据机动车出厂合格证数据统计显示，2021 年共计 58 家动力电池企业在产动力电池或有动力电池产品装机，装机量前 10 名的电池企业名单基本稳定，头部企业宁德时代、比亚迪领跑市场，市场集中度进一步提升至 68%。从芯片企业来看，国内龙头芯片供应商逐渐获得国内汽车企业认可，中芯国际初步实现 14nm 车规级芯片量产能力。

三、汽车产业结构向电动化、网联化、智能化加速调整

（一）碳中和背景下全球汽车电动化加速转型，新能源汽车产业进入规模化快速发展新阶段

全球各国加快推进碳中和步伐，新能源汽车成为各国关注的焦点，全球多国将其作为应对气候变化、优化能源结构、提振制造业的重要战略举措。从国内来看，国家、地

方先后推出 600 多项扶持新能源汽车产业发展的政策，涵盖技术创新、推广应用、安全监管等多个方面，有力促进了新能源汽车市场的快速发展。自 2015 年起，中国新能源汽车产销规模跃居全球首位，已连续 7 年蝉联全球第一名，到 2021 年全球占比提升至 51.9%（见图 1-7）。从全球总趋势来看，近十年全球累计推广新能源汽车超过 1800 万辆，其中，中国累计推广新能源汽车超过 900 万辆，在全球占比超过半数。在 2021 年全球十大新能源汽车畅销车型中，中国品牌占据六款，体现出我国新能源汽车具有较好的国际竞争优势。截至 2022 年 6 月底，我国新能源汽车保有量达 1001 万辆，占汽车总量的 3.23%，其中纯电动汽车保有量为 810.4 万辆，占新能源汽车总量的 80.93%，成为引领全球汽车产业转型升级的重要力量。

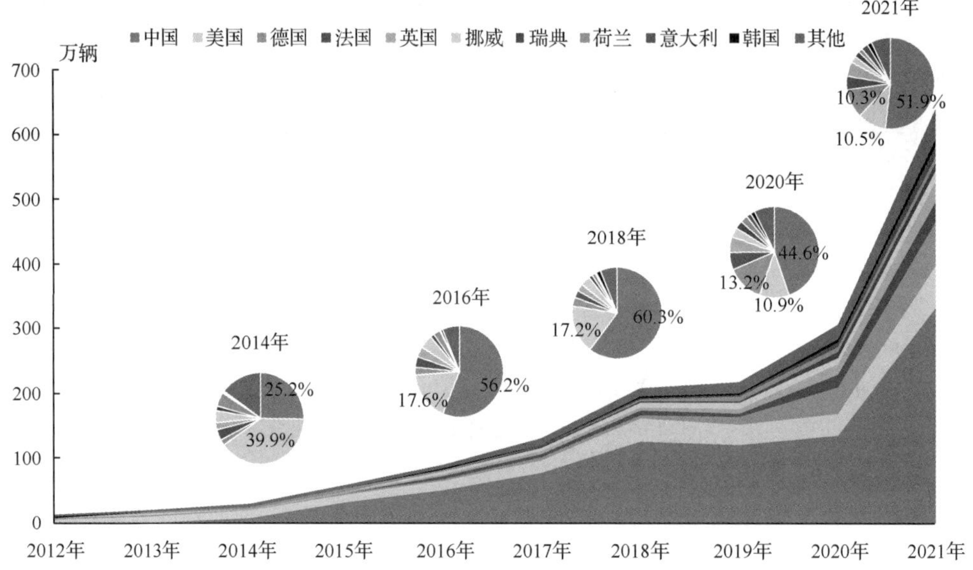

图 1-7　2012—2021 年全球新能源汽车销量及市场份额示意图

数据来源：Marklines

（二）智能网联汽车进入技术快速演进、产业加速布局的新阶段

2021 年，我国持续完善智能网联汽车政策引导，加强关键技术创新，积极开展测试及应用探索，产品渗透率进一步提高，智能网联汽车发展正从测试验证转向多场景示范应用的新阶段。

示范区建设加快转型升级。截至 2021 年年底，相关部门已累计授牌智能网联汽车测试示范区（场）17 家，其中，工业和信息化部授牌 10 家，工业和信息化部与公安部联合授牌 1 家，工业和信息化部与交通运输部联合授牌 3 家，交通运输部授牌 3 家；工业和信息化部授牌先导区 4 家；工业和信息化部与住房和城乡建设部联合批复“双智”试点城市 16 个。

开放性测试成为方向。国家层面，2021 年修订出台的《智能网联汽车道路测试与示范应用管理规范》进一步解决了测试方案不统一、测试结果不互认、车路协同不到位等问题，测试开放程度提高。截至 2021 年年底，全国累计开放测试道路超过 5900km，共计 80 余家企业申请超过 900 张道路测试牌照、载人载物测试许可证等，安全测试里程超过 1300 万千米。

商业化落地加快。我国各省市积极推动载人载物智能网联汽车示范应用，港口、矿区等特定场景率先开展试点运营，自动驾驶出租车（Robotaxi）、自动驾驶公交车（Robobus）、无人物流、无人环卫等限定区域开放道路示范应用有序开展。特定场景方面，整车企业、科技公司和港口、矿山运营企业广泛合作，推动港口、矿山高度自动驾驶示范运营项目落地。限定区域方面，以 Robotaxi 为代表的自动驾驶技术进入示范应用与商业化探索阶段，面向社会公众的自动驾驶载人示范与商业试点陆续在部分城市开展。新冠肺炎疫情加速无人配送试运营应用，无人配送车在多地实现医疗物资、生活保障物资等的及时送达。从市场表现看，2021 年，我国 L2 智能网联乘用车销量达 476 万辆，同比增长 57.2%，渗透率达 23.5%。从车辆类别和级别来看，中型以上 SUV、中大型轿车及 MPV 的 L2 辅助驾驶功能搭载率较高，消费者接受度及成本承受度更高，新能源汽车渗透率远超燃油汽车，电动化与智能化、网联化深度协同发展。

第二节　2021 年中国汽车技术发展情况

一、乘用车行业平均油耗持续改善

2021 年，随着疫情防控进入常态化，企业研发生产秩序迅速恢复，新技术、新产品加速推广，新能源汽车产量快速提升，带动行业平均油耗显著改善。数据显示，2021 年，行业平均油耗约 5.10L/100km（WLTC 工况，见图 1-8），等效转化后下降幅度超过 15%，超额完成 2021 年度 5.98L/100km（WLTC 工况）油耗目标。其中，国产乘用车平均油耗约 4.99L/100km，等效转化后下降幅度超过 16%；进口乘用车平均油耗约 7.81L/100km，等效转化后上升 3%。

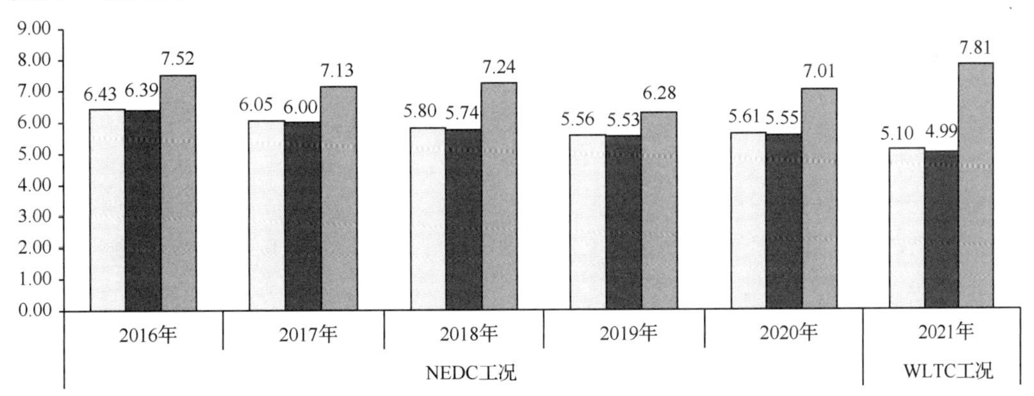

图 1-8　2016—2021 年乘用车平均油耗变化趋势

数据来源：乘用车企业平均燃料消耗量与新能源汽车积分管理平台

二、先进节能技术应用比例大幅提升

（一）发动机涡轮增压、缸内直喷等传统节能技术加速普及

随着节能减排相关法规日趋严格及技术不断迭代升级，汽油直喷、长冲程、高压缩比、高滚流燃烧系统、米勒/阿特金森循环、涡轮增压、废气再循环（EGR）、水冷中冷、变排量机油泵、电子水泵、低黏度机油及低摩擦技术等先进节能技术在传统发动机上已广泛采用。根据《公告》及机动车出厂合格证数据统计，国产汽油乘用车搭载涡轮增压、缸内直喷技术的车型产量占比已连续两年超过 60%，其中，2021 年缸内直喷搭载率为 69%，同时搭载涡轮增压、缸内直喷两种节能技术的车型产量占比为 57%，分别同比提升 4 个、2 个百分点（见图 1-9）。

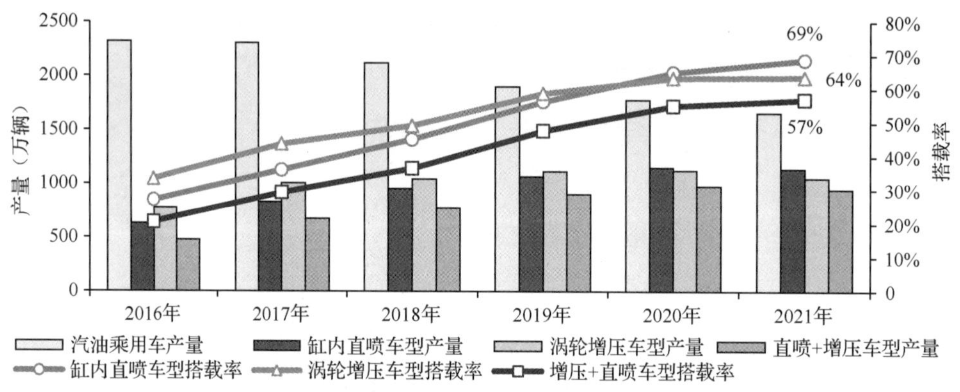

图 1-9　2016—2021 年汽油乘用车涡轮增压和缸内直喷技术搭载情况

数据来源：《道路机动车辆生产企业及产品公告》及机动车出厂合格证

（二）变速器加速向自动化、多挡化方向发展

中国乘用车自动变速器的搭载率增长较稳定。近年来，搭载机械无级自动变速器（CVT）、双离合自动变速器（DCT）、液力自动变速器（AT）等自动变速器的车型产量占比提升较快，2021 年占比达 90%。目前，国产品牌以自主开发 DCT 为主要路线，吉利、长城、长安等先后实现 DCT 产品批量量产。与此同时，变速器多挡化趋势明显。2020 年以来，搭载 6 挡及以上变速器（含 CVT）的车型产量占比超过 90%，7 挡及以上变速器（含 CVT）的车型产量占比提升更加明显，2021 年已达 75.5%，同比提高 5 个百分点（见图 1-10）。

（三）混合动力技术快速追赶，产量规模和渗透率稳步提升

混合动力车型通过发动机与电动机的协同工作，使发动机运行更加高效，能够显著改善油耗水平，逐渐成为企业节能降耗的重要技术路线。国内汽车企业先后推出全新混合动力系统开发平台，并进行独立品牌发布。如吉利汽车推出雷神智擎 Hi • X 混合动力系统，发动机热效率最高可达 43.32%，处于国际先进水平；长城汽车推出柠檬 DHT 混动技术以及 3.0T+9AT 超级动力总成，2022 年推出 1.5L 第五代混合动力专用发动机，热

效率超 43%；比亚迪凭借全新的 e 平台 3.0 和 DM-i 超级混动平台，实现纯电动与混动产品双升级，热效率达 43%；广汽集团自主研发的混动技术平台“绿擎技术”，实现双电池混动系统的搭载应用，其自主开发的发动机热效率达 43%。从市场表现来看，2021 年国产混合动力乘用车产量规模达 61 万辆，连续两年增幅超过 40%，产量占比提升至 3.1%。

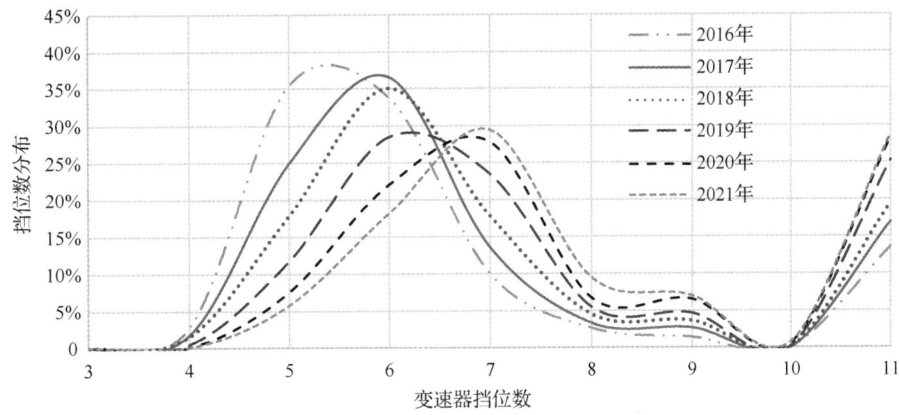

图 1-10　2016—2021 年变速器挡位数分布情况

数据来源：《道路机动车辆生产企业及产品公告》及机动车出厂合格证

三、新能源汽车整车及关键技术指标稳步提升

（一）整车续驶里程、能耗等关键指标持续优化

纯电动乘用车不同续驶里程分布更加均衡。2021 年，国产纯电动乘用车平均续驶里程（R）达到 395km，相比 2020 年增加 3.4%，其中，续驶里程不低于 500km 的车型产量占比约 30%，相比 2020 年提升近 16 个百分点。与此同时，续驶里程低于 200km 的车型市场份额有所提升，占比达 19%。此外，纯电动乘用车电能消耗量保持下降趋势，2021 年平均电耗达 12.24kWh/100km，相比 2020 年下降 2%（见图 1-11）。

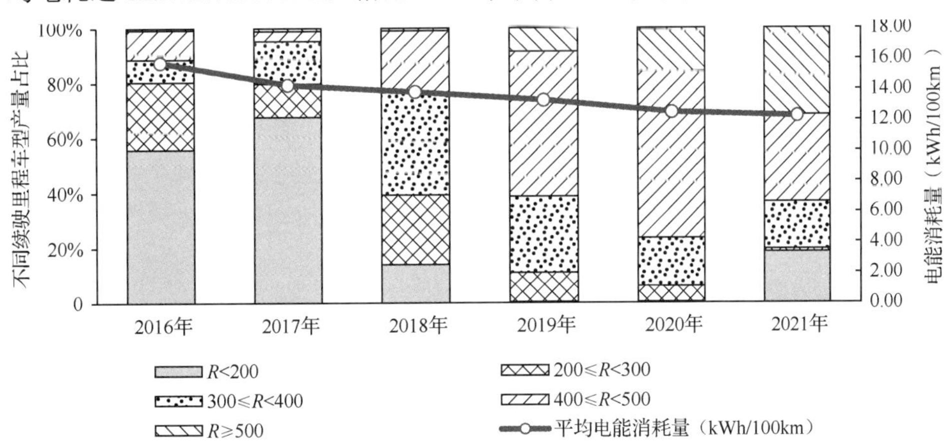

图 1-11　2016—2021 年国产纯电动乘用车续驶里程和电能消耗量情况

数据来源：《道路机动车辆生产企业及产品公告》及机动车出厂合格证

新能源汽车新车型仍享受不同力度的政策补贴，推动技术加速进步。按照补贴标准划分，2021 年《新能源汽车推广应用推荐车型目录》中，共有 89%的纯电动乘用车新车型符合 2021 年国家补贴的产品技术要求，其中续驶里程超过 400km 车型占纯电动乘用车的比例为 70.8%，300～400km 车型占比为 18.2%，300km 以下车型放弃补贴走低成本路线提前进入市场化。货车方面，纯电动中重型货车续驶里程主要集中在 200～400km，最长续驶里程达到 490km；新能源轻型货车共有 92.4%的车型续驶里程超过 200km，最长续驶里程达到 579km。客车方面，2021 年续驶里程为 500～800km 的新能源客车车型占比为 44.0%，相比 2020 年提升 17.3 个百分点。

（二）动力电池系统能量密度稳定提高，贴合市场多元化需求

行业企业掌握了基于正向开发的底层控制技术，动力电池单体能量密度和系统能量密度分别从 2012 年的 130Wh/kg、100Wh/kg 提升至 300Wh/kg、200Wh/kg 以上，价格下降了 80%以上。分材料类型看，高能量密度磷酸铁锂、三元材料动力电池占比大幅提升。2021 年，搭载三元材料动力电池且系统能量密度超过 160Wh/kg 的新能源乘用车产量占比接近 70%，较 2020 年提升近 15 个百分点；2021 年搭载磷酸铁锂动力电池且系统能量密度超过 140Wh/kg 的新能源乘用车产量占比为 39%，相比 2020 年提升近 3 个百分点。新车型方面，《新能源汽车推广应用推荐车型目录》中，根据 2021 年补贴新政，共有 90.5%的新车型符合 2021 年国家补贴的产品技术要求，其中系统能量密度超过 160Wh/kg 的车型占纯电动乘用车的比例为 45.8%，相比 2020 年提升 2.1 个百分点（见图 1-12）。

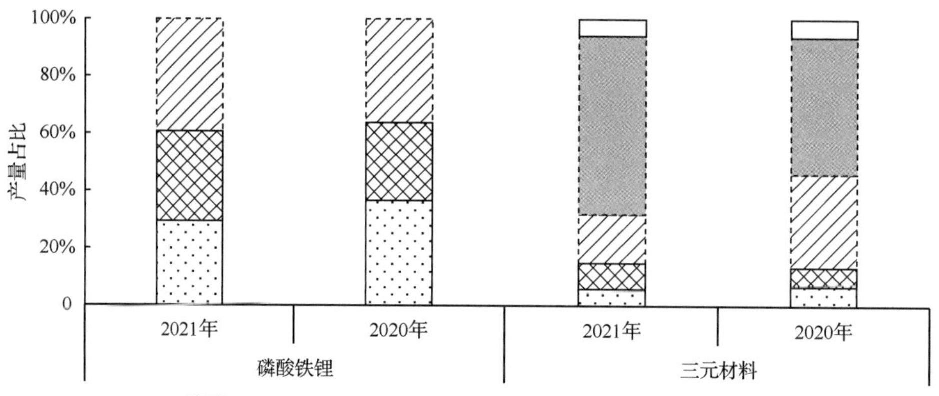

图 1-12　2020—2021 年不同材料及系统能量密度电池应用车型份额分布情况

数据来源：《道路机动车辆生产企业及产品公告》及机动车出厂合格证

四、智能网联汽车技术实现规模化应用

（一）部分关键核心技术实现量产突破

环境感知技术方面，车载激光雷达进入商用元年，半固态激光雷达开始前装应用，毫米波雷达搭载量快速攀升，部分企业积极布局 4D 毫米波雷达。决策技术方面，车载基础计算平台实现装车应用，人工智能芯片算力达到国际先进水平，头部企业陆续推出

面向自动驾驶的计算平台。控制执行技术方面，底盘线控制动、线控转向技术逐渐成熟，系统一体化控制水平逐步提升。整车集成方面，域控制器产品正在由单域控制向跨域融合过渡，具有高速/快速路、城市道路、低速封闭环境的停车场（库）三大场景的智能驾驶功能的产品实现量产。

（二）信息交互技术构筑领先优势

我国 C-V2X 在频谱管理、标准体系、技术研发、测试验证、终端应用等方面快速发展：围绕 C-V2X 芯片、终端和系统等产品的全产业链初步形成，网联技术路径和产业生态体系正在形成；组织开展长三角跨省域车联网 C-V2X 协同应用实践，推动建立“车—路—网—云”全面连接、高效安全的城市智慧交通出行生态；多款前装 C-V2X 的车型发布并推动量产前装和规模化应用落地，C-V2X 产业化进程全球领先。云平台与大数据技术方面，云控基础平台建设已在部分示范区启动，开启探索性运营示范，初步建立了网联云控对外服务能力，实现了车路数据融合和云控协同感知、协同决策、协同控制等网联自动驾驶应用落地，国家层面大数据云控基础平台启动建设。

（三）高精度地图基础支撑技术不断迭代

高精度地图方面，北京首钢园区、亦庄等地实现高精度地图与定位服务建设，基础地图服务平台实现迭代开发。高精度定位方面，北斗卫星导航系统运行稳定，基于北斗的高精度定位技术逐步扩大应用领域，卫星导航定位地面基站覆盖率和定位精度进一步提升。智能网联汽车网络安全、数据安全共性关键技术攻关和测试验证取得进展，主动安全纵深防御体系逐步构建。

第三节　中国汽车产业发展的机遇与挑战

2022 年，受国际形势和疫情多发影响，中国汽车产业仍面临供给受阻、需求转弱的双重挑战，需要应对包括“双碳”目标要求、国际竞争压力增大、产业链供应链安全等新形势和新问题，但长期向好的基本面不会改变，汽车产业发展仍处于重要战略机遇期，机遇大于挑战。

一、汽车市场有望持续增长，新能源汽车加速向消费驱动型转换

随着国内大循环为主体、国内国际双循环相互促进的新发展格局加速形成，汽车产业的供给侧改革不断深化，电动化与智能网联技术融合发展，核心零部件国产化替代加速推进，汽车产业链供应链保持稳定，共同推动汽车产业发展迈向新阶段。经济层面，中国宏观经济长期向好的基本面不会改变，保障汽车市场持续增长。中国已连续多年稳居世界第二大经济体，经济总量由 2012 年的 53.9 万亿元上升到 2021 年的 114.4 万亿元，占世界经济比重从 11.3%上升到超过 18%，人均国内生产总值从 6300 美元上升到超过 1.2 万美元，国内经济实力跃上新台阶，有力地保障了我国汽车需求保持稳中有增走势。政策层面，国务院出台了扎实稳住经济一揽子政策措施，加快推动各项既定政策落地见效，着力打通制约经济循环的卡点堵点，积极扩大有效需求，加大助企纾困力度，多措

并举稳定就业，加快释放汽车消费潜力。市场层面，2022 年作为整车企业电动化转型的关键节点，新能源汽车产品继续加速投放，与燃油汽车形成差异化的特征，实现新能源汽车对燃油汽车市场的部分转换，叠加消费者对新能源汽车的接受度不断提高，新能源汽车市场逐渐由政策驱动型向消费驱动型转化，2025 年新能源汽车占比 20%的规划目标有望提前实现。

二、中国品牌市占率将继续提升，头部企业优势更加突出

自全球疫情发生以来，中国品牌在汽车产业链复工复产有序推进中率先实现正向增长，体现出中国品牌在产业链方面的强保供能力与核心零部件国产化替代的加速推进。中国品牌逐步建立起与零部件厂商紧密的合作关系，多方位保障产业链顺畅，生产率先恢复。根据机动车出厂合格证数据显示，2021 年中国品牌乘用车生产 886.7 万辆，同比增长 23%，市占率达到 45%，同比显著提升了近 7 个百分点。此外，中国品牌在燃油汽车产品上通过压缩自身盈利空间，降低产品价格，打造产品越级性能体验，消费者逐步感受到国内汽车品牌产品竞争力的显著提升。新能源汽车领域，国内中国品牌与造车新势力走在世界前列，产品力保持国际领先，对燃油汽车替代持续加速，带动市占率显著提升。其中，2021 年中国品牌纯电动乘用车累计产量达 203.3 万辆，在纯电动乘用车中的占比达到 81%，保持先发优势。以比亚迪为代表的传统中国车企和“蔚小理”等国内造车新势力抓住新能源乘用车发展契机，形成新技术应用多、技术配置高等品牌优势，引领中国品牌和产品向上发展趋势。

三、芯片短缺成为车市增长短期掣肘，车规级芯片制造能力亟待突破

汽车芯片是关乎产业核心竞争力的重要器件，是汽车强国建设的关键基础。受新冠肺炎疫情、生产工厂火灾等因素影响，汽车芯片供应短缺在全球蔓延，对全球和我国汽车产业都造成较大影响，国内外多家汽车企业面临减产或短期停产。当前我国汽车芯片供应链存在两大短板：第一，车规级芯片制造工艺先进性不足。芯片制造流程包括芯片设计、晶圆生产、封装和测试（以下简称封测），其中在设计和封测环节，我国都具有一定的水平和能力，但在制造环节处于全面落后状态，尚不具备主流的 28nm、40nm、55/65nm 等车规级芯片制造工艺，国产车用芯片供应链仍未打通。第二，国内尚不具备车规级芯片的产品检测能力。由于汽车使用环境复杂，车规级芯片需要满足国际通行的 AEC-Q 系列可靠性标准和 IATF 16969 品质管理体系标准，与车辆安全相关的关键产品还需要通过功能安全 ISO 26262 规范。目前，车规级芯片仍需送到国外测试或者委托具有测评能力的外资代工企业测试，国内缺乏权威的第三方评价机构。

四、智能网联汽车成为企业重要战略布局，但规模化应用仍需进一步探索

在全球疫情持续演变、汽车芯片供应紧张等复杂形势下，我国整车企业、汽车零部件企业、互联网企业等持续加快推进汽车智能化的技术研发，智能网联汽车产业在多方合力下快速发展，产业整体已经从政策驱动转向市场拉动的新发展阶段。但短期受法律法规、技术水平、基础设施等限制仍不具备大规模商业化应用的条件。在产业变革的大

背景下，智能网联汽车的技术特征、生产组织方式及服务形式等都在发生改变，不仅智能化对车辆行驶安全、责任判定等提出了更高的要求，网联化也从网络安全、数据安全和个人信息保护、软件升级等方面提出了新的行业管理难题。

五、国际政治经济环境不稳定性增强，汽车贸易新壁垒悄然形成

2022 年开始，中国已全面取消汽车领域外商投资限制，汽车制造业领域特别是新能源汽车对外开放不断深化，全球汽车产业深度参与中国新能源汽车的发展，融入中国汽车市场及产业链、供应链体系。在国内坚持开放合作的背景下，国外却围绕碳中和展开新一轮技术竞争和经济博弈，制定了更加严格的贸易政策和环境标准，如碳边境调节机制、电池碳足迹强制性要求、防止碳泄漏法律法规等新的汽车贸易壁垒。以碳泄漏为例，欧盟目前已在探讨立法，站在全生命周期的视角审视产品的碳排放。随着碳泄漏法律法规等的出台，在高碳地区生产的产品，即便使用环节中为低碳或零碳，也不会被允许进入相关立法地区销售，或者必须支付高额的碳税。这对于在生产环节碳排放相对较高的电动汽车产生来说，需要加倍关注，新的汽车贸易壁垒将深刻影响我国新能源汽车产业的国际竞争力。

第四节　中国汽车产业发展的思考与建议

中国新能源汽车产业已进入规模化、高质量快速发展新阶段，未来 5～10 年仍将是产业加快发展的重要战略机遇期。下一步，建议继续以支持新能源汽车加快发展为核心，引导资源要素汇聚，围绕优化产业发展环境、提升产业技术水平和资源保障能力、挖掘汽车消费、完善标准体系、推动企业国际化发展等方面，研究支持促进我国汽车产业高质量发展的储备措施。

一、深入贯彻国家“双碳”战略，加强统筹协调促发展

根据双碳目标“1+*N*”政策体系要求，强化全产业链协同，统筹推进低碳工业和低碳产品发展。推动汽车产业向低碳化、电动化、智能化和网联化转型。加快构建促进汽车工业转型的政策法规体系，包括颁布低碳转型实施路线图、构建碳排放核算交易机制和核算体系、健全低碳管理政策法规体系等。强化政策引导，加强低碳、零碳技术研发及应用，推进汽车制造、使用、报废回收等环节全面绿色发展。充分发挥节能与新能源汽车产业发展部级联席会议机制作用，加强部门间政策措施的协调和衔接，对产业发展新阶段面临的问题进行系统研究，及时提出合理可行的财税优惠、扩大消费政策举措，探索建立双积分灵活性调节机制。

二、建立健全创新体制机制，提升汽车产业科技创新能力

强化汽车企业创新主体地位，促进各类创新要素向汽车企业集聚。推进产学研深度融合，支持企业牵头组建创新联合体，承担国家重大科技项目。加强基础研究，开展重点核心技术攻关。发挥企业家在技术创新中的重要作用，鼓励企业加大研发投入，对企

业投入基础研究实行税收优惠。发挥大企业引领支撑作用，支持创新型中小微企业成长为创新重要发源地，加强共性技术平台建设，推动产业链上中下游、大中小企业融通创新。最终形成贯穿基础研究、应用研究、产业化研究的创新链条，实现研发投入、产出、专利、体系全方位的提升，为实现汽车工业现代化提供可持续的、强大的驱动力量。

三、完善资源保障体系建设，强化产业链供应安全

统筹推动锂、钴等关键材料储备及芯片等关键技术研发能力建设，建立行业动态监测机制，保障产业链供应链稳定。共同推动从材料应用、技术升级到商业模式的创新发展，推进自主可控、协调高效、适应现阶段发展的产业链体系建设。加大宏观调控大宗原材料价格力度，避免原材料、元器件等价格过快增长；聚焦锂、钴、芯片等新能源汽车产业关键资源，开展长期性、国家级战略储备工程。

四、持续推进汽车产业对外开放，不断提升企业国际竞争力水平

积极参与全球技术法规协调，深入参与国际标准制定，以电动汽车安全、动力电池、充换电、燃料电池汽车等为重点，广泛开展国际合作交流，依托中欧、中德、中法、中日、APEC 等多双边合作对话机制，加强沟通与协调，深化重点领域的标准合作。一是把握“一带一路”倡议，重点加强与东盟、中亚等国家的电动汽车标准化交流，积极推动中国新能源汽车标准“走出去”。二是加强国家层面交流合作，通过组织国内企业参与国家间定期或不定期合作会议，提升技术、管理等综合能力，进而提升品牌影响力。三是加强与跨国企业技术合作，引进消化国外先进企业的技术成果，如智能驾驶技术、先进传感器、车载系统、芯片等；积极开展与跨国企业的各层次技术合作，联合研发突破汽车相关核心关键技术瓶颈。

Part 2　产业环境篇

第二章 “双碳”目标下汽车产业政策法规体系走向

刘斌，祝月艳，石红，马乃锋*

摘要：低碳发展已成为全球汽车产业发展的趋势与必然要求。本章在分析国际汽车产业低碳发展情况及趋势的基础上，对中国汽车产业碳排放的基本情况和发展趋势进行了分析与预判，提出中国汽车产业低碳发展的路径是不断降低油耗水平、加快普及新能源汽车、引导绿色出行和跨产业协同“减碳”，并给出了“双碳”目标下汽车产业政策法规体系转型的总体思路和基本原则，从出台汽车产业实施路线图、持续完善油耗标准制修订、完善新能源汽车推广应用环境、推动汽车管理向使用管理转变、建立健全汽车产品回收利用体系五个方面研提了推动中国汽车产业加快实现“双碳”目标的政策建议。

关键词：碳达峰碳中和；汽车；低碳发展；政策法规。

自 2020 年 9 月 22 日在第 75 届联合国大会上，中国提出“CO_2 排放力争于 2030 年前达到峰值，努力争取 2060 年前实现碳中和”以来，党中央、国务院高度重视、明确要求扎实做好碳达峰碳中和各项工作，并加快构建“1+*N*”政策体系。2021 年 10 月，中共中央、国务院印发《关于完整准确全面贯彻新发展理念做好碳达峰碳中和工作的意见》，该文件是“1+*N*”政策体系中的“1”，对我国碳达峰碳中和工作进行系统谋划和总体部署，提出了包括加快推进低碳交通运输体系建设在内的 10 个方面共 31 项重点任务，明确了“双碳”路线图、施工图。同月，国务院印发《2030 年前碳达峰行动方案》，对碳达峰行动作出总体部署，提出包括交通运输绿色低碳行动在内的“碳达峰十大行动”，并明确“到 2030 年，当年新增新能源、清洁能源动力的交通工具比例达到 40%左右”。一方面，汽车碳排放是交通领域的主要碳排放来源，是社会碳控排的重点领域之一，我国关于碳达峰碳中和的宣示将对汽车产业在新时代的低碳发展提出更高的要求。另一方面，汽车产业具有产业链长、关联度高、带动效应大等特点，汽车产业有义务有责任通过推动自身低碳发展为我国碳达峰碳中和目标的实现做出积极贡献。

与此同时，为降低温室气体排放，部分国家将禁售燃油汽车，并制定汽车全面电动化时间表作为降低交通碳排放的重要途径，跨国汽车企业也纷纷从企业或产品层面提出碳中和计划。在此背景下，为科学支撑我国编制面向碳中和目标的汽车产业实施路线图，有必要系统梳理国际汽车产业低碳发展情况及趋势，科学分析我国汽车产业碳排放的基

---

* 刘斌，教授级高级工程师，中国汽车技术研究中心中国汽车战略与政策研究中心副主任；祝月艳，中汽政研数量经济与财税政策研究部总监；石红，中汽政研数量经济与财税政策研究部副部长；马乃锋，中汽政研数量经济与财税政策研究部工程师。

本情况，识别我国汽车产业低碳发展的关键问题与路径，研提推动我国汽车产业低碳发展的政策建议。

第一节 国际汽车产业低碳发展情况及趋势

一、世界主要经济体纷纷明确汽车产业低碳政策体系

一是明确全社会绿色转型总体战略导向。截至目前，包括欧盟、日本、美国等在内的世界主要经济体均已提出国家碳中和目标。2019 年 12 月，欧盟委员会发布《欧洲绿色协议》，提出到 2050 年实现碳中和，并从能源、建筑业、工业、农业、交通等多个领域提出了碳减排路径和措施；2020 年 12 月，日本经济产业省发布《绿色增长战略》，提出到 2050 年实现碳中和，并针对包括氢能、汽车和蓄电池行业等在内的 14 个产业提出了具体的发展目标和重点发展任务；2021 年 4 月 22 日，拜登在“领导人气候峰会”上表示，美国将于 2050 年前实现净零排放。

二是制定汽车碳排放标准。早在 2009 年，欧盟就已出台汽车 CO_2 排放标准，并在此后将标准不断加严。为兑现在未来十年内将导致全球暖化的气体排放量减少 55 %的承诺，欧盟提出“减碳 55”（Fit for 55）计划，计划到 2030 年，汽车和货车的碳排放量较 2021 年将分别下降 55%和 50%，到 2035 年，汽车和货车碳排放量较 2021 年将均下降 100%，仅销售零排放汽车和货车，实现“零碳运输”。美国于 2011 年出台了轻型车辆温室气体（GHG）排放标准和燃油经济性（CAFE）联合标准，同时限制汽车 CO_2 排放及燃油经济性。根据目前的法规标准，到 2026 年行业平均燃油经济性水平约 40.4mi/gal（约合 5.8L/100km），行业平均 CO_2 排放量约 199g/mi（约合 123.7g/km）。

三是提出燃油车禁售计划。截至目前，全球已有逾 15 个国家和地区提出了燃油车禁售计划，包括挪威、丹麦、冰岛、瑞典、爱尔兰、荷兰、英国、西班牙、法国、德国、加拿大、日本、以色列、新加坡等。从禁售计划地位看，各国燃油车禁售计划多以顶层规划愿景的形式提出，未见明确的行政约束性法规措施。从禁售时间看，多数国家将燃油车禁售时间点定在 2030 年至 2040 年。从禁售车型范围看，绝大部分国家将乘用车或轻型车率先纳入全面电动化范围。

二、主要跨国车企纷纷提出碳减排行动计划

在全球低碳发展的大背景下，戴姆勒、沃尔沃、通用汽车、大众、奥迪、雷诺、福特、日产、本田等跨国车企均已提出碳中和计划，绝大多数车企的碳中和时间点集中在 2040 年至 2050 年。

在生产阶段，各车企规划措施主要聚焦于工厂碳减排。奥迪和沃尔沃提出，将在 2025 年实现所有生产基地零排放；通用汽车提出，到 2035 年在全球运营过程中实现 100%可再生能源供电；福特提出，到 2035 年实现全球生产制造基地 100%使用当地可再生能源。在产品阶段，各大车企纷纷发布其电动化转型计划。奥迪提出，2026 年停止发布燃油汽车新车型，2033 年停止销售燃油汽车（不包含中国市场）；本田提出，在北美、中国、日本等先进市场，2040 年销售的车型将全部为电动汽车及燃料电池汽车；

日产计划在 21 世纪 30 年代初期，实现核心市场（日本、中国、美国和欧洲市场）新车型 100%电动化。

总体来看，欧盟、日本等多个国家和地区已在《巴黎协定》框架下承诺“减碳”目标，均面临较大的碳减排压力，部分国家已出台低碳发展宏观战略规划，并针对汽车产业提出了 CO_2 排放规定及燃油车禁售计划。国家层面的汽车产业低碳发展政策也倒逼汽车企业制订碳减排行动计划。无论从国家层面还是汽车企业层面，汽车产业低碳化都已成为发展趋势。

第二节　中国汽车产业碳排放的基本情况与趋势

一、中国碳排放整体情况

国家温室气体清单编制作为应对气候变化的一项基础性工作，是气候变化国际履约的义务。各国一般都应用 IPCC（政府间气候变化专门委员会）的核算方法（如《2006 年 IPCC 国家温室气体清单指南》等）。迄今为止，中国已按照 IPCC 核算方法完成了 1994 年、2005 年、2010 年、2012 年和 2014 年共 5 个年份的国家温室气体清单。2014 年国家温室气体清单编制和报告范围包括：能源活动，工业生产过程，农业活动，土地利用、土地利用变化和林业（LULUCF），废弃物处理五个领域（见图 2-1）中二氧化碳（CO_2）、甲烷（CH_4）、氧化亚氮（N_2O）、氢氟碳化物（HFC_s）、全氟化碳（PFC_s）和六氟化硫（SF_6）的排放。

图 2-1　国家温室气体清单统计范围

根据最新的《中华人民共和国气候变化第二次两年更新报告》，2014 年中国 CO_2 排放 102.75 亿吨（不计 LULUCF，见图 2-2），其中能源活动排放 89.25 亿吨，占 86.9%，工业生产过程排放 13.30 亿吨，占 12.9%，废弃物处理排放 0.20 亿吨，占 0.2%。土地利用、土地利用变化和林业（Land Use, Land Use Change and Forestry，LULUCF）表现为碳吸收，吸收 CO_2 共 11.51 亿吨，在计入的情况下，2014 年中国碳排放为 91.24 亿吨。

从结构来看，中国碳排放的分布与发达国家相比有明显差异（见图 2-3）。美国、欧盟等发达国家和地区，已将高耗能、低收益的工业转移到其他国家，因此其本国碳排放以电力与交通为主。其中，电力在大多数国家都是碳排放第一大来源，美国作为“汽车轮子上的国家”，是少有的交通碳排放高于电力碳排放的国家。中国作为全世界唯一拥有联合国产业分类中全部工业门类的国家，工业排放较高，居第二名，交通位于其后，属于第三名排放来源。

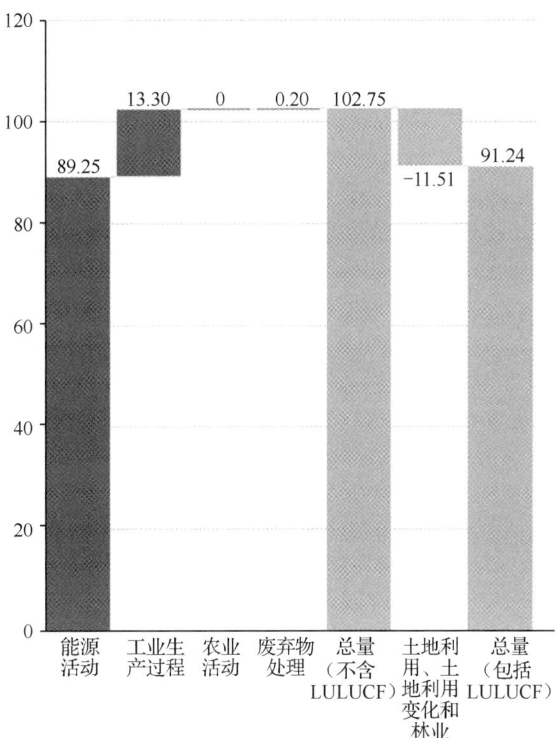

图 2-2 2014 年中国 CO_2 排放情况（单位：亿吨）[a]

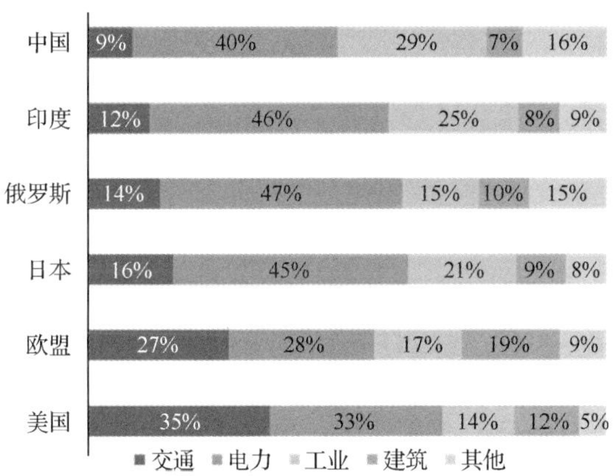

图 2-3 主要国家和地区碳排放结构

数据来源：欧盟委员会

交通领域的碳排放是能源活动领域继电力、工业部门后的第三大碳排放来源。从货物周转量和 CO_2 排放来看，公路运输分别占据 73%[b]、74%[c]，是交通领域实现碳减排的重点（见图 2-4）。作为其对应的交通工具，汽车在助力实现“双碳”目标方面责无旁贷。

a．按照国家温室气体清单，农业活动温室气体均来自 CH_4、N_2O，未有 CO_2。

b．交通运输部。

c．国家发展和改革委员会。

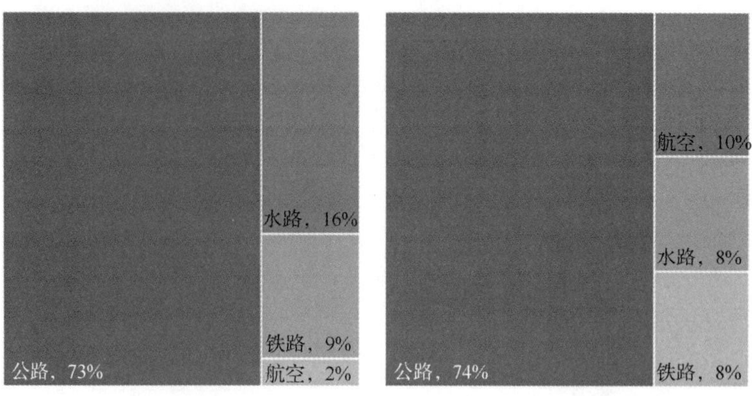

（a）货物周转量比例　　（b）CO_2排放量比例

图 2-4　2019 年各交通运输方式货物周转量及 CO_2 排放量比例

二、汽车碳排放的边界

从全生命周期角度看，汽车碳排放涉及燃料周期上游阶段、燃料周期运行阶段和材料周期。燃料周期上游阶段包括一次能源的开采、运输和存储，以及燃料的生产、运输、分配、存储等过程；燃料周期运行阶段是指汽车运行中的燃料消耗阶段；材料周期涵盖原材料的开采与运输、车用材料的生产与加工、整车制造、使用阶段的零部件替换及车辆报废回收等过程。如图 2-5 所示为汽车产品全生命周期分析框架。

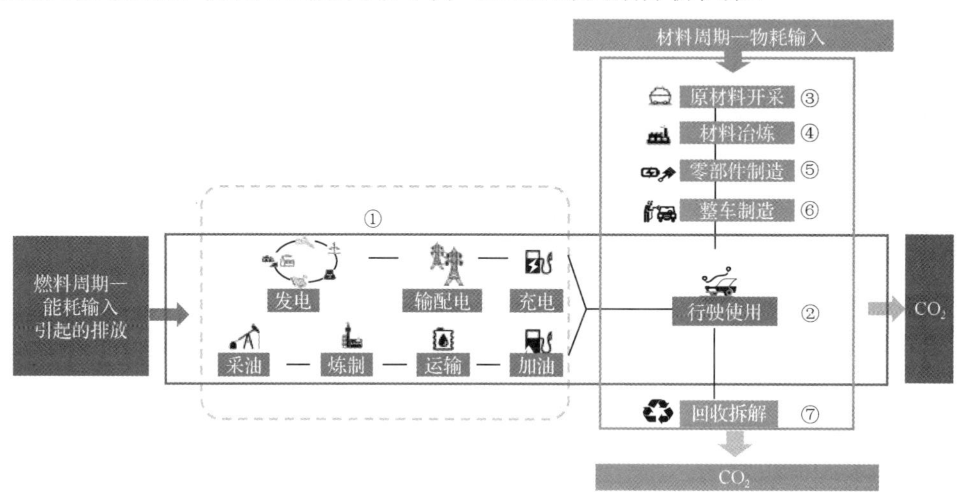

图 2-5　汽车产品全生命周期分析框架

基于汽车产品全生命周期分析框架，可分析出汽车产业碳排放涉及七大主要环节，详见表 2-1。

表 2-1　汽车产业七大主要碳排放环节

汽车产业碳排放涉及七大环节		全生命周期
①	汽车行驶阶段所需燃油、电力、天然气等能源的上游生产过程的碳排放	燃料周期
②	汽车行驶阶段化石燃料燃烧产生的直接碳排放	

续表

汽车产业碳排放涉及七大环节		全生命周期
③	汽车原材料开采过程的碳排放	车辆周期
④	汽车材料冶炼过程的碳排放	
⑤	汽车零部件制造过程的碳排放	
⑥	汽车整车制造过程的碳排放	
⑦	汽车回收报废拆解过程的碳排放	

但汽车全生命周期碳排放涉及多个行业，易产生减碳主体责任不清的问题，本研究综合考虑国际通行的碳排放核算和管理边界划分方法，以及未来我国相关行业碳管理趋势，基于“谁排放谁负责”的原则，认为汽车产业碳排放主要由汽车产品运行阶段直接碳排放和整车、零部件生产制造环节碳排放两部分构成，其中又以汽车产品运行阶段直接碳排放为主（见图 2-6）。汽车运行阶段碳排放的主要影响因素是汽车保有量、能耗、单位能耗的碳排放因子、年均行驶里程。

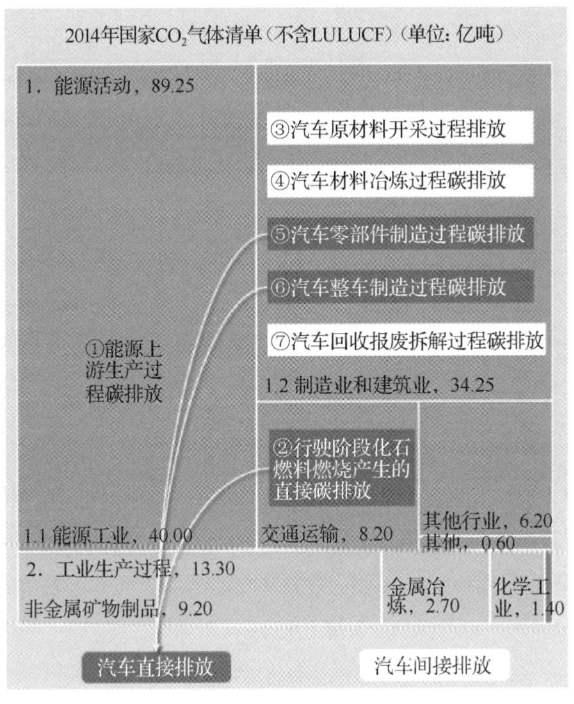

图 2-6 汽车在国家整体碳排放中的归类情况

三、汽车碳排放现状分析

在汽车碳排放总量的研究方面，由于测算时间、方法和边界存在差异，当前研究中对作为交通运输工具使用的汽车碳排放总量的研究结果主要集中在 8 亿～11 亿吨（见表 2-2）。

表 2-2　行业中关于对碳排放总量的研究

研 究 机 构	研究范围及方法	排放量（亿吨）	文 献 来 源
国家气候战略中心	2014 年度，交通运输业，CO_2，使用阶段，自上而下法	8.2	《中华人民共和国气候变化第二次两年更新报告》，2018 年
国家发展和改革委员会能源所	2013 年度，交通运输业，CO_2，使用阶段，自上而下法	9.7	《“十三五”及 2030 年交通部门节能目标研究》，2017 年
清华大学	2018 年度，交通运输业，CO_2，使用阶段，自上而下法	9.8	袁志逸，李振宇，康利平，谭晓雨，周新军，李晓津，李超，彭天铎，欧训民：《中国交通部门低碳排放措施和路径研究综述》，《气候变化研究进展》，2021 年，17(01):27-35
中国人民大学	2013 年度，交通运输业，CO_2，使用阶段，自上而下法与自下而上法结合	8.46	刘俊伶，孙一赫，王克，邹骥，孔英：《中国交通部门中长期低碳发展路径研究》，《气候变化研究进展》，2018 年，14(05): 513-521
世界资源研究所	2017 年度，汽车，CO_2，使用阶段，自下而上法	10.9	《中国道路交通 2050 年“净零”排放路径研究》，2019 年
国家发展和改革委员会	2019 年度，交通运输业，CO_2，使用阶段，方法不详	11（公路占 74%）	国家发展和改革委员会于十三届全国人大常委会联组审议建设现代综合交通运输体系有关工作情况时的报告

基于汽车产业碳排放边界，对我国汽车产业碳排放总量做了测算，主要结论如下：

一是汽车碳排放量约占全社会碳排放总量的 9%。汽车产业碳排放主要包括汽车产品运行阶段直接碳排放和整车、零部件生产制造环节的碳排放两部分。据中国汽车技术研究中心（以下简称“中汽中心”）测算，2021 年，汽车碳排放量占我国交通领域碳排放量的 80%以上，占全社会碳排放总量约 9%。

二是汽车碳排放量的九成来自使用阶段的化石燃料燃烧。按照阶段划分，汽车碳排放主要分为制造阶段碳排放和使用阶段碳排放，其中使用阶段碳排放主要来自汽车使用阶段消耗的汽柴油等化石燃料燃烧。据中汽中心测算，2021 年汽车使用阶段碳排放量约占汽车碳排放量的九成。

三是传统燃油汽车保有量大是造成汽车使用阶段碳排放量高的主要因素。汽车使用阶段碳排放的影响因素主要是单车能效、汽车保有量和结构、汽车行驶里程、燃料碳排放因子。其中，汽车保有量是影响汽车使用阶段碳排放的最重要因素，由于新能源汽车保有量占比不足 3%，传统燃油汽车保有量大是造成汽车使用阶段碳排放量高的主要因素。

四是商用车以两成保有量贡献了使用阶段的五成碳排放量。商用车多以载客和运货等商业用途为主，单车能耗高、使用强度高、柴油碳排放因子高，且电动化进程缓慢。据中汽中心测算，2021 年全社会汽车保有结构中商用车占比不足两成，对应的使用阶段碳排放量占比却超过了 50%。

四、汽车碳排放趋势预测

关于汽车行业碳达峰时间，通过收集现有研究报告和会议资料发现（见表 2-3），目前行业机构、企业对汽车行业碳达峰的时间预测范围多在 2028—2030 年。但也有专家质疑，认为碳排放受汽车保有量影响大，2030 年后汽车保有量仍可能增长，难以保证 2030 年前实现汽车碳排放达峰。

表 2-3 对汽车行业碳达峰时间的预测

达峰时间	预测单位	对象	来源	其他
2025 年左右	能源基金会	交通行业	CCTP 2021 年度会议	2050 年前道路交通碳中和
2028 年左右	中国汽车工程学会	—	李骏院士：《节能与新能源汽车技术路线图 2.0》	到 2035 年排放总量较峰值下降 20%以上
2028 年	中金公司	乘用车	研报：《碳中和之绿色交通：新能源风劲潮涌，碳中和任重道远》	—
2030 年	中金公司	公路货车		
2030 年前	生态环境部机动车排污监控中心	汽车行业	《中国汽车报》：《“双碳”目标下，中国汽车如何平衡脱碳压力与效率》	—

据公安部数据，2021 年，我国汽车保有量达到 3.02 亿辆，经换算，我国汽车千人保有量约 214 辆/千人，已超过世界平均水平，但仍显著低于发达国家。目前发达国家千人汽车保有量总体在 500～800 辆的水平，仍是我国的 2～4 倍，说明我国千人汽车保有量仍有较大的增长空间。未来随着居民收入的不断提高，消费不断升级，城市化逐步推进，汽车作为满足人民美好生活的商品，预计汽车保有量也将在较长一段时间内持续平稳增长。考虑到新能源汽车保有量占比仍不高，预计汽车使用阶段汽柴油等化石燃料消耗量将继续升高，汽车碳排放拐点尚未到来。但综合考虑我国经济、人口、城镇化等宏观环境因素和汽车产业的电动化转型进程，汽车碳排放可争取于 2030 年左右实现碳达峰。鉴于汽车碳排放量的九成来自使用阶段，因此，减少汽车使用阶段碳排放量是推动汽车碳达峰的重点。在出行总需求不变的前提下，进一步加强节能与新能源汽车的推广应用，加速替代传统燃油汽车，将有助于汽车碳排放提前实现达峰。

第三节 中国汽车产业低碳发展的关键问题与路径

一、关键问题

实现“双碳”目标是一场广泛而深刻的变革，需要把系统观念贯穿“双碳”工作全过程，注重处理好四对关系，分别是发展与减排的关系、整体与局部的关系、长远目标与短期目标的关系、政府与市场的关系。处理好这四对关系也是推动汽车产业低碳发展的关键。

一是处理好发展与减排的关系。汽车产业链长、覆盖面广，是国民经济的重要支柱，在经济发展、扩大内需、产业升级等方面都担负着重要责任。当前，我国汽车产业仍处于转型升级的重要战略机遇期，要处理好发展与减排的关系，以减排促发展、促转型是汽车产业低碳发展的第一要务。同时，我国汽车千人保有量显著低于美国、德国、日本等发达国家，保有量仍具有上升空间。汽车作为满足人民美好生活的商品，要处理好减排与发展的关系，允许汽车碳排放包容性增长。

二是处理好整体与局部的关系。尤其要处理好传统燃油汽车与新能源汽车的关系。汽车产业碳控排不代表对传统燃油汽车实施销售和保有量的“一刀切”。在一些特殊地区和特殊领域，现阶段燃油汽车仍具备不可替代性。同时，考虑到现阶段传统燃油汽车保有量和新车销量均占总量的90%以上，做好存量燃油汽车的电动化替换和新增燃油汽车的节能非常重要。

三是处理好长远目标与短期目标的关系。推动汽车产业低碳发展不是一蹴而就的，而是一场面向未来四十年的长期“变革”，因此有必要针对碳达峰碳中和两个阶段，聚焦每个阶段的主要矛盾，制定“分步走”的实施路线图，做到近期有措施、远期有引导。具体来说，碳达峰阶段要以减少 CO_2 排放为主，重点做好燃油汽车的节能和新能源汽车的推广；碳中和阶段要以全面减少汽车产业相关温室气体碳排放量为目标，重点做好存量燃油汽车的电动化替代及与能源材料等行业的协同减碳。

四是处理好政府与市场的关系。推动汽车产业绿色低碳转型，同样需要两手发力，推动政府和有效市场更好结合。要更好地发挥政府的约束激励作用，既要以标准法规约束汽车产业低碳发展，也要以激励政策鼓励节能与新能源汽车的研发生产，引导市场绿色消费。更要充分发挥市场的驱动作用和配置资源的基础作用，营造良好的产业低碳发展市场环境。

二、发展路径

为落实国家碳达峰碳中和发展要求，中国汽车产业低碳发展既要结合产业发展实际，抓住突出问题、立足当前求实效，又要着眼长远，系统考虑，明确产业低碳发展路径。结合影响汽车碳排放的主要因素分析，推动汽车产业低碳发展主要有以下四条路径。

（一）加严燃油汽车油耗相关标准和政策

完善汽车油耗标准和双积分政策是推动汽车产业碳排放量降低的重要手段。为推进汽车节能减排工作，我国从 2005 年开始实施汽车油耗强制标准，逐步实施油耗标识管理，不断提高油耗限值要求，2021 年 2 月已发布最新版《乘用车燃料消耗量限值》强制性国家标准。在政策方面，为推动汽车企业节能降耗，2017 年 9 月发布《乘用车企业平均燃料消耗量与新能源汽车积分并行管理办法》，2020 年继续发布 2021—2023 年管理办法。在标准和政策的合力推进下，行业传统能源乘用车油耗实际值逐年走低，从 2016 年的 6.87L/100km 降至 2020 年的 6.31L/100km，年均降幅为 2.10%，计入新能源乘用车后，行业油耗实际值由 2016 年的 6.43L/100km 降至 2020 年的 5.61L/100km，年均降幅为 3.32%，降幅明显。2021 年，乘用车行业平均油耗为 5.10L/100km（WLTC 工况），等效转化后同比下降幅度超过 15%，超额完成 2021 年度 5.98L/100km 的油耗目标。未来相当长的一段时间内，我国汽车保有量仍以传统燃油汽车为主，不断加严油耗标准法规和管理仍将是降低汽车碳排放量的最有效抓手。下一步，我国需继续完善汽车产业相关标准和政策，促进汽车行业加快低碳转型步伐。

（二）加快普及新能源汽车

普及新能源汽车是发达国家实现交通领域碳减排目标的共同选择。新能源汽车不仅在行驶阶段可以实现零碳排放，其全生命周期的碳排放量也显著低于同级别的传统燃油汽车的。以紧凑型轿车为例，在我国即使计入电力、汽柴油等能源获取环节的碳排放，纯电动汽车燃料周期的碳排放量也比传统汽油汽车的低 45%；再计入材料制取、汽车制造等环节的碳排放量，纯电动汽车全生命周期的碳排放量仍比传统汽油汽车的低 26%以上。因此，发展新能源汽车不仅是我国从汽车大国迈向汽车强国的必由之路，也是我国汽车产业实现低碳发展的必由之路。未来，随着电力结构不断优化、整车能效水平持续提升，新能源汽车的减碳潜力将得到进一步释放。

（三）通过使用管理引导绿色出行

相较于新能源私家车、公交车、地铁、高铁等交通出行方式，燃油私家车出行、长途道路客运和长途道路货运的碳排放强度较高。据澳大利亚研究机构分析，私人燃油汽车出行的碳排放量是燃油公交车出行的 13 倍，为此应通过需求侧管理加快建立以低碳出行为导向的交通出行服务体系。一方面，大力发展城市综合交通枢纽体系，探索市中心区域、拥堵区域通行与停车费用调节机制，提高私家车出行成本，引导消费者减少私家车出行频次；另一方面，加快建设高质量交通运输网络，推进中长距离客运、大宗货物及中长距离货物运输向铁路和水运转移，着力降低长途客车运输、货物运输在道路运输中的比例。

（四）加强与能源材料的跨产业协同减碳

汽车行驶阶段碳排放是汽车碳排放的“重头”，降低传统燃油汽车能耗和发展新能源汽车是汽车行业减碳的首要任务。但面向碳中和的远期目标，汽车行业有责任发挥引领作用，带动能源、原材料、零部件等产业链上下游行业深度“脱碳”。以车用材料为例，再生利用的减碳效果显著，如每吨废钢铁的再生利用可减碳 0.15 吨，每吨废塑料的再生利用可减碳 0.36 吨。除此之外，汽车零部件再制造也可减少 70%～90%的温室气体排放，如废旧动力蓄电池综合利用的减碳效果为 0.19 吨/千瓦时。因此，加强车用材料再生利用是助力全产业链深度“脱碳”的基础“保障”，也有助于缓解我国部分车用材料资源供应紧张的问题。

第四节 “双碳”目标下对汽车产业政策体系的建议

一、总体思路

在“双碳”目标下，推动汽车产业绿色低碳发展，要立足于汽车产业发展实际，坚持系统观念，处理好发展和减排、整体和局部、长远目标和短期目标、政府和市场的关系，把碳达峰碳中和纳入汽车产业发展全局，以产业全面绿色转型为引领，以新能源汽车普及为重点，加快形成节约资源和保护环境的产业结构、生产方式、使用方式，坚定不移走生态优先、绿色低碳的高质量发展道路，为国家如期实现碳达峰碳中和做出贡献。具体来说，2030 年前汽车行业以减碳为主、非二氧化碳温室气体为辅，以产品电动化、充电便利化、节能低碳化、产业融合化发展为主线，力争尽早实现汽车直接碳达峰。2030 年后，汽车产业应致力于全面降低汽车产业相关温室气体排放，以产业重塑助推能源零碳为重点、制度重建发挥激励机制为核心，材料、能源双管齐下，力争我国汽车产业与全球同步实现碳中和。

二、基本原则

汽车行业为实现碳达峰碳中和目标，应坚持“纯电驱动、全面节约、双轮驱动、绿色转型、开放合作、统筹兼顾”原则。

纯电驱动，指的是要坚持以纯电驱动为汽车工业低碳转型的主要战略取向，大力推广普及新能源汽车，加速新能源汽车替代燃油汽车进程，减少化石能源消耗。大力提升燃油汽车能效水平，兼顾混合动力汽车等节能汽车加快发展。

全面节约，指的是要系统推进覆盖零部件供应、生产制造、行驶使用、回收利用等全产业链的全面节约战略，持续降低汽车单位产品生产能源资源消耗和碳排放。企业应通过优化工艺、技术改造、物流再造等方式提高产能利用率，淘汰高碳排放的产能。

双轮驱动，指的是要更好地发挥政府的规划引导和政策激励作用，聚集科技和产业资源，鼓励节能与新能源汽车的研发生产，引导市场绿色消费。充分发挥市场的驱动作用和配置资源的基础作用，营造良好的产业低碳发展市场环境。

绿色转型，指的是要加速推进汽车领域绿色低碳技术发展和应用，扩大绿色汽车产品供给，完善绿色制造体系，构建绿色供应链，提升资源回收利用水平，倡导汽车产品绿色低碳使用方式，推动汽车产业全面绿色转型。

开放合作，指的是要践行开放融通、互利共赢的合作观，统筹国内国际能源资源，加强汽车领域节能低碳技术、标准、贸易等领域的合作力度，相互借鉴先进技术和经验。积极参与国际竞争，推动我国新能源汽车相关技术和产品“走出去”。

统筹兼顾，指的是要处理好产业低碳发展与群众出行需求的关系，防止出台“一刀切”政策和“运动式减碳”。加强政策的系统性、协同性，稳妥有序、循序渐进地推进汽车动力系统电动化转型，支持有条件的企业率先实现碳达峰碳中和，同时避免空喊口号。

三、政策建议

（一）尽快出台面向“双碳”目标的汽车产业实施路线图

发挥节能与新能源汽车产业发展部际联席会议的作用，加快制定面向“双碳”目标的汽车产业实施路线图，明确汽车碳减排的边界、定位、责任和目标，并指明汽车产业低碳发展的方向与路线，破解制约产业低碳发展的潜在障碍。推动行业客观评价普通燃油汽车、混合动力汽车、插电式混合动力汽车、纯电动汽车、燃料电池汽车等不同技术路线的碳排放水平，鼓励各类企业为实现低碳发展采取共同行动，形成面向碳达峰碳中和目标的汽车低碳发展共识。

（二）持续推进油耗标准制修订工作

基于“双碳”目标，持续推进油耗标准制修订工作，不断降低燃油汽车油耗水平。一方面，加快在研车辆燃料消耗量限值标准、能源消耗量标识标准工作进度，以及道路车辆温室气体标准工作力度；另一方面，基于 WLTC 工况和中国工况，修订完善传统车辆节能标准体系，建立健全新能源汽车及替代燃料汽车能耗限值评价体系，完善各类汽车能源消耗当量转换和节能综合评价体系，逐步建立汽车关键节能技术能耗测试和评价方法标准体系。

（三）完善新能源汽车推广应用环境

修订完善《乘用车企业平均燃料消耗量与新能源汽车积分并行管理办法》，从供给侧持续推动企业加大节能与新能源汽车工作力度。尽快明确 2022 年后车辆购置税优惠政策，持续降低消费者购买新能源汽车成本。完善充换电基础设施奖励政策，实施充换电电价优惠、通行及停车费用减免等政策，降低新能源汽车使用环节成本。完善支持新能源汽车加快发展的政策体系，研究个人所得税优惠措施，对个人将燃油汽车置换为新能源汽车的，纳入个人所得税专项附加扣除范围；持续完善新能源汽车商业保险制度，为消费者提供精准全面的风险保障。

（四）推动汽车管理向使用管理转变

推动汽车管理由购买管理向使用管理转变是引导绿色出行的关键。一方面，建立合理的汽车税收制度，发挥汽车税收在引导汽车购买、汽车使用中的导向作用，鼓励消费者购买节能与新能源汽车，适度提升成品油消费税，加大燃油私家车出行成本。另一方面，探索以市中心区域、拥堵区域通行及停车费用调节机制，如推行超低排放区或零排放区，取代限购限行等行政性手段，通过提高燃油私家车出行成本，减少燃油私家车出行，引导绿色出行。

（五）建立健全汽车产品回收利用体系

着力推进汽车生产和供应链的减排，完善汽车生产和回收利用政策，加快构建回收利用体系，提升资源回收效率，促进汽车零部件再制造高质量发展。尤其要完善废旧动力蓄电池回收利用体系，完善回收服务网络，加强回收服务网点规范化建设，推动产业链上下游合作共建回收渠道，培育一批梯次和再生利用骨干企业。探索建立统一的汽车绿色产品标准、认证标识体系，引导汽车产业低碳发展。

第三章　2021 年乘用车双积分政策效益评估

李国俊，彭海丽，杨鹏飞，郭苑，谢荣琼*

摘要：近年来，在双积分等政策的引导下，乘用车平均油耗持续下降，新能源汽车产销规模逐年提升。2021 年，随着社会正常生产生活秩序的恢复，汽车产业发展重回正轨，行业平均油耗持续下降，新能源汽车产销规模不断扩大、技术水平不断提升，产业发展呈现良好势头。本章梳理了 2017—2021 年双积分实施以来的乘用车油耗情况和电动化进程，基于汽车销售、新车能耗、汽车碳排放、积分交易等数据，构建汽车产业结构预测（VMSAM）模型，量化分析政策促进汽车电动化发展的效果，测算政策实施直接带来的运营端碳减排效益。同时，结合政策实施和产业发展新形势，提出相关政策建议。

关键词：双积分政策；节能；新能源汽车；碳减排。

第一节　双积分政策助力我国乘用车行业低碳化发展

双积分政策于 2017 年 9 月发布，2018 年 4 月开始实施。双积分政策出台的初衷，一是为了提高汽车能效、降低油耗、促进新能源汽车的快速发展，二是为了实现技术的突破与产业的培育。在双积分政策的引导下，各企业发展节能与新能源汽车的意识持续提升，持续加大在节能技术研发、装载方面的投入，从生产端有效推动了产业高效低碳发展进程。通过积分交易，促进了企业间的交流与合作，也有效促进了行业资金向高技术研发应用领域集中。

一、乘用车行业高效节能发展

乘用车行业平均油耗持续改善。2020 年，企业对节能和新能源车型的研发生产进度放缓，并加速了车辆大型化消费趋势。新车平均车重 1510kg，同比增加 30kg，增重高于往年，加之新能源汽车在油耗考核中折算倍数由 3 倍降为 2 倍，当年行业平均油耗为 5.61L/100km，与 2019 年基本持平（见图 3-1）。2021 年，随着疫情防控进入常态化，企业研发生产秩序迅速恢复，新技术、新产品加速推广，新能源汽车产量快速提升，带动行业平均油耗显著改善。数据显示，2021 年行业平均油耗约 5.10L/100km（WLTC 工况），等效转化后下降幅度超过 15%，超额完成 2021 年度 5.98L/100km（WLTC 工况）油耗目标。

---

* 李国俊，高级工程师，工业和信息化部装备工业发展中心数据管理处处长；彭海丽，工程师，任职于工业和信息化部装备工业发展中心数据管理处；杨鹏飞，工程师，中国汽研北京分院行业发展部高级行业研究员；郭苑，工程师，中国汽研北京分院行业发展部咨询工程师；谢荣琼，助理研究员，任职于工业和信息化部装备工业发展中心综合处。

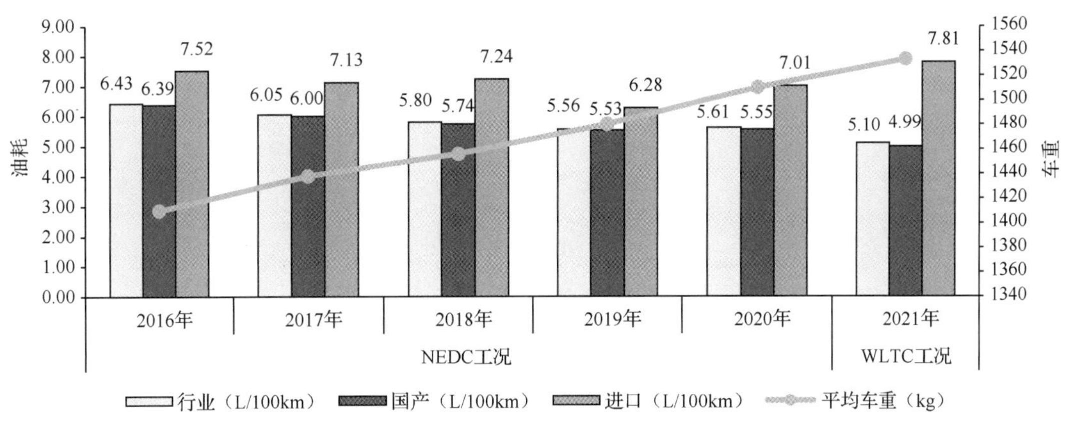

图 3-1　2016—2021 年乘用车平均油耗和平均车重变化趋势

先进节能技术应用比例大幅提升。双积分政策对低于油耗达标值的低油耗乘用车给予产量/进口量折算优惠，降低新能源汽车积分达标要求，极大激发了企业应用新型节能技术的积极性，各种节能技术应用比例大幅提升。其中，国产混合动力车型在 2021 年的产量规模为 61 万辆，规模增速连续两年超过 40%；涡轮增压与缸内直喷技术应用逐渐普及，从 2020 年开始，国产汽油乘用车的涡轮增压、缸内直喷技术搭载率连续两年超过 60%（见图 3-2）。

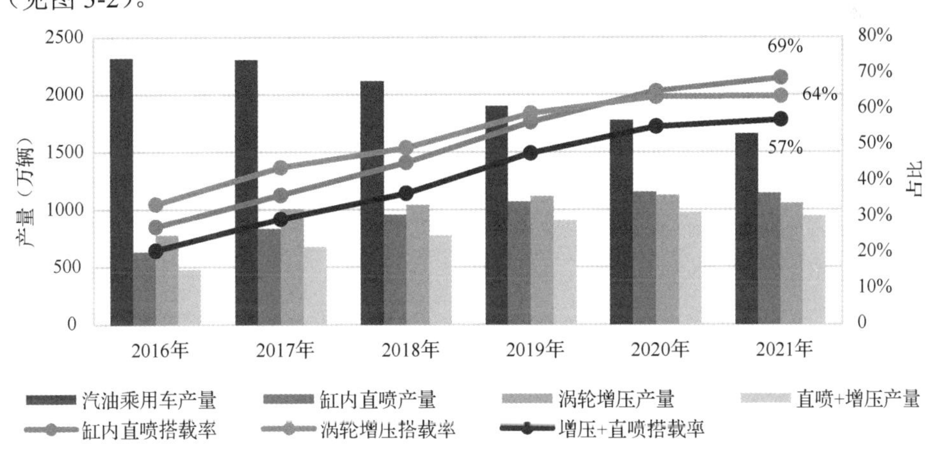

图 3-2　国产汽油乘用车涡轮增压和缸内直喷技术搭载情况

二、新能源汽车产业竞争力持续提升

新能源汽车产业加速发展。2021 年新能源汽车渗透率约 15%，相比 2020 年约 6%的渗透率提升明显。根据乘联会数据，2021 年乘用车总销量达到 2007.3 万辆，同比增长 4.4%；新能源乘用车全年零售销量为 299.1 万辆，同比增长 169.1%，远超乘用车整体市场增速。2021 年 1—12 月，新能源汽车单月渗透率持续提升，12 月渗透率突破 20%（见图 3-3），发展速度大幅加快，我国消费者对新能源汽车的接受度逐渐提高。

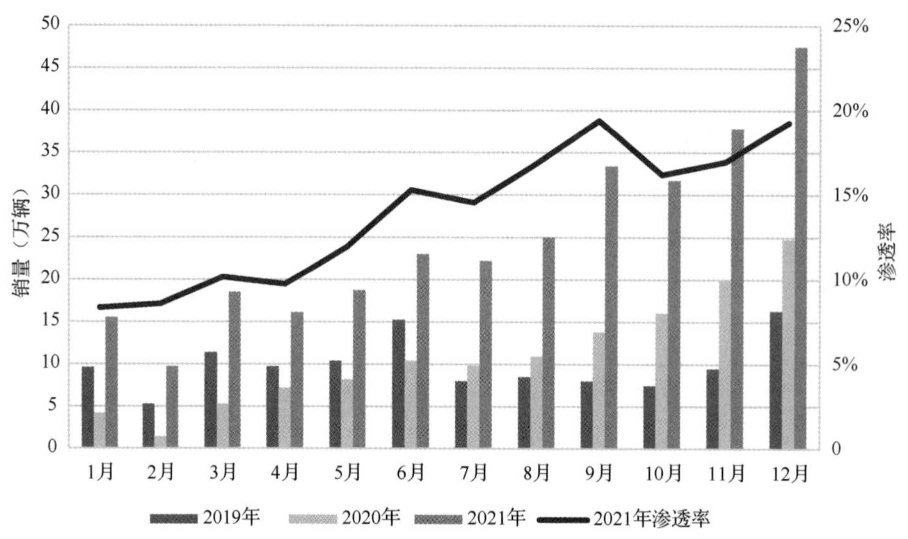

图 3-3　中国新能源汽车市场渗透率变化情况

我国新能源汽车产业国际竞争力持续提升。双积分政策与补贴、购置税优惠等一系列政策措施形成合力，共同促进新能源汽车产业快速发展，为我国未来在汽车产业实现换道超车奠定了良好的基础。根据 IEA 数据，截至 2021 年年底，全球新能源汽车保有量超过 1600 万辆，年增长率超过 50%，远高于全球汽车保有量的年增长率（约 3%）。自 2016 年以来，我国超越美国成为全球第一大新能源汽车保有国，2021 年我国新能源汽车保有量超过 784 万辆，接近全球保有量的一半（见图 3-4）。产业的大规模发展促进了规模经济效益的充分发挥，我国汽车制造成本已远远低于其他国家，在核心技术领域，刀片电池、弹匣电池等技术的发布，标志着我国新能源汽车产业核心技术已达到国际领先水平。

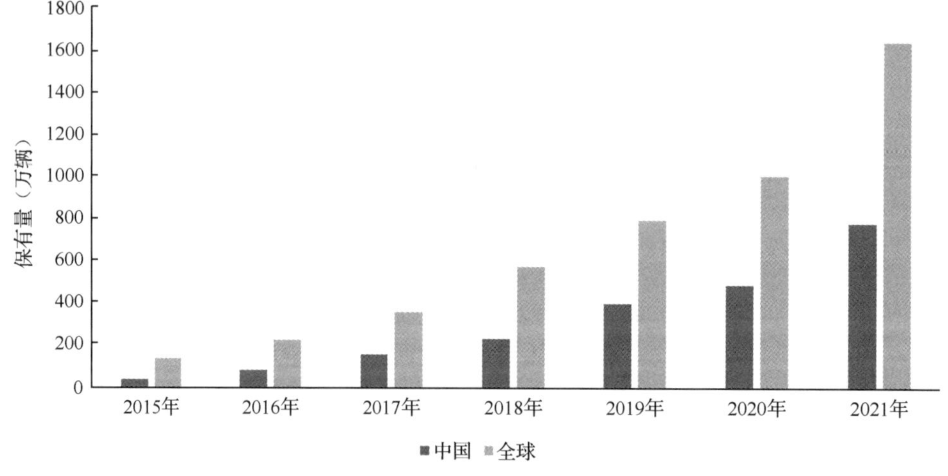

图 3-4　2015—2021 年我国与全球新能源汽车保有量

三、新能源汽车小型化促进低碳化转型

双积分政策促进新能源汽车市场的多样化发展。纯电动汽车市场渗透路径主要有 A00 级车型从低端市场渗透及 B 级以上大型车从高端市场渗透两种路径。除传统补贴外，

在双积分政策作用下，新能源汽车在小型车领域获得的积分补贴大幅扩大了其与传统车型相比的成本优势。从 2016 年到 2020 年的销售情况看，新能源汽车由于可在家充电、停车方便、成本等多方面优势的共同作用下，在 A00 级车型上展现出强大的竞争力，到 2020 年，新能源汽车对 A00 级车型的渗透率已接近 100%（见图 3-5）。在 A0 级车型中，新能源汽车也展现出较强的竞争力，在 2018 年前，新能源汽车渗透率表现出持续上升趋势，之后由于补贴退坡等因素导致渗透率下降。以柳州市整车市场结构为例，从 2017 年起，由于电动 A00 级车型的迅速发展，当地整车市场结构，中小型车占比持续提升。与此同时，新能源汽车由于在加速度、绿色属性等方面独特的优势，更容易被高收入人群所接受，从而促进了整车市场的高端化发展（见图 3-6）。在汽车电动化率不断提高的背景下，新能源汽车市场的多样化发展，将进一步促进汽车产业低碳化转型及高端技术发展。

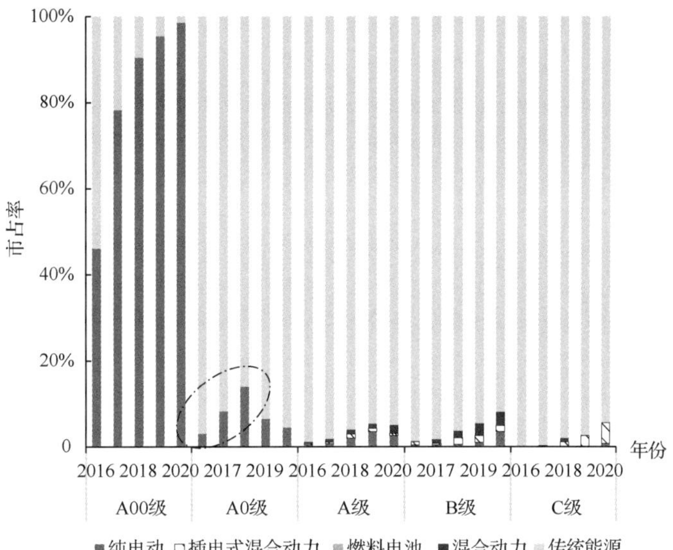

图 3-5　2016—2020 年我国新能源汽车在各车型中的渗透率

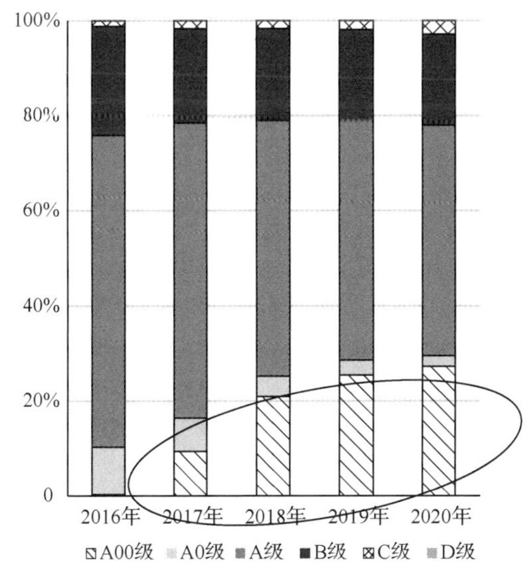

图 3-6　2016—2020 年柳州市整车市场车型结构变化情况

第二节　双积分政策对新能源汽车产业发展的量化分析

新能源汽车的加速发展得益于多方面驱动。在政策方面，我国从积分政策、财政补贴、税收优惠、路权、停车优惠等多方面提供支持，大幅提升了新能源汽车相比传统车型的使用便利性及竞争力，促进了新能源汽车产业市场化，在补贴退坡后，双积分政策将作为后补贴接续政策进一步发挥其促进产业转型作用。为进一步评估双积分政策对新能源汽车产业发展的影响，本节构建了政策效益评价模型，对其影响进行量化分析。

一、政策效益评价模型

本节中使用的政策效益评价模型是基于中汽研汽车产业结构预测模型（Vehicle Market Structure Analyais Model，VMSAM）完善形成的（见图 3-7）。该模型的基本原理为：以各车型全生命周期成本（TCO）对比为基础，建立汽车技术指标、基础设施完善度、政策支持等因素与新能源汽车市场渗透率的对应关系。模型主要分两部分，第一部分是车辆全生命周期成本评估，通过建立全生命周期成本模型并引入各年度新能源汽车成本、技术数据，将各场景下（主要通过日行驶里程区分）新能源汽车的折旧成本、维保成本及使用成本与传统车型的进行对比，分析各场景下新能源汽车与传统能源汽车的成本差距。第二部分是影响因子价格化，通过将政策补贴、补能效率、消费者偏爱等因素转化为消费者心理价格的方式，分析加入此类因素后，新能源汽车与传统能源汽车在消费者购买端的竞争力。再通过合并这两个部分，以日均里程、收入分布曲线作为场景划分依据，拟合求出新能源汽车更有竞争力的场景，从而获得场景渗透率核算结果。双积分政策主要对企业生产端产生影响，其影响结果在终端汽车售价中得到部分体现。以五菱宏光 MINI 为例，在较低的定价下，单车销售利润极低，但通过积分交易，仍可获得较大利润。为评估双积分政策效应，通过将模型简化，以渗透率为拟合目标、车型全生命周期对比模型为基础模型，反向求得各年度新能源汽车在消费者购买端的心理溢价后，将双积分政策影响价格化结果再次输入模型，对比前后结果的差异，获得政策对电动化的促进效益评估结果。

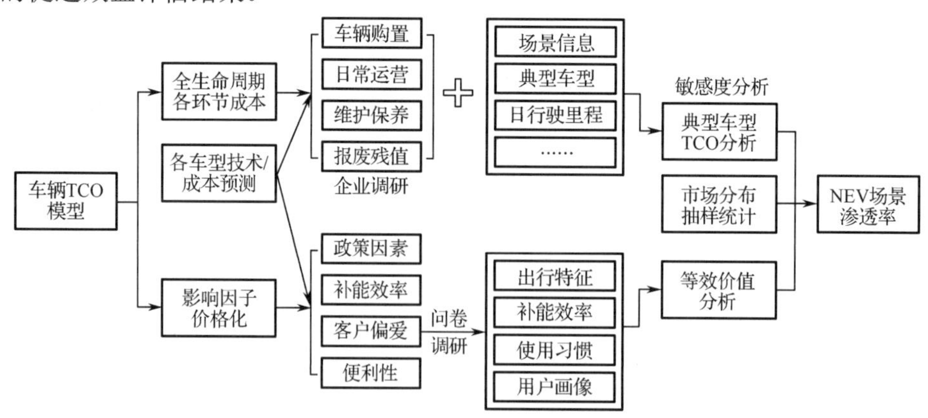

图 3-7　VMSAM 框架

纯电动汽车已在部分区域私家车应用场景中拥有竞争力。应用 VMSAM 模型，结合当前成本水平和购置税优惠政策分析，在主流私人（年均运营 1.3 万千米）A 型车场景下，新能源汽车成本仍高于传统车型，但是由于不同区域的充电桩覆盖率不同，在充电桩覆盖密度较高的发达地区（北京、上海、海南等区域），新能源汽车在消费者端的心理成本已经低于传统能源汽车的，而在欠发达区域，虽然当地消费者对充电设施覆盖率敏感性相对较低（见图 3-8），但由于覆盖率仍过低，新能源汽车消费者心理成本仍远高于传统能源汽车的（见图 3-9）。

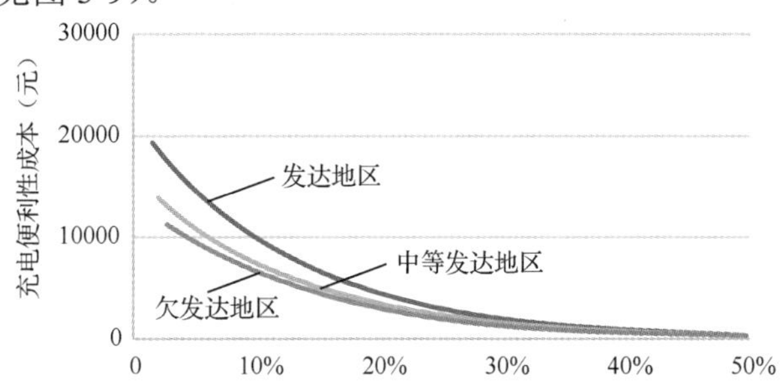

图 3-8　充电设施覆盖率与消费者心理成本

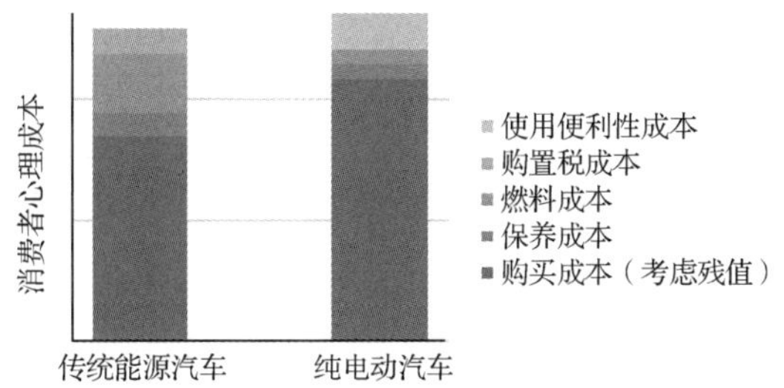

图 3-9　传统能源汽车与纯电动汽车的竞争力对比

双积分政策通过扩大新能源汽车竞争力范围的方式提升新能源汽车渗透率。以日均行驶里程为变量，可将新能源汽车市场区分为不同的应用场景，通过敏感度分析，新能源汽车在日均里程较长的场景成本竞争力较大。通过人均收入数据可将消费者划分为不同群体，经调研，汽车续驶里程超过 500 千米以后，进一步延长续驶里程已无法有效提升消费者的心理价值，同样一款车型续驶里程从 500 千米提升到 600 千米只会提升约 0.8 万名消费者心理价值，而百公里加速时间从 8 秒提高到 6 秒将提升高收入人群心理价值约 4 万元、提升低收入人群心理价值约 3 万元，电动汽车由于在加速性能等方面的优势，更容易受高收入人群的偏爱。在原有竞争力区间基础上，积分交易带来的单车积分收益转换为“补贴”，降低消费者支付成本，进而扩大可再生能源汽车竞争力区间以提升新能源汽车渗透率（见图 3-10）。

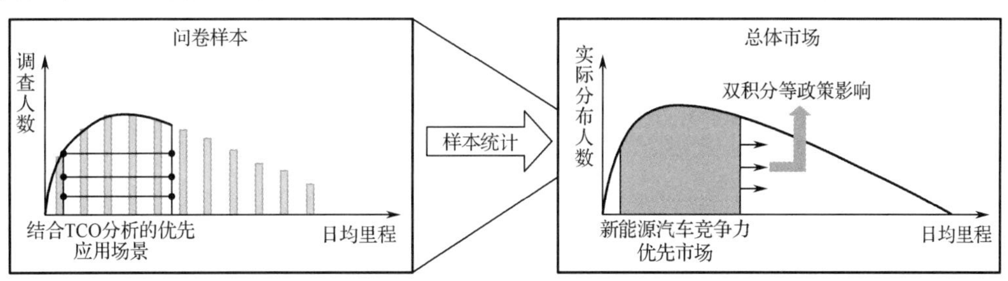

图 3-10　双积分政策通过扩展新能源汽车竞争力范围的方式提升新能源汽车渗透率

二、双积分政策带动新能源汽车规模持续扩大

如表 3-1 所示，通过 VMSAM 模型反向拟合，从 2018 年到 2021 年，除全生命周期成本外，由于基础设施不完善等原因，消费者对纯电动汽车的不认可度，经转化为政策补贴后年度心理溢价分别为每车 5.1 万元、4.0 万元、2.2 万元及 0.645 万元。随着基础设施的完善及补贴政策的延续，消费者对新能源汽车的接受度持续上升，从心理溢价指标来看，该指标值大幅下降。

表 3-1　各年度新能源汽车消费者心理溢价拟合结果

项　　目	2018 年	2019 年	2020 年	2021 年
BEV（纯电动汽车）消费者心理溢价（元/车）	51000	40000	22000	6450
PHEV（插电式混合动力汽车）消费者心理溢价（元/车）	43800	37000	25000	14900
BEV 拟合结果（%）	3.30	4.26	4.82	14.10
PHEV 拟合结果（%）	1.15	0.90	1.20	3.00
BEV 渗透率（%）	3.34	4.29	4.86	14.00
PHEV 渗透率（%）	1.15	0.86	1.21	2.90

双积分政策直接带动新能源汽车规模扩大，渗透率不断提升。以 2021 年为例，纯电动汽车评价单车积分为 2.95 分，当年积分平均交易价格为 2088 元/分，则每辆纯电动汽车积分收益约 6160 元。将积分等效补贴信息正向输入模型后，计算得出，在没有双积分政策的情境下，2021 年纯电动汽车渗透率下降 2.92%。结合汽车销量数据，双积分政策直接带动 2021 年纯电动汽车规模增加了 66 万辆。由于纯电动汽车相比插电式混合动力汽车可多获得一倍以上的积分，而在积分价格偏高时，插电式混合动力汽车相比纯电动汽车节省的成本（包含全生命周期成本及消费者心理成本）低于积分补贴差，纯电动汽车快速发展且抢占部分插电式混合动力汽车市场。整体来看，2021 年双积分政策带动新能源乘用车在新车市场总量中的占比提升约 3%（见表 3-2）。

表 3-2　双积分政策对新能源汽车渗透率的影响分析结果

项　　目	2018 年	2019 年	2020 年	2021 年
BEV 消费者心理溢价（元/车）	53250	41100	27400	12609.6
无双积分 BEV 渗透率（%）	2.72	4.07	3.30	11.03
有双积分 BEV 渗透率（%）	3.34	4.29	4.86	13.95
双积分对 BEV 影响结果（万辆）	13.3	4.0	30.1	65.7

第三节　双积分政策促进汽车产业减碳效果评估

汽车全生命周期碳核算主要是对三个方面排放量的核算（见图 3-11），一是汽车能源供应端（油井到油箱，Well to Tank），指燃油从开采、提炼、运输到加油站过程中产生的碳排放及电力发电输送到充电站产生的碳排放，根据燃油供应端碳排放因子、中国电

力结构碳排放因子等信息，结合汽车数量、运营油/电耗信息及各阶段运营效率等获得能源供应端碳排放量；二是汽车制造端，指汽车原材料从开采、加工、组装到最终车辆出厂产生的碳排放，根据年度汽车制造产量预测，结合制造端碳排放因子获得汽车制造过程碳排放量；三是汽车运营端（油箱到车轮，Tank to Wheels），指汽车运行过程中由于汽油燃烧产生的碳排放，即汽油从加注到车上再到燃烧完成产生的排放。主要通过结合汽车市场结构、单辆车平均年运营里程、各年度油耗、燃油碳排放因子等数据，获得汽车运营过程总的碳排放量。三个方面的排放量相加，获得汽车全生命周期碳排放规模测算结果。

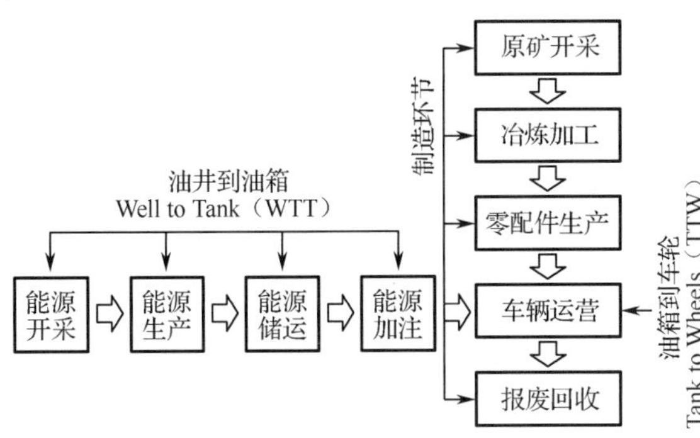

图 3-11　汽车产业全生命周期碳排放分析的“一横一竖一交点”领域划分

纯电动汽车在减排方面较传统能源汽车更具优势。《汽车生命周期温室气体及大气污染物排放评价报告 2019》数据显示，在全国平均电力水平下，各级别（A00 级、A0 级、A 级、B 级、C 级）纯电动乘用车相比对应级别的汽油乘用车，全生命周期温室气体减排比例为 21%～33%。从碳排放角度来看，按照 2021 年纯电动乘用车平均电耗 12.24kWh/100km、传统乘用车平均油耗 6.83L/100km（WLTC 工况），单车年行驶距离 1.3 万千米、生命周期 15 年进行测算，纯电动汽车在能源供应端、汽车制造端的碳排放量分别较传统能源汽车高 4.8 吨、9 吨，运营端直接排放为 0，对应的运营端减碳量约 30.6 吨，全生命周期减碳量约 16.8 吨。插电式混合动力汽车以纯电出行率 60%进行测算，其在运营端相比传统能源汽车的减碳量约 16.7 吨。随着我国电力结构的持续绿色变革，新能源汽车减碳效益越发显著（见图 3-12）。

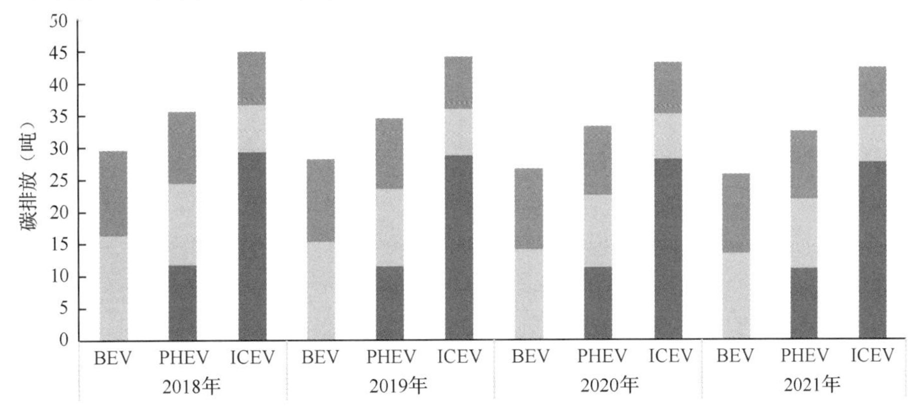

图 3-12　各车型全生命周期碳排放组成对比

2021 年双积分政策带动汽车运营端减碳效果明显。在促进传统能源乘用车节能方面，2021 年传统能源乘用车平均油耗同比下降 0.11L/100km，全年累计产量 1756 万辆，按单车年行驶距离 1.3 万千米、生命周期 15 年估算，2021 年传统能源乘用车在运营端较 2020 年的减碳量新增 866 万吨。在推广新能源汽车应用方面，2021 年新增新能源乘用车在运营端减碳量预计 8868 万吨。结合前文的测算结果，双积分政策促进节能和新能源汽车发展，预计在运营端直接贡献 2876 万吨减碳量。

第四节　总结与建议

本章将政策支持转化为对消费者心理价格影响因子，量化评估政策效益，具有一定的参考意义。根据测算分析结果来看，双积分政策在促进传统能源汽车节能、新能源汽车规模扩大等方面，取得了不可忽略的实质性成效，在碳达峰碳中和背景下，对加快我国汽车产业转型升级和绿色低碳发展具有重要意义。与此同时，汽车产业发展仍面临复杂的内外部形势，政策实施也存在市场不够稳定等有待完善的方面，建议围绕产业发展规划，进一步完善积分管理有关要求，为产业高质量发展提供政策保障。

一是合理设定新能源积分分值与考核比例要求。长期来看，随着能源结构的清洁化及新能源技术的提升，大力促进新能源汽车发展，将发挥更大的减排效应。建议科学评估各低碳发展技术路线碳减排效益，合理调整积分政策中的新能源积分分值和考核比例要求，引导市场结构不断优化，促进汽车产业加速减排，落实碳达峰碳中和目标。

二是完善积分供需调节机制。近年来，积分交易价格波动较为明显，行业企业对积分价格预期不够稳定，不利于企业的中长期发展规划。2022 年，在原材料涨价、积分价格下调的背景下，多个车企上调了新能源汽车售价，对销售计划产生了一定影响。建议通过合理设计积分池等供需调节机制，增强企业积分合规的自主性、可预期性，保障汽车产业健康有序发展。

三是探索建立商用车低碳发展市场化激励机制。商用车作为一种高频使用的生产资料，其对环境影响十分明显，传统能源商用车的能耗水平是乘用车的 3 倍左右，年平均行驶里程是乘用车的 2 倍以上，总耗能水平达乘用车的 6 倍以上，是汽车产业减污降碳的关键。近年来，新能源商用车规模不断扩大，2022 年上半年市场占比约 7%，电动化进程相对缓慢。乘用车领域的积分管理制度促进节能、新能源汽车发展效果明显。除财税鼓励外，建议继续探索市场化创新机制，加快推动商用车转型升级。

第四章　中国工况研究新进展及标准导入情况

刘昱，李菁元，于晗正男，安晓盼，杨正军，颜燕*

摘要：本章对中国工况研究新进展及标准导入情况进行了系统梳理和深入分析，主要包括中国工况前期工作进展、工况持续评估和更新、工况对轻重型国六车型能耗排放的影响、工况数据挖掘和中国工况在标准中的导入等最新进展。研究发现：中国工况油耗显著高于 NEDC 工况和 WLTC 工况，考虑空调能耗影响后与用户实际油耗更为接近。此外，基于中国工况的能耗标准体系已基本建立，后续会对中国工况进行评估和体系完善。

关键词：中国工况；能耗排放；标准导入。

第一节　中国工况前期工作情况

2016 年，中国原油对外依存度升至 65.5%，其中，汽车燃油消耗量约占整个石油消耗量的 1/3 以上，至 2020 年该比例已超过 1/2，因此节能减排是汽车行业必须面对和解决的问题。汽车产品检测工况是汽车行业的一项重要的共性基础技术，是车辆能耗排放测试方法和限值标准的基础。21 世纪初，我国直接采用欧洲行驶工况对汽车产品能耗排放进行认证，有效促进了汽车节能减排技术的发展。

近年来，随着汽车保有量的快速增长，我国道路交通状况发生了很大的变化，政府、企业和民众日渐发现，以新标欧洲循环测试（NEDC）为基准所优化标定的车辆，其实际油耗与法规认证结果偏差越来越大，其中自然吸气车型的实际油耗与认证油耗平均相差 28%，增压车型平均相差 32%，轻型车辆整体差异为 29%，影响了政府的公信力。同时，导致节能政策实施的实际效果得不到准确的评估，特别是对于电动空调、制动能量回收和怠速启停等技术的节能效果评估。欧洲在多年的实践中也发现了 NEDC 的诸多不足，转而采用世界轻型车辆测试循环（WLTC），但该工况在怠速比例和平均速度这两个最主要的工况特征方面与我国实际工况的差异更大。作为车辆开发及评价最为基础的依据，自主行驶工况的缺失已成为我国汽车产业进步的主要障碍之一，行业多次呼吁开发中国自己的汽车行驶工况。

国务院原副总理马凯高度重视新能源汽车工况研究和开发，2014 年 9 月和 2015 年 5 月，两次指示要求加快我国电动汽车典型工况标准制定。遵照中央领导的指示要求，工

* 刘昱，中汽中心工况领域首席专家；李菁元，中汽中心排放领域首席专家；于晗正男，中汽中心高级工程师；安晓盼，中汽中心项目经理；杨正军，中汽中心高级工程师；颜燕，中汽研汽车检验中心（天津）有限公司总经理。

业和信息化部联合五部委于 2015 年共同委托中国汽车技术研究中心有限公司牵头组织行业开展“中国新能源汽车产品检测工况研究和开发”（简称“中国工况”）项目。

历经三年，项目组综合考虑常住人口、汽车保有量、GDP 及我国各典型城市地区地理、气候特点等核心指标将全国 300 余个城市分为 5 类，从中挑选了 41 个典型城市进行数据采集，累计采集了 5048 台车 5500 万千米的车辆实际行驶数据，另外采集了对应 41 个城市一年的 GIS 交通流大数据，该数据为每 5 分钟更新一次的道路平均速度，共有二十亿条。相较于 WLTC 工况开发使用的 394 辆车、64.5 万千米的车辆行驶数据，中国工况车型种类更多、车辆数量更多、测量参数更多、数据量更大。在工况开发方法论方面，首次引入了 GIS 交通流大数据，建立了全方位、多维度的时空交通流模型库，计算不同速度区间权重系数，解决了由于我国幅员辽阔、道路交通复杂多变造成的工况代表性难以保证的问题。最终建立起利用 GIS 宏观权重对少量车辆实际行驶数据进行加权的工况快速开发方法，构建了轻重型车及发动机共 10 条工况曲线。中国工况充分反映了我国车辆低平均速度、高怠速比例和频繁加减速的特点，与 WLTC、NEDC 和 C-WTVC 的工况具有显著差异。

2017 年国标委正式立项编制中国工况系列标准，2019 年第 13 号国家标准公告，批准发布《中国汽车行驶工况 第 1 部分：轻型汽车》（GB/T 38146.1—2019）、《中国汽车行驶工况 第 2 部分：重型商用车辆》（GB/T 38146.2—2019）。2021 年第 11 号国家标准公告批准发布《中国汽车行驶工况 第 3 部分：发动机》（GB/T 38146.3—2021）。中国汽车行驶工况系列曲线示意图如图 4-1 所示。

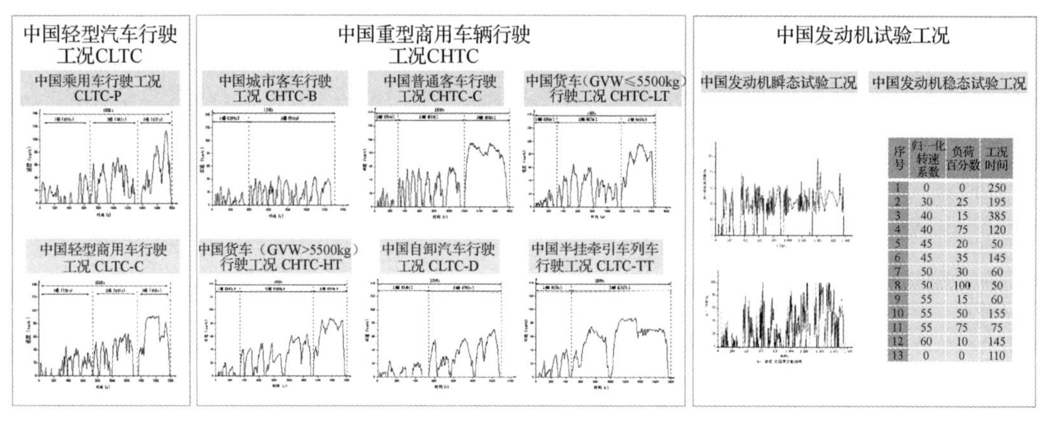

图 4-1　中国汽车行驶工况曲线示意图

第二节　中国工况研究进展

我国车辆保有量尚未达到饱和状态，并且随着电动化和智能化的不断发展，车辆结构和交通状况仍在不断变化，因此有必要从交通流变化和车辆总体运行工况特征变化两方面开展中国工况的持续评估和更新工作。另外，为了推动下一阶段能耗和排放标准导入中国工况，需要开展不同工况和规程下的试验测试，评估工况切换对能耗和排放试验结果及相关节能减排政策的影响。最后，中国工况数据库反映了我国不同用户的实际用车习惯和驾驶特征，除应用于法规工况开发外，也可以为企业整车和关键部件的设计和开发提供重要参考。

一、工况持续评估和更新

准确的交通流模型和代表性的车辆实际运行数据是工况评估和更新的关键。本节主要介绍开展的交通流模型完善与车辆实际行驶数据采集及分析两方面工作。

（一）多尺度交通流模型研究

交通流量主要受区域经济指标、用地情况、通勤特征和潮汐车流等指标的影响。为了保障交通流模型的代表性，在中国工况项目划分的 5 类城市中分别选择一个典型城市开展交通流模型验证。每个城市选择高速公路、快速路、主干路及次支路 4 种类型各 2 条道路；每条道路连续采集 2 周，覆盖工作日和公休日、白天和夜间；具体采集设备利用摄像头拍摄道路交通视频，通过 VIPT 视频检测器/FLUX 软件处理得到交通流数据；针对无法架设摄像头的路段，采用多普勒微波雷达设备或 ETC 数据，最终共采集 40 条道路交通流数据。采集设备如图 4-2 所示。

基于 5 类典型城市的实测交通流数据，研究了 Greenshields、Greenberg、Underwood、Van Aerde 等经典交通流模型对不同类型城市和道路交通流的适用性，建立起区分城市类型、道路类型、工作日/公休日和白天/夜间等多尺度交通流模型库，共包含 80 种适用于不同交通状况的交通流模型。第一类城市主干路在工作日白天的交通流模型拟合结果如图 4-3 所示。

图 4-2　道路数据采集

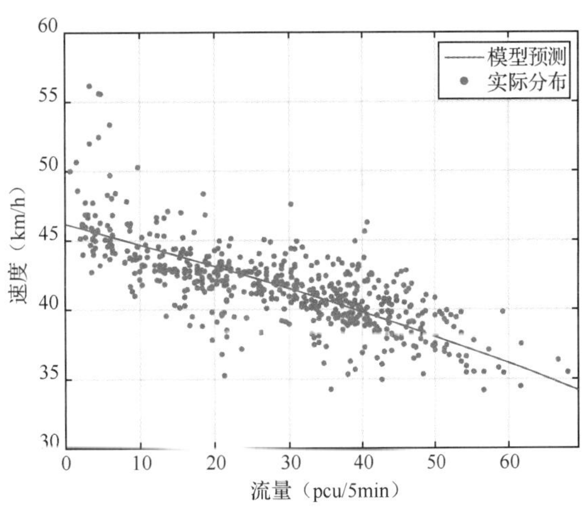

图 4-3　交通流模型拟合

基于实际采集道路速度数据，利用多尺度交通流模型和以往单一交通流模型两种模型对 5 类典型城市各等级道路进行流量预测，并与实际采集道路的流量数据相对比，结果如图 4-4 所示。从中可以看出，多尺度交通流模型较单一模型精度提高 5%，对中国当前实际道路条件适用性更好。

将 2021 年全国 GIS 交通流大数据输入上述多尺度交通流模型，计算车辆在不同速度区间行驶的权重因子，并与 2017 年对应结果进行比较，结果显示二者平均差异小于 3%，说明宏观交通流未发生显著变化，暂时不需要对中国工况进行更新。

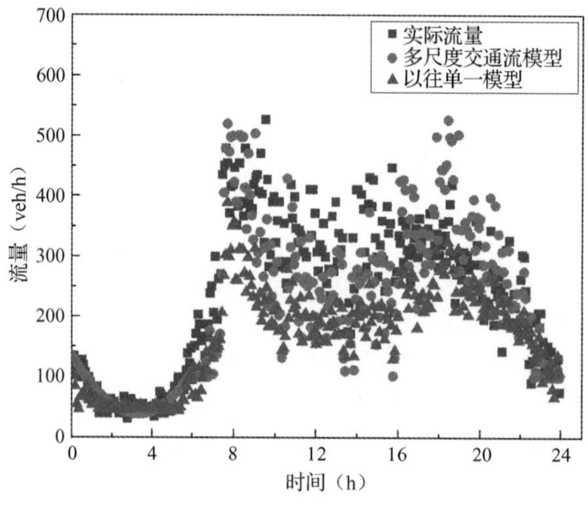

图 4-4　交通流模型验证

（二）车辆实际行驶数据采集及分析

依照城市选择方法论，从 2019 年至 2021 年陆续选择了 21 个典型城市开展数据采集工作。采集参数包括车辆 GPS、发动机动力总成、新能源汽车电池电机、油耗排放、环境信息五大类参数。在本轮采集中，传统燃油汽车的数据采集频率从 1Hz 提升至 4Hz，并增加了坡度、载重和空调使用等参数的采集，采集数据实时发送至中国汽车工况信息化系统。新能源汽车的数据采集频率进一步提升至 20Hz，同样增加了坡度、载重和空调使用等参数的采集，采集数据保存至本地。总共完成了 220 辆车共计 389 万千米的车辆实际行驶数据采集，其中新能源汽车占比达 70%以上。

选择速度特征、时间特征、加速度特征等典型的工况参数对该 21 个城市的最新数据与 2018 年数据进行了对比分析，如图 4-5 所示，结果表明：我国车辆总体运行工况特征变化不大，平均速度及运行平均速度涨幅均小于 4%，怠速比例变化幅度小于 2%。

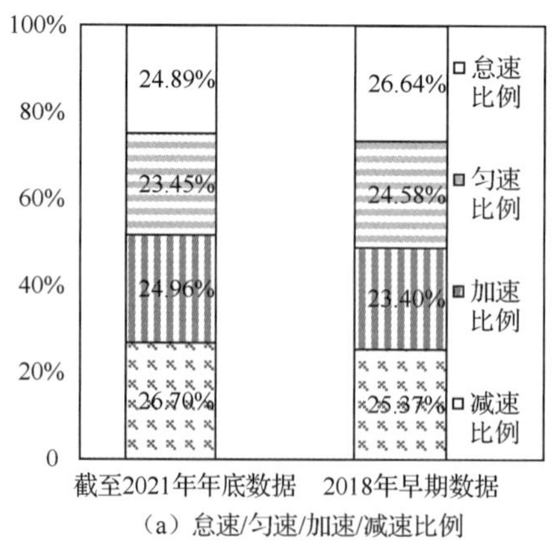

（a）怠速/匀速/加速/减速比例

图 4-5　21 个城市截至 2021 年年底数据与 2018 年数据工况特征对比

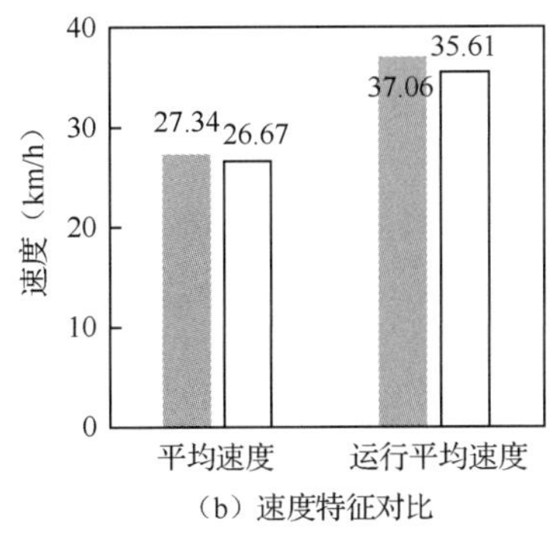

（b）速度特征对比

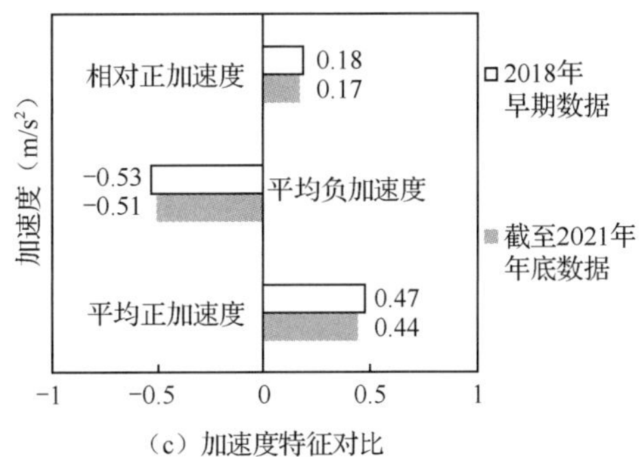

（c）加速度特征对比

图 4-5　21 个城市截至 2021 年年底数据与 2018 年数据工况特征对比（续）

综合宏观交通流及车辆实际行驶数据的分析结果可知，截至 2021 年年底，我国车辆实际行驶工况与 2018 年相比变化不大，暂时不需要对中国工况进行修正。

二、工况对能耗排放影响的研究

为评估下一阶段能耗及排放标准测试工况统一切换至中国工况的可行性，选取了满足国六排放标准的 33 款主流轻型汽油车及 209 款主流重型柴油车，开展了不同行驶工况下的能耗及排放测试，其中轻型汽油车测试按照 GB 18352.6—2016，重型柴油车测试按照 GB/T 27840—2021，重点分析了工况切换对整车能耗及排放的影响。此外，开展了典型车型基于中国工况的优化标定研究，力求为企业开展整车优化标定提供参考。

（一）轻型汽油车能耗排放特征分析

在相同的测试规程下，不同测试工况（NEDC 工况、WLTC 工况和中国工况）对于轻型汽油车的油耗差异如图 4-6 所示，为比较测试油耗与实际油耗的差异，针对每款车型分别选取了 100 位实际用户进行了实际油耗的调研分析。结果表明：NEDC 工况的油耗结果与用户实际油耗相差最大，相对偏差率的绝对值均值为 21.47%；其次是 WLTC 工况，差异为 16.92%；中国工况的油耗偏差最小，差异为 10.52%。结果表明中国工况所测得的油耗值更加接近用户实际油耗表现。

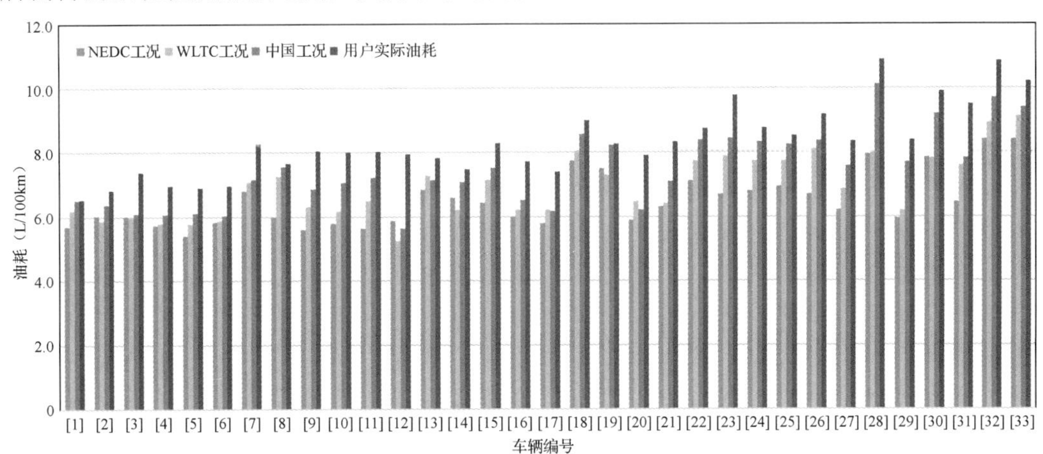

图 4-6　不同测试工况对于轻型汽油车油耗的影响

除行驶工况外，空调开启也是影响实际油耗的重要因素，尤其是在空调制冷的过程中车辆油耗明显增加。对上述 33 辆轻型汽油车开展了中国工况下高温开启空调的整车油耗测试，其中高温试验使用 30℃的环境温度外加 850 瓦/平方米的光照来模拟高温环境，且车辆测试前还要在“高温+光照”的环境中“浸放”30 分钟，最大程度模拟实际场景。常温和高温测试完毕后，按照油耗值 2∶1（八个月∶四个月）的比例加权，得到综合油耗。研究结果表明：开启空调后百公里油耗平均增加 2.07L，相比于常温油耗，高温油耗平均增加 28.61%。考虑到空调的使用频率，综合油耗比常温油耗平均增加了 9.53%。最终使得综合油耗与实际油耗的相对偏差率的绝对值均值进一步缩小至 5.34%，具体结果如图 4-7 所示。

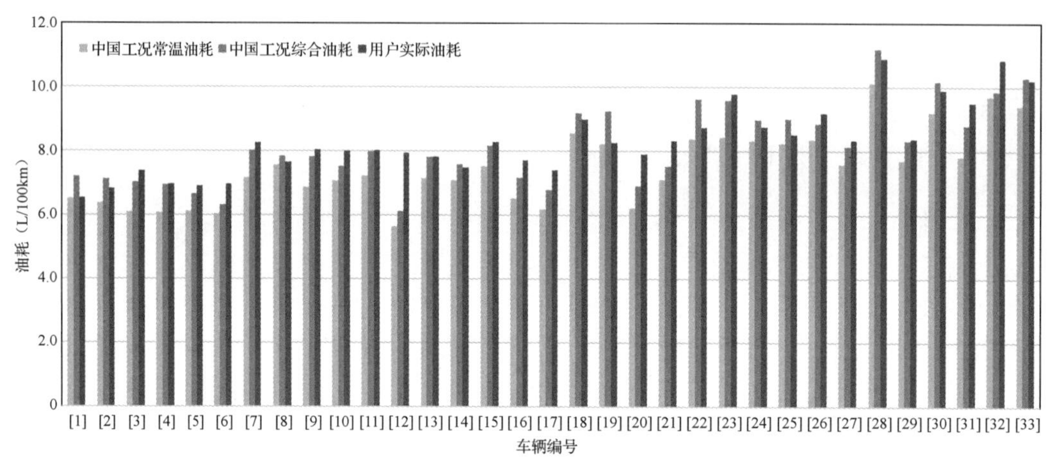

图 4-7　中国工况常温油耗、中国工况综合油耗与用户实际油耗的对比

为探明基于中国工况优化标定对整车实际道路油耗的改善潜力，考虑到中国工况平均速度低、怠速比例高和频繁加减速的特点，分别从发动机及变速箱两个方面对两款增压车型进行了整车油耗标定优化，标定策略如图 4-8 所示。发动机优化标定包括冷启动阶段优化、催化器加热优化、空燃比闭环控制优化、减速断油优化等。其中，冷启动阶段优化主要包括喷油调节、进气调节及点火角调节；催化器加热优化主要包括加热空燃比调节、储备扭矩调节及怠速转速调节；空燃比闭环控制优化包括前后氧传感器标定以及 PI 控制器调节；减速断油优化包括断油/恢复断油转速标定及断油响应时间标定。变速箱优化标定包括升挡及降挡曲线标定，以求最大限度增加工况点在低油耗区域的分布；挡位锁止线及滑磨线标定，优化换挡品质，保证换挡平顺性。通过进行标定前后的用户实际油耗监测，实现了两款车型在满足国六排放限值的前提下，用户实际油耗分别降低 3.1%和 3.4%，验证了基于中国工况的优化标定是改善用户实际油耗的重要手段。

在排放影响方面，对上述 33 辆轻型汽油车分别进行了不同测试工况（WLTC 工况和中国工况）的排放测试，结果如图 4-9 所示。从 HC、CO、NO_x、PM 和 PN 排放结果来看，切换为中国工况后，各排放物均有一定程度的增加。但从各排放物限值裕度[a]角度来

a．排放限值裕度：排放限值与排放结果之差与排放限值的比值。用于表征排放结果的超标风险，数值越大说明超标风险越低。

看，切换为中国工况后，HC、CO、NO_x、PM 和 PN 排放限值裕度分别为 33.19%、63.63%、57.66%、76.51%和 33.65%，仍可满足目前的国六排放限值要求。

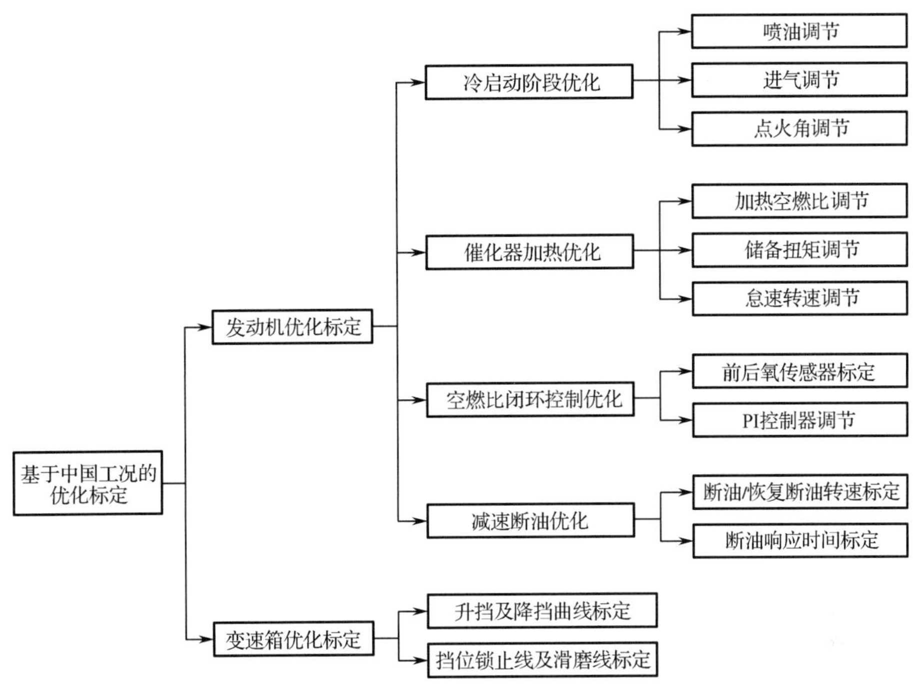

图 4-8　基于中国工况的优化标定策略

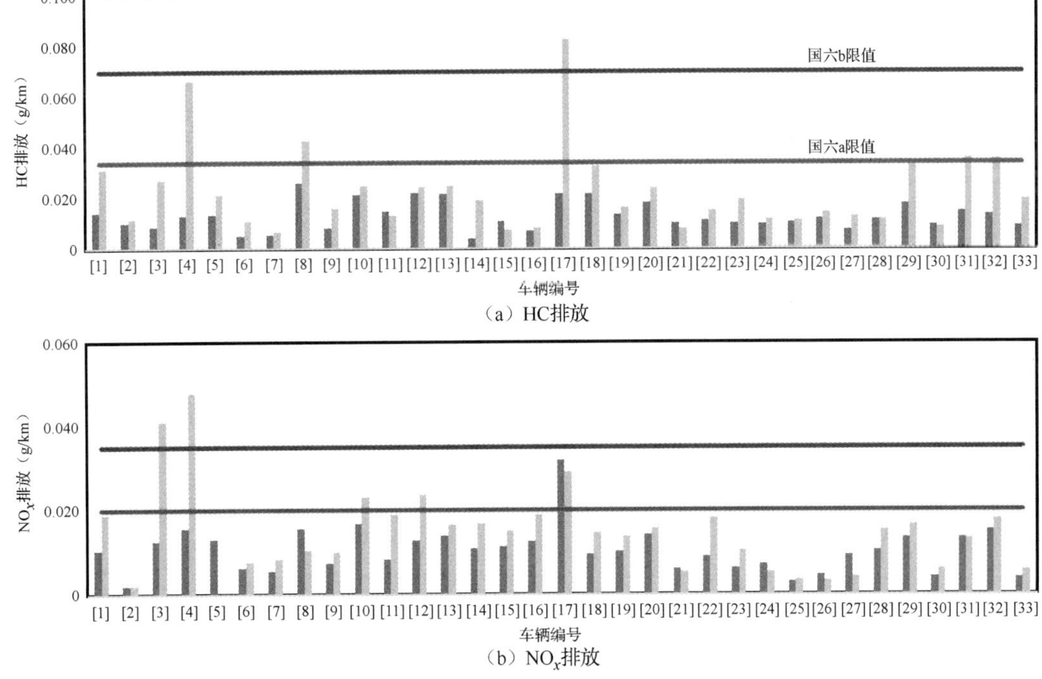

图 4-9　不同测试工况对于轻型汽油车排放的影响

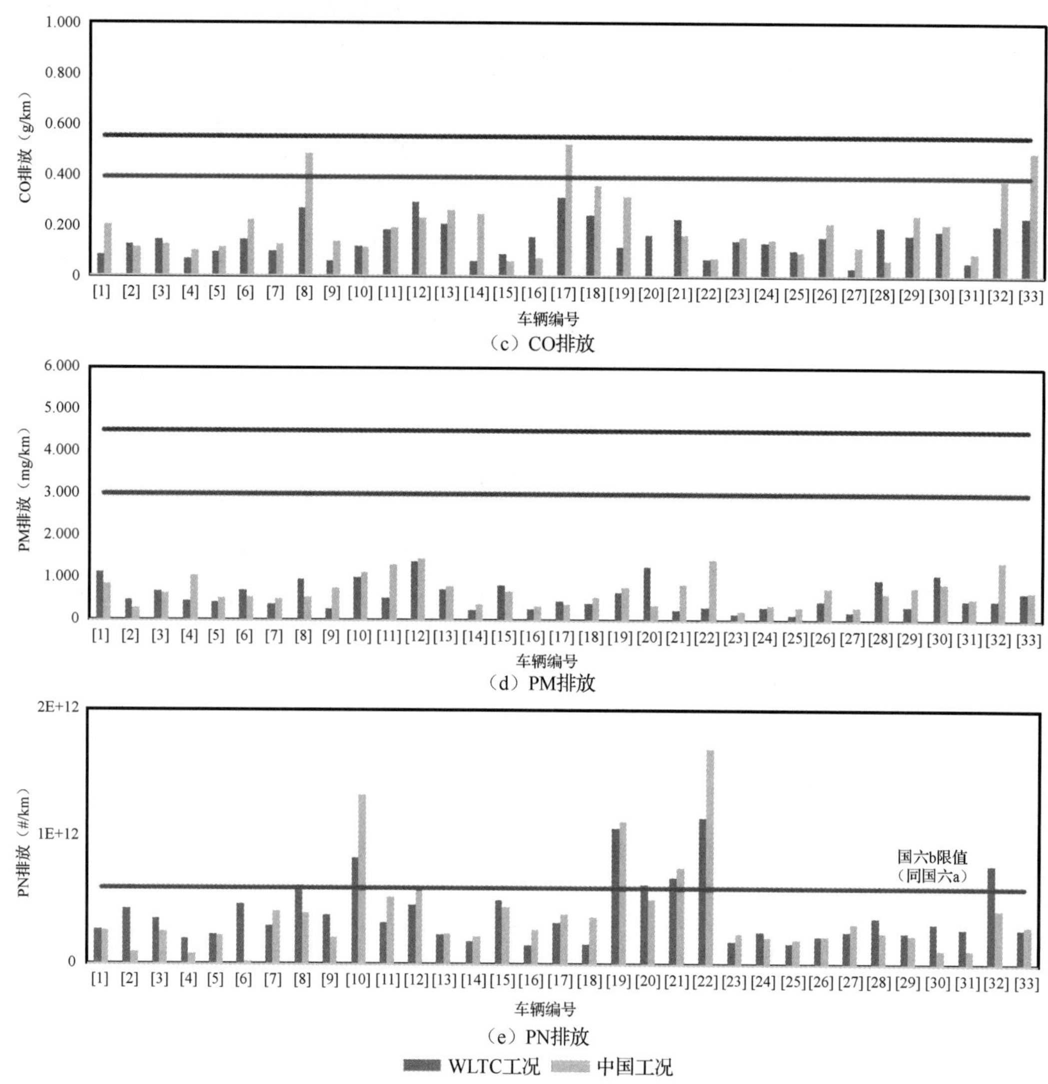

图 4-9　不同测试工况对于轻型汽油车排放的影响（续）

（二）重型柴油车能耗排放特征分析

209 辆重型柴油车的不同工况油耗试验的结果显示：与 C-WTVC 工况油耗相比，城市客车、客车、轻型货车、重型货车、自卸车及牵引车的中国工况油耗分别增加 22.63%、15.06%、2.72%、2.56%、3.51%和 3.91%，城市客车和客车的油耗增幅较为突出，其他车型仅略有升高，具体结果如图 4-10 所示。

造成不同工况下油耗差异的原因主要是工况怠速比例、速度分布、加速度分布的差异。这些差异影响了发动机工况点的分布，导致一部分工况点落在发动机的低效区，造成油耗升高。通过优化发动机高效区位置和范围及优化换挡策略等方式可改善重型柴油车的中国工况油耗。此外，由于中国工况的怠速比例明显高于 C-WTVC，因此控制怠速工况下的油耗也是改善中国工况油耗的重要手段。基于以上分析，选择了两辆客车开展

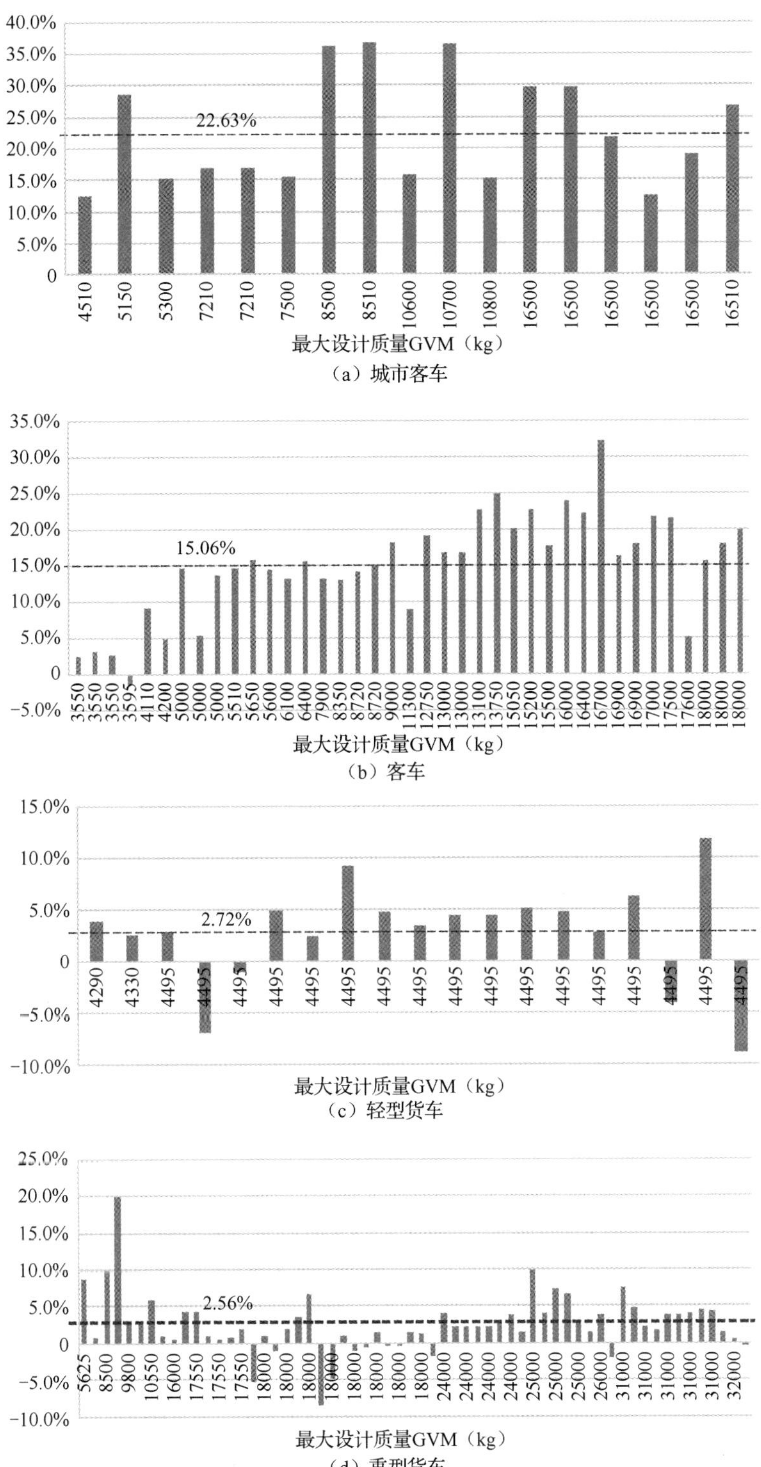

（a）城市客车

（b）客车

（c）轻型货车

（d）重型货车

图 4-10　切换为中国工况后对重型柴油车油耗的影响

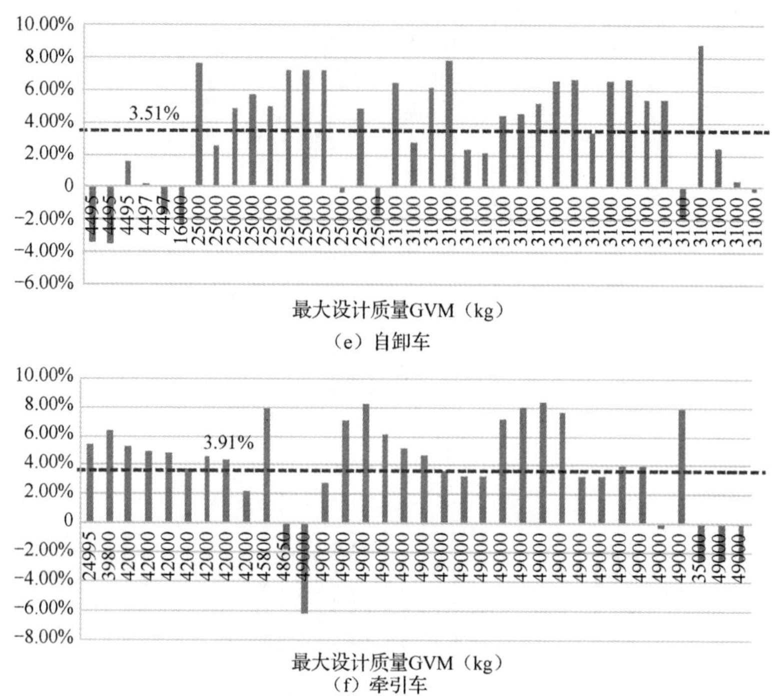

图 4-10　切换为中国工况后对重型柴油车油耗的影响（续）

基于中国工况的整车油耗标定优化。发动机层面，对发动机喷油压力、喷油提前角、EGR 废气量及节气门开度等参数进行了多维度优化标定，使得两款发动机油耗分别降低 2.84%和 3.04%。整车层面，通过油门滤波、怠速与控制、换挡策略优化及附件功能优化等手段，最终使得两辆客车的中国工况油耗分别降低了 6.8%和 7.1%。

工况切换对重型柴油车排放的影响与轻型汽油车类似，CO、NO_x 和 PN 排放均有所增加，分别增加 34.80%、13.82%和 19.50%，不同车型的排放物增幅有所不同，但各排放限值裕度均较大，均能满足对应的排放阶段限值要求，结果如图 4-11 所示。

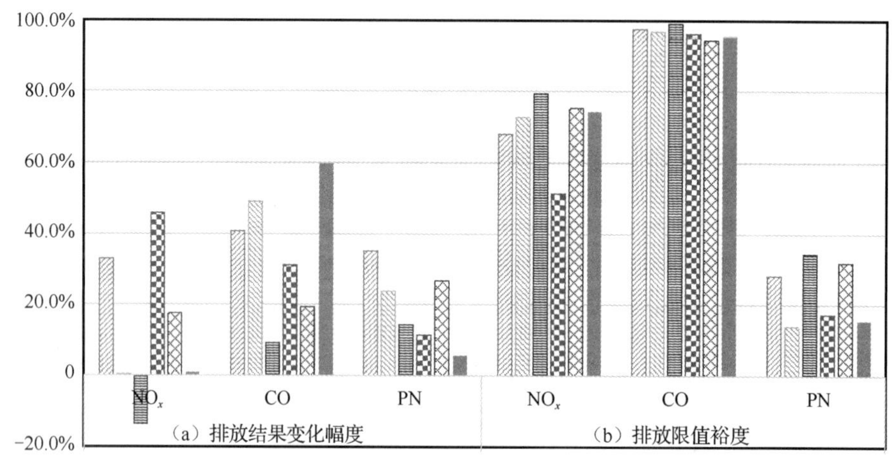

图 4-11　切换为中国工况后对重型整车排放的影响

三、工况大数据挖掘

中国工况积累了大量的车辆实际行驶数据，可以为企业车辆的开发和设计提供支撑。结合标准及企业车型开发需求，先后推出了多项行业基础支撑成果，包括开发了基于我国车辆实际出行特征和充电习惯的 UF 效用系数，支撑了混合动力电动汽车综合能耗的计算；开发了用于传统能源汽车 RDE 排放标定的工况库，大大缩短和降低了标定周期和成本；开发了电驱总成耐久工况，广泛应用于企业传统能源汽车 RDE 排放标定和新能源汽车电驱总成设计有助于提升整车企业及主机厂的电驱总成可靠性评价与寿命管理评估能力。

（一）UF 效用系数研究

混合动力电动汽车能耗是行业关注的热点问题。GB/T 19753—2013《轻型混合动力电动汽车能量消耗量试验方法》中采用 25km（显著偏小）代表纯油阶段的行驶里程，进而结合纯电行驶里程对综合油耗进行加权计算，造成了综合油耗显著低于实际油耗。世界轻型车辆测试规程（WLTP）及轻型车国六排放标准均引入了基于车辆的日出行里程数据得到的效用系数（Utility Factor，UF）进行综合能耗加权计算。但 UF 理论设置两个假设条件：充电频率 1 天/次，车辆每天以满电状态、电量消耗模式开始运行。由于国内充电设施相对不足和民众充电意识不强，上述假设与实际存在较大偏差，现有的国六 UF 系数和其他国家的 UF 系数不能充分反映我国混合动力电动汽车的实际使用和出行特征。

为解决这一问题，团队提出将出行链作为电动汽车出行特征的重要指标，并建立了“中国出行链 UF 系数”计算方法。以中国工况大量且丰富的车辆实际行驶数据为基础，构建了中国传统能源汽车出行特征数据库、中国新能源汽车出行特征和充电特征数据库，分别计算单日出行里程、出行链里程、充电周期等主要特征参数；基于此构建并拟合基于出行链里程特征的中国出行链 UF 系数，包括适用于轻型车和重型车的 7 组 UF 系数，如图 4-12 和图 4-13 所示。相关成果已经被 GB/T 19753—2021 和 GB/T 19754—2021 所引用。

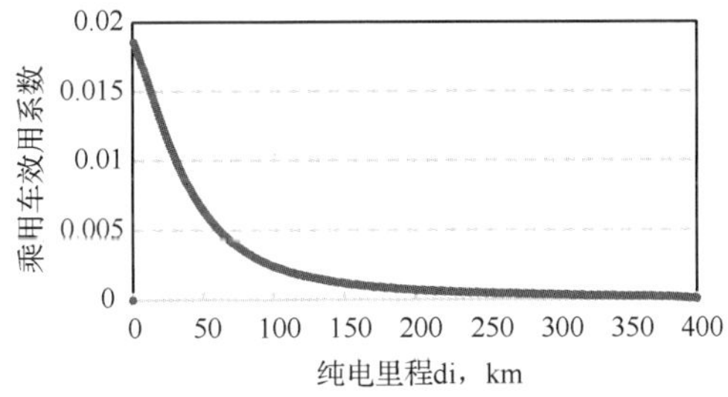

图 4-12　轻型车（以乘用车为例）出行链里程 UF 系数

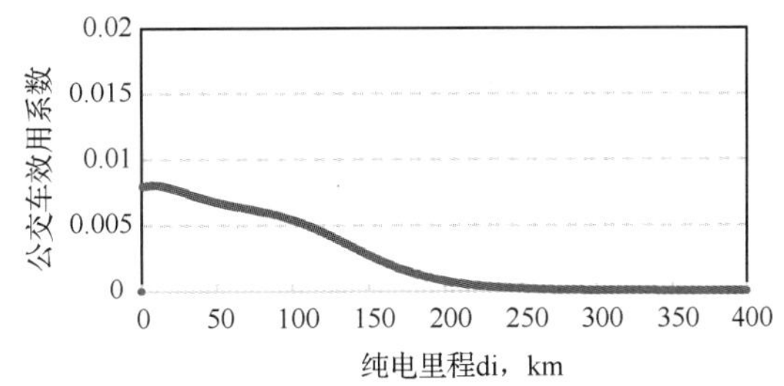

图 4-13　重型车（以公交车为例）出行链里程 UF 系数

以纯电里程为45km、电量保持模式油耗为7.4L/100km的某车型为例：按传统25km加权后的综合油耗为2.6L/100km，按欧洲WLTP设置的UF系数加权油耗仅为2.0L/100km，按中国出行链UF加权油耗为3.4L/100km。综合来看，基于中国出行链UF系数计算的综合油耗更加贴近用户实际油耗。

中国出行链里程UF系数的提出，反映了现阶段我国混合动力电动汽车低频率充电现状下的出行特征，支撑了对混合动力电动汽车能耗试验结果的综合评估；有利于引导混合动力电动汽车的技术升级。

（二）RDE标定工况库开发

国六排放标准引入了实际道路RDE测试规程用于检测车辆实际道路行驶过程中的排放水平，是Ⅰ型转毂台架试验的重要补充。但从企业产品开发角度来说，RDE试验复杂、试验结果受环境条件影响较大，需要在实际道路上进行标定，标定周期长、成本高，给企业的车型开发造成了较大困难。目前，欧洲基于WLTC工况开发所采集的数据开发了RTS95激烈驾驶工况，通过在试验室环境舱中标定最激烈的驾驶情景，从而实现在实际道路上的排放达标。

我国车辆激烈驾驶情况与欧洲存在显著差异，直接借鉴RTS95工况进行标定会造成过度设计。团队逆向推导了RTS95开发技术路线，基于中国工况大数据，提出以相对正加速度值为激烈驾驶程度的量化标准。在每个速度区间挑选95%激烈程度对应的若干个短片段，并根据差异性评价准则，在不同速度区间挑选存在差异的片段，确保低速区间、中速区间片段在平均速度层面的全覆盖，从而构建了符合我国实际行驶特征的激烈驾驶工况。另外，考虑到我国存在大量的高海拔驾驶情景，高海拔驾驶特征与平原存在较大差异，因此针对高海拔区域车辆的实际行驶特征开发了高海拔工况，最终形成了包含基本工况、激烈驾驶工况和高海拔工况在内的RDE标定工况库，具体如图4-14所示，通过在转毂环境仓里对该工况进行标定，实现了RDE标定从实际道路向转毂的转移。RDE标定工况库已经在东风、本田、日产、广汽等企业的多款车型研发上得到了应用，企业的标定周期和成本降低70%。

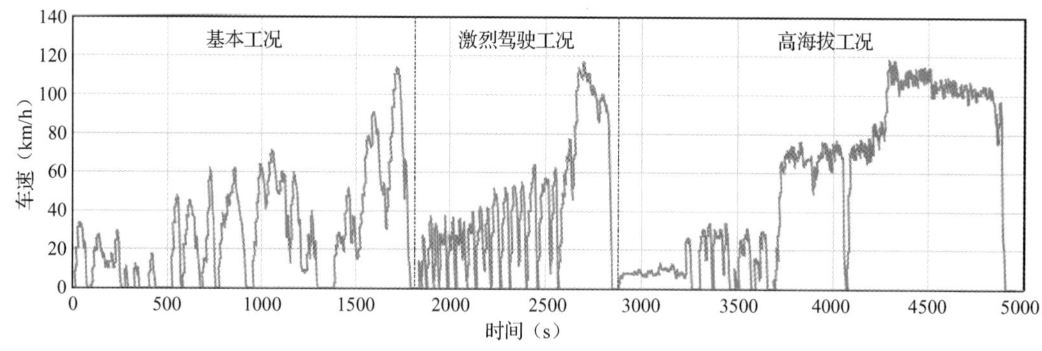

图4-14　RDE标定工况库示意图

（三）电驱总成耐久工况开发

随着双积分、购置税优惠和路权优先等政策实施，以及公众认可度增加，近几年新能源汽车保有量不断增加、车辆使用时间不断增长、使用场景不断复杂化，这些均对新能源汽车的耐久性提出了挑战。作为新能源汽车的核心部件，电驱总成耐久性的优劣更是重中之重。由于考虑到普适性，目前国家和行业标准中的电驱总成耐久工况设置较为宽松并且未针对特定车辆类型进行细分。此外，部分企业采用的耐久工况又多基于欧美等国家车辆的实际行驶数据开发而成，与我国实际用户的驾驶习惯不符，这些均造成外推得到的电驱总成全寿命周期载荷谱与用户实际载荷谱之间的失真。

为解决传统电驱总成耐久工况构建过程中遇到的用户激烈驾驶习惯覆盖性及用户关联失真问题，我们提出了利用实际行驶片段相对正加速度值定量确定用户激烈驾驶习惯的方法，挑选激烈驾驶片段构建整车工况，解决了用户激烈驾驶习惯覆盖性问题；借助典型城市 GIS 交通大数据确定低速、中速和高速宏观权重，解决了电驱总成载荷谱外推过程中的用户关联问题。最终根据疲劳损伤原理及等效损伤理论对电驱总成多个主要零部件进行同步加速，得到符合用户实际行驶特征的电驱总成耐久工况，主要开发技术路线如图 4-15 所示。

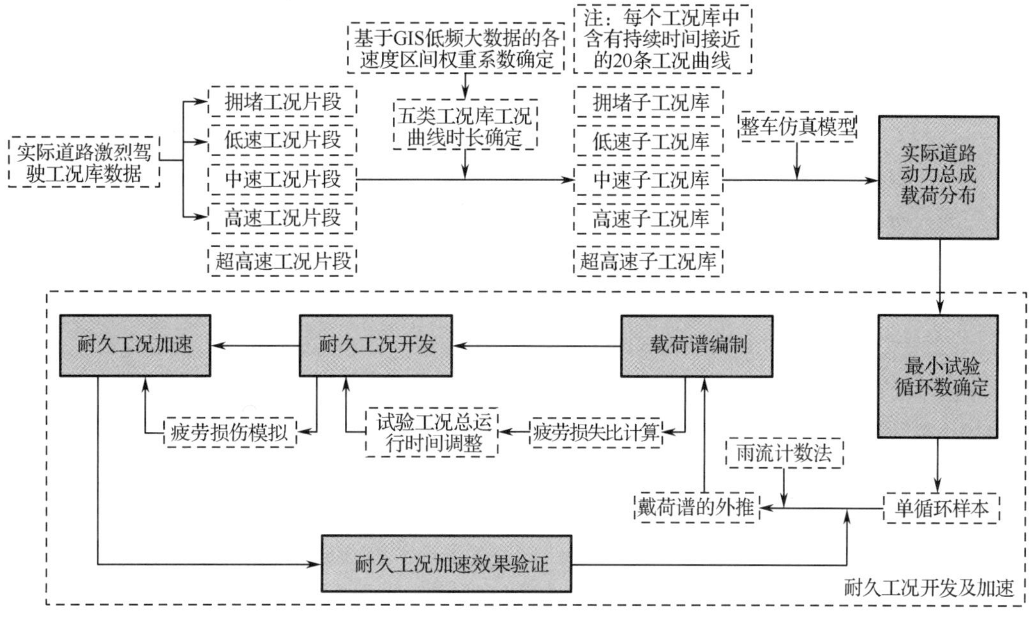

图 4-15　电驱总成耐久工况开发技术路线

电驱总成耐久工况开发技术已经在华为、汇川、长安等电机供应商及整车企业的开发过程中得到了应用，并推广至传统内燃机，特别是混合动力专用发动机耐久工况的开发领域。此外，科技部的国际合作项目“基于中德合作的燃料电池汽车测试评价技术”开发了符合我国燃料电池汽车实际行驶规律的燃料电池发动机耐久测试规范。

第三节　中国工况标准导入情况

一、基于中国工况的能耗标准体系已基本建立

中国工况系列标准发布后，工业和信息化部协调各方积极推进中国工况在各相关标

准领域的导入。从促进整个汽车产业节能减排、保障双积分管理办法实施和减轻企业负担等，在广泛征询行业意见的基础上，工业和信息化部确定了油耗、排放标准试验工况应尽量统一的基本原则，具体为：下一阶段重型商用车油耗及新能源汽车能耗测试方法标准将采用中国工况作为基准工况；轻型汽柴油车在 2025 年之前采用 WLTC 工况作为基准工况，同时增加中国工况作为参考工况；2025 年之后推动油耗、排放同步采用中国工况作为基准工况；乘用车第五阶段标准可考虑为循环外技术预留出口，但要以中国工况油耗作为节能效果的评价基准；标识标准及相关优惠政策将优先采用中国工况作为基准工况。

在此原则的指导下，中国工况导入工作在汽车节能标准领域全面铺开。2020 年，GB/T 19233《轻型汽车燃料消耗量试验方法》将 WLTC 工况和中国工况同时写入。该标准是轻型汽车节能体系的基础，为乘用车第五阶段能耗限值及目标值、轻型车能耗标识等强制性标准的实施奠定了基础。同年，采用中国工况作为续驶里程测试工况的 GB/T 39132《燃料电池电动汽车定型试验规程》正式发布，该标准是中国工况在新能源汽车领域的首个落地标准，将用于燃料电池电动汽车的产品公告申报。

2021 年，中国工况标准导入工作取得较大进展，报批及发布标准 10 余项。适用于传统汽柴油车的 GB/T 27840《重型商用车辆燃料消耗量》测量方法正式发布。纯电动汽车方面，GB/T 18386.1《电动汽车 能量消耗量和续驶里程试验方法 第 1 部分：轻型汽车》完成发布，GB/T 18386.2《电动汽车 能量消耗量和续驶里程试验方法 第 2 部分：重型商用车辆》已经报批。针对纯电动车能耗和续驶里程测试周期长、成本高的问题，建立了能量等效理论模型，提出了利用高速放电的方式对稳定后的放电循环进行等效的缩短法测试规程，试验成本降低 60%、试验时长缩短 70%，已被 UNR101 法规借鉴。混合动力电动汽车方面，GB/T 19754《重型混合动力电动汽车能量消耗量试验方法》和 GB/T 19753 《轻型混合动力电动汽车能量消耗量试验方法》两项标准正式发布，其中 GB/T 19754 采用中国工况作为基准工况，GB/T 19753 同时写入了 WLTC 工况和中国工况，且均引入了中国出行链效用系数（UF），综合能耗计算结果比欧美方法更贴近我国实际。

2021 年 10 月，基于中国工况油耗进行修订的《乘用车循环外技术/装置节能效果评价方法》第 2 部分（怠速起停系统）、第 3 部分（汽车空调）和第 4 部分（制动能量回收系统）三项标准（GB/T40711.2、GB/T40711.3、GB/T40711.4）正式发布并同步实施。这是量化评价车辆节能效果的重要测试方法，是乘用车第五阶段油耗限值的重要配套标准；工业和信息化部随即于 2021 年 12 月 15 日发布了有关通知，对标准配置制动能量回收系统、高效空调且具有循环外节能效果的车型，在 2021—2023 年度企业平均燃料消耗量积分核算中给予减免燃料消耗量核算额度。

2021 年 11 月，GB 22757.1《轻型汽车能源消耗量标识 第 1 部分：汽油和柴油汽车》等两项强制性国家标准已完成征求意见，新标准明确了汽柴油车、纯电动汽车和混合动力电动汽车使用中国工况作为测试工况情况下的能耗标识要求，为今后全部切换为中国工况奠定了基础，可满足政府不同阶段的管理需求。

QC/T 1130《甲醇汽车燃料消耗量试验方法》已正式发布，该标准采用中国工况作为基准工况。此外，基于中国工况的燃料电池电动汽车能量消耗量及续驶里程测试方法、压缩天然气汽车燃料消耗量试验方法均在制修订过程中。

综上，基于中国工况的节能标准体系已经基本建立，覆盖传统汽柴油车、混合动力电动汽车、纯电动汽车、燃料电池汽车和替代燃料汽车，涉及基础通用类、试验方法类、能耗标识类、限值和目标值类标准，支撑了乘用车双积分政策、汽车财税补贴和购置税减免等政策的实施。

二、中国工况全面向排放、噪声、热管理多个领域拓展

我国的排放标准自实施以来一直在沿用欧洲工况，为推动排放领域尽早切换为中国工况，先是对主流汽车企业国六排放标准达标情况进行了充分调研，随后在评估法规工况与中国车辆实际行驶工况的差异后，提出将中国工况纳入下一阶段排放标准的应用建议。

同时，对能耗排放标准以外标准中的测试工况进行了系统梳理，评估相关工况直接替换为中国工况或基于中国工况大数据进行测试工况开发的可行性，已在噪声、热管理领域取得了阶段性进展。在噪声领域，基于中国工况行驶数据开发的匀速工况和加速工况，已应用于GB/T 40578—2021《轻型汽车多工况行驶车外噪声测量方法》标准。此外，UN Regulation No. 51（Noise of M and N categories of vehicles）已确定导入中国工况。在热管理领域，GB/T 12782《汽车采暖性能要求和试验方法》已确定采用基于中国寒区车辆行驶数据开发的轻、重型车转毂瞬态工况和实际道路稳态工况，该标准已完成报批，预计2022年正式发布，2023年正式实施。

截至2021年年底，中国工况相关标准共计29项，已发布18项、报批2项、修订中9项；发布团体标准3项、行业标准1项；被国际法规引用1项，具体如表4-1所示。

表4-1　中国工况及相关标准信息

序号	中国工况及相关标准名称	状态	实施时间
1	GB/T 38146.1《中国汽车行驶工况　第1部分：轻型车》	发布	2020/5/1
2	GB/T 38146.2《中国汽车行驶工况　第2部分：重型商用车辆》	发布	2020/5/1
3	GB/T 38146.3《中国汽车行驶工况　第3部分：发动机》	发布	2022/3/1
4	GB/T 19233《轻型汽车燃料消耗量试验方法》	发布	2021/1/1
5	GB/T 19753《轻型混合动力电动汽车能量消耗量试验方法》	发布	2021/10/1
6	GB/T 18386.1《电动汽车　能量消耗量和续驶里程试验方法　第1部分：轻型汽车》	发布	2021/10/1
7	GB 27999《乘用车燃料消耗量评价方法及指标》	发布	2021/1/1
8	GB/T 27840《重型商用车辆燃料消耗量测量方法》	发布	2022/5/1
9	GB/T 19754《重型混合动力电动汽车能量消耗量试验方法》	发布	2022/5/1
10	GB/T 18386.2《电动汽车　能量消耗量和续驶里程试验方法　第2部分：重型商用车辆》	报批	—
11	GB 30510《重型商用车辆燃料消耗量限值》	修订	—
12	GB/T 40711.2《乘用车循环外技术/装置节能效果评价方法　第2部分：怠速起停系统》	发布	2022/5/1
13	GB/T 40711.3《乘用车循环外技术/装置节能效果评价方法　第3部分：汽车空调》	发布	2022/5/1
14	GB/T 40711.4《乘用车循环外技术/装置节能效果评价方法　第4部分：制动能量回收系统》	发布	2022/5/1
15	GB/T 40711.5《乘用车循环外技术/装置节能效果评价方法　第5部分：停缸技术》	修订	—

续表

序号	中国工况及相关标准名称	状态	实施时间
16	GB/T 40711.6《乘用车循环外技术/装置节能效果评价方法 第 6 部分：高效电机》	修订	—
17	GB/T 39132《燃料电池电动汽车定型试验规程》	发布	2021/5/1
18	GB/T《燃料电池电动汽车能量消耗量及续驶里程试验方法》	修订	—
19	GB/T 29125《压缩天然气汽车燃料消耗量试验方法》	修订	—
20	QC/T 1130《甲醇汽车燃料消耗量试验方法》	发布	2021/7/1
21	GB 22757.1《轻型汽车能源消耗量标识 第 1 部分：汽油和柴油汽车》	修订	—
22	GB 22757.2《轻型汽车能源消耗量标识 第 2 部分：可外接充电式混合动力电动汽车和纯电动汽车》	修订	—
23	GB/T 40578《轻型汽车多工况行驶车外噪声测量方法》	发布	2022/5/1
24	20213598-T-339《重型汽车多工况行驶车外噪声测量方法》	修订	—
25	UN Regulation No. 51（Noise of M and N categories of vehicles）	修订	—
26	GB/T 12782《汽车采暖性能要求和试验方法》	报批	—
27	T/CSAE 126—2020《重型商用车发动机测试工况》	发布	2020/4/23
28	T/CSAE 127—2020《轻型汽车车外噪声测量工况》	发布	2020/4/23
29	T/CSAE 180—2021《轻型汽车道路行驶工况》	发布	2021/4/2

第四节　总结与展望

一是基于中国工况的节能标准体系已经基本建立，涉及基础通用类、试验方法类、能耗标识类、限值和目标值类国家标准 20 余项，同时支撑了乘用车双积分等行业管理政策的实施。

二是中国工况油耗显著高于 NEDC 工况油耗和 WLTC 工况油耗，考虑空调能耗影响后与用户实际油耗更为接近。企业可以针对中国工况低平均速度、长怠速和频繁加减速的特点进行车辆的开发和标定。

三是我国车辆保有量尚未达到饱和状态，后续将继续对工况体系进行评估、更新和完善，持续推进中国工况在噪声、热管理和可靠耐久等多领域的应用。

Part 3　安全篇

第五章　2021 年中国新能源汽车安全体系建设现状

李方生，张贵平，王峥，谢荣琼*

摘要：经过多年的持续发展，我国新能源汽车产业取得了举世瞩目的成就，但安全事故呈现多发态势，严重关系到人民生命和财产安全。本章主要分析了 2021 年中国新能源汽车的安全现状，提出了新能源汽车企业应发挥“安全第一”的责任主体地位，阐述了新能源汽车企业安全体系建设现状，涵盖产品设计保障能力、运行监测保障能力、售后服务保障能力、应急响应及事故调查能力等各方面，最后对安全体系建设现状进行总结，提出存在的问题和建议，有效促进新能源汽车产业的高质量发展。

关键词：新能源汽车；安全体系建设；安全监管。

第一节　中国新能源汽车安全现状

一、中国新能源汽车呈现良好发展态势

2021 年，尽管受到新冠肺炎疫情和芯片短缺等因素的影响，中国汽车整体产量依然呈现稳定的增长态势。其中，新能源汽车产量延续往年“翘尾”走势，全年依旧保持较高增速，成为我国汽车产业发展的重要力量。从 1—12 月累计看，中国汽车产销分别完成 2608.2 万辆和 2627.5 万辆，同比分别增长 3.4%和 3.8%。新能源汽车产销分别完成 354.5 万辆和 352.1 万辆，同比均增长 1.6 倍，市场渗透率为 13.4%，同比增长 8 个百分点（见图 5-1）。2021 年我国新能源乘用车产量达 305.6 万辆，同比增长 1.7 倍，其中，纯电动乘用车占比 83%；插电式混合动力乘用车占比 17%。

随着《新能源汽车产业发展规划（2021—2035 年）》的发布实施，新能源汽车产销量和渗透率逐渐攀升，进入了爆发式增长阶段，但与此同时，新能源汽车安全事故也在增加，并涉及多家主流车企和车型。2021 年，新能源汽车共实施召回 59 次，涉及车辆 83.0 万辆，占全年召回总数量的 9.5%；新能源汽车召回次数和召回数量同比增长 31.1%和 75.9%。从缺陷线索看，新能源汽车缺陷线索报告 3033 例，动力电池、电机、电控系统问题占新能源汽车缺陷线索的 52.5%。因此安全问题已经成为新能源汽车行业发展的瓶颈，主管部门加强新能源汽车的安全管理已经迫在眉睫，应敦促企业发挥主体责任，实现新能源汽车的高质量发展。

---

* 李方生，工业和信息化部装备工业发展中心监督管理处处长；张贵平，任职于工业和信息化部装备工业发展中心监督管理处；王峥，任职于工业和信息化部装备工业发展中心监督管理处；谢荣琼，任职于工业和信息化部装备工业发展中心综合处。

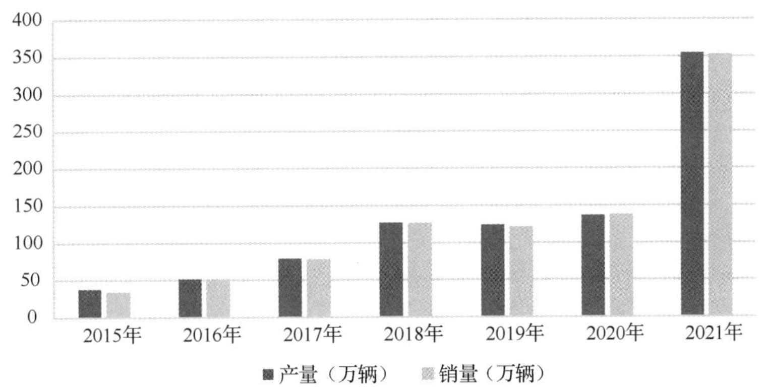

图 5-1 2015—2021 年中国新能源汽车产销量情况

资料来源：装备工业发展中心新能源汽车事故申报平台

为此，相关部委出台了一系列措施，2019 年市场监管总局发布了《关于进一步加强新能源汽车产品召回管理的通知》与《关于进一步规范新能源汽车事故报告的补充通知》，规定了关于车辆的事故调查、上报及召回等具体措施，同时开展事故车辆的深度调查，倒逼企业改进和创新，保护消费者权益。工业和信息化部装备工业发展中心于 2019 年 6 月和 2020 年 6 月连续发布了《关于开展新能源汽车安全隐患排查工作的通知》，规定对新能源汽车开展安全隐患排查，对企业监测平台开展自查，对于起火燃烧事故开展深度调查和及时上报的管理规定，保障新能源汽车的安全运行。

2022 年 4 月 8 日，《工业和信息化部办公厅、公安部办公厅、交通运输部办公厅、应急管理部办公厅、国家市场监督管理总局办公厅关于进一步加强新能源汽车企业安全体系建设的指导意见》（工信厅联通装〔2022〕10 号）发布实施，文件从完善安全管理机制、保障产品质量安全、提高监测平台效能、优化售后服务能力、加强事故响应处置、健全网络安全保障体系、组织实施保障等方面提出 22 项具体意见，对提升新能源汽车安全性能，推动新能源汽车产业高质量发展意义重大。

二、新能源汽车安全事故特点分析

通过对 2021 年 1—12 月发生的安全事故进行分析，呈现如下特点：

从车辆类型看，95.1%的事故车辆为乘用车、4.0%的事故车辆为货车、0.8%的事故车辆为客车，相比 2020 年，事故车辆中乘用车的占比提升了 17.5 个百分点，货车和客车事故的占比大幅下降（见图 5-2）。

从车辆用途看，46.4%的事故车辆为营运车辆，53.6%的车辆为非营运车辆，相比 2020 年，事故车辆为营运车辆和非营运车辆的占比持平。

从车辆发生安全事故的月份看，全年中每个月都有起火安全事故发生，2020 年和 2021 年均是 7—9 月发生安全事故量较大，说明新能源汽车安全事故的发生与气温有高度相关性，在全气候条件下都有可能发生，更容易发生在气温较高的夏季。

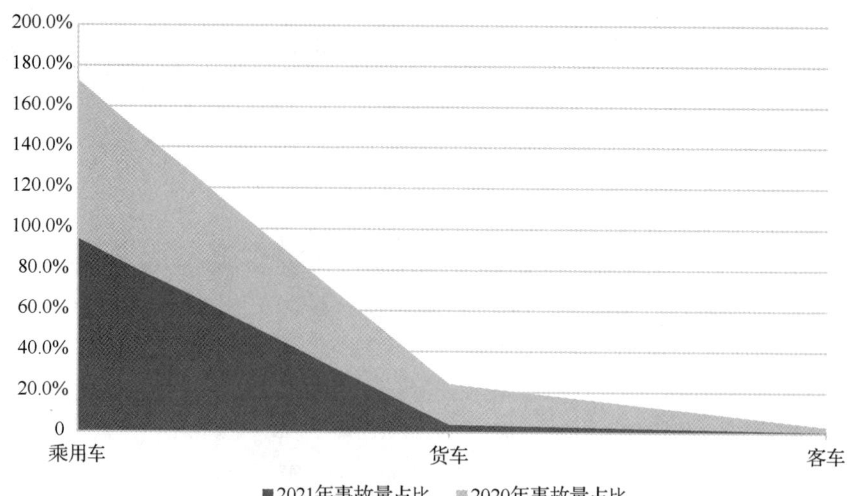

图 5-2 不同新能源车辆类型事故占比情况

资料来源：装备工业发展中心新能源汽车事故申报平台

从动力电池类型看，89.6%的事故车辆搭载三元材料锂电池，10.4%的事故车辆搭载磷酸铁锂电池，搭载磷酸铁锂电池的事故车辆中 80%是近两年生产销售的。而在 2020 年，91.5%的新能源事故车辆搭载三元材料锂电池，7.6%的事故车辆搭载磷酸铁锂电池（见图 5-3）。由图可见，大多数事故车辆搭载的是三元材料锂电池，说明目前市场保有的新能源汽车广泛搭载了三元材料锂电池；搭载磷酸铁锂电池的事故车辆数量占比有所增加，且大部分是近两年生产销售的。根据合格证数据统计显示，2022 年 1—4 月，我国三元材料锂电池和磷酸铁锂电池装车量分别为 25.7GWh 和 37.4GWh，同比分别上升 40.8%和 198.8%，占比分别为 40%和 58%，说明当今主流新能源汽车搭载的动力电池正在向磷酸铁锂电池倾斜。

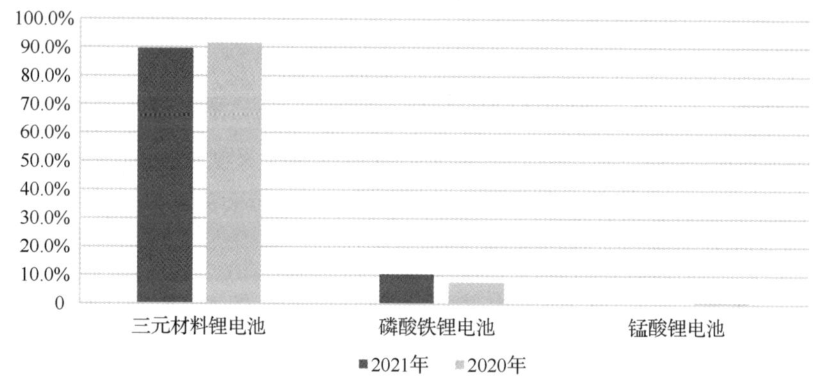

图 5-3 新能源事故车辆采用不同类型动力电池占比情况

资料来源：装备工业发展中心新能源汽车事故申报平台

从安全事故发生时的电池荷电状态（SOC）看，34.4%的事故车辆 SOC 为 90%～100%、9.6%的事故车辆 SOC 为 80%～90%、7.2%的事故车辆 SOC 为 70%～80%（见图 5-4）。可见，发生安全事故的车辆电池荷电状态处在 70%～100%的占比超过半数，电池荷电状态处在 90%～100%的新能源汽车发生安全事故的风险较大。

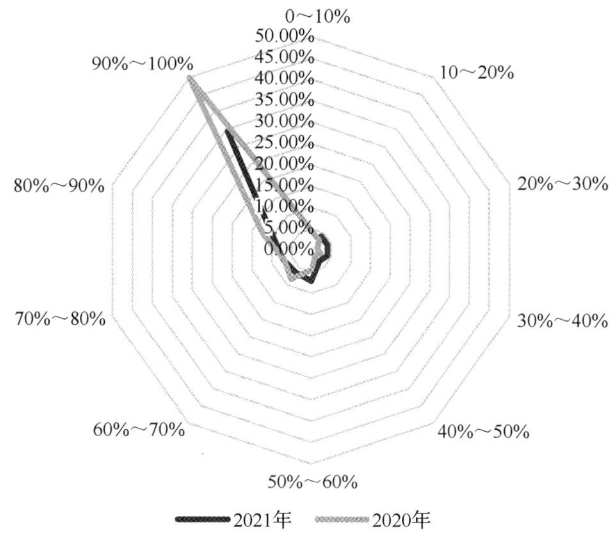

图 5-4　新能源车辆安全事故发生时的电池荷电状态占比情况

资料来源：装备工业发展中心新能源汽车事故申报平台

从事故发生时的车辆状态看，20.8%的车辆处于充电状态，45.6%的车辆处于静置状态，30.4%的车辆处于行驶状态，因此，事故发生时车辆处在充电状态、行驶状态和静置状态均占有一定比例，对比 2020 年，车辆状态占比情况差距不大。

在企业上报的安全事故原因中，50.4%的车辆起火源于动力电池自燃，17.5%的车辆起火源于外来火源，16.0%的车辆起火源于交通事故（碰撞）。由图 5-5 可见，在发生安全事故的新能源汽车中，发生自燃情况仍占有相当大的比例，但相比 2020 年的占比有所下降，而泡水和外来火源引发的事故，相比 2020 年，占比均有所提高。

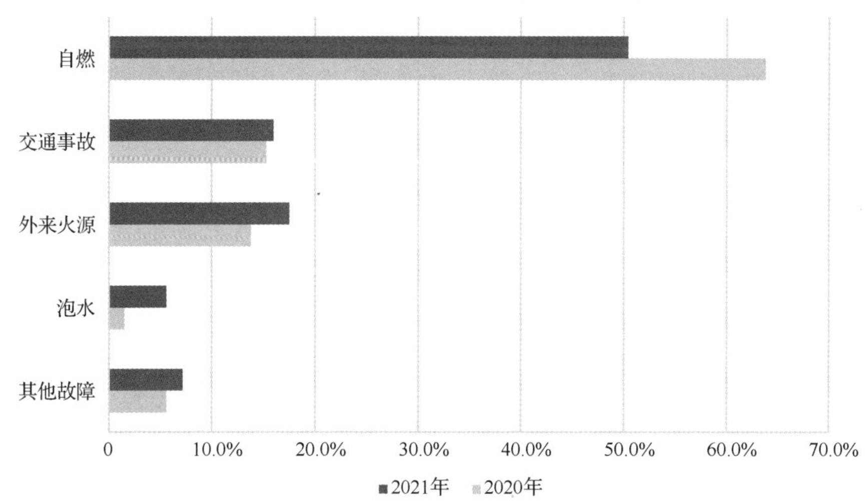

图 5-5　事故原因占比情况

资料来源：装备工业发展中心新能源汽车事故申报平台

综上，发生在2021年的新能源汽车安全事故呈现以下典型特点：

一是乘用车发生安全事故率相比2020年有所提高。

二是营运和非营运用途车辆发生安全事故率均与2020年的持平。

三是新能源汽车起火安全事故的发生与气温有高度的相关性，大多数发生在气温较高的夏季。

四是目前市场保有的新能源汽车广泛搭载了三元材料锂电池，搭载磷酸铁锂电池的事故车辆数量占比有所增加，且大部分是近两年生产销售的，说明当今主流新能源汽车搭载的动力电池正在向磷酸铁锂电池倾斜。

五是车辆事故发生时电池多处于高荷电状态（SOC 为 90%～100%）下，因此，需要重点关注车辆处于高电位下的安全性。事故发生时车辆处在充电状态、行驶状态和静置状态均占有一定比例。

六是在发生安全事故的新能源汽车中，发生自燃情况仍占有相当大的比例，但相比2020年有所下降，而泡水和外来火源引发的事故，相比2020年，占比均有所提高。

第二节　中国新能源汽车安全体系建设现状

新能源汽车安全问题是新能源汽车行业发展的重中之重，《新能源汽车产业发展规划（2021—2035年）》（国办发〔2020〕39号）及2021年1月节能与新能源汽车产业发展部际联席会议提出，要加强新能源汽车的安全监管，指导新能源汽车企业有序开展安全工作，推动新能源汽车产业高质量发展。

五部门联合发布的《关于进一步加强新能源汽车企业安全体系建设的指导意见》从设计、生产、服务、事故响应、网络安全等各方面提出原则性要求。除政府和行业的有力监管外，新能源汽车企业更要发挥安全主体责任，构建研发设计、质量保障、运行监测、售后服务、应急救援、事故调查等环节的安全体系，不断提高新能源汽车的安全水平。

本节主要通过对16家新能源汽车企业的安全体系建设情况进行调研分析，涵盖产品设计保障能力、运行监测保障能力、售后服务保障能力、应急响应及事故调查能力等几个方面，阐述新能源汽车企业安全体系建设现状。

这些企业重点参考了新能源汽车累计产量、起火事故数量、预警系统处于领先水平等因素而确定。这些企业按照企业性质（股东背景），涵盖合资、外资、国有和民营企业；按照生产新能源汽车车型，涵盖乘用车、商用车、客车和多车型企业；按照企业所处位置，涵盖东北、华北、华南、华中、华东和西南区域。

一、产品设计保障能力建设

目前，经调研的大部分新能源汽车企业（以下简称“企业”）均制定了整车级、系统级、零部件级的设计规范，基本能够满足国家标准规定，从源头上把控产品安全。且大部分企业的产品设计规范不仅达到国家标准要求，还制定了比国家标准更严苛的企业标准，如整车功能安全、动力电池安全、高压安全、使用操控安全、充换电安全等产品测试项目。部分企业还增加了企业自主研发的安全项目，保障产品安全。例如，某新能源汽车企业在整车功能安全、动力电池安全、高压安全、使用操控安全规范中对产品性能和安全的要求高于国家标准技术要求，如动力电池系统的模拟碰撞测试、振动测试、老化测试等，企业还根据应用场景研发了自定义测试项目，如底部滥用、顶部滥用等。

关键零部件供应商管理是新能源汽车企业供应链管理的核心，大部分企业具备完整的供应商审核及质量管理体系，能够从研发技术能力、生产制造能力、质量保证能力等多个维度进行评价，对潜在供应商的过程审核和评价进行规定，并最终根据不同得分情况进行分级。大部分企业制定了零部件采购送样及验收流程、零部件 OTS 认可流程及生产件批准程序等体系文件。

产品试验验证是位于产品设计和生产制造中承上启下的重要环节，大部分企业具备完善的企业标准和验证体系。当企业设计研发新车型或更新换代产品时，其整车和动力电池、驱动电机及整车控制系统等关键零部件的试验验证尤为重要。大部分企业能够依据现行的国家标准开展产品设计验证，但也有部分企业的产品验证缺乏独立的体系。如某些企业产品验证基于传统能源汽车体系建立，针对新能源汽车的设计验证体系仍不够完善；某些合资企业的验证主要依托于母公司，自身未建立相关验证体系。

建议基于传统能源汽车改造的企业，重点关注其电动汽车试验验证体系是否健全，还要关注存量车辆的安全性，加强自查力度和在用车辆的监管。对于具有母公司（包括外资母公司）的企业，需关注车型本土化试验验证体系是否健全，是否具备开展试验验证的能力条件。

二、运行监测保障能力建设

（一）企业监测平台基本情况

企业监测平台能够对新能源汽车关键系统运行参数进行监测，对发现的整车及动力电池等关键系统运行状态异常、存在异常报警等安全隐患，及时启动预警机制，采取有效措施，从而解决问题。

据调查，25%的企业自建监测平台，75%的企业委托第三方建设监测平台，均能按照相关国家标准要求上传数据。在平台建设和投入使用方面，有半数企业是在相关规定要求时间之前就已经建设并投入使用的，有半数企业是在规定要求时间之后投入使用的。

随着新能源汽车市场渗透率加速提升，各企业的新能源汽车销售量不断攀升，新能源汽车数据采集频率提升，历史数据大幅度增加，数据监测平台硬件资源需求越来越大，半数企业的存储容量占用比例大于 60%。所有企业均支持按需扩容，结合企业成本控制因素，建议明确新能源汽车企业硬件资源存储容量占用比例的要求。

（二）企业监测平台能力建设

为了确保在事故发生时，企业能够及时、快速、准确地提取事故数据开展分析工作，还需要对事故车辆同型号（批次）更大范围的车辆开展批量提取分析排查工作，因此企业监测平台需具有一定的数据检索导出能力。大部分企业的数据监测平台具备检索导出能力，整体运行状态良好。我们随机检索了 100 辆车 3 个月的运行数据，44%的企业导出时间在 30 分钟之内，但有的企业导出时间较长，还有个别企业不具备多辆汽车数据集中下载及导出功能。

大部分企业均具有数据安全、网络安全相关管理制度，并配备有专门的 IT 部门运维团队，通过数据备份、运行监控、值班制度、应急处理等措施保障监测平台运行的安全与稳定。

（三）企业监测平台相关制度

企业监测平台的运维管理制度是平台发挥常态化作用的机制保证，主要包括平台人力资源支持、组织架构及职责分工、在质量管理体系及售后服务体系中的作用等。总体上看，大部分企业建立了较为完善的监测平台日常运行管理制度和“7×24”小时值班规定。

80%的企业具有规范、条例、办法等制度，规定响应的数据权限等事项，而个别企业虽然制定了整车及动力电池等关键系统安全运行监控制度，规定了故障处理、平台维护等内容，但监控制度中相关的流程相对简单，没有对关键工作程序做具体规定。个别集团企业没有对动力电池的监测制度，具体操作由集团下属各品牌公司执行。

大部分企业规定了新能源汽车产品车辆故障等级报警、报警方式及响应策略，规定了跟踪记录维护、维修情况，以及对技术状况、故障及运行情况进行分析总结的制度。大部分企业按照国家标准进行了三级或四级报警等级划分，根据不同级别建立不同的处置策略。有部分企业在报警信息处置上探索出有效的方法，如某企业针对车型、电池特点等，建立了三级报警有效性确认、优化报警阈值等方案；某企业从防范风险的角度设置了报警规则，以电池包热失控为起始点，依托企业监测平台，针对故障可能导致热失控的风险来设定报警。但有个别企业尚未建立对技术状况、故障及运行情况进行分析总结的制度或流程。

企业建立了基于监测数据和售后反馈信息开展车辆运行安全隐患排查的机制，但大部分企业多是按照专项整改要求或主管部门政策要求进行排查，并未形成常态化排查机制。有 30%的企业在安全隐患排查方面建立了常态化机制、流程和操作规范，他们开展了不少创新性工作：一是充分发挥数据监测平台的作用，利用车辆实时历史数据回溯、故障报警通知、远程诊断等功能，支持在线开展安全隐患排查工作；二是开展长时间停放车辆的亏电预警服务，避免大规模的车辆集体亏电；三是通过监测平台远程诊断，开展 DTC 诊断判断车辆的故障，邀请用户进行车辆维修；四是开展断网分析，对车辆断网的数据进行挖掘，同时对不同车型和不同车机版本的数据进行统计、分析并优化。

大部分企业对产品运行状态监测异常、存在安全隐患或事故的应急处理机制相对比较完善，能够妥善处置突发事件。有些企业制定了高效的应急响应，但普遍缺乏常态化、针对极端天气的专项应急预案。

（四）企业监测平台运行情况

1. 监测覆盖率

新能源汽车企业监测平台的监测覆盖率为：监测覆盖率=企业平台监测到的车辆总数

量/生产总数量，80%的企业监测覆盖率在 90%以上。对于 2017 年之后生产的车型的监测覆盖率，有半数企业的监测覆盖率为 100%，94%的企业监测覆盖率在 90%以上（见图 5-6）。分析企业监测覆盖率低的主要原因为：车型老旧不具备接入平台的能力、老车型升级改造再接入平台的费用较高、二手车流转后用户脱网等。因此，建议企业加快提升监测覆盖率，不仅确保 2017 年之后生产的车型全部接入，2017 年之前的老旧车型也应接尽接。

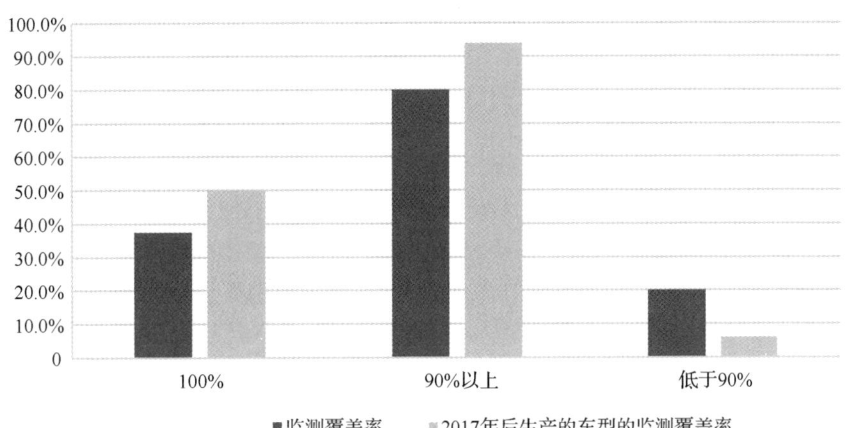

图 5-6　新能源汽车企业监测平台的监测覆盖率

2. 数据传输

经调研，企业车端数据采集频率都能达到国家标准要求，车载终端可存储 7 天及以上时长的数据，都可按照国家标准要求的数据项转发至国家监测平台。所有企业的传输频率均小于等于 30 秒/帧，超过半数企业的传输频率小于等于 10 秒/帧。其中有 1 家企业的监测平台传输速率存在不稳定情况，报文传输间隔存在偶发超过 30 秒的现象，主要是车辆 TBOX 和 SIM 卡信号不稳定造成的。建议适当提高数据采集频率，例如，采集频率可以提高到 10 秒/帧，不仅有利于开展车辆运行规律分析，还能助力监测平台开展安全隐患排查和安全预警工作。

3. 报警情况

针对 1～3 级的国标报警情况，所有企业能够在监测平台上显示报警记录，但有个别企业不能实现自动统计功能；40%的企业发生误报情况较多，报警阈值设置欠合理。

所有上传故障点前后 30 秒的数据，采集周期不大于 1 秒，符合 GB/T 32960 要求。部分企业能够将三级报警信息实时发送至企业微信，并推送至售后部门，但缺少明确的响应处理机制，处理结果未能反馈至监测平台形成闭环。个别企业监测平台能够记录报警信息，但售后部门采用纸质人工操作跟踪，部分流程未实现信息化管理，易出现误差。

4. 预警情况

安全预警和隐患排查是实现安全预防的重要技术手段，是安全体系建设的重点。在调研中，有个别企业在安全预警技术方面有一定的积累且取得了显著成效；约 38%的企业进行了预警算法的初期研究，但尚未应用或少量试用；约 56%企业没有进行安全预警的实质性研究及应用。

例如，某企业在安全预警技术研究方面较为深入，构建了包括统计模型、机理表征模型、机器学习模型和深度学习模型在内的体系化安全预警算法，并将研究成果投入实际应用中，诊断准确率超过 80%，该企业将安全预警的结果提炼总结，推动产品质量标准、优化设计规范，从源头上把控风险。例如，某企业进行了电池异常触发可能原因预判及大数据辨识评估，分析造成新能源汽车热失控的电池故障诱因，建立三元锂电池的析（死）锂、可逆锂、熵值模型等安全预警算法模型，收到了较好的预警效果。安全预警技术在实际应用中发挥了重要作用，建议积极鼓励企业加快安全预警技术开发应用。

三、售后服务保障能力建设

（一）维护保养制度及项目

大部分企业具备新能源汽车定期维护保养制度及产品维护保养手册，均可以对售后维保发现的问题进行闭环处理，若涉及批次性问题，可以进行深入分析并实施召回等措施。

（二）用户引导情况

大部分企业建立了完善的客户售后服务档案制度，积极引导用户形成良好的用车养车习惯，针对新能源汽车的相关隐患事项进行了引导宣贯，提供驾乘操作规范手册，协助用户对新能源汽车自主检查，指导用户对可能出现的安全风险或安全事故进行妥善处理。

（三）安全隐患排查情况

随着新能源汽车保有量迅速攀升，新能源汽车的事故数量随之增长，因此在事故前发现风险，及时消除隐患显得尤为重要。安全隐患排查是车企做好主动服务、预测性维护的重要前提，是减少新能源汽车安全事故的重要手段。

1. 安全隐患排查流程及制度情况

大部分企业建立了安全隐患排查机制，但多数是事故驱动或政策推动的，即按照规定进行安全隐患排查，或者发生事故后排查事故车型隐患，且排查限于长期离线、大面积聚集的情况，缺乏主动发掘识别隐患的能力。

2. 安全隐患排查工作

一是长期离线情况。25%的企业不具备长期（6 个月）未传输数据的车辆统计功能，具备此功能的企业中，63%的企业 6 个月未传输数据的车辆占比小于 20%。

二是大面积聚集停放情况。少数企业的监测平台能够实现一定范围内聚集车辆的安全隐患排查，但大部分企业监测平台无法实现类似的隐患识别。

三是定期分析三级报警情况。大部分企业对于三级报警的定期深入分析和整改制度欠完善，只有个别企业在三级报警分析方面工作较好。例如，对频繁误报、阈值调整、实际电机绝缘问题的分析与召回；建立跟踪追溯车辆维修情况的制度；成立专业团队定期对报警原因进行分析统计，对产品前端开发形成反馈；组建专门的电池安全工作小组，专门处置三级报警事件等。

四、应急响应、事故调查能力建设

（一）应急响应制度流程建设

企业均制定了应急响应制度和流程，也能够按照相关要求进行记录及处理，但普遍缺乏特殊极端天气（如暴雨等）的针对性应急响应机制或方案。例如，郑州“720”暴雨事件后，部分企业虽然启动了应急响应，但由于应急机制不够完善，救援不能全覆盖，监测平台未能充分发挥作用。

（二）事故响应通道

企业通过《用户使用手册》或《应急救援手册》等方式明示应急响应通道，不限于电话、微信及网络渠道。大部分企业均建立了事故响应处理闭环机制，但各企业执行情况差异较大。部分企业具有严格的事故响应层级推送和响应时间，通过系统“自动拉群、自动电呼”等方式确保事故响应相关人员第一时间到位、开展救援处理等工作，降低事故损失。但也有部分企业存在执行不到位、响应不及时的情况。

（三）事故调查分析上报

大部分企业能够对事故车辆进行详尽分析，但查找原因的深度不足，无法形成对事故预防和安全提升的有效支持。对于事故上报情况，大部分企业车辆发生起火燃烧事故后能够按照相关要求上报事故信息，但个别企业存在未按规定上报和及时性欠佳的情况。

对于单车型或同技术平台产品重复出现的安全问题，企业应严格管控并开展深度调查和原因分析，同时采取整改或者召回等措施。

第三节　安全体系建设现状总结及建议

一、总体情况

在产品设计保障方面，大部分新能源汽车企业的产品设计规范和技术指标均能达到国家标准要求，且研发了更为严苛的企业标准和自主安全测试项目；企业均建有关键零部件质量管控体系，大部分企业具有完整的产品试验验证体系。

在运行监测保障方面，新能源汽车企业均建有企业监测平台，并按照 GB/T 32960 标准进行数据传输，具备车辆监测、报警和统计功能，同时建有相关管理机制和运维值班制度。企业均采用前装 TBOX 终端实现车内数据采集及数据上传。

在售后服务保障方面，新能源汽车企业均建有服务网点和部门组织，有相应的售后服务流程；在车型用户手册中对新能源汽车的维修保养等做了明确要求。

在应急响应及事故调查方面，各企业都具有应急响应管理办法；发生事故后，大部分企业能够按照相关要求上报事故信息，并能够针对事故开展应急调查及研究工作。

二、企业存在的问题

（一）缺乏安全体系顶层设计

企业对新能源汽车的可靠性和耐久性比较重视，相关设计规范和试验验证也依此展开。对于安全性的要求，分布在整车、动力电池、操控安全设计等各环节，缺乏统一规划设计和常态化的管理机制，往往出于“事故驱动”“应急驱动”临时组建项目组和工作组，组织架构中的安全负责人（专员）有缺失，围绕安全体系的主责部门、支持部门定位模糊。

（二）数据分析能力薄弱

大部分企业能够按照相关政策规定向国家监测平台上传数据，但对企业监测平台的重要作用和价值缺乏认知，缺少长远规划和投入。企业监测平台应不仅能够起到监测、查看及报警等作用，实时监测车辆的运行异常情况，更能开展数据分析和挖掘工作，反馈到产品开发设计中，加快产品的迭代升级，提升产品安全性能。

（三）安全预警能力较弱

个别企业表现了较强的安全预警能力，基于监测平台开发和应用了安全预警模型，效果显著，并为企业的产品安全保驾护航。大部分企业开展了安全预警前期的预研工作，但是研究深度不足，尚未形成体系化的研究成果，安全预警能力较为薄弱。有些企业缺乏对安全预警的认知；有些企业认为自主研发安全预警算法投入太大，短期内成本无法回归。

（四）安全隐患排查工作欠缺

大部分企业普遍缺乏安全隐患排查工作的具体举措，主动性不够，未将安全隐患排查纳入售后服务日常工作中，仅限于主管部门要求的大面积聚集停放、长期离线车辆排查等场景进行排查，缺乏主动发掘安全隐患识别策划的能力。另外，部分企业仅仅通过系统筛选和人工判断，没有充分利用监测平台数据和 IT 工具，因工作量大而难以为继。

（五）极端天气下的应急预案不充分

大部分企业在特殊极端天气（如暴雨等）下应急响应不完善，虽然开展了成立应急工作组、调派专业人员、车辆救援及检测维修等工作，但没有形成常态化统筹。另外，在应急过程中，大部分企业还存在救援技术不规范、响应效率不及时、应急物资调配不顺畅等问题；企业监测平台未能充分发挥其报警、风险识别、车辆定位等作用，救援未能全覆盖。

（六）安全事故上报不够及时准确

新能源汽车发生起火燃烧事故后，部分企业对事故分析和查找原因深度不足，无法形成对事故预防和安全的有效支撑。大部分企业能够按照要求将事故车辆信息及分析结果上报相关部门，但个别企业存在上报记录不完善、上报及时性欠佳等问题。

三、意见及建议

安全体系建设是新能源汽车企业提高安全责任意识、保障产品安全的重要手段，也是推动新能源汽车产业高质量发展的根本保证。通过对企业安全体系建设现状开展的调研分析，提出如下建议。

（一）完善安全管理机制，构建新能源汽车安全观

建议新能源汽车企业落实产品质量安全责任制，制定产品研发设计、生产制造、运行监测、售后服务、事故响应处置等安全方面的管理规范。企业安全负责部门应强化政策解读、学习研讨，不断提高新能源汽车安全体系的认知，构建新能源汽车整体安全观。

（二）重视产品质量管控，强化安全体系顶层设计

建议新能源汽车企业建立高于国家标准要求的汽车设计规范，积极探索严苛的安全性设计和验证。制定供应商质量体系评价制度，强化关键零部件供应商管理，从研发技术能力、生产制造能力、质量保证能力等多个维度进行评价，对潜在供应商的过程审核和评价进行规定。

（三）提高运行监测质量，提高监测保障能力

建议企业进一步提升平台的监测覆盖率，不仅确保 2017 年之后生产的车型全部接入，2017 年之前的老旧车型也应接尽接。鼓励企业提高运行数据传输至企业平台的频率，有利于进行车辆或电池的运行规律分析，支撑监测平台进行安全隐患排查和安全预警。建议强化企业监测平台的报警功能，包括阈值设置、信息推送和流程闭环等方面。

（四）深度挖掘数据价值，强化安全预警能力

建议企业加强对车辆运行数据的研究，深度挖掘数据的潜在价值，不断提升新能源汽车安全隐患排查和安全预警能力，同时加快安全预警技术开发应用。建议领先企业积极推广先进经验，联合产学研优势力量，研究大数据不同表现规律对应车型安全性能参数的情况，制定改进措施，促进产品的迭代升级。

（五）加强事故响应处置，深入分析整改提高

建议积极推广先进经验，科学制定不同使用场景下的应急预案，尤其针对特殊极端天气，积极降低事故损失。建议企业加强事故调查分析能力，按照相关要求及时、准确提交车辆相关事故信息。对于单车型或同技术平台产品重复出现的安全事故，企业应严格管控并开展深度调查和原因分析，同时采取整改或者召回等措施。

第六章　汽车主动安全与被动安全现状与趋势

周华，颜燕，朱海涛，张珊*

摘要：随着智能网联汽车的快速发展，传统的汽车产业链、技术链被打破，产业边界日趋模糊，随之带来了对标准法规制定、检测认证技术升级的迫切需求和全方位挑战。本章通过分析近十年来智能网联汽车从概念提出到商业落地的发展脉络、研究智能网联汽车核心关键技术的发展现状，剖析 2021 年度主动安全领域的重点系统技术发展、标准法规和测试技术的发展趋势。基于被动安全发展现状与技术发展趋势，从行业技术、标准体系、测试技术等方面对我国被动安全的发展现状和技术特征进行了全面梳理和深入分析。本章具体从安全车身技术、乘员约束系统技术，车外人员保护技术和儿童保护技术等方面展开，剖析 2021 年我国汽车被动安全技术现状、标准体系和测试技术的发展趋势，以及被动安全技术未来的发展方向。

关键词：汽车主动安全；汽车被动安全；驾驶辅助系统；智能约束系统；测试技术；发展趋势。

第一节　2021 年汽车主动安全现状与趋势

一、汽车主动安全发展现状

（一）汽车主动安全概述

1. 多学科交叉、多功能集成的智能网联汽车，面对的测试验证挑战愈加严峻

智能网联汽车将车联网与智能汽车有机结合，是目前汽车工业界和学术领域研究的热点之一，涵盖了机械、控制、信号处理、模式识别、人工智能和计算机技术等多学科领域。智能网联汽车具备环境感知、决策规划、协同控制等功能，同时融合现代网络与通信技术，具备一个集多项功能于一体的综合智能系统。在当今世界范围内新一轮科技革命和产业变革方兴未艾之际，智能网联汽车面临巨大的应用需求，拥有广阔的发展前景，已成为全球汽车产业发展的重要战略方向。2019 年，国家发展改革委、科技部、工业和信息化部联合发布的《汽车产业中长期发展规划》，明确将智能网联汽车技术作为汽车产业发展的重点突破领域。

---

* 周华，正高级工程师，中国汽车技术研究中心有限公司副总经理；颜燕，正高级工程师，中汽研汽车检验中心（天津）有限公司总经理；朱海涛，高级工程师，中国汽车技术研究中心有限公司首席专家；张珊，中级工程师，中汽研汽车检验中心（天津）有限公司智能网联测试研发项目经理。

而智能网联汽车面临的除了政策法规，还有道路测试、车辆保险、基础设施、消费者认知、商业模式等突出问题。在汽车行业，从技术走向量产需要经过复杂的验证环节。验证要求一般包括三个方面：研发阶段自我验证、第三方机构验证、管理部门的法规验证。围绕自动驾驶汽车验证环节所需的标准体系、测试场地条件及相关测试方法等，政府机构、科研院所、相关企业已经开展了大量研究工作。而在车辆进入第三方机构验证或管理部门的法规验证前，仍需要大量的测试来证明其各项应用功能和性能的稳定性、鲁棒性、可靠性等。传统车辆测试评价的对象是人—车二元独立系统，而自动驾驶汽车的测试评价对象变为人—车—环境—任务强耦合系统，从而导致对其的测试和验证极具挑战。

2. 智能驾驶技术在国外快速发展，国内积极颁布政策推进建设

国外多个汽车技术比较先进的国家，正在加速完善智能网联汽车相关政策法规。以美国为代表，美国从 2016 年以来就相继发布了 AV1.0、2.0、3.0 和 4.0；2020 年年初发布了《自动驾驶汽车 4.0：确保美国自动驾驶技术的领导地位》，聚焦于政府的监管政策跟上产业的快速发展，致力于推动企业创新，提升大众对自动驾驶的认知和信任；2020 年，美国自动驾驶物流车和出租车都获得了上路豁免申请。可以看出，美国政府对于智能汽车发展的支持力度已经逐步加大。

日本和欧洲各国已经将自动驾驶技术作为科技发展的重要方向。日本在 2021 年东京奥运会期间提供自动驾驶服务，2025 年将实现高速公路 L4 自动驾驶。德国早在 2017 年就率先开放了 A9 高速公路的部分路段用于自动驾驶车辆测试。英国也于 2017 年发布了关于自动驾驶车辆网络安全的相关文件。可以看出，美国、日本及欧洲各国都在积极规划智能网联汽车的发展，积极出台促进其发展的政策，可以说智能网联汽车技术在国外已经得到发展。

在新一轮科技革命和产业变革的带动下，智能网联汽车已成为汽车产业发展的战略方向。目前，我国正加快建设智能网联汽车产业发展的政策、法规体系，已初步形成了覆盖顶层设计、产业规划、行业管理和推广应用四个层级的体系框架，为产业发展指明方向。国家陆续出台了一系列的智能网联汽车顶层设计规划，2021 年 3 月，国家发展改革委联合 11 个部委印发了《智能汽车创新发展战略》，为未来三十年智能网联汽车发展提出了“两步走”发展目标、六大任务和五重保障措施。“两步走”发展目标的第一步是到 2025 年：中国标准智能汽车体系基本形成；第二步是 2035—2050 年：中国标准智能汽车体系全面建成，更加完善；六大任务分别是构建协同开放的智能汽车技术创新体系、构建跨界融合的智能汽车产业生态体系、构建先进完备的智能汽车基础设施体系、构建系统完善的智能汽车法规标准体系、构建科学规范的智能汽车产品监管体系、构建全面高效的智能汽车网络安全体系；规划提出了加强组织实施、完善扶持政策等五重保障措施。

“十三五”以来，我国从不同角度制定了一系列针对智能网联汽车产业的发展文件，重点支持自动驾驶关键技术突破和智能网联汽车测试和示范运行。2015 年 12 月，国务院印发《国务院关于积极推进“互联网+”行动的指导意见》，要求通过基础设施、运输工具、运行信息等互联网化，推动基于互联网平台的交通运输服务发展。此后，工业和信息化部

和国务院陆续从产业角度出发，印发了《智能硬件产业创新发展专项行动（2016—2018年）》《汽车产业中长期发展规划》《新一代人工智能发展规划和促进新一代人工智能产业发展三年行动计划（2018—2020 年）》，初步明确了行业发展进度。2018 年年底，工业和信息化部发布了《车联网（智能网联汽车）产业发展行动计划》，以 2020 年为节点，将智能网联汽车产业发展分为两个阶段，第一阶段：到 2020 年，实现车联网（智能网联汽车）产业跨行业融合取得突破，具备高级别自动驾驶功能的智能网联汽车实现特定场景规模应用，车联网用户渗透率达到 30%以上，智能道路基础设施水平明显提升；第二阶段：2020 年后，技术创新、标准体系、基础设施、应用服务和安全保障体系将全面建成，高级别自动驾驶功能的智能网联汽车和 5G-V2X 逐步实现规模化商业应用，“人—车—路—云”实现高度协同。

3. 国内外智能网联标准相继出台，政府监管力度继续增大

中汽中心作为全国汽标委秘书处，在工业和信息化部国标委的指导下，牵头编制了《国家车联网产业标准体系建设指南（智能网联汽车）》（以下简称《建设指南》），成为国家车联网产业标准体系建设领域中发布的第一个指导文件，也是世界范围内首个系统性规划智能网联汽车标准制定的路线图，形成了完整的体系。

具体标准方面，《建设指南》规划了四个领域、14 个子系统，共 99 项标准制定项目，并分别以 2020 年和 2025 年为时间节点，最终将制定超过 100 项标准，全面支撑智能网联汽车高级别自动驾驶应用。为了更好地推进智能网联汽车标准体系建设，智能网联汽车分标委根据技术及产业发展的需求，陆续设立了先进驾驶辅助系统、自动驾驶等一系列的工作组，持续开展各细分领域的标准研究。

国家标准方面，汽标委智能网联汽车分标委（SAC/TC114/SC34）设置了先进驾驶辅助系统（ADAS）标准工作组、自动驾驶标准工作组等，2021 年，3 项推标开始实施、5 项标准正式发布、10 项标准完成审查报批等，还有多项标准下达计划、启动起草、按时推进等。2021 年 11 月，国家认监委汽车及部件技术专家组发布的《汽车及汽车零部件产品强制性认证标准修订和新增》决议中也提到，汽车强制性产品认证依据标准将新增 GB/T 38186—2019《商用车辆自动紧急制动系统（AEBS）性能要求及试验方法》，同时明确将 GB/T 39901—2021《乘用车自动紧急制动系统（AEBS）性能要求及试验方法》、GB/T 39323—2020《乘用车车道保持辅助（LKA）系统性能要求及试验方法》、GB/T 39265—2020《道路车辆 盲区监测（BSD）系统性能要求及试验方法》纳入下一阶段讨论。“十四五”期间，智能网联分标委拟全新启动 40 余项标准，涉及 ADAS 和自动驾驶等不同领域。

团体标准方面，智能网联汽车团体标准体系由中国汽车工程学会（CSAE）依托中国智能网联汽车产业创新联盟持续开展智能网联汽车团体标准体系建设、标准制定及示范应用。2020 年 9 月 15 日发布的《智能网联汽车团体标准体系建设指南》，结合市场需求和智能网联汽车技术路线图，构建了由“环境感知”“智能决策”“控制执行”“系统设计”“专用通信与网络”“大数据及信息服务”“车路协同与网联融合”“信息安全”“高精度地图及定位”“测试评价与示范推广”等部分组成的标准体系。是对现行国家标准体系的补充。

行业测评方面，《C-NCAP 管理规则（2021 年版）》修改了评分体系，主动安全板块

的占比由 15%增加到了 25%，新增了对车道保持辅助（LKA）系统、盲区监测（BSD）系统、车道偏离预警（LDW）系统、交通标志识别系统的考察，同时新增灯光系统测试项目，全面考察车辆主动安全性能。《CCRT（智能电动汽车）管理规则（2021 年版）》包含智能行车辅助系统、智能泊车辅助系统、紧急避险和驾驶员交互，主要针对 L2 驾驶辅助系统进行测试。

国际标准方面，ISO 国际标准化组织与汽车工业领域直接相关的技术委员会为 TC22（道路车辆技术委员会），下设 239 个技术委员会，其中 SC 31 车辆通信、SC 32 车辆电气/电子、SC 33 车辆动力学、SC 39 人体工程学与自动驾驶相关的分委会需要重点关注；联合国世界车辆法规协调论坛（UN/WP29）制定发布的自动驾驶和智能网联车辆相关技术法规涉及盲区监测系统、倒车探测预警系统、车道偏离预警系统、紧急车道保持系统等，部分法规于 2022 年 7 月生效，如表 6-1 所示。

表 6-1 欧盟 ICV 法规规划及进展

序号	系统名称	法规编号	适用车型	实施时间
1	自动紧急制动系统 阶段 1：障碍物及移动车辆 自动紧急制动系统 阶段 2：行人及自行车	UN R 152	M_1、N_1	2024 年 7 月
2	行人和自行车碰撞警告	UN R 159	M_2、M_3、N_2、N_3	2022 年 7 月
3	盲区监测系统	UN R 151	M_2、M_3、N_2、N_3	2022 年 7 月
4	倒车探测预警系统	UN R 158	M_1、M_2、M_3、N_1、N_2、N_3	2022 年 7 月
5	车道偏离预警系统	UN R 130	M_2、M_3、N_2、N_3	2020 年 7 月
6	紧急车道保持系统	UN R 79 UN R 130	M_1、N_1	2022 年 7 月
7	自动紧急制动系统	UN R 131	M_2、M_3、N_2、N_3	2020 年 7 月

欧盟标准方面，（EU）2019/2144 法规是原有欧盟汽车安全框架性技术法规（EC）661/2009《关于机动车及其挂车，以及用于此类车辆的系统、零部件和独立技术单元的一般安全性的型式批准要求的欧盟议会和理事会法规》的更新升级版本，该法规的出台和实施，将极大改变欧盟原有的汽车技术法规体系格局和相关技术要求，其中对汽车企业影响最大的是（EU）2019/2144 法规对汽车安全方面提出的一大批先进的技术要求和装置、零部件安装要求，大部分装置和零部件都是自动驾驶、智能网联汽车相关的法规项目和要求，包括驾驶员睡意及注意力警告系统、盲区监测系统、智能限速系统等，具体实施时间如表 6-2 所示。

表 6-2 欧盟（EU）法规规划及进展

序号	系统名称	法规编号	适用车型	实施时间
1	车道保持辅助系统	(EU) 2021/646	M1、N1	2022 年 7 月
2	驾驶员睡意及注意力警告系统	(EU) 2021/1341	M1、M2、M3、N1、N2、N3	2022 年 7 月
3	先进的驾驶员注意力分散警告系统	—	M1、M2、M3、N1、N2、N3	2024 年 7 月

4. 针对不同系统的性能和功能，测试手段和设备愈加丰富

智能网联汽车的整车级封闭场地测试评价技术已成为智能网联汽车相关功能开发与验证应用的最终验证的关键环节。目前，整车级封闭场地测试评价主要可以分为两大类——L0、L1、L2 驾驶辅助的 ADAS（Advanced Driving Assistance System，先进驾驶辅助系统）功能测试评价与 L3 及以上等级的自动驾驶功能测试评价。其中，L0 驾驶自动化（部分驾驶辅助）系统具备持续执行部分目标和事件探测与响应的能力，当驾驶员请求驾驶自动化系统退出时，能够立即解除系统控制权，在封闭场地测试的主要功能有自动紧急制动系统（AEB）、前向碰撞预警（FCW）、车道偏离预警（LDW）、盲区监测（BSD）、自动紧急转向（AES）、车道保持辅助（LKA）等测试；L1 驾驶自动化（部分驾驶辅助）系统在其设计运行条件内持续执行动态驾驶任务中的车辆横向或纵向运动控制，且具备与所执行的车辆横向或纵向运动控制相适应的部分目标和事件探测与响应的能力，在封闭场地测试的主要功能有车道居中控制（LCA）、自适应巡航控制（ACC）等；L2 驾驶自动化（组合驾驶辅助）系统在其设计运行条件内持续执行动态驾驶任务中的车辆横向和纵向运动控制，且具备与所执行的车辆横向和纵向运动控制相适应的部分目标和事件探测与响应的能力，在封闭场地测试的主要功能有车道偏离修正和自适应巡航组合控制等；L3 驾驶自动化（有条件自动驾驶）系统在其设计运行条件内持续执行全部动态驾驶任务，在封闭场地测试交通拥堵辅助、高速公路辅助等功能。

进行 ADAS/AD 封闭场地测试先要搭建相关的测试场景，之后 ADAS 利用安装在测试车辆上的各种设备控制测试车辆，AD 通过自身的自动驾驶能力达到测试的开始条件，通过触发安全事件完成相关的试验，并采集试验过程中测试车辆的各种信息，如车速、加速度、横向和纵向相对距离、转向盘转角等。因此从大类上看，ADAS/AD 封闭场地的测试设备可分为目标物系统、控制系统、数采系统、场景搭建设备等。目标物大类包含成人目标物、儿童目标物、自行车目标物、摩托车目标物、汽车目标物及动物目标物等。控制系统的主要功能是控制测试车辆或目标物按照既定的路线、速度、时刻等运动，按照控制对象的不同，控制系统可分为控制测试车辆的驾驶机器人系统、控制目标物的牵引系统和移动平板。根据所采集数据的不同，数采系统可以分为采集车辆速度位置等信息的组合惯导系统、采集声音图像信号的数采系统、数据统计及分析的上位机采集系统等。根据试验场景的不同，常用的场景搭建设备包括红绿灯、路灯、护栏、车道线、指示牌等。

由于国外在 ADAS/AD 测试领域技术方面起步较早，测试设备的研发和使用也呈现出相同的趋势。目前在 ADAS/AD 测试设备的大部分细分类别中，来自国外品牌的测试设备占据主导地位。随着中国测试技术的不断发展，在测试设备方面正在进行积极的研发，取得了一定的进展。2021 年，针对主动安全的测试设备进一步丰富，在传统目标物的基础上增加了发热假人测试夜视系统、仿真机器人模拟人类动作和形态测试驾驶员监控系统，引入了特殊图卡测试全景环视系统等；国外方面，引入了公开道路测试智能限速系统、真人主观测试驾驶员睡意及注意力警告系统等。

（二）主动安全行业技术

1. 主动安全技术分类

根据 GB/T 39263—2020《道路车辆 先进驾驶辅助系统（ADAS）术语及定义》的定义，先进驾驶辅助系统是利用安装在车辆上的传感、通信、决策及执行等装置，实时监测驾驶员、车辆及其行驶环境，并通过信息和/或运动控制等方式辅助驾驶员执行驾驶任务或主动避免/减轻碰撞危害的各类系统的总称，主要分为信息辅助类系统和控制辅助类系统。

环境感知是实现智能驾驶的第一个环节，智能驾驶采用摄像头、毫米波雷达、激光雷达、超声波传感器和卫星及惯导导航，保证感知冗余和足够的鲁棒性，采用多传感器融合的配置方案，实现车辆对周边道路、行人、障碍物、路侧单元及其他车辆的感知，产生图片数据、视频数据、点云图像、电磁波等信息，去除噪点信息后利用不同类型的数据形成冗余，同时提升感知精度，在不同程度上实现车辆安全、自主、智能驾驶。

目前，世界各国对智能驾驶的理解和分类基本一致，中国《汽车驾驶自动化分级》基本参考了 SAE J3016TM 的分级。L0 系统仅提供预警类功能，车辆控制完全由驾驶员掌控，因此属于辅助预警。L1～L2 系统可接管少部分的、不连续的车辆控制任务，属于高级辅助驾驶范围。而 L3～L5 系统可以在激活后的一定情况下执行连续驾驶任务，因此属于自动驾驶范围。但 L5 的完全自动驾驶由于技术、法规、政策、标准和道德伦理等问题，其短中期的可行性较低，因此目前 L4 为可行性较高且落地性较强的高级自动驾驶等级。

L0 的预警功能和 L1～L2 的辅助驾驶功能作为转向自动驾驶的过渡产品，以主动安全功能为主，是汽车自动化、智能化的初级阶段，需要驾驶员随时准备接管，目前在市场中处于快速普及期，同时展现出从高端车型向中低端车型不断渗透的特点。

2. 信息辅助类系统行业技术

信息辅助类系统通过安装在车辆上的传感器对目标和事件进行检测，并通过影像、声音、震动、灯光、触觉等提示或警告的方式提醒驾驶员执行驾驶任务，起到对驾驶员的提示作用，不具备控制车辆的能力。其驾驶自动化等级主要为 L0，包括驾驶员疲劳监测、交通标志识别、智能限速提示、全景影像监测、前向碰撞预警、车道偏离预警、盲区监测、后方交通穿行提示、车门开启预警等，如表 6-3 所示。

表 6-3 信息辅助类系统的典型功能代表

方　向	系　统	简　称
车内	驾驶员疲劳监测	DFM
	驾驶员注意力监测	DAM
	抬头显示	HUD
前向	交通标志识别	TSR
	智能限速提示	ISLI
	夜视	NV
	前向碰撞预警	FCW

续表

方　向	系　统	简　称
横向	车道偏离预警	LDW
后向	后方交通穿行提示	RCTA
	倒车辅助	RCA
车周	盲区监测	BSD
	车门开启预警	DOW
	低速行车辅助	MALSO
	全景影像监测	AVM

3．控制辅助类系统行业技术

控制辅助类系统通过安装在车辆上的传感器、通信、决策、执行等装置，检测道路行驶环境，在设计运行条件下辅助驾驶员完成动态驾驶任务，系统开启时具备在驾驶员监管条件下控制车辆的能力。其驾驶自动化等级主要为L1～L2，包括智能限速控制系统、车道保持辅助系统、智能泊车辅助系统、自适应巡航控制系统、交通拥堵辅助系统、自适应远光灯系统等，如表6-4所示。

表6-4　控制辅助类系统的典型功能代表

方　向	系　统	简　称
短时控制	自动紧急制动	AEB
	自动紧急转向	AES
	智能限速控制	ISLC
组合控制	车道保持辅助	LKA
	车道居中控制	LCC
	交通拥堵辅助	TJA
	自适应巡航控制	ACC
	智能泊车辅助	IPA
灯光系统	自适应远光灯	ADB
	自适应前照灯	AFL

（三）主动安全标准法规

1．驾驶员监控系统等人机交互类标准法规

智能网联汽车内主要与驾驶员产生交互的主动安全系统有驾驶员监控系统的人机交互系统等。

驾驶员监控系统可以分为驾驶员疲劳监测（Driver Fatigue Monitoring，DFM）系统和驾驶员注意力监测（Driver Attention Monitoring，DAM）系统。高级别的智能网联汽车涉及汽车和驾驶员的驾驶主权问题，系统实时监测驾驶员动态行为，观察其是否具有接管能力愈加重要，国内外相继颁布相关法规对系统的功能和性能进一步明确。

欧盟委员会于 2021 年 4 月 23 日签发面向驾驶员睡意及注意力警告（Driver Drowsiness and Attention Warning，DDAW）系统的法规 EU 2021/1341《关于机动车驾驶员睡意及注意力警告系统型式认证的具体试验程序和技术要求》，并于 2022 年 7 月面向新认证车型实施。针对最大设计速度>70km/h 的 M 类和 N 类机动车辆，要求 DDAW 系统实时监测驾驶员的睡意程度，当驾驶员睡意等级≥卡洛琳斯卡睡眠尺度表（KSS）的 8 级时，通过 HMI 向驾驶员发出警告；可在驾驶员睡意等级为 7 级时向驾驶员提供警告。

欧洲新车评价规程（Euro NCAP）于 2021 年 11 月发布 Euro NCAP 评价规程——《安全驾驶评价（10.0 版）》，并于 2023 年实施，要求系统可以在白天/夜晚的不同天气下，识别大部分驾驶员的疲劳、分神的典型动作，并发出报警，和/或与其他 ADAS 联动对车辆进行组合控制，同时提到了当驾驶员无意识时，车辆应启动符合 UN R79 的风险缓解功能（Risk Mitigation Function，RMF），将车辆停靠在安全区域。

国标方面，GB/T《驾驶员注意力监测系统性能要求及试验方法》已于 2021 年报批，要求系统识别驾驶员的闭眼、头部姿态异常、接打电话、打哈欠、抽烟等动作并发出报警，同时要求系统检出率和准确率≥95%。各地方机构也针对驾驶员监控系统出台了不同要求的地方标准，如苏标、川标、湘标等。《C-NCAP 管理规则（2025 年版）》也将新增关于 DMS 的测试内容。

与驾驶员息息相关的系统——人机交互系统（Human Machine Interface，HMI），直接影响用户对智能驾驶功能的体验，得到了较大的关注。ADAS 的功能主要归纳为安全和舒适，而 HMI 的设计则影响了某项功能给用户带来的生理和心理的安全感。HMI 不仅仅为用户提供信息，同时是高级自动驾驶功能监测驾驶员行为的主要输入渠道，如监测驾驶员状态的摄像头观察驾驶员眼睛和面部特征、监测驾驶员脱手的电容式和扭矩式转向盘输入。美国国家道路交通安全管理局（National Highway Traffic Safety Administration，NHTSA）制定了“车内电子设备指南”（Visual-Manual NHTSA Driver Distraction Guidelines for In-Vehicle Electronic Devices），对车内电子设备交互行为的安全性指导影响深远。联合国 ECE R157 作为第一部针对 L3 自动驾驶汽车的法规，也对人机交互系统的交互方式、驾驶员接管状态等进行了要求。中国关于 HMI 系统的相关法规处于草案阶段。

2. 智能限速辅助系统（ISA）等信息提示类标准法规

近期各国都在积极推动限制超速行为的相关法规，随着智能网联和自动驾驶技术的发展，智能限速辅助（Intelligent Speed Assistance，ISA）系统的相关法规得到迅速推广。

欧盟委员会于 2021 年 6 月 23 日签发了面向智能限速系统的法规 EU 2021/1958《制定关于机动车智能速度辅助系统型式认证的具体试验程序和技术要求的详细规则》，并于 2022 年 7 月 6 日开始，强制要求所有在欧盟（EU）销售的新乘用车和商用车、卡车、客车车型必须配备 ISA 系统，才能通过形式认证。在摄像头、GPS 和限速标志地图数据库的配合下，当车速超过当地法定速度限值时，ISA 将通过通知、警告和强制等方式提醒驾驶员减速行驶。考虑到道路限速标志不可能是一成不变的，未来会出现新的限速标志设计和表现形式，法规还对 ISA 系统提出了生命周期内的性能要求，如应确保 ISA 系统在车辆生产出来以后至少 14 年内都能可靠地确定车辆的限速值，至少每年更新电子地图数据，7 年内提供免费升级服务。由于限速标志的识别依靠摄像头、GPS 和/或带有限速标志的电子地图，在传统封闭场地测试的基础上，新增欧盟境内公开道路的测试内容，车辆应识别 400km 以内的限速标识牌。

此外，欧洲新车评价规程（Euro NCAP）《安全驾驶评价（10.0 版）》也在 EU 2021/1958 的基础上进一步提高要求，系统应识别不同天气、时间、距离、道路特征及局部的动态事件，并发出警告，同时对限速功能、智能限速控制系统和智能自适应巡航控制系统做出要求。

国标方面，GB/T《汽车智能限速系统性能要求及试验方法》已于 2021 年年末报批，预计于 2022 年下半年发布。针对 M 类、N 类汽车，要求系统能识别 GB 5768.2 规定的限速标志，并向驾驶员提供限速提示信息和超速警告信息，若车辆具备功能则应在超速时启动智能限速控制。《C-NCAP 管理规则（2021 版）》也增加了速度辅助系统的测试，要求车辆识别限速标志牌，并在超速时发出警告信号。

信息提示类辅助系统与驾驶员产生交互，系统实时监测车辆周围的道路运行环境，在判断存在潜在风险时向驾驶员发出提示信息，避免碰撞事故的发生。前期应用范围较广的系统有前向碰撞预警、车道偏离预警和盲区监测，而随着汽车智能水平的提高，配备不同 ADAS 功能的车辆投入市场，除智能限速系统外，后方交通穿行提示、车门开启预警等系统的国标也处于报批或草案阶段。

3. 全景式影像监测系统（AVM）等视野辅助类标准法规

由于受车辆结构的限制，驾驶员的视野存在盲区，无法全面掌握道路交通信息，一旦影响驾驶员判断可能发生安全事故。近年来，视野辅助类 ADAS 步入市场。

GB/T《汽车全景影像监测系统性能要求及试验方法》于 2021 年年底报批，预计于 2022 年下半年发布。全景式影像监测系统能够向驾驶员提供车辆周围 360° 范围内环境的实时影像信息，辅助驾驶员更加全面清晰地了解车辆周围驾驶环境状况，从而提高驾驶安全性。正是由于这一特点，目前该系统在整车上的应用越来越广泛，如江淮、奇瑞、长安、奔驰、宝马等国内外主流汽车企业均已在其量产车型中搭载此类功能。国标对全景环视系统的延迟、视野范围、图像评价质量等提出了要求。

同时，JT/T《营运车辆全景环视系统技术要求和试验方法》也于 2021 年完成验证试验等，预计于 2022 年下半年发布，与国标不同的是，营运车辆的全景环视系统强调“大安全”，由于营运车辆的车身尺寸较大，视野盲区更多，因此对全景环视系统的需求更迫切，而 JT/T 全景环视系统不仅考察部件级的车载摄像头性能、静态图像拼接质量，同时加入动态视野盲区的考察内容，致力于全方位提高车辆安全。

全景式影像监测系统可以在车辆低速行驶或倒车时开启，目前仅对图像评价质量、可视范围等提出要求，不涉及障碍物的识别及报警。而倒车系统则在全景环视系统的要求上更进一步。

为了减少及降低车辆倒车时与自行车、行人的碰撞次数及严重程度，WP.29 颁布了新法规 UN Regulation No.158，对 M 类和 N 类汽车的倒车装置及驾驶员倒车时对车辆后方的视野做了技术要求。要求 M 类和 N 类车辆在倒车过程中，应该向驾驶员提供至少 1 种手段，以满足车辆后部 0.3～0.35m 范围内的视野要求或者车辆后部 0.2～1m 范围内物体的探测范围要求，或者两者均满足。关于倒车系统的国家标准预计于 2022 年预研立项。

全景环视系统、倒车辅助系统，以及抬头显示、夜视等多种功能辅助驾驶员获取更全面的信息，在不同天气环境、不同场景下安全出行。其中 GB/T《乘用车抬头显示系统性能要求及试验方法》已于 2022 年成立标准起草组，GB/T《乘用车夜视系统性能要求及试验方法》已于 2021 年报批。

4. 智能泊车辅助（IPA）等组合控制类标准法规

智能网联汽车在道路上运行时，需要掌握车周的交通环境信息并做出横向、纵向运动的决策，这就决定了高级别的智能网联汽车不能只具有单一的横向或纵向运动的功能，需将各种驾驶辅助系统统筹考虑，联合车辆的制动、转向系统共同保证车辆安全。L2 驾驶辅助系统即组合驾驶辅助系统，如交通拥堵辅助（Traffic Jam Assist，TJA）结合了自适应巡航、自动跟车和车道保持功能，在交通拥堵时帮助驾驶员进行驾驶决策。

2021 年，GB/T《智能网联汽车 组合驾驶辅助系统技术要求及试验方法 第 1 部分：单车道行驶控制》和 GB/T《智能网联汽车 组合驾驶辅助系统技术要求及试验方法 第 2 部分：多车道行驶控制》的预研启动，测试驾驶自动化系统在其设计运行条件下持续执行动态驾驶任务中的车辆横向和纵向运动控制，以及具备与所执行的车辆横向和纵向运动控制相适应的部分目标和事件探测与响应的能力。

智能泊车辅助系统作为最先一批落地的 L2 驾驶辅助系统，GB/T《智能泊车辅助系统性能要求及试验方法》于 2021 年报批，预计于 2022 年下半年发布。车辆在泊车时，需要自动检测泊车空间并为驾驶员提供泊车指示和/或方向控制等辅助功能，而泊车辅助模式指的是系统进行车辆横向控制或横纵向组合控制，辅助驾驶员使车辆驶入停车位的系统状态，即要求智能泊车辅助系统对车辆进行精准的横纵向控制，使车辆安全地停到目标车位，对车位搜索能力、停车姿态、调整次数等均有要求。面向更高级别的泊车辅助系统的 GB/T《智能网联汽车 自动泊车性能要求及试验方法》也在预研中。

组合控制类辅助系统不仅涉及车辆运行状态的控制，还有与驾驶员的交互过程，如监测到驾驶员无意识（如闭眼、脱手等）后，应发出报警并启动控制策略。如 GRVA 在 2021 年 8 月发布的 R79 修正草案中规定了当驾驶员无意识后，系统应启动风险缓解策略（Risk Mitigation Function，RMF），即在驾驶员没有反应的情况下，该功能可以在有限的时间内自动启动车辆转向系统，以使车辆在目标停车区域内安全停车，详细规定了系统向驾驶员报警、向车外交通参与者警示、换道的一系列动作要求。

（四）主动安全测试技术

1. 驾驶员监控系统（DMS）等人机交互类测试技术

国内外法规中对影响驾驶员正常驾驶的动作和行为的认知大致相同，也对驾驶员的主要表现趋于相同观点，但测试方法有所差异，测试手段和工具也不尽相同。

目前实现驾驶员实时监测的技术手段分为两类——直接监测式和间接监测式。由于驾驶员在疲劳状态下的一些生理指标，如脑电、心电、脉搏、呼吸等都会偏离正常的状态，因此可以通过生理传感器直接监测驾驶员的这些生理指标，来判断驾驶员是否处于疲劳状态。这种直接接触驾驶员、监测其行为的方式称为直接监测法，使用眼动仪、脑电波检测仪、心率检测器等监控驾驶员的生理数据。而间接监测法不通过驾驶员本人判断，而是通过驾驶员对车辆的操纵状态，间接判断驾驶员是否处于疲劳/分神状态，如驾驶员转向系统的微修正次数减少，同时大修正、快修正次数增加，以及车辆横向间的车道位置变化增多。

欧洲的驾驶员监测系统测试主要采用真人主观测试，EU 2021/1341 提出，可选取实车测试或仿真测试方法，实车测试选取至少 10 名驾驶员在白天和夜晚的不同天气下进行，每隔 5min 评价一次驾驶员的睡意状态，观察 DDAW 系统是否发出警告，通过统计学数据判断每个驾驶员的敏感度及整体敏感度和标准差等，判断系统是否合格。利用真人进行主观测试则要求提前对驾驶员的驾驶习惯、经验等做调研，同时在测试前进行统一的培训，才能保证数据的统计学意义。在实车测试过程中，需实时记录驾驶员状态及车辆运行数据；在仿真测试中，应验证仿真环境与真实世界的差异性。

Euro NCAP 提出，DMS 需具有较强的鲁棒性，如识别年龄范围 18～80 岁、身材处于第 5 百分位～第 95 百分位、眼睑缝隙>6.0mm、可能戴帽子或墨镜、装饰了睫毛或胡须的驾驶员，同时考虑吃东西、交谈 、揉眼等行为的干扰，以驾驶员看向驾驶员侧窗户、乘员侧膝盖、车载娱乐系统等位置或看手机来模拟长时间分心、短时间分心、使用电话等行为，以驾驶员 KSS>7 级或眼睛闭合 3s 左右模拟驾驶员困倦，测试系统是否报警及后续的控制干预措施。测试系统的鲁棒性需大量的驾驶员样本，且趋向于条件边界的驾驶员样本测试；测试驾驶员分神需要模拟特定位置的眼神动作，对于间接式监测系统不适用，考察其报警能力和干预措施的合理性；测试驾驶员疲劳需主客观结合查看 KSS 评价结果和眼睑闭合的生理指标，特别提出在驾驶员无意识情况下应考虑风险缓解功能，最终保证驾驶员和车辆的安全。由于要求了车辆的速度和位置，该项试验也由真人实车测试完成。

GB/T《驾驶员注意力监测系统性能要求及试验方法》考虑以主客观结合的方法测试驾驶员分神、疲劳等典型动作下的系统状态，测试系统面对不同驾驶员的鲁棒性，当驾驶员进行特定动作时系统应报警。与国外标准不同的是，该试验方法引入了仿真机器人和太阳光模拟系统进行大量的重复性测试，如车辆处于静止状态，改变光源的方向和位置，标准尺寸的仿真机器人配备手机、香烟等物品，重复闭眼、打哈欠、打电话等动作，从而测试系统的检出率及准确率。

人机交互系统是汽车智能化的重要组成部分，最能提升用户的信任感和安全感。人机交互系统面向的是各式各样的驾驶员，他们拥有不同的驾驶习惯和特点，这对系统提出了全新的要求，ECE R157 提出了人机交互方式、提示信息和系统介入请求的标准要求，但未详细涉及测试方法。国标的《智能网联汽车 自动驾驶系统通用技术要求》和《智能网联汽车操纵件、指示器及信号装置的标志》相关内容处于草案阶段，预计会涉及测试过程。当前的人机交互设计还在前进摸索阶段，未来将在传统交互方式上进行升级，更加侧重于与不同的人群进行智能化交流。

2. 智能限速辅助（ISA）系统等信息提示类测试技术

智能限速辅助系统根据功能的不同可以分成两类，第一类是智能限速提醒，获取车辆当前条件下应遵守的限速信息并实时监测车辆行驶速度，当车速不符合或即将超出限速范围时，适时发出警告信息；第二类是智能限速控制，除提供警告信息外，还协同其他 ADAS 将车辆保持在限速范围之内。

而实现上述技术路线的方式基于摄像头、GPS 和电子地图，常见方式是通过车载传感器（视觉摄像头）识别道路标志牌，通过算法进行转化后提供给驾驶员，这种实现方式受天气等条件影响较大，识别率和正确率较低；部分车辆将摄像头获取的数据连同内置的 GPS 定位模块和电子地图的数据进行融合判断，不仅可以调取地图内设置的固定限速牌，还可以识别交通事故警示标志牌等临时装置。

对于仅依靠摄像头进行识别的车辆，可在封闭场地内放置不同的标志牌，检测系统的识别率。而封闭场地大多为保密区域，无法采集电子地图，且各车辆制造商选取的电子地图供应商不同，即使封闭场地采集了电子地图信息，也需要频繁更新给各个电子地图供应商传输至车辆内部，花费成本较大。欧盟的标准提出测试车辆上公开道路运行，识别运行期间遇到的标志牌，能充分监测智能限速系统的鲁棒性，也更贴近实际使用情况，但实际操作中由于测试车辆需挂测试临牌、各地政府的监管措施不一，上公开道路测试的难度和可操作性高于封闭测试场地。

其他信息提示类系统的数据输入主要依靠车载传感器如摄像头识别障碍物和车道线等信息辅助车辆定位、毫米波雷达探测障碍物提供远距离的位置信息、超声波传感器探测障碍物信息提供近距离的位置信息，“卫星+惯导”对车辆进行高精度定位。这些数据传输给车辆的计算单元，判断是否有潜在碰撞危险，系统判断是否发出报警或将控制车辆运行状态。

3. 全景式影像监测（AVM）系统等视野辅助类测试技术

全景式影像监测系统提供的是车周 360° 的影像信息，一方面对图像质量有要求，拼接图像应清晰，现实的物品无歪曲变形，故使用黑白棋盘格图卡辅助测试图像畸变和错位；另一方面对拼接缝隙处的物体显示有要求，若系统拼接缝隙过大则会导致角落的物体消失，若驾驶员太过于依赖全景图像则会产生类似于“鬼探头”的安全事件，故使用标志物测试系统的视野范围及可见性；要求系统能输出实时画面来测试系统延迟。在此基础上，JT/T 全景环视系统还增加了 BSD 的测试内容，设计车辆右转盲区监测、前方盲区监测的内容，测试场地进一步加严，要求在整车灯光环境下测试多个图卡。

R158 的测试内容除间接视野外，还包含倒车过程中的提醒、强光源环境下目标物的可见性、车辆后方目标物的识别及报警时间。测试过程中需要准备光源、光电探测器等测量间接视野，强光源环境下测试目标物的显示尺寸，倒车过程中的提醒类型及碰到障碍物的警告时间和系统响应时间等。倒车国标预计会增加目标物识别部分的测试内容。

而抬头显示和夜视系统等辅助驾驶系统，涉及的测试设备更加丰富，利于 HUD 需使用成像亮度计等测试显示的亮度、清晰度等；夜视系统需在微光环境下测试红外系统对发热假人的识别效果、图像标注效果及碰撞报警功能。丰富的辅助驾驶功能帮助驾驶员在不同环境下安全驾驶，也要求测试设备更加精良，符合实际使用情况。

4. 智能泊车辅助（IPA）等组合控制类测试技术

GB/T《智能网联汽车 组合驾驶辅助系统技术要求及试验方法 第 1 部分：单车道行

驶控制》和 GB/T《智能网联汽车 组合驾驶辅助系统技术要求及试验方法 第 2 部分：多车道行驶控制》要求系统能实时监测本车道及目标相邻车道的车辆等交通参与者，仅在与其他交通参与者保持不小于危险距离的情况下执行换道，系统开启、激活、被抑制、失效后均需要以合理的方式提醒驾驶员，解决被测试的复杂场景需要协同多个驾驶辅助功能，因此需要的测试目标车辆、测试设备也愈加丰富，驾驶员的行为（如脱手、干预、接管等）也影响系统下一步的决策，测试的随机性更大。

智能泊车辅助系统的测试场景充分考虑了现有国内常见的停车位类型（如平行车位、垂直车位和斜车位等）和停车场景（单侧有障碍车、双侧有障碍车等），测试需在试验场地中预置不同的停车位，并选取符合标准要求的目标车，在测试过程中实时记录车辆调整（换挡、前进/后退）次数，停车后测量车辆的停车姿态（与周围车辆/车位线的距离等），该功能为城市泊车提供便利，测试侧重于舒适和高效的实现性。

高级别的智能网联汽车需要解决复杂的交通场景，为驾驶员提供安全、舒适和高效的驾乘体验，实现这些目的需要协同多个驾驶辅助系统，在特定场景下调取不同的功能。封闭场地实车测试可以最真实地还原驾驶场景，测试车辆性能，但测试场景较为单一且效率不高，无法实现大量测试。此外，交通运行环境瞬息万变，场景无法穷举，固定的测试场景无法充分测试系统性能，故部分标准要求车辆上公开道路运行，需解决一定范围内的场景，测试系统的鲁棒性，同时对系统的功能安全提出要求。

二、汽车主动安全发展趋势

随着智能网联技术的发展，L3 及更高级别的自动驾驶产品落地，对整车级封闭场地测试提出了更高的要求。封闭场地测试用例覆盖的范围会更加广泛，包含高速公路/环路、市内运行体系、城际/郊区、泊车/取车、封闭园区等。根据智能网联汽车声明的设计运行范围（ODD）及自动驾驶功能，在五大应用场景测试用例库中选取并确定测试用例，测试智能网联汽车的真实表现。

根据智能网联汽车 ODD 及自动驾驶功能，选取封闭场地测试项目，针对每个测试项目，设计封闭场地测试场景、测试方法与评价标准。封闭场地测试场景和测试用例设计在原则上充分考虑场景的典型性、危险性及对法律法规的符合性。测试车辆应在不进行软硬件变更的条件下通过所有规定的测试用例，验证产品驾驶自动化系统、人机交互功能的合规性和安全性。

随着智能网联汽车技术、产业对标准化的需求，智能网联汽车封闭场地测试各细分技术领域标准体系会不断地进行完善，共性、基础和通用规范类标准的研究制定会优先开展，自动驾驶功能核心标准会加快制定。

稳步推动先进驾驶辅助系统（ADAS）标准制定：加快推进“智能网联汽车术语和定义”“智能网联汽车操纵件、指示器及信号装置的标志”等基础标准的制定；全面启动“道路车辆—用于评估主动安全功能的目标车辆，易受伤害的道路使用者和其他物体的测试设备”和“驾驶员行为模拟仿真机器人性能要求及试验方法”等测试设备标准的研制；加快推进决策预警类和辅助控制类标准的研究。

加快推动自动驾驶相关标准研制：加快推进自动驾驶通用技术要求标准研制；深度参与自动驾驶场景类国际标准的研究并适时转化为国家标准；开展自动泊车、列队跟驰、末端配送和港口应用等自动驾驶限定场景功能应用标准研究；持续推动自动驾驶场地测试标准研究。

第二节　2021 年汽车被动安全现状与趋势

一、汽车被动安全发展现状

（一）汽车被动安全概述

如何提高汽车的安全性、降低交通事故数量及交通事故伤亡人数，已经成为各国政府、研究机构及汽车企业面临的重要问题。汽车乘员碰撞保护面临现实和未来两个层面。从现实角度来看，经过多年的发展，随着汽车被动安全相关标准法规的日益完善，我国交通安全状况已经有所改善，交通事故伤亡人数有所降低，但每年仍有 6～7 万人因交通事故死亡，其中儿童和行人等道路弱势参与者是伤亡的主要群体。从未来发展趋势看，智能交通系统和智能网联汽车已成为未来交通的一个发展方向，智能交通和自动驾驶技术会大大降低因人的失误引发的事故，同时会带来新的交通事故模式和乘员保护新挑战。

（二）被动安全行业技术

1．安全车身技术

车身结构作为乘员直接乘坐的关键组成部分，连接着汽车动力系统、传动系统、转向系统等关键部位。其结构设计的优劣直接关系到车内乘员的乘坐舒适性和安全性。近年来，随着节能减排与环保创新在世界范围内广泛普及，国内外的汽车行业对汽车环保性与节能性的提高达成了共识。而针对汽车与车身结构在节能技术与环保理念方面的研究也给行业带来了更多的挑战与机遇。

2021 年，从传统燃油汽车到新能源汽车，车辆安全性能已经进入多维并行的领域，跳出了传统思维对于安全仅限于碰撞安全的理解范畴。车身设计需要综合考虑车辆的性能需求、轻量化需求、电池安全需求等，由此也给车身设计带来了更多方面的挑战。新时代车身设计更加重视高车身扭转刚度，而高水平的抗扭刚度可以优化 NVH 性能，减少车身疲劳破坏和异响的发生，保证各种工况下的操纵稳定性和碰撞安全性。钢铝混合技术进一步发展，在保证车身坚固的同时，车身轻量化的目标得以有效实现，铆接工艺、热熔螺接工艺和胶接等先进连接工艺相结合，让材料的连接更加稳固，实现了钢铝材料完美连接。车身安全技术整体上向“高安全、高耐久、高集成、轻量化”更进一步。

当前的车身安全技术进步集中以三种技术途径实现，即结构优化设计、先进生产制造工艺及高强轻质材料的应用。

结构、尺寸优化设计是在不降低或提升目标性能要求的基础上对研究对象进行优化。一般会采用拓扑优化，用遗传算法进行优化求解，在满足各项约束的同时使原车架减重。

随着高强度材料逐渐在汽车轻量化领域推广，制造工艺的发展研究也逐步展开。热冲压成形的零部件可以获得较高强度；液压成形的工件具有精度高、回弹小、强度和刚度较高的优点，能够简化生产工序；铝合金液压成形工艺技术已在发动机盖板的冲压件方面得到应用；激光拼焊在车身 A、B、C 柱及底板等多个车身部件的连接中得到运用，在提高汽车结构抗撞性方面具有优势。

高强轻质材料的应用是白车身优化的关键之一，在降低车身质量方面主要通过镁铝合金、塑料件、碳纤维及玻璃纤维等轻质材料在汽车上的应用来实现。目前部分高端车型逐渐使用铝合金部件替代原有车身的钢制板件，其碰撞吸能性能使得座舱内部碰撞安全性得到提高。碳纤维复合材料质量轻、强度大、结构可设计性强、制造工艺优良、抗撞性能好，但同时存在成本较高的问题。

2. 乘员约束系统技术

随着碰撞安全相关法规的推动，车辆约束系统配置率不断增加，碰撞事故死亡率和其他相关伤害率逐渐减低，但是仍然会产生大量的碰撞伤害，因此研究机构仍在努力提高约束系统的保护效果。

安全带作为汽车碰撞过程中保护驾乘人员的基本防护装置，它的诞生早于汽车，是汽车上最重要的约束系统配置。目前预紧限力式安全带已经被车企广泛应用，但我国车辆主要是以单预紧单限力式安全带为主，而随着车企对碰撞安全的重视，一些原来只能用在豪华乘用车上的安全带功能，如双预紧、双限力及锁舌锁止等功能也开始应用到普通乘用车上。随着新的碰撞场景工况的提出，包括智能汽车概念的出现，对安全带性能提出了更高的要求。例如，对于应对高速行驶 AEB 自动刹车工况，主动预紧式安全带技术被认为是可行的应对方案，对于应对自动驾驶工况，四点式安全带技术被认为是可行的应对方案；随着法规的推进，主动预紧式安全带、四点式安全带甚至气囊式安全带技术都可能会被进一步应用。

安全气囊是一种被动安全性的保护系统，它与安全带系统配合使用，可以为乘员提供有效的防撞保护。当前我国乘用车已基本标配碰撞安全气囊，特别是已经基本普及了正面碰撞驾驶员头部气囊、副驾驶位头部气囊及侧面碰撞前排侧气囊，而侧面气帘、后排侧气囊随着法规的推动，配置率也在逐年提高；在 2025 版 C-NCAP 中提出了远端乘员保护评价，引导车企增加远端乘员保护气囊的应用。与此同时，一些成本较高的气囊技术也被车企进一步应用，如多级气囊、顶置式副驾驶气囊、二排乘员正碰气囊等。未来的安全气囊技术将会朝着智能化方向发展，配合车辆智能监控系统使用。

汽车座椅作为连接乘员与车体的重要环节，在汽车安全领域发挥着重要作用，是汽车安全的重要组成部分之一。当前，车辆前排座椅安全技术持续提高，随着 C-NCAP 法规的实施与推进，前排座椅的鞭打性能和防下潜性能已持续改善，能够确保碰撞时乘员处于自身的生存空间之内，减少乘员损伤，同时配合其他约束部件（如安全带、安全气囊），充分发挥保护效能，使乘员保持最佳姿态。相对于前排座椅技术，后排座椅技术发展滞后，主要是因为后排乘员保护在汽车开发过程中一直处于比较低的优先级。近几年，后排乘员保护已成为研发过程中一个重要的方向，随着 C-NCAP 法规的实施与推进，第二排座椅的女性防下潜性能持续改善，而在 2021 版 CNCAP 中提出了第二排座椅的动态鞭打保护评价，进一步对第二排座椅的性能提出了更高的要求，根据调研，当前在售车型中第二排座椅的鞭打保护性能普遍较差，重要原因是车企座椅平台多数是沿用或逆向开发而来的，而开发新座椅平台的成本较高。随着 2021 版 C-NCAP 法规的实施及企业重视，相信未来第二排座椅的鞭打保护性能将会改善。第二排座椅的另一个相关技术是如何更好地匹配儿童座椅，过去，我国法规中的儿童保护只是考察项，未引起车企重视，2021 版 C-NACP 已经加入了 Q3 及 Q10 儿童保护的评价，引导车企重视儿童保护安全，相信未来车企会提高车辆第二排座椅的性能设计，以保证更好地匹配儿童座椅。

虽然安全带、安全气囊及座椅等乘员约束系统零部件技术在稳步提高，但是不能认为安全带、安全气囊、转向管柱、座椅等乘员约束系统零部件性能越先进就越好，也不能认为车辆匹配了安全带和安全气囊等乘员约束系统零部件，乘员就一定不会受伤。在日常生活中，也会出现安全气囊伤人的事故，另外，安全带对乘员的限制力不同，乘员的伤害情况也不尽相同。因此，乘员约束系统零部件的合理匹配至关重要。目前国内车企的乘员约束系统的匹配技术逐年提高，国内大部分车企已经能运用常规的计算工具、模拟软件及测试手段解决典型的乘员约束系统的匹配开发任务，也能够对单独的系统组件（如安全带负荷限力器）及其子系统对各控制参数（如最小胸部变形）的影响等进行详细分析和讨论。奇瑞、吉利、比亚迪和长城等国内主机厂都具备制定相关约束系统控制策略、开发准确和稳定的乘员约束系统能力，甚至比合资车企还要先进。虽然乘员约束系统技术在不断提高，但是，当前乘员约束系统的匹配技术也面临着挑战。由于汽车开发中成本压力的不断增加，可用于验证和优化乘员约束系统的原型车和乘员约束系统零部件的数量正在逐步下降，在整个车辆开发阶段，乘员约束系统验证周期越来越向车辆开发的后期转移，这些都对乘员约束系统的匹配精度提出了更高的要求，需要提出新的策略和设计思路。

近年来，智能乘员约束系统概念被不断提出，鉴于这种乘员约束系统技术的进步，制造商可以利用感知器件探测周边风险来触发不同的乘员约束系统保护策略，将有利于减轻事故和优化乘员保护的效果。

（1）主动预紧式安全带

集成式主动预紧式安全带系统能够将安全带预紧装置和主动安全技术结合起来，通过控制电机提前进行安全带预紧保护，能够有效提高乘员约束系统的保护效果。通过将前碰撞预警系统、车道偏离预警系统、自动紧急制动系统等和主动预紧式安全带集成为一体，采用摄像头、雷达等传感器识别前方的行车危险状况，车辆 ECU 单元对传感器感知的信息进行解析，然后根据算法决策控制主动式安全带直流电机的输入电压和电流，驱动卷收器卷收织带，从而实现预警提醒、主动预紧。主动预紧式安全带在主动安全阶段和被动安全阶段都可以进行相应的提醒和预紧工作，是目前主被动安全一体化最有效的实现方式之一。

在主动预紧式安全带方面，目前博世开发了 CAPS 体系，大陆公司提出了 Conti-Guard 系统，Autoliv、采埃孚研发了主动预紧式安全带产品并引入国内进行生产。国内清华大学的周青等人通过对整车预碰撞系统的研究，设计了一款能在车辆出现碰撞风险时控制电机驱动安全带卷收器的主动预紧式安全带，并搭建了样机。湖南大学的曹立波等人进行了大量的主动预紧式安全带的研究工作，开发出了该团队的第一代主动预紧式安全带系统。该系统主要包括安全带机构、减速传动机构、直流电机及中央控制单元 ECU 模块。在该型产品的基础上进一步开发了结合整车 ADAS 的第二代主动预紧式安全带装置，该系统通过接收 ADAS 发出的风险预警信号驱动电机进行安全带预紧的操作。

对于常见主动安全测试场景，主动预紧式安全带的工作模式一般可分为预警、一级预紧和二级预紧。预警操作为提醒信号，如进行安全带连续抽动等；一级预紧为安全带施加较小的预紧力，以消除安全带间隙和进一步提醒驾驶员；二级预紧为安全带在较为危险的工况下，施加最大预紧力，以使人体保持在正常位置，减小前倾量。对于盲区监测系统、车辆偏离预警系统，安全带为预警工作模式，当盲区监测系统和车辆偏离预警系统发出警告信号时，安全带也应进入预警模式，连续抽动以提醒驾乘人员。对于前碰撞预警和自动紧急刹车，主动安全带分为预警、一级预紧和二级预紧工作模式，一般使用目标碰撞所需的时间 TTC（Time-to-collision）指标进行逻辑运算，当 TTC≤FCW 阈值时，安全带执行预警操作，当 TTC≤AEB 阈值时，执行一级预紧模式，当 TTC≤AEB 全力制动阈值时，执行二级预紧模式。当碰撞无法避免时，主动预紧式安全带能够继续点爆安全带预紧器，在碰撞试验中实现对乘员的保护，最大限度地减小碰撞伤害。通过全过程预警、预紧，主动预紧式安全带能够有效对乘员进行提醒和安全防护，实现一体化的防护效果。

（2）智能安全气囊

智能安全气囊在普通安全气囊的基础上增加相应的智能检测系统和控制系统，识别汽车座椅上乘员的类型、位置、安全带佩戴等相关信息，通过 ECU 分析处理控制安全气囊展开的力度和时机，实现对乘员的精准保护。因此，智能安全气囊的重要组成部分为驾乘人员体征识别系统，为智能安全气囊的决策分析提供硬件基础。

在识别到对应的乘员信息后，智能安全气囊对应的 ECU 控制单元根据碰撞强度、碰撞类型，结合乘员的状态精确控制气囊展开的参数，包括气体发生器的能力、排气孔卸载、安全气囊点火时间、点火级数等。

国外对此项研究的起步较早，多个安全气囊生产商已经推出对应的产品。博世推出了智能安全气囊（iBolt）系统，通过安装在座椅骨架上的传感器来计算乘员的质量和状态，根据这些数据计算安全气囊点爆的最佳时间和体量，对于体重较大的乘员，气囊会释放全部气量，对于体重较小的成年人或儿童，气囊会减少释放的气量，对于后向安装的儿童或空位，气囊则不会进行点爆。此外，采埃孚、奥托立夫等也推出了类似的安全气囊产品。

目前，智能安全气囊尚未大规模应用于国内车辆上，国内目前的研究仍大多处于概念研究阶段，尚未有成熟的产品推出。

（3）智能座椅

随着智能汽车技术的发展，智能座椅、智能座舱逐渐从概念走进现实生活中，智能座椅包括座椅本体、电动调整系统、人机交互系统和智能控制系统，通过与主动安全、被动安全等系统相结合，可以实现驾驶、安全、休闲、健康于一体。智能座椅除水平、高度、靠背等调节方式外，还增加了腿托、肩部、侧翼等方向的调节，同时配置有加热、按摩、记忆、生理指标监测、人机互动等功能。座椅可以调至零重力模式，但当车辆在主动安全阶段识别到障碍物时，执行机构会迅速将座椅切换到正常的坐姿角度，当碰撞无法避免时，座椅会调整至系统计算出的最安全位置，以最大限度确保乘员的安全。目前，座椅供应商佛吉亚、博泽、延锋安道拓等在国内均进行了智能座椅业务布局，随着自动驾驶等技术的蓬勃发展，智能座椅将更广泛地运用于车辆上。

3. 车外人员保护技术

大量交通事故统计数据显示，在中国当前的交通情况下，车外人员在交通事故中受伤、死亡情况严重，无论是涉及行人和二轮车的交通事故数量，还是事故中受伤人数、受伤严重程度，甚至死亡人数，都反映了中国当前时代背景下严峻的行人道路安全情况。此外，对交通事故的深入调查研究还发现，导致车外行人（包括二轮车骑行者）在交通事故中重伤、死亡的人体损伤主要发生在头部和下肢。

故此，针对车外行人在交通事故中的碰撞保护也相应地集中在保护行人头部与下肢两个方面。车外行人与车辆发生碰撞时，行人头部与车辆碰撞的撞击点主要在发动机罩、风挡玻璃、车顶、A 柱等位置；行人腿部与车辆碰撞的撞击点主要在车辆保险杠、车灯、发动机罩前端等位置。针对这些车辆前端位置的行人碰撞优化，使撞击过程中车外行人的头部碰撞得到缓冲吸能，避免头部受到较大的冲击加速度；行人下肢碰撞得到缓冲和外力传导，避免腿部发生大幅度弯曲变形，从而实现对车外行人的碰撞保护。

针对车外行人头部的保护技术思路可大体分为两个方面，一是避免行人头部撞击硬质结构，二是对行人头部冲击进行缓冲。行人头部与车辆碰撞之前，上半身势必要先与车辆接触，此时车辆对人体起到一定支撑作用，通过合理的车辆造型设计尽可能减少头部撞击硬质点的概率，进而降低头部撞击伤害；通过内部布置规划避免撞击硬质结构，如增加机罩下方空间，预留空间大于机罩撞击变形量，使行人头部撞击时只与机罩发生接触而不会接触到机罩下方的硬质结构，从而降低头部撞击伤害。

还有一种降低行人头部撞击伤害的思路则是弱化撞击结构，在撞击过程中尽可能吸收撞击能量。这个思路的具体实现需要根据车身结构制定多种弱化方法，如在发动机罩上可采取蜂窝状、波纹状等内板结构进行优化；改变发动机罩铰链溃缩方式；增加密封胶条、缓冲胶块等结构；在部分支撑结构如水槽盖板、翼子板、雨刮、大灯、仪表板支架等零部件上开孔弱化、设计压溃结构。在行人头部撞击过程中，这些结构能有效地变形吸收能量，起到缓冲作用，降低头部受到的撞击伤害。

主动式发动机罩是目前行人保护中的重要技术手段，能够在行人撞击发动机罩时主动抬起，从而避免行人头部与发动机罩下坚硬部件碰撞而造成致命的伤害。主动式发动机罩目前主要采用压力传感器或加速度传感器进行触发，在遇到非行人等障碍物时往往容易产生误爆，从而造成不必要的损失。为了改变这种情况，智能主动式发动机罩能够充分利用主动安全系统的雷达、摄像头等装置提前对障碍物进行感知，提升对目标障碍物的识别率，并根据车辆速度、撞击行人位置计算最佳点爆时间，从而最大限度实现对行人的防护。目前，国内吉利、广汽等自主品牌车企已经开始布局相关的研究，随着主动、被动安全技术的融合，智能主动式发动机罩在车辆上的安装使用将更加普及。

行人下肢保护方面主要通过减少腿部弯曲变形来降低行人腿部受伤风险。此方法大致包含两个方面，即增加缓冲空间和前部结构设计。车辆与行人的碰撞作用时间极短，在此过程中行人一般不会出现大幅度地运动变化，行人腿部在受撞击时通常不会大幅度离开地面，所以腿部的撞击姿态和运动趋势相对于行人头部较为简单，也因此在设计车辆空间、结构、造型时，撞击点相对固定，仅考虑车辆横向位置即可。在这种情况下，行人腿部与车辆结构的关系相对固定，可定向地根据需要增加缓冲吸能空间。并且，由于撞击到腿部后该行人会失去平衡倾倒在车上，行人下肢运动趋势会受到上肢的影响，而合理的前部结构设计能够有效地控制行人下肢运动姿态，避免腿部在撞击时发生大幅度弯曲，降低腿部伤害。

4. 儿童保护技术

随着近年来汽车保有量的迅猛增长，道路交通安全问题日趋严峻，交通事故造成的伤害不容小觑，全世界每年约 120 万人死于交通事故。而儿童作为交通事故中的弱势群体，其伤亡率远大于成年人，每年有超过 26 万名儿童在汽车碰撞事故中死亡，近 1000 万名儿童受伤。虽然随着儿童约束系统（儿童座椅）的引入，儿童乘员的保护得到改善，但交通事故依然是导致 14 岁以下儿童死亡的第二大原因。因此，儿童的乘车安全性越来越受到国家、社会和家庭的重视。在我国，每年有超过 1.85 万名儿童死于交通安全事故，死亡率是欧洲的 2.5 倍、美国的 2.6 倍。

目前解决儿童乘车安全问题的最直接手段就是在车辆内使用儿童约束系统（儿童座椅），用以解决儿童乘员体型与车辆约束系统不匹配，导致车辆对儿童乘员保护性能下降的问题。世界卫生组织于 2015 年发布的《确保儿童交通安全的十大策略》显示，使用儿童约束系统可将婴儿道路交通事故死亡可能性降低 70%，幼儿道路交通事故死亡可能性降低 54%～80%。中国妇女发展基金会《部分大中城市儿童乘车安全与儿童安全座椅使用情况调查报告》显示，在发生交通事故时，若正确使用儿童安全座椅，孩子遭受致命伤害的可能性会大大降低：1 岁以下婴儿致命伤害的可能性会降低 71%，1～4 岁孩子的致命伤害会降低 54%，4～7 岁儿童的致命伤害会降低 59%。

我国的儿童约束系统市场尚不成熟，零部件企业众多，产品性能良莠不齐。但是随着强制性国家标准的实施，以及《未成年人保护法》的修订，该状态在向好发展。同时，C-NCAP 评价规则也在不断提升车企对儿童安全的重视程度，由技术实力更高、社会责任感更强的车企带动儿童座椅企业共同开发，提高儿童乘车安全。

（三）被动安全标准法规

1. 乘员保护标准

目前，世界上关于乘员保护的标准，有代表性的主要是美国的联邦机动车安全法规（FMVSS）和欧洲法规（ECE 和 EEC），其他国家和地区的相关标准基本上是参考美国和欧洲的标准并考虑自身国情而制定的，因而具有地区特色。在碰撞形式上，各国标准有正面 100%重叠刚性壁障碰撞试验、正面 40%重叠可变形壁障碰撞试验、可变形移动壁障侧面碰撞试验和侧面柱碰撞试验。

在正面 100%重叠刚性壁障碰撞试验方面的标准有美国联邦机动车安全法规的 FMVSS 208、欧洲法规 UN R137、日本法规 Art. 18、中国国家标准 GB 11551—2014、韩国标准 KMVSS 102-3 和澳大利亚标准 ADR 69/00。印度没有此方面的法规。美国 FMVSS 208 相比别的国家和地区的标准的测试速度更高（56km/h），试验工况更为全面，分系安全带和不系安全带测试，试验要求更为严苛。欧洲法规 UN R137、日本法规 Art. 18 和韩国标准 KMVSS 102-3 的驾驶员和前排乘员分别放置 HIII 50%男性假人和 HIII 5%女性假人，而中国国家标准 GB 11551—2014 和澳大利亚标准 ADR 69/00 的驾驶员和前排乘员都放置 HIII 50%男性假人。

在正面 40%重叠可变形壁障碰撞试验方面的标准有美国联邦机动车安全法规的 FMVSS 208、欧洲法规 UN R94、日本法规 Art. 18、中国国家标准 GB/T 20913—2007、印度标准 AIS-098 和澳大利亚标准 ADR 73/00。韩国没有此方面的法规。所有试验都在驾驶员侧进行。美国 FMVSS 208 相比别的国家和地区的标准的测试速度更低（40km/h），乘员为 HIII 5%女性假人。而其他地区和国家的标准均参照欧洲标准，测试速度为 56km/h，乘员为 HIII 50%男性假人，对车身结构和约束系统提出更高的要求。FMVSS 208 在偏置中对 HIII 5%女性假人评价限值与正碰相同。而 UN R94 除正碰的考查部位外还需对小腿的伤害进行评价。其他国家的假人伤害考查基本参照欧标，与欧标相似。

在可变形移动壁障侧面碰撞试验方面的标准有美国联邦机动车安全法规的 FMVSS 214、欧洲法规 UN R95、日本法规 Art. 18、中国国家标准 GB 20071—2006、印度标准 AIS-099、韩国标准 KMVSS 102 和澳大利亚标准 ADR 72/00。美国 FMVSS 214 相比别的国家和地区标准的测试速度更高（54km/h），移动壁障的质量更重（1368kg），除考察驾驶员 ES-2re 的损伤情况外，还在驾驶员后排放置 SID IIs 考查女性假人的损伤情况，要求更为严苛。其他国家和地区标准均参照欧洲标准，测试速度为 50km/h，移动壁障的质量只有 950kg，只在驾驶员位置放置一个 ES-2 假人以评价其伤害。印度标准还可以用 ES-I 来考查驾驶员的伤害情况。

在侧面柱碰撞试验方面的标准有美国联邦机动车安全法规的 FMVSS 214、欧洲法规 UN R135、日本法规 Art. 18、中国国家标准 GB/T 37337—2019、韩国标准 KMVSS 102-4 和澳大利亚标准 ADR 85/00。印度没有此方面的法规。所有试验的测试形式相同，均为 75°、32km/h、直径为 354mm 的刚性柱。美国 FMVSS 214 在驾驶员位置放置 SID IIs 或 ES-2re，而日本、韩国和澳大利亚的标准都参照欧洲标准，在驾驶员位置放置 WS 50 百分位假人。中国国家标准则可以选择放置 ES-2re。

2. 行人保护标准

中国国家标准 GB 24550 由推荐性标准转换为强制性标准，采用的是通过性的判定。判定车辆行人保护性能是否满足标准要求，测试方法分为头部与腿部两部分，分别进行测试与评价。但是在头型测试时，厂家不需要对试验区域内均布的试验点进行预测，而是根据伤害值的不同将试验区划分成几个区域，通过试验结果判断这些区域内头部碰撞伤害值是否满足标准要求，同时判断不同伤害值的区域面积占比是否满足标准要求。在腿部碰撞保护方面，测试选取可能会造成最大伤害的点位进行腿部冲击碰撞试验，对伤害值进行符合性判定。

在测试使用仪器方面，中国国家标准 GB 2450 使用成人头型冲击器、儿童头型冲击器进行测试，在腿型冲击器方面出于受众群体角度考虑，则尚未引入 aPLI 进行测试，而使用 Flex-PLI 进行测试评价。

3. 儿童保护标准

目前，儿童乘车安全相关的中国国家标准主要包括 GB 27887—2011《机动车儿童乘员用约束系统》和 GB 24406—2012《专用校车学生座椅系统及其车辆固定件的强度》。

GB 27887—2011 标准为首次制定，修改采用了欧盟标准 UN R44 的技术内容，自

GB 27887—2011 发布至今，UN 法规经过多次修改，部分内容进行了更新和修正，并且根据产品和技术的发展，将儿童约束系统产品的基本分类、分组进行了重新划分，还增加了侧碰要求。该中国国家标准目前正在修订，2020 年年底下达了修订计划，修改采用国际标准 UN R129 法规，实现国际接轨，预计于 2023 年发布实施。该标准提出了儿童座椅的全方位要求，从零件附件到整个系统，从设计要求到试验验证，主要包括儿童座椅的设计要求、内外尺寸、强度、碰撞安全性、面料毒性和阻燃、标识和说明书等方面。其中碰撞安全性包含正面碰撞、后面碰撞、侧面碰撞多种主要的碰撞工况，使用最新的 Q 系列儿童假人。在 GB 27887—2011 标准实施后的初期，因缺少有效的监督机制，除内置式儿童约束系统要求与整车一起进行强检试验外，其他类型的儿童约束系统并未得到严格贯彻，至 2015 年 3C 强制认证开始，中国市场的所有产品需进行认证，使该标准得以全面实施。目前随着《未成年人保护法》的修订，儿童安全的重视程度越来越高，儿童座椅的应用将得到提升，GB 27887 作为儿童约束系统的核心标准，是每个儿童座椅企业、每款儿童座椅产品开发的依据和安全底线。后续，该标准必将持续保持国际化水平，更大限度地保证结果一致性，进一步提高产品技术水平。

我国校车安全标准刚刚起步，还在逐步完善的阶段，2011 年，由于校车事故频发，校车安全标准引起社会极大关注，校车安全标准进行了大规模修订，安全要求大幅度提高。GB 24406—2012《专用校车学生座椅系统及其车辆固定件的强度标准》，修改采用国际标准 UN R80，但是由于 UN R80 是成人使用的客车座椅标准，因此按照儿童的身材特点进行了适应性转化，同时增加了部分美标 FMVSS222 的抗后倾要求和试验方法。校车安全标准的出台对于当车辆发生碰撞或紧急操作时，减少车内结构对乘员的影响，减少死亡人数和降低伤害程度具有重要意义，同时，也为校车及零部件产品制造提供了较好的技术指导，为管理部门进行规范监督和管理提供必要依据，在校车规范化管理方面起到积极促进作用。但是随着车辆安全保护技术的飞速发展，也显现出标准技术指标落后的问题，如假人评价指标限值较宽松，伤害指标计算方法笼统等，该标准已无法满足车辆安全的更高要求。因此，2020 年年底已下达修订计划，该标准目前正在修订中，预计于 2023 年可发布。

4. NCAP 评价规程

汽车的安全性能是各国政府对汽车工业实施管理的重点之一，为此各国也制定了相关的汽车安全法规，然而法规要求只是一个入门门槛，依靠法规限制来促进汽车产业安全性的提高和减少汽车交通事故的伤亡率是远远不够的。自美国 1979 年最早采用新车评价规程（New Car Assessment Programme，NCAP）体系以来，汽车安全性能逐渐被广大的汽车消费者所了解。四十多年来，世界各国家和地区相继开展了 NCAP 评价。为此，发达国家如欧洲、美国、日本、澳大利亚、加拿大、韩国等国家和地区除安全法规的强制管理外，都制定了新车评价程序（NCAP-New Car Assessment Program），NCAP 通过权威评价，将汽车的综合安全性能以通俗易懂的星级方式表示，为汽车消费者提供市场上热销车型的安全性能评价信息。其中，占很大比重的是针对被动安全技术领域（碰撞安全性等）的评价，而主动安全技术领域也逐渐加大考核。目前，有代表性的 NCAP 有 US-NCAP、IIHS-NCAP 和 Euro-NCAP。其他国家的 NCAP 主要参照了 Euro-NCAP 并加入自己的特色。

（1）乘员保护

NHTSA 在很长一段时间里都没有对 US-NCAP 进行升级。目前有 56km/h 正面 100%重叠刚性壁障碰撞试验、可变形移动壁障侧面碰撞试验、侧面柱碰撞试验和 SUV 的翻滚试验，还对 FCW、LDW、AEB、DBS 进行测试。正碰采用 FMVSS 208 的系安全带正碰试验形式，只在副驾放置 HIII 5%女性假人。侧碰采用 FMVSS 214 的碰撞形式，试验速度由 54km/h 提升至 62km/h。侧柱碰采用 FMVSS 214 的碰撞形式，假人只能选择 SID IIs。NHTSA 将升级版本，但具体执行日期未知。未来的新标准将把正碰试验驾驶员位置的 HIII 50%男性假人替换成 THOR 50%男性假人，在后排右侧乘员增加 HIII 5%女性假人。将增加一项全新的 OMDB 测试，前排将放置 2 个 THOR 50%男性假人。侧柱碰的 SID IIs 替换成 WS 50%男性假人。增加柔性腿冲击器、大腿冲击器和头部冲击器等行人保护测试。但 US-NCAP 中没有儿童保护和鞭打测试的内容。

IIHS-NCAP 的试验采用完全不同于 US-NCAP 的新的碰撞形式，测试项目更加丰富，主要测试项目有 40%重叠偏置碰撞试验、小偏置碰撞试验、侧面碰撞试验、车顶强度试验、AEB 试验、鞭打试验、前照灯试验、门锁试验、儿童座椅评价、保险杠低速试验。40%重叠偏置碰撞试验采用主流的 64km/h 的 ODB 试验，且只考虑驾驶员的伤害指标。小偏置碰撞试验是 NCAP 测试中独有的，重叠率只有 25%，且需要在左侧和右侧都进行测试。而侧碰也采用独特的碰撞形式，台车质量为 1500kg，比其他 NCAP 的台车质量重 100kg，蜂窝铝也采用大型皮卡的刚度，伤害更大。IIHS 拟在 2023 年升级标准，在 ODB 试验中驾驶员后排增加一个 HIII 5%女性假人，这与 Euro-NCAP 2017 版相同，没有增加难度。此次升级的关键点在于侧碰试验，台车质量由 1500kg 增加到 1900kg，碰撞速度从 50km/h 增加到 60km/h，碰撞能量增加了 80%，蜂窝铝也进行了全新的设计。

Euro-NCAP 的测试项目更加全面，是目前主流的测试规程，各国主要效仿 Euro-NCAP 的测试项目。现行版本的 Euro-NCAP 主要测试项目包含正面碰撞试验、MPDB 碰撞试验、侧面碰撞试验、侧面柱碰撞试验、行人保护试验、儿童保护和鞭打试验等。正面碰撞试验采用主流的 50km/h，在驾驶员位置和副驾后排位置各放置一个 HIII 5%女性假人，对约束系统的考查要求相对 HIII 50%男性假人的要求要低。MPDB 测试工况是 Euro-NCAP 的特色，能更加全面的考察两车碰撞的兼容性，使得车辆在碰撞事故中既能保护本车乘员（耐撞性），又能减少对另一方碰撞车辆造成的伤害（攻击性）。Euro-NCAP 还在 AE-MDB 和侧面柱碰撞试验中，引入远端乘员保护。其侧面碰撞试验速度由原来的 50km/h 提升至 60km/h。

C-NCAP 充分研究并借鉴 Euro-NCAP，并结合中国道路交通事故实际的基础，制定具有中国特色的 NCAP。其正面碰撞试验假人包含 HIII 50%男性假人、HIII 5%女性假人和 Q3 假人，相比 Euro-NCAP，对约束系统要求更高，而且女性假人和儿童假人左右随机放置。在正面碰撞中考查膝部可变区域接触和集中力载荷，这与 Euro-NCAP 有所差异。在 MPDB 测试工况中，考虑到国人用车习惯，前排乘员位置为 HIII 5%女性假人，后排为 HIII 5%女性假人和 Q10 假人，但不考查膝部可变区域接触和集中力载荷的罚分。

J-NCAP 经过数次改版之后，不但融入了 Euro-NCAP 的理念，同时加入了自己的元素，使其更加符合日本国情。其正面碰撞与 US-NCAP 相似，速度稍低，为 55km/h。现行的 J-NCAP 依然采用 ODB 试验，假人配置与 2018 版 C-NCAP 相同。其 AE-MDB 试验，台车质量只有1300kg，比主流台车质量轻100kg，且只在驾驶员位置放置一个WS 50%假人。J-NCAP也没有引入侧柱碰试验。在未来，J-NCAP将用MPDB试验替代ODB试验，以考查车辆的兼容性。

K-NCAP主要借鉴Euro-NCAP的测试项目。正面碰撞中，速度为56km/h，高于Euro-NCAP的50km/h。K-NCAP依然采用2020版Euro-NCAP的ODB试验工况，没有引入MPDB试验工况。而AE-MDB和侧面柱碰撞试验与现行的Euro-NCAP相同。

Latin-NCAP援引了较老版本的Euro-NCAP的测试项目，主要有偏置碰撞试验、侧碰试验和侧面柱碰撞试验。偏置碰撞试验依然搭载HIII 50%男性假人、Q1.5和Q3儿童假人。侧碰试验依然搭载ES-2假人、Q1.5和Q3儿童假人。而侧面柱碰撞试验依然采用直柱的形式。

ASEAN-NCAP主要借鉴较老版本的Euro-NCAP的测试项目，现行版本主要有偏置碰撞试验和侧碰试验，测试依然搭载Q1.5和Q3儿童假人。但ASEAN-NCAP增加了具有地方特色的摩托车骑行者安全的评价。对一些安全配置相关的得分项，考虑在东盟十国不同的市场投放的车辆配置不同，ASEAN NCAP引入了配置评分系统，这是ASEAN-NCAP所特有的。

（2）行人保护

行人保护方面，各国NCAP标准测试方法基本相同。在C-NCAP 2021版规则中，行人保护测试分为头部与腿部两大项目，分别对应在交通事故中行人受伤严重的两个部位，考察车辆对这两个部位的碰撞保护情况。头部的碰撞保护评价采用企业预测与测试验证相结合的方式进行，试验将头部碰撞测试区域按照一定的规格进行标记，细分为100余个碰撞点位，厂家根据仿真测试结果预测碰撞伤害值范围，在试验中随机选取点进行验证并评价头部碰撞保护性能。该标准同样考虑了企业无法提供头部碰撞预测结果的情况。当企业无法提供预测结果时，将头部试验区域划分为多块等分区域，选取可能造成最大伤害的点进行测试与结果评价。

在进行腿部碰撞保护评价时，因为一般情况下腿部在碰撞发生时的姿态通常为站立于地面，所以在对腿部碰撞保护考查时将试验区域划分出若干个竖直的测试平面即可。C-NCAP标准下随机选取一定数量的待测平面位置，进行腿部冲击测试，评价该点位的测试结果。

在测试仪器角度，C-NCAP使用成人头部冲击器和儿童头部冲击器进行头部碰撞保护测试与评价，这两种冲击器结构类似但是尺寸、重量不同，分别用来评价成人和儿童头部测试区域的碰撞保护性能。使用这两种冲击器进行测试与评价，可避免使用单一一种冲击器在成人与儿童生理角度差异性上的缺陷。腿部碰撞保护测试与评价在2021版的C-NCAP规程下使用先进行人腿型冲击器（advanced Pedestrian Legform Impactor，以下简称aPLI），代替了在2018版规则下使用的Flex-PLI。aPLI比Flex-PLI在生物力学上的表现更接近人体真实水平，在评价车身高度较高的SUV时具有更准确的响应。

（四）被动安全测试技术

1. 整车碰撞测试技术

整车碰撞试验是测试车辆安全性能的最佳手段，与汽车被动安全技术互相促进、互相支撑，共同实现提高汽车的被动安全性能的目的。整车碰撞试验来源于真实的碰撞交通事故，为实现标准化和鲁棒性，进行了必要的简化。碰撞形式根据碰撞位置和形态通常分为正面碰撞、侧面碰撞、尾部碰撞、翻滚碰撞等。作为一项高精度、高成本且不可逆的测试手段，整车碰撞测试高度集成了大量先进、可靠的技术，由碰撞试验牵引技术、碰撞测试假人技术和碰撞测试数据采集技术等组成。

（1）碰撞测试牵引技术

碰撞测试牵引技术是整车碰撞测试技术的基础，决定整个碰撞试验室的测试能力和试验室布局。碰撞测试牵引系统是碰撞测试牵引技术的载体，在碰撞试验中对试验车辆进行加速，精确控制试验速度和碰撞位置。

清华大学于 1996 年建成国内最早的整车碰撞试验室；1999 年，中国汽车技术研究中心技术团队牵头的国家轿车质量监督检验中心碰撞试验室投入使用。进入 21 世纪，特别是 2006 年 C-NCAP 的实施，汽车安全受到政府、行业、消费者的高度重视，碰撞测试技术的发展进入快车道，汽车碰撞试验室遍地开花，主要自主品牌汽车企业和部分合资品牌汽车企业纷纷自主建设碰撞安全试验室。在此期间，国外碰撞牵引技术成为大部分试验室的选择，占据了大量的市场份额。据不完全统计，整车碰撞试验室已达到 40 家，有效支撑了汽车被动安全性能的提升。

碰撞试验牵引系统主要有单轨牵引系统和多角度牵引系统，单轨牵引系统的试验室呈条状布局，具备两块碰撞区域，测试能力单一、效率偏低，是大部分试验室的技术选择。采用多角度牵引系统的试验室解决了产能不足和测试场景缺失的瓶颈，试验室通常呈扇形布局，由直线跑道和多角度跑道构成，多角度跑道又分为固定跑道和浮动跑道两种形式，固定跑道通常是在固定的角度铺设永久跑道，可时时进行碰撞试验牵引；浮动跑道则需临时铺设，使用时的时间成本高。随着测试数量和工况的增加，特别是碰撞相容性测试 MPDB 工况的推广，多角度牵引系统成为众多新建试验室的必然选择。

自动驾驶技术的发展使得主被动相结合的碰撞测试备受关注，实现碰撞之前的预制动是主被动安全测试的关键技术，中国汽车技术研究中心自主建造的具备预制动功能的牵引系统填补了该新兴领域的空白。

（2）碰撞测试假人技术

碰撞测试假人技术是整车碰撞测试技术的核心，碰撞测试假人可以采集碰撞过程中车内乘员关键部位受到的加速度、力、位移等冲击，量化乘员伤害。碰撞测试假人诞生于 20 世纪 40 年代，如今的碰撞测试假人产品已实现系列化，涵盖了男性、女性、儿童、婴儿、孕妇等各类人群，用途则涉及各种形式的汽车碰撞试验、军事设备防护性能试验、航空航天设备保护性能试验等领域。

汽车被动安全领域广泛使用的 Hybrid III 系列、ES-2、WorldSID 50th、THOR 50th 假人均由欧美国家研发，其对假人研究覆盖假人碰撞生物力学、假人生产制造工艺、假人产品性能评价全流程。其中，美国的 Humanetics 具有全系列假人产品生产能力，英国的 Cellbond 具有 Q 系列儿童假人生产能力，Kistler 具有 THOR 假人产品生产能力。未来随着欧美国家对女性安全的关注，WorldSID 5th、THOR 5th 假人有望进入当地新车评价规程中。

国内碰撞测试假人技术起步于 20 世纪 80 年代，主要是利用动物和尸体进行试验，侧重考察组织损伤、并发症、临床创伤，偏理论方面。随着材料科学的发展，实体假人的制造技术被逐步突破，湖南赛孚假人生产基地成为日本JASTI品牌假人的代工厂。2017年，中国假人项目以全国政协提案为背景，由中汽中心联合国内整车企业、大学和科研机构共同发起并成立工作组。工作组的成立有助于充分利用全行业资源，发挥不同研究领域的技术优势，对于开发研发符合中国人体体征的碰撞测试假人及相应的技术标准制定具有十分重要的意义。

（3）碰撞测试数据采集技术

碰撞测试数据采集技术是碰撞测试技术的有机组成部分，在实现对车辆加速进行碰撞、利用假人采集乘员伤害之后，还需要更多类型的数据帮助汽车安全工程师提升车辆安全性能，主要包括高速摄像技术、传感器技术等。

高速摄像系统由照明设备和高速摄像机组成，高速摄像机又分为地面相机和车载相机。地面相机固定在碰撞场地周围，在1000帧率下分辨率是4K或2K；车载相机安装在车辆上，在碰撞过程中承受巨大的冲击，因此对产品尺寸和抗冲击性能要求高，相机在1000帧率下分辨率普遍采用1～2K。由于高速摄像机拍摄频率高，需要的光照强度高达十万勒克斯，因此必须配合照明系统才能实现高速、高清拍摄。照明系统分为卤素灯和LED两种方式，早期的照明系统以卤素灯为主，但存在一些不足，如发热量大、能耗高、开关所需时间长等；随着LED技术的发展，其已成为照明系统的新选择，使照明系统的寿命更长、能耗更低、发热量更小、使用更灵活。

碰撞过程中需要采集的信号种类繁多，主要包括加速度、力、位移、电流、电压、气压等。除此之外，随着新技术在汽车行业的应用，新的数据需求不断增加，如CAN信号、电安全信号等。以力传感器为例，碰撞力墙可以采集碰撞过程中车辆主要碰撞区域所受到的冲击力，正面碰撞力墙最具代表性，通常由128块125mm×125mm的传感器单元组合而成，可以采集284个力信号，如今已拓展至侧柱碰撞力墙、小偏置碰撞力墙及MPDB碰撞力墙，有力支撑了车辆安全性能的开发。

另外，传统的碰撞壁障是固定、不可移动的，只在一个碰撞表面上安装壁障进行碰撞试验。如今移动壁障已成为众多试验室的选择，壁障可利用液压或气垫等机构实现移动，在至少三个表面安装壁障实现不同的碰撞形态，提高效率。

2. 滑台及零部件测试技术

作为被动安全开发的两大手段之一，滑台碰撞以其成本低、精度高、可重复性好的优势，获得整车及零部件企业、约束系统供应商等广泛青睐。从试验费用来讲，滑台试验价格大大低于实车碰撞试验；从样车样件成本来说，滑台用白车身或局部零部件、非破坏性冲击来替代实车中的整车破坏性冲击，为企业节省大量开发成本。因此，滑台碰撞对于关键零部件的开发、约束系统匹配等有着十分重要的意义。

目前滑台测试常用的设备包括减速式台车和加速式台车两种。减速式台车依靠经验计算，通过布置橡皮筋、吸能管等获取所希望的加速度波形。由于经验计算的局限性，减速式台车无法应用于复杂实车波形的复现，即复现精度较低，通常被用来进行标准波形的部件级试验。加速式台车是利用气动或液压驱动，通过伺服阀反馈控制或刹车刀配合，获得加速度波形。由于整个过程的机械化程度很高，对经验要求较低，因此对加速度波形的复现精度往往较高，一般可以控制在10%以内甚至更高，也被视为可以作为实车碰撞的替代方法。加速式台车往往被用于约束系统开发试验、鞭打试验等，也可以应用于零部件的简单波形试验，应用场景较为广泛。

近年来，可以复现车辆侧围侵入情况的侧碰台车悄然涌现。由于在整车侧碰中，侧围部件的侵入被视为造成假人伤害的关键因素，因此，传统台车由于无法复现侵入情况，而无法应用于侧面约束系统开发。随着多缸侵入侧碰台车的出现，不仅解决了侧围侵入的问题，同时通过分缸解决了高度方向侵入量不一致的问题，使得假人伤害的模拟精度大大提升。目前，国内外已经有一些企业及检测机构开始着手装备相关设备，并进行侧碰台车技术的研究，为企业进行侧气帘、侧气囊的匹配开发大大降低了成本。

现阶段滑台试验测试包括三大类：

一是车身部件强度类测试，如门锁门铰链动态冲击、气瓶安装点强度试验等。主要通过对特定加速度波形的模拟，测试车辆关键部件在冲击下的强度，此类试验多为强制性试验。

二是座椅类测试，包括座椅前后碰撞、行李箱冲击、鞭打试验、儿童座椅测试等。对座椅的安全性要求，既包括自身抗冲击强度，又要考虑适用工况，如后排座椅后方有行李冲击的情况，同时还要考虑追尾情况下对乘员的保护性能，即通过鞭打试验来验证。这些工况对座椅性能的要求有时存在一定的互斥性，往往需要进行多轮次试验才能寻找到一定的平衡点，因此，使用滑台进行反复试验是最优选择。

三是约束系统匹配测试，包括正面约束系统和侧面约束系统。在车辆结构确定之后，约束系统的匹配对于假人伤害的提升至关重要，如气囊的起爆时间、泄气孔大小、安全带限力等参数，都需要通过多种工况、反复验证才能确定下来。那么滑台试验就可以通过对实车碰撞波形的复现、基于实车环境进行约束系统开发。通常，约束系统开发需要考虑国标正碰、C-NCAP 正面100%全宽碰撞、MPDB 碰撞及侧碰或侧柱碰等多种工况，而对于这些工况的反复切换与试验，滑台是较为准确同时又非常经济的手段。

3. 虚拟仿真测试技术

随着汽车技术的不断发展，传统车辆安全测试方式受测试环境和试验硬件等条件限制，无法全面反映复杂的交通道路实际情况。虚拟仿真测试技术已经普遍应用在车辆的研发阶段，对车辆的碰撞安全性能具备成熟的仿真分析能力，并且在主被动安全融合、生物力学人体模型等方面，虚拟仿真测试技术具有传统测试技术无法完成的优势。

Euro NCAP 和 C-NCAP 在行人保护测试中成功引用虚拟仿真结果进行评价，企业在试验前提交行人保护头型的仿真预测结果，试验中随机选择头型试验点位进行试验，通过试验与仿真结果的对比得出行人保护头部得分。此外，Euro NCAP 已经成立了虚拟测评工作组，致力于引入更多的虚拟测试技术对车辆安全性进行综合评价，并且在侧面碰撞 FarSide 工况中加入虚拟测试评价，预计于 2023 年开始进行监测，2025 年正式实施。

欧盟下属 OSCCAR（Future Occupant Safety For Crashes in Cars）正在研究 HBM（Human Baby Model）生物力学人体模型以适应更多虚拟测评工况。OSCCAR 建议在未来的安全开发中同时考虑多样的乘员坐姿、碰撞前的乘员姿态变化和不同的乘员特征。欧洲安全法规规划引入更多的虚拟测评工况，计划在 2040 年有至少 80%的传统测试试验通过虚拟测试方式进行。

中汽研汽车检验中心（天津）有限公司在国内率先组织调研并联合大量车企成立虚拟测评工作组，进行了大量的深入研究，确定以主被动安全一体化和 FarSide 测试工况两个方向为主要发展路线，结合整车碰撞和滑台试验对车辆安全性能进行综合评价。

二、汽车被动安全发展趋势

（一）车辆碰撞相容性

随着正面碰撞安全法规的颁布执行，乘用车车辆自身的碰撞安全性已经有了很大程度的提高，但存在于不同类型车辆之间的碰撞相容性问题却日益严峻。当前，碰撞相容性已被视为车辆安全的关键性因素，欧美日学者都针对碰撞相容性的存在性、解决措施、试验评价方法及标准展开了研究，一些解决措施与试验评价方法及标准被提了出来。

美国汽车行业于 2003 年发起一项重要的自愿承诺，即所有在美国销售的 SUV 或轻型卡（货）车前端吸能结构高度必须满足 581（406～508mm）区域要求：车辆第一能量吸收结构件（PEAS）的高度应覆盖 581 区域 50%以上；PEAS 高度的 50%以上与 581 区域重叠；当车辆第一能量吸收结构高度不能满足上述 581 区域重叠率要求时，车辆必须有覆盖至 581 区域的第二能量吸收结构件（SEAS）。欧洲的 EEVC-WG 15、FIMCAR 等组织也展开了相关研究，在碰撞形态和评价指标方面取得一定成展，得出 FWDB 与 MPDB 两种测试方式相结合可以替代法规中的全宽正碰和 40%偏置碰撞试验，有效分析出车辆本身的吸能状态及各部分的受力情况，从而反推出车辆对于其他车辆的攻击性，更加全面的分析车辆碰撞相容性，并在 Euro-NCAP 2020—2025 年路线图中，公布了 MPDB 测试方案，计划将车辆兼容性作为减分项，纳入评价得分体系中。

我国现在施行的法规和标准规范主要是评价车辆自身的保护性能，并没有对对方车辆的攻击性进行评判，设计的产品考虑并不全面，但在 C-NCAP 2021 版的管理规程中，取消了 ODB 实验形式，增加了 MPDB 工况，也开始考察车辆碰撞相容性能。

（二）主被动一体化

近年来，随着汽车技术的不断进步，主动、被动安全融合的趋势越来越明显，汽车安全朝着智能化、集成化和一体化的方向快速发展。汽车被动安全系统主要包括安全带、安全气囊、安全座椅等装置，主要作用是在碰撞交通事故中尽可能保护车内乘员，降低乘员受伤的风险。汽车主动安全系统主要包括前碰撞预警系统、自动紧急制动系统、车道保持辅助系统等高级辅助驾驶系统，其作用主要是在汽车碰撞发生之前尽可能避免道路交通事故的发生。主被动安全一体化是将主动安全阶段车辆感知的信息提前输入被动安全系统，在碰撞交通事故无法避免时，被动安全系统通过智能化调整安全气囊点爆时刻、安全带预紧时刻等参数，以最佳方式保护车内乘员，从而提升整体的碰撞乘员保护效果，实现整个阶段最大限度的安全防护。

（三）测评技术虚拟化

随着汽车自动驾驶技术的不断发展，自动驾驶汽车在有效减少交通事故的同时对车辆安全提出了更高的挑战。由于自动驾驶等主动安全技术的介入，车辆在发生碰撞前会采取紧急避险措施，如紧急刹车或转向等，导致乘员离位，增加碰撞中乘员受伤的风险。此外，车内乘员不再局限于标准的乘坐姿态，大角度的座椅和后向座椅的应用在满足舒适性要求的同时，需要约束系统进行针对性的开发；现有的碰撞安全测试使用典型人体体征假人，无法涵盖大部分不同的人体体征，并且根据研究表明，老年人及肥胖人群在车辆碰撞中更容易受到严重伤害，因此需要通过生物力学人体模型进行虚拟测试。

传统的标准碰撞工况通过对交通事故的统计分析，确定碰撞的关键参数，如碰撞速度、碰撞角度、重叠率等，然而在自动驾驶技术快速引入市场后，将改变传统的碰撞工况的占比，混合交通事故场景和工况大幅增加，形成不同碰撞工况、乘员姿态和乘员特征的庞大的测试矩阵，单纯靠实车碰撞试验已经无法满足乘员保护开发的需要。

自动驾驶汽车一定会增加乘员的坐姿变化，如朝后朝内的坐姿朝向、增加躺姿等。因此，OSCCAR 项目提倡未来安全开发的同时还需要考虑多样的乘员坐姿、碰撞前的乘员姿态变化和不同的乘员特征。根据研究报告表明，在部分测试工况下乘员离位会造成一些身体部位的伤害增加。现有的碰撞测试假人和有限元模型在生物仿真性方面仍需提高，特别是在低强度冲击下的运动学方面，碰撞测试假人与真实人体存在明显的差异。虚拟测评技术可以通过具有极高生物仿真性的生物力学人体模型进行低强度冲击下的离位测试及高强度冲击下的乘员伤害的测试，如 THUMS、GHBMC 等模型，并且结合车辆和壁障仿真模型，搭建不同的碰撞工况、不同乘员姿态的虚拟测试矩阵，满足复杂工况下的乘员保护测试需求。

面对高级自动驾驶技术的到来，现有的汽车安全测试标准和测试工具已经无法满足车辆乘员保护性能的评测要求，并且自动驾驶汽车的安全标准应该比现有车辆安全标准更严格。未来的碰撞安全标准将考虑乘员的乘坐姿态、座椅位置及自动驾驶车辆中乘员可能进行的二次活动，测试工具也将涵盖不同体征、不同年龄及特定人群的人体模型。综上所述，虚拟测试技术的引入将为未来智能汽车在碰撞前和碰撞阶段的复杂测试场景提供综合性能测试。

第七章　汽车功能安全和预期功能安全现状与趋势

刘法旺，李艳文，李京泰*

摘要：当前，新一轮科技革命和产业变革突飞猛进，电动化、网联化、智能化加快融合发展，新技术新业态新模式不断涌现，传统安全问题与新型安全问题叠加，汽车功能安全和预期功能安全的重要性凸显。本章从流程体系、技术保障、标准法规等方面归纳梳理了汽车功能安全和预期功能安全的特点和核心要求，并进一步分析了自动驾驶对功能安全和预期功能安全的要求，总结提出自动驾驶功能安全和预期功能安全评价方法。最后，从发展趋势方面，系统思考了新安全框架顶层设计问题，提出以系统工程方法进一步深入研究功能安全和预期功能安全。

关键词：功能安全；预期功能安全；自动驾驶；测试评价；系统过程。

第一节　功能安全和预期功能安全发展现状

一、功能安全和预期功能安全重要性凸显

功能安全是指不存在由电子电气系统的功能异常表现引起的危害而导致不合理的风险。预期功能安全是指不存在由预期功能或其实现的不足引起的危害而导致不合理的风险。在电子化、智能化、网联化应用场景下，汽车安全的内涵和外延发生演变，在主被动安全的基础上，功能安全、预期功能安全对车辆行驶安全的影响越来越大。

（一）质量体系扩展到电子电控安全流程体系

随着汽车电子电控技术的日益复杂，汽车安全风险剧增。原有的质量体系管控措施已不能保障整车和零部件开发过程中的安全需求。在此背景下，汽车功能安全和预期功能安全提出了电子电控安全流程体系，其主要有三个特点：一是聚焦安全，在质量体系的基础上，以安全为主线，提出安全文化、安全分析、安全验证、安全管理等流程要求；二是侧重开发过程，明确整车安全开发流程、整车与供应商的接口要求及软硬件开发流程等要求；三是提出汽车安全生命周期概念，从流程方面对管理、开发、生产、运行、服务、报废各阶段进行保障。

---

* 刘法旺，高级工程师，工业和信息化部装备工业发展中心总工程师；李艳文，高级工程师，任职于工业和信息化部装备工业发展中心科技创新处；李京泰，工程师，任职于工业和信息化部装备工业发展中心数据管理处。

1. 安全管理是流程体系的基础

安全管理可以分为整体安全管理、产品开发阶段安全管理及产品发布后的安全管理。整体安全管理侧重于企业或部门层面，聚焦功能安全文化建设、功能安全能力建设等。产品开发阶段安全管理侧重于关注产品开发过程中的组织结构、人员配置、开发活动计划及文档交付计划等。产品发布后的安全管理主要是关注生产和售后层面，包括生产、运行、服务、报废。

在整体安全管理中，相关企业或部门须具备质量体系，具有独立的质量部门实施产品质量审核。功能安全相关要求应当融入基础质量体系中。在企业或部门内部建立一种正向的功能安全文化，鼓励能够提升产品安全性的活动。对于功能安全相关人员必须建立完整的能力培养及评定体系，培养识别优秀的功能安全经理及功能安全工程师。同时应当建立起必要的沟通机制及异常管理机制。

在产品开发过程中，需要配备独立的功能安全经理跟踪安全相关活动，解决安全相关问题。对每个开发阶段需要制定详细的开发计划、验证计划及认可评审计划；如果涉及供应商，需要通过签署开发接口协议（Development Interface Agreement，DIA）明确双方的责任和义务。在开发计划中，必须定义各个阶段的交付产物及责任人、交付时间点等；在交付产物中，相关内容要建立关联关系，做到需求和设计、设计和开发、开发和测试双向可追溯；功能安全经理需要跟踪这些活动及要求的落地。对因安全导致的成本问题、交付时间问题需要及时沟通，合理有效地协调资源以更好地平衡功能安全和成本、开发时间之间关系。

在生产、运行、服务和报废阶段，功能安全管理需要定义明确的生产操作规范、维修流程、报废回收流程，保证最终产品在全生命周期内不会影响环境及人身安全。

2. 开发环节是流程体系的核心

功能安全和预期功能安全的开发流程如图 7-1 所示。

功能安全和预期功能安全均采用 V 模型开发流程。功能安全在设计阶段包含相关项定义、危害分析与风险评估、功能安全概念、技术安全概念、软硬件开发；在验证确认阶段包含系统集成验证测试、车辆确认测试。预期功能安全在设计阶段包含规范和设计、危害识别和风险评估、触发事件识别和评估、功能改进；在验证确认阶段包含评估已知场景和评估未知场景。

与功能安全开发流程相比，预期功能安全的开发流程更具迭代性。在整体符合 V 模型流程的基础上，预期功能安全开发流程中各阶段的条款要求又可以表述为图 7-2 的迭代开发过程。流程从规范和设计开始（第 5 条）。对预期功能可能存在的危害行为进行危害识别和风险评估（第 6 条），以识别潜在危害事件。如果证明这些潜在的危害事件不会导致伤害，则无须改进，并且可以认为预期功能没有不合理的风险。如果证明有可能造成伤害，则对可能触发的危害事件（如在特定环境条件下对某些对象的错误识别或驾驶员误用）进行分析（第 7 条）。第 6 条和第 7 条阐述了预期功能安全的不同方面。第 6 条不考虑可能的功能危害预期行为的原因，只考虑其造成的安全后果，重点是评估可能由危害预期行为所引起的危害事件，并明确所要达到的验证和确认目标。第 7 条阐述了潜在危害行为的原因分析。这些风险在第 8 条中得到了降低，在第 9 条、第 10 条和第

11 条中得到了验证和确认。最后，考虑验证和确认的结果，评估残余风险是否可接受（第 12 条），进而判定是否开展运营阶段活动（第 13 条）。如果确定风险是不可接受的，则需要进一步改善功能或限制使用案例（第 8 条）。

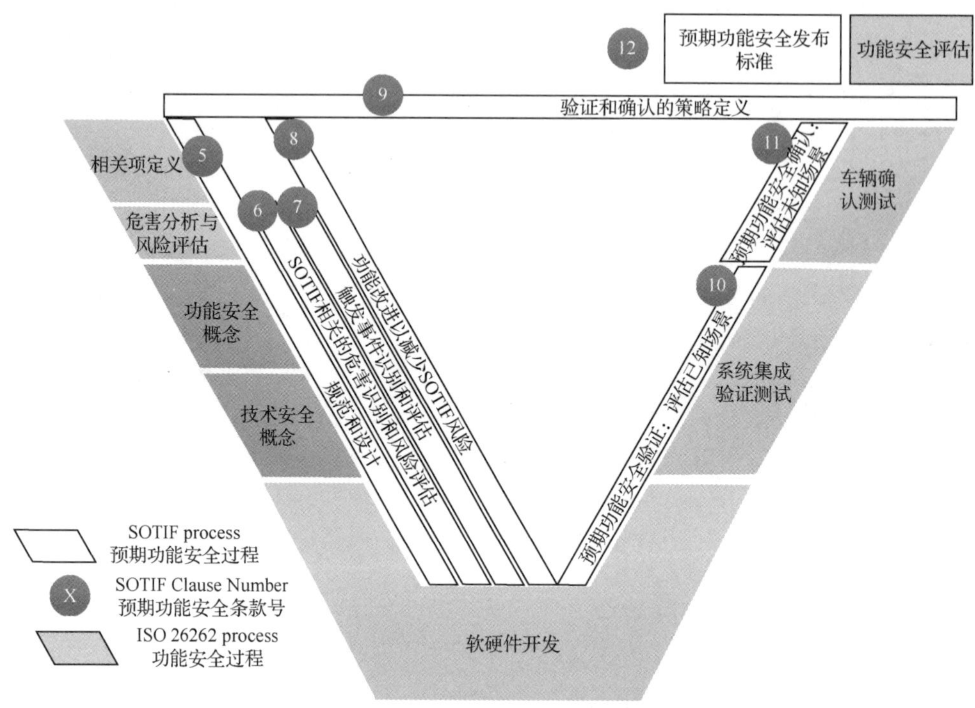

图 7-1　功能安全和预期功能安全的开发流程

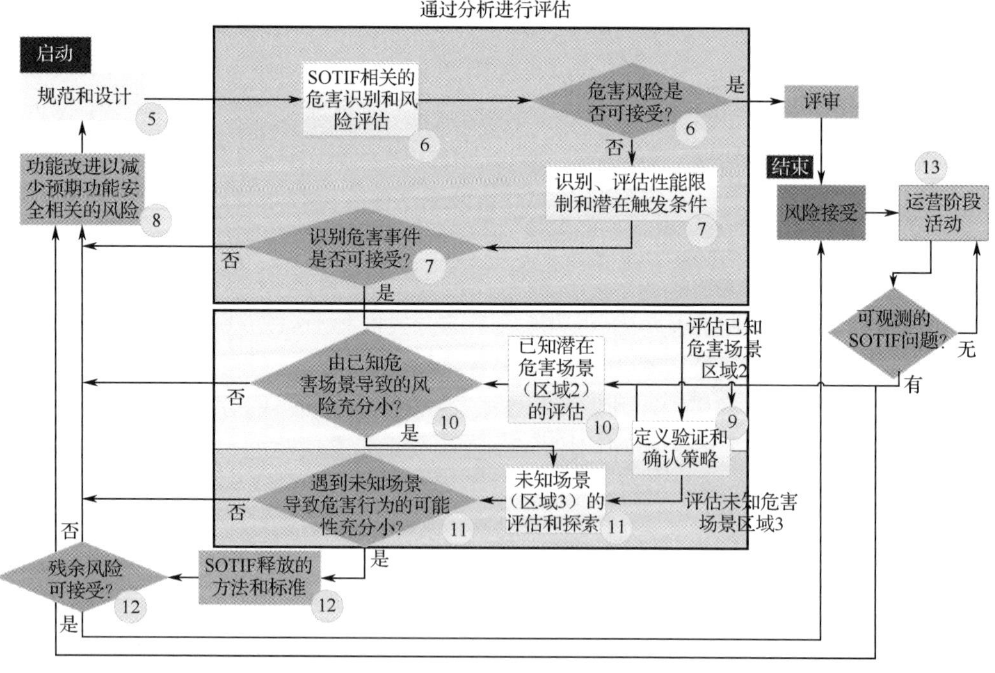

图 7-2　预期功能安全迭代开发过程

（二）汽车功能安全和预期功能安全技术成为保障整车安全的重要方面

安全是发展的前提，发展是安全的保障。汽车电子电气系统的复杂度与集成度不断提高，新的功能越来越多地触及系统安全工程领域。

汽车安全的内涵和外延在不断发生变化，功能安全、预期功能安全逐渐演变成为汽车行驶安全的重要组成部分。一方面，功能安全和预期功能安全的目标是保障整车安全。相关安全需求源于对整车功能的危害分析和风险评估，再逐步分配细化到系统和软硬件，并通过集成测试和整车验证，确认整车安全目标得以实现。另一方面，基于整车安全分析，根据危害程度采用不同的安全措施和技术方案。功能安全应用汽车安全完整性等级（Automotive Safety Integrity Level，ASIL）定义适用的要求，以避免不合理的残余风险。预期功能安全借鉴功能安全危害分析与风险评估方法，考虑严重度、暴露率和可控性等因素，基于不同的危害程度开展车辆预期功能安全设计和验证。同时，功能安全和预期功能安全的方法论成为行业共识。一是形成了安全框架，对应汽车安全生命周期各阶段的要求有明确的功能安全和预期功能安全要求；二是提出了汽车特定的基于风险的分析方法确定危害程度，明确了不同的适用方法建议；三是提供了对于确认和认可措施的要求，以确保达到一个充分、可接受的安全等级；四是提出了对供应商的相关安全要求。

1. 功能安全保障整车避免功能异常引起的危害

为保障车辆达到一定的功能安全水平，需要对整车提出功能安全保障要求。一是设计方面，要满足失效识别、危害分析和风险评估、安全分析等要求；二是验证方面，要满足功能安全集成测试和确认要求；三是开发接口方面，要保障系统、硬件和软件各层级满足整车功能安全要求。功能安全过程保障侧重对产品开发过程提出要求，核心是保障车辆安全运行的鲁棒性。

2. 预期功能安全保障整车避免预期功能或其实现不足引起的危害

为保证车辆达到一定的预期功能安全水平，需要对整车提出预期功能安全保障要求。一是开发过程方面，提出规范设计、功能不足和触发条件的识别评估、功能改进等迭代设计要求；二是验证确认方面，要满足已知危害场景和未知危害场景验证确认要求；三是开发接口方面，要保障零部件符合对应的预期功能安全设计开发、验证、确认等规定。预期功能安全保障的核心是通过迭代开发、验证确认等方式，满足对已知和未知风险的合理控制，保障整车安全。

二、国际上功能安全和预期功能安全标准及法规要求日趋严格

（一）汽车功能安全标准初步形成体系

国际上，以 ISO 26262《道路车辆功能安全》标准为基础，形成了系列功能安全标准。

1. 功能安全基础要求框架已经建立

ISO 26262 为汽车电子电气系统提供了整个安全生命周期的功能安全活动指导，同时还提出汽车安全完整性等级（ASIL）概念。ASIL 分为 A、B、C、D 四个级别，系统

的功能安全风险越大，对应的安全要求越高。ASIL D 为最高的安全完整性等级。ISO 26262 于 2011 年发布第一版，2018 年发布第二版。中国国家标准 GB/T 34590—2017《道路车辆 功能安全》修改采用了 ISO 26262—2011，修订版 GB/T 34590 标准正在报送审批中。

2. 针对关键整车功能的 ASIL 等级逐渐达成共识

国际自动机工程师学会（SAE International，SAE）发布了 ISO 26262 ASIL 危险分类的注意事项标准，用于指导 ASIL 定级。SAE J2980 基于 ISO 26262 的既有定义，在 S（Severity，严重度）、E（Exposure，暴露率）、C（Controllability，可控性）三个指标的评估方面做了更详细的说明，为整车及零部件企业提供功能安全开发参考。

3. 融合自动驾驶功能安全要求的标准受到重视

UL 4600《自动驾驶产品安全评估标准》由美国保险商实验室（Underwriters Laboratories，UL）与自动驾驶研究机构（Edge Case Research）合作开发，是针对自动驾驶系统的安全评估标准。该标准旨在为自动驾驶设计提供完整的安全评价原则和体系，为机器学习、感知操作环境和自动驾驶所需的软硬件提供安全性及可靠性评估。UL 4600 根据自动驾驶系统的当前状态和对其操作环境的感知，评估自动驾驶系统在无人为干预的情况下安全地执行预期功能的能力，帮助厂商梳理所有与自动驾驶安全相关的领域，标明所有必须测试的项目，从而建立系统的方法，确保设计团队不会遗漏某个可合理预见的问题。

2019 年，由宝马发起，与安波福、奥迪、百度、宝马、大陆、戴姆勒、克莱斯勒、HERE、英飞凌、英特尔、大众 11 家公司共同发布了《自动驾驶 安全第一》白皮书，阐述了如何在自动驾驶系统上综合运用功能安全、预期功能安全和信息安全的方法论。国际标准化组织（International Organization for Standardization，ISO）基于这份白皮书，发布了全球第一个专门针对自动驾驶的应用安全标准 ISO/TR 4804《道路车辆 自动驾驶系统的功能安全和网络安全 设计、验证和确认》。

4. A-SPICE 成为功能安全落地实施的重要方面

汽车软件过程改进及能力评定（Automotive Software Process Improvement and Capacity dEtermination，A-SPICE）是汽车行业用于评价软件开发团队的研发能力水平的模型框架。最初由欧洲 20 多家整车企业在 SPICE（ISO 15504）的基础上共同制定，是专门针对汽车软件开发的行业标准。多年以来，A-SPICE 在欧洲汽车行业内被广泛用于研发流程改善及供应商的研发能力评价。A-SPICE 根据度量框架将企业的软件研发能力划分为 6 个级别，0 级为最低，5 级为最高。A-SPICE 可以为软件阶段功能安全设计和验证活动提供重要支撑。

（二）智能网联汽车法规逐步完善，功能安全、预期功能安全要求更加严格

欧美日等纷纷加速制定智能网联汽车政策法规及标准，加强顶层设计。2021 年 1 月，美国发布《自动驾驶汽车综合计划》，拟构建现代化的监管环境，开发以安全为重点的框架和工具，评估自动驾驶技术的安全性。2021 年 2 月，德国通过《“道路交通法”和“强制保险法”修正案——自动驾驶法》，允许智能网联汽车（L4）在公共道路交通的固定

运营区域内行驶。2020 年 11 月，本田搭载 L3 交通拥堵领航功能的车辆获得日本国土交通省认可。

在此背景下，2020 年 11 月，日本正式批准了具有 L3 功能（全球首款）的车型本田“里程”。2021 年 12 月，德国联邦交通管理局（KBA）正式批准梅赛德斯-奔驰在部分车型上部署 L3 自动驾驶系统。

梳理国际上智能网联汽车法规的发展趋势，主要特点如下。

1. 积极参与联合国法规研讨，明确管理原则

为协调推进智能网联汽车技术法规体系建设，联合国世界车辆法规协调论坛（WP.29）在制动与行驶系工作组（GRRF）的基础上，整合智能交通/自动驾驶（ITS/AD）非正式工作组，专门成立了智能网联汽车工作组（GRVA）。GRVA 工作组负责统筹开展联合国有关智能网联汽车法规的协调任务，重点保障自动化车辆的安全水平，确保智能网联汽车行驶安全，以免遭受任何不可承受的风险；确保在其设计运行范围（ODD）下，智能网联汽车不能导致任何可预见和可预防的伤亡交通事故。

GRVA 率先发布了框架法规文件，提出总体要求。2019 年 6 月，在日内瓦举行的 WP.29 第 178 次全体会议审议通过了中国、欧盟、日本和美国共同提出的《自动驾驶汽车框架文件》(level 3 and higher)，旨在确立具备 L3 及更高级别功能的智能网联汽车的安全性相关原则，并为 WP.29 附属工作组提供工作指导。框架文件对系统安全、失效保护响应、人机交互界面/操作者信息、事件数据记录和自动驾驶数据存储、消费者教育培训、碰撞后的智能网联汽车行为等 13 项内容进行了明确和阐述。

欧美日积极参与 WP.29 研讨，并发布了相应的准入指南。日本发布了《自动驾驶安全技术指南》，欧盟发布了《自动驾驶车辆豁免程序指南》，适用范围均是具备 L3 和 L4 功能的智能网联汽车。针对搭载 L3～L5 功能的车辆，美国发布了《自动驾驶系统 2.0：安全愿景》，提出了 12 项安全要素要求。

2. “多支柱法”获得广泛认可

《自动驾驶汽车框架文件》将安全作为核心关注点，强调“自动/无人驾驶汽车要确保安全水平达到‘自动/无人驾驶汽车不会造成任何不可忍受的风险’，这就意味着在其自动模式下，自动/无人驾驶汽车系统不应造成可以合理预见和预防的伤害或死亡的交通事故发生”。基于此原则，GRVA 提出了基于“多支柱法”的自动驾驶安全验证框架，融合审核评估、模拟仿真测试、封闭场地测试、实际道路测试、在线监测报告等措施（见图 7-3）。“多支柱法”聚焦智能网联汽车安全，由传统的产品测试扩展到过程安全评估、多层级测试等验证方式。

“多支柱法”的核心是构建安全测评框架，以安全要求为主线，通过过程审核、多层级测试等进行综合评价。传统的手段无法穷尽自动驾驶场景验证，通过多支柱法，在封闭场地测试和实际道路测试场景有限的前提下，综合过程审核和模拟仿真测试，保障自动驾驶安全性。

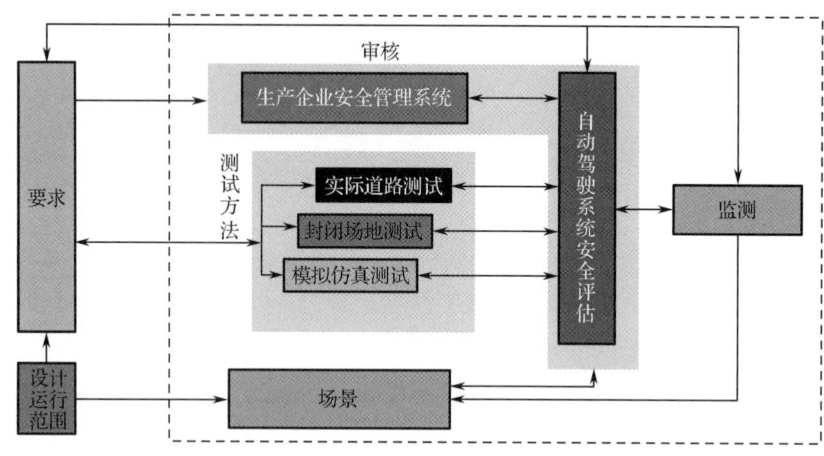

图 7-3 “多支柱法”框架

3. 采取“小步快跑”方式加快法规制定

基于框架文件，GRVA 发布了 3 项法规。2020 年 6 月 24 日，WP.29 第 181 次全体会议以网络会议形式召开，审议通过了自动车道保持系统（ALKS）、网络安全和软件升级 3 项智能网联汽车领域的法规，生效日期是 2021 年 1 月。3 项法规是该领域首批国际统一和具有约束力的技术法规，对于全球范围内智能网联汽车的技术发展和产业规范具有里程碑式的意义。

ALKS 法规是针对 L3 驾驶自动化功能的第一个具有约束力的国际法规，该法规规定 ALKS 在具备物理隔离且无行人及两轮车的道路上行驶，运行速度不应高于 60km/h。该法规以联合国《自动驾驶汽车框架文件》为指导，从系统安全、故障安全响应、人机界面、自动驾驶数据存储系统（DSSAD）、网络安全及软件升级等方面对 ALKS 提出要求。其中“系统安全”要求系统在激活后可以执行全部动态驾驶任务；“故障安全响应”要求系统具备驾驶权转换、碰撞应急策略和最小风险策略；“人机界面”规定系统的激活和退出条件，并明确系统的应提示信息及形式；“DSSAD”要求应记录系统的驾驶状态。

ALKS 法规在“多支柱法”框架下提出限定功能、限定场景的技术要求，在法规制定方面迈出了第一小步。其重要意义如下：

一是限定场景的功能相对简单，测试验证覆盖难度相对较低，风险更可控。

二是保留了下一步拓展的空间，通过技术持续迭代和测试，促进法规更新和完善。

4. 法规中的功能安全和预期功能安全要求更加严格

联合国法规在 R13 制动系统、R79 转向系统文件中率先提出了功能安全要求。对于复杂电子系统，在文档条款方面，提出了功能概念、系统范围、运行条件和约束限制等控制系统描述要求，系统组件清单、单元功能、相互连接、信号流与运行数据、单元识别等系统布局及原理图要求，故障分类、潜在危害分析、ASIL 等级确认、安全目标等危害分析和风险评估要求，安全策略、安全措施、设计方法和工具、警告方式等功能安全概念要求，以及有效识别处理、监测参数、对应措施等安全分析要求；在验证和确认条款方面，提出了非故障状态下的功能试验要求，以及故障状态下的功能安全概念验证确认要求。

三、国内功能安全和预期功能安全相关政策、标准要求逐步落地

（一）功能安全和预期功能安全的政策要求进一步明确

功能安全和预期功能安全成为智能网联汽车准入管理要求的重要方面。汽车产业电动化、智能化、网联化、共享化加快融合发展，传统安全问题与新型安全问题叠加，汽车安全形势复杂多变。为加强智能网联汽车生产企业及产品准入管理，维护公民生命、财产安全和公共安全，促进智能网联汽车产业健康可持续发展，工业和信息化部于 2021 年 8 月发布《关于加强智能网联汽车生产企业及产品准入管理的意见》，压实企业主体责任，加强汽车数据安全、网络安全、软件升级、功能安全和预期功能安全管理，保证产品质量和生产一致性，推动智能网联汽车产业高质量发展。

功能安全成为新能源汽车企业安全体系建设的重要组成。2022 年 4 月，工业和信息化部等五部委发布《关于进一步加强新能源汽车企业安全体系建设的指导意见》（以下简称《意见》），统筹发展和安全，指导新能源汽车企业加快构建系统、科学、规范的安全体系，全面增强企业在安全管理机制、产品质量、运行监测、售后服务、事故响应处置、网络安全等方面的安全保障能力，提升新能源汽车安全水平，推动新能源汽车产业高质量发展。《意见》提出规范产品安全性设计，明确安全性设计指导文件可细分为整车级、系统级、零部件级，包含但不限于整车功能安全、动力电池安全、使用操控安全、充换电安全、消防安全、网络安全等。

（二）功能安全和预期功能安全的国标体系初步形成

标准体系建设的顶层设计更加明确。从 2019 年开始，工业和信息化部发布的智能网联汽车标准化工作要点持续提出功能安全、预期功能安全标准推进计划，主要包括深入参与功能安全、预期功能安全、信息安全等重点国际标准制定，有序推进功能安全、预期功能安全、功能安全审核评估方法、ASIL 等级确定方法等基础支撑类标准的制修订工作，进一步完善功能安全与预期功能安全标准体系。具体标准编制方面，一是通用标准类，《道路车辆 功能安全》（GB/T 34590—2017）于 2017 年发布，涵盖 10 个子标准，构成了对道路车辆的整体要求；修订版标准已于 2021 年报批送审，内容扩展为 12 个子标准。《道路车辆 预期功能安全》标准已完成立项，目前尚在编制过程中。二是专项标准类，《汽车转向系 基本要求》（GB 17675—2021）、《商用车辆自动紧急制动系统（AEBS）性能要求及试验方法》（GB/T 38186—2019）等标准增加了对相关系统的功能安全文档及验证和确认要求；三是细化标准类，《电动汽车用电池管理系统功能安全要求及试验方法》（GB/T 39086—2020）等标准从功能安全方面对相关系统明确了相关项定义、危害分析和风险评估、功能安全要求等规定。

第二节　自动驾驶功能安全与预期功能安全

一、自动驾驶对功能安全和预期功能安全提出更高要求

自动驾驶系统主要用于支撑实现环境感知、规划决策和控制执行等功能。环境感知

部分主要获取并处理环境信息，完成对车辆周围环境的感知识别，常见的感知设备为摄像头、激光雷达、毫米波雷达，以及卫星导航定位系统、惯性导航定位系统等。规划决策部分主要实现两个功能，一是认知理解，根据环境感知收集的信息，对车辆自身实现精准定位及对周围环境实现准确研判；二是对下一步行动的准确判断和规划，选择合理的路径到达目的地。控制执行部分在系统做出规划决策以后，替代驾驶员对车辆进行控制，其关键技术包括纵向控制、横向控制等。

根据 WP.29《自动驾驶汽车框架文件》要求，自动驾驶系统应能自动探测系统失效及是否满足设计运行条件，并能采取最小风险策略以达到最小风险状态。在自动驾驶模式下，车辆应能够遵守道路交通安全法律法规，保障道路交通安全。与人工驾驶水平相比，自动驾驶应具备等同或更高等级的安全性。

自动驾驶系统通过高效集成的软硬件，支持实现全部动态驾驶任务。在此背景下，一是传感器、执行器、计算平台、软件、通信等可能会发生系统性失效和随机硬件失效，造成整车危害，即出现功能安全问题；二是由于场景感知、决策算法、人工智能等实现的不充分性、不确定性带来自动驾驶的功能局限，造成非失效风险，影响整车行驶的安全性，即预期功能安全问题。功能安全和预期功能安全是影响自动驾驶系统行驶安全的关键，需要系统分析可能面临的各类风险，并采取相应的措施将风险降低至可接受的范围。两者既有相似之处，又各有侧重，需要协同推进以保障自动驾驶系统的安全性。

（一）自动驾驶强化了对系统功能安全的要求

一是在自动驾驶法规层面，提出了更严格的功能安全要求。联合国《自动驾驶框架法规文件》提出了系统安全、失效保护响应、系统安全验证等原则要求，明确了 L3 及以上级别的智能网联汽车的功能安全设计开发和测试验证要求。在针对 L3 自动驾驶功能的 R 157 自动车道保持系统法规中，进一步提出了对功能安全、预期功能安全过程文档和测试的要求；与传统的制动、转向法规相比，增加了安全管理流程、模拟仿真测试和对评审人员能力的要求。二是在自动驾驶技术层面，提出了更高的功能安全要求。自动驾驶功能日趋复杂，更加依赖电子电气（E/E）系统实现感知、决策和控制，对车辆安全技术的正确性和完整性要求进一步提高。在开发过程中，由于自动驾驶系统具有目标和事件探测与响应、最小风险策略、介入请求、人机交互等功能，需要提出更为系统全面的安全目标和功能安全概念需求，系统、硬件和软件设计面临更多冗余、异构、监控的要求。

（二）智能网联汽车衍生了预期功能安全要求

目前，由于性能局限导致的非失效风险增多，对智能网联汽车尤其是自动驾驶提出了预期功能安全要求。毫米波雷达、激光雷达、摄像头等传感器构成了自动驾驶的感知输入，受光照、天气等影响，即便传感器本身没有发生失效，但性能可能会降低、输入出现偏差，导致自动驾驶决策和执行出现问题而引发车辆危害行为，这种由于自动驾驶功能不足导致的非失效风险逐渐增多。在传统驾驶模式下，大部分的事故源于人的因素；在自动驾驶模式下，自动驾驶系统承担部分或全部动态驾驶任务，产品设计无法预估所有的场景条件，驾驶场景成为影响安全的重要因素，未知的不安全场景对自动驾驶系统提出了挑战。此外，机器学习存在不确定性，也可能造成设计不足，导致非失效风险，危害自动驾驶的安全性。

二、功能安全和预期功能安全测试评价是保障自动驾驶安全的关键环节

（一）自动驾驶功能安全测试评价

与传统的道路车辆功能安全相比，人机共驾模式对危害分析和风险评估中的可控性度量提出了新要求。与传统道路车辆关注的失效安全系统相比，失效可运行的安全机制更多在自动驾驶模式下应用。高复杂、高耦合下的自动驾驶系统，安全需求分解、软硬件度量、安全一致性评估等难度显著增加。网络安全与自动驾驶功能安全相互交叉，增加了系统分析的范围。场景的复杂性和功能的多样性，增加了功能安全验证确认的工作量，提高了对自动驾驶残余风险可接受水平的判定难度。

总体来看，自动驾驶系统的功能安全验证评价要求主要如下：

（1）对功能安全流程管理进行评估

规范的功能安全流程管理体系可以避免或减少系统性风险，提高开发效率。功能安全流程管理评估的对象主要包括管理、生产运行和支持过程。功能安全管理要满足整体功能安全管理、概念阶段和系统开发过程的安全管理、生产发布后的安全管理等要求。生产运行要满足相应的功能安全要求，符合生产过程能力评估、控制措施、现场观察说明等规定。支持过程要满足变更管理、配置管理、文档管理、分布式开发接口、安全要求的定义和管理、软件组件鉴定、硬件要素评估等要求。

（2）对产品功能安全开发过程进行评估

主要侧重于产品安全，评估对象主要为概念、系统和软硬件阶段的开发活动。概念阶段的核心要求是：危害分析与风险评估、功能安全概念设计；分析整车级危害，确认危害事件的汽车安全完整性等级（ASIL），然后通过危害分析和风险评估确定相关项的安全目标，将 ASIL 等级分配给相应的安全目标，设计功能安全要求并进行分配。系统阶段的核心要求是进行系统架构设计及分析，提出技术安全要求，分配给软硬件接口。硬件阶段的核心要求是硬件安全要求定义、硬件功能安全指标评估，进行硬件安全设计与实现。软件阶段的核心要求是软件安全要求定义和软件架构设计，进行软件安全设计与实现。

（3）对功能安全系统集成验证确认进行评估

主要侧重于对集成验证和确认的评估。集成验证的对象是集成后的自动驾驶系统，目的是提供证据证明系统各个要素正确交互、符合技术和功能安全要求，并为没有可能导致违背安全目标的非预期行为提供足够的置信度水平；测试内容主要为自动驾驶系统的黑盒测试、仿真测试、边界测试、故障注入、耐久测试等。整车测试的对象是集成了自动驾驶系统的整车，目的是证明集成后整车系统故障造成的非预期风险足够低。确认主要是提供符合整车层面安全目标及功能安全目标完整性的证据等；为了证明达成安全目标，实现了功能安全，并确认自动驾驶系统满足预期的用途，主要基于测试和检查等方式。

（二）自动驾驶预期功能安全测试评价

综合来看，自动驾驶系统的预期功能安全验证评价内容主要如下：

（1）对预期功能安全流程管理进行评估

确认满足预期功能安全开发接口管理要求，符合预期功能安全管理职责和角色定义、供应商计划管理等规定。确认预期功能安全开发步骤满足设计定义、危害识别、功能不足识别、功能改进、验证及确认、安全发布、运行维护等要求。

（2）对产品预期功能安全开发过程进行评估

对于自动驾驶功能和系统的定义，评估是否提供了足以启动预期功能安全相关活动信息的证据，并在每次迭代预期功能安全相关活动后进行更新。评估预期功能安全后续开发过程是否满足相关要求。其中，在整车层面进行预期功能安全危害分析与风险评估，可通过应用 ISO 26262-3 中指定的方法来实现；与功能安全评估的不同之处在于，在分析与预期功能安全相关的危害时，没有针对危害事件确定 ASIL 等级的过程。采用适当的分析方法识别功能不足和触发条件，其中通过识别环境条件和可预见的误用可以确定可能触发系统潜在危害行为的系统边界。通过已识别措施迭代更新规范和设计，避免、降低或减轻预期功能安全相关风险；改进措施主要有系统改进、功能限制、考虑接管权限、减少误用等。

（3）对预期功能安全验证确认进行评估

主要包括三个方面：一是验证确认策略的定义要满足相关要求，要考虑对已知和未知危害场景的评估、产生证据的流程、必要的证据等。二是确认实施的已知危害场景评估符合相关要求。其中，传感器验证的目的是表明传感器在预期使用下的功能性能、时序、精度及鲁棒性的正确性；决策算法验证的目的是表明其做出反应及避免非预期行为的能力；执行器验证的目的是表明其在决策算法中预期使用和可合理预见误用的安全表现。三是确认实施的未知危害场景评估符合相关要求。其中，未知危害场景评估用到的方法主要包括信噪比衰减的鲁棒性确认、随机输入测试、可合理预见的误用测试等。

第三节　功能安全与预期功能安全发展趋势

一、汽车安全观面临重构

对搭载 L3 及以上自动驾驶功能的智能网联汽车，驾驶权部分或全部发生转移，功能安全和预期功能安全风险更加突出，测试、验证、评价自动驾驶的安全性更加困难。此外，随着 V2X 技术的普及应用，周边车辆、基础设施等协同工作，甚至参与感知、决策和控制，网络安全风险更加凸显。同时，智能网联汽车可以采集车辆数据、用户数据、位置数据等信息，并可能将其发送到云端，又会带来智能网联汽车数据安全、个人信息保护问题。

随着汽车智能化网联化发展，汽车、电子信息、通信等领域不断融合，自动驾驶安全的内涵和外延正在发生变化，功能安全、预期功能安全、网络安全、数据安全等问题相互交织。其中，网络安全是指汽车的电子电气系统、组件和功能被保护，使其资产不受威胁的状态；数据安全是指通过采取必要措施，保障数据得到有效保护和合法利用，并持续处于安全状态的能力。

目前有相关研究正在开展，然而从系统工程的角度来看，如何保障智能网联汽车整车尤其是自动驾驶系统的安全，还面临以下两个方面的主要挑战：

一是缺乏系统的顶层设计。车辆功能安全、预期功能安全、网络安全、数据安全等问题相互交叠，各领域安全理论进一步交叉，自动驾驶系统的安全问题更加复杂，需要从系统工程角度出发，加强顶层设计，保障安全解决方案的系统性、完整性和实用性。

二是缺少经验和数据的积累。ISO 26262 功能安全和 ISO 21448 预期功能安全均偏重方法论，在实际应用中面临如何量化以切实有效地保障安全的难题。为了确保自动驾驶系统的安全性，单纯依靠提高测试累积里程无法满足要求，急需建立科学合理的安全量化接受准则。

二、以系统工程方法保障汽车功能安全和预期功能安全

功能安全和预期功能安全从本质上体现的是系统工程思想，提出规范化的过程，通过消除危险或降低危害的事故风险水平而有意识地将安全性设计到系统中，把发生事故的可能性降低到可忽略的水平，以确保整车的安全性。其研究方向主要分为以下几个方向：

一是研究梳理安全体系流程。在质量体系的基础上，一方面，研究安全流程要求，体现危险识别、评价、风险控制及危险跟踪等核心环节；另一方面，借鉴 A-SPICE、CMMI 等要求，提高安全流程的可操作性。

二是细化安全分析要求。一方面，研究安全分析的方法，如 FTA、FMEA、HAZOP、STPA 等；另一方面，梳理安全分析场景，包括功能安全关键场景、预期功能安全危害场景等。

三是系统归纳整车安全测试验证要求。功能安全和预期功能安全要求都是要确保整车层级的功能能够安全执行，从测试验证来说，一方面是基于需求的测试，包括功能安全需求和预期功能安全需求的测试验证；另一方面是基于注入手段的测试，包括故障注入测试和场景注入测试。

第八章 汽车数据安全、网络安全及软件升级检测技术现状与趋势

秦孔建，贺可勋，方熙宇*

摘要：汽车智能化网联化发展在带来便利的同时，会产生诸如未经授权的个人信息和重要数据采集、利用等数据安全问题，网络攻击、网络侵入等网络安全问题，以及在线升级（又称 OTA）改变车辆功能、性能的可能引入的安全风险。本章针对汽车数据安全、网络安全和软件升级，基于《关于加强智能网联汽车生产企业及产品准入管理的意见》《数据安全法》《网络安全法》等标准法规，对我国汽车数据安全、网络安全和软件升级的检测技术进行梳理和分析，并剖析其发展趋势，提出相关措施建议。

关键词：汽车数据安全；网络安全；软件升级；检测技术。

第一节 中国汽车数据安全技术发展情况

一、中国汽车数据安全发展态势

汽车在智能化网联化的方向上飞速发展，而智能网联汽车伴生的大量数据交换和应用带来了数据安全隐患。智能网联汽车在运行过程中会产生大量的基础数据，其与人工智能、大数据等新一代信息技术的深度融合，不仅可以让汽车向高等级自动驾驶演进，帮助政府部门做好安全监管和事故预警，还能在新车改进研发、个性化服务等多方面发挥重要作用。据英特尔公司预测，一辆联网的自动驾驶汽车每运行 8 小时将产生 4TB 的数据。这主要是因为汽车上安装了越来越多的传感器，汽车收集的数据种类和数量不断上升。在数智时代，所有的业务都将是数据驱动的，一旦敏感数据被破坏或泄露，将会造成重大经济损失或生产瘫痪。因此，需要建立起汽车数据全生命周期保护的理念，保障数据活动每一个环节的数据安全。

行业高度重视汽车信息安全，相继出台多项法规政策推动汽车数据安全发展。《中华人民共和国数据安全法》由第十三届全国人民代表大会常务委员会第二十九次会议于 2021 年 6 月 10 日通过，自 2021 年 9 月 1 日起施行。《数据安全法》与《网络安全法》《密

---

* 秦孔建，正高级工程师，中国汽车技术研究中心有限公司智能网联首席专家、中汽科技（北京）有限公司总工程师；贺可勋，高级工程师，中汽研软件测评（天津）有限公司平台总监；方熙宇，高级工程师，中汽研软件测评（天津）有限公司高级技术经理。

码法》《个人信息保护法》相辅相成，共同构成了汽车数据安全的法律保障体系，切实保护汽车数据的交换安全和应用安全。《关于加强智能网联汽车生产企业及产品准入管理的意见》由工业和信息化部于2021年8月12日发布，从企业建立数据安全管理制度，建立数据资产管理台账，实施数据分类分级管理，加强个人信息与重要数据保护，建设数据安全保护技术措施，确保数据持续处于有效保护和合法利用的状态，依法依规落实数据安全风险评估、数据安全事件报告等角度提出数据安全要求。《关于加强车联网网络安全和数据安全工作的通知》由工业和信息化部于2021年9月15日发布，通过加强车联网网络安全和数据安全管理工作，健全完善车联网安全保障体系，保障驾驶员与乘客的个人信息安全。《汽车数据安全管理若干规定（试行）》自2021年10月1日起施行，明确了汽车数据中的个人信息、敏感个人信息、重要数据及汽车数据处理者的含义和类型。倡导个人信息和重要数据的车载端本地化存储及本地化处理，确有必要向车外提供的，应本着脱敏处理原则，尽可能地进行匿名化、去标识化处理。除此之外，国外GDPR等法规也都与汽车数据安全紧密相关。

二、中国汽车数据安全检测

汽车数据安全检测是实现汽车数据安全合规目标的前提，检测需要在遵循《网络安全法》《数据安全法》《个人信息保护法》相关要求的基础上，从企业实际业务状态出发，综合考虑业务场景所涉及的不同数据属性、企业当前可投入的资源，通过实现技术和管理的高耦合的方式，做到每个系统和车型的独立检测、相关系统统一复评、业务变更补充复评，最终实现企业实际业务与汽车数据合规战略相一致、企业数据合规战略与国家法律法规监管要求相一致的目标。

智能网联汽车数据安全检测分为企业管理体系审查和产品流程评估两方面。企业管理体系审核包括对人员管理、组织管理和数据处理活动管理的审核。人员管理方面，重点查看是否落实数据安全管理负责人责任制，明确数据安全保护责任，数据安全负责人资质应符合要求，制定企业内数据安全培训计划；组织管理方面，应建立数据安全管理制度，保障数据分类分级、数据安全风险管控、安全事件应急响应、数据出境管理等要求的有效实施；数据处理活动管理方面，应建立涵盖数据收集、存储、使用、加工、提供等数据全生命周期的数据安全管理规程。

产品流程评估要求通过管理手段保障产品全生命周期各项活动中的数据安全，涵盖产品的概念阶段、研发阶段、生产阶段、运维阶段及报废阶段。概念阶段，企业应在需求分析中对数据处理活动开展分析并评估数据安全情况；研发阶段，应在研发方案中针对产品实现数据安全和个人信息保护的研发设计；生产阶段，应对企业的产品生产进行包含数据安全的安全控制；运维阶段，应进行产品使用过程中的数据安全防护和持续的风险监测；报废阶段，应通过有效的数据销毁机制保证用户数据的彻底删除且不可恢复。

除此之外，针对汽车车型还应开展数据安全测试以满足检测的需求。测试主要包含5个项目：车辆数据安全测试、车外环境数据安全测试、应用软件数据安全测试、个人敏感信息安全测试、数据出境安全测试。车辆数据安全测试包括车辆数据传输安全测试、车辆数据存储安全测试；车外环境数据安全测试包括车外环境数据传输信息安全测试、车外环境数据存储信息安全测试；应用软件数据安全测试包括应用软件数据采集信息安全测试、应用软件数据传输信息安全测试、应用软件数据使用信息安全测试、应用软件数据存储信息安全测试、应用软件数据销毁信息安全测试；个人敏感信息安全测试包括个人敏感信息采集安全测试、个人敏感信息传输安全测试、个人敏感信息使用安全测试、个人敏感信息存储安全测试、个人敏感信息销毁安全测试。在测试中要求样品为一台整车，且具备网络通信、数据传输的功能。测试依据覆盖内容逐项开展，测试完成后全部通过则为测试通过。

第二节　中国汽车网络安全技术发展情况

一、中国汽车网络安全发展态势

汽车智能化网联化发展带来的网络安全和数据安全等问题，隐含重大风险。当前，无论是科恩、360、中汽中心的国内知名网络安全渗透团队，还是高校、企业的渗透人员都能够针对不加防护的车辆展开远程攻击。2021 年 5 月，科恩实验室公布了针对奔驰的渗透测试报告，发现多个相关漏洞并成功在车载信息娱乐系统（Head Unit）和车载通信模块（T-Box）的部分攻击面上实现利用。2021 年 10 月，在辽宁沈阳举办的世界智能汽车大赛上，多数参赛选手可以通过远程的方式攻击赛会准备的无攻击车辆，并获取车辆 TSP 平台、财务系统的数据。对于智能汽车来说，没有进行网络防护的车辆面临极大的网络安全风险，在通信矩阵、用户信息等黑色产业链背景下，极易遭受黑客攻击。

2021 年以来，国内车辆被黑客攻击、非法采集信息、跨境传输数据等问题及刹车门等事件持续发酵，引起各界对智能汽车网络与数据安全问题的高度关注，国家管理部门针对汽车网络安全发布一系列的文件政策（见表 8-1）。《数据安全法》《个人信息保护法》等法规在 2021 年开始实施，对数据安全、汽车隐私保护提供了上位法支撑。工业和信息化部、国家网信办等管理部门发布了关于汽车网络和数据安全的相关条例，规范汽车行业网络安全工作。上述法规的发布对汽车企业产品的网络安全和数据安全提出了较为明确的规定，要求必须按照相应的规定研发、生产车辆。

表 8-1　2021 年发布的汽车网络安全相关的政策

文件名称	发布机构	发布时间
《中华人民共和国数据安全法》	全国人大常委会	2021 年 6 月 10 日（9 月 1 日起施行）
《中华人民共和国个人信息保护法》	全国人大常委会	2021 年 8 月 20 日（2022 年 11 月 1 日起施行）
《智能网联汽车生产企业及产品准入管理指南（试行）（征求意见稿）》	工业和信息化部	2021 年 4 月 7 日
《汽车数据安全管理若干规定（征求意见稿）》	国家网信办	2021 年 5 月 12 日
《关于汽车远程升级（OTA）技术召回备案的补充通知》	市场监管总局	2021 年 6 月 4 日
《智能网联汽车道路测试与示范应用管理规范（试行）》	工业和信息化部、公安部、交通运输部	2021 年 7 月 27 日
《关于加强智能网联汽车生产企业及产品准入管理的意见》	工业和信息化部	2021 年 8 月 12 日

续表

文件名称	发布机构	发布时间
《关于加强车联网网络安全和数据安全工作的通知》	工业和信息化部	2021年9月15日
《关于加强车联网卡实名登记管理的通知》	工业和信息化部	2021年9月28日

在行业网络安全需求和管理部门政策的驱动下，国内外发布了一系列的法规标准。国际上，2020年由WP.29发布的R155《网络安全管理体系与网络安全》和2021年ISO发布的ISO 21434《道路工程 汽车网络安全》最具指导意义。R155作为UNECE的汽车法规意在通过车辆VTA的形式管理网络安全，按其要求，2022年在欧盟范围内销售的车辆要取得汽车网络安全管理体系（CSMS）的认证和整车车型网络安全的认证（VTA）。而ISO 21434通过技术标准的形式规范了针对网络安全管理体系和汽车产品网络安全开发的规范，指导行业开展体系建设和产品研发。

在国际对汽车网络安全提出强制要求的推动下，2021年4月，我国将正在撰写的《汽车整车信息安全技术要求及试验方法》立项为强制性标准。国内所有车辆只有在满足标准的要求下才能进行销售。2021年10月，我国发布GB/T 40855—2021《电动汽车远程服务与管理系统信息安全技术要求及试验方法》、GB/T 40856—2021《车载信息交互系统信息安全技术要求及试验方法》、GB/T 40857—2021《汽车网关信息安全技术要求及试验方法》、GB/T 40861—2021《汽车信息安全通用技术要求》，涉及车载信息交互系统、汽车网关和电动汽车车载终端三个部件，对于零部件的信息安全也提出了较为具体的要求。

《汽车整车信息安全技术要求及试验方法》标准参考了R155的技术架构，分为管理体系要求、技术要求和试验方法。管理体系要求明确提出了企业应当建立网络安全管理体系；技术要求明确提出了汽车产品的研发应当按照管理体系的规定具备网络安全开发流程活动，如TARA分析等，并且经过渗透测试等试验验证；在试验方法中规定了进行车型法规检测的试验方法。

二、中国汽车网络安全检测

汽车网络安全定义为保护车辆及其功能免受网络威胁危害的状态，一般通过覆盖车型全生命周期的网络安全流程保障。网络安全流程保障分为企业层级的体系保障和车型的开发流程保障两个部分。

为保障某一汽车车型的车辆在使用期间的网络安全，车辆生产企业应该建立覆盖车辆开发、生产和运维三个阶段的网络安全管理体系，以规范车型的网络安全开发流程、指导车型开发。企业层级的网络安全管理体系应以对安全风险的识别和处置为路线，建立风险识别、分类、处置的流程，并能周期性运行。同时，在网络安全管理体系中应当建立安全开发、测试验证、风险更新、威胁监测和应急响应的规范性流程，以此来规范车型的网络安全开发、生产和运维的网络安全活动，确保车型项目全生命周期网络安全。除此之外，企业还应明确网络安全管理体系与合同供应商、服务提供商、制造商子组织之间安全流程相关的依赖关系并进行管理。

汽车应严格按照企业层级的网络安全管理体系流程要求进行车型的网络安全开发，具体要求应包含：识别和管理车型与供应商相关的风险；对车型进行详细的风险评估，适当处理及管理已识别的风险；保护车型用于存储和执行售后软件、服务、应用程序或数据的专用网络环境；在车辆全生命周期中，按照车型通过有效测试来验证所实施的安全措施的有效性；实施相应措施以监控、抵御针对该车型车辆的网络攻击并按照体系的漏洞处置机制及时处置车型的漏洞；零部件应具备安全防护措施，保障软硬件及系统的安全性。

汽车网络安全检测不同于汽车传统检测项目，需要审核、评估和测试相结合综合验证汽车网络安全的属性。首先，依照汽车网络安全建设的体系、开发流程和技术措施的架构关系，开展针对企业的网络安全管理体系的审核，审核内容包含企业网络安全管理体系的建设情况和运行情况；其次，针对具体的车型开展网络安全开发流程的评估，审查覆盖车型开发周期的过程文档的评估和验证；最后，针对车型的网络安全能力，开展车型网络安全检测。

汽车网络安全检测的体系审核侧重于考察体系建设的正确性和体系运行的有效性。体系审核以有资质的审核员至企业开展体系建设的文审和验证为主，其中技术内容审核要依据相关的标准和技术规范进行。在查看企业的体系文档时重点评估体系建设的正确性，此外还要进行体系运行情况的核查，主要审查体系运行的有效性，核查内容包含体系设置的各项活动的内容。当体系建设的正确性和体系运行的有效性出现与标准或技术文档的偏差时，应该视偏差对整体网络安全管理体系的影响开具不符合项。其中不符合又分为单一审查项不符合和全局不符合。单一审查项不符合可依据低风险、中风险和高风险及各个风险匹配的技术项目，确定单一审查项目的不符合程度。单一审查项不符合程度分为一般不符合和严重不符合。全局不符合也分为一般不符合和严重不符合，其中一般不符合依据单一审查项不符合的整改要求进行整改，整改完成后通过检测；出现严重不符合时，企业应依据严重情况重新建设体系，完成后重新申请检测认证。

汽车网络安全检测的开发流程评估重点检测车型开发活动与体系的适配度和开发过程的有效性。在开发流程评估中重点查看车型开发流程所涉及的活动的正确性和有效性。其中正确性考察主要查看车型开发活动是否与企业的网络安全管理体系相适配，车型开发涉及的内容包含：遵循网络安全管理体系要求识别和管理车型与供应商相关的风险，确认车型的关键要素，对车型进行详细的风险评估；适当处理及管理已识别的风险，采取相应的处置措施保护车型不受风险评估中已识别的风险影响，采取适当和相应的措施以保护车型用于存储和执行售后软件、服务、应用程序或数据的专用网络环境，通过适当和充分的测试来验证所实施的安全措施的有效性，针对车型实施相应措施以监控和抵御针对该车型车辆的网络攻击；提供支持车辆制造商在检测与车型相关的威胁、漏洞和网络攻击方面的监测能力，提供数据取证能力以便分析企图（未遂）或成功的网络攻击，密码模块符合国家或者国际通用标准，采取措施避免密码技术可能被破解或应用不充分，避免无意识行为引发对车辆的威胁。在评估中要求企业提供车型开发网络安全报告等文件，现场会对所有文件进行抽查。当审查的内容出现不符合的情况时，应根据风险确认是否影响车型的检测。

汽车网络安全检测的测试侧重于考察车型安全防护措施的有效性和声明的网络安全事项的可信性。检测测试采用实车测试的方法，覆盖范围包含基础测试项和浮动测试项。其中，基础测试项分为车型开发中涉及的外部接口、内部接口、软件升级安全和数据代码安全四个层级，依据 TARA 分析的结果确定车型检测涉及的部件和位置，来判定车型基础的网络安全能力。基础测试项依据测试确定的位置采用安全验证和渗透测试相结合的方式开展测试，测试结果出现不符合项即认定为车型的网络安全存在风险，应进行整改。除基础测试项外，车型应与开发流程评估相结合，挑选企业声明的安全事项和 TARA 中的高风险项目，开展浮动测试项的测试。浮动测试项以验证为主，主要验证企业的网络安全声明是否真实有效。当浮动测试项出现不符合项时，除要求企业整改外，还需进行企业开发流程的评估复核，以确认评估过程的正确性。

第三节　中国汽车软件升级技术发展情况

一、中国软件升级发展态势

随着“新四化”趋势带来的汽车电子构架革新，汽车硬件体系将趋于一致，整车制造企业很难在硬件上打造差异化，此时软件和算法将成为车企竞争的核心要素，即软件成为定义汽车的关键。故而造车壁垒已经由从前的将上万个零部件拼合集成的能力演变成将上亿行代码组合运行的能力。在新业态下，软件架构可实现车辆软硬件分离，提高硬件兼容性；软件分层则可让各部分单独更新。也就是说，不断被开发出来的、可更新的软件给硬件带来了无限的可能，可以不断扩展其功能，汽车将不再从到手那一刻就开始老化，而会在后续的使用、升级中不断更新。

汽车 OTA（Over-The-Air）又称空中升级，是指通过移动通信的空中接口对数据及应用进行远程管理，OTA 技术可以理解为一种远程无线升级技术。随着汽车智能化网联化的发展，车辆的电气结构愈发复杂——搭载更多的软件和硬件。随着智能化网联化技术的迭代速度加快，电气系统的复杂化带来更高的维护成本，软硬件的更新需求日益增长。为解决车辆频繁升级软硬件带来的运行维护和成本问题，为汽车用户提供更加便捷的升级服务，OTA 成为汽车远程升级的重要途径。行业普遍认为智能网联汽车的 OTA 升级技术是未来的发展趋势。

OTA 分为两种，一种是固件在线升级（Firmware-Over-the-Air，FOTA），指的是给一个设备、ECU 闪存下载完整的固件镜像，或者修补现有固件、更新闪存。而固件之外的软件更新，就是软件在线升级（Software-Over-the-Air，SOTA）。那些看上去离使用者更近的应用程序和地图 OTA，都属于 SOTA 的范畴。FOTA 技术可以实时对汽车固件进行动态更新的特性，就能够解决汽车零件商及 OEM 厂商对控制单元软件漏洞需要进行及时修复甚至预先修复的痛点，也能够方便车企对新车通过快速版本迭代逐步满足用户需求从而控制预算支出。OEM 厂商通过 FOTA 平台对汽车进行远程管理及软件升级，接口包括蜂窝网、Wi-Fi、蓝牙等。FOTA 技术主要应用场景如下：

一是正常的汽车软件功能升级。

二是汽车召回涉及的软件更新，以修正由于软件系统导致的汽车功能安全问题。

三是满足网络安全的相关需求，如在基于安全监控的汽车态势感知与应急响应系统中，能够对车辆端的信息安全事件进行收集、处理、传输、分析和预测，并根据需要做出响应，可通过远程升级系统及时修复存在问题的车辆端设备或系统。

在特斯拉汽车公司将 OTA 技术大规模应用后，传统汽车企业也开始投入到汽车软件 OTA 技术的研发当中，OTA 技术即将迎来一个新的发展阶段。2016 年，艾拉比软件服务公司为比亚迪汽车公司提供固件更新服务，提升汽车用户使用体验。同时，丰田、沃尔沃、一汽、上汽、长城等汽车公司都已开始远程升级系统。可见，OTA 技术对于汽车行业的创新发展具有里程碑式的意义，已受到国内外业内的广泛关注，其技术发展与应用具有相当广泛的市场前景。

另外，智能网联汽车在给用户带来舒适方便的生活体验的同时，也成为网络黑客的重要攻击对象。智能网联汽车系统一旦被攻击，则意味着存在不可忽视的网络安全缺陷，此时必须通过安全、高效的方式完成智能网联汽车软件、固件的更新和缺陷修复，避免造成更多的损失。智能汽车空中升级的网络安全需求是必然的，市场已然存在且体量巨大，但却处于快速发展的初期。抓住这个短暂的窗口期对开展智能汽车网络安全技术及产品、服务的开发，研制配套的系列标准，迅速占领市场，都非常重要。

FOTA 的范围随着信息安全的逐步深入和供应商管理关键机制的发展，越来越合理，往纵深方向发展。2020 年 7 月，WP.29 投票通过了汽车软件升级与软件升级管理系统的法规，从 2022 年 7 月开始，欧盟范围内的国家将对车辆的网络安全和网络安全管理系统开展管理。2021 年，我国在前期研究的基础上将《汽车软件通用技术要求》立项为强制性标准，后续将指导行业按照法规要求开展检测和认证。

二、中国软件升级检测

目前，国内对于汽车软件升级活动的检测包含企业管理能力的审核、车型的软件升级功能测试及具体升级活动审核。为了规范软件升级活动，企业需要证明自身具备软件升级管理能力，因此第一步需要进行企业软件升级管理能力审核，证明企业自身有完备的管理制度、标准规范、管理流程、每次车型升级信息记录与保存等流程制度。审核时，审核方需要查看企业软件升级管理系统相关的文档，依据文档的内容审查企业建立的体系是否满足要求。审查过程涉及核查企业的体系建设后的运行情况，包括依据体系开展的相关软件升级的运行记录等。

在完成企业的软件升级管理体系核查后需要进行具体车型的软件升级功能检测，包括标准中规定的车型对软件升级的安全保障和完整性保障，以及软件升级的网络安全保障，同时将软件升级涉及的更改、变更通过适当的方式告知用户。在检测互动中采用整车检测，由被检测方提供被检测车辆，通过触发不同场景的升级开展检测。

在企业开展具体的软件升级活动的过程中，需要企业提供完整的测试验证报告，包括台架测试、实车测试等，测试内容包括功能测试、信息安全测试等，对是否影响产品安全、环保、节能、防盗进行充分识别，并出具证明文档，如果涉及产品安全、环保、节能、防盗等技术性能变化的相关升级活动，需要先提报公告变更流程，审核通过后再提报具体升级活动备案流程。检测活动对企业提交的活动文件进行审核，主要审核单次升级的活动及涉及的关键参数的验证情况。

Part 4 市场篇

第九章　2021年中国乘用车市场情况及趋势

刘万祥，李富强，杨熙，张文静*

摘要：本章基于机动车出厂合格证数据库，对我国乘用车市场运行特征和技术发展进行了全面的系统梳理及分析。主要从整体走势、市场结构、区域分布、节能技术应用等方面展开，剖析2021年我国汽车产业发展现状及趋势变化，并针对下一步发展趋势提出初步研判以供行业参考。

关键词：汽车产业；技术发展；混合动力乘用车。

第一节　整体走势

2021年，全球汽车产业从新冠肺炎疫情影响导致的停工停产中快速恢复，市场连续下行态势出现拐点，尤其是新能源汽车市场发展势头强劲。下半年，芯片短缺问题逐渐突出，全球汽车市场因芯片短缺年减产量逾千万辆，产业链供应链逐渐成为掣肘全球汽车产业发展的重点之一。

面对日益严峻的产业链供应链形势，中国政府、企业等携手与共、形成合力，为稳链保供做出贡献，部分整车和产业链供应链企业在各自领域的市场份额不断攀升。中国汽车市场总体保持规模、质量“双提升”的良好势头，产销规模呈现稳步提升态势，汽车质量快速提升，汽车出口规模创历史新高，新能源汽车销量维持高增长水平。

一、汽车市场整体持续恢复，呈现稳增长发展态势

从历史规律来看，中国汽车市场的走势与经济发展呈现较强的正相关性。随着国内宏观经济运行呈中低速增长新常态，中国汽车生产规模自2017年达到最高峰后，连续多年高速增长的车市自2018年开始迎来负增长，并呈现以存量更新为主的小幅波动（见图9-1）。2021年，中国汽车市场结束了三年的平台调整期，增速企稳回升。全年汽车销量为2627万辆，同比增长3.8%，连续十三年居全球第一名，为我国工业经济持续恢复发展、稳定宏观经济增长贡献了重要力量。在保有量方面，截至2021年年底，全国汽车保有量达3.02亿辆。2021年，全国新注册登记汽车2622万辆，同比增加198万辆、增长8.16%。

---

* 刘万祥，工程师，任职于中国汽车技术研究中心有限公司中国汽车战略与政策研究中心；李富强，工程师，任职于工业和信息化部装备工业发展中心数据管理处；杨熙，工程师，任职于工业和信息化部装备工业发展中心数据管理处；张文静，助理工程师，任职于工业和信息化部装备工业发展中心数据管理处。

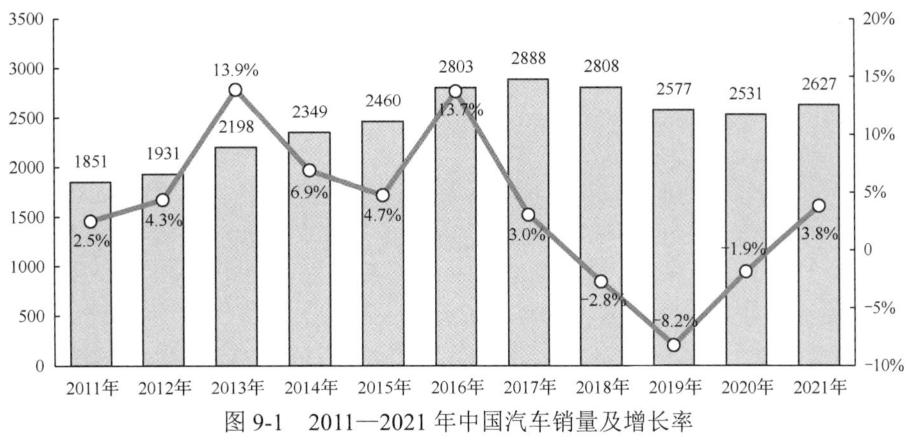

图 9-1　2011—2021 年中国汽车销量及增长率

数据来源：中国汽车工业协会

二、乘用车市场保持较高增速，新能源渗透率进一步提升

目前，中国乘用车市场已经进入结构调整转型升级的关键时期，在新车增量市场、二手车交易存量市场、报废车市场及汽车后市场方面都有较大的发展空间。2021 年，中国乘用车销量为 2148.2 万辆，同比增长 6.5%；商用车销量为 479.3 万辆，同比下降 6.6%。乘用车市场在 2020 年年初由于基数较低，表现出大幅增长的状态。商用车市场受重型柴油车国六排放标准切换、“蓝牌轻卡”政策、房地产开发等因素影响，在经历了连续 5 年的增长后进入小幅下降拐点。

从 2021 年汽车销售情况来看，第一季度由于同期基数较低，汽车销量同比呈现快速增长，第二季度增速有所放缓，第三季度受芯片供给不足影响最大，出现较大幅度下降，四季度明显恢复，好于预期，确保了全年稳中有增的良好发展态势。如图 9-2 所示，2021 年，中国乘用车月度销量走势呈现“小 V”形，即第一季度维持高位，4—8 月呈现小幅缓降态势，9 月开始消费需求持续稳定增长；商用车自 3 月呈现高增长后，5 月开始同比增速由正转负，呈现小幅下滑态势，全年销量为 479 万辆，同比下降 6.6%，其中，货车以 8.5%的降幅拉低了商用车市场表现。

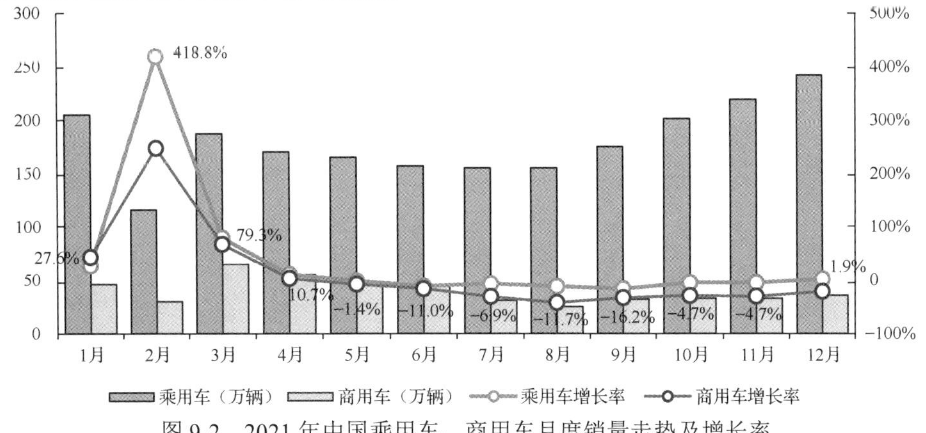

图 9-2　2021 年中国乘用车、商用车月度销量走势及增长率

数据来源：中国汽车工业协会

第二节　市场结构及消费特点

一、TOP10 集团企业生产维持较高集中度

根据机动车出厂合格证数据统计，2021 年中国乘用车产量为 1990.6 万辆，同比增长 4.5%；商用车产量为 565.1 万辆，同比增长 0.7%。如图 9-3 所示，从集团企业看，2021 年，中国乘用车头部生产企业产量排名稳定，TOP10 乘用车集团企业产量合计 1808.6 万辆，约占乘用车产量的 91%，基本延续 2020 年头部集团企业产量排名情况，生产集中度较高。其中，上汽、一汽、东风三家集团企业稳居前 3 位，产量合计占比为 48%；上汽集团领先优势明显，全年产量达 416.6 万辆，占乘用车产量近 21%。

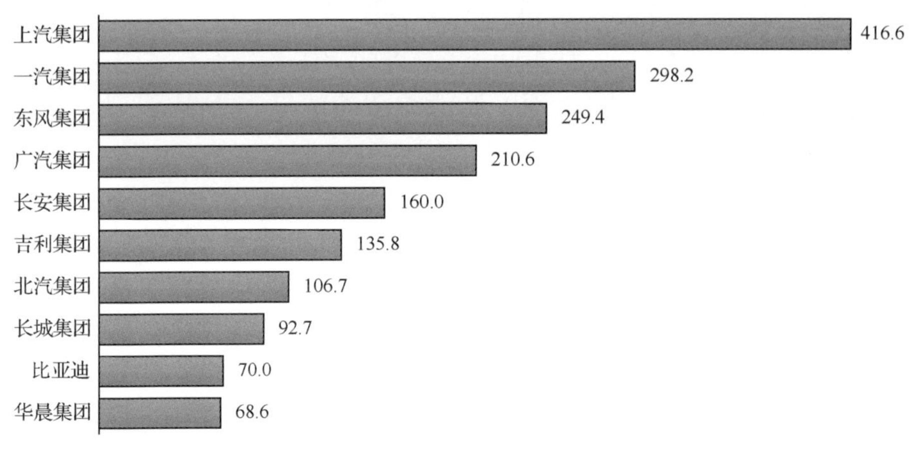

图 9-3　2021 年中国 TOP10 乘用车集团企业生产情况（单位：万辆）

二、国内企业加速布局，中国品牌竞争力显著提升

目前，中国汽车工业正在迈向高质量发展阶段，中国品牌乘用车企业抢抓新发展机遇，加速品牌塑造、产品研发投入，逐渐缩小与国外企业的差距。综合来看，现阶段中国品牌乘用车企业的部分产品竞争力迅速提升，且已具备一定的国际竞争力。尤其是一汽、比亚迪、吉利、长安、长城等车企迅速崛起，打造了吉利领克、长安 UNI-K、长城 WEY 等多个高端品牌，锚定目标群体加速投放多元化产品，为开拓市场打下坚实基础，同时助力中国品牌乘用车企业市场份额稳步增长。

根据机动车出厂合格证数据统计，2021 年中国品牌乘用车产量提升至 886.7 万辆，同比增长 23%，占国内乘用车全年产量的份额达 45%，相比 2020 年提升近 7 个百分点。2021 年，中国的德系品牌乘用车产量为 426.6 万辆，呈现 11.4%的降幅，占比近 21%；中国的日系品牌产量为 452.8 万辆，同比下降 3.5%，占比近 23%（见图 9-4）。

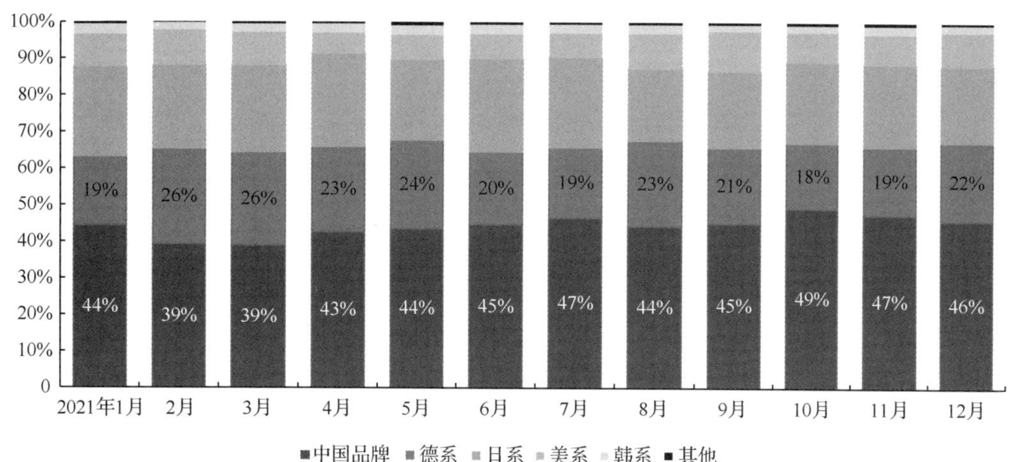

图 9-4 2021 年中国不同系别乘用车产量分布

三、消费升级趋势明显，豪华车型市场持续增长

近年来，在中国乘用车市场增速放缓态势下，豪华车型市场则保持着相对较高的增速。2021 年，中国豪华品牌乘用车销售了 347.2 万辆，同比增长 20.7%，高于中国整体乘用车市场增速 14.2 个百分点，占乘用车销售总量的 16.2%。中国品牌车企纷纷推出高端品牌，以高端新势力强势入局；红旗、领克、岚图等自主豪华品牌纷纷加速市场布局速度，在品牌向上、产品向上方面迎合市场消费升级趋势，积极研发并推出多款中高端车型，推动市场终端零售持续快速增长。

现阶段，中国汽车市场消费升级主要体现在两方面：一方面是车型结构的升级。用户的需求逐渐由入门级向中高级过渡，对中型及以上车型的需求更加旺盛，越来越多的消费者开始追求更具个性化的产品。另一方面是价格的升级，30 万元以上的消费价格区间比重持续扩大。

四、各类乘用车市场分布相对稳定，SUV 和轿车占据主流

从细分市场来看，2021 年运动型多用途乘用车（SUV）继 2020 年后销量再次超过基本型乘用车（轿车），保持了市场领先地位；基本型乘用车（轿车）销量在产品升级及新能源车型旺销促进下稳定增长；多功能乘用车（MPV）、交叉型乘用车销量稳中略增（见图 9-5）。

根据中汽协数据统计，2021 年基本型乘用车（轿车）产销总量分别达到 990.8 万辆和 993.4 万辆，同比增长 7.8%和 7.1%；新能源轿车产销量分别增长 1.5 倍和 1.4 倍，占轿车产销总量的比重分别达到 20.9%和 20.7%。运动型多用途乘用车（SUV）产销量分别达到 1003 万辆和 1010.1 万辆，同比增长 6.7%和 6.8%；新能源 SUV 产销量增长均为 2.3 倍。多功能乘用车（MPV）市场总体保持了小幅增长，产销量分别为 107.3 万辆和 105.5 万辆，同比增长 6.1%和 0.1%。交叉型乘用车产销量分别达到 39.7 万辆和 39.1 万辆，基本与 2020 年同期持平；新能源交叉型乘用车产销分别同比增长 81.8%和 96.4%。从交叉型乘用车全年月度销量同比增长变化来看，与其他三大类乘用车走势不同，呈现更为波动的发展趋势。

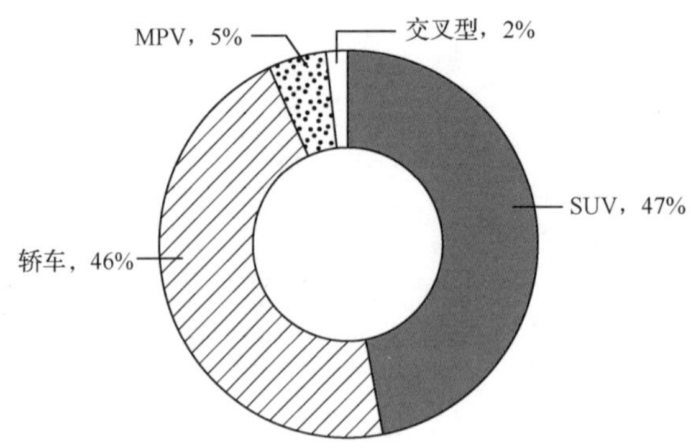

图 9-5 2021 年中国各类乘用车销量分布

五、混合动力车型产量规模持续提升，成为企业节能降耗重要战略选择

为应对日益严峻的能源和环境压力，汽车产业不断提升传统动力、混合动力、整车节能技术研发和应用能力，践行绿色低碳发展。混合动力车型通过发动机与电动机的协同工作，使发动机运行更加高效，能够显著改善油耗水平，逐渐成为企业节能降耗的重要技术路线。例如，双积分政策对低于油耗达标值的低油耗乘用车给予产量/进口量折算优惠，降低新能源汽车积分达标要求，极大激发了企业应用新型节能技术的积极性，各种节能技术应用比例大幅提升。

具体来看，近年来混合动力乘用车产量稳步增长，2020 年产量规模达 43 万辆，占乘用车产量的 2.3%，2021 年产量规模达 61 万辆，产量占比提升至 3.1%，产量规模连续两年增幅超过 40%（见图 9-6）。

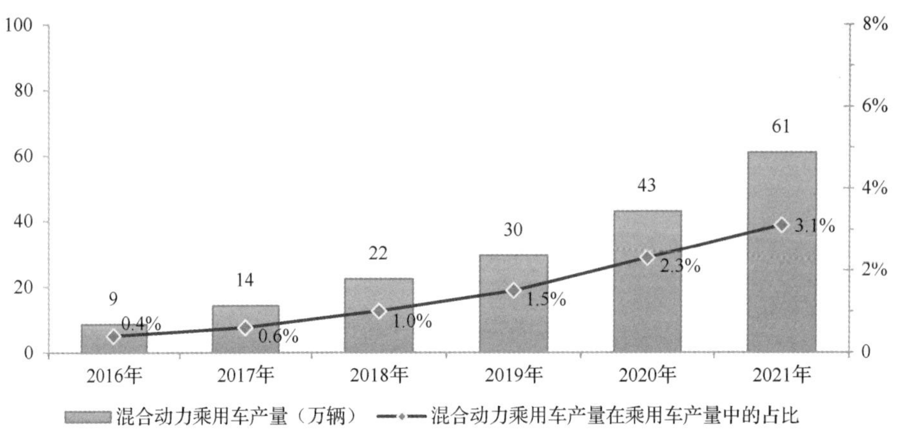

图 9-6 2016—2021 年中国混合动力乘用车发展情况

从企业类型来看，在丰田、本田日系车企的推动下，合资企业混合动力乘用车产量规模最大，近 2 年所占份额基本保持在 90%以上（见图 9-7）。德系、韩系合资车企及中国品牌车企市场份额逐渐收窄，尤其是中国品牌混合动力车型规模仍处于较低水平，2017 年之前仅东风、吉利、比亚迪、长安等企业推出混合动力车型，年产量高于 2 万辆。2021 年，中国品牌车企加大对混合动力车型的研发投入，包括比亚迪推出 DM-i 平台、长安的蓝鲸 iDD、长城的柠檬 DHT、奇瑞的鲲鹏 DHT 混动、吉利 GHS2.0 混动等，推动市场

规模进一步提升。

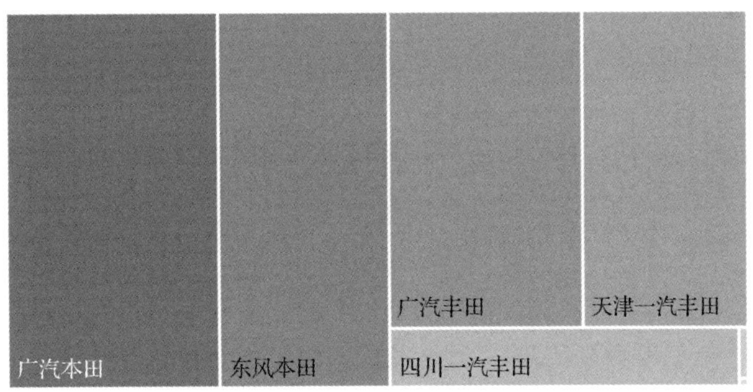

图 9-7 中国重点混合动力乘用车企业分布

综合来看，混合动力技术在乘用车领域呈现增长趋势，包含传统混合动力系统（非插电式）、插电式混合动力系统的技术在内的混合动力技术应用占比从 2016 年的 0.9%上升到 2021 年的 6.6%。

第三节 区域分布及出口情况

一、区域分布：东部地区产量占比超 5 成，广东居首位

根据机动车出厂合格证数据统计，2021 年 31 个省市自治区的汽车产量中，共计 8 个省市的规模超过 100 万辆，合计产量超过 1200 万辆，占比超过 61%（见图 9-8）。其中，广东产量超过 300 万辆，以较大优势居首位，占全国总量的比例约 15%；湖北、上海、重庆、吉林、浙江、江苏、河北的产量均超过 100 万辆，市场集中度相对较高；青海、西藏等地区受当地地理条件、消费水平、相关汽车配套产业发展不足等限制，目前市场规模仍处于全国尾部。

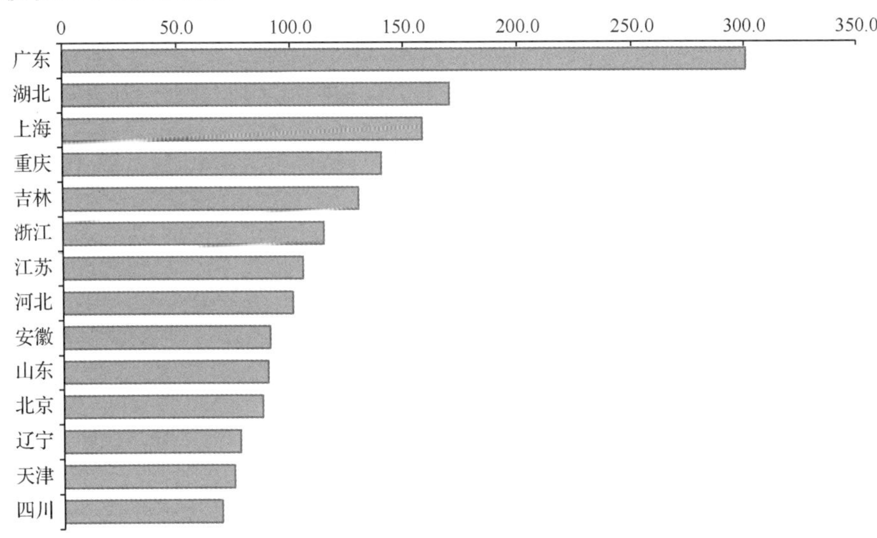

图 9-8 2021 年中国主要地区汽车产量（单位：万辆）

根据不同区域的经济发展状况，我国划分了东部、中部、西部、东北四大区域。东部区域主要包括北京、天津、河北、山东、江苏、上海、浙江、福建、广东、海南等省、直辖市，属于沿海开放地区，经济相对发达，带动了汽车产业的发展。综合来看，东部区域乘用车产量集中度较高，占比超 50%。东北区域市场需求规模较小，且受当地经济发展动能不足影响，2021 年汽车市场规模约 123 万辆，占比约 5%。

二、出口情况：汽车出口创历史新高，出口量首次超过 200 万辆

近十年来，中国汽车出口量一直为 100 万辆左右，2021 年首次突破 200 万辆。这一方面得益于我国汽车企业国际竞争力持续提升，品牌的国际影响力不断增强。另一方面，我国科学统筹疫情防控和经济社会发展，国内生产秩序总体稳定，在很大程度上推动了出口的快速增长。

按照整车企业出口统计口径，2021 年，中国汽车出口 202 万辆（见图 9-9），同比增长 1 倍，占汽车销售总量的比重为 7.7%，同比提升 3.7 个百分点。中国汽车出口首次超过 200 万辆，实现了对多年来一直徘徊在 100 万辆的突破。从细分车型来看，乘用车出口 161.4 万辆，同比增长 1.1 倍；商用车出口 40.2 万辆，同比增长 70.7%。新能源汽车出口表现突出，出口 31 万辆，同比增长 3 倍。

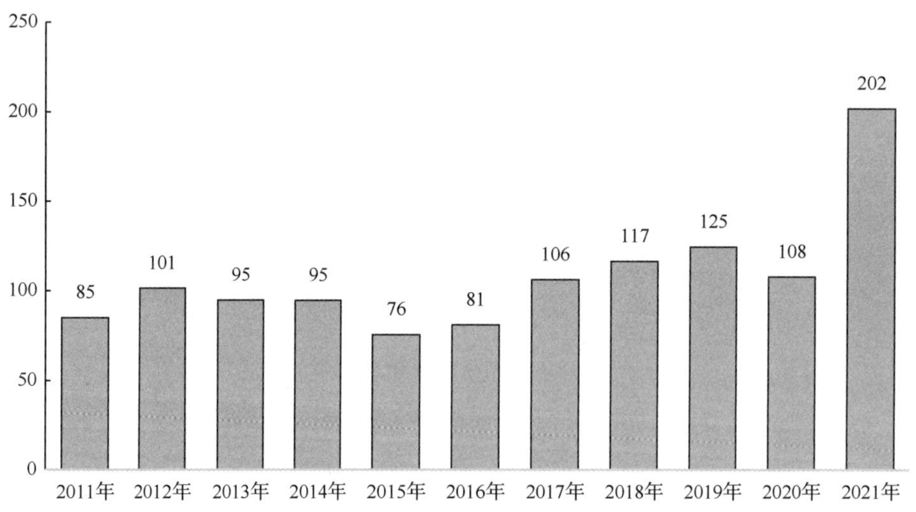

图 9-9　2011—2021 年中国汽车出口量（单位：万辆）

数据来源：海关总署，根据整车企业出口统计口径

第四节　未来发展趋势

随着供给侧结构性改革深化，在畅通国内大循环的新格局下，我国汽车产量有望持续增长。特别是在近十年国家新能源和智能网联汽车产业政策的引领下，汽车产业新技术不断突破，我国汽车企业提供的汽车产品较好地满足了消费者需求，消费者对新能源和智能网联汽车的接受度不断提高，新能源汽车市场快速发展，共同推动了汽车产业市场的发展。

一、汽车市场潜力巨大，总需求依然旺盛

伴随着芯片短缺逐步缓解，汽车生产将进一步满足汽车消费需求。据行业的判断，2021 年芯片短缺导致大约 150 万辆的汽车消费需求被抑制。伴随着国际芯片市场调节机制逐步发挥作用，以及在政府、主机厂和芯片供应商的共同努力下，芯片国产化替代方案已在逐步实施，2022 年下半年，芯片供应得到一定的缓解。届时，2021 年被抑制的汽车消费需求得到释放。同时，我国经济韧性强，长期向好的基本面不会改变，保障了汽车市场持续增长。2021 年中央经济工作会议明确了 2022 年的经济工作要“稳字当头、稳中求进”，做好“六稳”“六保”工作，着力稳定宏观经济大盘，保持经济运行在合理区间。稳定的经济形势将有力地保障我国汽车消费持续增长。

二、节能环保要求加严倒逼，混合动力乘用车有望持续增长

“双碳”战略下，持续推动传统汽车节能降耗仍是推动汽车产业低碳发展的重要途径。我国汽车燃料消耗量相关标准法规要求持续加严，同时双积分政策对低油耗汽车、循环外节能技术给予核算优惠鼓励，通过反向倒逼和正向激励措施并举，一方面引导企业继续加大新能源汽车推广应用规模，另一方面兼顾引导企业传统燃油汽车节能技术研发应用，双向推动我国乘用车整体油耗水平改善。2021 年，在新能源汽车规模大幅增长的带动下，在循环外等节能技术的应用下，传统汽车及行业燃料消耗量水平进一步改善。下一步，行业企业仍需继续挖掘发动机、变速器、整车节油技术的潜力，同时加快发展混合动力、新能源等节能技术研发，实现节能环保要求。

三、“双碳”目标战略引领，新能源乘用车市场渗透率持续提升

当前，国家“双碳”战略有序推进，汽车产业稳增长、促消费及支持新能源汽车产业发展的相关政策逐步显效，新能源汽车市场需求旺盛，产销规模保持高增长态势。根据机动车出厂合格证数据统计，2022 年 1—6 月，新能源乘用车产量达 228.6 万辆，同比增长 1.2 倍，市场占比超过 24%。我国新能源汽车市场进入规模化发展新增长阶段。此外，2022 年 5 月下旬国务院常务会议确定“阶段性减征部分乘用车购置税 600 亿元”，工业和信息化部等四部门组织开展新一轮“新能源汽车下乡”活动，将提振我国乘用车市场消费信心，进一步推动汽车行业健康快速发展。从长期来看，无论是实现国家的“双碳”目标，还是智能网联汽车技术的叠加、商业模式的创新，都将在很大程度上加速新能源汽车的普及。据初步形成的行业共识，《新能源汽车产业发展规划（2021—2035 年）》提出的 2025 年新能源汽车渗透率达到 20%的目标，有望提前达到。

四、新能源汽车竞争力提升，出口规模有望进一步提升

经过多年的市场培育，我国新能源汽车的供应链体系已经逐步发展壮大，规模扩大带来了成本的降低，新能源汽车销售已基本进入市场化轨道。同时，智能网联技术加快应用，新车智能配置不断提升，整车附加值提高，新能源汽车综合竞争力明显提升。中国出口的乘用车产品在档次上提高了许多，性价比也进一步提升。目前，品牌车企加速

海外市场车型导入，利用自身性价比优势取代了俄罗斯、南美、非洲等国家和地区的铃木、起亚、本田等品牌一定的市场份额。全球新能源汽车加速渗透，中国品牌车企正在加速新能源乘用车出海。

五、智能化乘用车加速量产，有望成为市场增长点

随着国内车企、互联网企业等加快布局自动驾驶领域，国内 L3 级别的量产车型不断推出，L2+辅助驾驶的渗透率有望进一步提升。目前，各车企的高端车型已经基本实现 L2 辅助驾驶的配置。与此同时，《智能网联汽车发展战略》提出，到 2025 年中国标准智能汽车的技术创新、产业生态、路网设施、法规标准、产品监管和信息安全体系全面形成，新车基本实现智能化，高级别智能汽车实现规模化应用。《汽车产业的中长期发展规划》提出，到 2025 年新能源汽车骨干企业在全球的影响力和市场份额进一步提升，智能网联汽车水平进入世界先进行列。

总体来看，当今世界正经历百年未有之大变局，新一轮科技革命和产业变革深入发展，电动化、智能化、网联化正在加速重构百年汽车工业，成为我国汽车产业发展的新机遇。

第十章　2021 年中国新能源汽车市场情况及趋势

刘万祥，王芳，丁浩轩，周坤*

摘要：2021 年，中国新能源汽车市场呈现较强增长态势，销量超过 350 万辆，市场渗透率提升至 13.4%，占全球销售总量的近 50%。从车型结构来看，新能源汽车高低两端车型热销带动市场增长、客车规模持续萎缩、货车仍以轻型物流车为主。从动力类型来看，纯电动车型仍占据中国新能源汽车市场主导地位，插电式混合动力车型主要集中在乘用车领域，燃料电池车型以商用车为主。从领域分布来看，2021 年，我国新能源汽车置换用户主要集中于东部经济发达地区，中西部地区相对较少。未来随着产业进入规模化快速增长期，整体规模有望大幅增长，企业竞争也将进一步加剧，插电式混合动力市场有望迎来快速增长。

关键词：中国市场；市场结构；发展趋势。

第一节　整体走势：市场延续高增长态势，产销量连续七年居全球首位

经过多年发展，中国新能源汽车产业各方通力合作，持续完善新能源汽车产业政策体系，行业企业不断加大研发投入、强化技术和商业模式创新，共同推动中国新能源汽车产业在市场规模、产业体系、技术水平等各方面实现全面提升，产业发展也逐步从政策驱动向“市场为主，政策为辅”的新型驱动方式转变。

从市场规模来看，中国已经成为全球最大的新能源汽车市场，产销量连续七年稳居世界首位，已经具备较好的发展优势。2021 年，新能源汽车呈现较强的增长态势，销量超过 350 万辆，市场渗透率提升至 13.4%，占全球销售总量的近 50%，销量较 2020 年增长 1.6 倍左右，创造了 2016 年以来的最快增速（见图 10-1）。出口方面，2021 年新能源汽车出口 31 万辆。保有量方面，截至 2021 年年底，中国新能源汽车保有量达 784 万辆，占汽车总量的 2.60%，扣除报废注销量，同比增加 292 万辆、增长 59.25%。其中，纯电动汽车保有量为 640 万辆，占新能源汽车总量的 81.63%。2021 年，全国新注册登记新

* 刘万祥，工程师，任职于中国汽车技术研究中心有限公司中国汽车战略与政策研究中心；王芳，工程师，任职于工业和信息化部装备工业发展中心数据管理处；丁浩轩，工程师，任职于中国汽车技术研究中心有限公司中汽数据有限公司；周坤，工程师，任职于中国汽车技术研究中心有限公司中汽研汽车检验中心（天津）有限公司。

能源汽车 295 万辆，占新注册登记汽车总量的 11.25%，同比增加 178 万辆、增长 151.61%。近五年，中国新注册登记新能源汽车数量从 2017 年的 65 万辆到 2021 年的 295 万辆，呈高速增长态势，成为全球汽车产业电动化转型的重要驱动力。

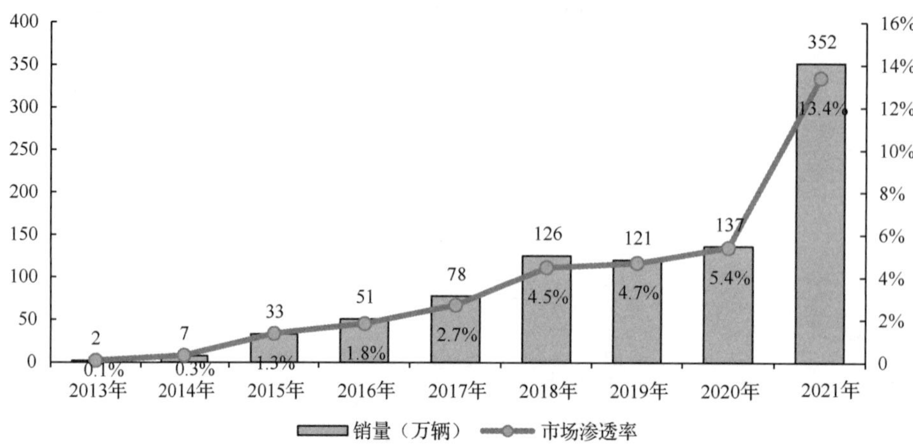

图 10-1　2013—2021 年中国新能源汽车销量及市场渗透率

数据来源：中国汽车工业协会

从月度走势来看，2021 年中国新能源汽车月度销量延续“前低后高”走势。上半年新能源汽车月度平均销量维持在 20 万辆的水平。下半年伴随着产业供需形势好转、经济环境持续改善，新能源汽车市场快速复苏，月度销量自 9 月起突破 30 万辆，月度产销规模逐渐扩大，12 月产销突破 50 万辆，创下历史新高。

第二节　新能源乘用车：市场化进程加快，私人消费占比快速提升

一、市场规模：市场份额持续增长，年度市场规模突破 300 万辆

受新冠肺炎疫情带来的诸多不确定性因素影响，2020 年新能源市场产品投放数量有所放缓，但随着 2020 年下半年至 2021 年新能源汽车市场不断释放利好信息，推动新能源乘用车产品投放数量回升，2021 年全年新能源乘用车上市车型超百个。根据中国汽车工业协会数据统计，2021 年中国新能源乘用车销量为 333.4 万辆，同比增长 167%，占新能源汽车整体销量的比例由 2019 年的 87.9%提升至 94.0%，持续提升超 3 个百分点。对应地，货车、客车市场规模发展相对较小，市场占比分别为 5.0%、1.0%（见图 10-2）。

二、企业分布：头部企业集中度不断强化，造车新势力企业份额大幅提升

（一）TOP10 企业产量持续攀升，占比近七成

随着“双碳”目标的提出，中国新能源汽车产业发展越来越受到重视，新能源汽车行业环境污染较少，碳排放量较低，契合我国低碳发展目标，成为汽车产业节能减排的重要选择之一。国内新能源汽车生产企业开始发力，行业市场集中度逐渐提升。2021 年

中国新能源乘用车前十名企业产量占比达 69%，保持稳定份额。前十名企业分别为比亚迪、上汽通用五菱、特斯拉（上海）、长城汽车、江淮汽车、广汽、上汽、长安汽车、奇瑞新能源、理想汽车，产量合计 211.2 万辆（见图 10-3）。2022 年 1—6 月前十名企业产量合计 161.3 万辆，占比进一步提升，近 71%。其中，比亚迪月度产能爬坡明显，月度产量连续 4 个月突破 10 万辆，市场领先优势明显，占新能源乘用车总产量的 26%。

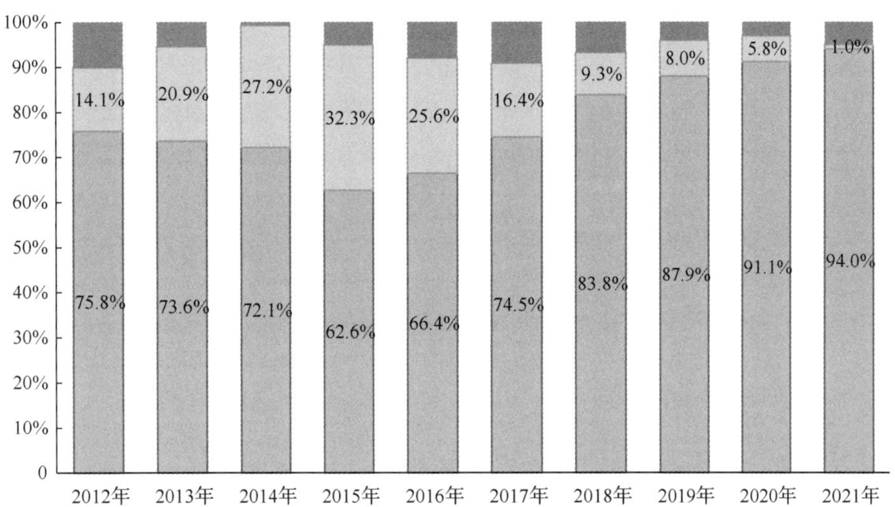

图 10-2　2013—2021 年中国新能源汽车产量分布

数据来源：机动车出厂合格证

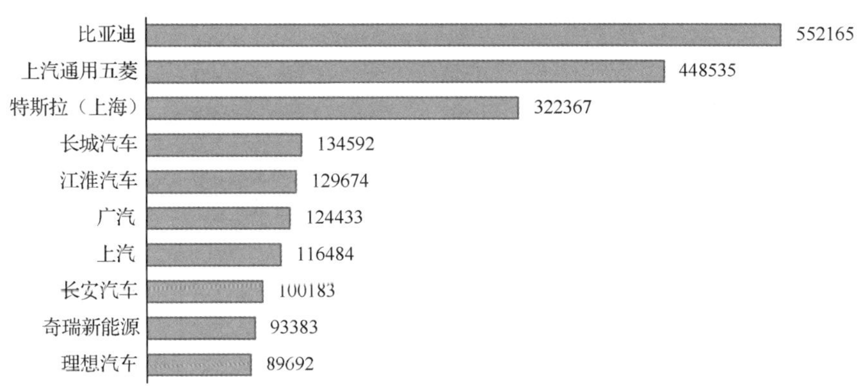

图 10-3　2021 年中国新能源乘用车前十企业产量（单位：辆）

数据来源：机动车出厂合格证

（二）造车新势力企业产量持续攀升，成为市场主要增长动力之一

近年来，中国造车新势力企业凭借产品和生态体系迅速崛起，在市场上持续发力，成为支撑我国新能源汽车快速发展的重要动力之一。2021 年，中国造车新势力企业产量快速提升，全年累计产量达 78.5 万辆，占新能源乘用车总产量的 26%；其中，特斯拉（上海）产量达 32.2 万辆，居于首位；小鹏汽车（含海马汽车）、蔚来汽车、理想汽车三家

国内造车新势力企业也排名前列，产量合计 27.9 万辆（见表 10-1）。2022 年，随着疫情得到有效控制，国内造车新势力企业生产逐步恢复，2022 年 1—6 月产量为 52.9 万辆，占新能源乘用车总产量的 23.1%，小鹏汽车、哪吒汽车、理想汽车、零跑汽车、蔚来汽车五家企业产量突破 5 万辆。

表 10-1　2021 年主要造车新势力企业产量

<table>
<tr><th>序　号</th><th>企业名称</th><th>品　牌</th><th>2021 年产量/辆</th></tr>
<tr><td>1</td><td>特斯拉（上海）有限公司</td><td>特斯拉</td><td>322367</td></tr>
<tr><td rowspan="2">2</td><td>海马汽车有限公司</td><td>小鹏</td><td>12713</td></tr>
<tr><td>肇庆小鹏新能源投资有限公司</td><td>小鹏</td><td>84318</td></tr>
<tr><td>3</td><td>安徽江淮汽车集团股份有限公司</td><td>蔚来</td><td>92139</td></tr>
<tr><td rowspan="2">4</td><td rowspan="2">重庆理想汽车有限公司</td><td>理想</td><td>69155</td></tr>
<tr><td>理想智动</td><td>20537</td></tr>
<tr><td>5</td><td>合众新能源汽车有限公司</td><td>哪吒</td><td>70116</td></tr>
<tr><td rowspan="3">6</td><td rowspan="3">湖北星晖新能源智能汽车有限公司</td><td>威马</td><td>8089</td></tr>
<tr><td>威尔马斯特</td><td>28611</td></tr>
<tr><td>威马</td><td>16772</td></tr>
<tr><td rowspan="2">7</td><td>杭州长江乘用车有限公司</td><td>零跑</td><td>20035</td></tr>
<tr><td>零跑汽车有限公司</td><td>零跑</td><td>25360</td></tr>
</table>

数据来源：机动车出厂合格证

三、产品结构：品牌定位各有差异，国产车型主力地位稳固

（一）产品丰富度不断完善，造车新势力企业实现错位竞争

近两年来，中国国内新能源乘用车技术水平、车型综合竞争力不断提升，车型高端化发展趋势明显，包括 A+/B 级及以上高端车型成为市场增长的主力车型之一。以特斯拉 Model 3、蔚来 ES6 /ES8、理想 ONE、比亚迪汉/唐、小鹏 P7、智己等为代表的中高端车型，以较高的智能化水平及驾乘体验塑造了较高的品牌口碑，市场消费者接受度快速提升，带动中大型新能源乘用车市场规模明显增长。

同时，以宏光 MINI EV、宝骏 E100、长城欧拉 R1、奇瑞小蚂蚁等为代表的小型纯电动乘用车，市场指导价在 10 万元以内甚至更低，提升了乡镇及农村消费者的接受度，成为新能源乘用车市场增长的重要推动力之一。从轿车车型级别来看，A00 级、A 级、B 级新能源轿车市场份额相差逐渐缩小，2021 年三类车型市场份额均在 20%以上，车型结构分布相对均衡。

造车新势力企业产品布局方面，各品牌定位逐渐实现差异化。如蔚来汽车重视用户社交生态，小鹏汽车注重智能化布局，哪吒汽车强调相对低价大众化。蔚来汽车、理想汽车定位于中高端新能源汽车市场，产品定价在 30 万元以上；小鹏汽车主要聚焦中端以上市场，主力产品定价为 15 万～35 万元；哪吒汽车、零跑汽车和威马汽车更多强调高

性价比，产品集中面向于注重性价比的大众消费群体。从热门车型来看，造车新势力车型均以 SUV 为主，车型覆盖高中低多价位。蔚来汽车、小鹏汽车、哪吒汽车等已推出多款热门车型，其中理想 ONE、蔚来 ES6、小鹏 P7 等已成为造车新势力企业市场主力车型，哪吒汽车、零跑汽车等也加快推出纯电动乘用车高性价比车型，依托主力产品加强品牌宣传。此外，伴随新能源汽车市场接受度不断提升，造车新势力企业产品更新周期也在加快，正加速推出轿车等更丰富的产品，塑造丰富完善的产品矩阵。

（二）中国品牌市场占比超过八成，份额保持稳定

2021 年，中国新能源乘用车呈现爆发性增长，中国品牌车型市场表现依旧强势。具体来看，得益于密集的新车投放，2021 年中国新能源乘用车市场竞争格局中，中国品牌车型在新能源市场中占据近八成份额，且基本维持 2020 年领先优势水平。与此同时，在全年产品销量前十名企业中，9 家中国企业位列其中，市场优势明显。对应地，以特斯拉为主的美系品牌新能源乘用车市场规模基本维持近 12%的份额；德系品牌车型市场占比近 6%（见图 10-4）。

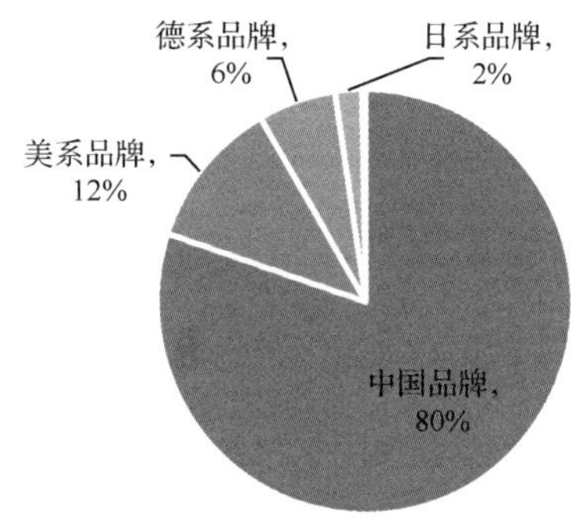

图 10-4　2021 年中国新能源乘用车市场竞争格局

尤其在纯电动乘用车领域，中国品牌主力地位优势更加明显。中国品牌纯电动乘用车累计产量达 203.3 万辆，占纯电动乘用车的比例达 81%，保持明显优势；美系品牌纯电动乘用车累计产量达 33.6 万辆，占纯电动乘用车的 13%。

四、动力类型：纯电动车型占据主流，插电式混动占比逐渐小幅收窄

（一）纯电动车型占据主导地位，市场占比在八成以上

中国新能源汽车市场动力类型分布较为稳定，纯电动车型长期占据八成以上市场份额。根据机动车出厂合格证统计数据，2021 年中国纯电动汽车合计产量超过 272 万辆，相比 2020 年增长超过 100 万辆，占比达 83.5%；插电式混合动力汽车合计产量近 54 万辆，占比为 16.4%，基本维持 2020 年市场份额；燃料电池汽车处于小规模推广应用初期阶段，合计产量仅 2566 辆，占比仅 0.1%（见图 10-5）。保有量方面，根据公安部统计数据，截至 2021 年年底，全国新能源汽车保有量达 784 万辆，纯电动汽车保有量为 640 万辆，占新能源汽车总量的 81.63%。2021 年中国纯电动乘用车市场竞争格局见图 10-6。

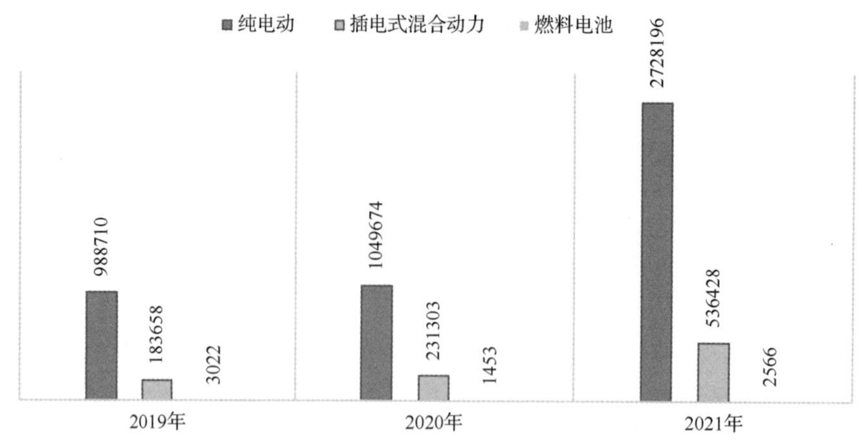

图 10-5 2019—2021 年新能源汽车产量分布（单位：辆）

数据来源：机动车出厂合格证

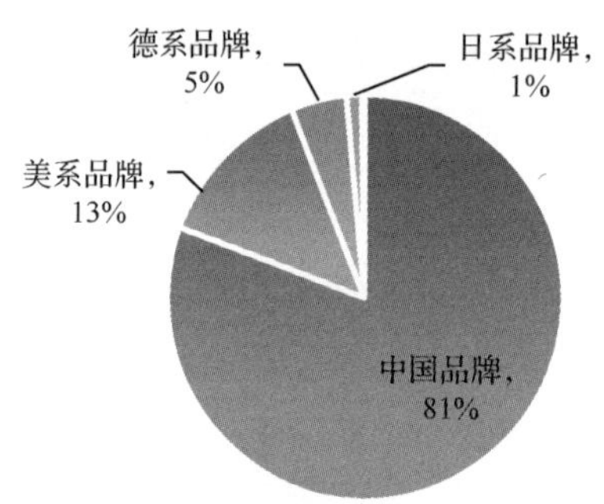

图 10-6 2021 年中国纯电动乘用车市场竞争格局

（二）电池等关键技术优化应用，带动纯电动汽车续驶里程不断提升

2021 年以来，随着市场需求及成本等影响，磷酸铁锂电池装机量一路高涨，磷酸铁锂电池市场份额迅速回升。从乘用车电池系统能量分布来看，目前低成本纯电动车型以采用磷酸铁锂电池为主，高性能车型以采用三元锂电池为主，尤其 160Wh/kg 以上高能量密度车型仍以采用三元锂电池为主。但也有一部分高端车型采用磷酸铁锂技术路线，存在部分车企探索将三元锂电池和磷酸铁锂电池混用。根据统计，2021 年我国高能量密度动力电池应用大幅提升。2021 年，搭载三元材料动力电池且系统能量密度超过 160Wh/kg 的新能源汽车产量占比接近 70%，较 2020 年提升近 15 个百分点；2021 年搭载磷酸铁锂动力电池且系统能量密度超过 140Wh/kg 的新能源汽车产量占比为 39%，相比 2020 年提升近 3 个百分点。

动力电池关键技术的快速提升应用，带动纯电动汽车续驶里程的提升。整体看，2021 年不同续驶里程（R）的纯电动汽车产量分布更加均衡，呈现两头分化发展趋势（见图 10-7）。根据统计，2021 年纯电动汽车平均续驶里程约 395km，相比 2020 年增加 2.6%，其中超过 500km 的车型产量占比约 30%，相比 2020 年提升近 16 个百分点。与此同时，续驶里程低于 200km 的车型市场份额有所提升，占比达 19%。此外，纯电动汽车电能消

耗量保持下降趋势，2021 年平均电能消耗量为 12.24kWh/100km，相比 2020 年下降 2%。

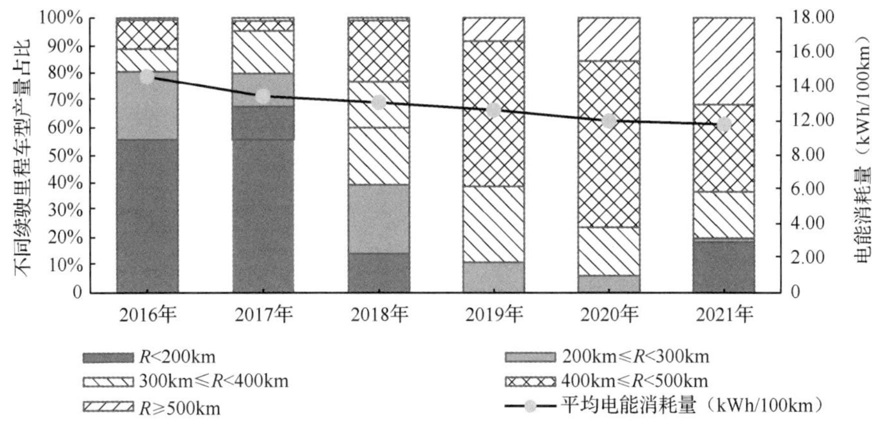

图 10-7　纯电动汽车续驶里程和电能消耗量情况

（三）插电式混合动力汽车以中国品牌为主，市场规模持续扩大

具体到新能源汽车领域，2021 年中国新能源汽车产量达 305.7 万辆，同比增长 1.7 倍，占新能源汽车总产量的 94%。其中，纯电动汽车占 83%，插电式混合动力汽车占 17%。根据机动车出厂合格证数据统计，2021 年我国有销量的插电式混合动力汽车企业近 30 家，且以中国品牌为主，主要车型包括比亚迪唐/宋/汉、理想 ONE、上汽荣威 ei6 等。2021 年，中国品牌插电式混合动力车型加速投放，产量不断攀升，提升至 41.8 万辆，占插电式混合动力汽车总产量的 78%，保持明显优势。同时，2021 年以来，一汽大众、一汽奥迪、华晨宝马、北京奔驰等合资品牌车型规模量产，合资品牌累计产量占比为 22%，其中德系品牌累计产量为 6.7 万辆，占比达 13%。同时，受国内节能环保、油耗考核进一步加严等影响，插电式混合动力汽车成为各企业重点降耗技术路线之一，2022 年市场规模有望大幅提升。根据统计，2022 年 1—6 月，插电式混合动力汽车生产 50.7 万辆，同比增速达 1.9 倍，占比提升至 21%。

（四）燃料电池汽车率先应用于商用车领域，客车、货车领域应用加快

2016 年以来，随着燃料电池产品技术水平快速提升、成本逐步下降，各示范城市群的政策落地，多方资本加快转入燃料电池汽车市场，带动市场小规模增长。2021 年，中国燃料电池汽车的产销量分别达到 2622 辆和 1897 辆，同比分别增长 80%和 26.7%。从车辆类型来看，中国燃料电池汽车产品供给也有所丰富，初步适应典型应用场景的示范需求，尤其在燃料电池大中型客车、中重型货车车型供给方面，氢耗、续驶里程、使用寿命等技术指标有所优化，推动燃料电池客车大型化发展。2021 年，我国 10 米以上燃料电池汽车车型数量显著增加；燃料电池货车向中重型方向发展，18 吨以上车型数量也有所增加，车型主要为燃料电池保温车、冷藏车、半挂牵引车等。从企业分布来看，2021 年，中国有产量的燃料电池汽车生产企业近 40 家，其中的宇通客车、飞驰汽车、北汽福田、南京金龙、上海万象产量均超 200 辆。2021 年，中国插电式混合动力汽车竞争格局见图 10-8。

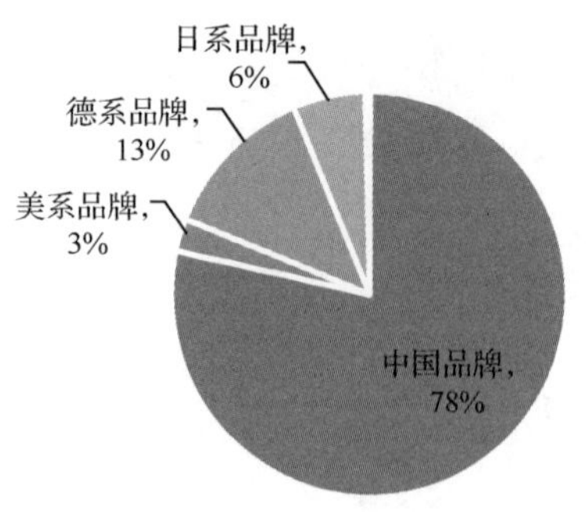

图 10-8　2021 年中国插电式混合动力汽车竞争格局

数据来源：机动车出厂合格证

第三节　新能源商用车：货车电动化取得明显进展，客车市场规模收窄

一、新能源货车成为商用车市场主要增长动力，同比增速超 1 倍

2021 年，中国新能源商用车共生产 21.1 万辆，同比增长 61%。其中，货车产量达 16.4 万辆，全年同比增速近 1.3 倍。年底月度产量提升尤其明显，维持较高增长，2021 年 12 月，新能源货车产量提升至 2.9 万辆，同比增长 90%。从整体看，近年来深圳、北京、四川等多地出台了一系列针对货车电动化运营的激励措施，包括报废更新补贴、营运补贴、通行奖励等，大幅带动新能源轻型物流车推广应用。2021 年，我国货车电动化步伐加快，新能源轻型物流车成为增长主力。与此同时，换电式及燃料电池货车车型进入批量生产应用阶段，如换电式厢式运输车等。2022 年，中国新能源货车市场延续高增速态势，1—6 月累计产量已达 10.5 万辆，同比增长 1.0 倍。

从企业分布看，2021 年全年生产企业合计超过 100 家，前 10 位的企业产量合计 9.8 万辆，占比为 60%。其中，重庆瑞驰汽车产量达 2.2 万辆，居第一位，领先优势明显（见图 10-9）。2022 年，企业竞争格局基本延续，上半年的前十名企业产量合计 6.7 万辆，占比为 64.1%。

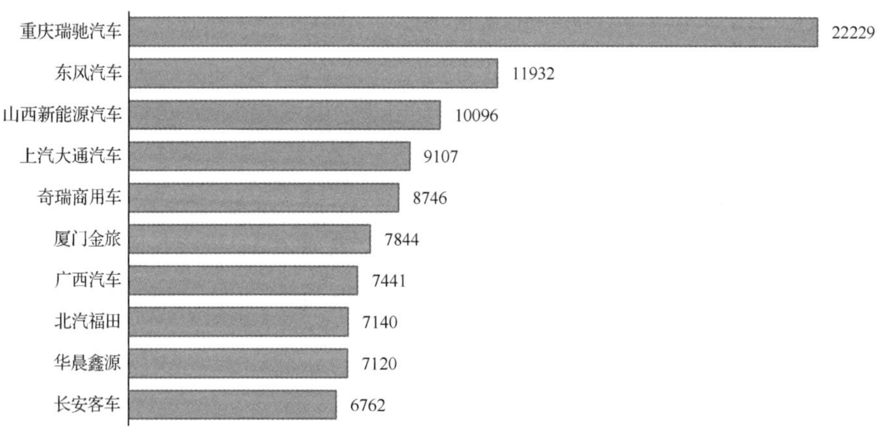

图 10-9　2021 年前十名的新能源货车生产企业产量（单位：辆）

数据来源：机动车出厂合格证

二、新能源客车市场规模收窄，呈现小幅下滑态势

近年来，伴随城市公交电动化放缓、长途客运需求骤降等多重因素影响，国内新能源客车市场规模持续下滑。2021 年新能源客车产量仅 4.7 万辆，同比下降 22%，客车年度产量新能源渗透率达 41.5%。从整体市场看，客车生产规模相对较小，生产集中度相对较高。2021 年有产量的新能源客车企业超过 70 家，生产车型多为纯电动车型。分企业看，前十名企业产量合计 3.4 万辆（见表 10-2），占新能源客车总量的近 73%，生产集中度较高，且头部企业领先优势明显，宇通客车全年产量为 1.1 万辆，占比为 24%。

表 10-2　2021 年排名前十的新能源客车生产企业产量

单位：辆

企业名称	BEV（纯电动汽车）	PHEV（插电式混合动力汽车）	FCV（燃料电池汽车）	总计
宇通客车	10361	632	133	11126
中通客车	4066	15	67	4148
中车时代	3603	0	0	3603
苏州金龙	2914	60	109	3083
比亚迪	2941	0	0	2941
厦门金龙	2516	101	16	2633
安凯汽车	1787	0	6	1793
南京金龙	1726	36	21	1783
厦门金旅	1721	0	4	1725
北汽福田	739	104	431	1274
前十合计	32374	948	787	34109

数据来源：机动车出厂合格证

第四节　区域分布：产量集中在东部地区，山东居首位

2021 年，新能源汽车市场呈现爆发式增长，新能源汽车产业主要集中在长三角、珠三角等汽车产业集群，对推动促进区域经济发展及保障新能源汽车产业链供应链稳定畅通发挥了重要作用。

根据我国不同区域的经济发展状况，将经济区域划分为东部、中部、西部、东北四大区域，且区域经济社会发展特点各不相同：西部开发、东北振兴、中部崛起、东部率先发展。东部区域乘用车千人保有水平高，汽车市场发展相对比较成熟。根据统计，新能源汽车生产也集中于东部区域，2021 年合计产量占全国总量的近 60%。与此对应，中部、西部区域经济发展相对落后，乘用车千人保有水平低，其中包括山西、河南、安徽、湖北等省份在内的中部区域新能源汽车产量约占全国的 20%；西藏等地受当地地理条件、相关汽车配套产业发展不足等限制，目前市场规模仍处于全国尾部，全年销量不足 1 万辆。东北区域市场需求规模较小，且受当地经济发展动能不足影响，新能源汽车产量相

对较小。

从各省份新能源汽车产量看，2021 年生产集中度相对较高，TOP10 省市合计产量占比超过 86%，TOP5 省市产量占比超过 53%。具体看，有 11 个省市产量超过 10 万辆，山东居首位，山东、广东、上海 3 省市产量超过 30 万辆，占比均超 10%（见图 10-10）。

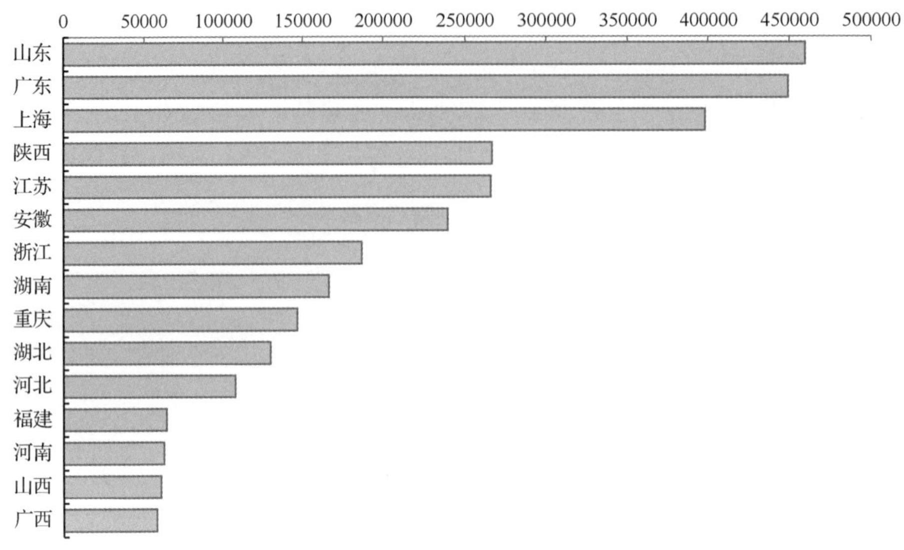

图 10-10　2021 年中国新能源汽车产量 TOP15 省市产量（单位：辆）

第五节　使用环境：配套基础设施逐渐完善，充换电站布局逐步优化

充电设施实现从点到面覆盖，加氢站逐步支撑初期车辆应用。2012 年以来，中国充电基础设施建设布局实现了从试点城市扩展到全国各级城市、从公共领域车辆扩展到私人领域车辆、从城市中心区域扩展到城际区域的跨越式发展，形成较为完备的新能源汽车充电服务保障体系。

2021 年，中国充换电基础设施增长较为迅速。根据中国电动汽车充电基础设施促进联盟公布的数据，2021 年，我国充电基础设施增量达 93.6 万台；截至 2021 年年底，全国充电基础设施保有量达 261.7 万台，同比增加 55%。其中，广东、上海、江苏、北京、浙江、山东、湖北、安徽、河南、福建保有量 TOP10 省市建设的公共充电基础设施占比达 71.7%，具体保有量见图 10-11。

公共充电基础设施运营企业方面，全国企业中所运营的公共充电桩数量超过 1 万台的共有 13 家，这 13 家企业所运营的充电桩占充电桩运营总量的 92.9%；运营超过 10 万台的共有 4 家，分别是星星充电、特来电、国家电网、云快充。

充电站与换电站建设呈现出区域集中的局面。充电站方面，当前充电站在珠三角、长三角、京津冀等经济发达地区规模较大，前十省级行政单元的充电站数量集中度高达 70.4%。换电站方面，当前换电站的发展规模仍较小，仍处于初步发展的阶段。全国换电站保有量共 1298 座，北京、广东、浙江等保有量前十省市合计为 968 座，集中度高达 74.6%，当前的主要换电站运营商包括蔚来汽车、奥动新能源汽车、杭州伯坦科技等企业。加氢站方面，截至 2021 年年底，中国已建成加氢站 191 座（剔除已拆除的站点），其中已运营超过 174 座，运营比例达 91.1%，车站比约 50∶1。

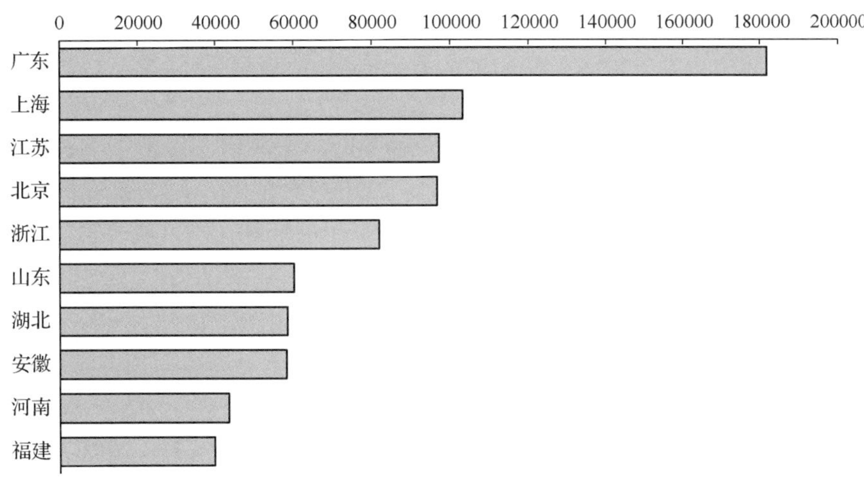

图 10-11　2021 年中国公共充电基础设施保有量 TOP10 省市的保有量（单位：台）

第六节　未来发展趋势

一、“双碳”目标加速推动产业进程，市场有望维持高增长态势

受全球经济下行和新冠肺炎疫情等多重因素影响，中国新能源汽车产业链供应链面临波动与深度调整形势，包括市场快速规模化发展所需的动力电池上游材料涨价潮扰乱，导致新能源汽车市场发展势头阶段性放缓。但综合来看，多年以来，我国已形成相对完善的产业链调节机制，新能源汽车产业长期向好的发展态势没有改变。未来几年，中国新能源汽车产业将在震荡中向好发展，产业格局也将发生变化。

在汽车产业低碳发展路径中，新能源汽车是中国实现减排目标和产业高质量发展的战略选择，也将是全球汽车产业转型升级的主要方向。自 2020 年中国提出碳达峰碳中和目标后，政府相继做了重要部署，2021 年，国务院印发《关于完整准确全面贯彻新发展理念做好碳达峰碳中和工作的意见》和《2030 年前碳达峰行动方案》，指出要大力推广新能源汽车，逐步降低传统燃油汽车在新车产销和汽车保有量中的占比，推动城市公共服务车辆电动化替代。随着产品成本下降和技术水平提升，新能源汽车市场规模将持续扩大，市场占有率也将稳步提升，《新能源汽车产业发展规划（2021—2035 年）》提出的“到 2025 年，我国新能源汽车新车销量占比达到 20%”的目标有望提前达成。

二、企业竞争加剧，头部造车新势力迈入快速增长期

现阶段，新能源汽车产品逐渐丰富且各具特色，将进一步满足多元化的市场需求，其中电池关键技术改善、充电保障设施配套供应完善等，共同促进终端市场需求提升。新能源汽车产业快速发展的同时，将伴随着竞争加剧，市场集中度可能会进一步提升。

在乘用车领域，当前国内企业、合资企业及造车新势力持续加速市场布局，头部企

业的盈利能力较强，一方面，自主品牌纯电车型将继续发力，包括长城汽车旗下高端豪华新能源品牌沙龙将上市首款车型，长安汽车旗下阿维塔将推出其首款车型阿维塔 11，广汽埃安将推出 AION LX Plus。新产品的密集推出将进一步丰富纯电动汽车的车型矩阵，2022 年，头部企业竞争将进一步加剧。另一方面，造车新势力企业成长能力快速释放，迈入快速成长期，2022 年，市场规模有望快速扩大。蔚来汽车、小鹏汽车、理想汽车等积极进行长远战略布局，寻找差异化竞争的角度：蔚来汽车定位高端纯电，同时打造全场景用户服务；小鹏汽车主打科技和智能，坚持全栈自研，冲击高端区间。从当前交付规模上看，头部造车新势力企业月交付量已达万辆水平，并加紧投放全新产品从而提升品牌竞争力。

三、插电式混合动力汽车企业加速布局，市场规模有望快速提升

目前，混合动力汽车产业还处于蓄势发展的阶段。在“双碳”目标驱使下，汽车产业向节能与电动化发展的方向进一步明晰，新能源汽车发展呈现多元化技术路径仍将是中国汽车行业和市场发展的主要特征，插电式混合动力车型作为新能源汽车的一个重要分支，有望迎来快速增长。对于乘用车油耗管控的升级及油价的走高，也进一步推动了混合动力车型的市场占有率提升。

从 2021 年插电式混合动力车型市场看，以比亚迪 DM 系列为代表迅速打开了国内的插电式混合动力市场。从供给端来看，除比亚迪 DM-i 混动系统外，多家企业也纷纷推出自己的混动系统，如吉利全新一代混动系统雷神智擎 Hi・X、长城汽车柠檬 DHT 混动技术平台、长安汽车蓝鲸 iDD 混动系统，对应的各家企业混合动力产品于 2022 年陆续上市。与此同时，插电式混合动力车型在补贴支持下有望与燃油车实现购买平价，加速对燃油车市场的替代，新能源汽车有望迎来新一轮高增长。

第十一章　2021 年中国商用车电动化市场情况及趋势

郭亚辰，韩睿，李卫立，王芳*

摘要：本章依托新能源商用车企业长期的市场洞察、客户需求分析、技术及产品发展趋势研究等方面的信息积累，基于上市公司年报、车辆产销数据、行业研究成果、政策法规标准等汽车行业资讯，对中国新能源商用车运行特征和技术发展进行全面的系统梳理和深入分析。内容主要从产品产销量趋势、新能源商用车市场环境变化及产品技术发展方向等方面展开，剖析 2021 年中国新能源商用车发展状况及未来趋势变化，提出商用车电动化发展的阶段性问题，并对中国商用车电动化高质量发展提出建议。

关键词：新能源商用车；产量规模；发展背景；存在问题；发展建议。

第一节　中国商用车电动化发展情况分析

一、商用车电动化空间巨大

从汽车行业的发展看，新能源汽车是汽车产业未来发展的主流不变，下面主要从中国石油对外依存度、传统燃油汽车碳排放量两个维度分析商用车电动化成为未来发展趋势的原因。

自中国从 1993 年首度成为石油净进口国以来，石油对外依存度由当年的 6%一路攀升，2021 年，中国原油进口量为 5.13 亿吨，原油对外依存度攀升至 72%，能源安全形势严峻。因此中国需要发力发展新能源来摆脱对外依赖，可见发展新能源商用车尤为重要。

随着城市空气污染日益加重及快递行业的崛起，交通运输业输出了中国碳排放总量的约 10%，而商用车是交通运输业碳排放的主要排放源。其中，中重型货车主要应用于钢厂短驳运输和公路长途运输等，轻型货车主要应用于物流运输等。

因此，我国政府逐步重视新能源商用车的投放使用，碳达峰碳中和目标的提出，标志着商用车电动化成为必然发展趋势。未来，新能源商用车渗透率或将快速提升。

---

* 郭亚辰，工程师，一汽解放汽车有限公司新能源事业部解决方案室主任；韩睿，工程师，一汽解放汽车有限公司本部中重型车产品线自卸产品管理室主任；李卫立，工程师，长城汽车股份有限公司皮卡品牌公司市场用户研究部部长；王芳，工程师，工业和信息化部装备工业发展中心。

二、商用车电动化发展受宏观政策影响巨大

（一）国际商用车限碳措施

2016 年 8 月 16 日，美国环境保护署（EPA）和美国交通部国家公路交通安全管理局（NHTSA）联合发布了第二阶段重卡、发动机燃料消耗及温室气体排放法规，以减少重型车辆燃油消耗。该法规在 2018—2027 车型年实施，是在 2014—2018 车型年第一阶段法规基础上的延续。对于牵引车，与第一阶段法规相比，第二阶段法规要求每吨英里 CO_2 减排量分别达到 15%（重型）、27%（卧铺型、高顶、8 级牵引车）。具体限值如表 11-1 所示。

表 11-1　美国第一、第二阶段法规下牵引车排放限值

车型		第一阶段法规		第二阶段法规	
		温室气体排放指标限值 [gCO_2/(t·mile)]	燃油经济性指标限值 (mpg)	温室气体排放指标限值 [gCO_2/(t·mile)]	燃油经济性指标限值 (mpg)
7 级牵引车	低顶	119.1	6.8	96.2	8.5
	中顶	127.2	6.4	103.4	7.9
	高顶	129.7	6.3	100	8.1
8 级牵引车（普通型）	低顶	91.3	5.9	73.4	7.3
	中顶	96.6	5.5	78	6.9
	高顶	98.2	5.5	75.7	7.1
8 级牵引车（卧铺型）	低顶	84	6.4	64.1	8.4
	中顶	90.2	5.9	69.6	7.7
	高顶	87.8	6.1	64.3	8.3
重型牵引车		57	4.2	48.3	4.6

注：mpg，英里每加仑。

日本国土交通省制定并发布了重型车燃料消耗量试验方法和限值标准，于 2015 年实施。根据所制定的标准估算，与 2002 年相比，货车、半挂牵引车及客车燃料消耗量将分别下降 12.2%、9.7%、12.1%（其中普通客车与城市客车分别下降 12.8%、11.1%）。日本针对不同吨位的卡车制定了相对应的油耗标准，如表 11-2 所示。

表 11-2　日本 2015 年卡车油耗标准

汽车总重	最大载重	油耗标准（km/L）
3.5～7.5t	<1.5t	10.83
	1.5～2t	10.35
	2～3t	9.51
	>3t	8.12
7.5～8t	—	7.24

续表

汽 车 总 重	最 大 载 重	油耗标准（km/L）
8～10t	—	6.52
10～12t	—	6
12～14t	—	5.69
14～16t	—	4.97
16～20t	—	4.15
>20t	—	4.04

欧洲重型商用车质量范围与中国一致，均指最大设计总质量在 3500kg 以上的商用车辆，包括货车、客车等。且欧洲在相应的基础上按照轴数、驱动形式、质量等对重型商用车辆进行细分。欧盟于 2011 年宣布针对轻型商用车 CO_2 排放立法，2018 年针对重型商用车立法提案，目标是到 2025 年汽车 CO_2 排放量比 2019 年降低 15%，到 2030 年 CO_2 排放量至少比 2019 年降低 30%。

（二）国内商用车限碳措施

为限制商用车碳排放量，中国从国家层面出台了新能源积分政策和商用车油耗标准。

商用车双积分政策正在摸索中稳步落实，将更强力地促进整车生产等有关产业向新能源商用车方向发展。《新能源汽车产业发展规划（2021—2035 年）》要求，2021 年起新增的城配市场公共配送车辆的 80%以上要使用新能源物流车。国务院下发《"十四五"节能减排综合工作方案》，在交通物流节能减排工程方面，提出要提高新能源汽车使用比例，大力发展多式联运，全国实施汽车国六排放标准并基本淘汰国三车，鼓励重型柴油货车更新替代等。

中国商用车现行油耗标准为 GB 30510—2018《重型商用车辆燃料消耗量限值》（第三阶段）、GB/T 27840—2011《重型商用车辆燃料消耗量测量方法》及交通部标准 JT/T 719—2016《营运货车燃料消耗量限值及测量方法》。GB 30510（第四阶段）已于 2020 年内启动研究，预计较第三阶段限值降低 20%。

地方层面，各地都在制定围绕新能源商用车进程的路权方案，通过路权解禁，推动商用车新能源化发展，各城市对促进公共领域车辆全面电动化出台具体的政策，如郑州对淘汰燃油渣土车和燃油混凝土运输车并购买相应新能源车型的分别给予 5000 元/月和 1 万元/年的奖励，对城市货运配送车辆按照提供驱动力的电池总储电量给予每千瓦时 157 元的补贴等。

据咨询机构罗兰贝格预测，2030 年，新能源商用车渗透率将达到 20%。

三、新能源商用车产量规模及渗透率受宏观环境影响巨大

新能源商用车产量及市场渗透率受当年经济形势与新能源政策影响非常大。例如，2017 年货运行业蓬勃发展，新能源政策带动作用强劲，全年新能源商用车产量达 25.5 万辆，市场渗透率高达 6.58%。此后，新能源商用车产量与市场渗透率一直下降，直至

2021 年，碳达峰碳中和目标提出后，国家和地方出台诸多促进商用车新能源化的政策，令新能源商用车产量及市场渗透率回升，如图 11-1 所示。

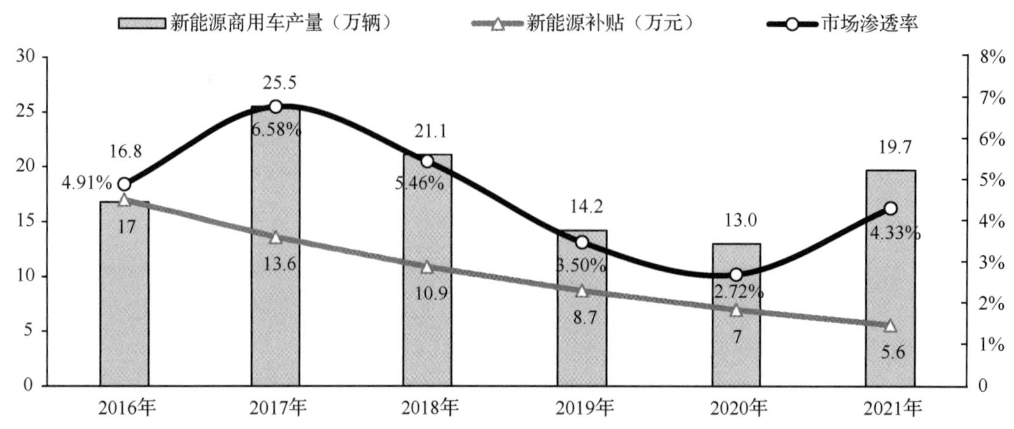

图 11-1　2016—2021 年中国新能源商用车产量、补贴及市场渗透率

四、新能源商用车市场主要车型分析

近年来，由于国家政策鼓励支持，新能源商用车配套基础设施逐渐健全，加之电池等配套零部件成本下降，新能源产品技术逐渐成熟，因此纯电动商用车成为新能源商用车市场主体，且占比呈螺旋式上升，2021 年，中国纯电动商用车占比为 97.77%。而根据国家发展改革委《汽车产业投资管理规定》，插电式混合动力车型被划分至传统燃油汽车行列。受政策影响，插电式混合动力商用车产量占比呈下降趋势，如图 11-2 所示。

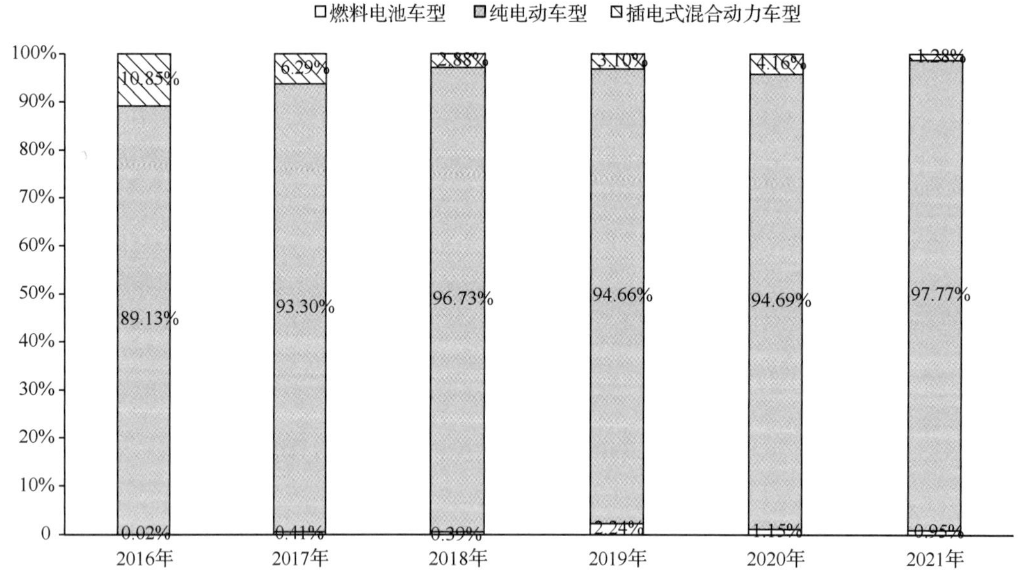

图 11-2　2016—2021 年中国新能源商用车用能结构分布

第二节　2021 年中国新能源货车发展情况分析

一、2021 年中国新能源货车生产运行特征

（一）新能源货车 2021 年生产规模

2021 年，中国新能源货车累计生产 49029 辆，同比增长 145.7%。我国因发展需要，碳排放量全球居首，在减排降碳领域承担着较大的国际压力，因此国家提出了“双碳”目标，即 2030 年碳达峰、2060 年碳中和的战略目标。通过政策指引，新能源货车市场逐渐活跃，对于某些特定场景，新能源货车优势明显，极大地推动了市场发展进程。经过几年时间的市场培育，新能源货车产业相对成熟，在政策和市场的双轮驱动下，已从政策驱动型转向市场拉动型。加之 2021 年国家进一步严格钢厂评级等政策法规，加速了新能源货车的更新换代。2017—2021 年中国新能源货车年度产量、补贴及同比增长率如图 11-3 所示。

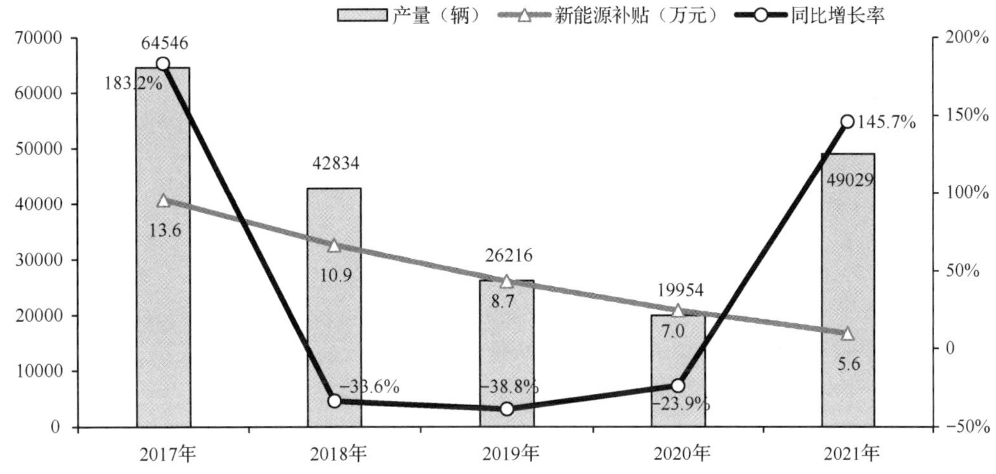

图 11-3　2017—2021 年中国新能源货车年度产量、补贴及同比增长率

（二）新能源货车 2021 年月度产量走势特征

2021 年，汽车行业总体增长率受到了芯片半导体等短缺的影响，但与 2020 年相比，2021 年整体新能源货车产量仍有所提升，实现了在多重挑战下的恢复和增长。相较于 2020 年的商用车销售环境，2021 年环保监管趋严下的换代需求和电商扩容下的物流需求是拉动货车市场的主导力量。2020—2021 年中国新能源货车月度产量情况如图 11-4 所示。

（三）新能源货车 2021 年车型分析

从车辆类别来看，2021 年，我国新能源中重型货车累计产量为 11843 辆，同比增长 178.1%，占新能源货车总量的 24.2%，较 2020 年提升 2.8 个百分点；轻型货车累计产量为 37186 辆，同比增长 136.9%，增幅小于中重型货车，比重为 75.8%。具体数据如表 11-3 所示。

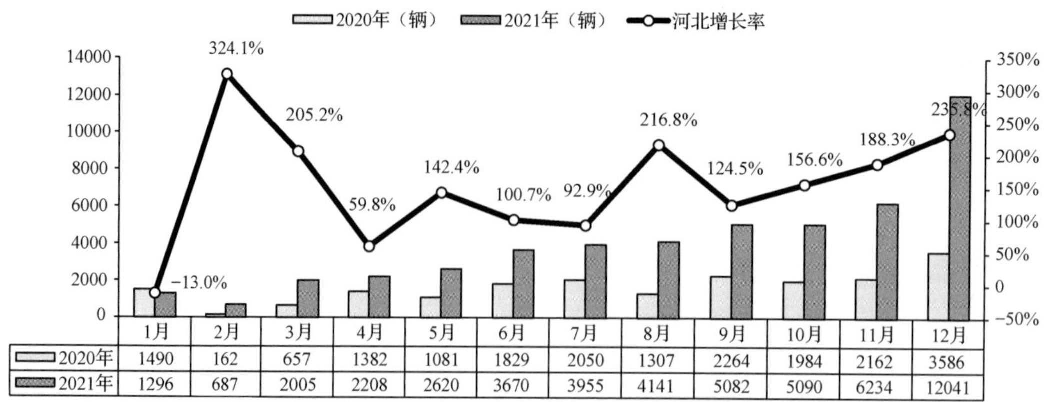

图 11-4　2020—2021 年中国新能源货车月度产量情况

表 11-3　2020—2021 年中国新能源货车产量车辆类别结构

车辆类别	产量（辆）		同比增幅	2021 年比重	占比变化（百分点）
	2020 年	2021 年			
中重型车	4258	11843	178.1%	24.2%	2.8
轻型车	15696	37186	136.9%	75.8%	−2.8
总计	19954	49029	145.7%	100.0%	0.0

注：中重型货车指总质量>6t 的货车，轻型货车指总质量≤6t 的货车，以下分析均采用此分类。

（四）新能源货车 2021 年能源结构分析

从用能类型来看，2021 年，我国货车产品仍以传统能源车为主，累计产量约 373.4 万辆，同比降低 7.1%，占货车总量的 96.6%。受新能源车路权等政策的影响，2021 年，中国新能源货车累计产量约 4.9 万辆，同比增长 145.7%，占货车总量的 1.3%。清洁能源货车主要以天然气货车为主，受天然气涨价等因素的影响，2021 年天然气货车产量约 8.1 万辆，同比下降 46.3%。具体数据如表 11-4 所示，其中可见 2021 年中国新能源货车能源结构分布。

表 11-4　2020—2021 年中国新能源货车产品用能结构

分类	用能类型	产量（辆）		同比增幅	2021 年比重	占比变化（百分点）
		2020 年	2021 年			
传统能源	柴油	2848987	2658700	−6.7%	68.8%	0.8
	汽油	1170971	1075463	−8.2%	27.8%	−0.1
	小计	4019958	3734163	−7.1%	96.6%	0.7
新能源	纯电动	19455	46898	141.1%	1.2%	0.7
	插电式混合动力	353	1302	268.8%	0.0%	0.0
	燃料电池	146	829	467.8%	0.0%	0.0
	小计	19954	49029	145.7%	1.3%	0.8

续表

分类	用能类型	产量（辆）		同比增幅	2021 年比重	占比变化（百分点）
		2020 年	2021 年			
清洁能源	天然气	151220	81242	-46.3%	2.1%	-1.5
	其他	14	90	542.9%	0.0%	0.0
	小计	151234	81332	-46.2%	2.1%	-1.5
总计		4191146	3864524	-7.8%	100.0%	0.0

二、2021 年中国新能源中重型货车生产运行特征

（一）新能源中重型货车发展背景

1. 宏观环境

近些年，新能源汽车蓬勃发展，但能耗大、排放高的中重型货车的新能源之路充满坎坷。在国家政策的推动下，新能源商用车发展得如火如荼，已经初步建立了完整的新能源商用车上下游产业链，配套企业快速成长。但新能源中重型货车发展仍面临瓶颈，目前仍需要采用多元化的技术手段来减少货运部门二氧化碳排放量和柴油消耗量。

在国家“双碳”目标的背景下，水泥、炼油、火电、钢铁、化工、有色金属六大行业减碳压力巨大。其中，钢铁行业率先启动减碳措施，购买新能源中重型货车，实现运输端降碳 80%以上；电力行业为实现新能源转型，投身开发光伏电等清洁能源。

从市场环境来看，新能源中重型货车可围绕柴油车的劣势以及纯电动重型货车的优势构建自己的应用场景，一是在用途上满足用户的使用要求；二是中重型货车具有合理的经济性，使用户在持有期间节省的成本大于多付出的购置成本；三是在城市中的使用场景必须满足政策上的要求。

2. 政策导向

从国家政策来看，2015 年以来，国家给予了新能源重型货车（包括纯电动货车和燃料电池货车）诸多政策补贴和优惠的交通政策。2020 年 12 月 31 日，财政部与工业和信息化部、科技部和国家发展改革委四部委发布《关于进一步完善新能源汽车推广应用财政补贴政策的通知》。

3. 产量规模

2017—2021 年，中国新能源中重型货车产量起伏波动，2021 年产量规模提升较大，如图 11-5 所示。

（二）新能源中重型货车 2021 年市场发展情况

1. 2021 年月度产量分析

2021 年新能源中重型货车总产量为 11843 辆，2020 年总产量为 4258 辆，同比增长

178.1%，新能源中重型货车市场潜力巨大。2020—2021 年两年月度产量具体数据如图 11-6 所示。

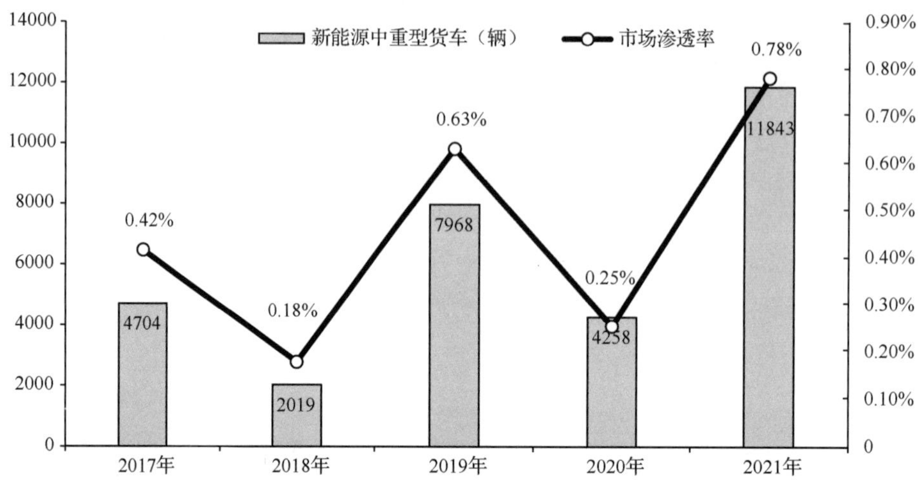

图 11-5　2017—2021 年中国新能源中重型货车产量规模及市场渗透率

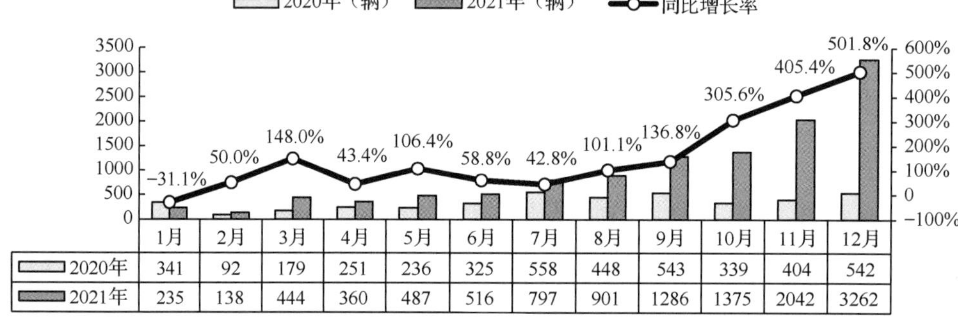

	1月	2月	3月	4月	5月	6月	7月	8月	9月	10月	11月	12月
2020年	341	92	179	251	236	325	558	448	543	339	404	542
2021年	235	138	444	360	487	516	797	901	1286	1375	2042	3262

图 11-6　2020—2021 年中国新能源中重型货车月度产量情况

2. 2021 年新能源中重型货车车型需求分析

2021 年，新能源中重型货车需求大幅提升，其中牵引车产量增加 4829 辆，自卸车增加 1721 辆，专用车增加 1028 辆。随着国内“双碳”目标的推行和钢厂等特定场景对新能源中重型货车需求的增加，中重型货车的市场不断扩大。2020—2021 年中国新能源中重型货车车型结构对比如表 11-5 所示。

表 11-5　2020—2021 年中国新能源中重型货车车型结构对比

车　型	产量（辆）		同比增幅
	2020 年	2021 年	
牵引车	700	5529	689.9%
载货车	3	10	233.3%
专用车	3312	4340	31.0%
自卸车	243	1964	708.2%
总计	4258	11843	178.1%

3. 2021 年新能源中重型货车城市需求分析

2021 年，中国新能源中重型货车主要销售地区集中在一线城市及省会城市，同时，不同城市间新能源中重型货车销量存在一定的差距，发展不平衡，并有向大城市集中的倾向。具体销售数据如图 11-7 所示。

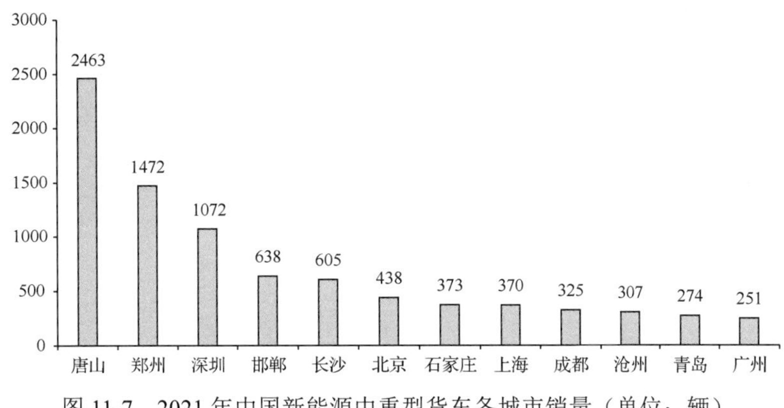

图 11-7 2021 年中国新能源中重型货车各城市销量（单位：辆）

4. 能源结构分析

从用能类型来看，2021 年，纯电动中重型货车产量为 10974 辆，同比增长 169.2%；混合动力中重型货车产量为 43 辆，同比增长 22.9%；燃料电池中重型货车产量为 826 辆，同比增长 465.8%。纯电动中重型货车增长迅猛，如表 11-6 所示。

表 11-6 2020—2021 年中国新能源中重型货车用能结构

用能类型	产量（辆）		同比增幅
	2020 年	2021 年	
纯电动	4077	10974	169.2%
混合动力	35	43	22.9%
燃料电池	146	826	465.8%
总计	4258	11843	178.1%

5. 企业竞争分析

在企业竞争格局方面，吉利商用车、北汽福田、东风汽车、重庆瑞驰、广西汽车、华晨鑫源为 2021 年我国新能源中重型货车产量前六名企业，市场占有率共计为 67%。2021 年中国新能源中重型货车生产企业市场份额如图 11-8 所示。

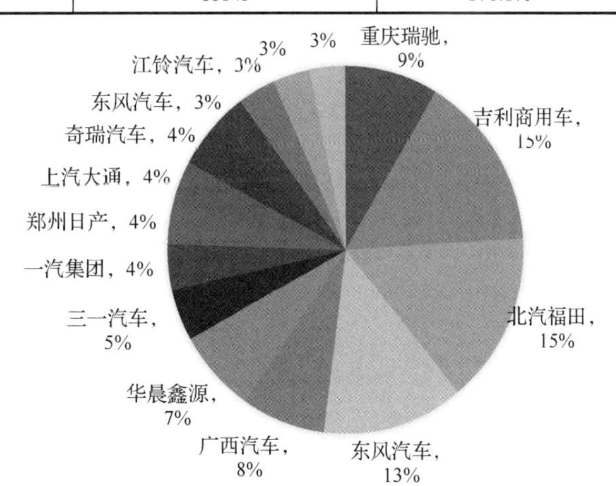

图 11-8 2021 年中国新能源中重型货车生产企业市场份额

6. 商业模式分析

新能源中重型货车价格较高，一般采用车电分离的购车模式。随着换电模式的推行，车电分离方案逐渐占购车模式的主体。

（三）新能源中重型货车发展问题及建议

2021 年是新能源中重型货车市场爆发元年，新能源货车产品大批量投放导致其的产品竞争力、配套基础设施、商业模式及行业生态能力面临考验，目前来看，作为接棒传统能源货车产品的新能源中重型货车在发展过程中仍存在一些问题。

整车续驶里程不足和充电效率不高是导致新能源中重型货车运营效率差、场景覆盖度不足的主要原因，目前主要应用场景以封闭区域及城区为主。在车辆性能方面，低速大扭矩动力系统对部分恶劣工况适应性不足，同时电池在安全、效率、寿命等方面问题较为凸出。对于燃料电池汽车，储氢成本、加储氢效率、混动节油率、整车成本、互换性差等问题亟待解决。

目前，新能源中重型货车市场已逐步从起步萌芽期过渡到蓬勃发展期。市场发展应以产品为绝对主导。但在基础设施、市场、客户等方面仍存在一些问题：

基础设施是掣肘新能源中重型货车发展的关键。目前，新能源产品应用场景主要集中在封闭区域、城市内，这限制了新能源中重型货车的推广使用。在硬件设施上，需要实现路网贯通，充换电基础服务设施在道路上配套，形成网格化的运营服务能力。如对于干线运输，强化新能源基础运营设施建设，形成区域周边共享，拉动周边区域组成新能源生态圈，形成高效发展态势。在换电标准上，标准统一是实现新能源中重型货车推广的必要措施。

在市场方面，某些区域存在地方保护现象，阻碍了新能源商用车的推广与发展，加之某些热点资本盲目涌入，加剧地方市场的割裂情况，扰乱了新能源商用车市场。因此，需要呼吁政府打破地方保护壁垒，达到促进新能源商用车市场发展、拉动当地区域内经济增长的目的；对于资本盲目入局现象，建议政府加强对新能源货车市场的监管，充分发挥资本对市场的促进激励作用，阻止其扰乱市场良性发展。

在客户方面，新能源中重型货车初始购置成本高。对于个体用户，成本回收周期过长，创收利润不足，难以产生内驱力自主投身加入新能源商用货车市场；对于运营公司，新能源商用货车市场虽进入蓬勃发展阶段，但局势依然不明朗，如新能源二手车、电池回收等无明确的利好市场，也导致运营公司等难以入局。综上，需打破原有思路为用户提供个性化购置方案、基础设施配套规划、二手车回收等涵盖选、购、用、管、服的创新型全生命周期解决方案，使用户合理、平缓地改变传统车使用习惯，强化场景落地，打造可复制的正循环商业模式，为用户提供更低的使用成本、更高的产品收益。

三、2021 年中国新能源轻型货车生产运行特征

（一）新能源轻型货车发展背景

1. 宏观环境

轻型货车的主要优势是灵活，主要适用于城市内部及城乡之间的运输场景，尤其是部分特大城市和大城市物流业务量大，快递等业务量越来越多，因此作为主打物流市场

的轻型货车需求越来越大。2021 年，轻型货车销量占整个货车市场的 60.7%，远超重型和中型货车。根据调查显示，轻型货车的每日平均运距多在 200km 以内。尤其是随着近年社区电商、社区生鲜的发展，以及“最后一公里”运输问题的增多，轻型货车运距比较短，6m 以上车型运力稍有富余，4.5m 以下车型空间则略显狭小，目前市场上主要还是 4.5～6m 轻型货车车型的性价比较高。

新冠肺炎疫情对于轻型货车行业反而起到了一定的刺激作用，疫情发生以来，商用车制造业尤其是货车新车销售表现抢眼。无论是抢险救灾、物资运输，还是消费物流、基础建设，各种工程车、物流车均处于热销状态。

2. 政策导向

政策利好新能源轻型货车。在国家“双碳”战略的强力推动下，国家和各地出台了一系列支持鼓励新能源轻型货车发展的政策，新能源轻型货车市场渗透率不断提升。随着国内电商快递物流、冷链运输的快速发展，轻型货车的市场需求不断增加。随着第四阶段、第五阶段油耗法规的出台，传统燃油轻型货车降油耗空间有限，很难满足法规需求，发展受限，发展纯电动和混动是轻型货车发展的必由之路。受蓝牌轻卡新规的影响，新能源轻型货车得到推广，在各地都被免除了大部分路权限制。国家鼓励充换电场站等基础设施建设，换电型轻型货车可节省充电时间、提高运输效率，换电型轻型货车发展势头上扬。

3. 产量规模

2017—2020 年，新能源轻型货车产量规模逐年减少，而 2021 年产量规模大幅提升，如图 11-9 所示。

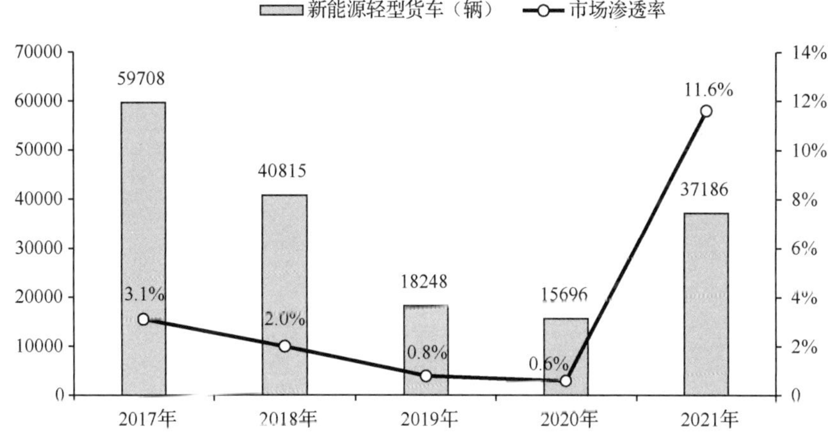

图 11-9　2017—2021 年中国新能源轻型货车产量规模及市场渗透率

（二）新能源轻型货车 2021 年市场发展情况

1. 2021 年月度产量分析

2021 年，新能源轻型货车总产量为 37186 辆，2020 年产量为 15696 辆，同比增长 136.9%。新能源轻型货车发展势头正猛。2020—2021 年中国新能源轻型货车月度产量情况如图 11-10 所示。

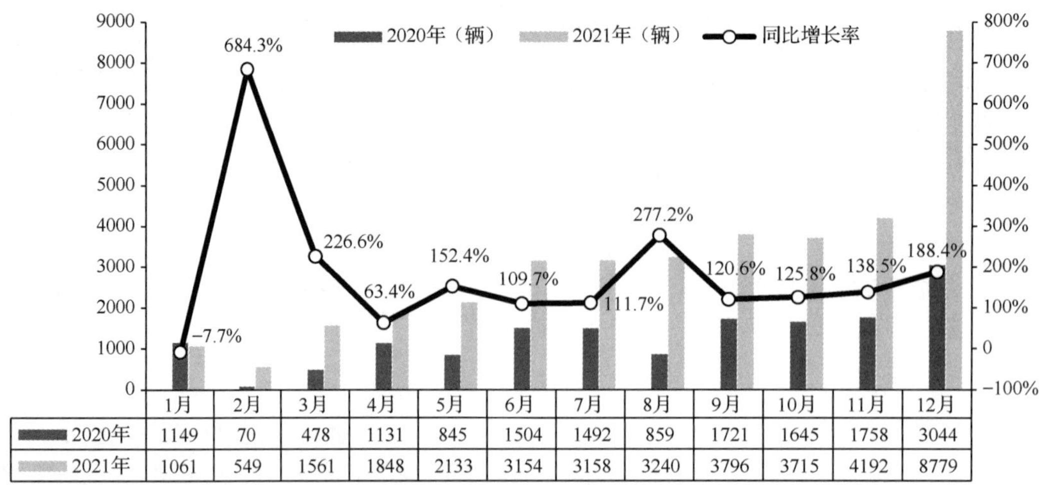

图 11-10　2020—2021 年中国新能源轻型货车月度产量情况

2. 2021 年新能源轻型货车车型需求分析

2021 年，新能源轻型货车需求大幅提升，其中载货车产量增加 19243 辆，专用车产量增加 2212 辆。2020—2021 年中国新能源轻型货车类型结构对比如表 11-7 所示。

表 11-7　2020—2021 年中国新能源轻型货车类型结构对比

类　　型	产量（辆）		同 比 增 幅
	2020	2021	
载货车	13831	33074	139.1%
专用车	1852	4064	119.4%
自卸车	13	48	269.2%
总计	15696	37186	136.9%

3. 2021 年新能源轻型货车城市需求分析

2021 年，新能源轻型货车主要销售地区集中在一线城市或省会城市。同时，不同城市间新能源轻型货车销量上存在很大的差距，发展很不平衡，并有向特大城市和大城市加速集中的倾向，如图 11-11 所示。

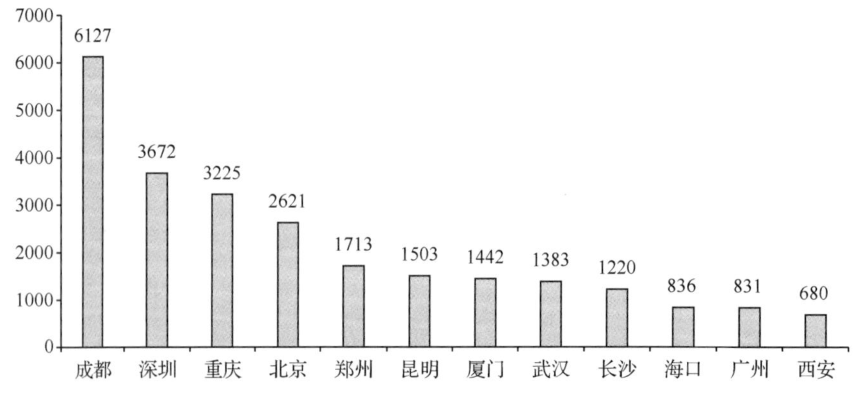

图 11-11　2021 年中国新能源轻型货车各城市销量（单位：辆）

4. 能源结构分析

从用能类型来看，2021 年，纯电动轻型货车产量为 35924 辆，同比增长 133.6%；混合动力轻型货车产量为 1259 辆，同比增长 295.9%；燃料电池轻型货车产量为 3 辆。纯电动轻型货车未来市场空间大，如表 11-8 所示。

表 11-8　2020—2021 年中国新能源轻型货车用能结构

用能类型	产量（辆）		同比增幅
	2020 年	2021 年	
纯电动	15378	35924	133.6%
混合动力	318	1259	295.9%
燃料电池	—	3	—
总计	15696	37186	136.9%

5. 企业竞争分析

在企业竞争格局方面，东风汽车、吉利商用车、北汽福田、重庆瑞驰、华晨鑫源为 2021 年我国新能源轻型货车生产企业产量前五名，市场占有率共计 52.7%。2021 年，新能源轻型货车生产企业市场份额如图 11-12 所示。

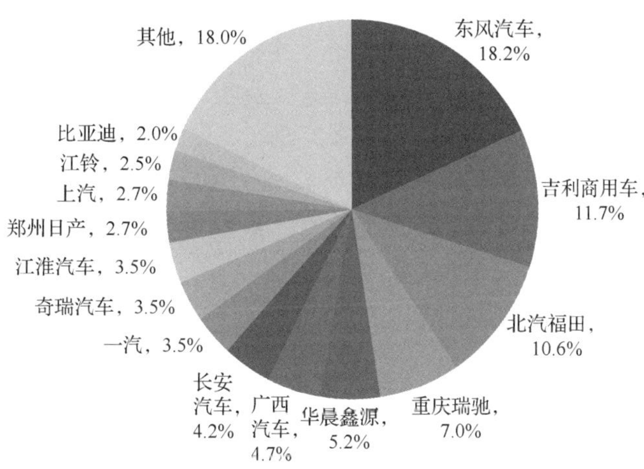

图 11-12　2021 年中国新能源轻型货车生产企业市场份额

6. 商业模式分析

新能源轻型货车价格不高，一般采用整车融资分期还款的购车模式。换电式轻型货车正在不断发展，后续市场会针对车电分离、电池租赁等进行商业模式开发。

（三）新能源轻型货车发展问题及建议

2022 年 1 月 13 日，工业和信息化部、公安部联合发布《关于进一步加强轻型货车、小微型载客汽车生产和登记管理工作的通知》，该通知的发布标志着关于我国轻型货车市场产品结构、生产企业竞争格局的重要政策终于落地。

可以预见，新规将加速商用车企业在轻量化、新能源化及高端化产品线上的布局，充分借助利好政策发展新能源轻型货车是重中之重。

第三节　中国新能源皮卡发展情况分析

一、中国新能源皮卡市场发展迟缓

（一）皮卡车型受益于政策鼓励，市场稳健增长，但是新能源皮卡销量持续低迷

国家对皮卡车型持续给予政策鼓励，其中解禁方面：2016 年 2 月 26 日，工业和信息化部、国家发展改革委、公安部联合发布《关于开展放宽皮卡车进城限制试点促进皮卡车消费的通知》，决定在河北、辽宁、河南和云南四个省份开展放宽皮卡进城限制试点工作，获得四省政府积极响应，3 月至 4 月，云南、河南、河北和辽宁陆续出台了本省开展放宽皮卡进城限制试点的具体方案，全国开启皮卡解禁序幕；2016 年年末，工业和信息化部、国家发展改革委和公安部等部委继续扩大放宽皮卡进城限制试点的范围，增选了湖北、新疆两地为放宽皮卡进城限制试点，解禁省份数量进一步扩大。2019 年 6 月，济南市公安局交通警察支队发布《关于解除多用途货车（皮卡车）和轻型、微型新能源载货汽车城市道路限行措施的通告》，解除皮卡限行；8 月，秦皇岛市公安局交通警察支队发布《关于全面取消皮卡进城限制的通知》，从 2019 年 9 月 1 日零时起，全面取消皮卡进城限制；12 月，河北唐山、张家口发文允许达到大气污染排放环保标准的皮卡通行。2020 年 1 月，吉林、江西南昌、重庆、浙江宁波发文解除皮卡限行……解禁范围持续扩大，陆续有 90 余个城市完全或部分对皮卡路权进行解禁。解禁作用明显，带来销量稳步增长，上险数据显示，2016 年首批省市解禁后，解禁省市皮卡销量增长率为 18%，远高于非解禁省市 3.6%的增长率；2017 年解禁省市增长率达 34.4%，非解禁省市增长率为 22%，其中重点省市方面，2016 年云南对皮卡解禁后销量增速为 29.6%，2017 年新疆对皮卡解禁后增速更是高达 47.1%。

除解禁方面的政策鼓励外，国家在提升皮卡车主满意度方面也出台了多项积极政策，例如，2017 年，国家市场监督管理总局、国家标准化管理委员会颁布《机动车运行安全技术条件》（GB 7258—2017），此标准代替 GB 7258—2012 标准，在强制喷字粘贴反光贴的车型中，排除了皮卡车型，即皮卡车型在 2018 年 1 月 1 日起，无须喷字及贴反光贴，提升了皮卡的美观度。2018 年 8 月 5 日，国务院办公厅发布《关于印发全国深化“放管服”改革转变政府职能电视电话会议重点任务分工方案的通知》，文件要求，简并货运车辆认证许可，取消 4.5 吨及以下普通货运从业资格证和车辆营运证。取消办理营运证，使得皮卡车主不仅省时省力，也节省了费用支出，为车主带来了实惠，提高了车主满意度。

此外，国家还在明确皮卡标准方面做出了努力，2021 年，国家市场监督管理总局（国家标准化管理委员会）发布公告，批准《多用途货车通用技术条件》，并在 2022 年 5 月 1 日正式实施。《多用途货车通用技术条件》的制定和颁布有助于皮卡行业发展更加快速有序，皮卡行业秩序更加规范；为主管部门制定法规提供技术支撑，破除皮卡被划归货

车类别统一管理的窘境，有益于扭转客户对皮卡的货车形象认知，助力皮卡高端化。

多年来，得益于国家的多项鼓励政策联动，皮卡市场持续稳健增长，从 2016 年的 31.99 万辆至 2021 年的 43.05 万辆，五年时间，销量上涨 11 万辆，涨幅超 34%。不过，皮卡车型虽整体市场涨幅明显，但主要依托于传统能源皮卡的贡献，新能源皮卡销量持续低迷，近五年新能源皮卡的年均销量约 1000 辆，虽从 2016 年的 300 辆发展到 2021 年的 2700 辆，但市场份额依旧不足皮卡整体市场的 1%，如图 11-13 所示。

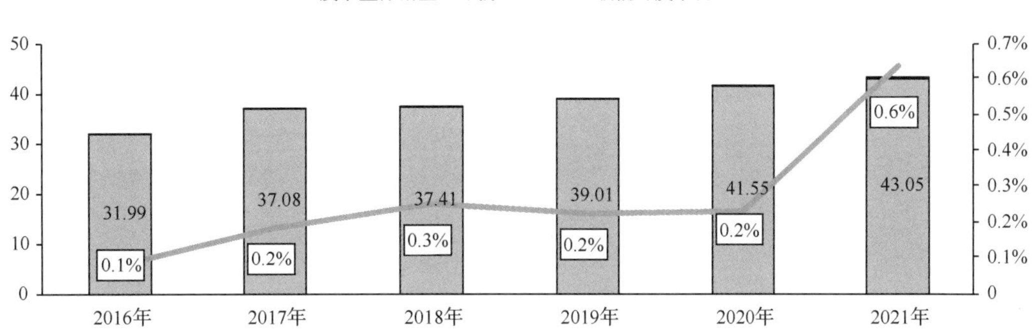

图 11-13　2016—2021 年中国皮卡市场销量情况及新能源皮卡占比

（二）当前主要是政策驱使用户购买新能源皮卡

目前，新能源皮卡的主要销量来源为国家电网、邮政等国资企业，以及市政、机场等政府事业单位，个人端市场基本始终处于空白阶段。

国资企业及政府事业单位采购新能源皮卡，主要是因为国家对相关企事业单位采购公务用车的燃料形式有明确要求，政策驱动其采购新能源车型。

2011 年，《党政机关公务用车配备使用管理办法》（中办发〔2011〕2 号）第六条规定，“党政机关应配备使用国产汽车。对自主品牌和自主创新的新能源汽车，可以实行政府优先采购”；2013 年，《关于继续开展新能源汽车推广应用工作的通知》规定，“政府机关、公共机构等领域车辆采购要向新能源汽车倾斜，新增或更新的公交、公务、物流、环卫车辆中新能源汽车的比例不低于 30%”；2014 年，国家机关事务管理局与财政部、科技部、工业和信息化部、国家发展改革委制定《政府机关及公共机构购买新能源汽车实施方案》，要求“新能源汽车购买规模逐年扩大”；2016 年，国务院总理李克强于 2 月 24 日主持召开国务院常务会议，确定进一步支持新能源汽车产业的措施，要求中央国家机关、新能源汽车推广应用城市的政府部门及公共机构购买新能源汽车占当年配备更新车辆总量的比例，要提高到 50%以上；2021 年，国家机关事务管理局、国家发展改革委印发《“十四五”公共机构节约能源资源工作规划》，表明将推动公共机构带头使用新能源汽车，新增及更新车辆中新能源汽车比例原则上不低于 30%，更新用于机要通信和相对固定路线的执法执勤、通勤等车辆时，原则上配备新能源汽车……

近十年来，国家对公务用车的购车政策持续向新能源汽车倾斜，甚至对新能源车型所占比例做出了明确要求。基于政策原因，现阶段国资企业及政府事业单位采购车辆时，会优先选择新能源车型，政策驱动是促使用户购买新能源皮卡的主要原因。

二、新能源皮卡成本过高是发展受限的主要因素

（一）新能源皮卡的售价远高于传统燃油汽车

目前，市场中新能源皮卡产品全部为传统皮卡企业的“油改电”皮卡，售价为 20 万～30 万元，如主流新能源皮卡中，售价最低的风骏 EV 为 19.98 万元；大通 T90 EV、瑞迈 EV、锐骐 6 与长城炮新能源产品电装炮售价均为 29.98 万元，成为新能源皮卡中价格最高梯队的产品，如图 11-14 所示。

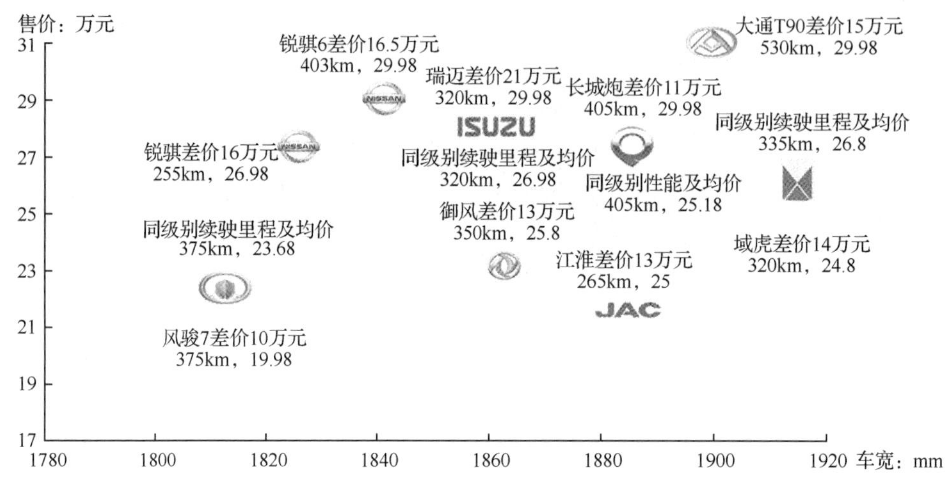

图 11-14　中国新能源皮卡产品布局

注：图中“差价”指新能源版与燃油版相比的差价

现有的纯电动新能源皮卡与传统燃油皮卡的成本构成具有较大差异，新能源皮卡电池成本在整车成本中占比高，而电池成本的居高不下，导致了新能源皮卡售价过高。现有的无论何款新能源皮卡产品，售价均高于同款传统燃油皮卡 10 万元以上。过高的产品定价，导致消费者购车时无法将新能源皮卡纳入参考对比选项做进一步评估，对其敬而远之。

（二）新能源皮卡的售价过高，导致其生命周期内的用车成本摊销高于传统燃油汽车

消费者购车时，除计算购车价格外，还需要综合计算用车成本，对整个生命周期内的综合用车成本进行摊销，新能源皮卡过高的产品售价，导致相对于传统燃油皮卡，新能源皮卡不仅无用车成本摊销优势，还存在明显不足。

新能源皮卡虽然具有无购置税、低维修保养费用、低能源费等优势，但过高的产品售价使购车费、保险费与每年的贬值折旧费均高于传统燃油皮卡。以长城风骏系列皮卡为例，风骏 7 燃油版售价为 9.98 万元，纯电版售价为 19.98 万元，两车购车差值为 10 万元；保险费方面，经咨询保险行业从业人员，保险费用以每年车辆残值的 5%计算；保养费方面，燃油皮卡保养费首年为 300 元，第二年起每年增加 600 元，风骏 7 纯电版无保养费用；贬值折旧费方面，燃油皮卡保有量大、市场认可度高及无新能源皮卡电池衰减后需要更换电池等问题，相对于新能源皮卡更为保值，经过咨询二手车行业相关专

家得出车辆贬值率评估建议，风骏 7 燃油版以首年贬值 20%，第二年累计贬值 35%、第三年 45%、第四年 55%，而后每年累计增加贬值 5%计算，风骏 7 纯电版以首年贬值 40%，第二年累计贬值 50%、第三年 60%，而后每年增加 5%计算；能耗费方面，两车均采用长城皮卡车主调研结论评估，按主流年行驶 3 万千米计算，燃油版综合油耗为 8.2L/100km，每升 6.39 元，纯电版综合电耗为 20kWh/100km，非自有充电桩充电每千瓦时电费 1 元。

将上述购车费、购置税、累计保险费、累计保养费、车辆累计贬值费与累计能耗费相加，计算每年两车累计用车成本，结果如图 11-15 所示。经计算，首年风骏 7 纯电版与风骏 7 燃油版用车成本差值最大，约 14.6 万元，其后每年差值略有缩减，但用车十年后，两车用车总成本相差依旧高达 10.7 万元（此结果未将新能源皮卡用车十年电池功能衰减严重而须更换电池产生的费用纳入计算）。可见新能源皮卡虽后期使用费用低，但目前过高的售价导致用车成本摊销远高于燃油皮卡，且在整个生命周期内无法追平。

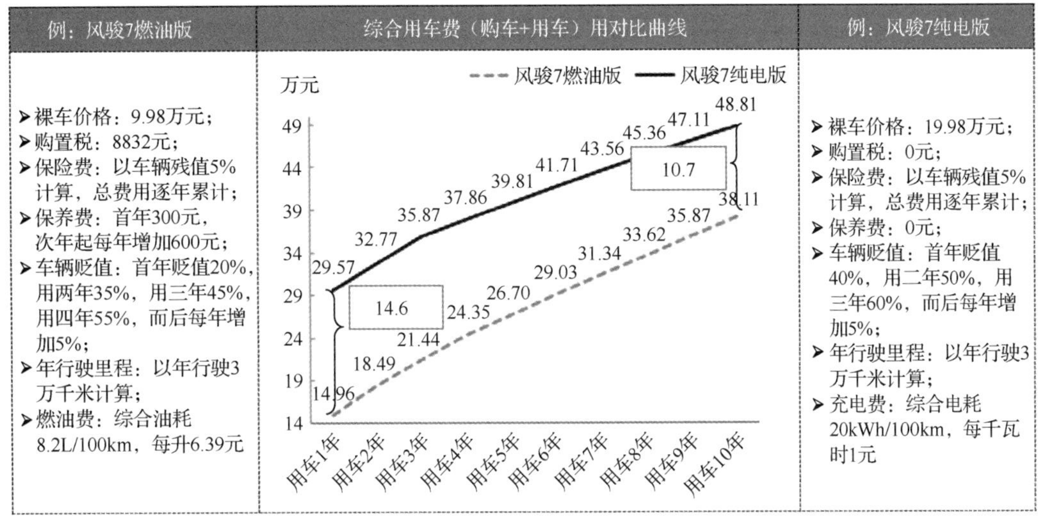

图 11-15　燃油皮卡与新能源皮卡产品综合用车费用对比

三、当前的皮卡用车环境不利于新能源皮卡的发展

（一）新能源皮卡的充电时间长影响了皮卡的机动灵活性能

经市场调研，皮卡的主要用户为工程建筑、批发零售、电力通信等行业从业者，用户日常将皮卡作为货物运输、采购送货、工程保障抢修工具车使用，与乘用车作为上下班特定时间段的通勤工具车不同，皮卡的日常工作内容要求车辆具备“随用随走”的高机动性与灵活性。如水果批发零售行业的皮卡用户在日常的工作中，有客户或分销商预订水果后，需要为客户马上装车，第一时间进行货物配送；电力、通信等行业的工程保障抢修、运维检修部门工作人员，在当电力、通信故障等紧急情况出现后，需要第一时间迅速装好维修工具，驾驶皮卡前往现场解决问题。

对目前行业内主流新能源皮卡产品的充电时间进行对标，快充方面，中兴、卡威、黄海皮卡为 2 小时；慢充方面，中兴 8 小时、风骏 7 纯电版 11 小时、卡威长达 20 小时。

最快两小时以上的充电时间相比燃油皮卡“有油时随开随走，无油时分钟加满”的特性存在劣势。过长的充电时间导致无法不间断用车，无电后可能出现业务工作急需用车，但充电仍未完成，无法及时用车的情况，影响了皮卡的机动灵活性，导致耽误工作，可能造成经济损失，影响用户对新能源皮卡的用车体验。

（二）皮卡用户的里程焦虑更加突出，导致对于新能源皮卡的认可度不够

“里程焦虑”意为用户驾驶电动汽车时因担心突然没电而引起的精神痛苦或忧虑。续驶里程波动大是导致用户里程焦虑的最主要原因，除厂家公布的等速续航、工业和信息化部 NEDC 工况续航与实际用车续航存在的正常差异外，汽车重量与行驶工况也是影响续驶里程的关键因素。

相对于乘用车作为上下班通勤工具使用，皮卡的使用场景更为复杂多样，皮卡用户日常载货场景多，驾驶路况多种多样，不仅需要在城市铺装路面行驶，农村崎岖土路、起伏多变的山路、越野穿越时的沙漠石子路等也是常态。兼顾“载货能力”与“复杂路面的通过性”是皮卡必须具备的核心优势。

企业问卷调查结果显示，85.1%的皮卡用户日常载货量在 0.2 吨以上，16.3%的皮卡用户日常载货量更达到了 1 吨以上，如图 11-16 所示（有空载情况）。行驶路况方面，47.9%的用户日常在乡村道路、山路、沙漠石子路等非铺装路面行驶，如图 11-17 所示。相对于轿车、SUV 等乘用车，皮卡日常载货重量更高、用车路况更为复杂，但这也导致了新能源皮卡相对于新能源乘用车更严重的续驶里程衰减。

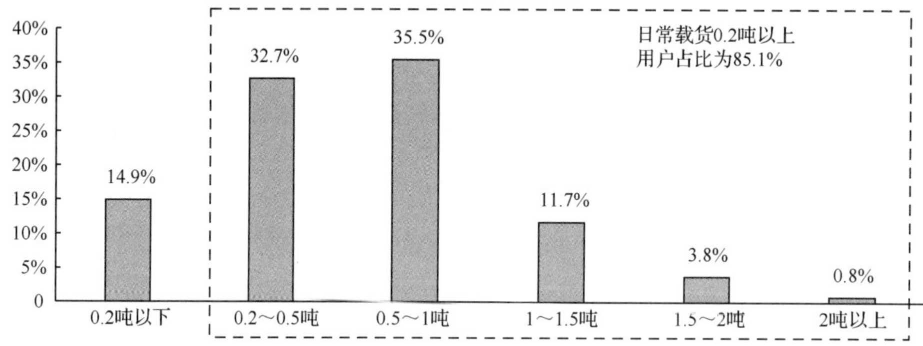

图 11-16　皮卡用户日常载货情况

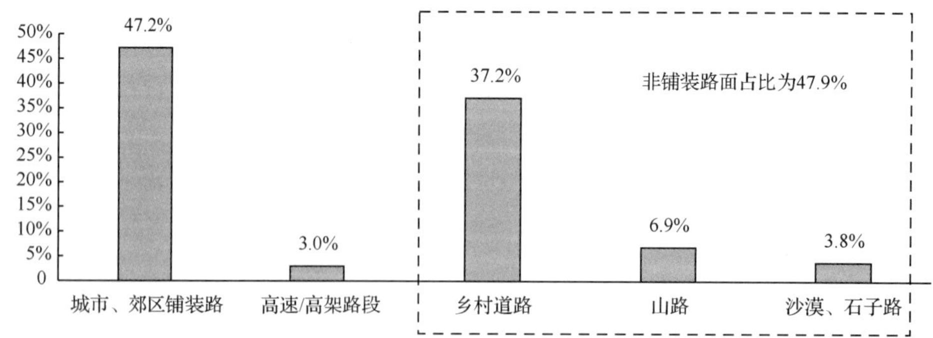

图 11-17　皮卡用户日常行驶路况

对标目前市场上主流新能源皮卡的续航参数，长续航产品中，最高续驶里程产品为卡威皮卡（350km）；低续航产品中，中兴低续航版仅能续驶 145km。新能源皮卡在日常使用过程中，过高的载重、驾驶路段的复杂会导致实际续驶里程的大幅衰减，是否载货、载货多少、在何处使用等多种经常出现的差异场景导致新能源皮卡在实际使用过程中续驶里程波动巨大，无法准确判断续驶里程使皮卡用户的里程焦虑更为突出，致使其对新能源皮卡的认可度不够。

（三）对新能源皮卡的政策鼓励不足，产品供给比乘用车匮乏

目前，国家出台的鼓励政策主要面向全部皮卡车型或全部新能源车型，对新能源皮卡无针对性的鼓励政策，如面向终端客户减免购置税、限号出行城市不限号、政府采购要求新能源化等层面，新能源皮卡与新能源乘用车相比无明显政策差异，虽有助于用户购买新能源车辆，但几乎全部选择新能源乘用车，购买新能源皮卡的积极性不高。

此外，在针对生产企业的政策方面，现阶段商用车 NEV 积分政策未实施，且生产销售新能源皮卡与乘用车 NEV 积分无关，政策无扶持，终端市场小，皮卡车企也对生产销售新能源皮卡积极性不高。上险数据显示，2021 年国内销售的新能源乘用车共 361 款，而新能源皮卡仅 17 款，不足新能源乘用车型数量的 5%，车型数量差距巨大，新能源皮卡产品供给相对于新能源乘用车匮乏，消费者可选择的新能源皮卡车型少。

四、新能源皮卡发展的突破方向

（一）对于新能源皮卡市场容量的合理预期

据预测，未来新能源皮卡年市场容量有望达到 10 万辆，主要客户来源为三大方面：一是通过控制生产成本，降低车辆售价，新能源皮卡凭借后续低使用成本优势，吸引对使用成本敏感的 C 端商用客户；二是现有的常规 SUV、轿车等乘用车造型差异小，已经无法满足用户追求另类、新奇的用车体验的需求，全新平台的高端新能源皮卡凭借货箱可玩性、产品高改装拓展性等优势，有望吸引追求时尚、个性，喜爱尝鲜的 C 端娱乐客户；三是结合 2011 年至今政府对公务用车采购要求的文件，表明国家对公务用车燃油车型向新能源车型转变势在必行，在政策驱动下的政府事业单位、国资企业客户也将不断扩大新能源皮卡的采购规模，新能源皮卡也将继续在 B 端、G 端有一定市场。

具体市场容量上，C 端商用客户方面，经调研，现在保有传统燃油皮卡的商用客户中，可接受新能源动力形式的约占 21%，以现阶段皮卡市场份额 40 万辆为基数，意向转换率 100%、意向实现率 100%进行计算，此类商用客户预期市场容量约 8 万辆；C 端娱乐客户方面，因客户人群与购车需求更偏向乘用车，因此销量预测参考乘用车市场销量情况，现阶段高端新能源乘用车年销 50 万辆，结合调研数据，高端新能源乘用车客户中符合产品体验型的客户约占 20%，其中可接受皮卡品类、愿意购买新能源皮卡的人群占比约 10%，即皮卡意向转换率 10%，以意向实现率 100%计算，数据相乘，可推测 C 端娱乐客户年市场容量约 1 万辆；国资企业与政府事业单位端客户方面，年需求基本稳定，但后续随着原传统能源皮卡进入淘汰置换阶段，预计容量将有所增长，推测此部分

年市场容量约 1 万辆。结合三大客户来源，预测新能源皮卡未来市场容量每年约 10 万辆。

（二）政策鼓励和配套设施完善是发展的基础保障

新能源皮卡的发展离不开政策的鼓励与配套设施的完善。政策鼓励方面，针对政企端客户，需要继续扩大政府事业单位、国资企业采购新能源皮卡的比例，为采购新能源皮卡提供必要的资金补贴、缩短审批时间等多方面支持，助力新能源皮卡发展。针对个人端客户，除继续减免购买新能源皮卡车辆的购置税外，提供更高的路权、更多的经济补贴等也是必不可少的鼓励政策。此外，不仅对消费端需要政策鼓励，对生产端新能源皮卡生产企业方面的政策支持也必不可少。如对生产新能源皮卡的企业提供必要的经济补贴，对生产新能源皮卡所需电池的企业提供必要的技术支持与服务，助力成本降低，有效促进新能源皮卡发展。

除不断推出政策鼓励外，配套设施的完善也是助力新能源皮卡发展的基础保障。目前，消费者对新能源配套设施的需求与现在新能源配套设备的现状存在巨大差距。充电桩作为常见的电动汽车配套设施短缺最为明显。根据国家机关事务管理局、国家发展改革委印发的《“十四五”公共机构节约能源资源工作规划》，“十三五”期间，我国新建设充电基础设施约 18.7 万套。结合上保险数据，在此五年间，中国纯电动与插电式混合动力新能源车辆新增达 370 万辆，新建设的基础充电设施远不能满足现有新能源车辆的充电需求，新能源车主的充电需求与可提供的充电设备数量之间存在失衡，矛盾明显，制约了新能源皮卡发展，新能源配套设施的完善迫在眉睫。

多年来，国家出台了相关政策助力配套设施的完善，2020 年 10 月，国务院办公厅出台了《新能源汽车产业发展规划（2021—2035 年）》，提出加快充换电基础设施建设。2020 年 12 月，商务部等几部门联合印发《关于提振大宗消费重点消费促进释放农村消费潜力若干措施的通知》，提出加快小区停车位（场）及充电设施建设，可合理利用公园、绿地等场所地下空间建设停车场，利用闲置厂房、楼宇建设立体停车场，按照一定比例配建充电桩；2021 年 2 月，国务院印发《关于加快建立健全绿色低碳循环发展经济体系的指导意见》、商务部办公厅印发《商务领域促进汽车消费工作指引》和《地方促进汽车消费经验做法》，均提出加强充换电服务，支持依托其他城市建设，引导企事业单位按不低于现有停车位数量 10%的比例建设充电设施。

提高充电基础设施数量，增加新能源汽车专用停车位，鼓励政府企业单位内部、个人充电基础设施向社会开放等均有助于解决新能源车型配套设施不足，车主充电难的痛点，为新能源皮卡发展提供基础保障。

（三）解除皮卡政策限制、壮大细分市场才能够迎来新能源皮卡的发展

现阶段皮卡依旧被划归为货车行列，面临城市限行、15 年强制报废、一年一检等诸多政策限制，很大程度上制约了皮卡市场发展，只有解除皮卡的政策限制，才可以壮大细分市场，从而迎来新能源皮卡的发展。

全面解除皮卡限行，特别是提高新能源皮卡的路权，是助力新能源皮卡发展最为重要的举措。根据各城市交管信息平台数据，截至 2022 年 2 月，全国依旧有 82 个城市明确规定对皮卡车型采取区域或重点路段限行，且对新能源皮卡一视同仁，无针对性的宽

松政策。路权的限制对用户的需求产生了抑制作用，限行城市数量占全国城市的24.3%，限行城市销量占全国销量的28.3%，解除皮卡限行有望带来城市中商用、家用细分市场客户增长。

强制报废的政策限制也在很大程度上抑制了皮卡市场发展，最高15年的使用年限，对车辆保值率影响巨大，特别是价格更高的新能源皮卡、高端皮卡。高端皮卡作为体验型产品能满足客户的尝鲜需求，客户换车频率高，车辆使用时间短，但过高的产品贬值率也增加了客户购车时的顾虑，是目前阻碍客户选择皮卡的主要因素之一，解除皮卡15年强制报废政策限制，可壮大休闲娱乐用途的高端皮卡市场。

皮卡的一年一检，不仅需要车主花费金钱验车，更浪费了车主的时间，商用客户日常业务繁忙，对此有很大抱怨。取消一年一检，有利于提升客户满意度，降低用户选择皮卡时的顾虑，促进皮卡发展。

解除皮卡政策限制，推动城市路权、使用年限、年检、高速公路权益等，有利于破除大众对皮卡“货车身份”的认知，使皮卡进入乘用车市场同乘用车产品公平竞争。新能源皮卡可凭借使用成本低、产品品类个性、外观造型酷炫、兼顾载人载货实用性更强等优势，不断壮大高端休闲旅行用车市场、越野穿越用车市场、通勤代步家用市场及时尚商用市场，多个细分市场共同发力一起壮大，将带动新能源皮卡的大发展。

第四节　中国新能源客车发展情况分析

一、新能源客车市场走势总体较弱，但电动化比例较高

（一）新能源客车生产规模持续下滑，市场增量空间有限

在新能源市场整体爆发式增长的背景下，近年来我国新能源客车市场持续收窄。根据机动车出厂合格证统计数据，2021年新能源客车产量为4.7万辆，规模创近年新低，同比下降21.8%，占整体客车产量的比例也由2020年的50.4%持续下降至41.6%。政策端，随着新能源汽车补贴的进一步退坡，我国新能源客车市场迎来市场化发展的新阶段，优胜劣汰趋势更加明显；供给端，2021年下半年以来碳酸锂价格不断上涨，从成本核算的角度看，客车企业对电池涨价接受程度低，导致客车供给增量有限；需求端，2021年多地多轮新冠肺炎疫情散发，持续影响公共交通出行需求，叠加地方经济发展形势和财政预算紧张，进一步降低新能源客车的购置需求。此外，考虑到当前一二线城市公交车电动化基本完成，而三四线城市市场潜力尚未完全释放，影响了新能源客车市场的增量空间。2015—2021年新能源客车产量及市场占比如图11-18所示。

（二）技术路线以纯电动车型为主，新增公交已基本实现全面电动化

分技术类型看，纯电动客车是新能源客车市场需求的主基调，占比稳定在九成以上。根据机动车出厂合格证数据统计，2021年纯电动、插电式混合动力、燃料电池客车产量分别为4.4万辆、1731辆和1223辆，同比分别下降19.5%、57.4%和4.8%，其中纯电动客车占比为93.7%，较2020年同期提升2.6个百分点，纯电动车型的地位进一步增强，

如图 11-19 所示。这主要得益于纯电动客车不但可以实现零排放，而且可以摆脱对燃油的依赖，且主要目标市场在公交领域，公交车线路固定、运距不长、技术成熟、充电方便，为纯电动客车推广应用带来了巨大的市场机会。近年来，国内纯电动客车持续开展代际升级，整车轻量化、集成化设计开发水平持续提升，整体技术水平全球领先，处于产业化阶段。在国家新能源和“双碳”战略的强力推动下，我国新增城市公交客车电动化比例超过 90%，基本实现电动化转型，是目前公共领域中新能源汽车发展最快的应用场景，也是未来将最早实现燃油汽车全面退出的领域。

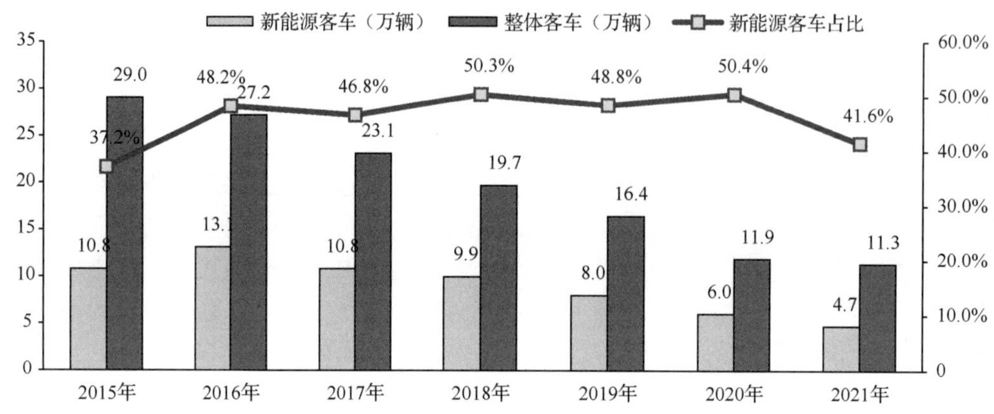

图 11-18　2015—2021 年中国新能源客车产量及市场占比

注：本章节客车分析中剔除了部分“5 字头”轻客

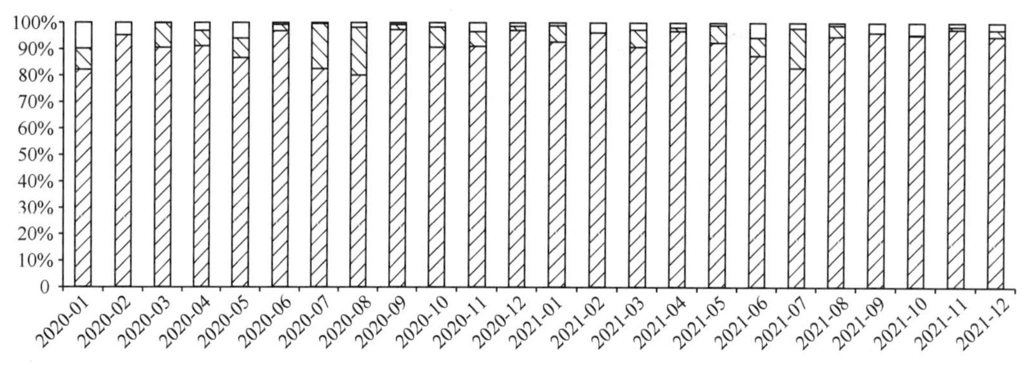

图 11-19　2020—2021 年中国新能源客车分技术类型月度产量分布

二、头部企业领域优势明显，轻型客车占比提升

（一）客车产业集中度较高，前十名企业产量占比超七成

2021 年，中国有产量的新能源客车企业超过 70 家，前十名企业产量合计 3.7 万辆，占新能源客车总量的 78.9%，如表 11-9 所示。其中，宇通客车产量约 1.1 万辆，占比为 23.7%，领先优势明显；比亚迪居第二名，产量超 6000 辆，占比达 13.9%。分技术类型

看，前十名企业产品以纯电动客车为主，产量合计 3.2 万辆，占前十名企业新能源客车总产量的 87.6%；主要企业也逐步加大了燃料电池车型的生产布局，2021 年前十名企业燃料电池客车产量为 771 辆，占燃料电池客车总量的比重超过六成，同比增加了 25 个百分点。

表 11-9　2021 年中国新能源客车前十名企业产量分布

单位：辆

企业名称	BEV 产量	PHEV 产量	FCEV 产量	总　计	占　比
宇通客车	10361	632	133	11126	23.7%
比亚迪	3624	—	—	6523	13.9%
中车电动	3563	—	—	3563	7.6%
中通客车	3496	—	51	3547	7.6%
苏州金龙	2914	60	109	3083	6.6%
厦门金龙	2516	101	16	2633	5.6%
安凯汽车	1787	—	6	1793	3.8%
南京金龙	1726	36	21	1783	3.8%
厦门金旅	1721	—	4	1725	3.7%
北汽福田	739	104	431	1274	2.7%
合计	32447	933	771	37050	78.9%
总计	43981	1731	1223	46935	100.0%

（二）市场主力仍是中大型客车，但 6m 以下的轻型客车占比有明显提升

从车长来看，中国新能源客车车长以 8～12m 为主，2021 年市场占比为 84.2%。其中，8～10m 和 10～12m 新能源客车产量分别为 1.6 万辆和 2.3 万辆，占比分别为 35.0% 和 49.2%，占据市场主导地位。此外，由于城乡公交一体化发展，乡镇、农村客运市场对轻型客车的需求增加，6～8m 客车产量小幅回升，占比由 2017 年的 2.9%增长至 2021 年的 9.8%，如图 11-20 所示。

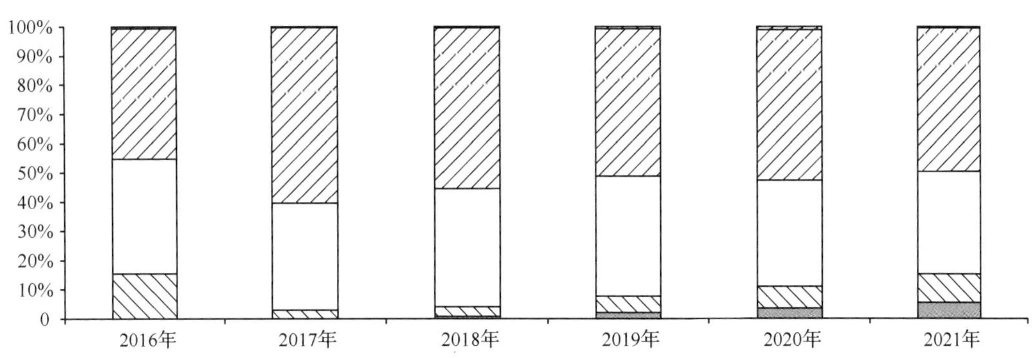

图 11-20　2016—2021 年中国新能源客车分米段产量分布

三、燃料电池客车进入规模化示范阶段

目前，我国燃料电池客车以电-电混合方案为主，初步掌握氢燃料电池汽车的关键材料、零部件及动力系统的部分关键技术，基本建立具有自主知识产权的车用燃料电池动力技术平台，已从样车测试阶段进入小批量产车阶段。

（一）电-电混合技术方案成为行业主流

全功率型燃料电池汽车成本高、技术壁垒较高，不适合当前的国情。同时，在匀速行驶阶段，燃料电池发动机的功率未完全释放，对燃料电池的寿命要求苛刻。该技术方案集合了全功率燃料电池汽车（FCV）与纯电池汽车（EV）的优点，既控制了成本又保障了续航性能。采用氢-电混合的动力策略，车辆在匀速行驶阶段，燃料电池发动机提供动力，在加速或爬坡行驶阶段，燃料电池发动机和动力电池共同提供动力。

（二）技术水平不断提升，从样车测试阶段进入小批量量产阶段

在燃料电池客车方面，进行研发投入的主要企业有宇通客车、北汽福田、东风汽车、上汽等。其中，宇通客车的第四代燃料电池客车，续驶里程为600km，相比上一代成本下降50%，加氢10分钟。北汽福田的“欧辉”牌燃料电池客车，续驶里程可达500km，加氢10分钟，并在多地进行示范运行。东风汽车研发出第一款EQ5080型燃料电池厢式运输车，续驶里程为305km；在上海进行示范运行的500台氢燃料电池物流车为东风牌氢燃料电池厢式车，车长6.4m，容积达15m^3，载重达3.2t，储氢量为10kg，一次加氢时间为5～10分钟，续驶里程可达400km。

（三）氢燃料电池客车进入规模化示范阶段

在新能源汽车推广财政补贴政策和科技部与联合国开发计划署国际合作项目的支持引领下，以客车、物流车等商用车型为先导，氢燃料电池客车陆续在全国范围内启动示范推广，规模化示范应用已在上海，广东云浮、佛山，江苏如皋等城市启动。其中，全国首批量产的28辆氢燃料电池公交车于2017年在广东云浮、佛山两地投入试运营，计划实现1000辆的氢能公交车示范运营项目；上海汽车集团股份有限公司联合上海化学工业区展开合作，计划将上海化学工业区打造成氢能示范基地，开展各类燃料电池汽车示范运行。

在新能源汽车市场爆发式增长带动和政策驱动下，2015—2021年中国燃料电池汽车市场快速增长，累计生产超过1万辆，如图11-21所示。从公告车型来看，中国燃料电池车型多集中在客车和专用车领域，轿车车型产品较少。从长远来看，尽管氢燃料电池汽车商业化在不断加速，但产业发展还需要突破法规、成本、安全及配套设施等瓶颈。

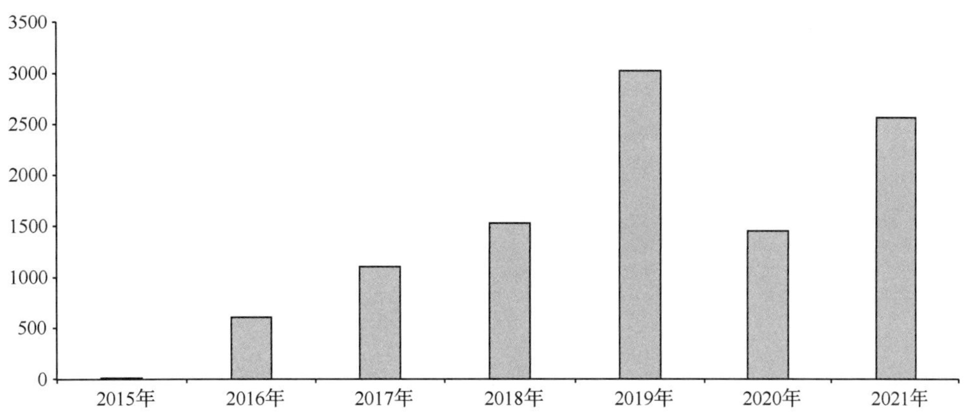

图 11-21　2015—2021 年中国燃料电池汽车产量（单位：辆）

Part 5　车型篇

第十二章　2021 年乘用车新车型特征

姚勇，徐传康，王佳良，曾小松*

摘要：本章依据《道路机动车辆生产企业及产品公告》数据，按照燃料结构、车辆类型结构、车型级别等维度阐述了 2021 年乘用车新车型申报情况。基于整车参数特征、动力参数特征及核心零部件特征分析了乘用车新车型技术特征及技术趋势，分析了 2021 年乘用车新车型的市场表现。2021 年新车型《公告》申报总体较为平稳，新车型产量呈逐月稳步攀升态势。

关键词：乘用车；新车型；技术特征；发展趋势。

第一节　2021 年乘用车新车型申报情况

一、乘用车新车型申报基本情况

2021 年，工业和信息化部发布了第 340 批至第 351 批共计 12 批《道路机动车辆生产企业及产品公告》（以下简称《公告》）。2021 年乘用车新车型申报情况如图 12-1 所示，共有 104 家乘用车企业申报了 1355 个型号的乘用车新车型。整体来看，乘用车新车型申报数量按批次顺序大致为波动上升趋势，11 月第 350 批申报的新车型数量最少，仅 73 个型号；3 月第 342 批申报 158 个型号，代表全年单批次的最高水平。

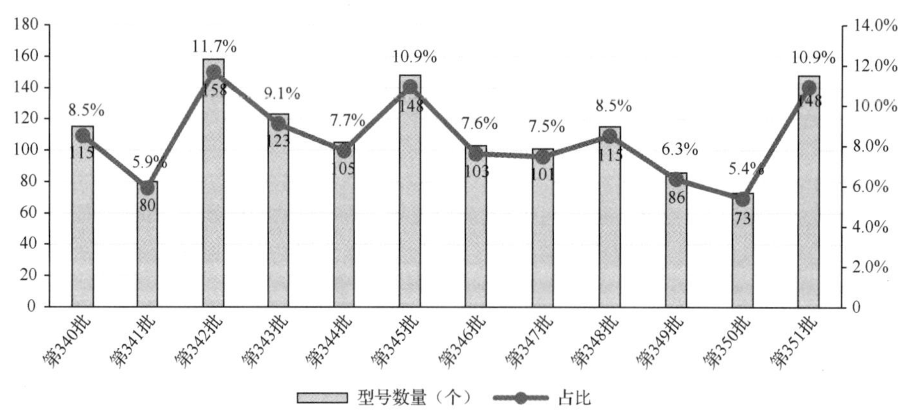

图 12-1　2021 年乘用车新车型申报情况

* 姚勇，高级工程师，工业和信息化部装备工业发展中心产品审查处处长；徐传康，工程师，任职于工业和信息化部装备工业发展中心产品审查处；王佳良，助理工程师，任职于工业和信息化部装备工业发展中心产品审查处；曾小松，高级工程师，任职于工业和信息化部装备工业发展中心数据管理处。

具体到第 342 批《公告》，共计有 44 个乘用车企业申报了 158 个新车型。第 342 批乘用车企业申报新车型 TOP10 情况如图 12-2 所示。TOP10 乘用车企业累计申报 89 个新车型，占该批次乘用车新车型总量的 56.3%。其中重庆长安申报 17 个新车型，高居榜首，排在其后的上汽大众的新车型数量突破 10 个。

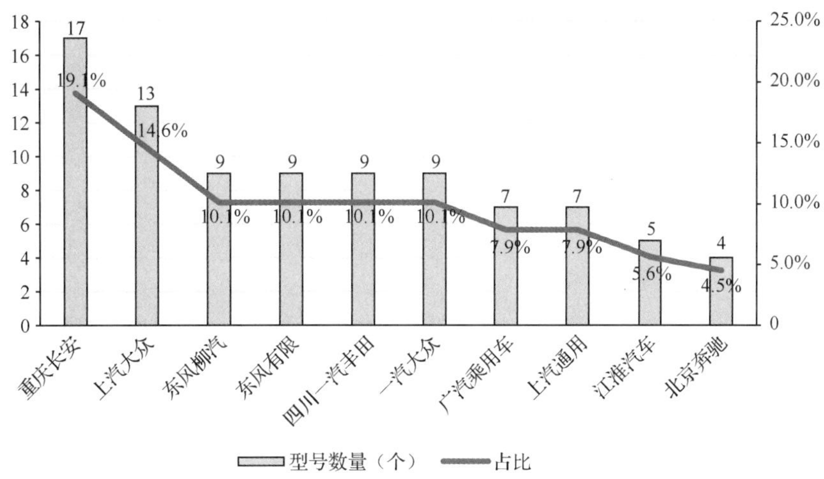

图 12-2　第 342 批乘用车企业申报新车型 TOP10 情况

二、乘用车新车型申报结构分析

（一）燃料类型结构分析

2021 年乘用车新车型燃料类型结构如图 12-3 所示。2021 年，64 家乘用车企业共申报 686 个型号的传统燃料乘用车新车型，约占全年乘用车新车型总量的 50.7%，其中重庆长安、上汽大众、东风柳汽分别申报 67 个、42 个、40 个型号新车型，位列传统燃料乘用车新车型申报前三名；包括纯电动、插电式混合动力、燃料电池在内的新能源乘用车新车型数量占比为 44.9%，与传统燃料乘用车相比仍有差距。但也可以看出乘用车生产企业更加重视新能源汽车市场发展以及加大车型开发力度，与上一年相比，新能源乘用车产品与传统燃料乘用车的差距进一步缩小，预计未来几年新能源乘用车产品比重还将进一步提升。纯电动乘用车车型方面，72 家乘用车企业共申报 504 个纯电动乘用车新车型，约占全年乘用车新车型总量的 37.3%，其中广汽乘用车、浙江豪情、上汽通用五菱分别申报 33 个、32 个、32 个型号新车型，位列纯电动乘用车新车型申报前三名。

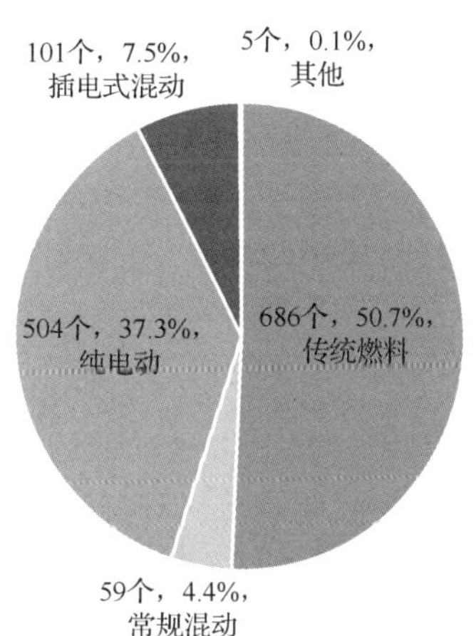

图 12-3　2021 年乘用车新车型燃料类型结构

2021 年乘用车新车型分批次燃料类型结构如图 12-4 所示，从《公告》批次看新车型燃料类型结构，传统燃料乘用车新车型数量所占比重在波动中下滑，第 341、342 批最高，达 64.6%；第 347 批最低，下降到仅 39.6%。纯电动乘用车新车型数量所占份额稳中有升，单批次申报数量最多的出现在第 351 批为 56 个型号，占比为 37.8%；申报占比最高的是在第 347 批，占比达 54.5%。插电式混合动力乘用车新车型申报数量在第 345 批大幅增加到 33 个型号，占比达 22.3%。燃料电池乘用车新车型仅出现在第 341、342 批，各申报 1 个型号。甲醇轿车新产品出现在第 340、341 批，各申报 1 个型号，两用燃料轿车仅在第 344 批申报 1 个型号。

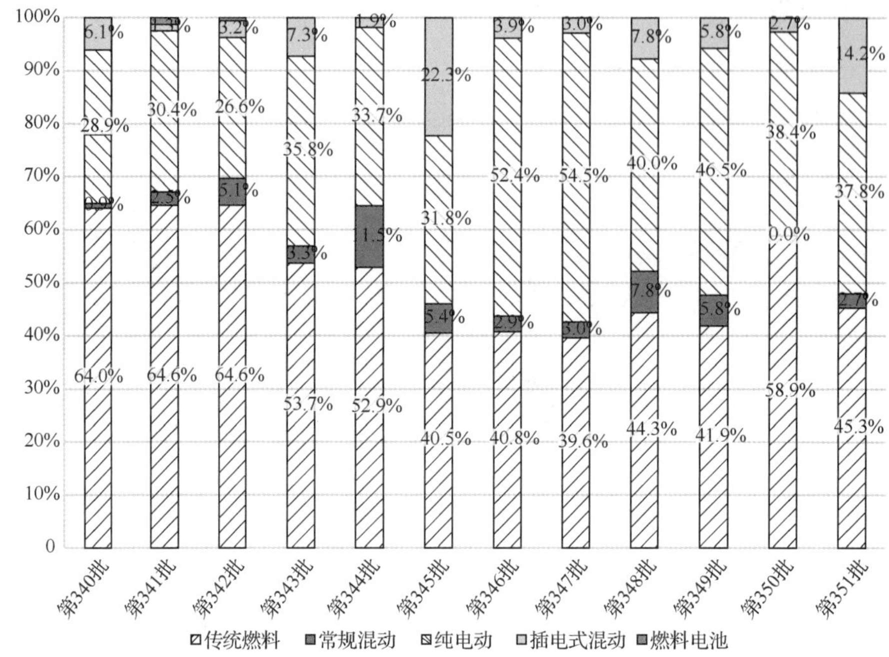

图 12-4　2021 年乘用车新车型分批次燃料类型结构

（二）车辆类型结构分析

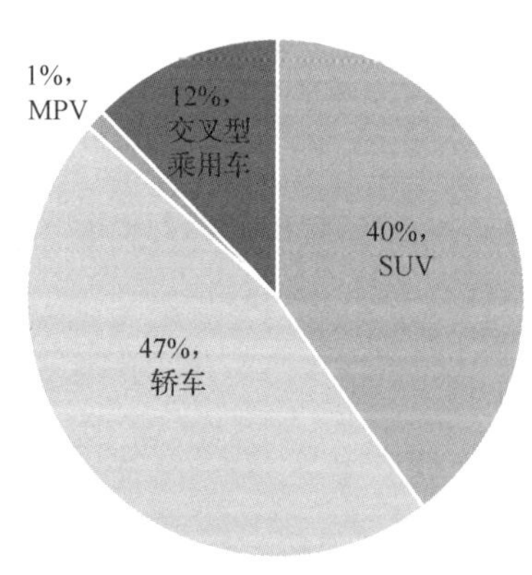

图 12-5　2021 年乘用车新车型车辆类型结构

2021 年乘用车新车型车辆类型结构如图 12-5 所示。2021 年，75 家乘用车企业共申报 630 个型号的轿车新车型，占全年乘用车新车型总量的 47%，其中上汽通用五菱、重庆长安、浙江豪情分别申报 42 个、38 个、38 个型号，列轿车新车型数量前三位；其次是 SUV 产品，67 家乘用车企业共申报 541 个型号 SUV 新车型，占全年乘用车新车型总量的 40%，其中长城汽车、上汽大众、重庆长安分别申报 37 个、34 个、31 个型号，占据 SUV 新车型数量前三位。轿车新车型与 SUV 新车型申报数量差别不大。

2021 年乘用车新车型分批次车辆类型结构如图 12-6 所示。从《公告》批次看新车型车辆类型结构，在 2021 年的 12 个批次中，SUV 新车型申报数量在第 342 批、343 批、345 批均超过轿车新车型申报数量，其余批次都与轿车新车型申报数量存在一定差距。可见 2021 年，大多数乘用车企业实行轿车与 SUV 产品并行开发的战略路线。

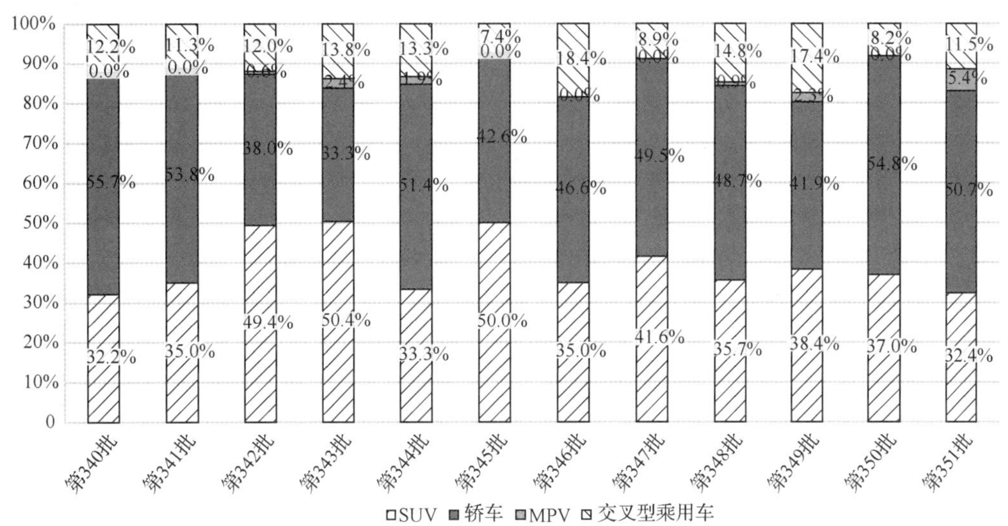

图 12-6　2021 年乘用车新车型分批次车辆类型结构

（三）车型级别结构分析

2021 年乘用车新车型级别结构如图 12-7 所示。2021 年，68 家乘用车企业共申报 586 个型号 B 级新车型，占全年乘用车新车型总量的 43.25%，接近总量一半的比例；其次是 A 级车，52 家乘用车企业共申报 367 个型号新车型，占比为 27.08%；26 家乘用车企业共申报 130 个型号 A00 级新车型，占比为 9.59%；24 家乘用车共申报 72 个型号 A0 级新车型，占比为 5.31%；A00 级、A0 级、A 级、B 级新车型合计 85.23%，占据乘用车新车型申报总量的主要份额，其他系别的乘用车新车型申报数量仅为 14.77%。从以上数据可以看出，乘用车企业加大了对 B 级车的投入力度，也反映了消费者对大尺寸车辆的需求越来越多。值得注意的是，2021 年 A00 级乘用车新车型申报数量出现了较大幅度的增长，同比增加 36.8%，且纯电动类型占比为 98.5%，已经基本实现纯电动化。其他级别车型电动化渗透率分别为 A0 级的 37.5%、A 级的 44.4%、B 级的 39.9%。

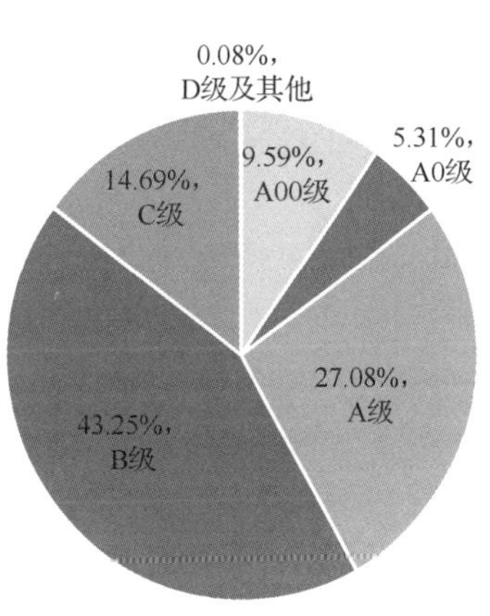

图 12-7　2021 年乘用车新车型级别结构

2021 年乘用车新车型分批次级别结构如图 12-8 所示。从《公告》批次看新车型级别结构，B 级所占份额明显高于 A 级及其他级别。在 2021 年的 12 个批次中，B 级新车型申报数量在其中 2 个批次的份额超过 50%，在第 344 批的份额达 55.2%，可见企业在 B 级车的开发上逐渐发力。A00 级新车型在 2021 年下半年申报数量明显增加，在第 347 批达到峰值，占比为 16.8%。

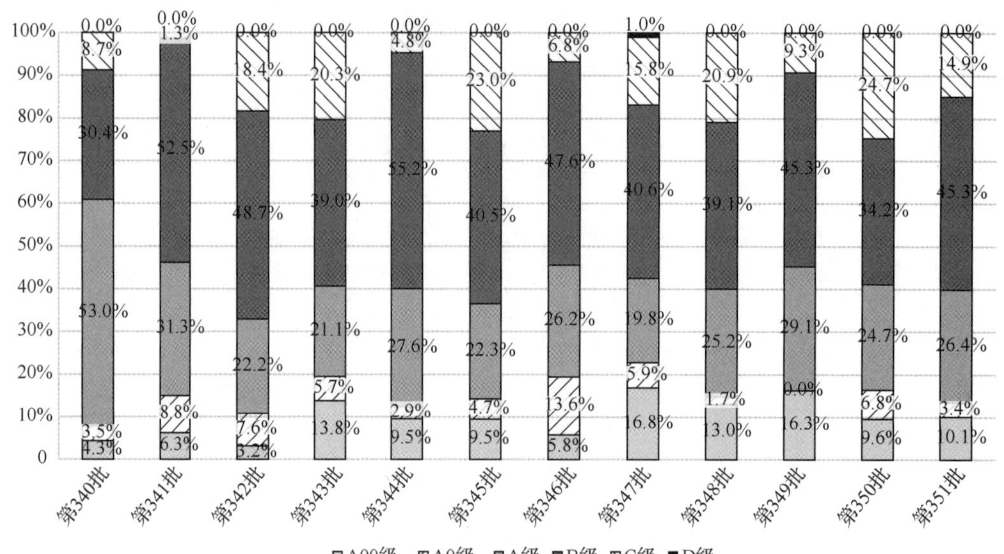

图 12-8　2021 年乘用车新车型分批次级别结构

（四）系别结构分析

2021 年乘用车新车型系别结构如图 12-9 所示。2021 年，78 家中国品牌乘用车企业共申报 965 个型号新车型，占全年乘用车新车型总量的 71.2%；其次是美系，7 家美系乘用车企业共申报 137 个型号新车型，占比为 10.1%；6 家欧系乘用车企业共申报 136 个型号新车型，占比为 10%。同时从申报企业新车型的平均数量来看，欧系乘用车企业是最高的，平均每家企业高达 23 个型号。

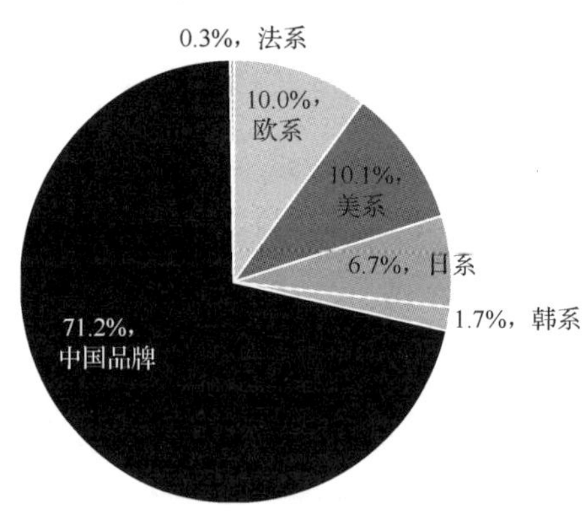

图 12-9　2021 年乘用车新车型系别结构

2021 年乘用车新车型分批次系别结构如图 12-10 所示，从《公告》批次看新车型系别结构，中国品牌乘用车新车型申报数量占各批次总量的份额大致呈“高—低—高—低—高”起伏滚动前进的态势，欧系所占各批次份额基本与中国品牌份额呈反方向起伏滚动态势，但中国品牌所占份额整体明显高于欧系及其他系别。在 2021 年的 12 个批次中，有 7 个批次的中国品牌申报乘用车新车型数量占比超过 70%，其中在第 345 批中所占份额高达 84.5%；欧系乘用车新车型申报数量所占份额在第 350 批达到峰值，占比为 34.2%，法系和韩系乘用车全年申报数量仅占 2%，尤其法系乘用车，全年仅第 342、348 批两个批次申报了 4 个型号，与其他系别差别较大。

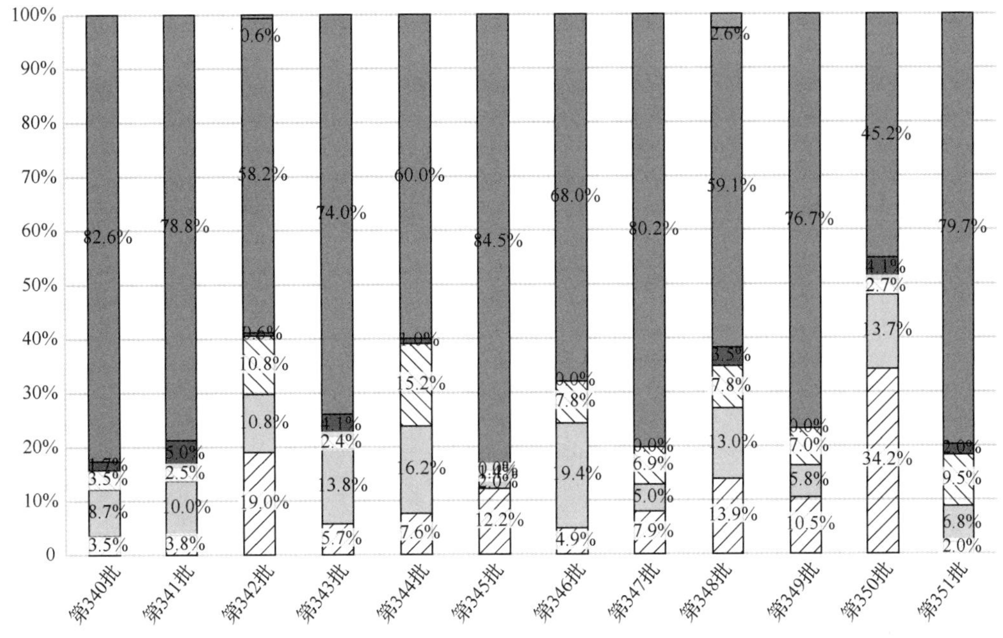

图 12-10　2021 年乘用车新车型分批次系别结构

三、重点企业新车型申报情况分析

2021 年乘用车企业申报新车型 TOP12 情况如图 12-11 所示。重庆长安申报数量最多，共计 79 个型号新车型；第 2～5 名依次是长城汽车、上汽通用五菱、上汽大众、广汽乘用车，分别申报 67 个、66 个、55 个、51 个型号，其余乘用车企业申报的数量均少于 50 个型号。TOP12 乘用车企业共申报了 598 个型号，占全年乘用车新车型申报总量的 44.1%。

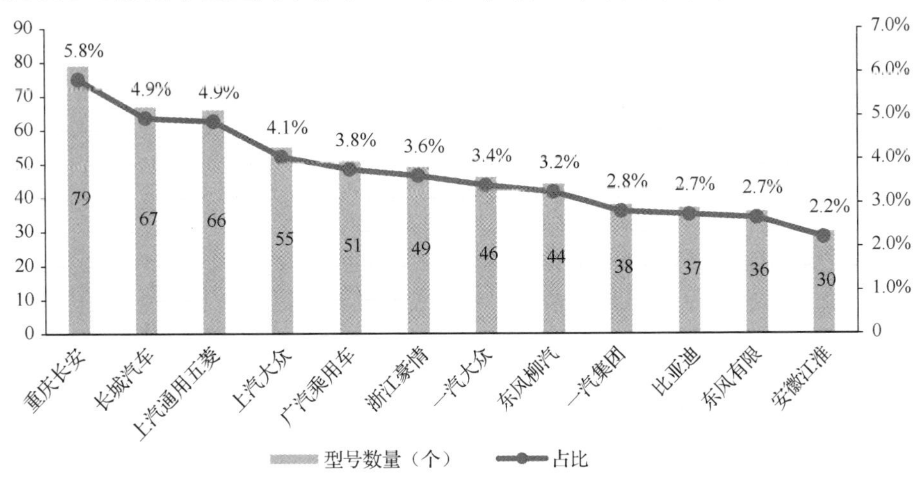

图 12-11　2021 年乘用车企业申报新车型 TOP12 情况

重庆长安分批次申报新车型情况如图 12-12 所示。重庆长安申报的乘用车新车型集中在 2021 年上半年，共申请了 72 个型号，占全年申报总量的 91%，其中第 348 批、第 349 批未申报新车型。重庆长安全年申报新车型数量最多的批次在第 341 批，为 20 个型号。

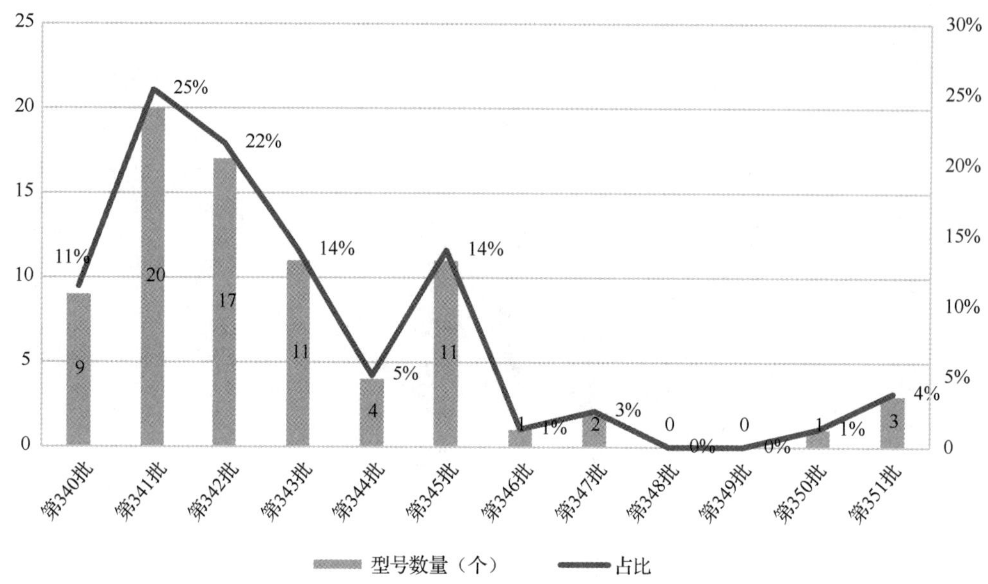

图 12-12　重庆长安分批次申报新车型情况

第二节　2021 年乘用车新车型技术特征

一、整车参数特征分析

（一）空间尺寸大型化趋势明显

随着消费能力的提升及消费升级的影响，消费者对汽车舒适性和内部空间要求提升，从而导致同一级别乘用车的轴距、整车长度、宽度、高度有不断加大的趋势。同时，国内小型车市场需求逐渐萎缩，而中大型车市场则在不断壮大，合资品牌也争先将大型轿车和 SUV 引入中国市场。中国品牌则不断冲击高端需求，在整车配置、尺寸上不断向豪华车看齐，多重因素导致车型尺寸大幅提升，乘用车大型化趋势十分明显。

A 级车性价比高，用户群体庞大，因此众多厂家纷纷发力 A 级车，在车身尺寸、内部空间方面纷纷向 B 级车看齐，越来越接近。A 级车的轴距通常为 2600～2750mm，从 2021 年 A 级新车型申报情况中可以看出，2700～2749mm 的轴距占大部分，2750mm 以上轴距的新车型呈现继续向上扩展的趋势。2021 年 A 级车新车型分批次申报的轴距情况如图 12-13 所示。

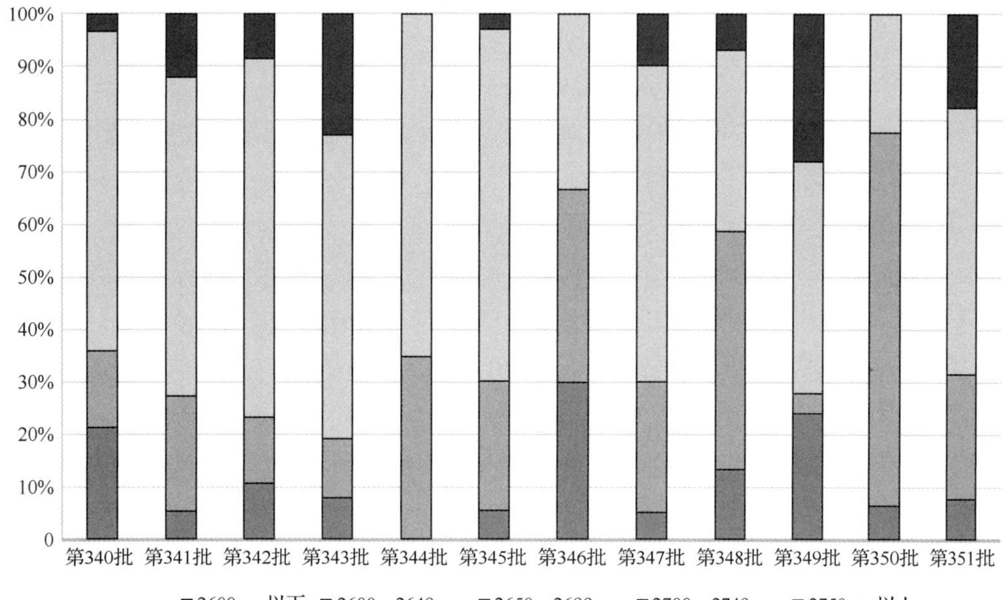

图 12-13　2021 年 A 级车新车型分批次申报的轴距情况

（二）轻量化技术发展持续深入

由于环保和节能的需要，以及对整车安全性能的要求，汽车的轻量化已经成为世界汽车发展的共同课题。实验证明，若汽车整车重量降低 10%，燃油效率可提高 6%～8%，轻量化是改善汽车燃油经济性的有效途径。对于新能源汽车而言，降低汽车的整备质量，可以提高汽车的动力性，减少电能消耗，进一步增加续驶里程，降低新能源汽车用户的“里程焦虑”。

铝合金材料具有密度小、强度高、弹性好、抗冲击性能优良、易加工成型等优点，早期在铝材价格高、燃油价格低的时代，铝材没有被汽车行业广泛采用，而近些年，随着能源危机、环境保护和交通安全问题得到持续的关注，以及铝合金生产成本的降低，铝合金材料快速应用到车身和零部件领域，对整车减重贡献明显。2021 年乘用车新车型分批次整备质量情况如图 12-14 所示。从 2021 年乘用车新车型申报情况中可以看出，在新车型电器配置、舒适性配置等需求不断增加的情况下，整备质量在 1800kg 以上的占比相对较低，多数新车型的整备质量为 1000～1799kg，轻量化技术获得更大范围的应用。

二、动力参数特征分析

（一）小排量增压占据主要地位

在燃油排放标准日益严格以及消费者对于发动机性能要求不断提升的趋势下，小排量增压发动机是当下实现动力性与燃油经济性兼得的必由之路。通过对增压发动机的调校与标定，可以提高发动机低转速时的转矩，使汽车更多地工作在低转速区间，进一步减少摩擦损失和泵气损失，节油效果明显。增加涡轮后，发动机的动力性也将显著提升。同时，减小的发动机体积可为车厢内部腾出更大空间，进一步提升整车舒适性。因此，体积小、

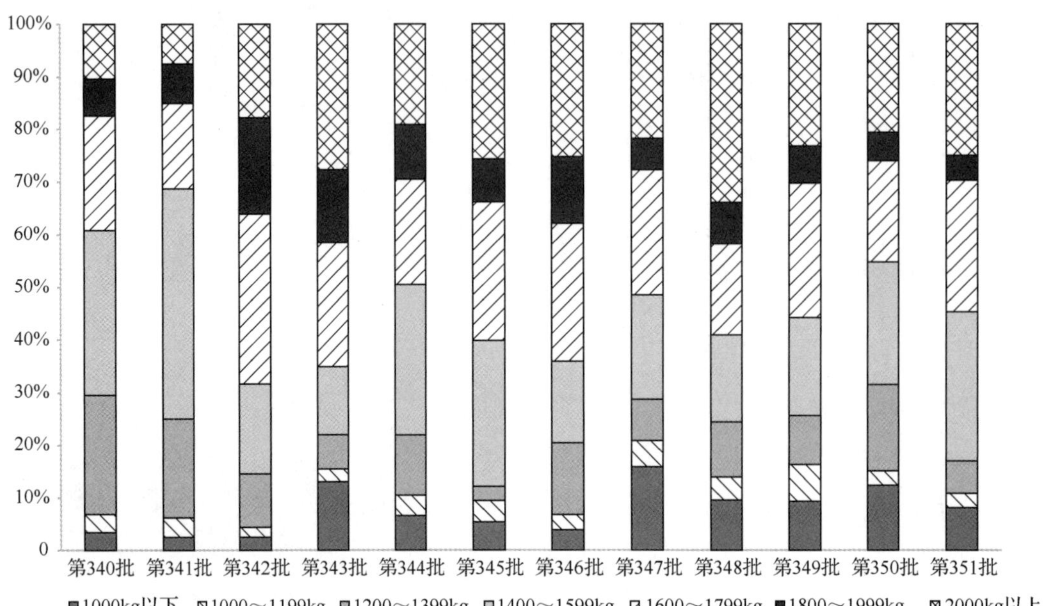

图 12-14　2021 年乘用车新车型分批次整备质量情况

重量轻、动力强的小排量增压发动机成为汽车企业新车型动力系统选择的主流方案。

在如涡轮增压技术、多气门技术、可变气门技术、全铝发动机技术等先进发动机技术的加持下，如今小排量增压发动机已获得市场的认可。2021 年传统燃料乘用车新车型发动机排量情况如图 12-15 所示。根据 2021 年乘用车新车型申报情况，2000mL 以上的大排量发动机占比为 21.9%，1600mL 以下的发动机排量为市场主流，占比为 44.9%。

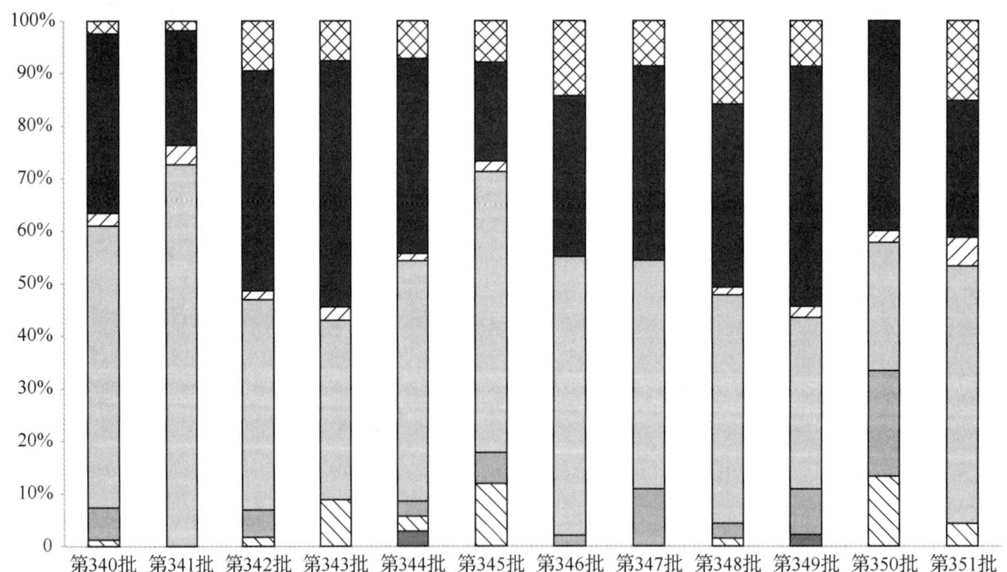

图 12-15　2021 年传统燃料乘用车新车型发动机排量情况

增压发动机可以有效利用废气来推动涡轮旋转以增大进气量，有利于降低油耗、减少氮氧化物的排放。同时，扭力方面也更有优势，更适合日常行驶路况。2021 年传统燃料乘用车新车型发动机进气方式情况如图 12-16 所示。从 2021 年乘用车新车型申报情况可以看出，增压发动机为绝对的主力，市场认可度较高。

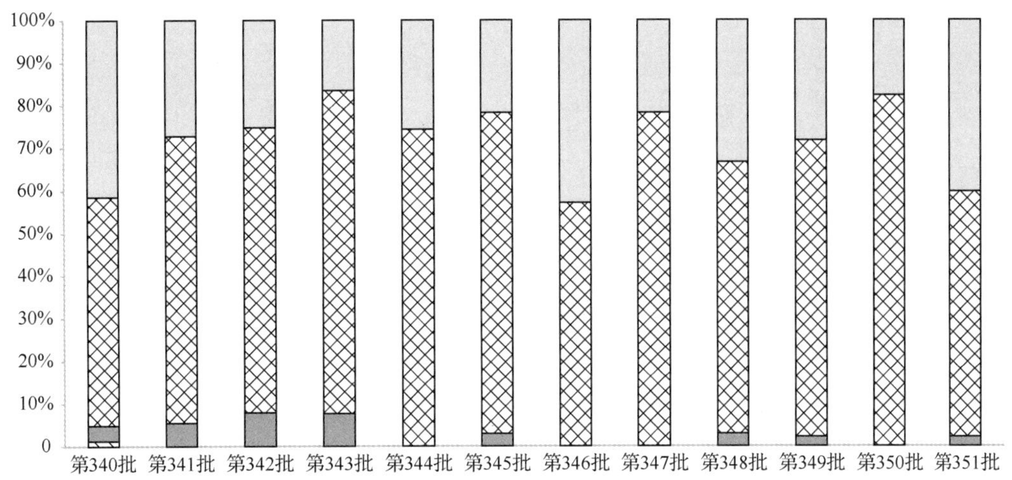

图 12-16　2021 年传统燃料乘用车新车型发动机进气方式情况

（二）节能技术重要性愈发凸显

目前，我国面临化石能源短缺且污染物排放超标的挑战，汽车保有量却不断提升，对此，国家制定相关法律、法规、标准和行动计划，助力汽车行业可持续发展。为促使汽车行业节能减排，《节能与新能源技术路线图 2.0》表明：2030 年的燃料消耗目标是 3.2L/100km。我国也宣布 2030 年前实现碳达峰，2060 年前实现碳中和，汽车节能技术对于实现“双碳”目标十分重要。

汽车节能路径主要包括减少车辆行驶过程中所需能量、提高热动能转换效率、降低能量传输过程中的损失、降低辅助系统能量消耗及优化车辆能源供需管理等。随着车辆轻量化、涡轮增压、混合动力、怠速启停等热门技术的逐渐应用，新车型油耗持续降低。2021 年传统燃料乘用车新车型油耗情况如图 12-17 所示。从 2021 年乘用车新车型申报情况可以看出，超过 60%的传统燃油乘用车百公里油耗在 7.0L 以下，9.0L 以上的车型占比较少。

三、核心零部件特征

（一）四缸发动机占据绝对主导地位

2020 年，企业申报了 118 个（8.3%）三缸发动机乘用车新车型，尤其是在 A 级车市场，为了进一步降低油耗，节能减排，三缸发动机增长较大，但是由于缺点明显，抖动问题一直得不到改善，市场接受度不高。2021 年，新车型中四缸发动机占据绝对的主

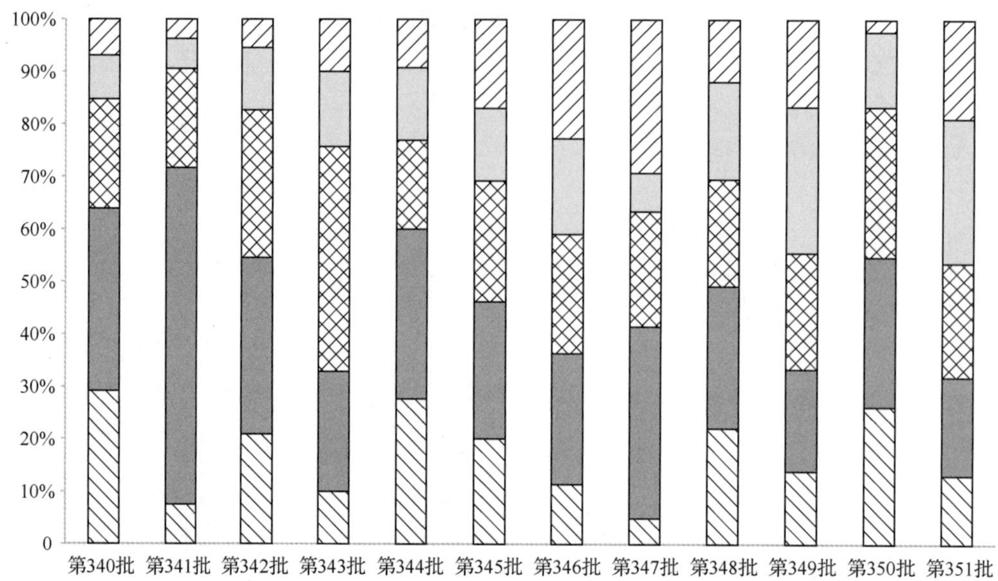

图 12-17 2021 年传统燃料乘用车新车型油耗情况

导地位，占比达 92.1%，三缸机仅占 6.4%。2021 年乘用车新车型发动机缸数情况如图 12-18 所示。

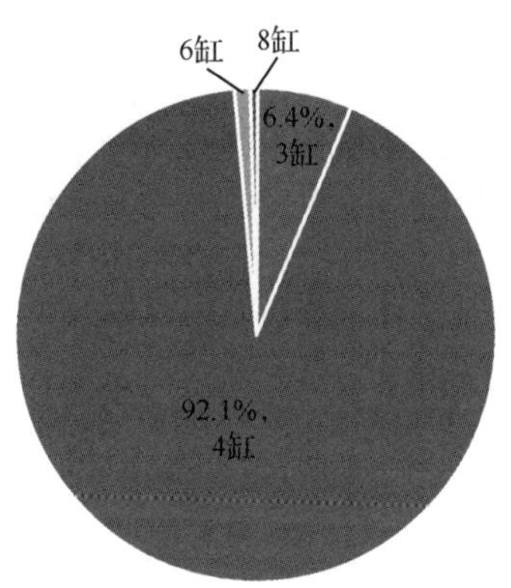

图 12-18 2021 年乘用车新车型发动机缸数情况

（二）AT 变速器搭载量重回首位

目前市面上的自动挡车辆大多搭载 AT、CVT 及 DCT 三类自动变速器，这三类变速器的节油效果与技术成本成正比。2021 年传统燃料乘用车新车型变速器类型情况如图 12-19 所示。AT 变速器性能稳定，技术成熟，2021 年，搭载 AT 变速器的新车型数量占比达 35%，DCT 变速器兼顾驾驶运动感和车辆节油，正在得到越来越多的搭载应用，申报新车型应用数量占比为 26%。DHT 变速器应用数量占比为 2.1%。

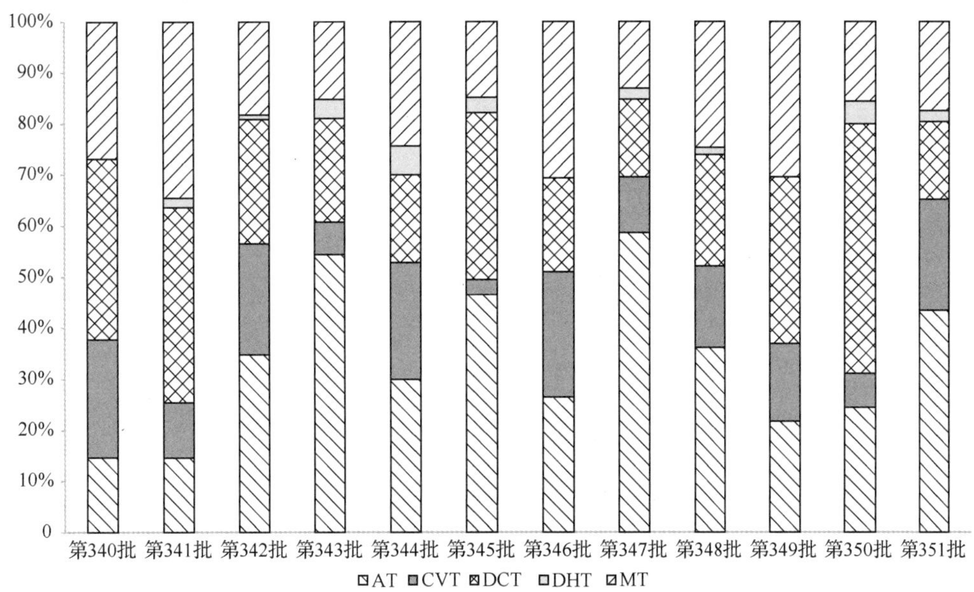

图 12-19　2021 年传统燃料乘用车新车型变速器类型情况

第三节　2021 年乘用车新车型市场表现

一、乘用车新车型产量统计概述

2021 年《公告》显示，乘用车新车型月度产量逐渐增长，如图 12-20 所示。2021 年 12 月产量达到 96.2 万辆，全年累计产量为 396.6 万辆。从月度来看，由于新冠肺炎疫情的影响，2021 年上半年处于低迷状态，下半年随着疫情得到有效控制，我国宏观经济回暖明显，叠加乘用车企业加大车型促销力度，市场需求加速释放，企业生产积极性大幅提升，月度增幅均在 20%以上。

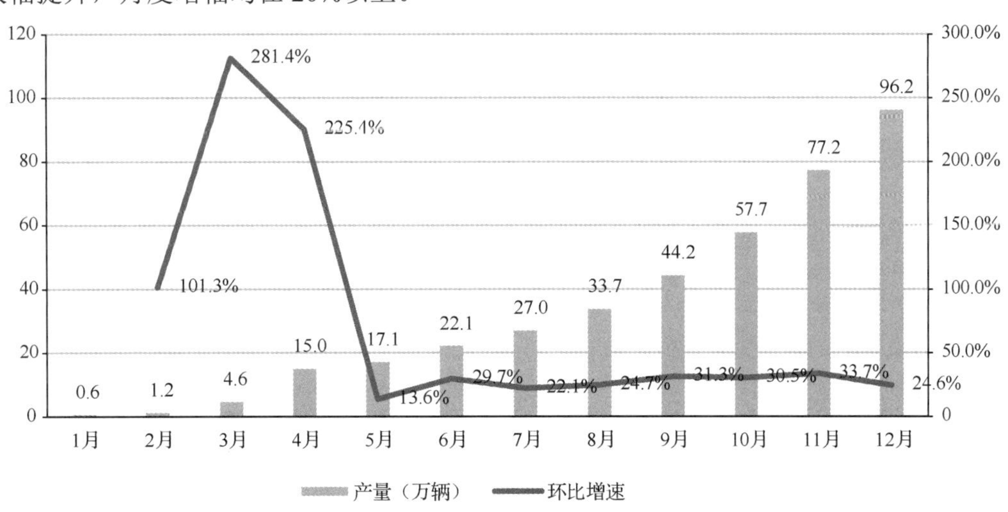

图 12-20　2021 年乘用车新车型月度产量

二、乘用车新车型市场结构分析

（一）燃料类型结构分析

2021 年乘用车新车型产量燃料类型结构如图 12-21 所示。传统燃料乘用车新车型产量占总量的比例为 66.9%，虽然仍是主力，但同比下降幅度较大，新能源燃料类型占比大幅度提升，达 29%，常规混合动力燃料类型占比不足 5%。

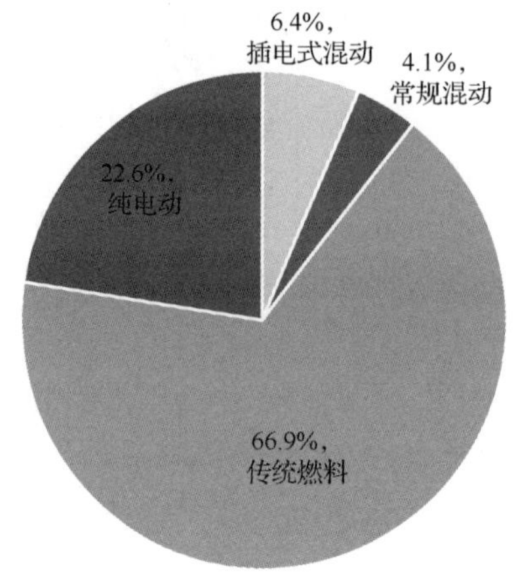

图 12-21　2021 年乘用车新车型产量燃料类型结构

从月度来看新车型产量的燃料类型结构，整体上常规混合动力、插电式混合动力燃料类型份额呈现月度小幅提升，占比较低；传统燃料、纯电动燃料类型份额大且变化也较大，传统燃料乘用车新车型产量份额整体呈明显下降态势，而纯电动乘用车新车型产量份额变化与之相反，两者表现出此消彼长的格局。纯电动乘用车新车型产量份额占比在 3 月达到峰值，为 85.23%。2021 年乘用车月度新车型产量燃料类型结构如图 12-22 所示。

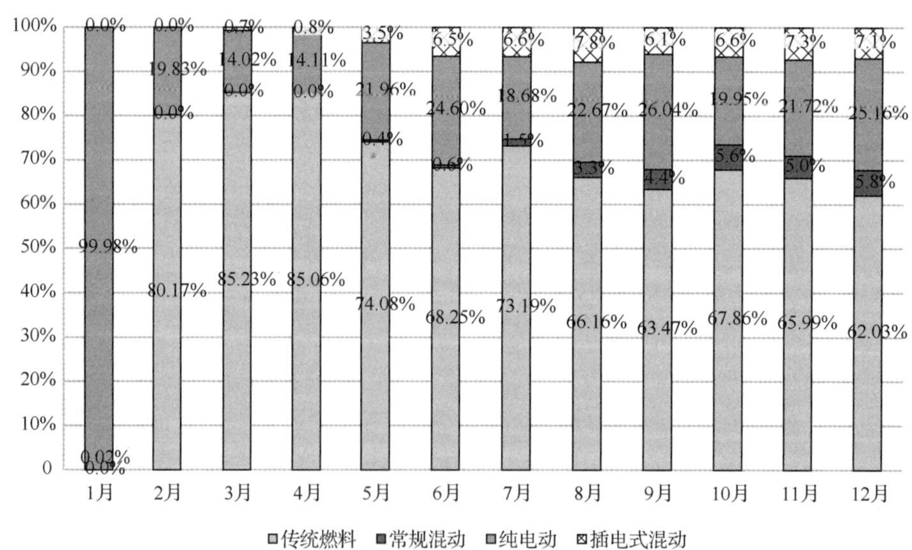

图 12-22　2021 年乘用车月度新车型产量燃料类型结构

（二）车辆类型结构分析

从车辆类型结构看，2021 年轿车、SUV 新车型产量分别为 210.1 万辆、171.9 万辆，所占比例分别为 53.0%、43.3%，其余两种车型占比仅 3.7%，轿车和 SUV 产品仍然是 2021 年乘用车新车型增量市场的主力车型。2021 年乘用车新车型产量车辆类型结构如图 12-23 所示。

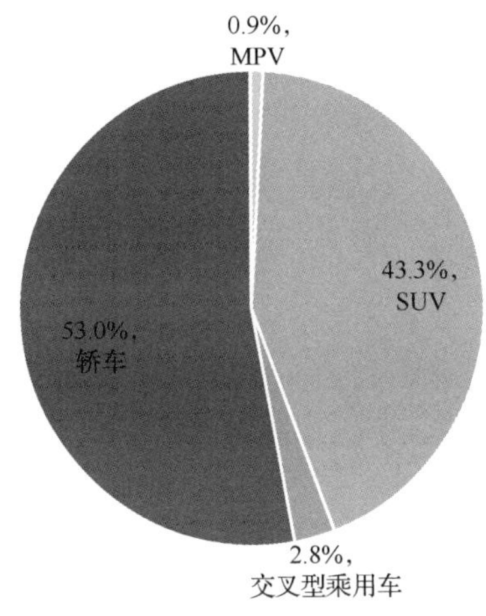

图 12-23　2021 年乘用车新车型产量车辆类型结构

从月度新车型产量车辆类型看，2021 年 1 月和 2 月轿车新车型占比超过 97%，仅有少量的 SUV 产品。3—12 月，SUV、轿车主导新车型产量车辆类型结构变化，两者此消彼长，SUV 平均份额为 41.7%，总体较为稳定，在 8 月达到峰值，占比为 46.5%。整体上轿车月均份额高于 SUV，为 54.4%。MPV、交叉型乘用车新车型市场份额占比较小。2021 年乘用车月度新车型产量车辆类型结构如图 12-24 所示。

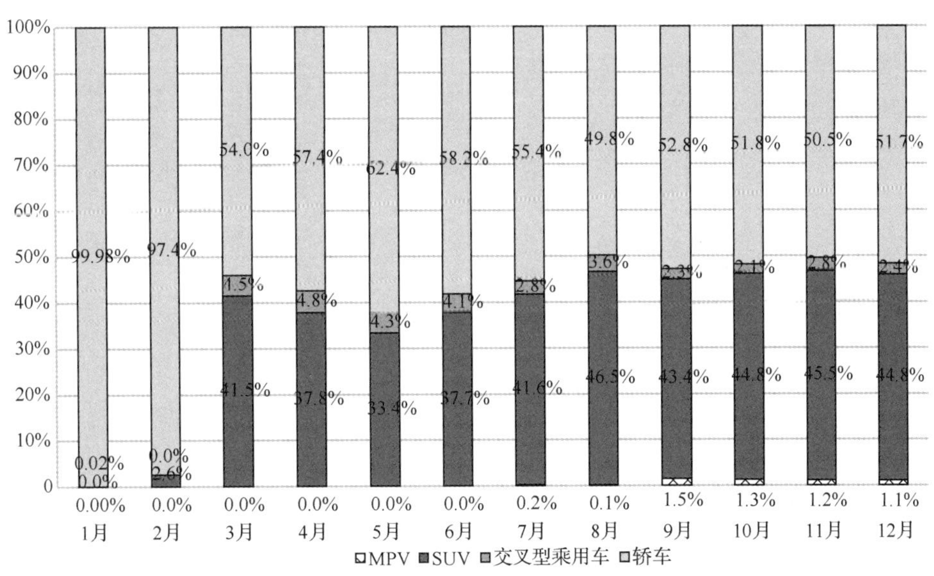

图 12-24　2021 年乘用车月度新车型产量车辆类型结构

（三）车型级别结构分析

从车型级别结构看，B 级乘用车新车型 2021 年产量为 181.8 万辆，占全年总产量的 45.8%，A 级乘用车新车型 2021 年产量为 128.1 万辆，占全年总产量的 32.3%，B 级乘用车新车型产量超过 A 级乘用车，说明 2021 年车型大型化趋势明显。C 级乘用车新车型，占全年总产量的 12.1%，同比略有增加。另外，值得注意的是，A0 级、A00 级乘用车新车型产量共 38.9 万辆，占全年总产量的比例分别为 2.7%、7.1%，同比有较大幅度的增加，这在一定程度上说明了乘用车市场两极分化的现状。2021 年乘用车新车型产量车型级别结构如图 12-25 所示。

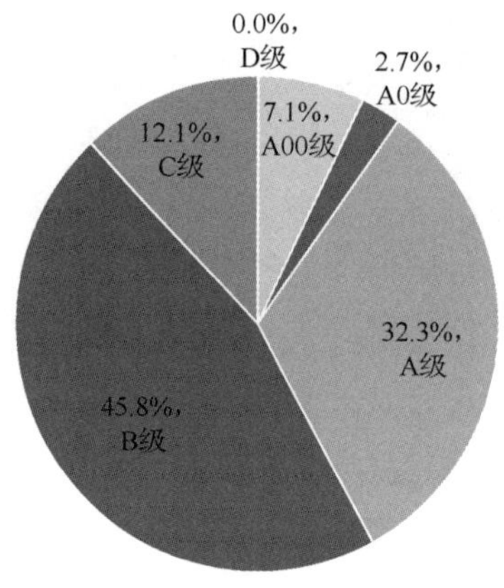

图 12-25　2021 年乘用车新车型产量车型级别结构

从月度新车型产量车型级别看，2021 年 1—5 月，新车型产量由 A 级乘用车主导。从 6 月开始到 12 月，A 级乘用车新车型产量占全年总产量的份额由升到降，反之 B 级乘用车新车型份额逐渐上升，最高出现在 9 月，为 55.4%。2021 年乘用车月度新车型产量车型级别结构如图 12-26 所示。

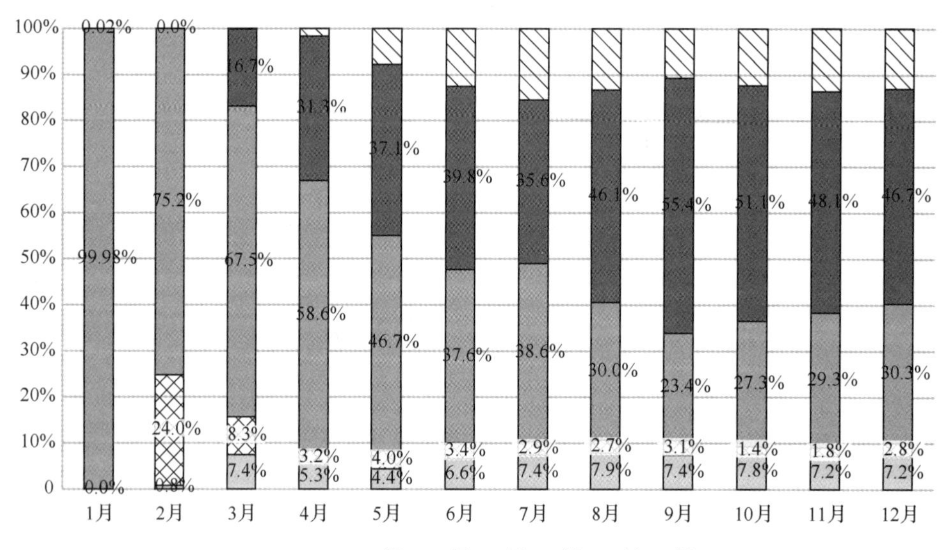

图 12-26　2021 年乘用车月度新车型产量车型级别结构

（四）系别结构分析

从新车型系别结构看，与 2020 年相比，变化较大，具体来看，中国品牌 2021 年新车型产量为 211.9 万辆，占比为 53.4%，远超过欧系、美系、日系，占据第一名的位置。美系新车型产量约 86.3 万辆，占比为 21.8%，欧系和日系分别占比 12.4%和 10.9%，差别不大。另外，韩系品牌 2021 年新车型产量占比仅为 1.5%，占比较小。2021 年乘用车新车型产量车型系别结构如图 12-27 所示。

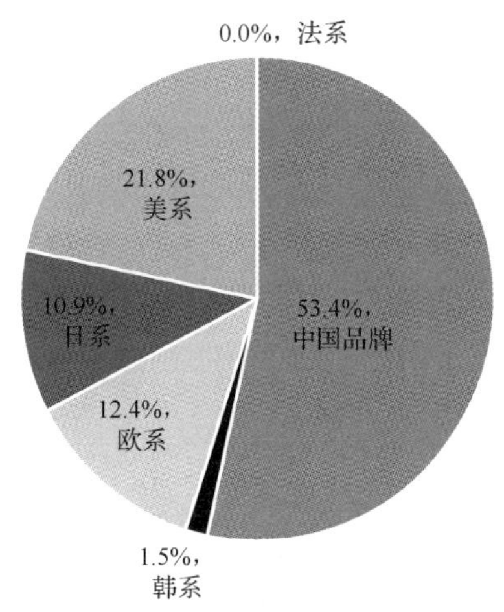

图 12-27　2021 年乘用车新车型产量系别结构

从 2021 年月度新车型产量系别结构看，2021 年 1—2 月只生产了中国品牌新车型，3—12 月，中国品牌新车型产量份额呈现稳中略有下降的态势，平均份额为 57%，美系、欧系、日系新车型产量份额走势呈现有升有降的波动状态，但总体份额较低，与中国品牌差距较大。2021 年乘用车月度新车型产量系别结构如图 12-28 所示。

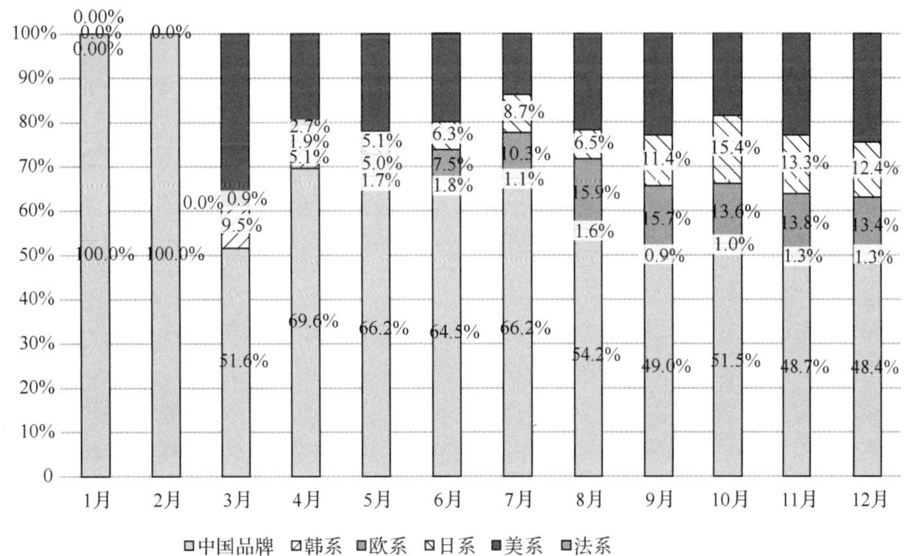

图 12-28　2021 年乘用车月度新车型产量系别结构

（五）企业结构分析

2021 年乘用车企业新车型产量 TOP10 情况如图 12-29 所示。2021 年乘用车企业新车型产量 TOP10 累计产量为 234.3 万辆，占全年新车型产量的 59.1%，同比下降较大，产业集中度下降。其中，重庆长安、上汽通用五菱、浙江豪情产量分别以 61.3 万辆、39.4 万辆、23.8 万辆，占据前三名位置，占全年新车型产量份额分别为 15.4%、9.9%、6.0%。特斯拉作为唯一的外资品牌，以 21 万新车型产量占据第 5 位。

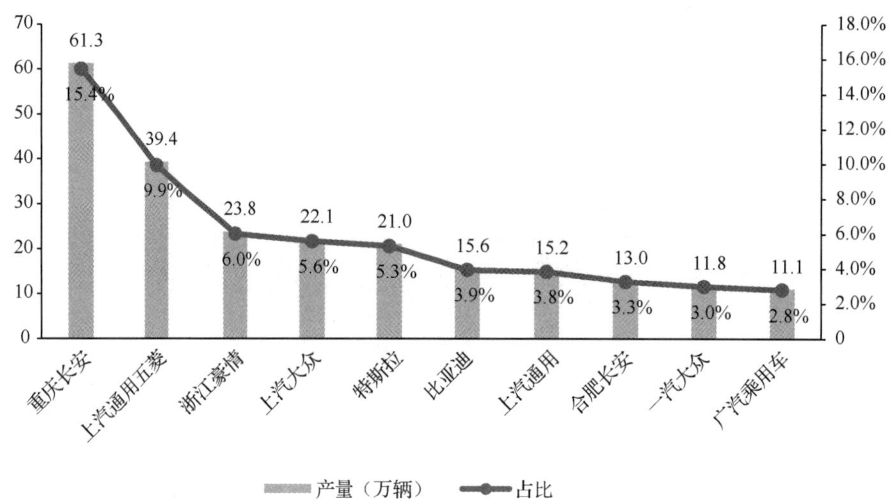

图 12-29　2021 年乘用车企业新车型产量 TOP10 情况

第四节　总结与展望

本章依据《公告》数据，按照燃料结构、车辆类型结构、级别结构等维度阐述了 2021 年乘用车新车型申报情况，分析了乘用车新车型技术特征及技术趋势。依据机动车出厂合格证数据，分析了 2021 年申报产品《公告》的乘用车新车型的市场表现，在一定程度上反映了企业产品迭代优化的效果。

面对激烈的市场竞争，乘用车企业纷纷加快新车型的研发和上市，以满足快速变化的市场。2021 年，乘用车新车型申报整体较为平稳，呈现波动上升趋势。新能源乘用车新车型申报数量进一步提升，占全年乘用车新车型总量的 44.9%，这说明乘用车企业逐步加大了对新能源乘用车产品的研发力度。

在能源短缺和环境污染问题突出的背景下，我国做出碳达峰碳中和的“双碳”战略决策，坚定不移走生态优先、绿色低碳的高质量发展道路。在汽车产业转型升级的过程中，传统能源乘用车承担着不可或缺的重要角色，坚持新能源驱动战略的同时，加快推动传统能源乘用车的节能降耗和转型升级，实现传统能源乘用车与新能源乘用车融合发展。未来传统能源乘用车占比将呈现逐渐下降的趋势。同时，随着先进发动机技术、轻量化技术的不断应用，传统能源乘用车新车型的油耗和污染物排放将继续降低。

第十三章　2021 年商用车新车型特征

姚勇，徐传康，王佳良，曾小松*

摘要：本章依据《道路机动车辆生产企业及产品公告》（以下简称《公告》）数据，按照燃料结构、车辆类型结构、功能用途结构的维度阐述了 2021 年商用车新车型申报情况。基于整车参数特征、动力参数特征及核心零部件特征分析了商用车新车型技术特征及技术趋势，分析了 2021 年商用车新车型的市场表现。通过研究发现，2021 年商用车新车型申报规模较大，申报车型在动力性、经济性、可靠性等方面技术水平不断提升，总体呈现轻量化、节能化、绿色化的发展趋势。

关键词：商用车；新车型；技术特征；发展趋势。

第一节　2021 年商用车新车型申报情况

一、商用车新车型申报基本情况

2021 年，由于“蓝牌轻卡”等政策预期带来的消费观望，疫情引起的房地产、旅游业等行业低迷，国六切换市场需求透支，“公转铁”持续推进等因素的影响，我国的商用车市场下行压力加大，产销量同比显著下降。但是，企业为了应对行业和政策发展变化，积极布局产业链，增强细分市场挖掘，不断推出新车型。2021 年共有 957 家企业申报了商用车新车型，合计申报商用车新车型 22895 个型号。

从整车底盘分类来看，2021 年 12 个批次的《公告》中，底盘、整车数量比例约 1∶9，各批次比例相对稳定。2021 年商用车（含底盘）分类统计如表 13-1 所示。2021 年合计申报商用车底盘新车型 2360 个型号，其中包含客车底盘 131 个型号、货车底盘 2229 个型号，客货车占比分别为 5.6%、94.4%。同时，2021 年合计申报整车新车型 20535 个型号，其中包含客车整车 760 个型号、货车整车 19755 个型号，客货车占比分别为 3.7%、96.3%。由于商用车市场中货车需求规模占比较大且市场竞争相对激烈，而在疫情影响下，2021 年，客车市场需求持续下探，整车及底盘新车型中，货车均在数量上占据主要地位。

---

* 姚勇，高级工程师，工业和信息化部装备工业发展中心产品审查处处长；徐传康，工程师，任职于工业和信息化部装备工业发展中心产品审查处；王佳良，助理工程师，任职于工业和信息化部装备工业发展中心产品审查处；曾小松，高级工程师，任职于工业和信息化部装备工业发展中心数据管理处。

表 13-1　2021 年商用车新车型（含底盘）分类统计

批次	340	341	342	343	344	345	346	347	348	349	350	351	合计
数量（个）	1640	1533	1674	2209	2124	1957	2087	1887	2181	2030	1783	1790	22895
底盘（个）	206	178	216	233	195	206	230	204	185	231	134	142	2360
客车底盘（个）	10	6	7	12	15	19	20	11	11	10	6	4	131
货车底盘（个）	196	172	209	221	180	187	210	193	174	221	128	138	2229
整车（个）	1434	1355	1458	1976	1929	1751	1857	1683	1996	1799	1649	1648	20535
客车整车（个）	50	47	43	89	75	85	69	56	78	62	61	45	760
货车整车（个）	1384	1308	1415	1887	1854	1666	1788	1627	1918	1737	1588	1603	19775

2021 年主要商用车企业新车型（不含底盘）申报情况如图 13-1 所示。其中前十家企业合计申报 4704 个型号新车型（不含底盘），占比为 22.9%；其他企业合计申报 15831 个型号新车型，占比为 77.1%。中国重汽、东风汽车、程力专用汽车、北汽福田申报数量均超过 500 个型号。随着商用车市场需求的不断发展以及产品技术加快升级，各企业申报新车型频率、数量不断提升。其中，中国重汽集团随着产品布局向轻型货车拓展（2021 年申报轻型货车产品 206 个，占比为 22.7%），以 907 个新车型的申报数量远超其他企业。

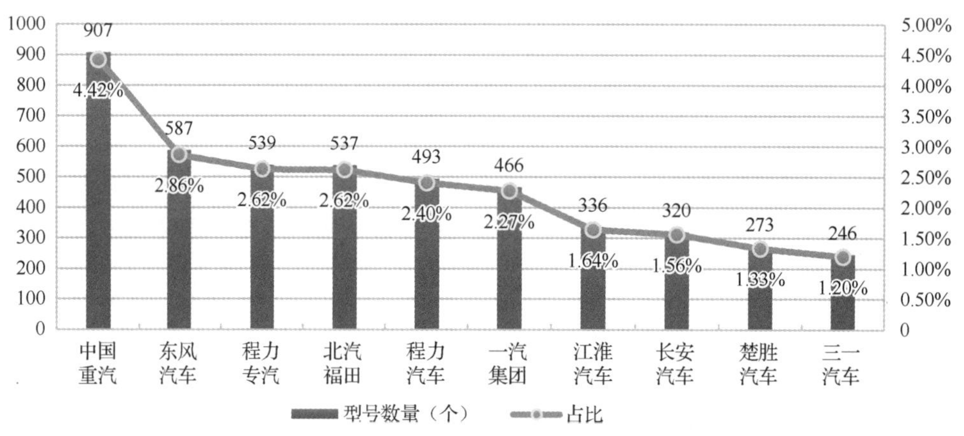

图 13-1　2021 年主要商用车企业新车型（不含底盘）申报情况

全年共 12 个批次新车型《公告》，2021 年商用车新车型申报情况如图 13-2 所示。总体来看，全年申报节奏相对比较平均，受疫情影响不大，主要是各地为了保障物流运输、公共交通，市场相对稳定。分批次来看，第 343 批申报数据达全年最高水平，共申报 2209 个型号。

二、商用车新车型申报结构分析

（一）燃料类型结构分析

2021 年商用车新车型（不含底盘）燃料类型申报情况如表 13-2 所示。2021 年申报

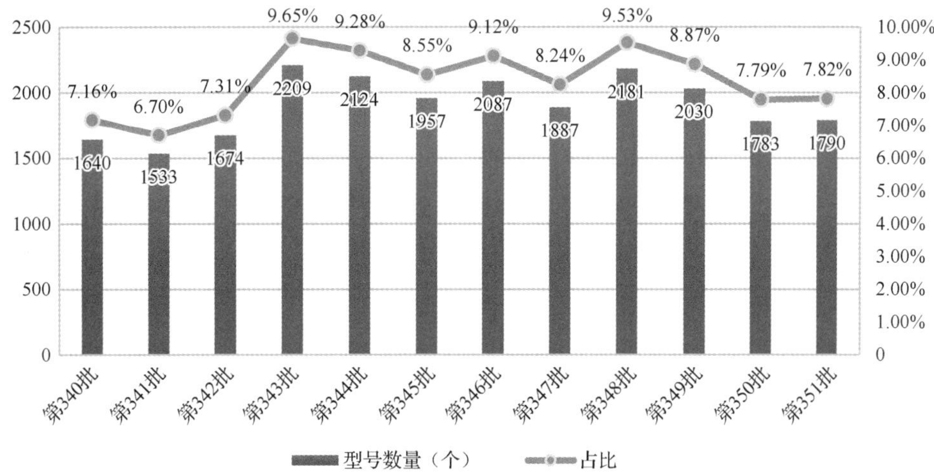

图 13-2　2021 年商用车新车型申报情况

的新车型燃料类型仍以传统能源（汽油、柴油、天然气）为主，申报了 18589 个型号，占总申报数量的 90.5%；其次为新能源，申报了 1946 个型号，占比为 9.5%。随着各企业新能源战略布局的推进，新能源商用车新车型申报进程不断加快。

表 13-2　2021 年商用车新车型燃料类型（不含底盘）申报情况

分　类	数　量	占　比	分　类	燃料种类	数量（个）	占　比
传统能源	18589	90.5%	新能源	纯电动	1665	85.6%
				插电式混合动力	60	3.1%
				燃料电池	221	11.3%
				小计	1946	9.5%

从传统能源来看，柴油车型申报数量占比较高，申报车型主要为中重型货车及轻型货车；汽油车型申报数量较少，主要集中在部分轻型货车及小型客车市场；天然气车型仍以中重型货车为主。从新能源来看，纯电动车型占比最高，占新能源车型申报数量的 85.6%，尤其是纯电动轻型货车、大中客车、中重型货车申报数量较多；燃料电池车型申报数量显著增长，以中大型城市客车、半挂牵引车、环卫车辆新车型以为主；插电式混合动力车型申报量最少，主要为轻、中型货车新车型。

（二）车辆类型结构分析

从车辆类别来看，2021 年商用车新车型（不含底盘）车辆类型结构如图 13-3 所示。特大、大、中及小型客车分别申报 5 个型号、329 个型号、292 个型号及 134 个型号，分别占客车总数的 0.7%、43.3%、38.4%及 17.6%，大、中型客车新车型在客车市场中占比最高。受到疫情持续影响，出行需求持续回落，客车市场需求萎缩，客车新车型申报量继续下降。大、中型客车新车型集中在城市客车市场，小型客车产品被广泛应用于城乡客运。

重、中、轻及微型货车分别申报新车型 10724 个型号、3225 个型号、5818 个型号及 8 个型号，分别占货车总数的 54.2%、16.3%、29.4%及 0.1%。重、轻型货车新车型数量占比较高，其中重型货车新车型数量占比最高。重型货车市场进入成熟发展阶段，市场竞争较为激烈，一方面，进口重型货车国产化加速实施，重型货车市场在头部企业的引领下加速产品迭代，另一方面，排放标准、超载超限等治理措施推动市场重型货车产品标准化、合规化发展，实施按轴收费、税费改革也对重型货车市场需求更新产生影响，智能化、网联化、低碳化新技术的应用也推动了新车型申报数量进一步增加。

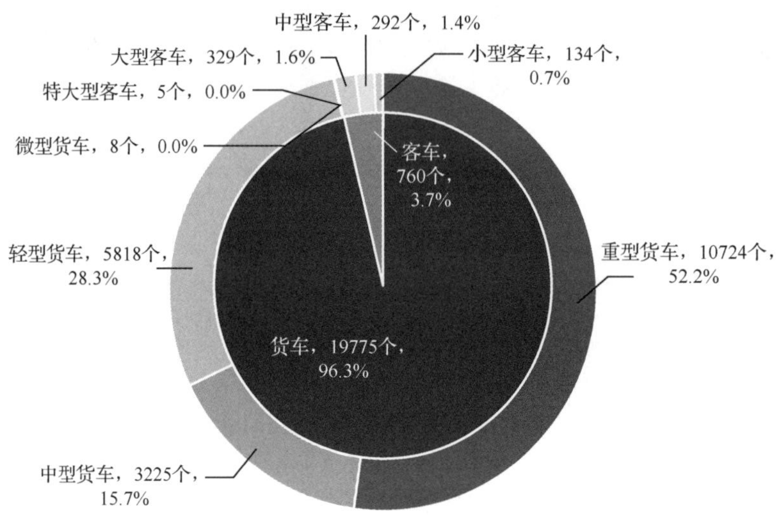

图 13-3　2021 年商用车新车型（不含底盘）车辆类型结构

（三）功能用途结构分析

2021 年货车新车型（不含底盘）功能用途结构如图 13-4 所示。从货车功能用途来看，专用车、载货车、自卸车、牵引车新车型分别占比为 73.6%、17.6%、6.5%、2.3%，专用车新车型占比最大且种类较多。专用车中，冷藏车、清障车、混凝土搅拌运输车、随车起重运输车、垃圾车和环卫车辆等新车型申报数量贡献度较大。工程作业、城市环卫需求是专用车产品发展的主要动力。载货车在厢式运输车的支撑下，其新车型申报数量也相对较高，厢式运输车单类别申报新车型数量 1062 个型号，是新车型申报数量最多的单类别产品，印证了在疫情影响下，消费模式的转变带动了以快递、快运为主的物流

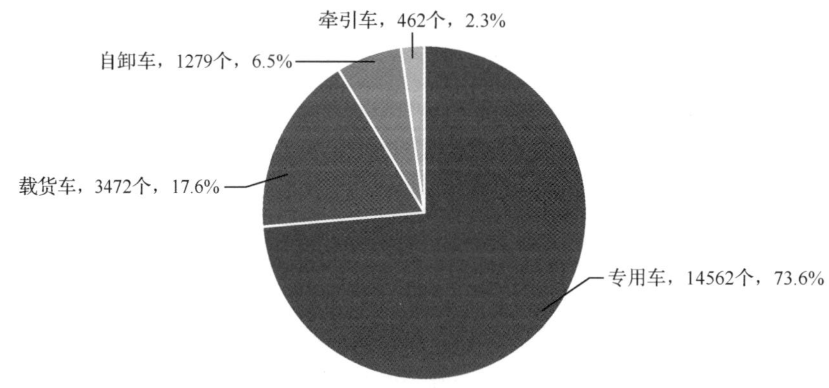

图 13-4　2021 年货车新车型（不含底盘）功能用途结构

运输行业的快速发展，从而拉动了厢式运输车需求的升级和演变。另外，栏板、仓栅式运输车申报量占比也较高。

2021 年客车新车型（不含底盘）功能用途统计如图 13-5 所示。从客车功能用途来看，公交车、座位客车、校车、专用客车新车型分别占比为 58.6%、26.4%、5.5%、9.5%，公交车新车型申报占比最高。在疫情影响下，公共交通需求下降，但是新能源车型替代是城市公交车新车型申报的一大驱动。

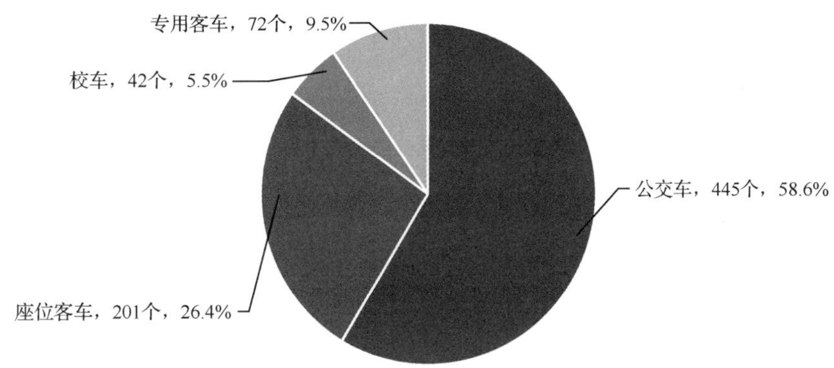

图 13-5　2021 年客车新车型（不含底盘）功能用途统计

（四）企业结构分析

2021 年共有 923 家企业申报了货车新车型，占商用车申报企业总数的 96.6%，申报数量占商用车新车型申报总数的 96.2%。2021 年主要货车企业新车型（不含底盘）申报情况如图 13-6 所示。从主要申报企业来看，前十家企业共申报 4656 个货车新车型（不含底盘），占比为 23.5%；其中中国重汽稳居榜首，申报数量远超其他企业；东风汽车、程力专汽、北汽福田申报数量也较高，申报新车型数量均超过 500 个。除前十家外，其他企业共申报 15119 个型号，占比为 76.5%。从企业申报的集中度来看，货车新车型申报企业主要集中在前三十家，随着市场竞争加剧，货车新车型申报的集中度也有所提升，头部企业的竞争力继续提升。

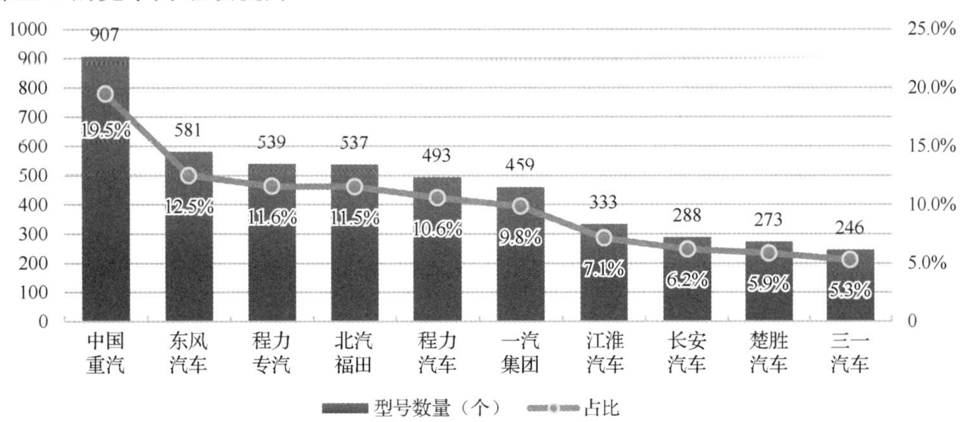

图 13-6　2021 年主要货车企业新车型（不含底盘）申报情况

2021 年共有 104 家企业申报了客车新车型，占商用车申报企业总数的 10.9%，申报数量占商用车新车型申报总数的 3.7%。2021 年主要客车企业新车型（不含底盘）申报情况如图 13-7 所示。从主要申报企业来看，前十家企业共申报 416 个客车新车型（不含底盘），占比为 54.7%；其中，宇通客车、厦门金旅申报数量均超过 50 个型号。除前十家外，其他企业共申报 344 个型号，占比为 45.3%。客车相对于货车市场，新车型申报数量很少，申报企业主要集中在前十家，在阶段性疫情影响和客运需求不断下降的趋势下，行业集中度继续提升。

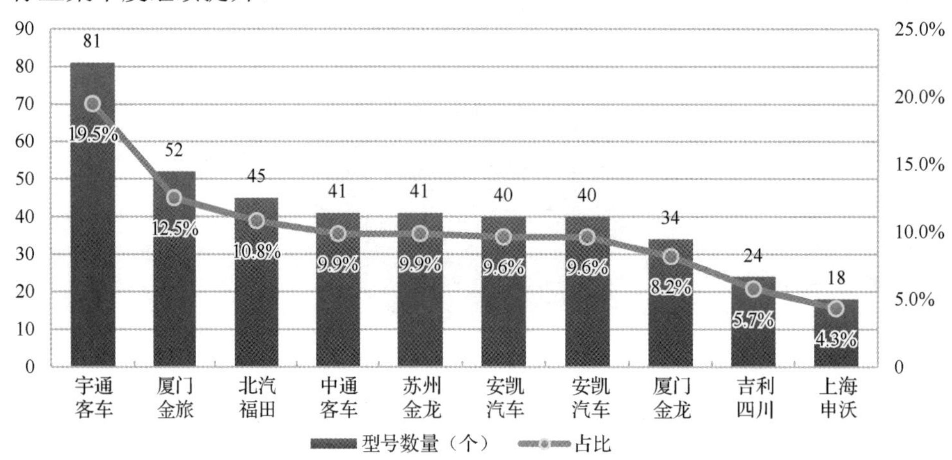

图 13-7　2021 年主要客车企业新车型（不含底盘）申报情况

第二节　2021 年商用车新车型技术特征

一、货车新车型技术特征分析

（一）轻型货车分析

2021 年，轻型货车（含微型货车）申报新车型 5826 个型号，占商用车申报总数的 28.4%。受新能源补贴下滑及限于应用场景、国六排放标准阶段性实施推进、蓝牌货车“大吨小标”治理等因素影响，呈现国六加速升级及产品小型化等特点，其中，产品小型化主要体现在小排量动力配装比例较高。

2021 年轻型货车（不含底盘）分批次燃料结构如图 13-8 所示。新车型主要以传统燃料为主，占比超过 90%；新能源新车型主要以纯电动车型为主，占比约 9%，相比 2020 年有所提升。但是现阶段仍受充电设施不完善、补贴下滑、应用场景有限等因素影响，新能源轻型货车客户主要为集团客户、平台客户，市场成熟度仍然较低。从 2021 年新车型分批次燃料结构来看，纯电动车型比重相对稳定，也在一定程度上反映出新能源轻型货车进入由市场需求主导的阶段性稳定期。

从新车型车长分布来看，轻型货车需求相对集中。2021 年轻型货车（不含底盘）轴距结构如图 13-9 所示。2021 年轻型货车新车型轴距主要集中在 5751～6000mm，共 2815

个型号，占比高达 48.4%。其中车长在 5990mm 以上的车型 2117 个，占轻型货车总量的 36.4%。大尺寸产品最受物流市场青睐，依然是轻型货车的主要需求。其次为 5251～5500mm 车长段，共有 978 个型号，占比为 16.8%。受“大吨小标”治理影响，兼具价格、承载、进城等优势的轻型货车产品持续受到市场追捧。

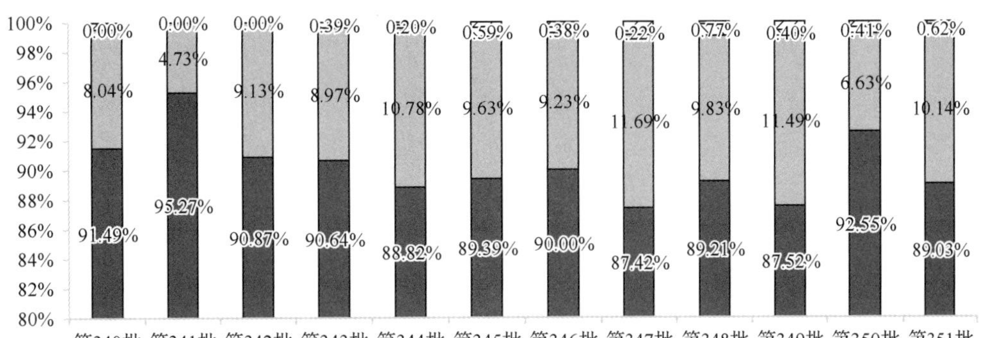

图 13-8　2021 年轻型货车（不含底盘）分批次燃料结构

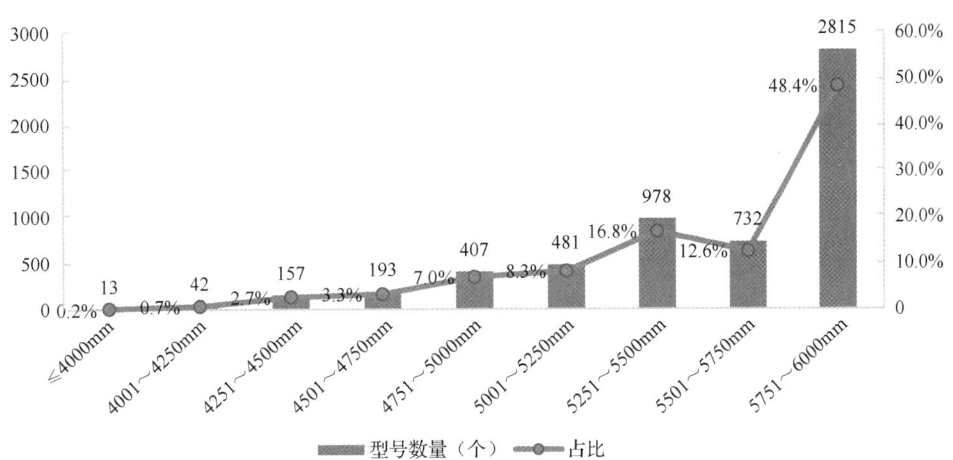

图 13-9　2021 年轻型货车（不含底盘）轴距结构

2021 年，蓝牌轻型货车申报新车型 5818 个型号。2021 年蓝牌轻型货车（不含底盘）总质量结构如图 13-10 所示。总质量主要集中在 4001～4500kg，共有 3033 个型号，占比约 52%。从 2021 年发布的蓝牌轻型货车新车型情况中可以看出，总质量区间分布较广，但仍以高总质量车型为主，反映出终端市场对承载能力的需求。自 2019 年“5.21 事件”严查蓝牌货车“大吨小标”以来，蓝牌轻型货车源头治超和路面治超措施不断趋严，为保证最大承载能力，在申报高总质量车型的同时，企业通过轻量化等技术措施降低车辆整备质量，从而提升整车的额定载重水平。

2021 年轻型货车（不含底盘）吨百公里油耗情况如图 13-11 所示。从轻型货车的吨百公里油耗来看，2.4～2.6L/t • 100km 的车型共计 1906 个，占比约 48.0%。随着用户对油耗愈加重视，同时为了满足法规要求，企业通过优化标定，使得轻型货车的油耗进一步降低。

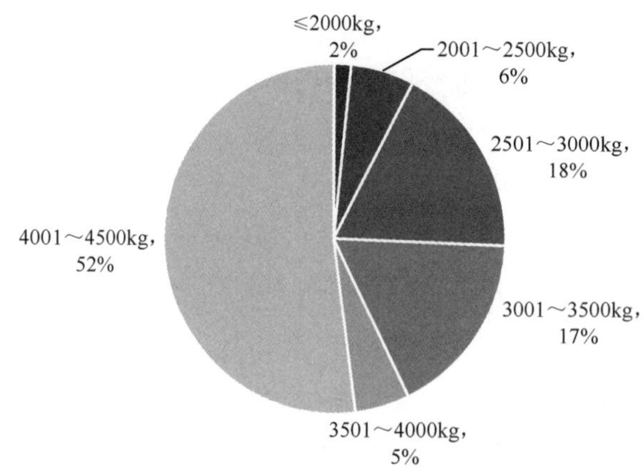

图 13-10　2021 年蓝牌轻型货车（不含底盘）总质量结构

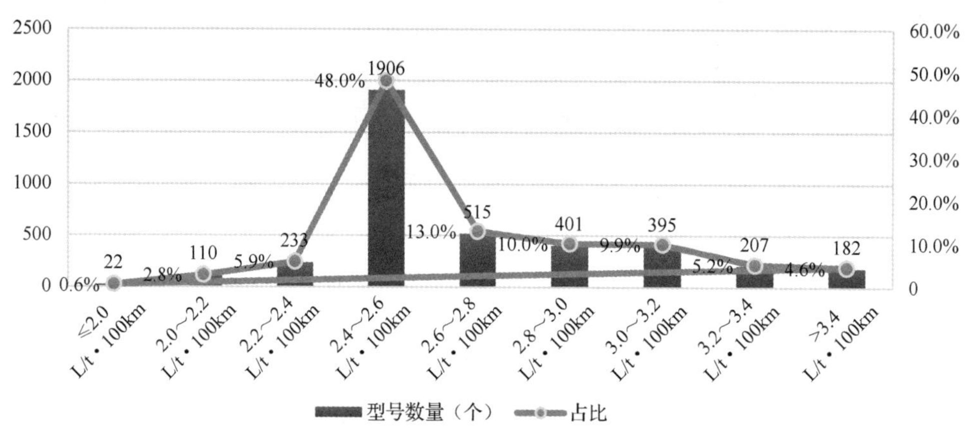

图 13-11　2021 年轻型货车（不含底盘）吨百公里油耗情况

（二）中重型货车分析

2021 年中重型货车（不含底盘）分批次燃料结构如图 13-12 所示。2021 年，中重型货车申报新车型 13949 个型号，占商用车申报总量的 67.9%。受国六排放标准阶段性实施推进、动力性及续驶里程要求、充电受限等因素的影响，中重型货车的能源类型仍以

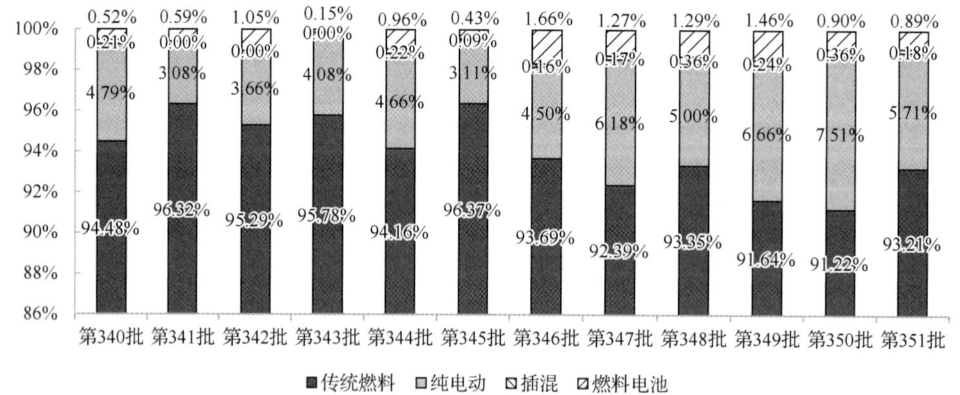

图 13-12　2021 年中重型货车（不含底盘）分批次燃料结构

传统能源为主，传统能源新车型占比为 93.9%。但是从下半年开始，即国六排放标准全面实施后，中重型货车新能源车型的申报占比显著提高，其中仍以纯电动车型为主。2021 年，共申报纯电动中重型货车 691 个，占比为 5.0%。

值得注意的是，为了解决里程焦虑和充电慢的问题，对于运行场景相对固定的半挂牵引车、自卸车、混凝土搅拌运输车等，纯电动车型中的换电式车型比例明显提升。2021 年中重型纯电动车型（不含底盘）申报情况如表 13-3 所示。换电式的纯电动半挂牵引车和自卸车车型数量已经超过非换电式纯电动车型。随着“双碳”目标的持续推进，以及换电设施的加快建设，换电式重型货车仍将继续发展。

表 13-3 2021 年中重型货车纯电动车型（不含底盘）申报情况

半挂牵引车		自 卸 车		混凝土搅拌运输车	
纯电动类型	申报数量（个）	纯电动类型	申报数量（个）	纯电动类型	申报数量（个）
非换电式	23	非换电式	63	非换电式	44
换电式	48	换电式	74	换电式	29

2021 年牵引车排放水平如图 13-13 所示。传统能源车型中，以国六排放水平的柴油车型申报为主。2021 年 7 月 1 日，重型柴油车国六 a 开始实施，各企业纷纷已提前完成从国五到国六的切换。以牵引车为例，2021 年申报的 322 个牵引车新车型，仅在第 340 批申报中出现了 5 个国五排放车型，其余均为国六排放车型。

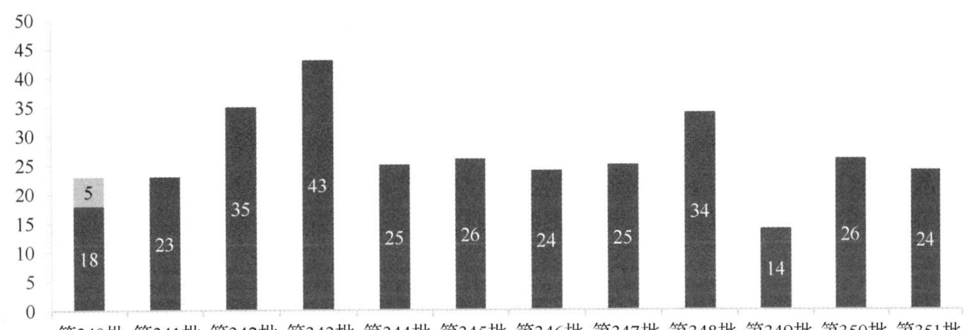

图 13-13 2021 年牵引车排放水平

受高速公路“按轴收费”政策实施、超载治理常态化，以及运输效率提升等因素影响，新申报产品呈现标载化、大功率化、高端化等特征。以牵引车申报驱动型式为例，牵引车申报以 6×4 车型为主，2021 年共申报 462 个型号，占比为 82.2%。受“按轴收费”政策实施影响，4×2 车型申报数量继续增加，2021 年共申报 97 个型号，占比为 17.3%。6×2 车型申报数量继续减少，2021 年只申报 3 个型号，2021 年牵引车驱动型式如图 13-14 所示。

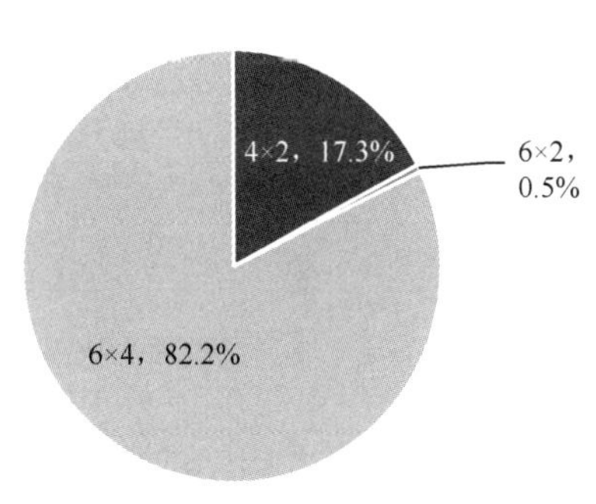

图 13-14 2021 年牵引车驱动型式

2021 年中重型货车（不含底盘）总质量申报情况如表 13-4 所示。从申报产品的总质量来看，牵引车申报以 18～25t 的三轴车型为主，2021 年申报了 364 个型号，占牵引车总申报数的 78.8%，说明拖挂能力强的半挂牵引车仍是市场的主要需求。载货车新车型主要集中在 12～18t 的重型两轴货车，2021 年申报了 440 个型号，占载货车总申报数的 43.1%。同样受到“按轴收费”政策实施影响，承载能力强收费低的两轴货车受到欢迎。而自卸车以 25～31t 的四轴车型占比最高，2021 年申报了 582 个车型，占自卸车总申报数的 51.1%。

表 13-4　2021 年中重型货车（不含底盘）总质量申报情况

牵引车		载货车		自卸车	
总质量（t）	申报数量（个）	总质量（t）	申报数量（个）	总质量（t）	申报数量（个）
4.5～12	4	4.5～12	239	4.5～12	155
12～18	93	12～18	440	12～18	137
18～25	364	18～25	165	18～25	265
25～31	1	25～31	155	25～31	582
>31	0	>31	21	>31	0

从申报新车型的吨百公里油耗来看，牵引车的油耗最为集中，1.4～1.6L/t • 100km 的占比最高，为 74.2%。载货车由于总质量分布比较分散导致油耗也比较分散，但同样以 1.4～1.6L/t • 100km 的占比最高，为 34.7%。自卸车由于高总质量车型占比高，因此油耗相对较低，以 1.2～1.4L/t • 100km 的油耗分布最高，占比为 45.1%。2021 年中重型货车（不含底盘）吨百公里油耗情况如图 13-15 所示。

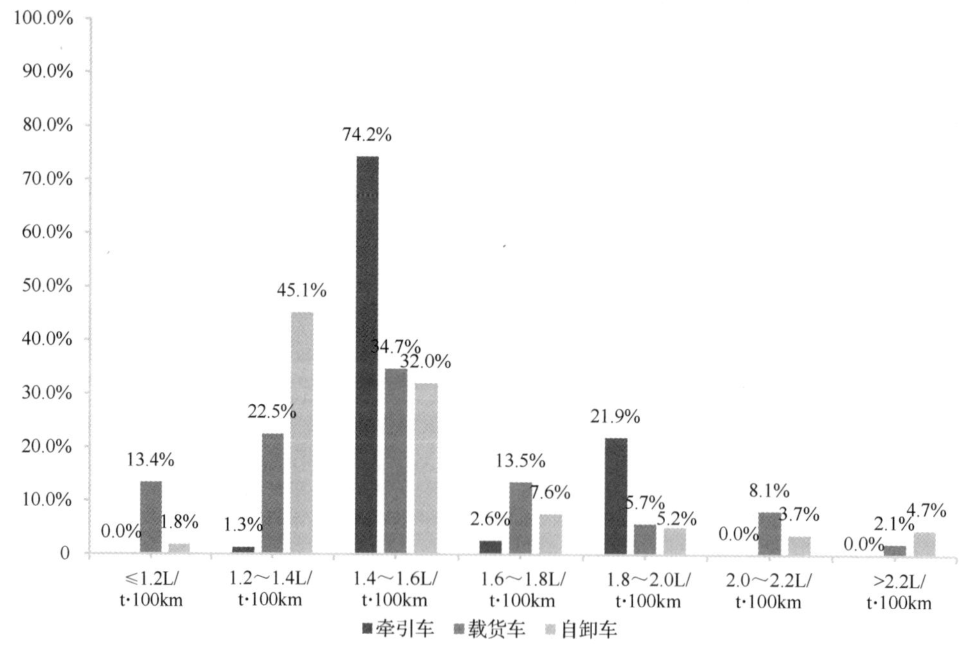

图 13-15　2021 年中重型货车（不含底盘）吨百公里油耗情况

二、客车新车型技术特征分析

受疫情持续影响，客车市场持续萎缩，客车新车型申报量持续下滑。2021 年，共申报客车新车型 760 个型号，其中主要以大型客车为主，共申报了 329 个型号，占比高达 43.3%。其次是中型客车，共申报了 292 个型号，占比达 38.4%。中、大型客车是客车新车型申报的绝对主力，合计占比为 81.7%。小型客车申报了 134 个型号。2021 年客车市场（不含底盘）产品申报情况如图 13-16 所示。

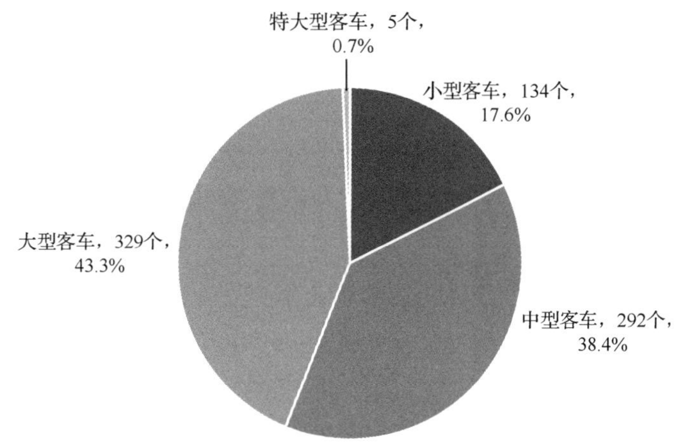

图 13-16　2021 年客车新车型（不含底盘）申报情况

（一）公交客车

2021 年，公交客车共申报新车型 445 个型号。随着私家车的普及，以及城市轨道交通、共享交通的发展，城市公交客运量连续多年下滑，为提升车辆利用率、降低采购成本，公交客车产品向中型化发展，2021 年公交客车新车型（不含底盘）分米段申报情况如图 13-17 所示。8～11m 公交客车成为城市公交市场的主力产品，共申报了 292 个型号，占比达 65.6%。其中，10～11m 新车型申报 163 个型号，占比为 36.6%，8～9m 新车型

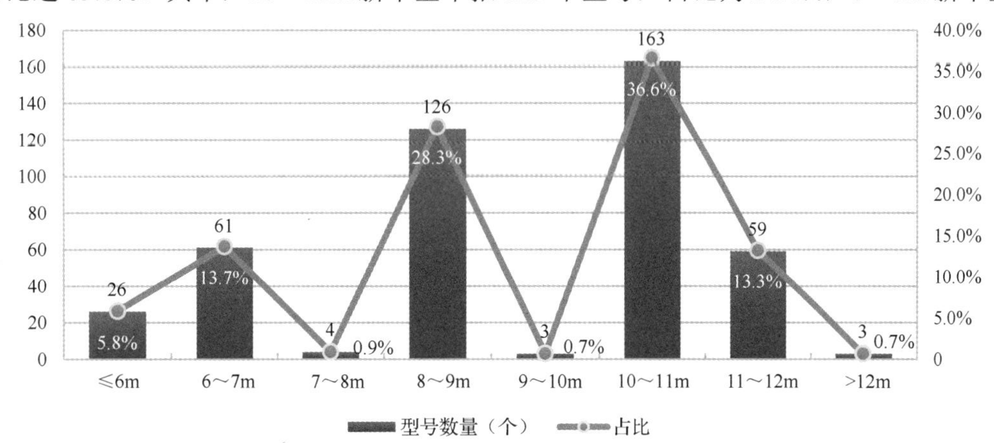

图 13-17　2021 年公交客车新车型（不含底盘）分米段申报情况

申报 126 个型号，占比为 28.3%。而作为曾经公交客车市场主力的 11～12m 车型的申报量趋少，2021 年申报了 59 个型号，占比为 13.3%。7m 以下公交客车主要服务于农村公交市场与城市微循环公交市场等小众市场，共申报 87 个型号，占比为 19.6%。

在新能源政策的推动下，在公交客车市场，新能源客车基本完全替代了传统能源客车。2021 年公交客车市场新车型（不含底盘）分燃料类型申报情况如表 13-5 所示。2021 年，新能源新车型申报了 440 个型号，占比高达 98.9%，纯电动新车型申报了 369 个型号，占比为 82.9%，燃料电池产品申报了 55 个型号，占比为 12.4%，插电式混动产品申报了 16 个型号，占比为 3.6%。纯电动目前是新能源公交客车的主要技术路线，重点开发燃料电池技术，插电式混动则主要作为产品线的补充。而传统能源公交客车仅申报了 5 个型号，申报量持续缩减，基本退出市场。

表 13-5　2021 年公交客车新车型（不含底盘）分燃料类型申报情况

分　类	燃料种类	申报数量（个）	占　比
新能源	纯电动	369	82.9%
	燃料电池	55	12.4%
	插电式混动	16	3.6%
传统能源	——	5	1.1%

（二）座位客车

居民出行多元化，高铁、航空、自驾等运输方式极大地压缩了公路客运市场的生存空间，座位客车市场需求持续下降。2021 年，座位客车新车型申报量远低于公交客车。目前，公路客运主要以中短途、高频次接驳运输为主，小型客车更贴合市场诉求。2021 年座位客车新车型（不含底盘）分米数段申报情况如图 13-18 所示。6m 以下的小型客车产品申报数量最多，共申报了 65 个型号，占比为 32.7%。随着中长途公路客运市场地位的下滑，市场诉求减少，中、大型客车的新车型申报量显著下跌。申报数量 10m 以上的大型客车共申报 82 个型号，占比为 41.2%。6～9m 的中型客车共申报 52 个型号，占比为 26.1%。

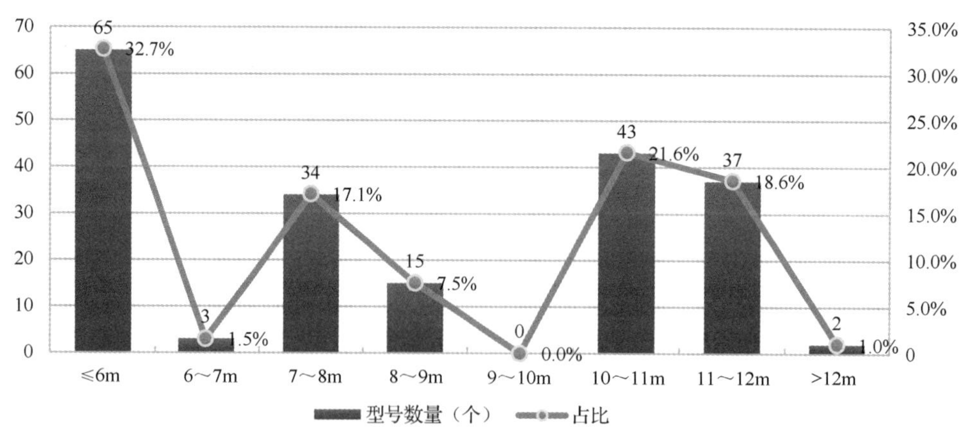

图 13-18　2021 年座位客车新车型（不含底盘）分米数段申报情况

在座位客车市场，新能源客车需求相对较低，一方面是国内民用充电设置、高速充电设施布局不完善；另一方面是面对新能源客车高昂的采购费用，还未找到合适的盈利方式。2021 年座位客车新车型（不含底盘）分燃料类型申报情况如表 13-6 所示。2021 年，新能源产品申报 84 个型号，占比为 42.2%，其中以纯电动为主，燃料电池为辅，无插电式混动车型。传统能源新车型申报了 115 个型号，占比为 57.8%。

表 13-6　2021 年座位客车新车型（不含底盘）分燃料类型申报情况

分　类	燃料种类	申报数量（个）	占　比
新能源	纯电动	67	33.7%
	燃料电池	17	8.5%
传统能源	—	115	57.8%

（三）校车

2021 年校车新车型（不含底盘）分米数段申报情况如图 13-19 所示。7m 以下的校车新车型申报数量最多，申报了 19 个型号，占比为 45.3%，主要服务于农村校车市场。7～9m 新车型主要应用于校车租赁市场，申报了 11 个型号，占比为 26.2%。城市校车以 9m 以上新车型为主，申报了 12 个新车型，占比为 28.5%。

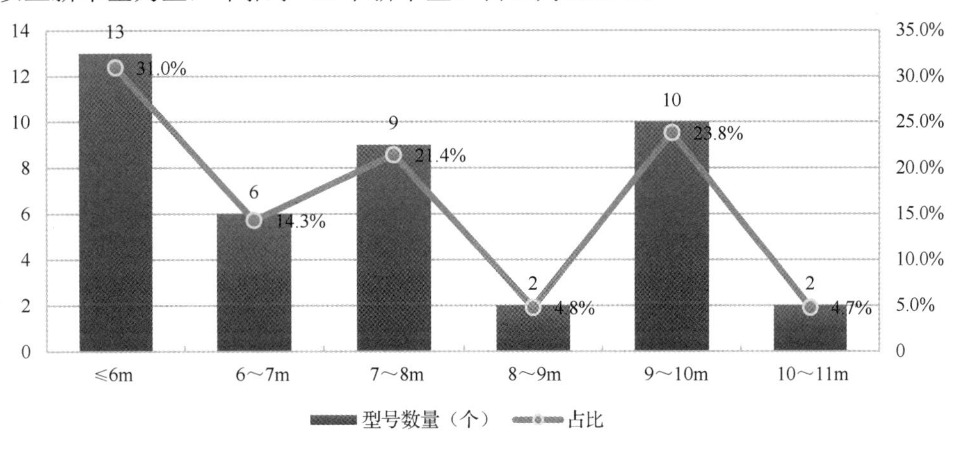

图 13-19　2021 年校车新车型（不含底盘）分米数段申报情况

新申报的校车产品中无新能源车型，均采用了满足国六排放标准要求的柴油发动机，其中以 3L 以内排量为主，共 37 个型号，占比超过 88%。

第三节　2021 年商用车新车型市场表现

一、产量统计分析

2021 年，我国商用车市场需求缩减，产销量同比显著下降。2021 年，商用车新车型产量为 49.0 万辆，同比降幅达到 19.9%，占商用车市场总量的 10.3%。2021 年商用车月度产量如图 13-20 所示。从月度数据来看，随着新车型《公告》申报数量提升，新车型产量逐月提升，12 月当月新车型产量达 8.9 万辆，占商用车新车型全年产量比重达 18.1%。

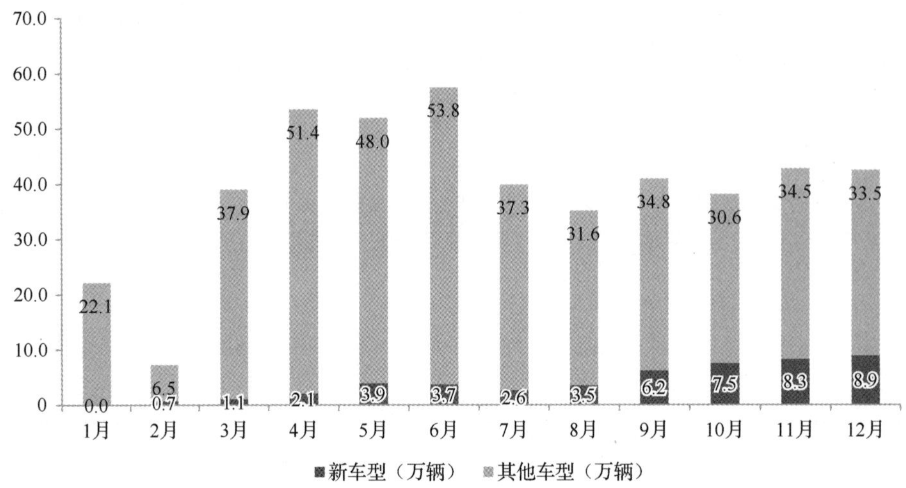

图 13-20　2021 年商用车月度产量

2021 年《公告》显示，商用车新车型产量车辆类型情况如图 13-21 所示。从车辆种类来看，2021 年，货车和客车新车型分别生产 47.2 万辆和 1.2 万辆。受公共交通出行方式多元化和疫情的深入影响，客车新车型产量同比大幅下降。细分类别层面，大型客车新车型全年生产 0.6 万辆，占客车新车型产量比重约 50.0%，单类别占比最高。其中，新能源客车产量对大型客车新车型产量起到了主力支撑作用，占比达到 63.5%。在新能源推广政策的拉动下，新能源客车的新增和更新需求稳定增长。轻型货车新车型全年产量约 40.0 万辆，单类别数量最多，占货车新车型产量的 84.8%，占商用车新车型总量的 81.6%，是新车型生产的重要贡献部分。具体来看，轻型货车新车型的生产以载货车为主，其原因在于在大吨小标、超载超限等违法违规行为治理日益趋严的情形下，轻型货车标准化、轻量化的趋势日益加快，产品升级需求拉动产量快速增长。货车中，中、重型货车新车型产量为 7.2 万辆，占商用车新车型总量的 15.2%，也是商用车新车型中的主要产品，其中，自卸车和牵引车占据较大比重。

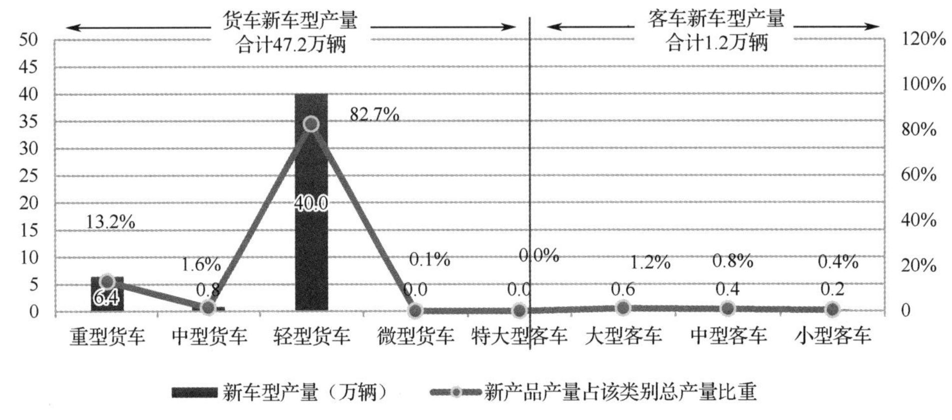

图 13-21　2021 年商用车新车型产量分车辆类型情况

二、企业结构分析

2021 年商用车企业新车型产量 TOP10 情况如图 13-22 所示。2021 年，上汽通用五菱、长安重车等企业产量较高，TOP10 商用车企业新车型合计产量占商用车新车型总产量的 69.4%。轻型货车产品快速推出，促进了企业市场占有率的提升。从新车型对企业产量的贡献度来看，上汽通用五菱、中国重汽、长城汽车均超过 30.0%，体现这些企业产品切换及改进升级较快。

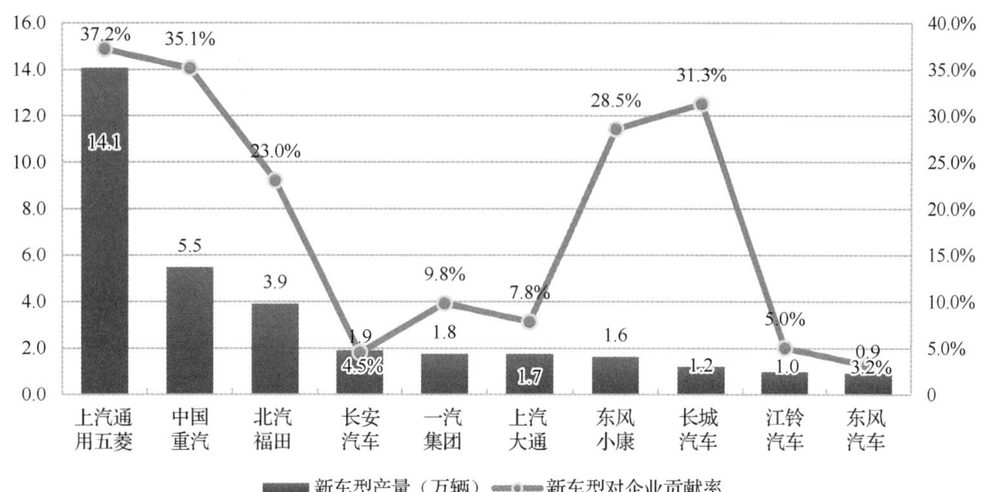

图 13-22　2021 年商用车企业新车型产量 TOP10 情况

2021 年货车企业新车型产量 TOP10 情况如图 13-23 所示，上汽通用五菱、中国重汽、北汽福田等企业新车型产量较高，TOP10 货车企业新车型合计产量占货车新车型总产量的 70.9%。

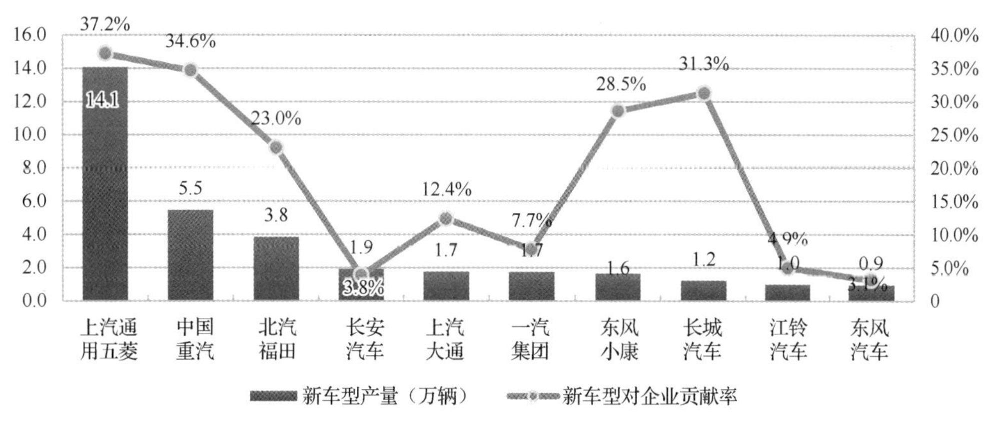

图 13-23　2021 年货车企业新车型产量 TOP10 情况

2021 年客车企业新车型产量 TOP10 情况如图 13-24 所示。从客车企业来看，受目标市场低迷的影响，整体产量都较低，宇通客车、厦门金龙的产量相对较高，TOP10 客车企业新车型合计产量占客车新车型总产量的 64.1%。

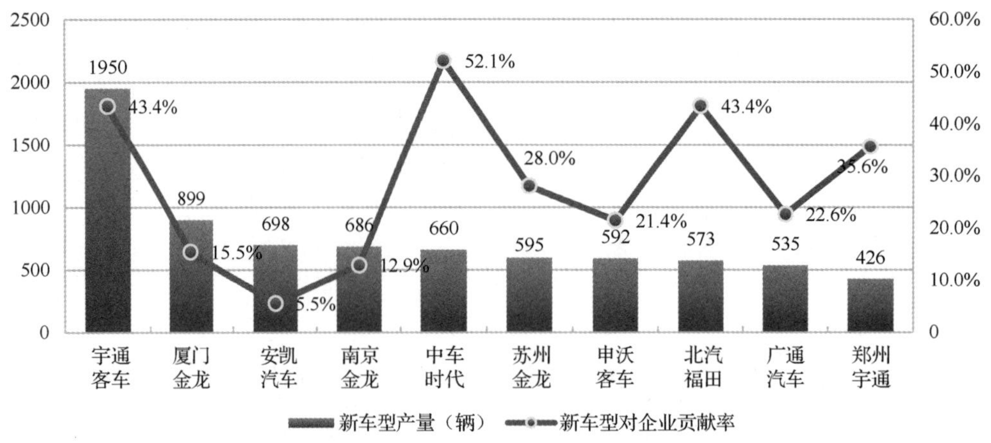

图 13-24　2021 年客车企业新车型产量 TOP10 情况

2021 年新能源商用车企业新车型产量 TOP10 情况如图 13-25 所示。从新能源商用车产量来看，重庆瑞驰和上汽大通的新能源新车型产量最高，都超过了 6000 台，其中以纯电动轻型货车为主。TOP10 新能源商用车企业新车型合计产量占新能源商用车新车型总产量的 57.8%。

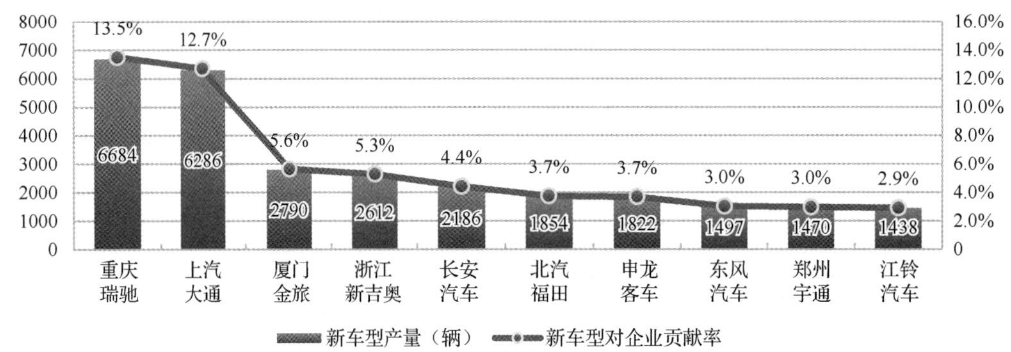

图 13-25　2021 年新能源商用车企业新车型产量 TOP10 情况

三、燃料结构分析

目前，商用车市场仍以柴油车与汽油车为主，汽油车主要集中在轻型货车和小型客车中，而中重型货车、大中型客车则以柴油车为主。2021 年商用车新车型产量分燃料类型情况如表 13-7 所示。2021 年，柴油新车型产量约 21.3 万辆，占比为 44.0%，汽油新车型产量约 21.8 万辆，占比为 44.0%，传统能源新车型产量比重高达 89.0%，较 2020 年显著下降。受天然气气价升高的影响，《公告》中天然气车辆的产量同比下降。新能源商用车动力性弱于柴、汽油车，采购成本高于柴、汽油车。此外，新能源商用车充电时间较长也降低了车辆的利用率，应用场景较少，主要集中在公交市场、城市物流市场、公务用车市场，限制了新能源商用车的产量增长。但是，随着“双碳”目标的提出及新能源政策导向的深入影响，2021 年其新车型产量约 5.0 万辆，占比超过 10%，纯电动车型和燃料电池车型产量较 2020 年均大幅提升。

表 13-7　2021 年商用车新车型产量分燃料类型情况

分　类	燃料种类	产量（辆）	占　比
新能源	纯电动	47652	9.8%
	混合动力	301	0.1%
	燃料电池	1553	0.3%
传统能源	柴油	212954	44.0%
	汽油	217649	45.0%
清洁能源	天然气	3817	0.8%
	甲醇	126	0.0%

第四节　总结及展望

随着产品标准法规的逐步完善，在超载、超限治理，运输高效化，环保及新能源汽车产业快速发展等因素影响下，未来商用车新车型轻量化、节能高效、绿色化、智能化趋势将进一步发展。

一、轻量化

轻量化技术是实现商用车绿色发展的重要推动力，也是降低用户使用成本的重要举措。当前，新能源商用车市场从政策引导回归市场需求主导，轻量化技术在一定程度上提升了新能源商用车的续驶里程，是推进商用车新能源化的重要措施。另外，通过轻量化技术降低车身自重，在合规前提下能够最大程度提高车辆的运载能力，还可以有效降低燃油消耗的总量，降低商用车用户的燃油支出成本，既满足节能减排绿色发展的理念，又符合用户的经济利益需求。铝合金具有重量轻、易回收、耐腐蚀、残值高等优势，目前企业通过采用铝合金材质或局部的结构优化，可以有效降低产品自重。同时，基于车辆用途进行针对性的结构设计，在保证车辆强度的情况下降低产品自重也是商用车技术发展的必由之路。

二、节能高效

随着物流运输效率的提升及环保要求的趋严，商用车发展呈现高效化与节能化。在长途运输方面，配装大排量低能耗的发动机成为趋势。2021 年，《公告》新车型中，柴油和天然气牵引车生产了 3720 台 12L 以上排量新车型，占比达 51.9%。企业在提高大排量发动机的有效热效率上投入力量，潍柴甚至颁布了最高有效热效率达 51%的 13L 柴油机。在城市物流方面，2021 年，蓝牌轻型货车申报车型中，汽油车型 1.5L 排量以下共计生产 14.2 万台，柴油车型 2.5L 排量以下共计生产 9.6 万台，配装动力呈现小型化、节能化趋势。随着对轻型载货汽车的管理进一步加严，发动机将向着排量更小、动力性更强、油耗更低的趋势发展。

技术路线方面，基于人—车—路三要素，有效地降低能耗。企业通过预见性动力控制技术实现车辆的最佳运行状态，通过高效动力总成技术提高发动机和传动系统效率，使动力总成始终运行在高效区；通过智能热管理技术以最低能耗保障发动机工作在最小的冷却液温度波动范围内，起到降低能耗的作用，使发动机更高效地工作；通过外流场优化管理，降低整车风阻。

三、绿色化

随着国家环保治理法规趋严及对新能源汽车产业发展的引导，绿色化、电动化成为行业发展的鲜明趋势。从2021年商用车新车型申报情况来看，新能源商用车新车型申报数量占商用车申报总量的9.4%，产量达到10.2%。申报车型涵盖城市公交、环卫、物流运输、工程车等应用场景。新能源商用车在纯电动、燃料电池等方面生产数量增长较快，纯电动商用车最长续驶里程可达到840km，燃料电池新车型最长续驶里程可超过1000km。清洁能源和新能源商用车技术水平不断提升。2021年，换电式纯电动商用车大量推出，能够有效解决购车成本高、充电速率慢的问题。纯电动商用车在运行场景相对固定的半挂牵引车、自卸车、混凝土搅拌运输车等领域将继续推广。

随着国六法规的全面实施，柴油车的污染物排放大幅降低。同时，随着“双碳”目标的持续推进，低碳燃料如天然气、甲醇车辆有望继续发展。

第十四章　2021 年新能源汽车新车型特征

姚勇，徐传康，王佳良，曾小松*

摘要：本章以 2021 年《新能源汽车推广应用推荐车型目录》数据为基础，分别针对新能源乘用车、新能源商用车详细分析了新能源汽车新车型的车型结构、技术特征、企业布局和市场表现，通过研究发展现状，基于整车参数特征、电池参数特征及驱动电机特征分析了新能源汽车车型技术特征及技术趋势。通过研究发现，目前新能源汽车市场的发展由纯电动产品主导，燃料电池产业发展逐步加快，各企业立足国家战略、能源战略、企业战略，逐步加快新能源产品布局。

关键词：新能源汽车；推荐目录；技术特征；发展趋势。

第一节　2021 年新能源汽车新车型申报情况

一、新能源汽车新车型基本情况

2021 年，工业和信息化部发布《新能源汽车推广应用推荐车型目录》（以下简称《推广目录》）共 12 个批次，累计申报企业 272 家，共计 4528 个型号的新能源汽车新车型，其中新能源乘用车 1435 个型号，占新能源汽车的比例为 31.7%；新能源商用车 3093 个型号，占新能源汽车的比例为 68.3%，商用车新车型数量明显高于乘用车，依旧稳居主导地位，但新能源乘用车新车型占比同比增长 9.2%，占比份额显著增加。

如图 14-1 所示，分批次来看，第 11 批和第 12 批《推广目录》的型号数量激增，其中第 11 批《推广目录》达到 610 个型号，第 12 批《推广目录》达到 661 个型号，为 2021 年最高水平。这主要是由于企业应对新补贴政策标准退坡的情况，利用补贴标准退坡前的时机及时变更扩展相关配置，加大了生产及营销力度。

如图 14-2 所示，从技术类型来看，纯电动新车型共 259 家企业申报 3897 个型号，占新能源汽车新车型的比例为 86.1%，车型总量发展趋势仍取决于纯电动车型；插电式混合动力新车型共 55 家企业申报 325 个型号，占新能源汽车新车型的比例为 7.2%，保持基本稳定的趋势；燃料电池新车型共 56 家企业申报 306 个型号，占新能源汽车新车型的比例为 6.7%，燃料电池新车型同比有小幅度增长，在国家政策支撑下未来有望呈现递增趋势。

---

* 姚勇，高级工程师，工业和信息化部装备工业发展中心产品审查处处长；徐传康，工程师，任职于工业和信息化部装备工业发展中心产品审查处；王佳良，助理工程师，任职于工业和信息化部装备工业发展中心产品审查处；曾小松，高级工程师，任职于工业和信息化部装备工业发展中心数据管理处。

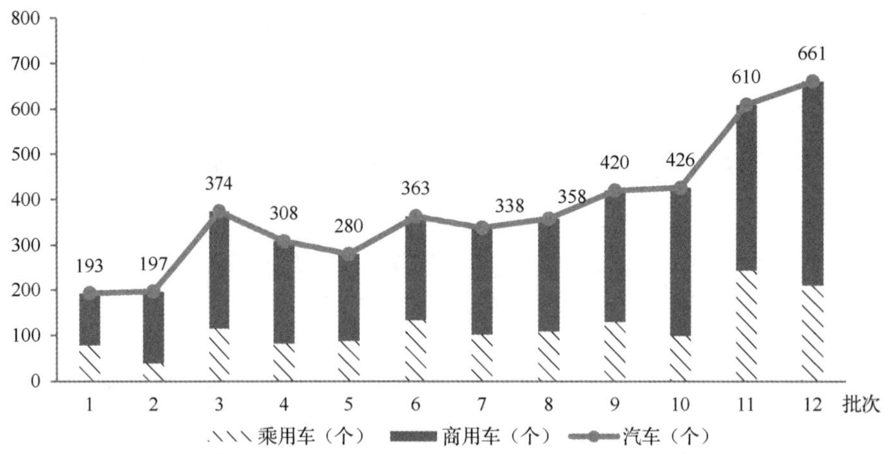

图 14-1　2021 年新能源汽车新车型分批次情况

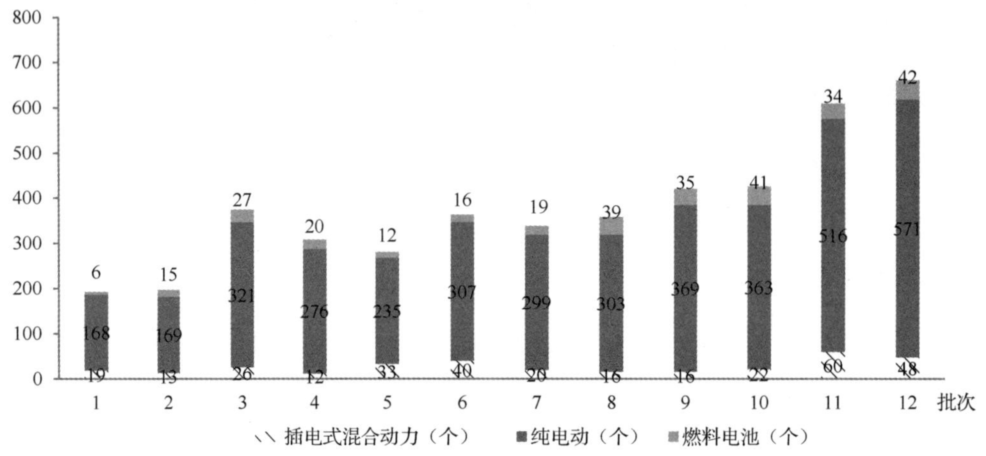

图 14-2　2021 年新能源汽车新车型技术类型情况

二、新能源汽车新车型申报结构

（一）新能源乘用车新车型申报结构分析

2021 年，新能源乘用车申报企业为 83 家，包含 103 个品牌 1435 个型号新车型。如图 14-3 所示，分批次来看，2021 年呈现整体申报数量逐渐增多的发展趋势，其中第 11 批、12 批新车型数量处于较高水平，分别申报 245 个、211 个型号，占 2021 年《推广目录》乘用车新车型的比例分别为 17.1%、14.7%，实现较大幅度增长。其中第 11 批《推广目录》的新车型数量为 2021 年最高水平，占同期新能源汽车新车型的比例为 40.2%。这反映了我国新能源汽车市场呈现出持续向好、销量持续增长的势头。

1. 技术类型结构分析

在 2021 年共 12 批《推广目录》中，共 78 家企业申报纯电动乘用车新车型，包含 92 个品牌 1182 个型号新车型，占新能源乘用车新车型的比例为 82.4%，可见纯电动仍是主要方向；申报插电式混合动力乘用车新车型共 30 家企业，共 34 个品牌 251 个型号新车型，占新能源乘用车新车型的比例为 17.5%；申报燃料电池乘用车新车型共 2 家企业，包含 2 个品牌 2 个型号新车型，占新能源乘用车新车型的比例为 0.14%，商业化发展仍处于探索阶段。

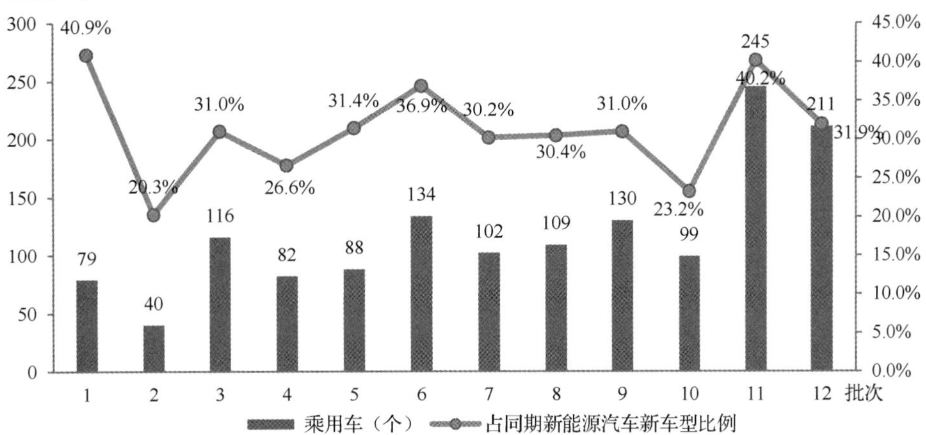

图 14-3　2021 年新能源乘用车新车型分批次情况

从技术类型来看，如图 14-4 所示，纯电动乘用车及插电式混合动力乘用车新车型的市场份额涨跌互现，其中，纯电动乘用车占比均在 60%以上。2021 年 12 批《推广目录》中共有 9 个批次纯电动乘用车新车型占比超过 80%，其中第 8 批纯电动乘用车新车型的份额高达 94.5%，而插电式混合动力乘用车新车型仅占 5.5%；第 5 批插电式混合动力乘用车新车型的占比达到峰值，占比为 35.2%。

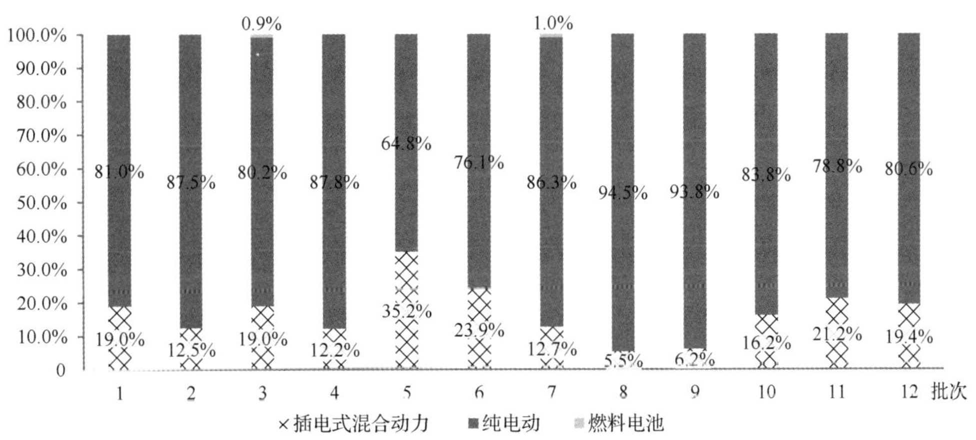

图 14-4　2021 年新能源乘用车新车型技术类型情况

2. 车辆类型结构分析

从车辆类型结构来看，如图 14-5 所示，轿车新车型以 880 个型号位居榜首，其中，小鹏汽车、上汽通用五菱、比亚迪申报数量居前三名；SUV 新车型共 482 个型号，其中，比亚迪、江淮汽车、合众汽车申报数量领先；MPV 和交叉型乘用车新车型分别为 11 个型号和 62 个型号。

纯电动乘用车车辆类型的结构与新能源乘用车整体结构基本一致，其中，轿车新车型以 804 个型号位居榜首，占纯电动乘用车新车型的比例为 68.0%；SUV 新车型共 309 个型号，占纯电动乘用车新车型的比例为 26.1%；MPV 和交叉型乘用车新车型分别为 10 个型号和 59 个型号，占纯电动乘用车新车型的比例分别为 0.9%和 5.0%。

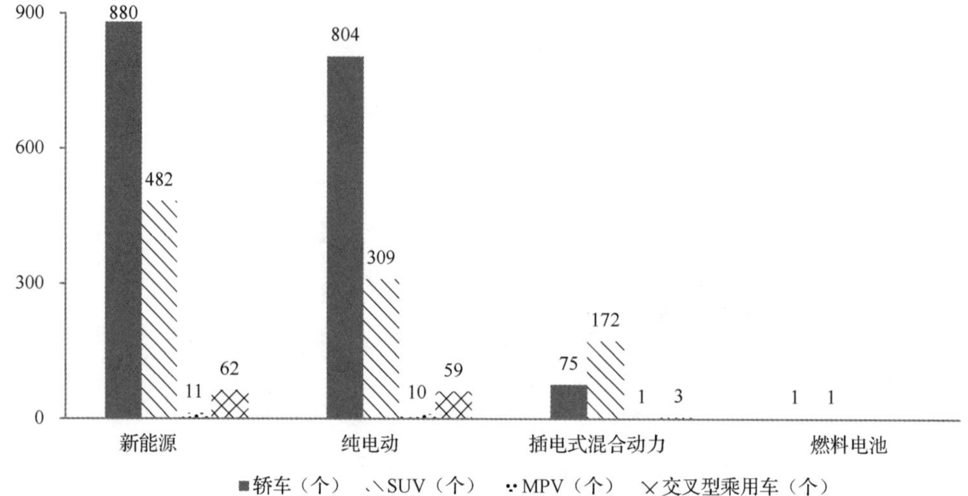

图 14-5　2021 年新能源乘用车新车型车辆类型情况

插电式混合动力乘用车新车型中，SUV 新车型依然占据主要地位，共 172 个型号位居榜首，占插电式混合动力乘用车新车型的比例为 68.6%，同比有较大增长。轿车新车型共 75 个型号，占插电式混合动力乘用车新车型的比例为 29.9%，MPV 和交叉型乘用车新车型分别为 1 个型号和 3 个型号，占插电式混合动力乘用车新车型的比例分别为 0.4%和 1.1%。

3. 车型级别结构分析

从车型级别结构来看，如图 14-6 所示，B 级车新车型以 553 个型号居第一位，同比出现大幅度增长，A 级车新车型以 402 个型号居第二位，值得注意的是 A00 级新车型全年申报 270 个型号，同比出现较大幅度增长。这说明市场需求一方面倾向于 A00 级微型车以满足方便出行的需求，另一方面，在高端化趋势下，B 级和 C 级新车型数量大幅提升。

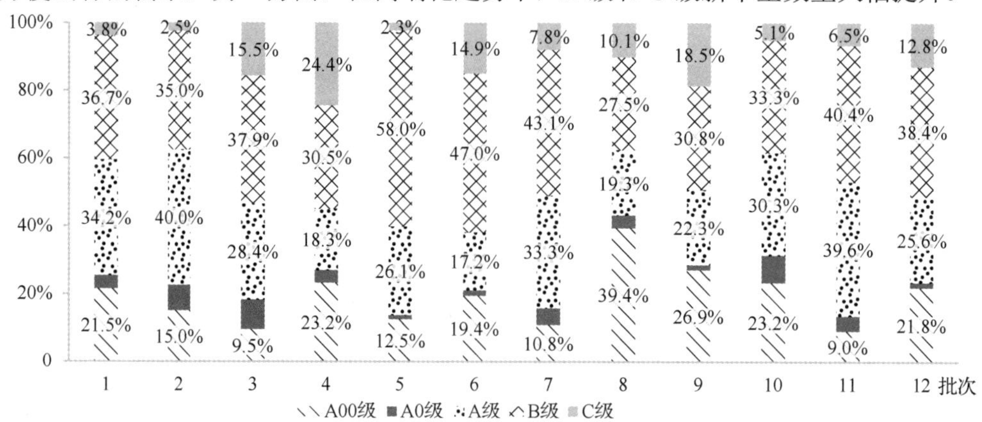

图 14-6　2021 年新能源乘用车新车型级别结构情况

4. 企业结构分析

如图 14-7 所示，TOP10 新能源乘用车企业共申报 680 个型号，占新能源乘用车新车型的比例为 47.4%，各企业申报车型数量均超过 40 个型号，其中，比亚迪汽车工业有限公司和比亚迪汽车有限公司居前两位，分别申报 113 个型号和 80 个型号，头部优势明显。

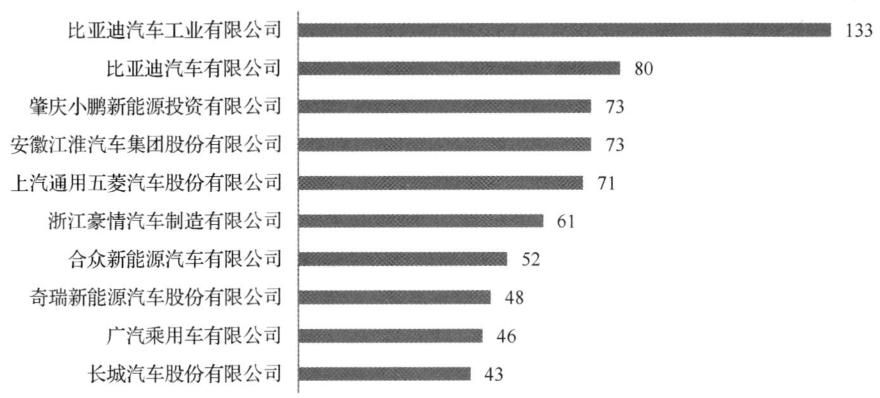

图 14-7　2021 年新能源乘用车企业申报新车型 TOP10 情况（单位：个）

（二）新能源商用车新车型申报结构分析

2021 年，商用车市场电气化进程不断推进，新能源及混合动力新车型不断推出，如表 14-1 所示，全年 12 批共申报 3093 个型号新能源商用车新车型。分批次来看，第 12 批为单批次申报新车型数量最多的，共申报 450 个型号新能源商用车新车型；第 1 批申报新车型数量最少，仅申报 114 个型号新能源商用车新车型。

表 14-1　2021 年新能源商用车新车型分批次情况

批次	1	2	3	4	5	6	7	8	9	10	11	12	总计
数量（个）	114	157	258	226	192	229	236	249	290	327	365	450	3093

1. 技术类型结构分析

从技术类型来看，如图 14-8 所示，纯电动商用车新车型占据绝对优势，全年共申报 2715 个型号，占全部新能源商用车新车型的比例为 87.8%，仍然是市场主流推广的新能源商用车产品；燃料电池商用车新车型共申报 304 个型号，占全部新能源商用车新车型的比例为 9.8%，同比呈现增长趋势；插电式混合动力商用车新车型共 74 个型号，占全部新能源商用车新车型的比例为 2.4%，占比逐渐减少。

2. 车辆类型结构分析

如图 14-9 所示，从车辆类型来看，2021 年，新能源货车共申报 1628 个型号新车型，其中中重型货车 887 个型号，占货车申报量的比例为 54.5%，轻型货车 741 个型号，占货车申报量的比例为 45.5%。新能源客车共 994 个型号新车型，其中，大中型客车 929 个型号，占客车申报量的比例为 93.5%，小型客车 65 个型号，占客车申报量的比例为 6.5%。

3. 功能用途结构分析

新能源载货车共 1066 个型号，占货车申报量的比例为 65%，新能源牵引车、新能源自卸车车型数量较少，如图 14-10 所示。

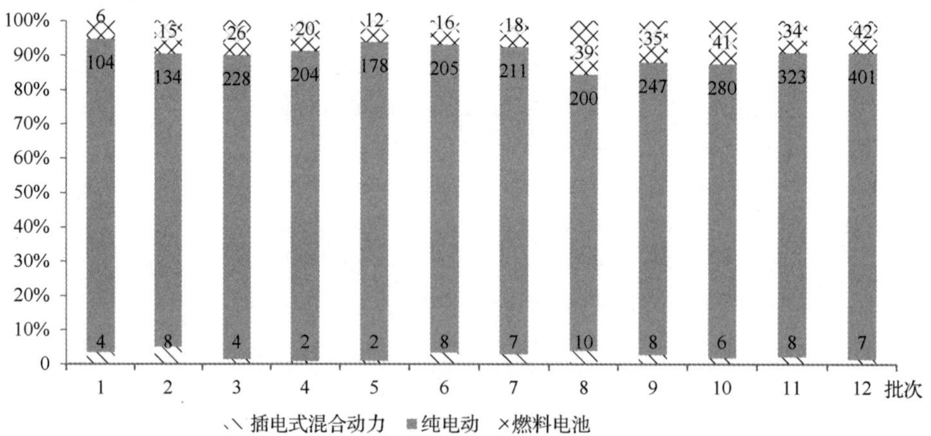

图 14-8 2021 年新能源商用车新车型技术类型结构

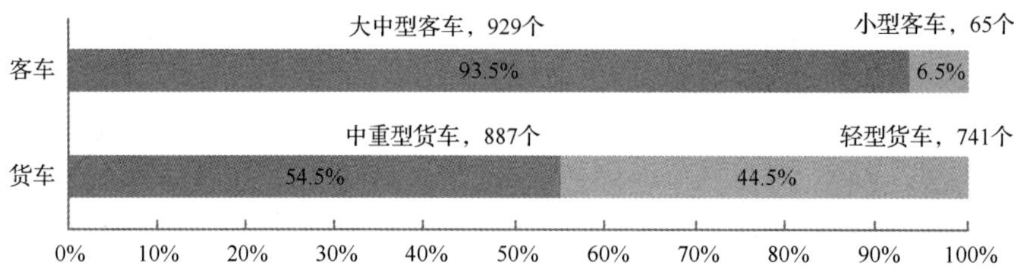

图 14-9 2021 年新能源商用车申报车辆类型结构

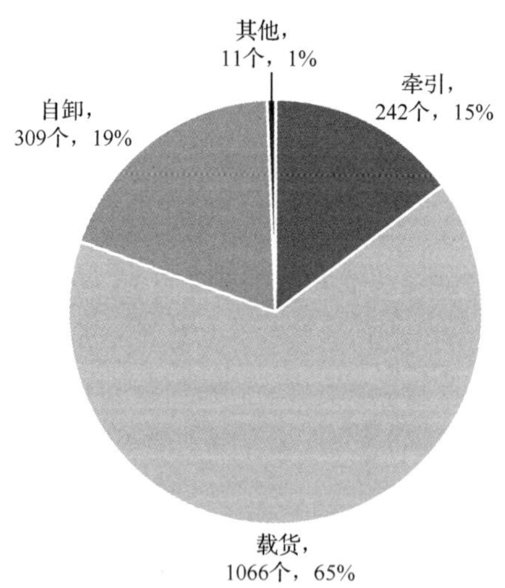

图 14-10 2021 年新能源货车功能用途结构

新能源客车的申报主要以公交车型为主，2021 年新能源公交客车共 852 个型号新车型，占新能源客车申报量的比例达 85.7%，占据绝对主导地位，可以看出在新能源客车在公共交通领域得到了广泛的推广应用。

4. 企业结构分析

2021 年，新能源汽车企业 TOP10 共申报了 1082 个型号的新能源商用车，占新能源商用车总申报量的 35.0%，其中，长沙中联重科环境产业有限公司申报了 151 个型号，占比为 4.88%，居第一名，如表 14-2 所示。

表 14-2　2021 年新能源汽车申报企业 TOP10 情况

序　号	企 业 名 称	申报数（个）	占　比
1	长沙中联重科环境产业有限公司	151	4.88%
2	南京金龙客车制造有限公司	149	4.82%
3	宇通客车股份有限公司	147	4.75%
4	郑州宇通集团有限公司	123	3.98%
5	三一汽车制造有限公司	95	3.07%
6	吉利四川商用车有限公司	93	3.01%
7	郑州宇通重工有限公司	87	2.81%
8	北汽福田汽车股份有限公司	84	2.72%
9	中通客车股份有限公司	78	2.52%
10	厦门金龙联合汽车工业有限公司	75	2.42%
	合计	1082	34.98%
	其他	2011	65.02%

新能源货车企业 TOP10 共申报了 612 个型号的新能源货车，占新能源货车总申报量的 37.6%，其中，郑州宇通集团有限公司申报了 123 个型号，占比为 7.56%，居第一名，三一汽车制造有限公司申报了 94 个型号，占比为 5.77%，居第二名，如表 14-3 所示。

表 14-3　2021 年新能源货车申报企业 TOP10 情况

序　号	企 业 名 称	申报数（个）	占　比
1	郑州宇通集团有限公司	123	7.56%
2	三一汽车制造有限公司	94	5.77%
3	南京金龙客车制造有限公司	81	4.98%
4	长沙中联重科环境产业有限公司	51	3.13%
5	广西汽车集团有限公司	49	3.01%
6	东风汽车股份有限公司	47	2.89%
7	重庆瑞驰汽车实业有限公司	44	2.70%
8	东风汽车集团有限公司	44	2.70%
9	郑州宇通重工有限公司	40	2.46%
10	吉利四川商用车有限公司	39	2.40%
	合计	612	37.60%
	其他	1016	62.40%

新能源客车企业 TOP10 共申报了 600 个型号的新能源客车，占新能源客车总申报量的 60.40%，行业集中度较高。其中，宇通客车股份有限公司申报了 138 个型号，占比为 13.88%，居第一名，中通客车股份有限公司申报了 69 个型号，占比为 6.94%，居第二名，如表 14-4 所示。

表 14-4　2021 年新能源客车车型申报企业 TOP10 情况

序　号	企业简称	申报数（个）	占　比
1	宇通客车股份有限公司	138	13.88%
2	中通客车股份有限公司	69	6.94%
3	南京金龙客车制造有限公司	66	6.64%
4	厦门金龙旅行车有限公司	56	5.63%
5	吉利四川商用车有限公司	54	5.43%
6	厦门金龙联合汽车工业有限公司	54	5.43%
7	北汽福田汽车股份有限公司	49	4.93%
8	奇瑞万达贵州客车股份有限公司	48	4.83%
9	金龙联合汽车工业（苏州）有限公司	40	4.02%
10	安徽安凯汽车股份有限公司	26	2.62%
	合计	600	60.40%
	其他	344	39.60%

第二节　2021 年新能源汽车新车型技术特征

一、新能源乘用车技术特征分析

（一）整车参数特征分析

从整车参数来看，如图 14-11 所示，在新能源乘用车新车型中，2021 年 12 批《推广目录》中共 987 个型号车长超过 4.5m，占比为 68.8%，与 2020 年相比，产品大型化趋势更加凸显；共 236 个型号车长不足 4m，占比为 16.4%；共 212 个型号车长为 4m 至 4.5m，占比为 14.8%。

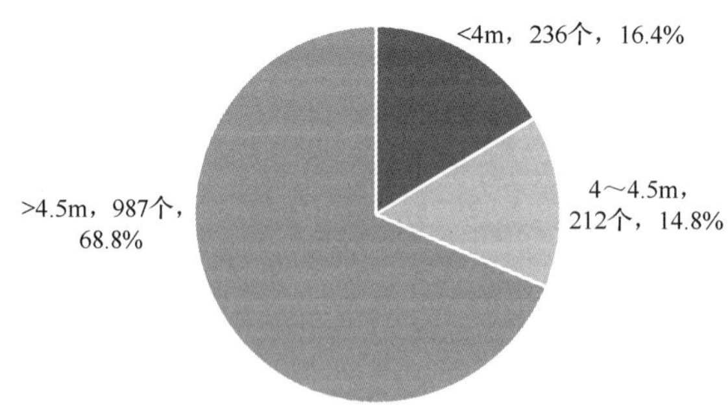

图 14-11　2021 年新能源乘用车新车型车长情况

（二）电池配套及技术特征分析

从电池配套系统来看，在新能源乘用车中，如图 14-12 所示，2021 年 12 批《推广目录》中共 61 家企业 682 个型号配套三元锂电池，占比为 47.5%，居第一名；共 58 家企业 607 个型号搭载磷酸铁锂电池，占比为 42.3%，磷酸铁锂电池的份额同比呈现显著增长趋势。在纯电动乘用车中，共 57 家企业 587 个型号配套三元锂电池，占比为 49.7%；共 55 家企业 480 个型号搭载磷酸铁锂电池，占比为 40.6%。

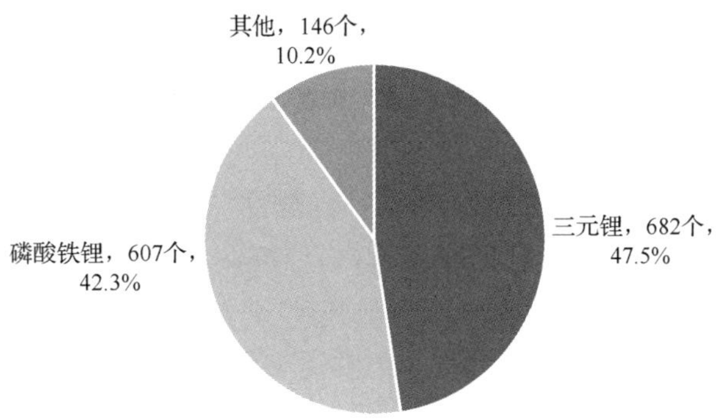

图 14-12　2021 年新能源乘用车新车型电池类型情况

从电池续驶里程来看，2021 年纯电动乘用车新车型平均续驶里程为 417.5km。根据补贴政策，纯电动乘用车工况法续驶里程（R）不低于 300km，2021 年 12 批《推广目录》中共有 1052 个型号的纯电动乘用车符合 2021 年国家补贴的产品技术要求，占比为 89%。如图 14-13 所示，2021 年新能源乘用车新车型中，续驶里程 300km≤R<400km 的型号共 215 个，占比为 18.2%，占 70.8%的 837 个型号续驶里程均不低于 400km。

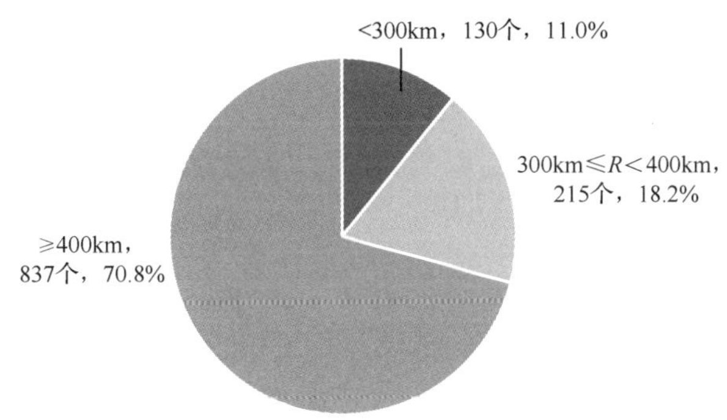

图 14-13　2021 年纯电动乘用车新车型续驶里程情况

从电池能量密度来看，2021 年纯电动乘用车新车型电池平均能量密度为 169.2Wh/kg。如图 14-14 所示，根据 2021 年补贴新政，纯电动乘用车的电池能量密度不低于 125Wh/kg，按此标准，2021 年 12 批《推广目录》中共 1080 个型号的纯电动乘用车符合 2021 年国家补贴的产品技术要求，占比为 91.4%。其中能量密度小于 125Wh/kg 的车型共 102 个，占比为 8.6%，能量密度为 125Wh/kg≤R<140Wh/kg 的车型共 193 个型号，占比为 16.3%，140Wh/kg≤R<160Wh/kg 的车型共 346 个型号，占比为 29.3%，其余 45.8%的 541 个型号新车型的电池能量密度均不低于 160Wh/kg。

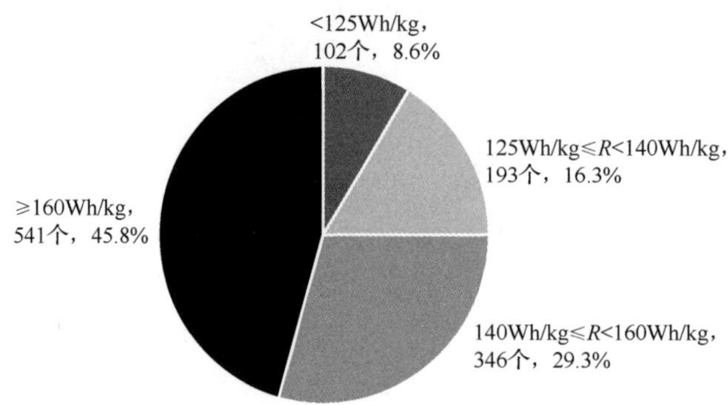

图 14-14　2021 年纯电动乘用车新车型电池能量密度情况

（三）驱动电机配套情况

从驱动电机类型来看，在新能源乘用车中，2021 年 12 批《推广目录》中共有 1398 个型号搭载了永磁同步电机，占比为 97.6%，处于绝对领先地位，其中包含 1156 个型号纯电动乘用车和 242 个型号插电式混合动力乘用车；仅有 35 个型号搭载了交流异步等其他电机类型。

二、新能源商用车技术特征分析

（一）新能源货车技术特征分析

1. 新能源中重型货车

新能源中重型货车仍以纯电动技术路线为主，2021 年 12 批《推广目录》中，纯电动中重型货车共 715 个型号，占比为 80.6%；燃料电池中重型货车共 152 个型号，占比为 17.1%；插电式混合动力中重型货车 22 个型号，占比为 2.3%。值得一提的是，随着各地加大氢燃料汽车政策支持力度，企业纷纷布局氢燃料电池产业，燃料电池中重型货车占比同比有较大幅度增长（增长约 10%）。

（1）质量参数

从 2021 年 12 批《推广目录》来看，如图 14-15 所示，新能源中型货车以 8～12t 为主，占比为 83.6%，总质量 8.5t、9t、10t 是新能源中型货车的主要车型；新能源重型货车车型以 18～31t 为主，占比为 95.5%，总质量 18t、31t、25t 是新能源重型货车的主要申报车型，其中 31t 车型数量为 347 个，占比为 45.7%。

（2）电池配套及技术特征

2021 年新能源中重型货车新车型动力电池仍以磷酸铁锂电池为主，如图 14-16 所示，《推广目录》中使用磷酸铁锂电池的有 722 个型号，占比为 81.4%；其次为使用燃料电池的，有 152 个型号，占比为 17.1%。总体来看，磷酸铁锂电池由于成本低、循环寿命长、可快速充电等优势，在新能源中重型货车中应用较普遍，占据主导地位。

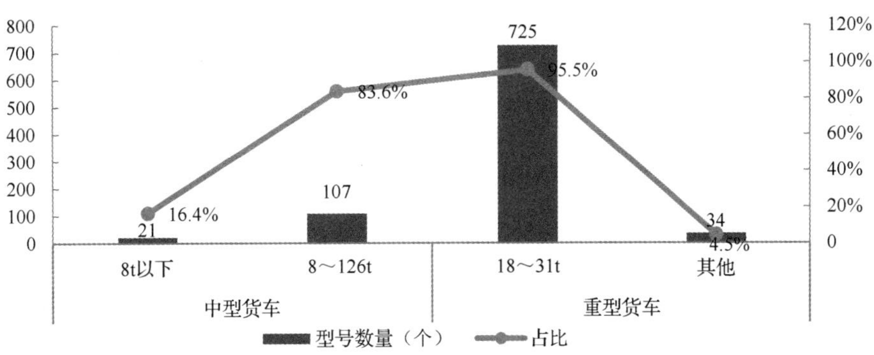

图 14-15　2021 年新能源中重型货车新车型总质量情况

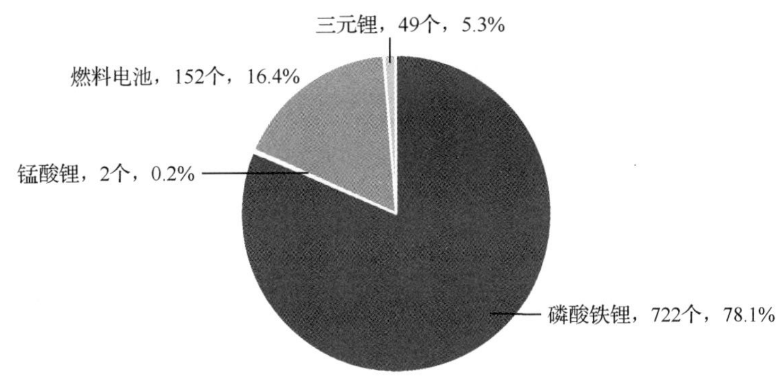

图 14-16　2021 年新能源中重型货车新车型电池类型情况

从续驶里程来看，2021 年 12 批《推广目录》新能源中重型货车新车型的平均续驶里程为 303.4km。其中纯电动中重型货车的平均续驶里程为 273.2km，主要集中在 200～400km，最长续驶里程达到 490km，如图 14-17 所示。插电式混合动力中重型货车续驶里程较短，且市场发展插电式混合动力车型的积极性仍然较低。燃料电池中重型货车平均续驶里程为 476.9km，且均在 300km 以上，最长续驶里程达到 750km，新能源中重型货车的续驶里程持续增加，不断满足长时间及中长途运输场景需求。

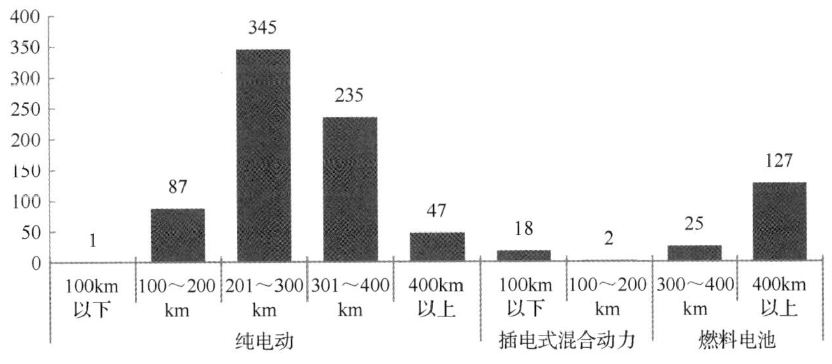

图 14-17　2021 年新能源中重型货车新车型续驶里程情况（单位：个）

从能量密度来看，2021 年纯电动中重型货车新车型平均能量密度为 155.7Wh/kg，能量密度逐年稳步提升，体现出纯电动中重型货车领域电池技术的进一步提升。如图 14-18

所示，纯电动中重型货车新车型装载电池的能量密度主要集中在 140（含）～165Wh/kg，占比为 96.5%，2021 年，纯电动中重型货车新车型装载电池的最高能量密度达 176.1Wh/kg，为徐州徐工汽车制造有限公司申报的纯电动自卸汽车。

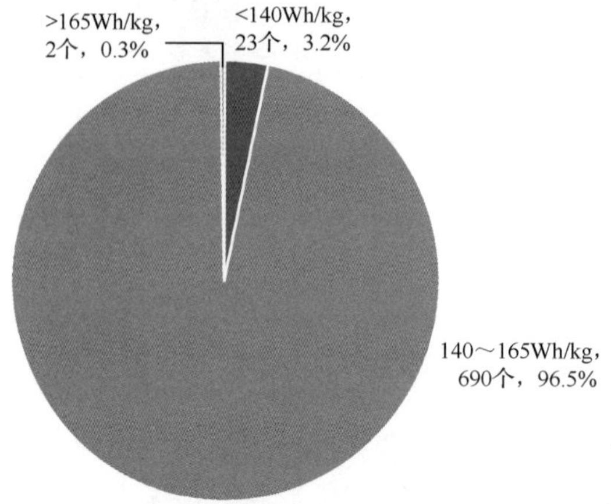

图 14-18　2021 年新能源中重型货车新车型装载电池的能量密度情况

（3）电机技术特征

由于永磁同步电机相较其他电机在体积、重量、效率等方面均具有优势，在新能源汽车市场应用较普遍。2021 年，新能源中重型货车推荐目录车型中永磁同步电机使用比例近 100%，驱动功率最高达 500kW，转速为 3000r/min，扭矩为 4800N·m。从驱动电机来看，新能源中重型货车动力性能有所提升。

2. 新能源轻型货车

分技术路线看，2021 年新能源轻型货车新车型共 741 个型号，包含纯电动、插电式混合动力、燃料电池三种技术路线，如图 14-19 所示，其中纯电动车型 696 个，占比为 93.9%，插电式混合动力车型 28 个，占比为 3.8%，燃料电池车型 17 个，占比为 2.3%。纯电动技术路线是新能源轻型货车的主要方向，燃料电池技术路线也逐渐在新能源轻型货车领域得到应用。

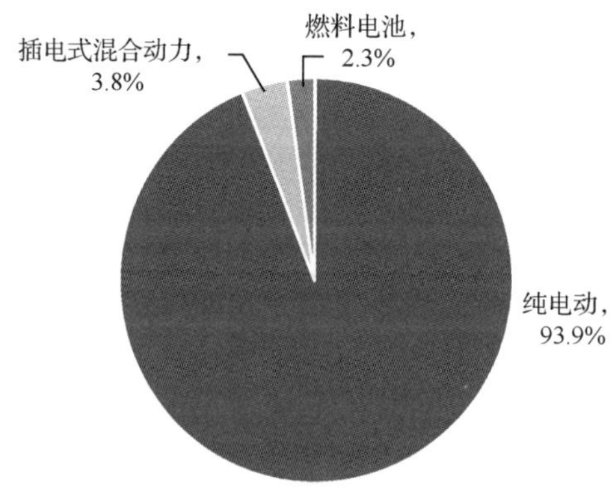

图 14-19　2021 年新能源轻型货车新车型技术路线情况

分续驶里程看，2021 年轻型货车新车型的平均续驶里程为 314.3km，保持较高水平。

如图 14-20 所示，92.4%的新车型续驶里程超过 200km，其中 17.8%的新车型续驶里程超过 400km，续驶里程最大的达 579km，为现代商用汽车（中国）有限公司申报的纯电动冷藏车。随着市场回归理性，各企业在新能源轻型货车产品质量、售后和续航等方面都有了更高的要求，促使新车型技术持续升级。

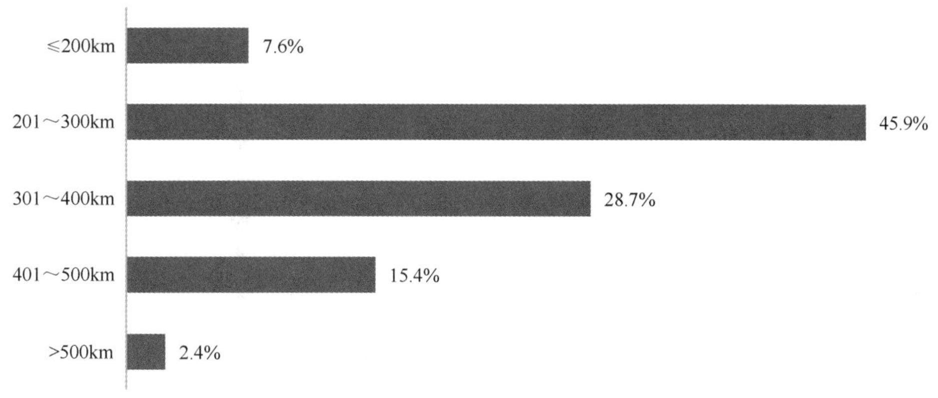

图 14-20　2021 年新能源轻型货车新车型续驶里程情况

分电池种类看，2021 年新能源轻型货车新车型的电池种类有磷酸铁锂电池、三元锂电池和锰酸锂电池，磷酸铁锂电池占比为 90.4%，同比有较大幅度的增长，磷酸铁锂电池由于其稳定的化学性能及较好的高温安全系数，成为新能源轻型货车的首选。从能量密度来看，2021 年新能源轻型货车新车型的平均能量密度为 142.3Wh/kg，能量密度分布情况与新能源中重型货车类似。

（二）新能源客车技术特征分析

2021 年，新能源客车新车型共申报 994 个型号，其中公交客车为 852 个型号，占比为 85.7%，公交客车由于其公益属性且享受国家财政补贴，依然占据新能源客车市场的主导地位；其他客车新车型为 152 个型号，占比为 14.3%，主要用于城市通勤、公务用车等领域，市场需求量小，因此发展缓慢。

新能源客车主要应用于公共运输领域，车辆使用频次高，安全性至关重要，对电池的可靠性、寿命、续驶里程要求较高，因此新能源客车配备电池组较多，续驶里程普遍较高。磷酸铁锂电池具有稳定性高、寿命长、成本低等优点，成为目前新能源客车最主流的配套电池类型。2021 年，配备磷酸铁锂电池的新能源客车新车型共 932 个型号，在新能源客车新车型电池类型中的比例为 93.8%。其他电池类型如三元锂电池、锰酸锂电池、钛酸锂电池等由于稳定性、可靠性、成本等因素制约，使用频次不高，占比仅为 6.2%。

新能源客车主要应用于城市公交、城市通勤、公务用车、城市物流等领域，其中以城市公交客车居多。据统计，单台公交客车平均每天行驶里程数约 200km 左右，考虑到冬季车辆续驶里程会有 20%～40%的折扣，新能源公交客车配置了 200～500km 的续驶里程，每天充电一次即可保障当天的使用需求。从续驶里程看，2021 年新能源客车平均续驶里程为 491.2km，远高于新能源货车的平均续驶里程，处于较高水平，其中最大续驶里程达 1140km，为北汽福田汽车股份有限公司申报的燃料电池城市客车。

如图 14-21 所示，2021 年，续驶里程为 200～500km 的新能源客车新车型有 498 个型号，占比为 50.1%，续驶里程为 500～800km 的新能源客车新车型有 437 个型号，占比为 44.0%，同比呈现较大幅度增长，体现了新能源客车续驶里程不断增长的趋势。

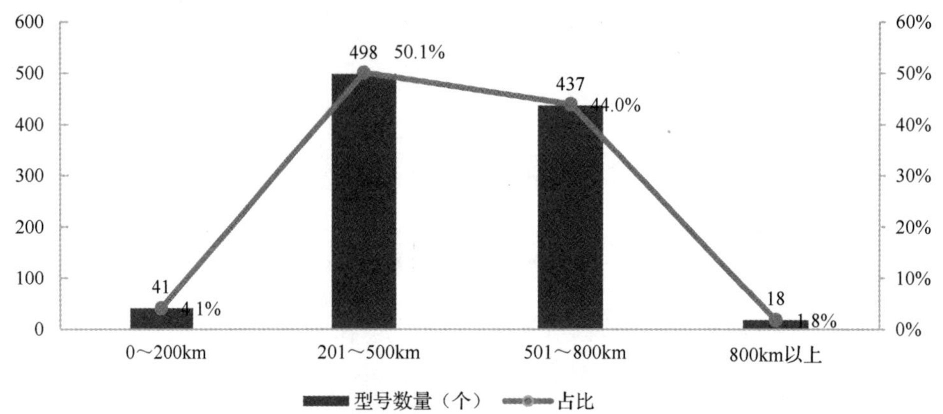

图 14-21　2021 年新能源客车新车型续驶里程情况

第三节　2021 年新能源汽车新车型市场表现

2021 年，新能源汽车新车型累计产量约 120.0 万辆，占 2021 年新能源汽车总产量的 36.4%，如图 14-22 所示，其中，新能源乘用车新车型产量约 115 万辆，占新能源汽车新车型产量的比例为 95.8%；新能源商用车新车型产量约 5 万辆，占比为 4.2%。

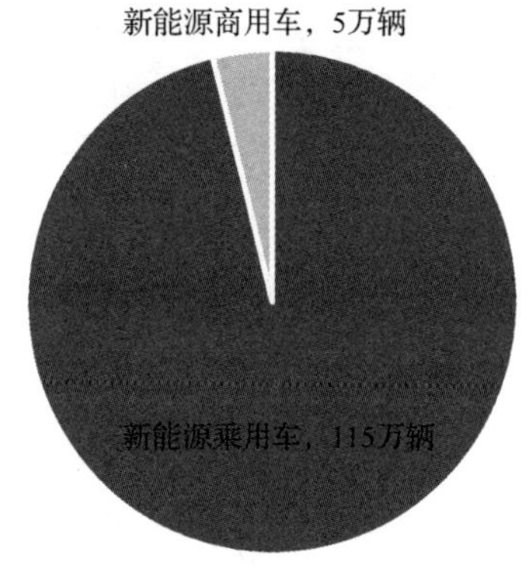

图 14-22　2021 年新能源汽车新车型产量情况

一、新能源乘用车新车型市场表现分析

（一）新车型产量分析

2021 年，新能源乘用车新车型累计产量约 115 万辆，占当年新能源汽车新车型产量的比例为 95.8%，新车型仍是新能源高速增长的重要驱动力。从月度走势来看，如图 14-23 所示，1—3 月，受新冠肺炎疫情影响，整体产量低迷；4 月，企业逐步开始复工复产，

消费需求释放，产量逐步恢复；11—12 月，随着经济快速回暖，新能源乘用车新车型产量大幅度增长，其中 12 月新能源乘用车新车型产量达 31.0 万辆，占新能源乘用车新车型总产量的比例为 26.9%。

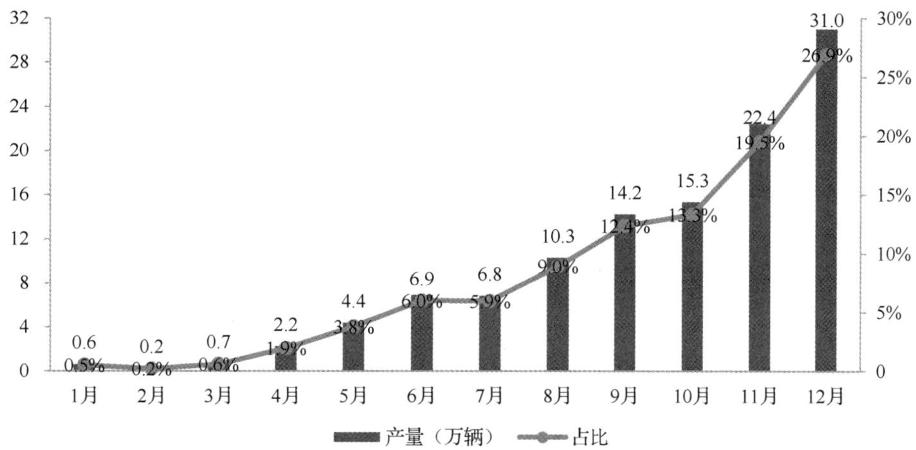

图 14-23　2021 年新能源乘用车新车型月度产量情况

（二）新车型市场结构特征分析

2021 年，纯电动乘用车新车型累计产量为 89.5 万辆，占新能源乘用车新车型产量的比例为 77.8%。插电式混合动力乘用车新车型累计产量为 25.6 万辆，占新能源乘用车新车型产量的比例为 22.2%，插电式混合动力乘用车新车型产量同比增长约 5 万辆，消费者认可度越来越高。

从企业来看，2021 年 12 批《推广目录》中 TOP10 企业新车型累计产量为 82.1 万辆，占新能源乘用车新车型总产量的比例为 71.3%，其中，特斯拉（上海）有限公司生产 21 万辆，居榜首，市场份额为 18.2%，其次为比亚迪汽车工业有限公司和上汽通用五菱汽车股份有限公司，产量分别为 12.3 万辆和 12 万辆。

从车型来看，新能源乘用车企业 TOP10 新车型累计产量为 38.2 万辆，占新能源乘用车新车型总产量的比例为 33.2%，其中，特斯拉 Model Y 和 Model 3 分别以 11.3 万辆和 4.8 万辆居前两名，比亚迪唐和理想 ONE 紧随其后，产量均超过 3 万辆。

二、新能源商用车新车型市场表现分析

（一）新车型产量分析

2021 年，新能源商用车新车型共生产 49647 辆，如图 14-24 所示。受新冠肺炎疫情影响，2021 年上半年新能源商用车生产进度缓慢，下半年疫情缓解、市场需求反弹，新能源商用车市场逐渐回暖，其中 12 月产量达 16237 辆。

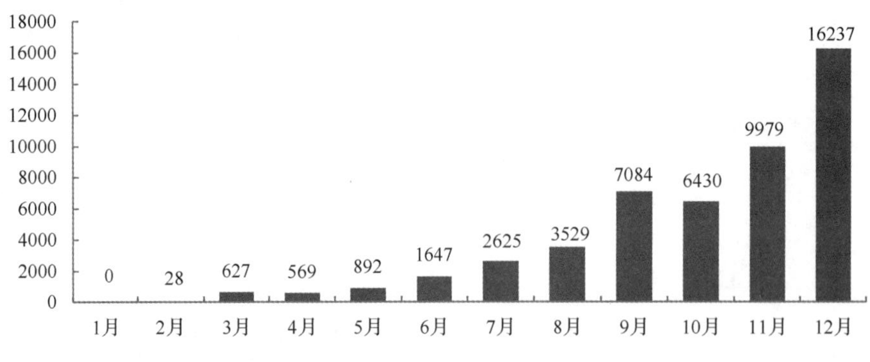

图 14-24　2021 年新能源商用车新车型月度产量情况（单位：辆）

（二）新车型市场结构特征分析

从新能源商用车各技术类型生产情况来看，2021 年 12 批《推广目录》中纯电动商用车产量为 4.8 万辆，插电式混合动力商用车产量为 302 辆，燃料电池车型产量为 1553 辆。

从车辆类型来看，如图 14-25 所示，2021 年生产新能源商用车新车型共 49647 辆，其中新能源货车 40477 辆，新能源客车 9170 辆。新能源货车新车型生产以轻型货车为主，占比为 81.8%，新能源轻型货车具有明显的路权优势，有效拉动了市场需求。新能源客车中，大、中型客车产量较高，全年产量分别为 4946 辆、3350 辆，占比分别为 53.9%、36.5%，大型客车市场占比较高，需求量较大，主要受到新能源公交客车市场的需求拉动。

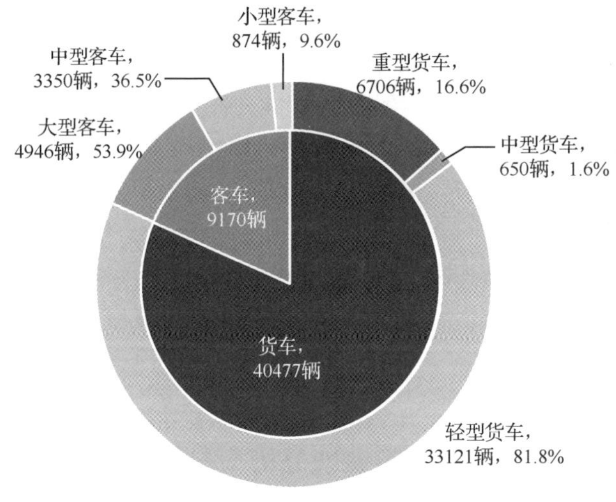

图 14-25　2021 年新能源商用车新车型车辆类别结构

分企业来看，TOP10 企业共生产新能源商用车新车型 27667 辆，占全部新能源商用车新车型的 55.7%，其中，重庆瑞驰汽车实业有限公司共生产 6684 辆，居首位（见图 14-26）。

新能源货车企业中，重庆瑞驰、上汽大通占据前两位，2021 年生产新能源货车均超过 6000 辆，产品以纯电动轻型货车为主，占新能源货车的比例均超过 14%。新能源货车企业 TOP3～10 的产量差距相对较小，产品均以新能源轻型货车为主，市场竞争激烈。

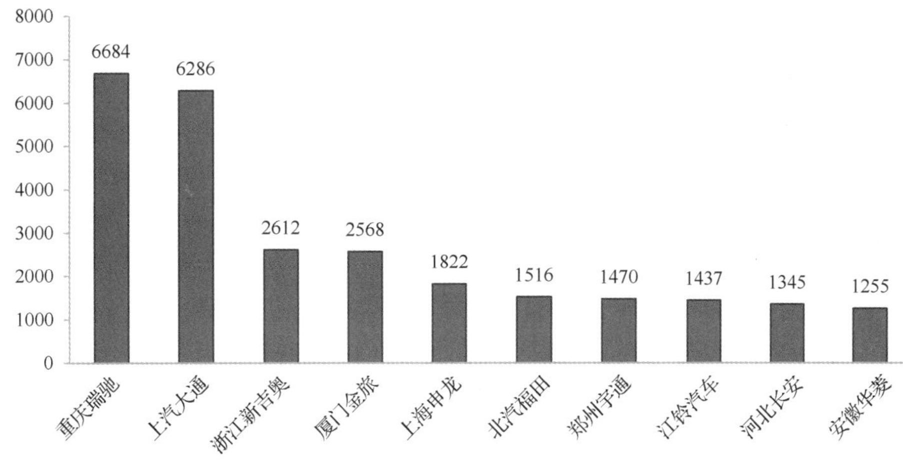

图 14-26　2021 年新能源货车企业新车型产量 TOP10 情况（单位：辆）

新能源客车企业格局与货车企业格局类似，宇通客车占据绝对优势，2021 年生产新能源客车新车型 1323 辆，TOP2～10 企业产量及市场份额差距相对较小（见图 14-27）。

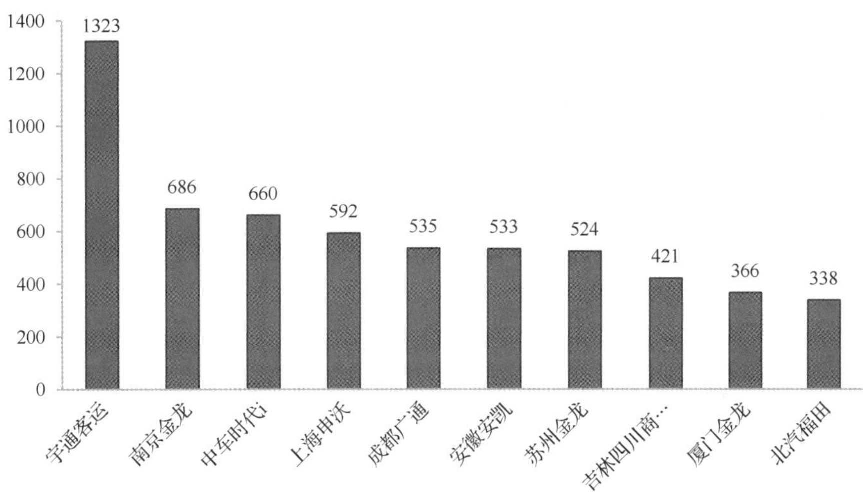

图 14-27　2021 年新能源客车企业新车型产量 TOP10 情况（单位：辆）

第四节　总结

一、推动核心技术领域突破

依据新能源汽车发展策略，国内新能源汽车并行发展纯电动汽车、插电式混合动力（含增程式）汽车、燃料电池汽车三种技术路线，目前新能源汽车市场的发展纯电动汽车产品占据绝对主导地位，《新能源汽车产业发展规划（2021－2035 年）》提出，到 2035 年，纯电动汽车成为新能源汽车的主流，因此纯电动仍将是主要方向。纯电动汽车产品的发展痛点在于综合成本高、续航有焦虑、充电不方便等。未来企业将着重加强整车轻量化、高效动力系统、动力电池集成与管理、整车控制与节能、安全预警及智能网联等方面的研究，切实提高新能源汽车产品技术水平，提升产品安全性能。同时应更加注重推动核心技术领域突破，带动产品成本下降，尤其是加快下一代动力电池的研发布局，电池的技术进步和性能水平直接决定了车辆续驶里程、安全等关键性能指标，其成本下降是进一步提高新能源汽车渗透率的关键所在，因此企业应围绕高镍电池、钠离子电池、固态电池等技术方向，推动技术进步，打造企业核心竞争力。

二、加速新能源产业布局，构建稳定可持续的供应链

在双积分政策推动下，传统企业加速新能源产业布局，目前新能源乘用车已形成四大阵营，中国品牌阵营开启高端化进程；合资品牌阵营在发展战略、平台研发、产品规划、产业链等方面的电动化布局全面提速；新势力品牌阵营呈梯队分化态势，尾部企业加速退出；豪华品牌阵营加速平台引进和产品国产化，传统豪华品牌均制定各自的电动化战略，加速转型进程。同时，应该注意到芯片短缺暴露出的供应链安全问题将成为制约未来新能源汽车快速发展的关键问题，当下，我国新能源汽车在材料、产品、工艺、软件等方面还有不足，应抓住全球新能源汽车快速发展的机遇，构建体系完备、保障完善、链条完整的中国新能源产业供应链生态，尤其是对于较为薄弱的芯片、材料等领域，应不断加大投入、迭代升级，逐步巩固我国零部件生产的基础，保障供应链安全。

Part 6　技术篇

第十五章　碳中和背景下先进节能汽车技术发展与应用情况

刘国庆、周瑶、孙萧、王鹏*

摘要：本章依据乘联会乘用车产销量、交强险上牌量、行业机构预测、企业公开信息等汽车行业数据和信息，对中国乘用车先进节能技术发展进行梳理和分析。主要从传统动力节能技术发展及应用、新型混合动力节能技术发展与应用等方面入手，深入分析2021年中国节能汽车产业发展现状，结合国内外先进汽车产业及技术发展趋势，预判中国新型节能技术趋势。

关键词：乘用车；节能技术；传统动力；混合动力；技术趋势。

第一节　2021年国内先进节能技术的发展情况

2021年是中国“十四五”规划开局之年，是汽车行业转身求变的一年。在“3060”碳达峰碳中和发展的大时代背景下，汽车行业在新四化“电动化、网联化、智能化、共享化”指引下持续迅速发展。各车企也陆续明确了实现碳中和的时间节点和路线，长城汽车发布在2045年实现碳中和的规划，比亚迪宣布启动企业碳中和规划研究，对汽车尾气排放做三个“1/3”减法，助力“零碳”目标。除传统的节能技术外，燃油汽车混合动力化成为各车企重要的节能技术路线。比亚迪、吉利、长城、长安、奇瑞等中国品牌车企先后宣布混合动力（下文或称“混动”）技术路线，并陆续推出混动产品。根据中国汽车工业协会披露的数据显示，2021年混合动力汽车产量达60.1万辆，同比增长18.0%，销量达60.3万辆，同比增长20.8%（见图15-1）。

在节能减排的政策和背景下，2021年各车企持续在节能减排技术上进行突破。

在发动机方面，汽油直喷、长冲程、高压缩比、高滚流燃烧系统、米勒/阿特金森循环、涡轮增压、废气再循环（EGR）、水冷中冷、变排量机油泵、电子水泵、低黏度机油及低摩擦技术等先进节能技术在传统发动机上已广泛采用。此外，国内各大汽车中国品牌先后推出全新混动动力平台，并进行独立品牌发布，包括长城蜂巢动力柠檬混动DHT、奇瑞鲲鹏混动平台、东风马赫动力MHD极·混动系统、广汽绿擎技术混动系统、吉利

---

* 刘国庆，博士，高级工程师，吉利动力总成研究院发动机设计总工程师；周瑶，工程师，吉利动力总成研究院项目管理部主任工程师；孙萧，高级工程师，吉利动力总成研究院发动机开发部部长；王鹏，极氪智能科技高压架构部总监。

雷神动力智擎混动系统。目前，国内最新量产混动专用发动机峰值热效率水平达 43.3%，处于国际先进水平（见图 15-2）。

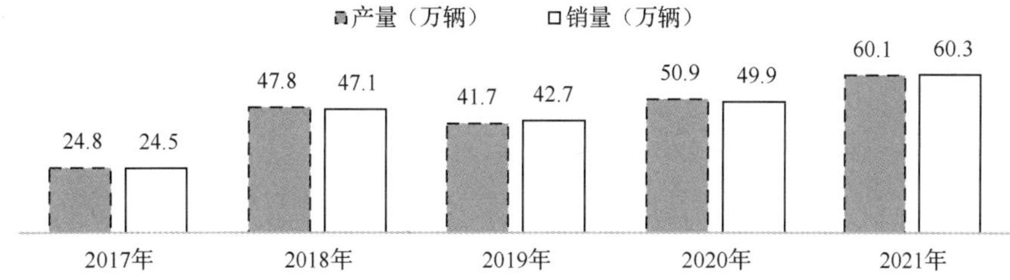

图 15-1　2017—2021 年中国混合动力汽车产销情况

数据来源：中汽协会

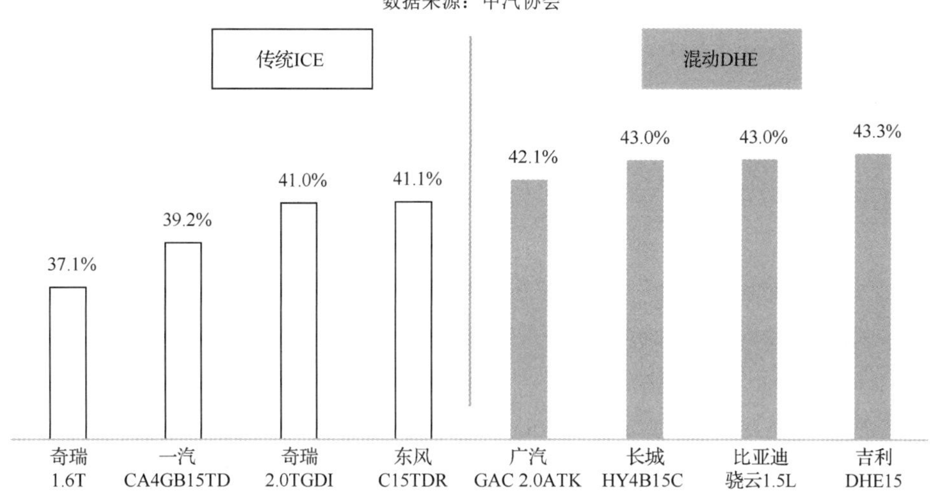

图 15-2　国内传统及混动发动机热效率对比

在变速器方面，我国自动变速器占比增长快速，但国内变速箱市场进口比重依然较大，国产自动变速箱市场占有率仅为 20%左右。目前，国产品牌以自主开发 DCT 为主，吉利、长城、长安等先后实现 DCT 产品大量量产。此外，中国品牌车企中的混动专用变速箱（DHT）架构百花齐放，大多数车企都已或将应用 P1+P3 架构，其中，吉利、长城、广汽、奇瑞等车企都均已推出多挡位双电机混动变速箱。

动力总成作为主要的节能单元有多重技术发展路线，传统内燃机、变速箱仍在通过新技术的应用获得更高效率，同时，替代燃料在发动机应用上也日渐成熟。作为国家新能源汽车中长期发展战略，混动化、纯电化也成为车企的核心技术路线。

第二节　国内先进节能技术应用企业及车型概况

一、汽油直喷技术发展与应用情况分析

（一）汽油直喷技术发展概述

随着大众推出 EA211/EA888 系列直喷发动机以来，汽油直喷技术被快速广泛应用。

缸内直喷（GDI）相对于气道喷射（PFI）技术，因具有良好的工作稳定性和负荷性，同时低温启动性能得到明显改善，可实现分层燃烧，大大提高燃油经济性，快速提升渗透率。如图 15-3 所示为 2021—2025 年中国市场直喷发动机在乘用车上的预测搭载率，截至 2021 年年底，直喷发动机占比超过 60%，根据全球权威研究咨询机构 IHS Markit 预测，到 2025 年，直喷发动机搭载率将超过 80%，由此可见直喷技术已成熟发展并被广泛应用。

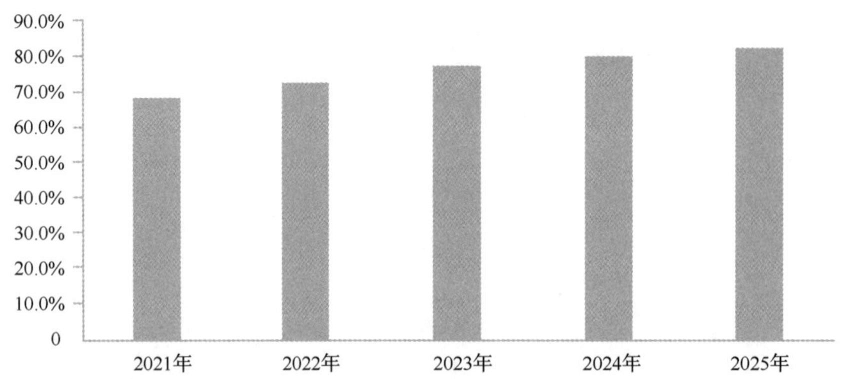

图 15-3　2021—2025 年中国市场直喷发动机在乘用车上的预测搭载率

数据来源：IHS Markit 统计数据

（二）汽油直喷技术发展现状

目前，350bar 直喷技术已成为汽油发动机的主流技术。350bar 喷射系统可显著减少发动机排放量、降低油耗。研究表明，同等条件下与 200bar 相比，350bar 喷射系统可降低颗粒原始排放量 50%左右。此外，由于当前各主机厂对 350bar 喷射系统需求量上升，350bar 喷射系统和 200bar 喷射系统在性价比上出现反转，逐渐取代目前市场主流的 200bar 燃油喷射系统，成为各主机厂主流发动机的主要应用技术，2021 年十佳发动机直喷技术应用如表 15-1 所示。

表 15-1　2021 年十佳发动机直喷技术应用

品　牌	发动机名称	搭 载 车 型	直喷系统压力
吉利	雷神动力混动专用发动机 DHE15	星越 L	350bar
东风	马赫动力 MHD 混动系统	东风风神奕炫 MAX 混动版	350bar
长城	1.5T 柠檬混动 DHT 系统	魏牌拿铁	350bar
广汽	广汽第三代 1.5T GDI 发动机	广汽传祺影豹	350bar
北汽	魔核 1.5T 发动机	北京汽车魔方	350bar
长安	蓝鲸 2.0T 发动机	UNI-K	350bar
起亚	G4FS	智跑 Ace	350bar
上汽通用	第 8 代 Ecotec 1.5t	别克昂科威 S	350bar
奇瑞	2.0T GDI 发动机	星途揽月 400T	350bar

数据来源：《汽车与运动》杂志主办的“中国心”2021 年度十佳发动机

（三）汽油直喷技术发展趋势

超高压燃油喷射技术是未来直喷技术的研究方向之一。理论上，更高的喷射压力可带来更好的雾化和更低的排放，也有研究认为更高的喷射压力给发动机排放带来的收益有限，并且带来高压油泵驱动方式及发动机整机布局的变更。目前，各整机厂和相关零部件供应商仍在持续研究超高压直喷系统。

二、涡轮增压技术发展与应用情况分析

（一）涡轮增压技术发展概述

随着排放规定的日益严格和能源危机的加剧，在满足发动机排放要求的前提下，国内增压器供应商的技术投入加大，不断突破外资增压器厂商的技术垄断，成本持续降低，近年来，搭载涡轮增压器的乘用车市场份额逐年增长。2021 年，中国乘用车市场中应用增压技术的发动机总销量为 1355 万台，占全部市场发动机动力产品的 62.9%。根据 IHS Markit 销量预测，未来五年，增压机型在乘用车发动机中的占比将攀升至 72%。

随着技术研发的不断深入，内燃机增压技术除传统的涡轮增压外，双流道涡轮增压、可变截面涡轮增压 VGT（Variable Geometry Turbocharger）、机械增压、电动增压、电辅助增压、两级增压等新的增压方式成为各主机厂研发的方向。

（二）涡轮增压技术发展现状

目前，全球涡轮增压器市场已形成寡头企业之间竞争的市场格局，年产量排前五名的涡轮增压器制造商博格华纳、盖瑞特、三菱重工 MHI、博马科技、石川岛 IHI 占据全球 90%以上市场份额，竞争优势明显。随着技术发展，国内乘用车市场涡轮增压器制造商康跃科技、哈尔滨东安实业、宁波丰沃、宁波天力、奕森科技、西菱动力、长城蜂巢动力等，从研发到生产能力与外资品牌差距逐渐减小，渗透率逐年攀升。随着国内增压器供应商在乘用车市场的深耕发展，合资产品价格不断下降，进一步推动了涡轮增压器的普及率。

由于材料性能的不断提升，涡轮增压器的耐热性和耐久性得到彻底解决，已能实现与发动机同寿命，当前涡轮增压器行业技术研发的重点是高效率、快响应性、NVH 提升等方面。为此，相比发展初期，现在市场涡轮增压器的研发过程诞生出一系列的优化技术方案，如电动执行器、电动放气阀、特殊轴承、叶轮轻量化、消音弹垫、摩擦副表面处理等。为实现快速响应性，进一步实现小型化紧凑设计，应用小涡轮、低转动惯量涡轮，响应速度更快，涡轮迟滞效应更小。

在乘用车电动化转型的过程中，混动技术成为当前主流技术的状态下，电动增压器逐渐在各大合资品牌混动车型上应用。电动增压器与 48V 系统匹配，改善和解决传统涡轮增压发动机的涡轮迟滞现象，满足发动机的瞬时响应和低速扭矩需求，具有灵活的工作模式和快速响应特性，更好地发挥发动机性能。

2021 年 4 月，盖瑞特在上海车展期间展示 48V 电动涡轮增压器（E-Turbo）。该电动增压器可为轻度混合动力和深度混合动力汽车提供电动辅助增压。带有电力电子装置的复杂

马达系统以超过 20 万转/分钟的速度运行，可显著改善从怠速到整个发动机转速范围的瞬态响应。此外，奔驰 S 级 M256L6 发动机，在传统涡轮增压基础上增加一个电动增压器（博格华纳 eBooster），为发动机在低转速区域提供充足动力，让 M256 发动机从 1800r/min 就可提供 100%峰值扭矩。同时，使用电动增压器缩小发动机尺寸，可使燃油效率提升 5%～10%。随着混动车销量的逐步爆发，各主流增压器厂家逐步推出电动增压产品（见表 15-2）。

表 15-2 48V 电动增压器产品及参数

厂家	博格华纳	法雷奥	Aeristech	三菱重工	麦格纳	威孚
电压（V）	48	48	48	48	48	48
电机类型	永磁同步	磁阻同步	无刷直流	磁阻同步	永磁同步	永磁同步
冷却	水冷					
最高转速（r/s）	72	72	112	80	100	70
额定功率（kW）	2.5	3	10	3	2.5	3
最大压比	1.6	1.5	2.3	1.7	—	1.42
响应时间（ms）	<190	<137	<450	<300	<200	<300

（三）涡轮增压器技术发展趋势

在我国日益重视节能减排的背景下，国内涡轮增压器市场空间较大，配置率仍有较大的成长空间。随着中国乘用车车型更迭，混合动力汽车（HEV）及插电式混合动力汽车（PHEV）对涡轮增压器的需求高于传统燃油汽车，因增压形式的多元化，电动增压器+涡轮增压器两级增压、压端电机辅助驱动+能量回收、高效增压器旁通流道设计或将成为未来 5～10 年的重要发展方向。

三、EGR 技术发展与应用情况分析

（一）汽油机 EGR 技术发展概述

从 20 世纪 70 年代开始，国外将研究日标转向柴油机 EGR（废气再循环）技术。目前，EGR 技术是柴油机满足 NO_x 排放的关键技术之一。而对于汽油机，EGR 技术则未在传统车时代得到广泛采用，主要原因为，传统车发动机的工况点变化比较剧烈，导致 EGR 瞬态响应性出现问题，性价比不高。随着国六排放标准的推行和实施，以及混合动力技术的发展，EGR 技术逐渐被各主机厂研发应用。

（二）汽油机 EGR 技术发展现状

相对传统车用发动机而言，混动车用发动机的运行工况点比较稳定，或运行在比较固定的几个工况点上，发动机工况点的变化不再剧烈，这些给 EGR 技术的使用创造了条件，使 EGR 技术在整车上的油耗贡献度得到充分发挥。丰田、本田先后推出带有 EGR 技术发动机的 THS 和 i-MMD 混动系统。2021 年，中国品牌相继发布的全新一代产品，同样使用 EGR 技术，包括吉利雷神智擎 Hi-X 混动系统、比亚迪 DM-i 混动系统。

EGR 在涡轮增压器发动机中，分为高压 EGR 和低压 EGR，在压轮之前取气称之为

高压 EGR，在涡轮之后取气称之为低压 EGR（见图 15-4）。高压 EGR 优势在于对压轮和中冷器没有损害，另外由于压力较高，空气流速较高，使 EGR 反应速率较高。低压 EGR 的优势在于排气经过压轮、中冷器，平均分配到 4 个气缸中，因此四个缸的燃烧比较均匀，各缸的燃烧一致性比较好。另外，废气 100%都经过压轮，使其响应速率提高，减少涡轮迟滞现象。

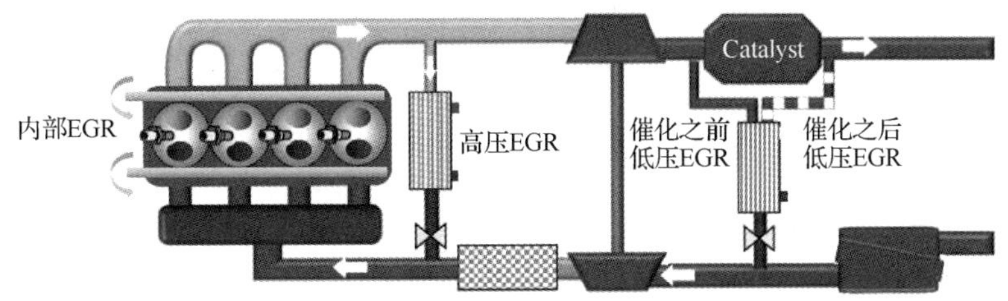

图 15-4　高压 EGR 与低压 EGR 示意图

从节油效果图（见图 15-5）中可以看出，通过引进 EGR，发动机在抗爆震区域可节油 4%～6%，在优化燃烧区域可节油 5%～15%，内部 EGR 区域可节油 1%～2%，减少泵气损失区域可节油 2%～4%。

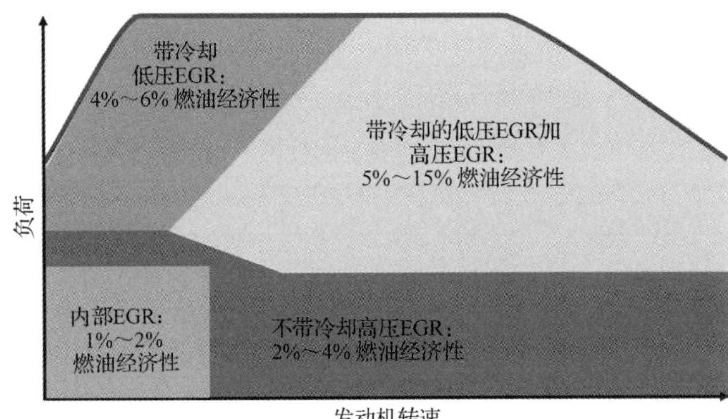

图 15-5　汽油机 EGR 技术节油效果图

（三）汽油机 EGR 技术发展趋势

进一步提高 EGR 节油效率是未来提高发动机热效率的重要手段。当前采用 EGR 的发动机，由于受制于燃烧稳定性的影响，EGR 节油效率普遍在 20%～25%，发动机最高热效率可达到 40%以上。如果发动机热效率提高到 45%以上，则 EGR 节油效率需提高到 30%以上，同时需配合更高的缸内滚流和高能点火系统等技术方案。

四、先进变速器技术发展与应用情况分析

（一）先进变速器技术发展概述

2021 年，中国乘用车自动变速器的搭载率增长较稳定，根据 IHS 数据显示，自动变速器的整体搭载率已达 84%，其中，AT 搭载率占比为 27%，DCT 搭载率占比为 28%，

CVT 搭载率占比为 25%。爱信、上汽通用、长安福特在 AT 领域的配套份额较高，Jatco、丰田（常熟）零部件、邦奇在 CVT 领域配套份额较高，在 DCT 领域中，大众变速器、格特拉克、上汽配套占有的市场份额较高。但国内变速箱市场依然严重依赖进口，国产自动变速箱市场占有率仅为 10%左右。

（二）先进变速器技术发展现状

AT、CVT 和 DCT 三种自动变速器的技术路线因具有各自的优势，属于竞相发展的态势。国内车企大多选择 DCT 技术发展路线，北美汽车品牌青睐于 AT，日系汽车品牌专注于 CVT 发展，欧洲车企以 DCT 技术为主。DCT 方面，7 速双离合占主导地位，以吉利、长城、大众、上汽、格特拉克为主要代表。丰田和奔驰已拥有 8 速 DCT，长城已开发完成 9 速 DCT。AT 方面，采埃孚、爱信、通用和摩比斯已布局大量的专利。2021 年第五届“龙蟠杯”世界十佳变速器评选中，爱信、现代、采埃孚的 8AT 及福特的 10AT 等纷纷入围（见表 15-3）。除此之外，采埃孚横置 9AT、奔驰纵置 9AT、福特/通用的纵置 9AT、10AT，爱信纵置 10AT 及本田横置 10AT 也备受关注。目前，由于高端乘用车对于性能和稳定性要求较高，因此新型多挡位 AT 凭借出色的性能占据大部分市场份额，并在逐渐下探，但 6AT 和 8AT 当前仍是市场的主流。CVT 主要供应商包括日产、本田、丰田、通用等车企。CVT 油耗低且变速平稳，但受到扭矩容量的限制，只能应用在部分对动力性不高的车型上，通常优先装配至中小排量车型，在中小型家用车方面应用较为广泛。

表 15-3　2021 年第五届“龙蟠杯”世界十佳变速器入围名单

组　别	变速器/电驱动	车　企	车　型
AT	福特 10AT	长安林肯	飞行家
	采埃孚 8AT	BMW	5 系
	现代 8AT	北京现代	库斯图
	爱信 8AT	东风标致	508L
DCT	大众 7DCT	奥迪	Q5L
	上汽 7DCT380	星途	揽月
CVT	加特可 CVT	东风日产	奇骏
	本田 CVT	广汽本田	凌派
	通用 CVT	上汽通用别克	威朗 Pro GS

数据来源：世界十佳变速器

（三）先进变速器技术发展趋势

传统自动变速器预计在 2025 年达到应用顶峰，技术升级主要集中在扭矩提升、小型化、轻量化、结构优化、降成本、P1/P2/P2.5/P3/P4 混动拓展等方面。在 AT 技术方面，多挡化、小型化和轻量化成为重点升级方向。CVT 因扭矩承载能力较弱，约束了发展前景，未来扭矩承载能力的提升会成为主要侧重点，同时兼容混动技术，并有望用在更多家用型乘用车中。DCT 市场目前推进良好，“干湿”协同发展。通过更多挡位来获得更大的传动比是它们共同的趋势。

AT、CVT 和 DCT 三种自动变速器在当前及未来中长期仍将共存发展，而 AMT 边缘化趋势将加强。

五、混合动力技术发展与应用情况分析

（一）混合动力技术发展概述

随着节能减排标准日趋严格，在未来碳达峰碳中和的环保目标压力下，发展节能环保汽车是汽车行业的大势所趋。近些年随着混合动力技术的日趋成熟，混合动力汽车购车成本不断下降，混合动力汽车越来越受到人们喜爱。与传统燃油汽车相比，混合动力汽车具有极高的节油率、极低的废气排放，与纯电动汽车相比，混合动力汽车具有“可电可油、油电混合”多种行驶模式，并且在续驶里程、造车成本等方面具有较大优势。因此，混合动力汽车已不再是“过渡产品”，而是各主机厂重点发展的目标之一。未来，随着混合动力关键零部件成本的不断下降，混合动力汽车将得到快速发展。表 15-4 为 2019—2021 年全国乘用车销量数据对比，可见，混合动力汽车销量在逐年上升。

表 15-4　2019—2021 年全国乘用车销量数据对比

年　　份	2019 年（万辆）	2020 年（万辆）	2021 年（万辆）
乘用车总销量	2442	2334.9	2427.8
纯电动汽车	97.2	111.5	273.4
插电式混合动力汽车	23.2	25.1	60.0

数据来源：IHS

2020 年出台的《节能与新能源汽车技术路线图 2.0》中指出，2025 年，混合动力汽车销量将占传统能源乘用车销量的 50%以上；2035 年，混合动力汽车在传统能源乘用车销量中占比将达 100%。大多数车企都选择在 2030 年前陆续停售/停产旗下的传统燃油汽车，并将混合动力汽车和新能源汽车作为未来发展重点。2021 年新能源汽车销量呈现迅速增长势头，全年实现新能源汽车销售 352.1 万辆，同比增长 157.5%。其中，新能源乘用车销量为 333.4 万辆，同比增长 167.5%；新能源商用车销量为 18.6 万辆，同比增长 54%。2021 年中国新能源汽车销量概况如表 15-5 所示。

表 15-5　2021 年中国新能源汽车销量概况

	2021 年（万辆）	同比累计增长（%）
新能源汽车	352.1	157.5
新能源乘用车	333.4	167.5
其中：纯电动汽车	273.4	173.5
插电式混合动力汽车	60.0	143.2
新能源商用车	18.6	54.0
其中：纯电动汽车	18.2	57.1
插电式混合动力汽车	0.3	−24.2

2021年，汽车行业面对芯片短缺、原材料价格持续高位等因素影响，全年汽车产销呈现稳中有增的发展态势，展现出强大的发展韧性和发展动力。同时，新能源汽车克服了“国家补贴退坡”等因素影响，实现大幅增长，体现了由政策驱动向“政策+市场”双驱动的良好发展态势。

随着“双碳”战略不断推进，预计到2050年，在汽车销售中，电动汽车及插电式混合动力汽车将占全球轻型汽车销量的50%。由于目前纯电动汽车电池成本、续航、充电等原因无法满足市场的全部需求，混合动力汽车是作为向纯电动时代过渡的重要技术方式，以尽快推动汽车行业能耗优化、更好地实现电气化和智能化。混合动力是现阶段必须大力发展并进行技术开发的核心技术。

新能源商用车的应用场景是相对精准的，主要分为道路和非道路车辆。道路车辆分为客车（公交车、城间车）和卡车（轻卡、中卡、重卡），非道路车辆主要为矿卡（宽体车、刚性车）、专线车。不同的应用场景对混动技术路线需求不同。城市公交车应用场景下各种“混动形式并存”，功率分流最节能；城市公路车选用“串并联、混动DHT系统”以应对高速、爬坡工况；城市物流车短距离适合以纯电为主的增程式混动系统。在增程式技术中，发动机并不直接驱动车辆，只承担发电的功能（驱动发电机产生电能），将电能输出给动力电池或驱动电机，主要代表为吉利远程；重型卡车以高速行驶为主，适合并联P2混动模式；矿山卡车主要采用串联混动系统，工况适应性更好；专线一般选用并联P2系统。总之，各企业综合各项技术成熟度、资源等因素，对混动路线的选取不尽相同，但其节能减排的终极目标是一致的。致力于节能减排的目标，各企业大力投入研发，确保各项技术发挥其真正优势。

（二）混合动力技术发展现状

混合动力技术经过不断迭代升级，混合动力汽车已实现油耗和排放持续降低。在发展过程中，全球各车企的混合动力技术路线各有不同，近年来已形成功率分流、串联、并联、串并联等主流混合动力技术路线，每种技术路线各有特色（见表15-6）。

表15-6 混合动力技术路线对比

技术路线	功率分流	串联	并联	串并联
系统结构	发电机（G）、Inverter、电池、行星齿轮、发动机、电动机（M）、车辆（V）	发动机、发电机（G）、Inverter、电池、电动机（M）、车辆（V）	Inverter、电池、发动机、耦合机构、电动机（M）、变速箱、车辆（V）	车辆（V）、电机、逆变器、离合器、电池、发电机、发动机
电机功率	30～60kW	80～250kW	25～85kW	60～150kW
优点	系统集成度高、节油率高	结构、控制简单，适合低速城市工况	结构相对简单、动力性好	可串、并联应用，工作模式多样，兼顾节油与动力性
缺点	开发难度大，控制复杂	发动机无法直驱，高速系统效率低	节油率低，集成结构难度大	开发难度大，控制复杂
成本	+++	++	+	+++

续表

节油率	+++	++	+	+++
动力性	+	++	+++	+++
应用	丰田 THS 通用 Voltec	日产 e-Power 理想 One	大众 P2 宝马 535Le	本田 i-MMD 吉利 Hi·X BYD DM-i

以丰田为代表的功率分流技术（THS），主要采用行星齿轮的功率分流技术，通过行星齿轮调整发动机的动力分配，让发动机的转速和转矩与整车需求解耦，使其一直工作在油耗和排放最佳的工作区域。目前，THS 系统已发展至第 4 代（THS-Ⅳ），在迭代升级的过程中，通过提高电机转速，降低电机扭矩，实现混动系统性能不断提升，同时成本和体积在不断下降。当前采用功率分流技术路线的车企主要有丰田、通用和福特。

本田 i-MMD 混合动力技术，采用双电机系统的串并联方案，在中低速工况，可通过串联模式使发动机一直工作在高效区，在高速工况下，可充分发挥发动机高速高效率的优势。

在国内，吉利、比亚迪、长城等主流车企主要以双电机串并联作为混合动力产品的主要技术路线和发展方向。具有代表性的为吉利 Hi·X 混动系统（见图 15-6）。

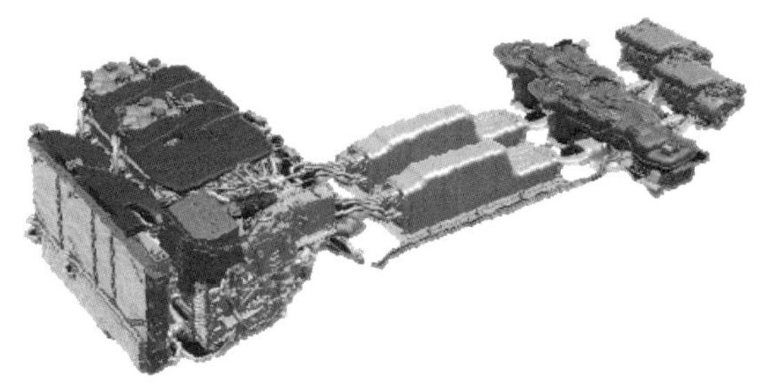

图 15-6　吉利 Hi·X 混动系统

串并联混合动力系统使用混动专用发动机 DHE 和混动专用变速箱 DHT，采用双电机结构，通过智能混动控制策略，动力模式可在纯电、串联驱动和并联驱动间无缝衔接（见图 15-7），实现强劲动力输出的同时，在全工况下具有较好的油耗水平，实现极高的节油率。

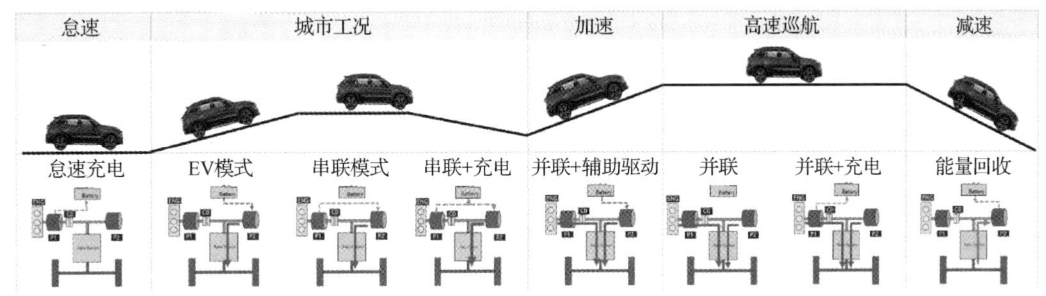

图 15-7　串并联混合动力系统工作模式

以大众为代表的企业主要采用单电机并联混动结构。该系统具有结构简单、传动效率高、成本低、加速性能好等优点，但因单电机系统结构限制，节油效率并不突出。目前，采用该系统的车企主要为大众、奥迪、戴姆勒等厂家。

以日产 e-Power 系统为代表的串联混动系统，机电耦合系统设计和控制相对简单，虽然其高速工况油耗较差，但具有很好的城市工况节能水平。串联式混合动力车型较少，国内有理想 ONE 增程式车型。

在商用车领域，车企从未停止尝试在混动系统方面的技术储备及预研尝试，纵观国内外混动系统在商用车上的应用，始终未形成批量规模。但随着环保法规要求的日益严苛，混动系统的开发应用逐渐提上日程，并加快向乘用车追赶的步伐。

鉴于商用车市场细分领域应用场景不尽相同，重卡出行高速公路行驶工况比重达57%，轻卡出行一般城市道路工况占比约 86%，故在混动方案选择上，细分车型各有侧重。

1. 重卡

国内外混动重卡的动力系统多以“单电机+AMT”P2 并联混动系统为主。该系统技术成熟度较高，最大限度地保持原车动力系统布置方式，集成简单，具有重量较轻、改造成本低、传动效率高及加速性能好等优点（见图 15-8）。其采用电机起步，能够缩短车辆起步时间；通过电机助力以提高车辆加速能力和运营效率；减速制动时，电机回收制动能量，节省油耗（见图 15-9）。较为适合：频繁起步停车、怠速时间长、节油空间较大的车型（如城建用车和矿用自卸车）；大载重、长里程、油耗基数大、且对动力性有需求的车型（如干线牵引车）。

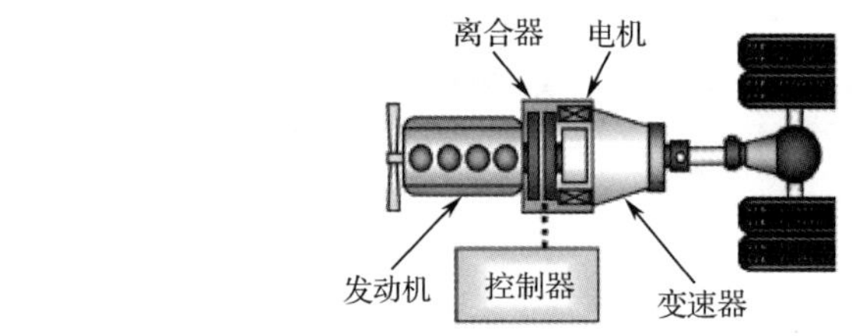

图 15-8 并联混动系统结构

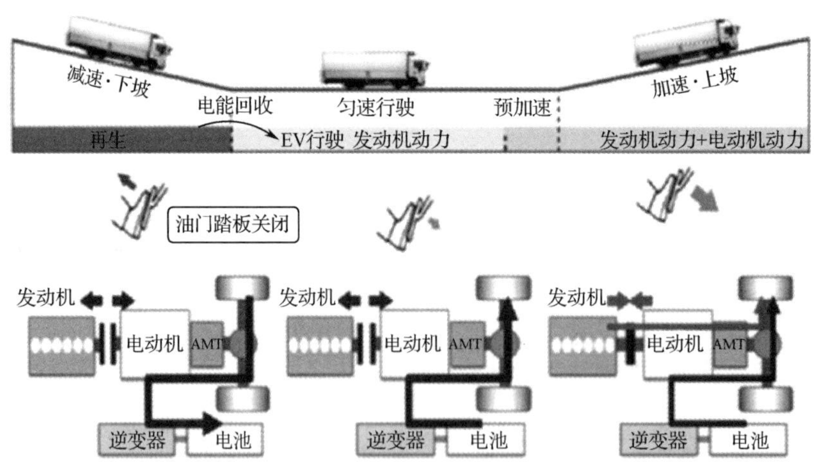

图 15-9 并联混动系统工作模式

在国外，日本和欧洲发展并联混动系统较早，北美市场近年也在快速增长。其中代表性的有：2009 年沃尔沃卡车投产 FE 垃圾回收车，2019 年日野发布 Profia Hybrid 混动重卡，美国伊顿公司与戴姆勒、达夫等卡车公司均合作应用采用并联混动系统，且国外供应链趋于成熟。

在国内，截至 2021 年年底，仅有 3 款公告车型：青汽解放悍 V6×4 混动牵引车、东风天龙 6×4 混动牵引车、中国重汽 HOWO6×4 插电混动自卸车。混动系统制造商苏州绿控已实现批产应用，陕西法士特、上海特百佳目前处于开发验证阶段，自主供应链总体处于起步阶段。

2. 轻卡

混动轻卡应用主要集中在冷藏车、仓栅车和厢式车。其中，冷藏车由于耗电量大、需求电量多，纯电轻卡无法满足适用需求；仓栅车主要用于果蔬等运输，运输距离较长；厢式车主要用于城市物流配送，如运输快递及生活日用品。

目前，国内混动轻卡小批量应用以“单电机+AMT”P2 并联式混动系统为主，代表车型有东风凯普特、东风福瑞卡、陕汽德龙 E3000，结构原理类似于重卡混动系统。动力系统制造商代表有苏州绿控、中汽动力、浙江万里扬。亦有吉利远程 RE500 轻卡，使用自主开发的 e-GAPF 增程混动系统，相对结构较为简单，多用于冷藏车。

另外，国内车企亦在功率分流式混动系统、串并联式混动系统方面进行技术研究，其中，以福田和江淮为代表。采用功率分流式混动系统的制造商有无锡明恒，其方案类似于丰田 E-CVT 原理，在后者的基础上取消离合器，简化减速结构，使控制系统和成本可控，通过行星齿轮调整发动机的动力并分配为机械能和电能，让发动机的转速和转矩与整车需求解耦，从而一直工作在油耗和排放最佳的工作区域。以苏州绿控为代表开发的 P2+P2.5 串并联混动系统（双输入轴、双电机），采用由离合器、定轴齿轮组组成的双电机系统，动力模式可在纯电、串联驱动和并联驱动间无缝切换（见图 15-10）。该系统可通过串联模式，使发动机的转速、扭矩与整车需求解耦，让发动机一直工作在高效区，通过开发双输入轴变速箱，实现无动力中断换挡。

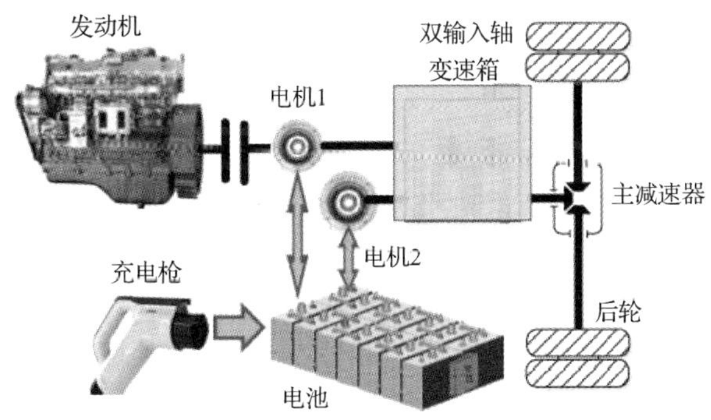

图 15-10　P2+P2.5 串并联混动系统结构

国外轻卡市场主流以日本厂商为代表，且以“单电机+AMT”P2 并联式混动系统为主，2005—2007 年五十铃 ELF 轻卡推出 P2 并联混动系统，2012 年三菱扶桑推出 Canter 混动系统（P2 并联式），2018—2019 年日野推出改良后的 Hino Dutro Hybrid 混合动力系统（P2 并联式）。

（三）混合动力技术发展趋势

未来的混动技术将朝着高效化、集成化、智能化、平台化、低成本发展，在混动系统架构上，混合动力技术将进一步以串并联形式为主、串联形式为辅的方向发展。

在高效化方面，高效混动专用发动机（DHE）、混动专用变速箱（DHT）仍然是未来研发的重点。预计到 2025 年，DHE 热效率将达到 42%～44%，2035 年达到 49%～50%。2025 年，DHT 的驱动电机系统将超过 80%，区域效率将达到 90%。在集成化方面，电驱“三合一”甚至“多合一”已成为技术发展的方向。电池 PACK 形式由现在的标准模组、CTP 向 CTC 发展，电池的功率密度、能量密度进一步提升。在智能化方面，随着自主芯片、自主操作系统开发，混合动力汽车的智能化将得到全面发展。

六、怠速启停、48V 系统技术发展与应用情况分析

（一）怠速启停与 48V 系统技术发展概述

为应对国家能源压力的增加及油耗标准的不断加严的情况，传统汽车企业加大了怠速启停、48V 系统等成熟节能技术的应用。根据 IHS 统计数据显示，匹配 12V 怠速启停系统车辆占总销量比例在 2020 年达 49.6%，同时，随着纯电动及其他混动车辆的发展及市场份额不断增加，2021 年匹配 12V 怠速启停系统车辆占总销量的比例略有回落，搭载 48V 系统的车辆自 2017 年来占比不断提高，2021 年达 3%（见表 15-7）。

表 15-7　2017—2021 年国内销售车辆装备怠速启停及 48V 系统比例

类　别	2017 年	2018 年	2019 年	2020 年	2021 年
传统内燃机车辆	65.3%	54.4%	43.7%	39.2%	34.5%
12V 怠速启停系统车辆	31.8%	40.2	48.9%	49.6%	43.3%
48V 系统车辆	0	0.2%	0.8%	1.9%	3.0%
纯电动及其他混动车辆	2.9%	5.2%	6.6%	9.3%	19.2%

自 2011 年奥迪、宝马、戴姆勒、保时捷、大众 5 家欧洲车企联合推出 48V 系统以来，其逐渐成为传统汽车节能减排的重要发展方向，48V 系统油耗/成本收益率较高。在国内，近 4 年来，48V 系统的装机量整体呈现持续上涨趋势。2021 年，国内 48V 系统车型市场销量约 73.9 万辆，推出 48V 技术的主机厂数量达 16 家，如图 15-11 所示为 2021 年国内 48V 系统车型销量统计。

（二）怠速启停与 48V 系统技术发展现状

12V 怠速启停系统将传统起动机更换为寿命更长、功率更大的增强型起动机，并且匹配增强型蓄电池以及在发动机控制单元（ECU）增加怠速启停控制功能，系统涉及更改部件少、成本低，是最容易实施的节能技术方案，搭载该系统的车型综合节约燃料消耗量为 0.15L/100km。

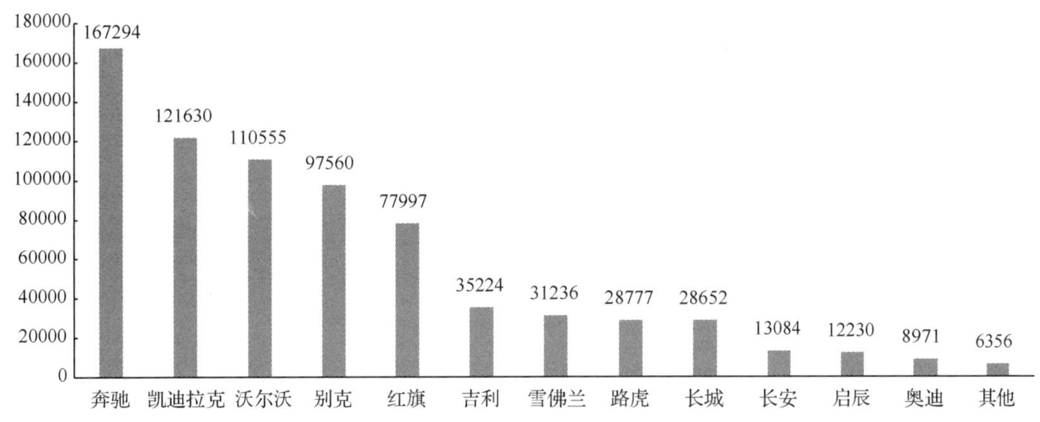

图 15-11 2021 年国内 48V 系统车型销量统计（单位：辆）

数据来源：IHS

48V 轻混系统（特别是 P0）发动机集成难度较小，对车辆改动小，主要包括电机、动力电池组（锂电池为主）及电压控制器（DC/DC 转换器）三大件。目前主流方案为 P0，综合节油率为 8%～10%。

（三）怠速启停与 48V 系统技术发展趋势

随着混动化和电动化的趋势，12V 怠速启停系统的占比会逐渐减少。

48V P2 系统由于其更好的节能/动力性逐渐成为后续的研究热点。采用 P2 电机的功率可从 P0 的 10kW 左右提升至 17kW 以上，除了给内燃机助力外，可实现纯电行驶、纯电空调等应用，综合油耗改善可提升至 13%～15%。P0 与其他混动组合如 P0+P3、P0+P4 也在进一步向市场应用。

七、混动专用发动机技术发展与应用情况分析

（一）混动专用发动机技术发展概述

在过去的十多年里，我国混动市场发展较为缓慢，由于混动控制策略还不是很成熟，混动和非混动采用同样的发动机，热效率一般不超过 38%。然而，从 2021 年 1 月比亚迪发布“DM-i”超级混动平台后，国产汽车品牌的混动时代强势登场。2021 年，国产混动系统呈现快速增长态势，如长城蜂巢动力柠檬混动 DHT、奇瑞鲲鹏混平台、东风马赫动力 MHD 极 • 混动系统、广汽绿擎技术混动系统、吉利雷神动力智擎混动系统。各主机厂均有各自优势和特点，不仅有较好的节油效果，同时兼顾动力性，满足日常车辆使用的驾驶乐趣。

根据乘联会发布的产销量数据来看，2021 年，国内市场销售 MHEV（轻型混合动力汽车）、HEV、PHEV 共计 919915 辆，但其中混动专用发动机的销量仅为 331263 辆，占比为 36%。根据 IHS 预测，到 2025 年，国内混动专用发动机市场占有率将达到 40%（见图 15-12）。

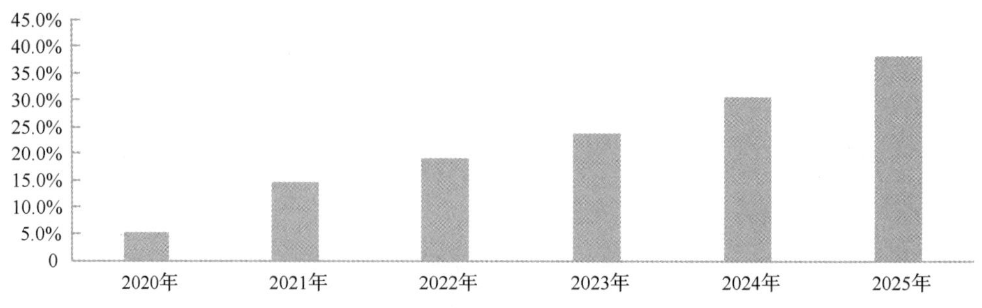

图 15-12 2020—2025 年混动发动机销量及趋势

（二）混动专用发动机技术发展现状

目前，各主机厂发布的混合动力发动机主要为 1.5L 排量，少量为 2.0L 排量。多数产品为提高热效率，采用增压直喷、高压缩比、阿特金森/米勒循环、EGR、低摩擦、智能热管理等技术。当前发布的多款发动机热效率已达 41%以上，已超过丰田在市面上的几款经典混动专用发动机，如普锐斯上搭载热效率 40%的 2ZR-FXE 发动机，凯美瑞上搭载的 Dynamic Force 系列 2.5L 发动机，热效率高达 40%～41%。此外，东风 C15TDR 高效版为 41.07%，广汽 GAC 2.0ATK 为 42.10%，长城柠檬 DHT 平台 HY4B15C DHE 为 43%，其中已正式量产的有比亚迪秦 PLUS 所搭载的 DM-i 骁云 1.5L，峰值有效热效率达 43.04%。吉利星越 L 上搭载的雷神智擎 Hi • X DHE15 混动发动机热效率达 43.32%，如表 15-8 所示为各品牌混动专用发动机产品及相关参数。

表 15-8 各品牌混动专用发动机产品及相关参数

参数	吉利	比亚迪		长城		长安	奇瑞	东风	广汽	
混动平台	雷神动力 GHS2.0	DM-i 超级混动平台		柠檬 DHT 平台		iDD 混动系统	鲲鹏混动	马赫动力 MHD	绿擎技术	
发动机型号	DHE15	骁云 1.5L	骁云 1.5Ti	HY4B15C DHE	1.5L 混动专用	NE 1.5TD DHE	G4J15	C15TDR 高效版	GAC 2.0ATK	GAC 2.0TM
排量（L）	1.48	1.498	1.497	1.499	1.5	1.494	1.498	1.476	2	2
功率/扭矩（kW/N • m）	105/215	81/135	102/231	115/235	75/135	125/260	125/252	125/260	105/180	140/320
热效率	43.32%	43.04%	40%	43%	41%	40%	38.10%	41.07%	42.10%	40.23%
变速器型号	3DHT	EHS132/145	EHS145/160	DHT130	DHT100	iDD	DHT300/400/510	HD120	GMS	丰田 THS
首搭车型	星越 L	秦 PLUS	唐 DM-i	哈弗 H6	玛奇朵	UNI-K	瑞虎 8 PLUS	奕炫 MAX	影豹	GS8

数据来源：各主机厂公开信息

（三）混动专用发动机技术发展趋势

从混动发动机技术的发展来看，一方面，高热效率尤其是超高热效率混动专用发动机将是混动发动机的主要研发方向，未来应用了各种前沿新技术的发动机有望实现热效率超过 45%或者更高。另一方面，在热效率不断提升的同时，为提供更好的驾驶乐趣和操控体验，提升动力性也是未来汽车不可忽视的一个方向。

八、混动专用变速器技术发展与应用情况分析

（一）混动专用变速器技术发展概述

根据国家《节能与新能源汽车产业发展规划》要求，2025 年车企平均油耗降至 4.0L/100km，传统构型的燃油车已经无法满足上述要求，各大车企都在寻求不同的技术解决方案。从 Add-On 混动变速器，到功率分流和串并联等混动专用变速器（DHT），再到增程式混动，各种系统构型的数量激增，百花齐放，表 15-9 为主流混合动力技术路线。

表 15-9 主流混合动力技术路线

分类	串联	并联	混联	
			串并联	功率分流
结构简图	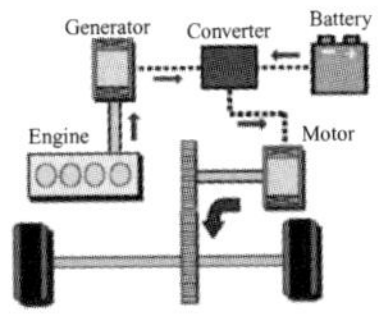 Generator Converter Battery Engine Motor	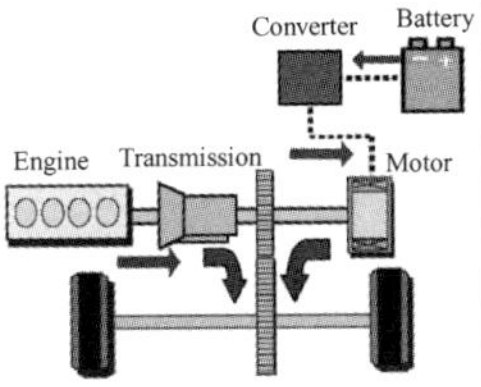 Converter Battery Engine Transmission Motor	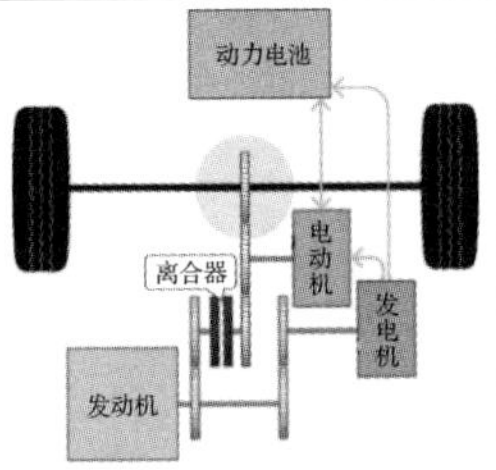 动力电池 电动机 离合器 发电机 发动机	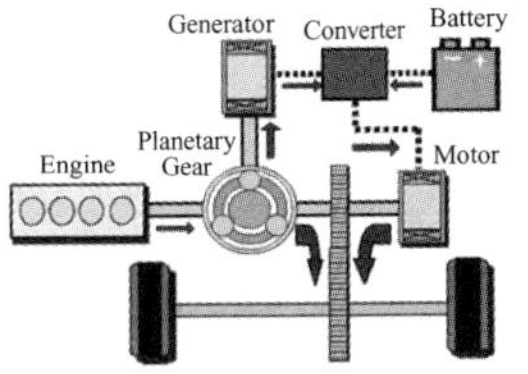 Generator Converter Battery Planetary Gear Engine Motor
驱动方式	● 纯电机驱动 ● 串联驱动 ● 发动机不参与驱动	● 纯电动驱动 ● 并联驱动 ● 单电机系统，电机只有发电或电动模式 ● 发动机任意工况都可以直接参与驱动车轮	● 纯电驱动 ● 串联模式 ● 并联模式 ● 发动机在一定的速才直接参与驱动	● 纯电驱动 ● 混联驱动 ● 发动机任意工况都可以直接参与驱动
代表技术或车型	● 日产 e-Power ● 宝马 i3 ● 理想 ONE	● 吉利 P2.5+DCT ● BYD P3+DCT ● 大众 P2+DCT ● 长城 P2+DCT/AT ● 奇瑞 P2+CVT ● 盛瑞 P2+AT	● 本田 i-MMD ● 上汽 EDU ● 广汽 GMC ● 吉凯恩 ● 吉利 DHT Pro ● 比亚迪 DM-i ● 长城柠檬 ● 奇瑞鲲鹏 DHT	● 丰田 THS ● 通用 VOLTEC ● 福特 MHT ● 科力远 CHS

传统的 Add-On 混动构型，能最大化地利用现有传动系统技术平台，前期投入较少但成本相对较高，节油效果难以做到极致。DHT 混动构型在空间和质量上优势明显，结构上更加紧密有效率，并追求综合效率最佳、综合性能最好且兼顾性能的平衡，是目前混动系统构建全速域、全场景、高效能、高性能的最优解决方案，且易于实现模块和控制器集成。随着混动汽车的逐渐放量及新能源汽车的加速推广，DHT 正逐渐成为行业的关注焦点。除丰田 THS、本田 i-MMD、通用 Voltec System 和大众 Twin Drive 布局较早

外，近一两年来，吉利雷神智擎 Hi·X、比亚迪 DM-i、长城柠檬 DHT、长安蓝鲸 iDD、奇瑞鲲鹏动力等多家国内汽车制造商开始在 DHT 技术上发力，2021 年也被称为国产 DHT 技术“新元年”，表 15-10 为国内主要产品混动构型。

表 15-10　国内主要产品混动构型

企业名称	混动系统	技术路线
吉利	GHS2.0	P1+P2
比亚迪	超级混动 DM-i	P1+P3
长城	柠檬 DHT	P1+P3
奇瑞	鲲鹏 DHT	P2+P2.5
东风	马赫 MHD	P1+P3
广汽	GMC2.0	P1+P3
北汽	魔方 DHT	P1+P3

（二）混动专用变速器技术发展现状

DHT 可以分为功率分流混动专用变速器（PS-DHT）和多模式混动专用变速器（MMT-DHT）。功率分流主要以丰田、通用、科力远等为主要代表。多模式混动专用变速器则主要以本田、吉利、比亚迪、长城、奇瑞、广汽、东风等为主要代表。随着国内汽车厂商在混动专用变速器市场的布局，国产混动专用变速器技术已达世界先进水平。现阶段 DHT 典型技术特征主要表现在以下四个方面。第一，DHT 匹配搭载混动专用发动机（DHE），通过发电机、驱动电机的调节，实现发动机在高效率区间相对恒定的运行。DHE+DHT 的组合已经成为各大主机厂的共识。第二，高集成、高功率密度的电机是当前 DHT 开发的核心。油冷、扁线、多层绕组、高转速、主动冷却系统等成为 DHT 电机的典型技术特征。第三，平台化的 P1X 技术构型，可实现纯电、串联、并联的工作模式，使整个混动系统达到高度的平台化应用。第四，动力控制模块高度集成。典型混动专用变速器技术如下。

1. 丰田 THS

作为功率分流混动专用变速器的典型代表，丰田推出的 THS 经过近 20 年的推广，至今已经发展到第四代。THS 最典型的标志就是功率分流的行星排，可以将发动机的功率分配给整车和发电机。第四代 THS 采用双电机平行布置的新型轴系方案，能有效缩短变速器的轴向长度。混动系统中发电机与太阳轮连接，发动机与行星架连接，齿圈作为输出，输出轴同时与齿圈外齿和驱动电机输入轴齿啮合并将动力传递至差速器（见图 15-13）。

2. 本田 i-MMD

本田 i-MMD 作为混联构型的专用混动变速器的代表，到目前为止经历了三代的发展。其采用 P13 的混动构型，平行轴及双电机加单挡减速器的方案，发动机与发电机通过齿轮副连接，通过离合器控制发动机的动力介入，能够对直驱和发电模式进行切换，驱动电机采用扁线及油冷方案（见图 15-14）。

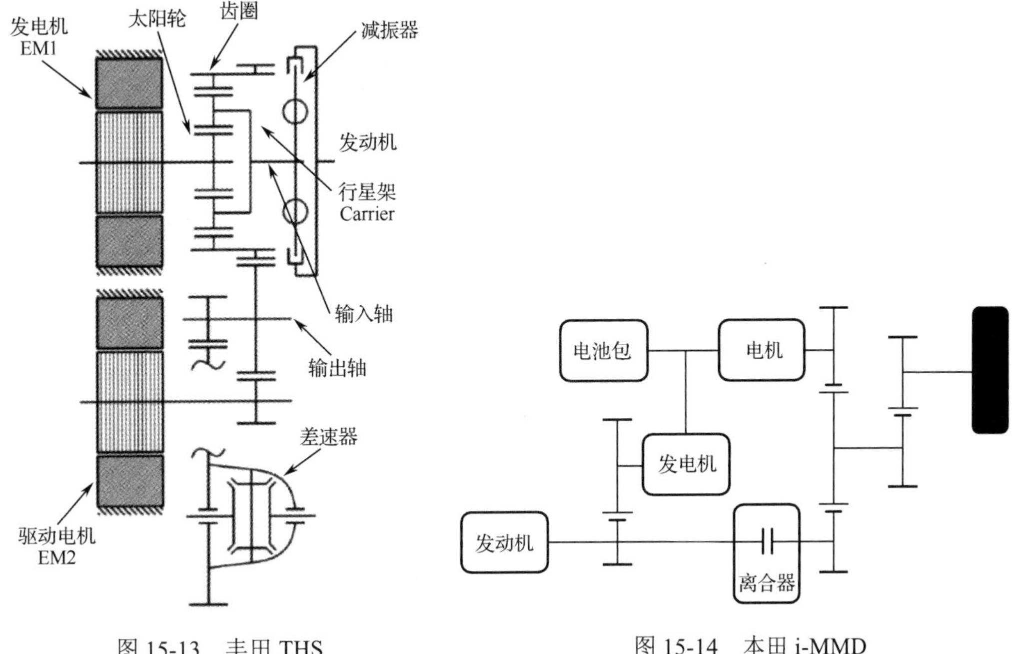

图 15-13　丰田 THS　　　　图 15-14　本田 i-MMD

3. 吉利 DHT Pro

2021 年，吉利发布面向 2030 年的混动架构——GHS2.0，其核心包含专用混动发动机 DHE、专用混动变速箱 DHT、高功率动力电池。其中，DHT Pro 采用 P12 混动构型，通过双行星齿轮组+多片离合器实现 3 挡传动。DHT Pro 具有驱动电机和发电机，两个电机采用油冷，同轴布置。P1 电机内置双离合，双行星排则布置在 P2 电机的转子内腔中，能充分利用变速器的轴向空间（见图 15-15）。DHT Pro 可灵活地在纯电、串联、并联等模式间切换，能实现 20 余种驾驶模式，既能满足高动力性，又兼顾高经济性。DHT Pro 荣获了 2021 年第五届“龙蟠杯”世界十佳变速器的称号。

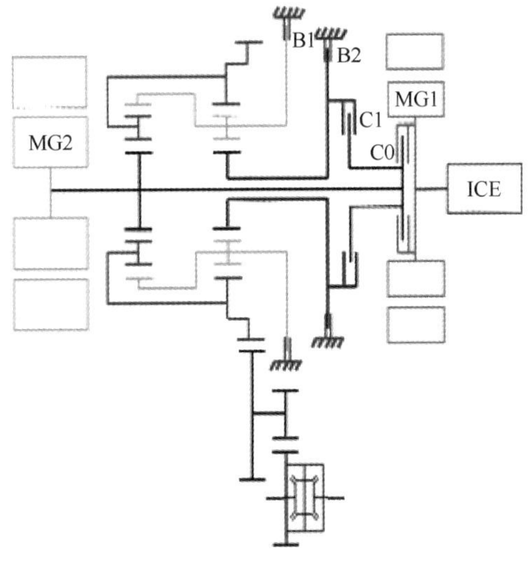

图 15-15　吉利 DHT Pro

4. 比亚迪 DM-i

比亚迪混动系统经历了 4 代技术更新，第四代 DM-i 在 2021 年强势爆发，迅速占领了市场。其采用 P13 的串并联构型，由双电机、双电控、直驱离合器、电机油冷系统、单挡减速器组成。传动部分采用平行轴式架构，发电机与发动机通过齿轮副连接，通过湿试离合器控制动力是否介入。驱动电机采用成型绕组技术的超高转速扁线油冷电机，转速高达 16000r/min（见图 15-16）。与之匹配的是骁云系列混动专用发动机，代表车型为秦 PLUS DM-i、宋 PLUS DM-i、唐 DM-i。

5. 长城柠檬 DHT

长城柠檬 DHT 同样采用 P13 架构，其最大的特征在于，采用机械两挡结构、同步器换挡、定轴式、平行布局。驱动电机可以通过减速器连接至差速器，实现直接动力输出。发动机可以通过一级齿轮减速直接与发电机连接。发动机通过由电子泵控制的离合器介入，发动机直驱模式有两个挡位，可以更大化地利用发动机的高效率区，同时兼顾动力需求（见图 15-17）。与之匹配的是 DHE100、DHE300 混动专用发动机，电机同样采用扁线、油冷、高速电机。代表车型为 WEY 玛奇朵。长城柠檬 DHT 获得了 2021 年第五届“龙蟠杯”世界十佳变速器的称号。

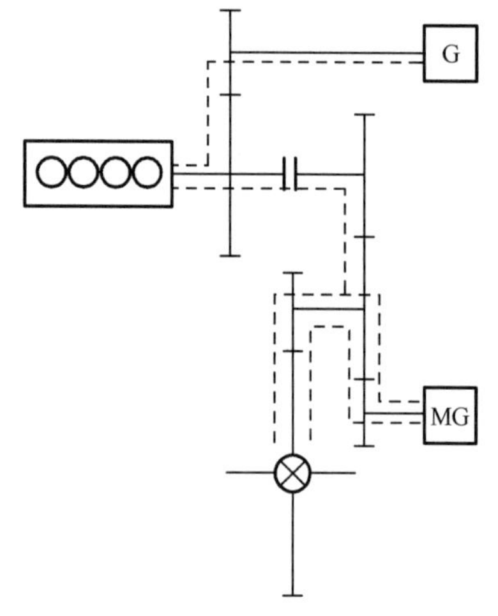

图 15-16 比亚迪 DM-i

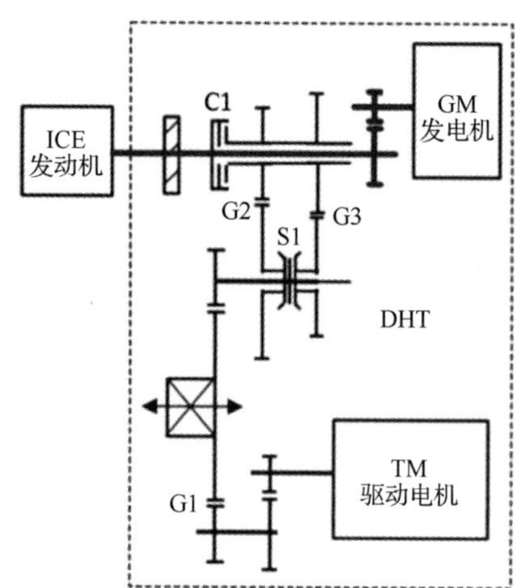

图 15-17 长城柠檬 DHT

6. 奇瑞鲲鹏 DHT

奇瑞鲲鹏 DHT 采用 P2+P2.5 的技术路线，三离合器+嵌套式双输入轴的 3DCT 的技术方案，匹配油冷扁线双电机，具备 11 种组合挡位。P2 电机和发动机同轴相连，通过离合器断开。P2.5 电机平行布置，通过减速齿轮组介入动力。其采用机械泵+电子泵的双泵方案，为整个系统提供润滑和压力。该 DHT 构型能实现单电机、双电机纯电驱动、增程、并联、发动机直驱、单电机、双电机能量回收、行车、驻车充电 9 种工作模式（见图 15-18）。但关于 P2 电机和 P2.5 电机的布置，与基于 DCT 的 Add-On 混动构型有相似之处，在成本上有一定贡献，代表车型为瑞虎 8 PLUS。

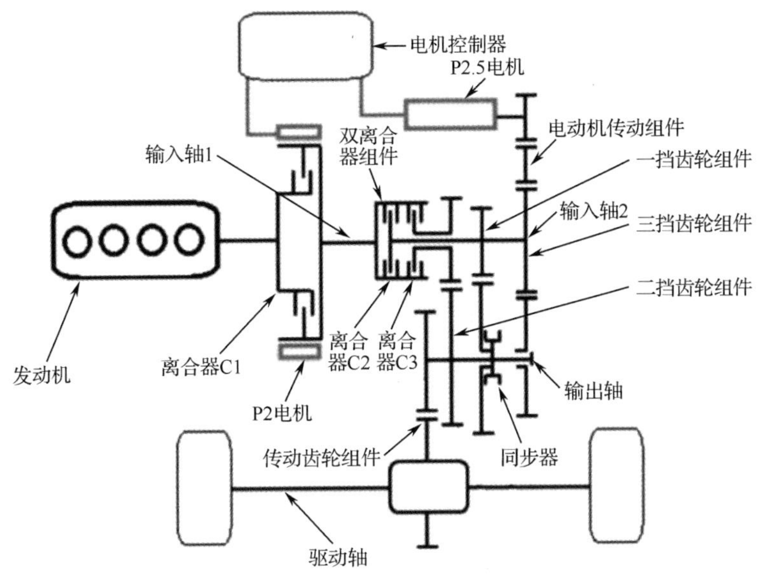

图 15-18　奇瑞鲲鹏 DHT

7. 其他主机厂产品

除此之外，广汽作为国内较早布局混动变速器的企业，其第一代混动 GMC1.0 已于 2017 年上市，采用 P13 架构串并联架构，目前已经开发完成第二代混动 GMC2.0。东风对外宣布了马赫动力 MHD 混动系统，1.5T 米勒发动机+HD120 混动变速箱。还有上汽搭载在插电强混的量产车型荣威 E550 之上的电驱变速器 EDU，以及上海精进提出的利用双电动机实现串并联混合驱动的 DHT 方案、万里扬研制的混合动力无级变速器 C38P2P3 等。

（三）混动专用变速器技术发展趋势

随着混动汽车销量的增加，专用混动变速器优势更加突出，长期来看，普及率或将上升。从各大主机厂的混动专用变速器技术路线来看，多层油冷扁线双电机匹配搭载高效率混动专用发动已成为当前行业共识。P13 的混动构型方案被当前大多数主机厂所青睐。混动专用变速器的技术升级主要集中在以下 6 个方面。

一是相匹配的混动专用发动机将被要求进一步提升热效率。超高压缩比、阿特金森、深度米勒循环、智能热管理也将进一步助力混动专用发动机的热效率提升。

二是高功率密度电控系统将会成为研发热点。高压、碳化硅技术能进一步降低电机控制系统的损耗，提高集成度与功率密度。

三是单挡 DHT 在经济性和动力性方面都稍显不足，因此开发多挡 DHT 方案仍将是主流趋势。混动专用变速器将会在多挡化领域继续深耕，兼顾动力性、经济性。

四是采用高压方案实现驱动电机小型化、高功率、油冷、扁线、多层绕组、高转速、主动冷却系统等将成为混动专用变速器电机技术的主要发展方向。

五是双电机控制器、DC/DC、TCU 等将进一步深度集成到整个动力模块中，共用一套冷却系统。

六是随着芯片问题日益突出，对于控制器核心芯片的替代方案也将会开展深入研究。

九、替代燃料技术发展与应用情况分析

随着全球能源消耗量的不断增加，化石能源日益减少，以及国际环境的不确定，为实现我国长期可持续的经济发展和环境保护，需发展内燃机替代清洁燃料以部分取代石油基燃料（汽油、柴油）。

替代燃料总体上分为三类：醇、醚、酯类等含氧燃料（主要包括甲醇、乙醇、二甲醚以及由植物油制取的生物柴油）；合成油（指由煤、天然气或生物质生产的液体燃油）；气体燃料（指天然气、液化石油气、氢气、煤层气、沼气等）。

（一）甲醇燃料技术发展概述

我国的能源结构是富煤、贫油、少气，煤炭储量占世界煤炭储量的 33.8%，而石油对外依存度已经超过 70%，天然气对外依存度高达 47%，当前国际形势不稳定，我国的能源风险存在很大隐患。

甲醇属于小分子含氧燃料，燃烧产物主要是 CO_2 和 H_2O，燃烧排放物明显低于汽油燃料。甲醇可以通过煤制、CO_2 捕集合成等方式制备，我国具备完整的技术能力，且当前我国甲醇产能处于过剩阶段，其中用于燃料的比例不足 3%。

2019 年，全国甲醇总产能为 8432 万吨，其中产能达千万吨级以上的有内蒙古、陕西（见表 15-11），全国共有 28 个省市自治区具备甲醇生产能力。

表 15-11　2019 年全国甲醇总产能分布

排　序	省及自治区	2019 年产量（万吨）
1	内蒙古	1525
2	陕西	1161
3	宁夏	625
4	山东	618
5	河南	517
6	山西	338
7	新疆	297
8	安徽	263
9	河北	211
10	江苏	173
11	海南	136
12	重庆	106
13	四川	86
14	上海	82
15	青海	75

（二）甲醇发动机技术发展现状及趋势

甲醇汽车技术已经发展了 40 多年，中国的甲醇汽车技术处于全球领先地位，截至 2022 年，国家先后批准了 30 多款甲醇燃料汽车的市场准入资格。车型涵盖了从商用车到乘用车等多个车型（见图 15-19）。

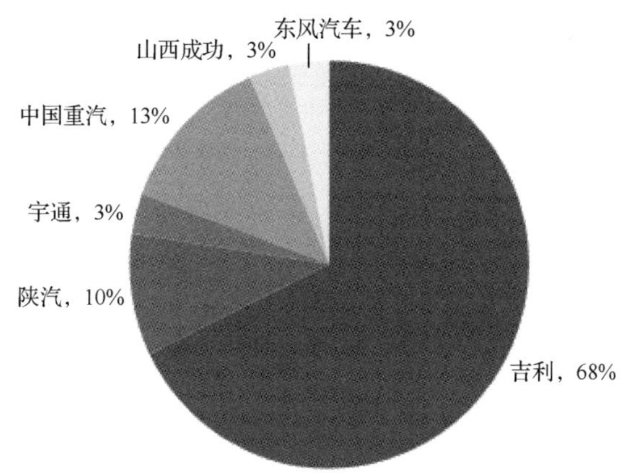

图 15-19　甲醇燃料汽车市场准入资格分布

甲醇发动机开发技术从初期的 M15、M85 到目前的 M100，克服了甲醇燃料特性带来的冷启动困难和耐久性差等问题，发动机已从传统的甲醇发动机，蜕变到甲醇混动发动机、甲醇灵活燃料发动机，以及甲醇掺氢发动机。

M15 甲醇发动机基本上可沿用汽油发动机技术，冷启动和耐久性无明显的影响。

随着甲醇含量比例的增大，尤其是达到 85%以上时，甲醇汽化潜热大导致冷启动困难，自润滑性差导致异常磨损，以及其他因素导致的橡胶件溶胀，金属件腐蚀等问题，传统甲醇发动机在 2020 年完成了突破，解决了核心问题。

当前受制于甲醇加注的区域性限制，为了更好地推广甲醇汽车的发展，吉利正在研究开发甲醇灵活燃料发动机技术，解决甲醇、汽油分层、比例识别和发动机控制策略等问题。

此外，因为甲醇的热值不足汽油的一半，导致甲醇的消耗量是汽油的 2 倍以上，通过甲醇掺氢技术，可以极大提高发动机热效率，在降低甲醇消耗的同时，进一步降低 CO_2 的排放。

十、节能与新能源技术

（一）电池技术

1. 动力电池技术发展概述

当前，中国仍是世界总碳排放量最大的国家，交通领域碳排放在我国全社会碳排放总量中的占比超过 8%，以汽车为主的道路交通在交通领域中占比超过 82%。汽车行业作为中国实现碳达峰碳中和的重要行业之一，需要全行业节能减排。根据《节能与新能源汽车技术路线图 2.0》发展目标，节能汽车仍是汽车产业的重要组成部分，2025 年占比为 80%，2030 年占比为 60%，2035 年占比为 50%。

目前，发展电动汽车已成为国际高度共识，是实现交通能源转型的关键技术路线。随着新能源汽车行业持续向好，动力电池市场也迎来了高速发展的阶段。开发高能量密度、高安全性、低成本的纯电动力电池系统，是该领域技术发展的必然趋势，也是当前汽车强国战略的具体体现。

2. 动力电池技术发展现状

动力电池是纯电动汽车驱动能量的唯一来源，直接关系到电动汽车的动力性能、续航能力和安全性。当前，电池发展涵盖能量型、能量功率兼顾型和功率型三大类别，实现了动力电池单体、系统集成、新型动力电池、关键材料、制造技术等全覆盖。

新能源汽车进入高速发展阶段，目前我国的新能源汽车仍以电动汽车为主，特别是纯电动汽车。随着新能源汽车销量的增长，动力电池装机量也持续增长，到 2021 年，装机量达到 154.5GW·h（见图 15-20 和图 15-21）。

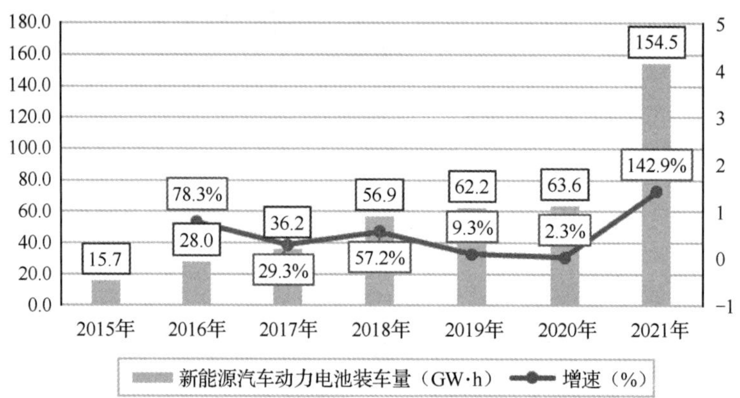

图 15-20　2015—2021 年我国新能源汽车动力电池装车量及增速

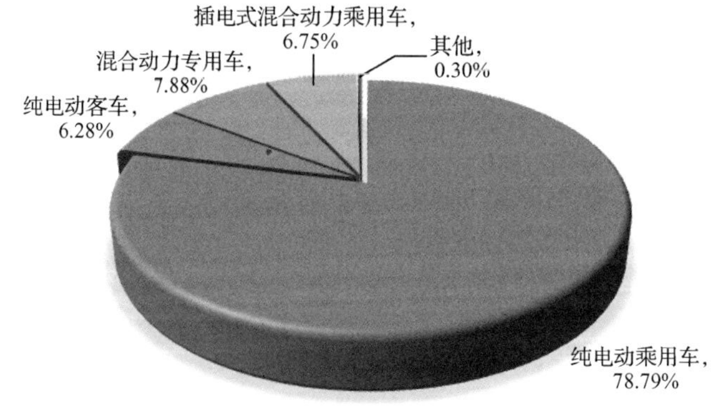

图 15-21　2021 年我国新能源汽车动力电池装车量分布情况（按车型）

3. 动力电池技术发展趋势

随着新能源汽车的不断发展，相比传统燃油汽车，续航更远（大容量动力电池）、能耗更低（更轻，更小空间需求），以及更加安全，就成为新能源汽车无法回避的发展需求。

动力电池作为新能源汽车最核心的部件，能量密度及安全设计方面的提升势在必行，从技术层级看，电芯能量密度提升、高集成度、高安全全设计及云端 BMS 已成为动力电池提升的方向。

（1）电芯能量密度提升

电芯作为动力电池的最小组成单元，动力电池能量密度的提升先从电芯的体系升级及能力提升来实现。1991 年，商业化的锂离子电池能量密度只有 80Wh/kg，如今，锂电池的能量密度已达到 300Wh/kg，电芯的能量密度已经有了巨大的提升，但新能源汽车发展对动力电池和电芯提出了更高的要求，从电池材料的角度来说，核心在于高性能正负极材料的开发，即开发具有较高比容量和放电电压的正极材料，以及具有较高比容量和较低平均脱锂电位的负极材料（见图 15-22）。

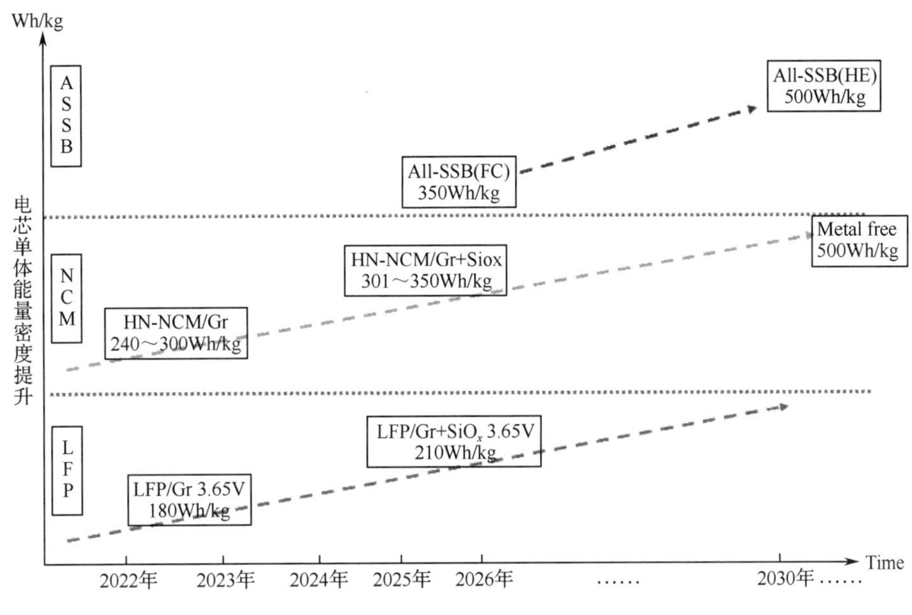

图 15-22　电芯单体能量密度提升

（2）高集成度

在电芯能量密度提升的同时，也在动力电池系统集成化开发的方向进行了不断探索。电池包集成技术已由第一代传统的电芯成组技术转变为到第二代电芯成包技术，最终将优化到第三代 CTC，集成效率由第一代的 50%提升至第二代的 60%，再到 CTC 技术的 80%，彻底解决续航焦虑并且达到成本最优。CTC 没有电池包的概念，只留有电池下托盘，所以车身垂直空间增加了 10mm，提升了内部座舱空间，CTC 的电池包和车身地板融合为一体，可以提升车身的扭转刚度（见图 15-23）。

（3）高安全性设计

1）必要性

GB 38031—2020 明确提出热扩散预警要求。关于热扩散乘员保护的要求是：电池包或系统在由于单个电池热失控引起热扩散、进而导致乘员舱发生危险之前 5min，应提供热事件报警信号（服务于整车热事件报警，提醒乘员疏散）。如果热扩散不会产生导致车辆乘员危险的情况，则认为该要求得到满足。

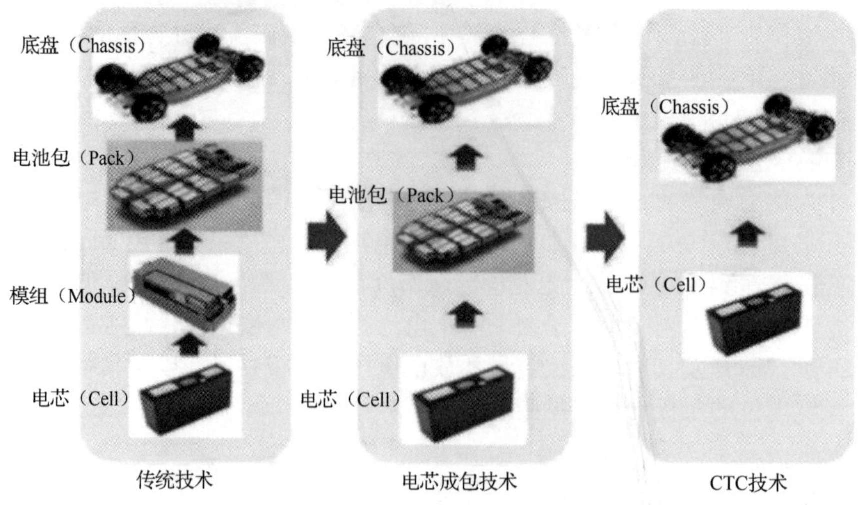

图 15-23　电池包集成技术

2）技术方向

热失控预警方式一（气压传感器式预警）：实际电池系统热失控时会对 BMS 采集得到的电压和温度信号产生一定特征信号值，同时结合电芯热失控时存在电芯泄压与产气特征，产气特征会引起布置在电池系统内部的气压传感器监测得到一定的气压特征信号值，从而 BMS 会监测得到电压、温度、气压相关的热失控特征值。利用大量试验数据和市场热失控表现，提出电压、温度、气压特征值有效策略组合进行热失控预警的方式。

内部进行电池包层级热失控试验时得到的包内气压与电压曲线如图 15-24 所示，包内气压变化早于电压跌落到下限的时间，气压监测可以有效提高预警时效性。

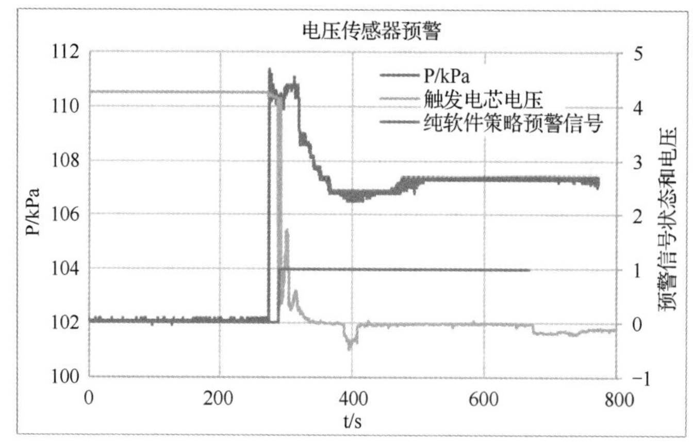

图 15-24　包内气压与电压曲线

热失控预警方式二（软件控制式预警）：结合实际电池包热失控测试时收集到的各类特征信号值，如监测到的电压、温度和 BMS 通信信号，通过不同场景下的漏报、误报分析得到电压与温度、通信状态的不同结合策略，依靠软件来提升预警准确度（见图 15-25）。

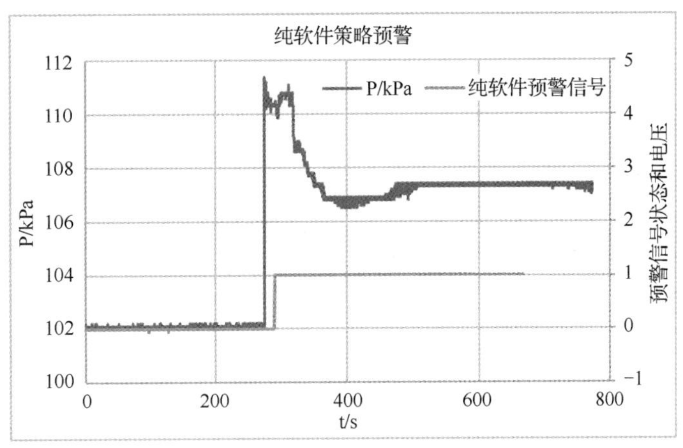

图 15-25　软件控制式预警与带气压传感器式预警的时间差异

（4）云端 BMS

电动汽车领域的 BMS 和电机控制器最终会整合到整车控制器，然后整车控制器最终会实现云端处理及远程控制，实现车辆的自动驾驶和路况调节。基于大数据平台的电池生命周期数据库，完成更高精度的算法、更超前的预警，从而减少事故（见图 15-26）。

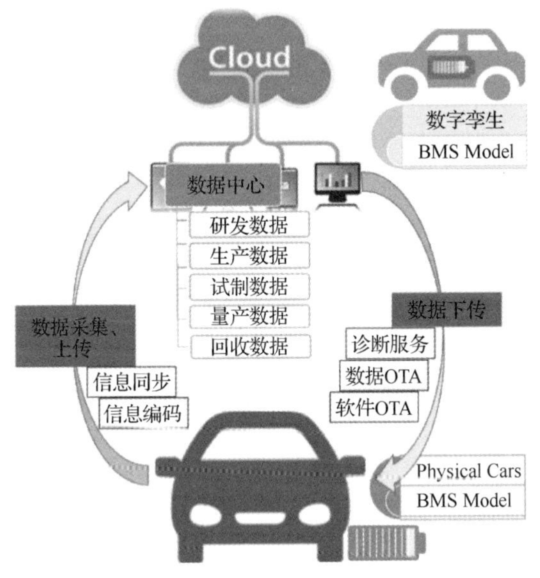

图 15-26　云端 BMS

纯电动汽车的出现符合绿色经济的发展，且纯电动汽车的技术在不断优化，使纯电动汽车的性能更符合大众的需求，企业对纯电动汽车产业的不断投入，以及需求和供给的增加推动着汽车产业的发展，而纯电动汽车产业的发展也推动着绿色经济的发展。

（二）高性能集成电驱动系统关键技术

1. 电驱动技术发展概述

电驱动系统主要由驱动电机、电机控制器、传动系统三部分组成。驱动电机利用电磁感应原理将电能转换为机械能，为汽车提供动力，是电驱动系统的核心，被视为新能源汽车的“心脏”。

新能源车驱动电机包括直流电机、交流异步电机、永磁同步电机、开关磁阻电机，其中永磁同步电机在我国应用最为广泛。交流异步电机受功率密度低、调速性能较差等因素，主要用于对空间和速度性能要求较低的物流车和商用车；永磁同步电机在制造转子时加入永磁体，具有功率密度高、力能指标好、高效节能、结构简单、可靠性高等优势，是我国新能源汽车主要采用的电机类型；开关磁阻电机结构简单、调速范围宽、系统可靠性高，但控制系统复杂、噪声大，目前在我国新能源市场中还未得到广泛应用。其中，扁线电机是最适合应用于新能源汽车的驱动电机。国外知名企业如雷米国际、大陆集团、通用汽车、丰田等都具有成熟的扁线电机技术，但国内很少有企业能够大量生产，多受制于制造工艺和制造装备设计困难。从扁线驱动电机产线供应商看，目前全球能做出优质生产线的企业集中在日本、意大利、德国三个发达国家，供应商数量非常有限。国内目前暂时没有实力与国外相当的生产线供应商。

功率模块是电机控制器的核心部件，主要通过功率半导体高频开关进行 DC/AC 转换，并调节驱动电机的电流、电压，实现精确控制。目前，英飞凌、三菱电机等海外巨头占据绝大部分市场份额。

目前，电驱动系统仍处于发展期，标准化程度较低，因此整车厂自产、供应商定点开发两种模式占据主流。整车 OEM 在电驱动方面主要采用自建供应链或直接从 Tier1 采购电驱动系统/零部件。出于供应链安全以及降本方面的考量，整车 OEM 一般标配 2～3 家电驱动供应商，分为 A 点和 B 点供应商。国内整车倾向于选择本土电驱动供应商（自供、国内电驱动供应商），部分外资企业（如日本电产）逐步开始进入国内主机厂供应体系，国外整车企业大多直接从传统 Tier1 采购产品或深度定制，国内企业很少进入外资供应体系（见表 15-12 和表 15-13）。

表 15-12　国际主要电驱动厂商配套情况

电驱动供应商	配套车企	备注
吉凯恩	PSA/FCA/三菱/宝马/VOLVO	混动P4二合一/三合一
博世/联合电子	保时捷/宝马/奔驰/大众/VOLVO/PSA/上汽/吉利/长城	EV三合一/电机电控
法雷奥	大众/VOLVO	电机电控
采埃孚	奔驰/宝马/FCA	EV三合一/电机电控
麦格纳	大众/宝马/北汽	EV三合一
大陆	PSA/FCA/现代/奥迪	EV三合一/电机电控
博格华纳	长城/威马/广汽	EV二合一/电机电控
电产	广汽	EV三合一
特斯拉	特斯拉	EV三合一
马瑞利	保时捷/日产/FCA	电机电控
BluE Nexus	丰田/斯巴鲁/铃木	EV三合一/电机电控
日立	本田/日产	电机电控

表 15-13　国内主要电驱动厂商配套情况

电控供应商	配套车企	电机供应商	配套车企
比亚迪	比亚迪	比亚迪	比亚迪
大郡控制	北汽	精进电动	吉利、广汽、小鹏
麦格米特	北汽	大地和	江铃、奇瑞
大地和	江铃、奇瑞	大洋电机	北汽
汇川技术	宇通、威马、东风	华域电动	上汽、上汽通用
上海电驱动	长城、奇瑞、吉利、小鹏、长安	上海电驱动	长城、奇瑞、长安、吉利
奇瑞	奇瑞	方正电机	吉利、上汽通用五菱
巨一动力	江淮、广本	巨一动力	江淮、广本
蔚然动力	蔚来	蔚然动力	蔚来
长安	长安	长安	长安

2. 电驱技术发展现状

技术路线：驱动电机的主流方案为永磁同步电机，配套占比达 96.6%，覆盖绝大多数品牌及车型；交流异步电机占比为 2.8%，主要配套蔚来 ES8 与 EC6 的后置电机、特斯拉 Model 3 与 Model Y 的前置电机及岚图 FREE、奔驰 EQC 等车型。此外，宝马 X3EV 配备他励同步电机，市场占比仅为 0.6%（见图 15-27）。

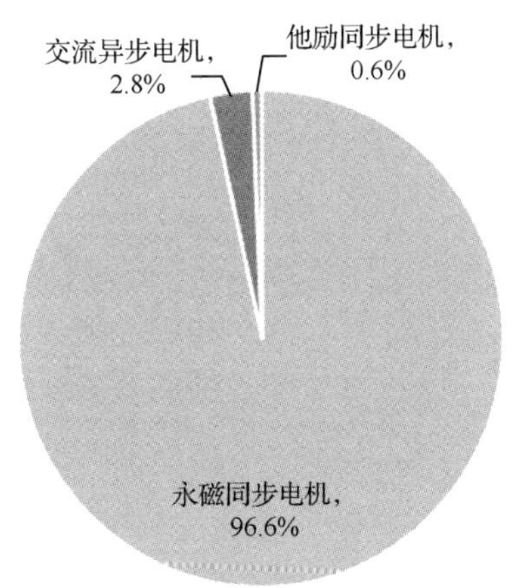

图 15-27　驱动电机市场占比

永磁同步电机转子由永磁体构成。永磁体本身能够产生稳定磁场，因此不需要持续消耗额外的电能进行转子励磁，运行时转子没有铜损和铁损，也没有集电环和电刷的摩擦损耗，产生的热量少，对散热方案的要求低。因此，永磁同步电机具备效率高、体积小、重量轻、功率密度高四大优势，成为主流技术路线。此外，稀土永磁材料产能集中在国内，供应链也具备成本竞争力，低端车型的永磁同步电机价格在千元级别，高端车型的永磁同步电机成本也可控制在 2 万元以下。但振动、高温等极端情况会使永磁体产生“退磁”现象，导致电机性能下降。

交流异步电机（感应电机）转子由铜/铝材料制成，转子的转速总是慢于定子旋转磁场的转速，在磁场内切割磁感线，产生感应电流，并通过电流的磁效应获得转矩。异步电机不需使用稀土永磁材料，原材料成本低于永磁同步电机。缺点在于，功耗高且占用空间大，在效率与功率密度方面均不及永磁同步电机。高端车型空间相对宽裕，电池组容量大，续航能力强，因此交流异步电机在高端细分市场占有一定份额。

3. 电驱技术发展趋势

电驱动技术的革新将为汽车动力性能、整车设计的变革赋能。在永磁同步电机优势显著的背景下，业内主要通过探索新型永磁材料、圆线改扁线、水冷变油冷等方式提高永磁同步电机的功率密度及效率。SiC 功率器件的产业化将显著提升电机控制器的性能，并使电驱动系统的性能表现得到进一步优化。

1）高性能驱动电机技术

高功率密度、高效率是新能源汽车电机的重要发展方向，可以减少新能源车电量损耗进而提升续驶里程。功率密度为单位体积电机的输出功率，与转矩和转速成正比，电机高功率密度的实现方式包括以下两种。

高速化：相对于外转子永磁同步电机，内转子永磁电机具有转子半径小及可靠性强的优点，成为高速电机的首选。在高速化的过程中，电机散热能力要求提升，冷却方式倾向于采用油冷。

高转矩密度：通过提高磁阻转矩比例、谐波注入、提高单位体积内的磁场能量等方式实现。

提高电机效率需要降低电机损耗，如铜损、铁损和杂散损耗等。目前，主要采用扁线油冷电机技术提升永磁同步电机效率。

2）油冷电机技术

油冷电机冷却效率高、绝缘性能好。电机冷却按照介质可分为风冷、液冷两大类，液冷可细分为水冷和油冷。电机功率密度提升，水冷不足以达到良好的散热效果，需要提供直接冷却热源来提升冷却效率，而油本身不导电、不导磁，可作为电机直接冷却热源。

特斯拉、宝马 iX3、雪佛兰 Volt、福特 Mustang Mach-E、大众 ID.X 系列等车型或平台中已经应用油冷电机，油冷电机的优势为冷却效率高、绝缘性能好、高低温适应性强、体积小。

3）扁线电机技术

扁线电机符合《节能与新能源汽车技术路线图》的要求。扁线绕组取代了传统漆包圆线，提高了槽满率，在相同体积内拥有更大的功率，故功率密度较高。2025 年，乘用车电机功率密度将达 5kW/kg，电机系统超过 90%的高效区达 90%，这使扁线电机的发展成为必然趋势。

国内主流新能源汽车品牌正加速推进扁线电机规划，2017 年，上汽在国内首先使用扁线电机，2021 年，特斯拉 Model 3 与 Model Y、福特 Mustang Mach-E、大众 ID.X 系列、极氪 001 等纯电车型纷纷搭载扁线电机，有望引领行业装配扁线电机的潮流。

2021 年前 15 名新能源车型中 5 款搭载扁线电机，渗透率 27.08%，随着中游制造商扩产加快、各主流车企切换扁线电机意向明确，扁线电机渗透率进一步提高。

4）驱动电机关键材料

在永磁体方面，重稀土晶间扩散（GBD）及晶粒边界调节（GBM）技术，可大幅度减少重稀土使用量，同时提高磁体性能；国外如丰田、通用汽车开始采用混合磁体代替钕铁硼。

在绝缘材料方面，研究制备出耐电晕漆包线漆、耐电晕漆包线和纳米粒子改性耐电晕漆包扁线；研究制备奈米粒子改性聚酯亚胺浸渍树脂，性能达到国际先进水平。

在高性能硅钢片方面，我国研制了 0.2～0.3 系列化硅钢片，导磁、铁耗、温度特性等较同类产品得到提升，提升了精细化设计水平，同时走向了国际市场。

5）SiC 功率模块

功率半导体正从硅基半导体向宽禁带半导体（SiC，碳化硅）方向发展。在物理性质方面，SiC 具有禁带宽度大、热导率高、击穿场强高、电子饱和漂移速率高等优势，制成的功率器件具备耐高温高压、散热性能好的特点，可以实现更高的工作频率与功率密度，更适用于高速电机的控制。此外，SiC 器件的开关损耗和导通损耗均大幅低于硅基 IGBT，有助于降低功耗，提升整车续驶里程。硅基 IGBT 耐压上限仅为 750V，在电机控制器中应用 SiC 也有助于电驱动系统与高压充放电平台适配。综上所述，SiC 器件将解放电机控制器的性能瓶颈，满足高转速电机的控制需求，并优化电机效率（见图 15-28）。

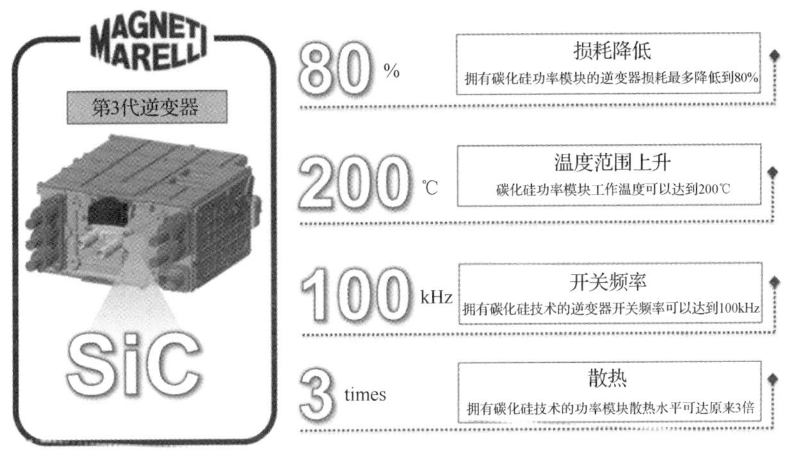

图 15-28 碳化硅（SiC）技术

新能源汽车的设计面临着续航能力、动力性能、安全性、舒适性之间的取舍，需在有限的空间内平衡动力电池组、电驱动系统的空间占比，并尽可能实现轻量化。永磁同步电机具备效率高、功率密度高、体积小、重量轻的优势，且成本合理，成为主流方案。为使永磁同步电机的功率密度得到突破性提升，新型永磁材料的探索及应用是关键点。此外，通过扁线绕组、油冷散热、SiC 功率器件等方式也可进一步提升驱动电机的功率密度。

第三节 总结与展望

在“双碳”政策的推动下，各车企加快推动节能技术的发展，除提升增压直喷技术、

EGR 技术等在传统动力上的应用外，混合动力系统、启停系统及 48V 系统、混动专用发动机、混动专用变速器将成为各车企重点发展及大规模应用的关键技术，届时混动系统的应用将成为国内市场的重要技术方案，传统燃油乘用车将基本退出消费市场。

2021 年是混动车市场迎来爆发的一年，在政策和法规的加持下，未来 5 到 10 年，节能汽车在一定时期内仍是市场主力，具有较大的节能减排潜力。推动燃油车混动化将会成为我国汽车产业实现低碳、环保的重要路线。

第十六章　中国汽车测试工况发展现状及对油耗测试的影响

李剑平，马毅，张龙平*

摘要：在《汽车产业中长期发展规划》（以下简称“规划”）和国家“双碳”战略目标的指引下，汽车产业已加快了绿色、低碳发展的步伐。规划指出，到2025年乘用车平均油耗目标为4.6L/100km，较2021年的5.7L/100km下降19%；商用车油耗达国际先进水平，相对“三阶段油耗”预计下降15%。目前《乘用车燃料消耗量限值》（GB 19578—2021）已于2021年7月1日正式实施，测试工况从第四阶段的NEDC工况切换为第五阶段的WLTC工况。预计到2025年，轻型汽车和重型商用车将分别从WLTC工况和C-WTVC工况切换为CLTC工况和CHTC工况。本章将对不同测试工况之间的差异、测试工况对汽车油耗影响及节能技术的发展进行详细阐述。

关键词：油耗；测试工况；节能技术。

第一节　汽车测试工况发展及现状简析

汽车的测试工况是描述特定车辆（如乘用车、商用车、城市客车等）行驶特征的时间—速度曲线，它是排放及能耗标准的重要组成部分，也是国家及各个部门制定排放和能耗限值的基础。由于各个国家和地区的环境及路况不同，许多国家和地区都制定了汽车测试工况，典型的为美国的FTP75工况，欧洲的NEDC、ETC和ESC工况，日本的JC08和JE05工况，我国的CATC工况以及“2013年联合国世界车辆法规协调论坛”建立的全球统一轻、重型车排放测试（WLTC、WHTC和WHSC）工况。本节将对世界典型法规及测试工况的发展历程进行介绍。

一、轻型车测试工况发展及现状分析

（一）美国轻型车法规及测试工况

美国于1970年设立了美国环境保护署（EPA），并通过了第一个《清洁空气法令》。1975年，EPA建立了相应的联邦测试循环，即FTP75。随后，美国汽车排放法规相继经历了Tier1和Tier2，现行排放阶段为Tier3。Tier1标准从1994年到1997年逐步实施，

* 李剑平，高级工程师，中国汽车工程研究院股份有限公司；马毅，高级工程师，中国汽车工程研究院股份有限公司；张龙平，工程师，中国汽车工程研究院股份有限公司。

Tier2 标准从 2004 年到 2009 年逐步实施，Tier3 从 2017 年开始实施一直沿用至今。

美国的测试工况种类较多，用途各异，1972 年采用 FTP72 测试工况，1975 年升级为 FTP75。从 1994 年的 Tier1 标准实施开始，一直采用 FTP75 测试工况用作车辆排放认证。此后，2004 年相继增加了能反映高速的 US06 测试工况和反映高温空调的 SC03 测试工况，2005 年又增加了反映汽车整个生命周期内排放状况的 SRC 测试工况。

（二）欧洲轻型车法规及测试工况

欧洲的排放法规是由欧洲经济委员会（ECE）的排放法规和欧盟（EU）的排放指令共同组成的，其中排放法规是 ECE 参与国根据协议自愿采用且相互认可的，排放指令则是要求 EEC 或 EU 参与国强制执行并相互认可的。欧盟于 1974 年发布了综合法规 ECER15，随后又相继实施了 ECE R15/01/02/03 及 04 法规，1989 年开始实施 ECE R83 法规。从 1992 年开始，欧洲排放标准开始向美国标准靠齐，加严了排放限值，并修改了测试工况，修改为 ECE+EUDC（NEDC）工况。1996 年，欧Ⅱ标准实施，排放限值继续降低。2000 年欧Ⅲ实施，分别对 CO 和 NO_x 给出了限值，并增加了低温冷启动排放试验、OBD 系统功能检查项目等。2005 年实施欧Ⅳ，排放限值大幅降低，2009 年开始分阶段执行欧Ⅴ标准，增加了直喷汽油机颗粒物质量排放的限值。2013 年开始，欧Ⅵ分阶段实施，分别于 2013 年、2014 年、2017 年和 2021 年先后导入了欧Ⅵ标准的 A、B、C 和 D 阶段。

欧洲自 1974 年以来一直采用 ECE 测试工况，直至 1992 年增补了 EUDC 测试工况合并为 NEDC 工况随即在欧Ⅰ法规中使用，直至 2017 年 NEDC 测试工况才切换为 WLTC 工况进行相关法规试验。

（三）日本轻型车法规及测试工况

日本的大气污染控制法的实施情况由环境部（MOE）和国土资源、基础设施和运输部（MLIT）共同监管，而并没有针对机动车尾气污染防治进行专项立法。为了改善大气环境尤其是城市的大气环境，1966 年 9 月，日本开始对机动车尾气进行限制。1968 年颁布了《大气污染防治法》，将排放规定以法令形式予以确立，从 1969 年至 1973 年，日本先后四次对该标准进行了修订，并于 1974 年开始对机动车的污染物进行管控，此后逐年加严了标准。1992 年颁布的《制定区域机动车排放氮氧化物总量控制特别措施法》，增加了对 NO_x 排放的管控，且于 2001 年增加了 PM 排放的管控。2003 年的“新短期规定”、2005 年的“新长期规定”以及 2009 年的“后长期规定”进一步加严了污染物的排放限值。

日本于 1966 年开始采用 4 工况检测法评估汽车污染物排放水平，于 1973 年起采用 10 工况法模拟城市内车辆的运行工况，1976 年升级为 11 工况检测法。从 1991 年开始，新车采用改进后的 10～15 工况进行测试，该工况法与欧洲的 NEDC 工况相似。2005 年，日本依据实际驾驶特征发布了 JC08 工况，该工况为瞬态工况，包括城区、中心城区和高速道路三部分，至 2011 年，JC08 测试工况完全替代 10～15 工况。2015 年后，日本切换为 WLTC 工况，目前，日本使用 WLTC 工况对轻型车进行相关测试和认证。

（四）中国轻型车法规及测试工况

我国排放标准的发展源于 20 世纪 80 年代初，从 1981 年至 1999 年，陆续发布了

GB 3842—83、GB 3847—83、GB 14761—93、GB 14761—1999 系列标准。2001 年 4 月，国家环境保护总局和国家质量监督检验检疫总局发布了 GB 18352.1—2001《轻型汽车污染物排放限值及测量方法（Ⅰ）和（Ⅱ）》，2005 年 4 月又发布了中国Ⅲ、Ⅳ阶段排放标准，即 GB 18352.3—2005《轻型汽车污染物排放限值及测量方法》，于 2007 年 7 月 1 日开始实施。2018 年和 2020 年又先后实施了 GB 18352.5—2013 和 GB 18352.6—2016《轻型汽车污染物排放限值及测量方法》，GB 18352.6—2016 一直沿用至今。

我国轻型汽车排放标准和测试工况主要借鉴欧洲经验，20 世纪 90 年代开始，我国主要采用欧洲的 NEDC 工况对汽车产品排放和能耗进行检测。直至 2016 年，我国的轻型车测试工况逐步由 NEDC 工况切换到 WLTC 工况，并于 2021 年 7 月切换完成。结合中国轻型车运行特征，2019 年 10 月，国家市场监督管理总局和中国国家标准化管理委员会发布了 GB/T 38146.1—2019《中国汽车测试工况　第 1 部分：轻型汽车》（即轻型车中国工况，CLTC）。

美国、欧洲、日本和中国轻型车法规和测试工况发展如表 16-1 所示。

表 16-1　主流轻型车排放法规和测试工况发展

地区＼时间		1966—1970 年	1971—1975 年	1976—1980 年	1981—1985 年	1986—1990 年	1991—1995 年	1996—2000 年	2001—2005 年	2006—2010 年	2011—2015 年	2016—2020 年	2021—2025 年	2026 年—
美国	法规	—	清洁空气法令				Tier 1		Tier 2			Tier 3		
	工况	—	7 工况 / FTP72	FTP75					FTP75、US06、SC03、SRC					
欧洲	法规	—	ECE R15 - ECE R83				欧Ⅰ	欧Ⅱ	欧Ⅲ	欧Ⅳ	欧Ⅴ	欧Ⅵ		
	工况	—	ECE				NEDC					WLTC		
日本	法规	日本系列法规					机动车 NO_x 法		新短期规定 新长期规定	后长期规定				
	工况	4 工况		10 工况	11 工况		10～15 工况			JC08		WLTC		
中国	法规	—			中国系列法规			国Ⅰ	国Ⅱ	国Ⅲ	国Ⅳ	国Ⅴ	国Ⅵ	
	工况	—			怠速工况法			NEDC					WLTC　CLTC	

二、重型车测试工况发展及现状分析

（一）美国重型车法规及测试工况

美国于 1970 年和 1985 年分别对重型卡车和重型柴油发动机实施相应的排放标准，另外，美国环境保护署（EPA）从 1998 年到 2017 年陆续实施了 EPA 1998、EPA 2004、EPA 2007、EPA 2010、EPA 2017 标准，其中 EPA 2017 标准一直使用至今。

1970 年至 1984 年，美国重型车辆分别采用 9 工况（汽油车）和 13 工况（柴油车）进行测试，1984 年之后，采用 EPA 瞬态工况。2007 年及以后的车型还必须进行附加排放测试（Supplemental Emission Test，SET），包括坡道模式循环（Ramped Mode Cycle，

RMC）和离散模式循环（Discrete Mode Cycle，DMC），EPA 2007—2009 年的机型使用 2007RMC 或者 DMC；2010 年的机型可以选择使用 2007 RMC 或者 2010 RMC，而 2010 年以后的机型必须使用 2010 RMC。2010 年 10 月，EPA 和美国国家公路安全局（NHSTA）首次联合发布了中重型车及发动机的燃料经济性和温室气体排放法规草案。在该法规草案中，针对列车牵引车（Class 7-8）及职业车辆（Class 2b-8）规定了 California ARB 重型车工况，包括瞬态工况、55mph 巡航工况及 65mph 巡航工况三部分。

（二）欧洲重型车法规及测试工况

欧洲重型车标准 ECE R49 于 1981 年开始实施，从 1988 年开始，相继实施了 88/77/EEC 标准，于 1991 年至 1996 年相继实施了欧Ⅰ和欧Ⅱ标准，之后从 2000 年至 2013 年相继实施了欧Ⅲ、欧Ⅳ、欧Ⅴ及欧Ⅵ排放标准。

对于测试工况，从 1981 年 ECE R49 的实施至 1996 年欧Ⅱ的实施，欧洲均采用稳态 13 工况进行测试。从欧Ⅲ标准开始采用 ESC/ELR、ETC 工况进行测试，WHSC/WHTC 工况则是从欧Ⅵ阶段开始使用的。

（三）日本重型车法规及测试工况

日本对重型车的排放控制法规与美国相当，1973 年开始对 NO_x 进行控制，1988 年之后，提高了相关限值。日本分别于 1997 年、2003 年、2005 年、2009 年、2016 年先后实施了 JP1997、JP2003、JP2005、JP2009、JP2016 排放标准。

日本于 1988 年开始使用 6 工况测试循环进行型式认证，1994 年以后，升级为 13 工况，2005 年之后，13 工况进一步升级为 JE05 工况。直至 2016 年，切换为 WHTC 工况进行型式认证，且一直使用至今。

（四）中国重型车法规及测试工况

1999 年，中国为应对日趋严峻的环境问题，国家技术监督局于 1999 年 3 月发布了 GB 17691—1999《压燃式发动机和装用压燃式发动机的车辆排气污染物限值及测试方法》标准，并于 2001 年进行了更新为 GB 17691—2001《车用压燃式发动机排气污染排放限值及测量方法》，先后于 2001 年 9 月和 2004 年 9 月实施了第一阶段和第二阶段排放标准。2005 年，环境保护部（当时为国家环保总局）和国家质量监督检验检疫总局联合发布了 GB 17691—2005《车用压燃式、气体点燃式发动机与汽车排气污染物排放限值及测量方法（中国Ⅲ、Ⅳ、Ⅴ阶段）》，并分别于 2007 年、2010 年、2012 年正式实施。2018 年，生态环境部和国家市场监督管理总局发布了 GB 17691—2018《重型柴油车污染物排放限值及测量方法（中国第六阶段）》，直至 2021 年全面实施。

我国自国Ⅰ阶段开始至当前的国Ⅵ阶段，一直参考、引用欧盟重型车排放法规和测试工况，国Ⅰ、国Ⅱ阶段引用欧盟 13 工况，国Ⅲ、国Ⅳ、国Ⅴ阶段引用 ESC、ETC、ELR 工况，国Ⅵ阶段则引用 WHSC 和 WHTC 工况。2019 年和 2021 年，国家市场监督管理总局和国家标准化管理委员会分别发布了 GB/T 38146.2—2019《中国汽车行驶工况 第 2 部分：重型商用车辆》和 GB/T 38146.3—2021《中国汽车行驶工况 第 3 部分：发动机》，分别规定了中国重型商用车整车测试工况和中国发动机稳态和瞬态测试工况，随着 GB/T 27840—2021 标准的发布，新的中国重型商用车整车油耗测试工况将在中国第四阶段油耗标准中引用，并且替代现行 GB/T 27840—2011 标准所采用的 C-WTVC 工况。

美国、欧洲、日本和中国重型车法规和测试工况发展如表 16-2 所示。

表 16-2　主流重型车排放法规和测试工况发展

<table>
<tr><th colspan="2">时间
地区</th><th>1970—1975 年</th><th>1976—1980 年</th><th>1981—1985 年</th><th>1986—1990 年</th><th>1991—1995 年</th><th>1996—2000 年</th><th>2001—2005 年</th><th>2006—2010 年</th><th>2011—2015 年</th><th>2016—2020 年</th><th>2021—2025 年</th><th>2026—</th></tr>
<tr><td rowspan="2">美国</td><td>法规</td><td colspan="5">美国联邦系列法规</td><td>EPA1998</td><td>EPA 2004</td><td>EPA 2007</td><td>EPA2010</td><td colspan="3">EPA2017</td></tr>
<tr><td>工况</td><td colspan="3">9 工况法（汽油车）/
13 工况法（柴油车）</td><td colspan="4">EPA 瞬态工况法</td><td colspan="5">EPA 瞬态工况法、2007RMC、DMC、2010RMC</td></tr>
<tr><td rowspan="2">欧洲</td><td>法规</td><td colspan="2">—</td><td>ECE R49</td><td>88/77/EEC</td><td>欧 I</td><td>欧 II</td><td>欧III</td><td>欧IV</td><td>欧 V</td><td colspan="3">欧VI</td></tr>
<tr><td>工况</td><td colspan="2">—</td><td colspan="4">稳态 13 工况法</td><td colspan="3">ESC/ELR、ETC</td><td colspan="3">WHSC/WHTC</td></tr>
<tr><td rowspan="2">日本</td><td>法规</td><td colspan="3">—</td><td colspan="2">日本系列法规</td><td>JP1997</td><td>JP 2003</td><td>JP2005</td><td>JP2009</td><td colspan="3">JP2016</td></tr>
<tr><td>工况</td><td colspan="3">—</td><td>6 工况法</td><td colspan="3">13 工况法</td><td colspan="2">JE05</td><td colspan="3">WHTC</td></tr>
<tr><td rowspan="2">中国</td><td>法规</td><td colspan="4">—</td><td>GB 17691—1999</td><td>国 I</td><td>国 II</td><td>国III</td><td>国IV</td><td>国 V</td><td>国VI</td><td></td></tr>
<tr><td>工况</td><td colspan="4">—</td><td colspan="3">13 工况法</td><td colspan="2">ESC/ELR、ETC</td><td colspan="2">C-WTVC</td><td>CHTC</td></tr>
</table>

第二节　中国汽车测试工况分析及对油耗的影响

汽车产品检测工况是汽车行业一项重要的共性基础技术，是车辆能耗/排放测试方法和限值标准的基础。2020 年以前，我国轻型车一直采用 NEDC 工况对汽车产品能耗和排放进行检测，但 NEDC 工况为稳态循环，与我国复杂多样的实际路况相差甚远，且不适于评价电动空调、制动能量回收和怠速启停等新技术的节能效果。因此，2016 年发布的 GB 18352.6—2016《轻型汽车污染物排放限值及测量方法》，规定循环测试采用 WLTC 循环，于 2020 年 7 月 1 日起全面执行。对于商用车的测试工况，也主要借鉴欧洲。从 2018 年起，我国采用 C-WTVC 工况用于相关认证，该工况是在全球重型商用车的 WTVC 工况的基础上调整后生成的，根据不同的特征里程分配比例，实现对重型车不同车辆类型的测试和评价。

研究显示，轻型车 WLTC 工况的工况特征仍与我国实际道路工况的差异较大，而重型车由于车型繁多，在不同速度区间的运行特征差异明显，即使采用了特定的分配比例，使用一条循环曲线也很难同时反映多车型运行特征，因此，2019 年 10 月，国家市场监督管理总局和中国国家标准化管理委员会联合发布了 CATC（China Automotive Test Cycle，中国汽车测试工况），其包括 GB/T 38146.1—2019《中国汽车测试工况第一部分轻型汽车》和 GB/T 38146.2—2019《中国汽车测试工况第二部分重型商用车辆》，该工况预计将成为今后国内汽车的测试工况。2025 年之前，轻型汽车中的汽柴油车、混合动力汽车、替代燃料汽车将采用 WLTC 工况，而重型商用车、纯电动汽车、燃料电池汽车将率先采用中国工况（CHTC）。

因此，目前中国汽车市场正处 NEDC 工况逐步退出，逐步转用 WLTC 工况和 CATC 工况的新旧测试工况使用交替阶段，揭示各类车型不同测试工况的特点及影响，对汽车行业的发展具有重要意义。届时将分别对轻型车不同测试工况（NEDC 工况、WLTC 工况和 CLTC）和重型车不同测试工况（C-WTVC 工况和 6 种 CHTC）以及不同工况对车辆能耗的影响进行对比分析。

一、轻型车测试工况分析及对油耗的影响

如图 16-1 所示为轻型车测试工况曲线的对比：其中 NEDC 工况共 1180s，包含一部和二部，一部为城市工况，包含 4 个相同的市区工况；二部为市郊及高速工况；WLTC 工况共 1800s，包含市区、市郊、高速及超高速工况；CLTC-P 共 1800s，包含市区、市郊和高速工况；CLTC-C 共 1800s，也包含市区、市郊和高速工况。上述四种工况主要特征参数对比如表 16-3 所示。

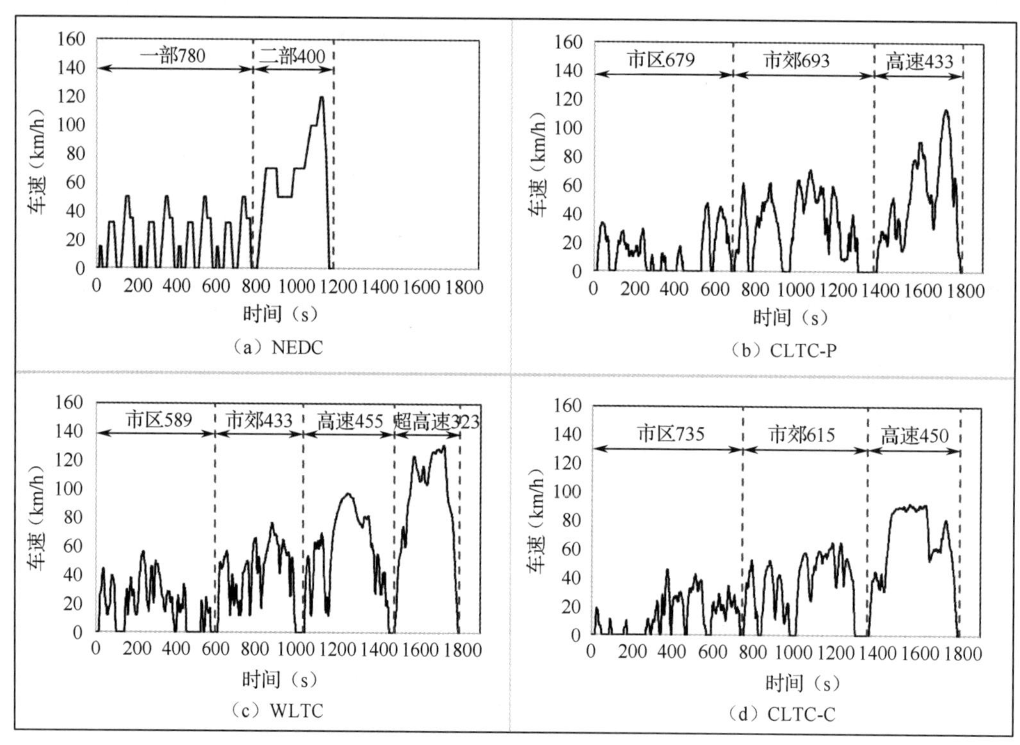

图 16-1 轻型车测试工况曲线

表 16-3 轻型车四种测试工况主要特征参数总体对比

测试工况	NEDC 工况	WLTC 工况	CLTC-P	CLTC-C
里程（km）	11.0	23.3	14.5	16.4
循环时间（s）	1180.0	1800.0	1800.0	1800.0

续表

测试工况		NEDC 工况	WLTC 工况	CLTC-P	CLTC-C
最高车速（km/h）		120	131.3	114.0	92.4
循环平均车速（km/h）		33.6	46.4	28.9	32.8
运行平均车速（km/h）		50.8	69.0	39.7	53.7
里程占比	减速工况（%）	15.7	28.0	32.7	22.9
	加速工况（%）	27.6	30.8	36.2	23.6
	巡航工况（%）	56.7	41.2	31.1	53.4
时间占比	减速工况（%）	23.2	30.6	28.8	23.3
	加速工况（%）	16.6	28.9	26.4	23.7
	巡航工况（%）	37.5	27.8	22.7	32.6
	怠速工况（%）	22.6	12.7	22.2	20.4
加速段平均加速度（m/s^2）		0.51	0.51	0.5	0.5
最大正向加速度（m/s^2）		1.0	1.5	1.4	1.1
减速段平均减速度（m/s^2）		-0.8	-0.6	-0.5	-0.5
最大减速度（m/s^2）		-1.4	-1.5	-1.5	-1.4
启停次数（次）		13.0	8.0	11.0	13.0
加速次数（次）		14.0	45.0	48.0	39.0

（一）轻型车测试工况的工况占比

图 16-2 展示了 NEDC 工况、WLTC 工况、CLTC-P 和 CLTC-C 四种测试工况在加速、减速、巡航及怠速工况下的里程和时间占比。就各工况的里程占比看，NEDC 工况和 CLTC-C 的巡航工况占比最高，减速工况占比最低。WLTC 工况的加速与减速工况占比都在 30%左右，巡航工况占比略高，为 41%。CLTC-P 的里程占比更为均匀，加速、减速与匀速工况占比在 1/3 左右，加速里程略多。

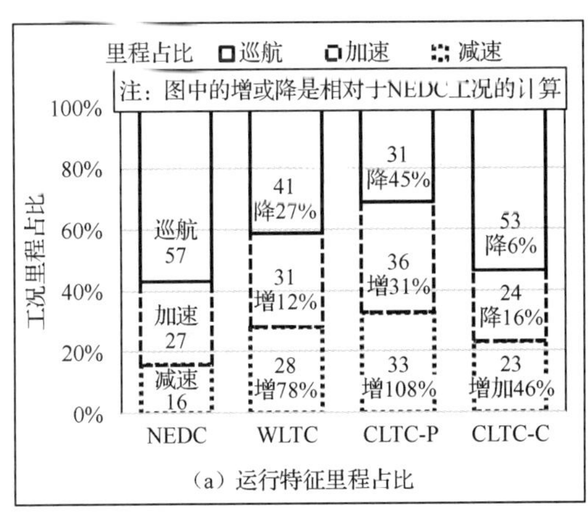

（a）运行特征里程占比

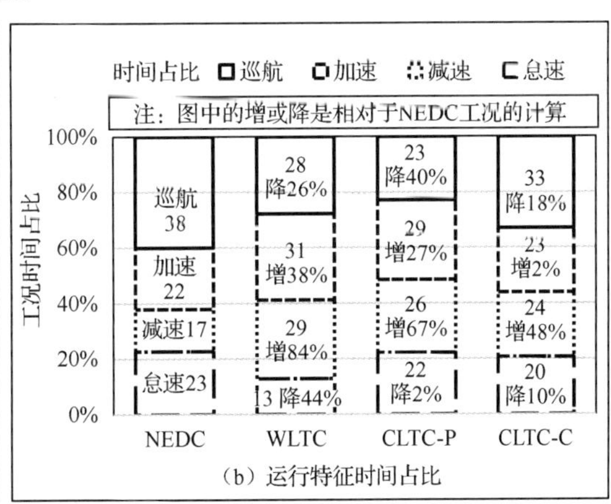

（b）运行特征时间占比

图 16-2 四种测试工况的运行特征占比分析

NEDC 工况和 CLTC-C 测试循环时间占比最大的是巡航工况，而 WLTC 工况和

CLTC-P 则是加速工况，NEDC 工况测试循环时间占比最小的工况是减速工况，而其余三种工况都是怠速工况。可以得出，NEDC 工况和 CLTC-C 更偏重对怠速和巡航工况的考查，WLTC 工况对加速、减速工况的测试更加侧重，而 CLTC-P 对各种运行工况的考查相对均衡。

（二）轻型车测试工况的车速对比

如表 16-3 所示，CLTC-P、NEDC 工况和 CLTC-C 测试工况的高车速、循环平均车速和运行平均车速都分别低于 WLTC 工况，其中 CLTC-P 的循环平均车速和运行平均车速最小，CLTC-C 的高车速最小。

从图 16-3 的各工况速度分布概率看，各工况的速度分布概率基本都呈现随车速的增大而减小的趋势，NEDC 工况、CLTC-P 和 CLTC-C 的峰值都出现在 0km/h 附近，其中 CLTC-P 随车速单调下降，NEDC 工况和 CLTC-C 分别在 35km/h 和 90km/h 附近出现了明显的第二峰值。而 WLTC 工况的速度频率分布峰值出现在 22km/h 附近，且在 50km/h 附近出现了第二个峰值。

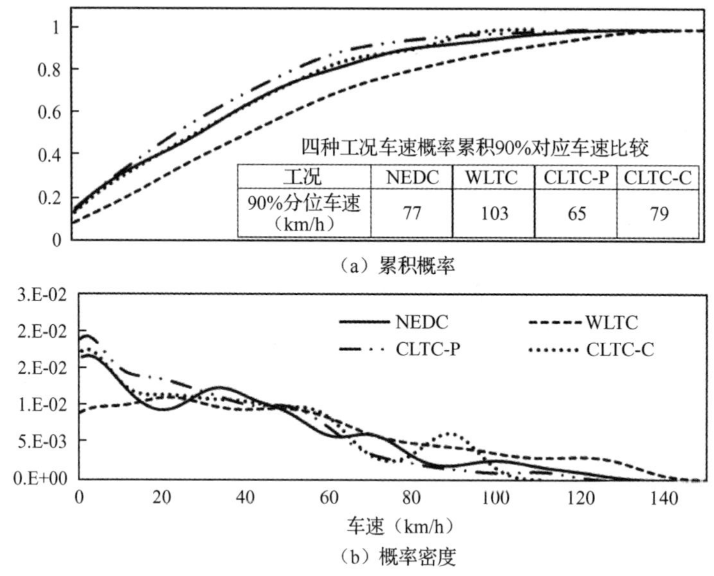

（a）累积概率

（b）概率密度

图 16-3 四种测试工况车速分布及累积曲线

另外从速度分布概率累积分析看出，WLTC 工况低速累积最慢、高速累积最快，而 CLTC-P 刚好相反，NEDC 工况与 CLTC-C 介于其中且累积曲线近似，NEDC 工况、WLTC 工况、CLTC-P 与 CLTC-C 累积 90%对应的速度分别为 77km/h、103km/h、65km/h 与 79km/h。说明了 NEDC 工况、CLTC-P 与 CLTC-C 更侧重于对中低速区域的考核，WLTC 工况测试循环的考核更侧重于偏中高速段。

（三）轻型车测试工况加速度对比

如图 16-4 所示，NEDC 工况和 WLTC 工况在加速阶段的平均加速度相对较大，CLTC-P 和 CLTC-C 的平均加速度较小；而最大加速度和最大减速度却呈现出 WLTC 工况最大、CLTC-P 次之，NEDC 工况和 CLTC-C 相对较小的趋势。但从加速次数看（见表 11-1），CLTC-P 最多（49 次）、WLTC 工况和 CLTC-C 次之，NEDC 工况最少（14 次）。

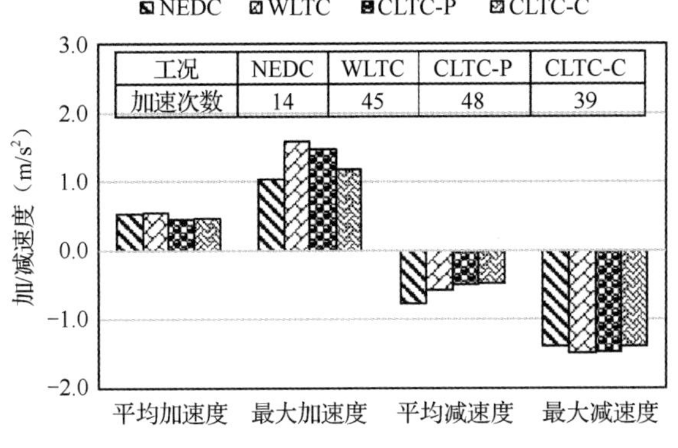

图 16-4　四种测试工况的加/减速对比

图 16-5 为四种测试工况的加速度分布曲线，NEDC 工况的加速度在 0 附近的峰值最高且呈多峰分布，说明 NEDC 工况怠速和巡航时间占比大；WLTC 工况、CLTC-P 与 CLTC-C 的加速度分布基本呈正态分布，且都在 0 附近出现峰值。按峰值和集中程度来看，CLTC-C 最集中且峰值最高，其次是 CLTC-P，而 WLTC 工况的分布最广、峰值最低；WLTC 工况、CLTC-P 与 CLTC-C 的 3δ 覆盖的范围分别为 3.027、2.601 与 2.562。从加速、减速工况的分析看，WLTC 工况的瞬态变化程度最高，CLTC-P 和 CLTC-C 次之，NEDC 工况最小。WLTC 工况和 CLTC 对瞬态工况各有侧重，CLTC-P 和 CLTC-C 更侧重于中低速工况的加速和加速次数，而 WLTC 工况更侧重高速工况的加速及加速的激烈程度进行考核。

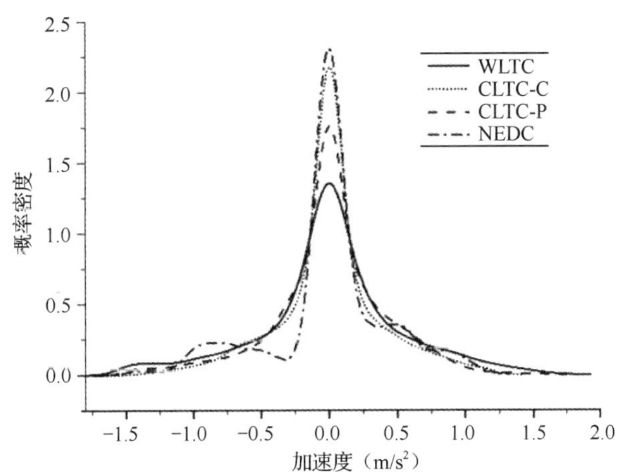

图 16-5　四种工况的加速度概率密度分布

借鉴 GB 18352.6—2016 中对 RDE 测试工况的评价指标，用 v*a 特征参数（表示车辆行驶的车速与加速度的乘积）的 95%分位（v*apos95）来体现循环的驾驶激烈程度。可以看出，WLTC 工况的 v*apos95 最高，CLTC-P 次之，CLTC-C 和 NEDC 工况相当且处于较低水平，说明 WLTC 测试工况最为激烈，CLTC-P 次之，CLTC-C 和 NEDC 工况相对更加柔和（见图 16-6）。

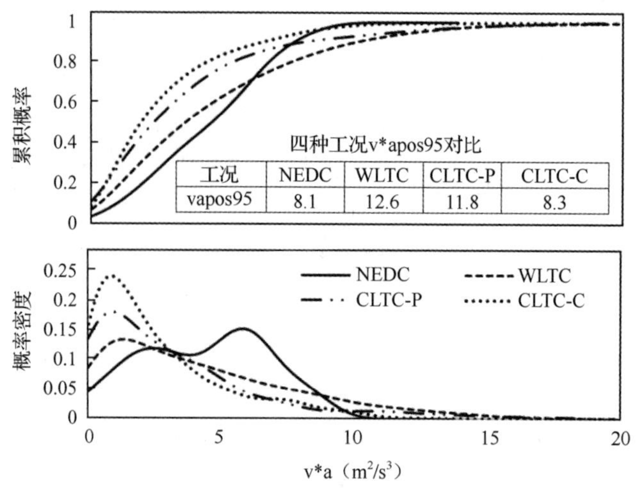

工况	NEDC	WLTC	CLTC-P	CLTC-C
vapos95	8.1	12.6	11.8	8.3

图 16-6　四种工况的 v*a 分布及 v*a 累积对比

（四）轻型车测试工况的测试阻力对比

轻型车测试工况的切换，除上述工况曲线本身存在差异外，车辆在做测试循环时的行驶阻力加载方式也发生了变化：目前，WLTC 工况的行驶阻力设定主要是通过计算法或滑行法获取的，而NEDC工况行驶阻力的设定是通过查寻车辆推荐的阻力系数获得的，不同的行驶阻力获取方式对车辆行驶阻力具有较大影响，进而影响油耗测试结果。车辆行驶阻力的计算如（16-1）式所示：

$$F_c = f_0 + f_1 \times V + f_2 \times V^2 \tag{16-1}$$

式中，F_c为车辆等速行驶阻力（N）；f_0代表与速度无关的常数项阻力（如道路摩擦力等）；f_1代表与速度一次项有关的阻力（如传动系阻力）；f_2代表与速度二次项有关的阻力（如风阻等）；V为车速（km/h）。

上述三种方法都是为了得到f_0、f_1、f_2三个阻力系数，其中，滑行法是通过固定风速仪或车载风速仪，参照 GB 18352.6—2016 标准基于车辆在试验道路上的滑行试验结果得出的，该方法能精确地模拟车辆实际道路的阻力载荷情况；计算方法是基于车辆参数（测试质量、外形尺寸），按照式（16-2）、式（16-3）与式（16-4）得出；而查表法是基于汽车基准质量，在 GB 18352.5—2013 标准中查表得到加载的阻力系数。

$$f_0 = 0.140 \times \text{TM} \tag{16-2}$$

$$f_1 = 0 \tag{16-3}$$

$$f_2 = (2.8 \times 10^{-6} \times \text{TM}) + (0.0170 \times W \times H) \tag{16-4}$$

式中，W为车辆宽度（m）；H为车辆高度（m）；TM 为测试车辆质量（kg）。

同一车辆用三种不同加载方法获取的阻力曲线存在差异（见图 16-7），试验结果表明，由计算法获得的行驶阻力最大，比查表法平均增加 67N 左右，滑行法获取的行驶阻力在低中速阶段比查表法更大，但在高速段相对较小。总体看，相同车型 NEDC 工况阶段所加载的行驶阻力普遍小于 WLTC 工况和 CLTC 阶段加载的行驶阻力。

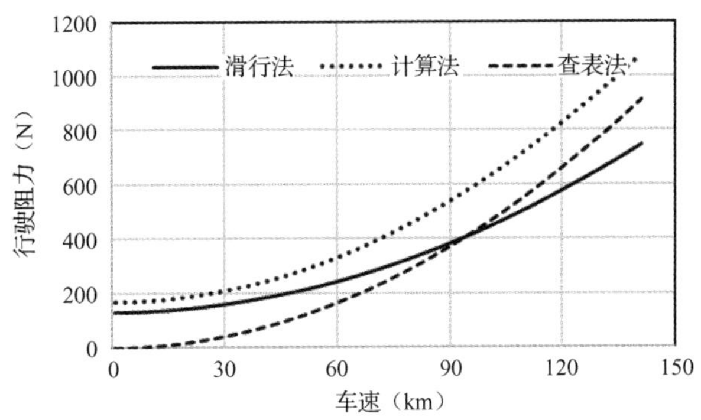

图 16-7　不同行驶阻力获取方法的阻力对比

（五）轻型车测试工况对油耗影响的对比

根据工信部公布的对不同测试工况的燃料消耗量差异的研究数据，对于乘用车，NEDC 工况切换到 WLTC 工况后油耗平均恶化 12%左右，NEDC 工况切换到 CLTC-P 后油耗平均恶化 14%左右（见图 16-8），且工况切换后油耗变化量随车辆质量的变化无明显规律。而对于轻型商用车，NEDC 工况切换到 WLTC 工况后油耗平均恶化 13%左右，而 NEDC 工况切换到 CLTC-C 后油耗平均恶化 10%左右（见图 16-9），且工况切换后油耗变化量随车辆质量的变化也无明显规律。

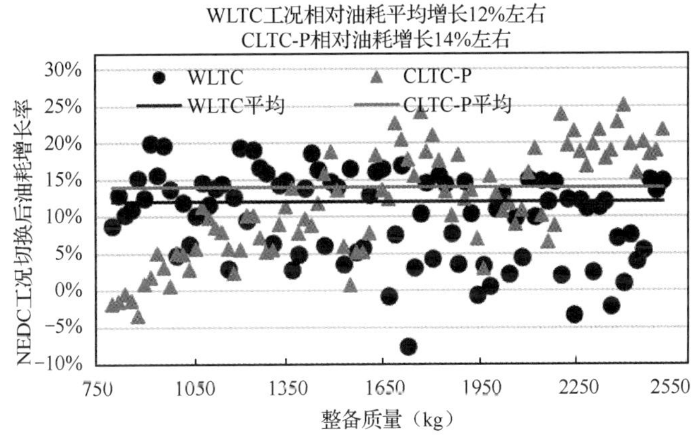

图 16-8　乘用车 NEDC 工况切换为 WLTC 工况和 CLTC-P 后油耗增加情况

通过对轻型车四种测试工况（NEDC 工况、WLTC 工况、CLTC-P 及 CLTC-C）的对比分析，得到如下结论：

一是 NEDC 工况对巡航工况考查权重更大，瞬态程度最小，驾驶激烈程度最低。

二是 WLTC 工况侧重对加速、减速工况的考察，怠速比例最小，瞬态程度最高且偏向高速工况，驾驶最为激烈。

三是 CLTC-P 和 CLTC-C 对加速、减速、巡航及怠速工况的考查相对均衡，瞬态工况主要在中低速区间，瞬态程度、速度波动及驾驶激烈程度介于 NEDC 工况和 WLTC 工况之间，但 CLTC-P 的瞬态程度和驾驶激烈程度大于 CLTC-C。

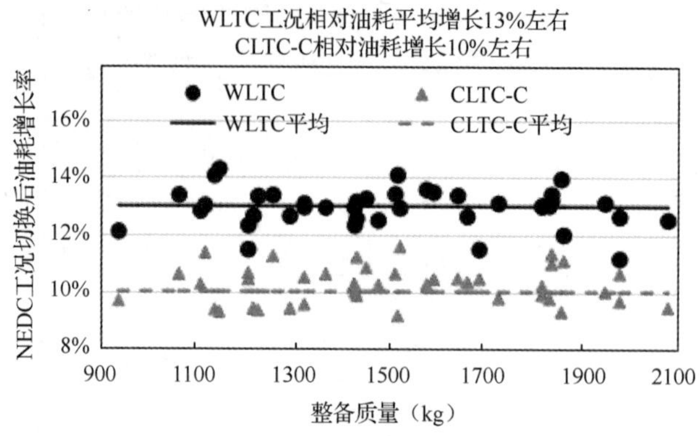

图 16-9　轻型商用车 NEDC 工况切换为 WLTC 工况和 CLTC-C 后油耗增加情况

四是对于轻型汽油车，从 NEDC 工况切换为 WLTC 工况后油耗平均恶化 12%左右，切换为 CLTC-P 和 CLTC-C 后油耗平均分别恶化 14%和 10%左右；对于轻型柴油车，从 NEDC 工况切换为 WLTC 工况后油耗平均恶化 10%左右，切换为 CLTC 后油耗恶化不明显。

二、重型车测试工况分析及对油耗的影响

随着 GB/T 27840—2021 标准的发布，重型商用车燃料消耗量测量方法将在第四阶段时由 C-WTVC 循环切换为 CHTC 循环。C-WTVC 工况测试过程为一条固定循环曲线，由市区、公路、高速三种工况组合而成，分别计算各工况区间燃料消耗量，再依据车辆类型、最大设计总质量对应的特征里程分配比例（见表 16-4）折算为综合燃料消耗量，从而实现对油耗的考核和评价。

表 16-4　重型商用车分类及特征里程分配比（GB/T 27840—2011）

车 辆 类 型	最大设计总质量（kg）	市区比例（%）	公路比例（%）	高速比例（%）
半挂牵引车	9000<GVW≤2700	0	40	60
	GVW>2700	0	10	90
自卸汽车	GVW>3500	0	100	0
货车	3500<GVW≤5500	40	40	20
	5500<GVW≤12500	10	60	30
	12500<GVW≤25000	10	40	50
	GVW>25000	10	30	60
城市客车	GVW>3500	100	0	0
客车（不含自卸车）	3500<GVW≤5500	50	25	25
	5500<GVW≤12500	20	30	50
	GVW>12500	10	20	70

然而，研究表明，各类车型在不同速度区间的运行特征差异明显，即使采用了特定的测试时间分配比例，使用一条测试曲线也很难同时反映多车型运行特征，无法充分反映不同类型重型商用车在不同道路类型和交通状况下的运行特征差异。

因此，工信部主持开发了中国重型商用车辆行驶工况（China Heavy-duty Commercial Vehicle Test Cycle，CHTC），CHTC 针对重型商用车细分车型设计了 6 条工况曲线，分别是中国城市客车行驶工况（CHTC-B）、中国普通客车行驶工况（CHTC-C）、中国货车（车辆总质量≤5500kg）行驶工况（CHTC-LT）、中国货车（车辆总质量>5500kg）行驶工况（CHTC-HT）、中国自卸汽车行驶工况（CHTC-D）和中国半挂牵引车行驶工况（CHTC-TT），各工况运行曲线不尽相同，依据车辆类型完整运行对应的 CHTC 循环后，逐秒累加燃料消耗量再除以对应的行驶里程即可得到综合燃料消耗量。现行的 GB/T 27840—2021《重型商用车燃料消耗量测量方法》已经将 CHTC 作为燃料消耗量的测试工况。

简言之，与 C-WTVC 采用单一测试曲线，通过特征里程分配比实现对不同类型重型商用车工况相比，CHTC 不同类型车辆采用不同测试曲线，且在燃料消耗计算方式、推荐阻力系数设定上都存在不同程度的区别。

（一）C-WTVC 与 CHTC 燃料消耗量计算方法对比

GB/T 27840—2011《重型商用车燃料消耗量测量方法》确定的燃料消耗量计算方式如下：对 3 个完整的 C-WTVC 循环的燃料消耗量进行重复性检验，如能通过重复性检验，则分别计算市区、公路、高速等各部分的平均燃料消耗量，并按公式确定该车型的燃料消耗量；如没有通过重复性检验，则应采用燃料消耗量较高的两个完整的 C-WTVC 循环试验结果，分别计算各适用部分的平均燃料消耗量，对照表 11-2 确定对应车型市区、公路和高速部分的特征里程分配比例，按（16-5）式进行加权计算，以确定该车型的燃料消耗量。

$$\mathrm{FC}_{综合}=\mathrm{FC}_{市区}\times D_{市区}+\mathrm{FC}_{市郊}\times D_{市郊}+\mathrm{FC}_{高速}\times D_{高速} \tag{16-5}$$

式中：

$\mathrm{FC}_{综合}$——一个完整的 C-WTVC 循环的综合燃料消耗量（L/100km）；

$\mathrm{FC}_{市区}$——市区部分平均燃料消耗量（L/100km）；

$\mathrm{FC}_{市郊}$——市郊部分平均燃料消耗量（L/100km）；

$\mathrm{FC}_{高速}$——高速部分平均燃料消耗量（L/100km）；

$D_{市区}$——市区里程分配比例系数（简称市区比例）（%）；

$D_{市郊}$——市郊里程分配比例系数（简称市郊比例）（%）；

$D_{高速}$——高速里程分配比例系数（简称高速比例）（%）。

而 GB/T 27840—2021《重型商用车燃料消耗量测量方法》对应的 CHTC 燃料消耗量的计算方式如下：

对 3 个完整的 CHTC 燃料消耗量进行重复性检验：

如通过重复性检验，则应计算三次试验结果的平均值作为 CHTC 综合燃料消耗量；如没有通过重复性检验，则应采用燃料消耗量较高的两个完整的 CHTC 试验结果的平均值，计算 CHTC 综合燃料消耗量。

C-WTVC 最终的综合燃料消耗量计算需对分区段的燃料消耗量采用特征里程分配系数进行加权，随后对各区段结果加权作为总的 C-WTVC 综合燃料消耗量，而 CHTC

最终的综合燃料消耗量计算则相对较为简便，直接采用整体 CHTC 燃料消耗量作为最终结果，省去了对不同区间单独计算并加权汇总的过程。

（二）C-WTVC 与 CHTC 行驶阻力对比

车辆行驶阻力是车辆进行测试循环的重要参数，它直接影响车辆的油耗结果，企业可自主选择采用行驶阻力系数推荐值或进行道路滑行试验，在《重型商用车燃料消耗量测量方法》中，推荐的行驶阻力按（16-6）式确定。

$$F = A + B \times v + C \times v^2 \tag{16-6}$$

式中，F 为车辆等速行驶阻力（N）；A 代表与速度无关的常数项阻力系数（如道路摩擦力等）；B 代表与速度一次项有关的阻力系数（如传动系阻力）；C 代表与速度二次项有关的阻力系数（如风阻等）；v 为车速（km/h）。

与 C-WTVC 对应的阻力系数推荐值相比，采用 CHTC 时，货车和自卸车推荐的阻力系数保持不变，但半挂牵引车、客车与城市客车的行驶阻力系数推荐值［式（16-6）中的 A、B、C］减小，对应车辆的推荐行驶阻力也相应减小。结果表明（见图 16-10），半挂牵引车和普通客车在 CHTC 测试过程中对应的行驶阻力相对于 C-WTVC 都减小了 10%，而城市客车减小了 5%，其他重型车保持不变。

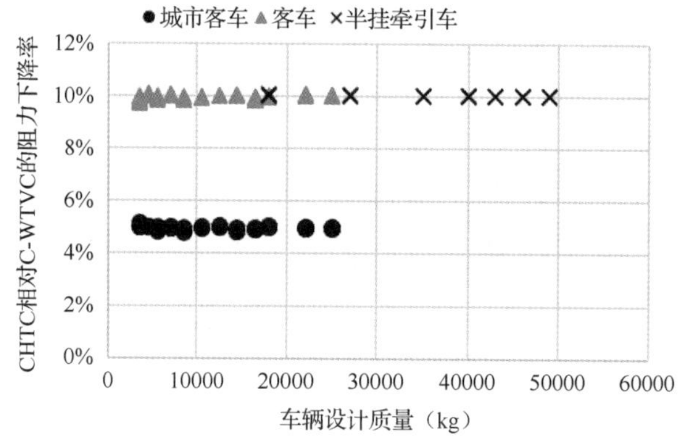

图 16-10　最大质量下不同车型两种工况的行驶阻力差值

（三）C-WTVC 与六种 CHTC 的对比

C-WTVC 与 CHTC 除了在油耗计算方法和行驶阻力设定上存在差异，不同车型测试工况曲线本身也存在较大的差异。CHTC 六种不同测试工况曲线与 C-WTVC 的主要特征参数差异对比如表 16-5 所示。

1. C-WTVC 与 CHTC-B（城市客车工况）对比分析

对于城市客车，在 C-WTVC 中只选取了其市区段进行油耗计算，因此对于城市客车的工况差异分析，则只用 C-WTVC 市区段工况与 CHTC-B 进行对比，见表 16-5 和图 16-11。

表 16-5　C-WTVC 与不同类型 CHTC 的参数对比

工况	运行时间（s）	里程（km）	最大速度（km/h）	最大加速度（m/s²）	最大减速度（m/s²）	平均速度（km/h）	运行平均速度（km/h）	加速段平均加速度（m/s²）	减速段平均减速度（m/s²）	相对正向加速度（m/s²）	加速比例（%）	减速比例（%）	匀速比例（%）	怠速比例（%）	启停次数	每公里启停次数	平均停车时间（s）	启停间隔平均运行里程（km）	加速次数	每千米加速次数
C-WTVC	1800	20.51	87.8	0.88	−1.0	41.0	45.5	0.36	−0.48	0.09	28.7	22.8	38.6	9.9	10	0.49	20.4	2.05	32	1.56
C-WTVC 城市客车	900	5.73	66.2	0.88	−1.0	22.9	27.2	0.39	−0.55	0.15	35.1	25.9	23.1	15.9	8	1.4	21.0	0.72	20	3.49
CHTC-B	1310	5.49	45.6	1.26	−1.32	15.1	19.4	0.48	−0.54	0.17	29.1	25.9	22.6	22.4	18	3.28	15.3	0.3	54	9.84
CHTC-C	1800	19.62	95.7	1.25	−1.28	39.2	48.0	0.43	−0.48	0.10	26.2	22.4	33.1	18.3	14	0.71	23.5	1.4	54	2.75
CHTC-LT	1652	15.88	97.0	1.14	−1.17	34.6	39.5	0.34	−0.41	0.10	27.8	23.5	36.3	12.4	11	0.69	18.8	1.44	46	2.9
CHTC-HT	1800	17.33	88.5	1.14	−1.21	34.7	40.2	0.31	−0.45	0.09	24.2	18.0	44.0	13.8	10	0.58	22.9	1.73	44	2.54
CHTC-D	1300	8.37	71.4	1.24	−1.08	23.2	29.1	0.36	−0.4	0.11	24.0	22.0	33.7	20.3	9	1.08	31.1	0.93	49	5.85
CHTC-S	1800	23.22	88.0	0.81	−1.04	46.4	50.9	0.28	−0.36	0.06	17.4	15.8	58.1	8.7	7	0.30	17.0	3.32	30	1.29

从表 16-5 和图 16-11 看出，与 C-WTVC 市区段工况相比，CHTC-B 的最大速度、平均速度、运行平均速度、加速比例、停车时间及怠速间隔和运行里程都有所降低，但运行时间、怠速比例和每千米启停次数增加，说明 CHTC-B 运行速度降低、启停频繁，但停车时间偏短，且单个运行片段的里程较低。另外，从 RPA 和平均每千米加速次数对比

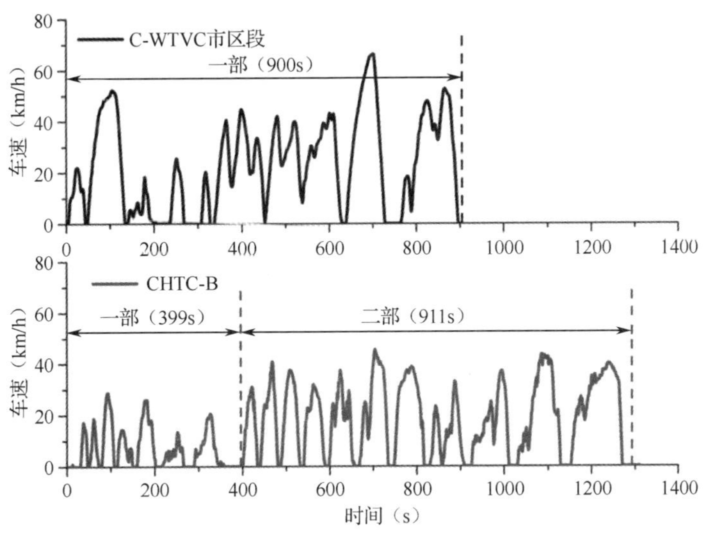

图 16-11　城市客车工况（CHTC-B）与 C-WTVC 市区段工况对比

得出，CHTC-B 的速度波动程度高于 C-WTVC。因此，与 C-WTVC 市区段工况相比，CHTC-B 具有运行速度低、速度波动大、怠速比例多、启停和加速更频繁的特点。

2. C-WTVC 与 CHTC-C（普通客车工况）对比分析

从表 16-5 和图 16-12 得出，CHTC-C（普通客车）与 C-WTVC 相比，CHTC-C 的平均车速、匀速比例、加减速比例与启停间隔平均运行里程降低，但怠速比例、运行平均车速、最大加速度、最大减速度、加速段平均加速度、相对正向加速度与停车时间升高。此外，CHTC-C 的每千米启停次数与每千米加速次数更多。CHTC-C 与 C-WTVC 相比，具有启停更为频繁、停车时间较长、加速或减速更激烈的特点。

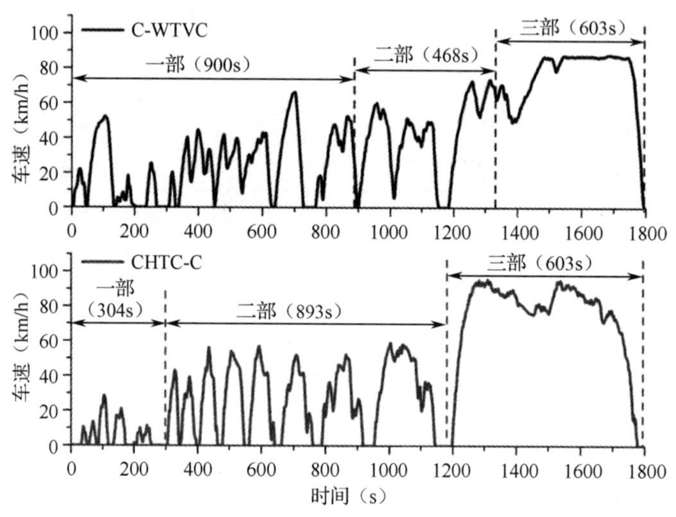

图 16-12 普通客车工况（CHTC-C）与 C-WTVC 对比

3. C-WTVC 与 CHTC-LT（货车 GWT≤5500kg）对比

从表 16-5 和图 16-13 看出，与 C-WTVC 相比，CHTC-LT 运行时间有所减少，怠速比例、最高车速、最大加速度与加速次数增加，但平均车速、运行平均车速、加减速段平均加速度降低。CHTC-LT 的平均车速与运行平均车速在三个区间均低于 C-WTVC，尤其是在市区段，CHTC-LT 的平均车速为 7.14km/h，而 C-WTVC 的市区平均车速为 22.94km/h。总体而言，CHTC-LT 与 C-WTVC 相比，CHTC-LT 运行的时间更短，且运行的速度更低，加速更为频繁。

4. C-WTVC 与 CHTC-HT（货车 GWT>5500kg）对比

从表 16-5 和图 16-14 看出，与 C-WTVC 相比，CHTC-HT 的最大加速度、最大减速度、怠速比例和匀速比例增大，但加速比例、减速比例、平均速度和运行平均速度降低。CHTC-HT 的最大加速度与最大减速度均高于 C-WTVC，且加速度分布更集中。另外，CHTC-HT 工况在高速段中加、减速较多，速度波动程度更大。CHTC-HT 与 C-WTVC 相比，匀速比例与怠速比例增加，运行速度较低，但加速度增大，同时加速度分布更为集中，高速段的速度波动性更大。

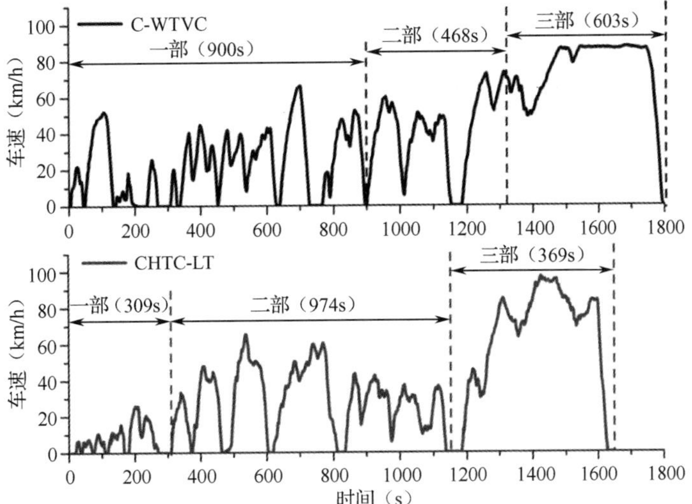

图 16-13　货车（GWT≤5500kg）CHTC-LT 与 C-WTVC 对比

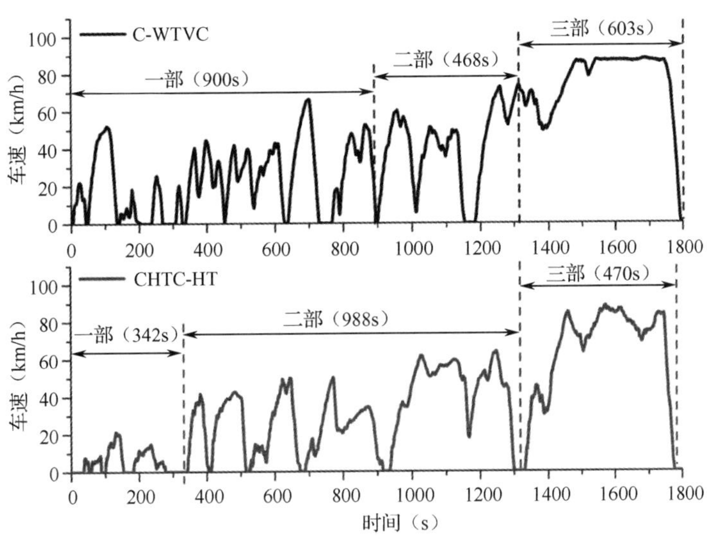

图 16-14　货车（GVW>5500kg）CHTC-HT 与 C-WTVC 对比

5. C-WTVC 与 CHTC-D（自卸汽车工况）对比

从表 16-5 和图 16-15 看出，CHTC-D 运行时间只有 1300s，运行里程约 8.37km。CHTC-D 与 C-WTVC 相比，平均速度、运行平均速度、加速比例、匀速比例、启停间隔平均运行里程降低，怠速比例、平均停车时间与加速次数增加。CHTC-D 与 C-WTVC 相比，运行时间更短，运行速度更低，怠速比例更高，且停车和加速次数更多。

6. C-WTVC 与 CHTC-TT（半挂牵引车工况）对比

从表 16-5 和图 16-16 看出，CHTC-TT 与 C-WTVC 相比，加速比例、减速比例、怠速比例、启停次数、加速次数、平均停车时间减少，而匀速比例、平均速度、运行平均速度与启停间隔平均运行里程升高。CHTC-TT 的平均正向加速度低于 C-WTVC，表明

CHTC-TT 的速度波动性较低。CHTC-TT 与 C-WTVC 相比，其行驶的连续性与平稳性更高，运行速度更高，且速度波动性低。

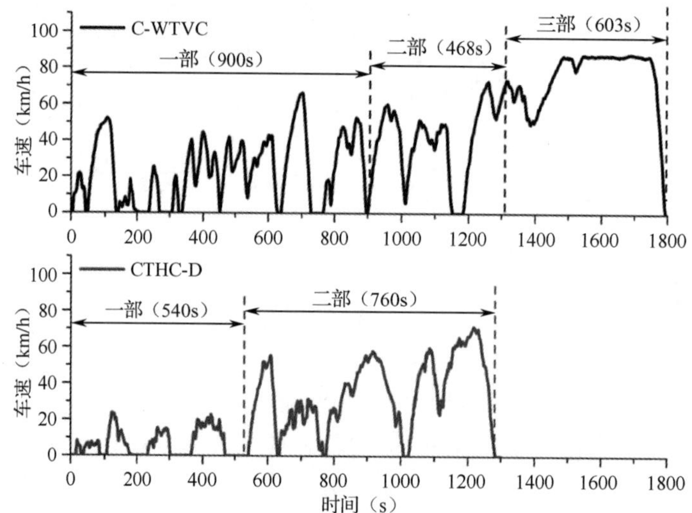

图 16-15　自卸汽车工况（CHTC-D）与 C-WTVC 对比

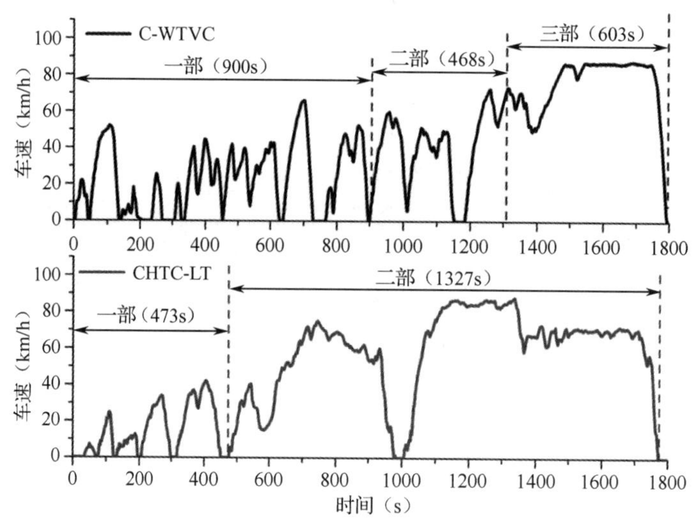

图 16-16　半挂牵引车工况（CHTC-TT）与 C-WTVC 对比

（四）C-WTVC 与 CHTC 对车辆油耗影响的对比

C-WTVC 切换为 CHTC 后，除油耗计算方法变化以及不同车型行驶阻力保持不变或略有下降外，工况运行特征呈现出运行速度降低、怠速比例和速度波动增大的特点，上述差异对车辆的油耗测试有重要影响。

研究表明（见图 16-17），城市客车的测试工况从 C-WTVC 切换为 CHTC-B 之后，油耗增加 18%左右，且随质量的增加差异增大，其中总质量小于 5000kg 的轻型城市客车油耗平均增加 8%，其余大中型城市客车油耗平均增加 23%；而对于普通客车，切换为 CHTC-C 后的油耗平均增加 15%，且同样随质量的增加差异增大，其中总质量小于 5000kg 的轻型客车油耗平均增加 6%，其余大中型城市客车油耗平均增加 18%；自卸车的工况切换后，CHTC-D 油耗比 C-WTVC 油耗平均增加 4%左右，但油耗差异与车辆整备质量无直接关系；而轻型和重型货车的中国工况（CHTC-LT 和 CHTC-HT）油耗较 C-WTVC 油耗增加 3%左右，油耗差异与车辆整备质量也无直接关系；牵引车的 CHTC-TT 油耗较 C-WTVC 油耗增加 4%左右，油耗差异与车辆吨位无直接关系。总体来说，C-WTVC 切换为 CHTC 后，不同车型的油耗都出现了 3%～18%的增加。

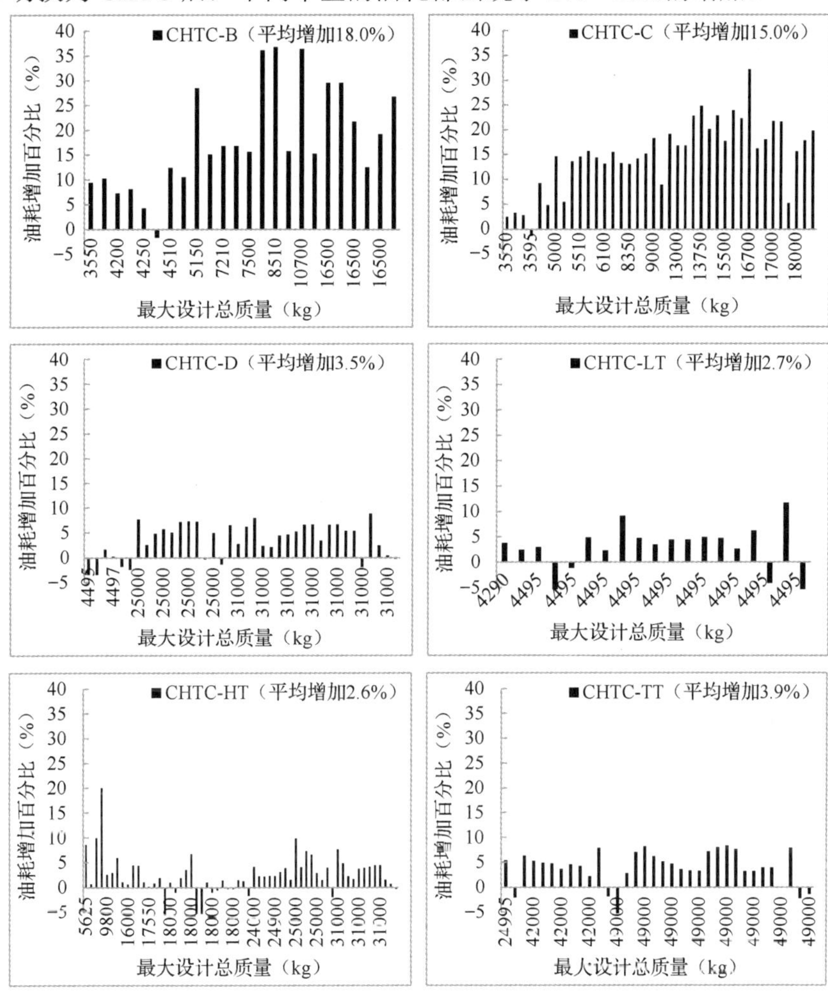

图 16-17　C-WTVC 切换为 CHTC 后油耗变化情况

通过对重型车 C-WTVC 和 6 种 CHTC 的分析，可以得出以下结论：

一是与 C-WTVC 相比，CHTC 对应的货车和自卸车推荐的行驶阻力系数保持不变，半挂牵引车、客车与城市客车的行驶阻力系数减小，行驶阻力减小。

二是 C-WTVC 与 CHTC 在燃料消耗量计算方式上存在差异，采用 C-WTVC 时，不同车型运行同一工况曲线，随后按不同特征里程比例加权燃油消耗量计算各类型车辆的油耗，而采用 CHTC 时，依据车型运行不同测试曲线并直接计算车辆燃油消耗量。

三是与 C-WTVC 相比，CHTC 普遍呈现出速度降低，怠速增多，启动更加频繁，加速工况更多更激烈的现象，但不同车型程度略有不同。

四是与 C-WTVC 相比，CHTC 下不同车型的油耗都出现了不同程度的增加（增加 3%～18%）。

第三节　中国汽车测试工况对节能技术发展的影响

一、中国汽车测试工况对轻型车节能技术发展的影响

随着我国汽车节能标准体系的升级，轻型车油耗测试工况已完成由 NEDC 工况向 WLTC 工况的切换，且逐步向 CLTC 升级，新的测试工况更接近于实际行驶工况，其驾驶激烈程度更高，更侧重对车辆启停和瞬态工况的考察，因此工况切换后油耗都出现了不同程度的增加，但标准要求，到 2025 年乘用车平均油耗为 4.6L/100km，较 2021 年 5.7L/100km 下降 19%。因此，在测试工况更加严苛、油耗标准日益收紧的双重压力下，汽车的节能技术也必将基于新的测试工况进行升级，技术升级方向包括发动机关键技术（以汽油机为主）、变速器技术、电气化或电动化及整车节能技术等方面，具体包括增压、汽油缸内直喷（Gasoline Direct Injection，GDI）、连续可变气门正时（Variable Valve Timing，VVT），高效变速器、降摩擦以及启停和混合动力汽车（Hybrid Electric Vehicle，HEV）、整车轻量化等节能技术。

（一）发动机关键技术

研究表明，在轻型车发动机关键技术方面，发动机降摩擦、VVT、VVL（Variable Valve Lift，可变升程）等技术的成本有效性较高，已基本成为满足标准的标配技术，随着测试工况的切换，以上技术将朝着高响应速率、高精度控制及精细化标定的方向发展。为了满足严苛的油耗和瞬态工况要求，涡轮增压小型化技术和汽油缸内直喷技术将发挥更加突出的节能作用。

1. 涡轮增压小型化技术

增压技术是通过增压提高气体密度、提高发动机进气能力，进而优化燃烧效果的技术。目前市场上主流的增压技术是涡轮增压技术，其涡轮转速高、增压能力强，对动力提升明显，且具有较好的节油效果，EPA 评估其节油率可达到 11%～17%。从 2021 年中国乘用车汽车销量名列前茅的厂家来看，一汽大众、上汽大众、广汽本田、东风本田、吉利汽车、长安汽车、长城汽车均已应用涡轮增压技术，但其缺点是存在涡轮迟滞现象。因此，为了兼顾节能和动力响应的问题，涡轮增压小型化将是未来的发展方向，面对未来油耗和测试工况的挑战，国内主流的整车厂家正在开发下一代效率更高、响应更好的小型化涡轮增压器或可变截面增压器（VGT）。

2. 汽油缸内直喷技术

汽油缸内直喷（GDI）技术作为发动机关键节油技术之一，具有油耗低、污染小、动力性强等特点，与进气道喷射技术相比，发动机使用汽油缸内直喷技术后，压缩比可

提高 0.5～1.5，节能效果显著。2017 年以来，市场主流直喷燃油喷射压力以 150～250bar 为主。大众汽车于 2017 年年底在欧洲发布 EA1.5TEVO，首次将 350bar 高压直喷系统应用于量产车型。2019 年，随着国六更加严苛的排放标准和更加激烈测试工况的实施，350bar 高压燃油喷射系统得以普及，逐渐取代目前市场主流的 200bar 燃油喷射系统。例如，目前长安逸动搭载的 JL473ZQ3 发动机、比亚迪唐 DM-i 搭载的 472QA 发动机均为 350bar 直喷压力，更有马自达 SkyActive-X，喷射压力达到 700bar，由此带来的节能效率为 5%～10%。汽油缸内直喷技术凭借广泛的适用性，市场的平均渗透率将不断提高。

目前发动机的主流技术中，不论是汽油缸内直喷（GDI）、可变气门正时（VVT）、可变气门升程（VVL）、可变压缩比（VCR）及增压器电控化（电子控制执行器）或增压电动化（高速电机驱动涡轮），其本质都是把传统的机械控制转向智能和连续可变的电子控制，以实现执行器的高精度柔性控制，以应对发动机在复杂工况下的高效运行需求。未来，基于标准和市场的需求，发动机对执行机构的要求将继续朝着响应速率更快、控制更精准、调节更柔性的方向发展，图 16-18 是 2025 年和 2030 年发动机主要技术的市场渗透率预测情况。

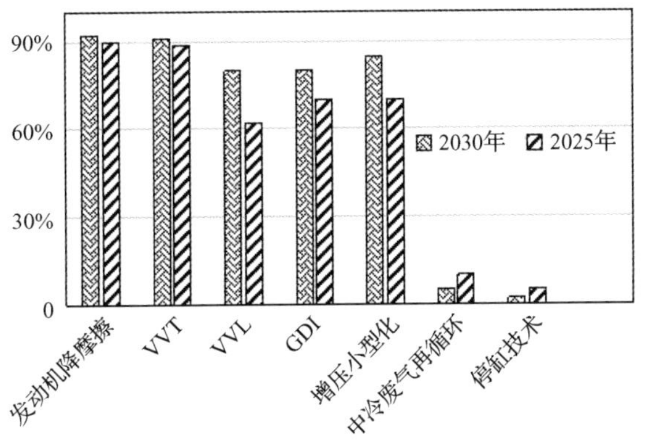

图 16-18　发动机主要技术市场渗透率预测

（二）变速器技术

随着测试循环对车辆瞬态工况考核权重的增加，未来对变速器的需求将朝多挡化的趋势发展。日韩品牌变速器技术发展路径可分为两类，一类是以 AT 作为核心技术发展，如丰田、现代等；另一类是以 CVT 技术为主持续推进，本田、日产、三菱、斯巴鲁等大量日系品牌选择此类技术路线。目前已经逐步淘汰 5AT，并且不断从 6AT 向 8AT 发展。据预测，到 2030 年，丰田将有接近 60%的汽车搭载 8AT，而 CVT 渗透率一直保持在 16%左右。

欧洲车企则偏爱 DCT 技术的应用，作为 DCT 的主要推动者，大众变速器产品中 DCT 的渗透率已达到 90%。美系品牌主要以发展 AT 为主，目前，美系汽车产品以搭载 6AT 为主，且逐步向 8AT 转换，预计到 2030 年，以福特和通用为首的美系汽车品牌将基本实现 8AT 全部替代 6AT。

当前，中国市场自动变速器主要以 6AT 和 7DCT 为主。近年来，国产汽车的变速器也得到了长足发展，最具代表性的是长城汽车推出了自主研发的 9AT 变速器。可以看出，为了适应市场需求和应对升级的标准，自动变速器不断向可靠、低能耗、多挡化方向发展，将持续为汽车技术的发展贡献重要力量。图 16-19 是 2025 年和 2030 年变速器主要技术的市场渗透率预测情况。

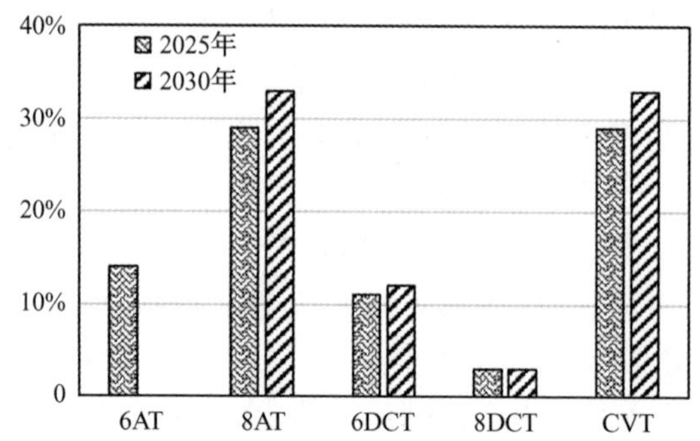

图 16-19　变速器主要技术市场渗透率预测

（三）动力系统电气化

随着油耗标准不断加严以及测试工况对实际瞬态工况考核比例的增加，传统动力将不断向智能可控的电气化方向发展，主要体现为发动机与电机、电池的有机结合实现动力系统的电气化，以实现车辆和发动机运行工况的解耦。

过去，发动机与变速器组成的动力系统为满足复杂的工况，发动机需要工作在较宽区间，并通过不断扩大最佳工作区域来实现热效率的提升。但由此造成了系统复杂、控制难及成本高等难题，继续通过升级原有技术以应对未来法规和市场需求的边际效益逐渐降低。因此，传统动力系统将向深度电气化方向进化，即发动机与电池电机有效组合提供动力输出，由此获得提升效率的新空间。尽管复杂的工况需求并未改变，但由于电机对发动机“削峰填谷”的作用，实现车辆和发动机运行工况的“解耦”，从而使发动机得以工作在更窄的最佳热效率区域，其本质是通过机电耦合来实现动力输出可变的，以适应各种工况下的高效运行需求。这就是混合动力的设计理念。

如图 16-20 所示，按动力混合强度划分，混合动力技术包括微混、轻混、深混和插电式混合动力（含增程式）。其中微混和轻混的最大节油效果可分别达 5%和 15%，二者的关键技术主要为发动机启停技术、BSG/ISG 电机技术及 48V 技术。而深混和插电式混合动力的最大节油率分别可达 35%和 90%，其关键技术包括混合动力发动机、传动系机电耦合技术、制动能量回收技术以及高效率、高性能的电机和电池技术，而对于增程式来说，其关键技术包括增程式发动机、高能量密度及低成本的动力电池，以及整车能量管理技术。

未来，在中国严苛的油耗标准下，深混和动力技术将获得大力发展，随着电动化的不断渗透，预计在 2030 年，电动化技术总占比将达到 78%左右，纯内燃机汽车占比为 22%左右，但内燃机仍将占据市场主流地位，只是以混合动力、插电式混合动力等不同形式存在。法规及工况的变化将驱动动力系统向电气化发展，传统内燃机汽车基于已有产业基础，通过电气化升级，可以长时间工作在高效率的特定工况区域，从而大幅改善能耗及排放。图 16-21 是 2025 年和 2030 年电气化技术市场渗透率预测情况。

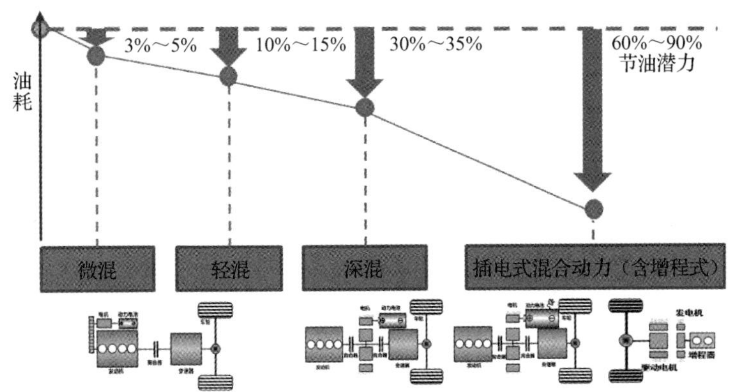

图 16-20　轻型车混合动力类型及节油效果

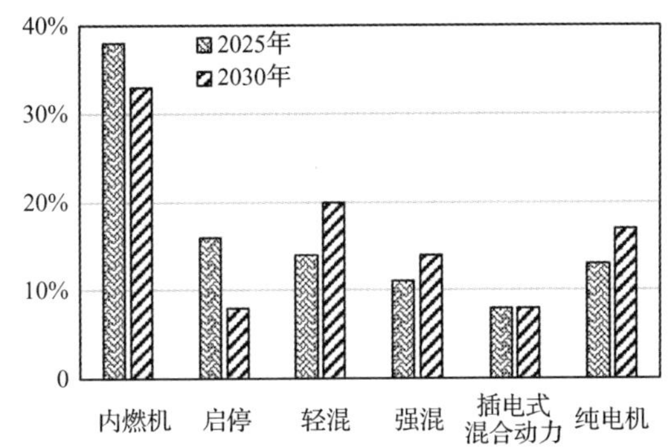

图 16-21　电气化（电动化）技术市场渗透率预测

需要说明的是，工业和信息化部发布的《关于修改〈乘用车企业平均燃料消耗量与新能源汽车积分并行管理办法〉的决定》规定了企业平均燃料消耗量的减免额度，其中搭载怠速启停技术的车型燃料消耗量核算时可最大减免 0.15L/100km。所谓怠速启停技术，是指在汽车停止或即将停止且发动机处于怠速状态时，能够自动关闭发动机并根据驾驶员的操作或车辆需求重新起动发动机的系统，使发动机减少原本怠速时的尾气排放和燃油消耗。试验结果表明，在我国城区交通状况下，该技术可以实现 5%～10%的节油率，未来怠速启停技术将得到快速发展。

（四）整车节能技术

1. 汽车轻量化技术

NEDC 工况切换为 WLTC 工况或 CLTC 后，汽车的行驶阻力增加了 21%左右，而汽车的质量直接影响其行驶阻力，因此汽车轻量化技术将继续承担整车节能的重要使命。在满足汽车使用要求、安全性和成本控制的条件下，将结构轻量化技术与多种轻量化材料、轻量化制造技术集成应用，实现产品整备质量的减小。在汽车轻量化方面，实验证明，汽车整备质量减小 100kg，油耗可减少约 0.3L/100km。据预测，未来 MR7.5 技术将快速发展，2030 年左右将基本覆盖所有车型，2030 年之前 MR7.5 以上的轻量化技术发展相对有限（MR7.5 代表轻量化 7.5%，主要为车身以外，如线束、装饰、仪表板等的材料初步替代技术；MR10 主要采用高强度钢车身和铝覆盖件；MR15 主要采用铝车身及铝覆盖件；MR20 主要采用铝车身、镁和复合材料组件、复合材料发动机罩等）。

2. 低风阻和低滚阻技术

空气阻力和滚动阻力是汽车行驶阻力的重要组成部分。研究表明，空气动力学技术（Aerodynamic，AERO）的节油潜力为 2%～5%，且所需成本较低，空气阻力降低 10%的（AERO10）单车成本约 200 元，降低 20%（AERO20）的单车成本约 880 元，具有较好的成本有效性。虽然当前空气动力学技术渗透率不高，但未来随着标准越来越严格，几乎所有的企业都将大力导入空气动力学技术，到 2030 年几乎所有的车型都将应用不同层级的空气动力学技术。

研究表明，低滚阻技术（Low Roll Resistance，ROLL）的节油潜力为 2%～4%，滚阻降低 10%（ROLL10）的单车成本约 35 元，滚阻降低 20%（ROLL20）的单车成本约 240 元，同样具有较高的成本有效性，但需综合考虑油耗、磨损和制动效果的平衡有一定技术难度。与空气动力学技术相似，随着标准加严，未来几乎所有的企业都将大力导入低滚阻技术。

（五）小结

通过对发动机、变速器、电动化、整车 4 类关键技术的分析及归纳主要汽车企业节能技术应用情况（见表 16-6），目前，轻型车节能技术整体渗透率较高的是发动机降摩擦、VVT、GDI、6AT、轻量化等技术，随着油耗标准的不断加严和测试工况的发展，增压小型化、8AT、低滚阻、低风阻等技术将迎来快速发展。据预测，到 2030 年，发动机降摩擦、VVT、电控附件、低风阻、低滚阻等技术将成为标配技术，停缸和低压 EGR 技术渗透率将分别达到 22%和 29%，8AT 和 CVT 将成为市场主力，6AT 将几乎完全被替代。总体来看，为满足未来标准要求，需继续挖掘发动机、变速器、整车节油技术潜力，同时大力发展发动机启停和强混相关技术。

表 16-6 主要汽车企业节能技术应用

车系	代表车企	主要节能技术路线
德系	大众	TSI+DSG 技术组合，主要方向是小型增压直喷+多挡位 DSG。目前已经完成 1.0L、1.2L 和 1.4L 等多个小排量增压直喷发动机的研发工作，9～10 挡 DSG 正在规划中
日系	丰田	自然吸气优化、多挡位 AT、CVT 及混合动力技术；主要通过热效率提升、降低发动机摩擦等技术应用，近年来开始投放涡轮增压技术，且着重发展混合动力技术。变速器方面，发展 CVT 和多挡位 AT（如 8AT）
美系	福特	重点开发直喷技术、涡轮增压技术、低摩擦和先进热管理技术、混动技术；变速器方面，与通用合作开发 9/10 挡 AT；逐步推动混合动力技术
自主	长安	汽油机小型化+轻量化+ DCT +低滚阻轮胎+先进电子电器。变速器方面：7 挡 DCT 的已投放市场，DHT 混动变速器
	长城	发动机方面：同级别领先的 3.0T P2 动力总成，双喷射，双 VGT 增压技术，48V 轻混 BSG 电机；变速器方面：自主研发纵置 9AT 变速器

二、中国汽车测试工况对重型车节能技术发展的影响

标准升级及测试工况切换后可以看出，今后对车辆的测试向着更接近实际运行特征的工况发展，即更加侧重对瞬态工况的考核，造成工况切换后重型车的油耗都出现了不同程度的增加，而且预计第四阶段的重型车油耗限值将提高15%左右，在双重压力下，企业必须结合自身产品特点、技术基础及成本控制等因素加大对动力总成和整车节能技术的开发和应用，以满足未来法规需求以及应对测试工况的切换带来的不利影响。根据国内外机构、企业研究结果显示，重型商用车节能技术主要包括发动机关键技术、热管理技术、混合动力技术及整车节能技术等方面。

（一）发动机关键技术

1. 喷油及燃烧系统优化

重型柴油机的喷油及燃烧系统是柴油机的核心技术，对柴油机的动力性、经济性和排放具有决定作用。通过提升燃油喷射压力、改进喷油规律、提高压缩比及采用新型燃烧系统，能优化发动机燃烧过程，从而降低燃油消耗率及污染物排放量。

相关科研机构和公司对柴油机优化的结果显示，康明斯公司的XPI燃油喷射系统能够提供高达2400bar的喷油压力，且能实现单循环5次喷射，同时与传统的燃油喷射系统相比减少了泄漏损失，喷射效率提升了20%。通过调整最高放热率角度，热效率提升了0.3%，此外，康明斯公司通过材料设计，在活塞顶部涂敷隔热材料，能够提升1.1%的热效率。沃尔沃采用德尔福F3高压共轨系统，喷油速度大大提升，单循环可以实现9次喷射，并采用了闭环控制系统，大大提高了喷油精度，燃油消耗率也下降了1.5%。另外，美国的纳威斯达公司将喷油压力由2250bar提高到2900bar时，能够将发动机热效率提升1.1%。

2. 增压及EGR技术优化

涡轮增压技术利用排气能量提高内燃机进气压力，使供入气缸内的空气量增加，这样就可以燃烧更多的燃料，从而大幅度地提高功率，利用排气废热还能改善内燃机的燃油经济性。随着测试工况侧重对瞬态工况的考察，可变截面涡轮增压系统（VGT）将会越来越受青睐，VGT能够随着发动机工况动态调整涡流截面的导流叶片，从而控制涡轮的转速，以改善发动机低转速时的响应能力和加速能力。

废气再循环（Exhaust Gas Recircuiation，EGR）是将发动机产生的一小部分废气再送回气缸。由于EGR含有惰性气体，将会延缓燃烧过程，从而导致燃烧室中的温度和压力形成过程放慢，可以减少传热损失，提高热效率。目前，在柴油机系统中有高压EGR和低压EGR之分，高压EGR就是从涡前取废气，然后引到增压后的进气管路中，而低压EGR，是从涡后取废气，然后引到增压器前。使用高压、低压EGR技术有利于增加控制的响应精度，提高瞬态的控制效果，以减小因工况升级带来瞬态工况增加的负面影响。

目前，VGT耦合双EGR技术是研究及应用的热点，结果表明：低负荷采用高压EGR+

双 VGT（HP-2T），高转速和低转速中高负荷采用低压 EGR+双 VGT（LP-2T），中等转速中等负荷采用低压 EGR+单 VGT（LP-1T），中等转速高负荷采用高压 EGR+单 VGT（HP-1T），可以实现全 MAP 工况上性能最优，燃油经济性可提高 2%左右。

（二）热管理技术

1. 余热回收技术

从内燃机热平衡角度看，重型柴油机用于机械功率输出的能量一般只占燃料燃烧总能量的 35%～45%，而其他的燃油能量则通过排气、冷却系统及润滑系统耗散到大气中。如果对这一部分余热资源进行有效回收利用，能够有效降低燃油消耗。因此，内燃机的余热利用具有较大的节能潜力。

通过压电、温差发电、有机朗肯循环等技术设计热回收装置，可以实现对发动机废热能量的收集利用。目前，余热回收技术中发展较好的为有机朗肯循环和热电转化的方式。有机朗肯循环通过有机工质在换热器中吸收内燃机余热流（高温排气和冷却水）的热量，形成具有一定压力和温度的蒸汽，蒸汽膨胀做功，实现热能到机械能及电能的转换。有机朗肯循环中的工质不适应高温废气的余热回收，温差发电技术可以使用热电材料在高温排气下工作。温差发电技术与有机朗肯循环技术相结合，可以实现较好的余热回收效果。研究表明，对于不同的测试循环，余热回收系统降低油耗的效果也不相同，该系统对于高速测试循环能够降低 5.1%～6.0%的油耗，对于中速测试循环能够降低 4.3%～4.7%的油耗，对于频繁启停的城市工况能够降低 3.0%～4.1%的油耗。

2. 整车热管理技术

整车热管理技术从系统集成和整车角度出发，统筹热量与发动机之间的关系，采用综合手段控制热量传递。先进的热管理系统设计必须同时考虑发动机冷却系统、润滑系统、暖风空调系统及发动机舱内外的相互影响，采用系统化、模块化设计方法将这些系统进行集成，使其能根据行车工况和环境条件，自动调节冷却强度以保持相应的部件在最佳温度范围内工作，改善汽车各方面的性能，如燃油经济性、驾驶舒适性等。因此，高效可靠的整车热管理系统具有显著的节能效果。

研究表明，在发动机台架上高效的热管理系统可以缩短 80%的暖机时间，提高发动机 7%的燃油经济性，而且可以适当改善 HC 和 CO 的排放。另外，宇通客车采用的发动机热管理技术，主要通过精确控制发动机冷却水的温度（86～95℃），延长发动机使用寿命，使燃油燃烧更加充分，并降低散热风扇功率消耗，使发动机始终在最适宜的温度环境中工作，百公里可以节约燃油 5%～10%。

（三）混合动力技术

混合动力技术在轻型车上已得到较好应用，对于重型柴油机而言，混合动力技术也是研究的热点之一。通过结合怠速启停技术、制动能量回收技术可合理地分配发动机和电机之间的能量输出，保持发动机高效经济运行，从而提升整车系统的效率，节能效果显著。混合动力汽车主要分为插电式和非插电式两种。插电式混合动力汽车兼顾传统燃油汽车与纯电动汽车的优点，既保障了纯电续驶里程大于 50km 以上，保证市区的通勤完全可以做到零排放，又能保证长途运输时的节能。面对日益严格的油耗限值和苛刻的测试工况要求，采用混合动力技术是当前阶段商用车发展的重要路径。

研究表明，不同的混动构型对节油的效果不尽相同，但混合动力汽车整体的节油效果显著，戴姆勒推出了第一款在欧洲获得批准的混合动力卡车——Atego BlueTec Hybrid 混合动力柴油车，采用 4.8L 柴油机搭配 44kW 电池组的动力组合，并采用 P2 混合动力构型，可以完全用电力启动，降低了 10%～15%的燃油消耗。康明斯采用 ISX 15L 发动机和 P2 构型，电机功率为 150kW，电池组功率为 180kW，在低负载和高负载时燃油经济性分别提高 36.4%和 17.8%，在 CSHVR 测试循环条件下，低负载和高负载时燃油经济性分别提高 64.8%和 30.4%。

（四）整车节能技术

1. 轻量化技术

轻量化技术涵盖范围广，据相关研究表明，汽车整备质量每降低 10%，油耗可降低 6%～8%，因此轻量化是车辆节能的重要途径。从技术手段上看，汽车轻量化技术可以分为结构优化设计、轻量化材料的应用和先进制造工艺 3 个方面。结构优化设计方面包括汽车结构的尺寸优化、形状优化、拓扑优化和多学科设计优化；轻量化材料的应用方面包括高强度钢、铝合金、镁合金、塑料和复合材料等的应用；先进制造工艺方面包括液压成型和激光焊接等技术。

2. 低风阻和低滚阻技术

空气阻力（风阻）在高速工况下对油耗的影响最为显著。相关研究表明，在高等级公路上行驶的商用车，若空气阻力系数降低 30%，油耗可降低 10%以上。因此，运用空气动力学降低风阻是重要的节能手段，对于货车和牵引车来讲，主要考虑驾驶室造型、驾驶室顶部大灯、驾驶室和半挂车之间的间隙、外置喇叭或后视镜等产生扰流作用的部件、遮阳罩、侧防护栏、导流罩（驾驶室侧导流板和前扰流）等因素，对于客车来讲，还要考虑底盘平整度等因素。

降低轮胎的滚动阻力也是商用车重要的节能手段，主要通过低滚阻轮胎、单宽胎技术、自动胎压调整技术的应用降低轮胎滚动阻力。利用低滚阻轮胎降低车辆行驶的滚动阻力可以显著降低燃料消耗量。与传统轮胎相比，低滚阻轮胎的花纹、侧壁及轮毂的尺寸有所不同；低滚阻轮胎直径更大，轮胎每转动一圈行驶距离更长，低滚阻轮胎胎宽也比较窄，可以减小与地面的接触面积，进而降低轮胎的滚动阻力。研究表明，总行驶阻力相对下降 6%，CHTC-HT 工况下油耗将下降 2%～3%。

（五）小结

为了应对重型车法规升级及测试工况切换带来的双重油耗压力，发展重型车节能技术迫在眉睫，但企业需结合自身产品特点、技术基础、成本控制等因素加以选择应用。如表 16-7 所示，轻量化技术节能效果相对较好，由于其覆盖范围广，必将得到广泛的应用；复合增压（机械式）、混合动力技术（能量回收）节能效果显著，且成本相对较低，适用于成本控制压力和节能压力都比较大的产品；复合增压（电控式）、余热回收、混合动力技术（并联系统）的节能效果也不错，但是成本较高，适用于节能压力较大、市场份额较高、能够摊薄成本的产品；先进的混合模式燃烧、VGT、两级增压的节能效果略低，成本较高，适用于节能压力略低、成本已经控制较好的产品；对于空气动力学、低滚阻轮胎、高压共轨、降低摩擦、电控附件、混合动力技术（启停系统）、AMT、增加挡位、优化换挡策略、降低自动变速器的损耗和摩擦，节能效果相对较低、成本低，适用于节能压力小、成本控制压力大的产品，能够实现以较低的代价提升燃油经济性。

表 16-7　节能技术国内使用效果评估

序号	技 术 类 别	节油效果	车型适应性	成本增加情况（元）
1	高压共轨（提升喷油压力，多次喷射、改善喷油规律）	1%～4%	全车型	1000
2	先进的混合模式燃烧（如在中低载荷时采用预混合压 PCCI）	1%～2%	全车型	8000
3	VGT	1%～3%	6L 以下	5000
4	两级增压（多级增压）	1%～2%	9L 以上	5000
5	降低摩擦（润滑油、轴承等）	0.5～2%	全车型	500
6	电控附件（空压机、风扇、水泵、机油泵等）	1%～3%	全车型	500～2000
7	复合增压（机械式）	2.5%	重型车	2000～3000
8	复合增压（电控式）	4%～5%	重型车	6000～7000
9	余热回收（底循环 ORC 等）	6%～10%	重型车	7000～15000
10	混合动力技术（启停系统）	1%～2%	城市公交车	2000～5000
11	混合动力技术（能量回收）	2%～5%	城市公交车、厢式货车	5000～20000
12	混合动力技术（并联系统）	15%～30%	全车型	20000～200000
13	AMT、优化换挡策略	1%～4%	全车型	1500～4000
14	增加挡位（如 6 挡升到 8 挡）	1%～3%	自卸汽车、客车	2000
15	优化换挡策略	0.5%～1%	城市公交车、厢式货车	500
16	降低自动变速器的损耗和摩擦	0.5%～1%	全车型	0～500
17	轻量化	2%～5%	全车型	—
18	空气动力学	2%～10%	全车型	300～2000
19	低滚阻轮胎	2%～4%	N1、M2、城市客车	100～200
20	自动轮胎充气系统	0.5%～2%	全车型	—

超级卡车项目的研究结果指出，以戴姆勒（Daimler）、康明斯（Cummins）、纳威斯达（Navistar）及沃尔沃（Volvo）为代表的公司已经实现 50%左右的重型柴油车热效率，并正向更高目标迈进。表 16-8 是各自实现 50%热效率的主要技术方案，可以看出四家企业使用的技术手段并不相同，康明斯侧重余热回收，戴姆勒和沃尔沃侧重发动机小型化和低速化，纳威斯达则利用混合动力实现 50%热效率，不同的技术手段源于各公司技术路线不同的侧重点，但都为我们应对工况切换和下一阶段油耗法规提供了更多的

参考。

表 16-8　国际典型卡车企业实现高热效率的主要技术方案

技术方案	康明斯	戴姆勒	纳威斯达	沃尔沃
发动机小型化	×	√	×	√
发动机低速化	√	√	√	√
变速器	AMT 自动变速器	AMT 自动变速器	双模式混动	双离合器手自动一体变速器（DCT）
混合动力	×	微混	串并联混合动力	×
有机朗肯循环	√（转化为机械能）	√（转化为电能）	×	√
复合涡轮	×	×	√（电动式）	√（机械式）

第十七章　纯电动汽车低温性能测评及研究

李向荣，周博雅，张诗建，孟庆宇*

摘要：本章基于相关国家标准、中国电动汽车测评（EV-TEST）、CCRT 评价规程与测试结果对我国纯电动汽车的低温续航充电性能进行全面的梳理与分析。本章从消费者关注的重点出发，介绍了低温续航性能相关国家标准与主流评价规程。此外，本章结合 CCRT 测评结果从续驶里程、剩余里程估计准确度、低温能耗、百公里充电时间等方面对纯电动汽车的低温性能的变化与发展趋势进行了分析。结果表明，纯电动汽车的平均低温续航衰减率约 40%，低温环境下的剩余里程估计准确度大幅下降，在低温环境下 47% 被测车辆的剩余里程估计准确度小于 50%，不能提供有效的用车信息。最后结合目前的技术发展情况，对未来有望能够提升纯电动汽车低温性能的技术进行了介绍。

关键词：低温续航性能；纯电动汽车；CCRT；剩余里程估计准确度。

第一节　纯电动汽车低温性能市场关注情况

“续航能力”是纯电动汽车（EV）发展亟待突破的一项技术壁垒，其中，低温环境下的续航能力问题尤为突出，同时也是消费者关注的重点。自 2015 年起，我国新能源汽车产业规模跃居世界首位，连续六年蝉联世界第一，新能源汽车保有量不断增加。2021 年纯电动汽车产量达到 294.2 万辆，同比增长 166.2%。随着纯电动汽车的迅速发展，消费者对纯电动汽车的续航充电、驾乘操控、乘员安全和智能化等各方面性能有了更高的要求。基于中汽信息科技有限公司于 2020 年发布的《2020 年中国新能源汽车消费者满意度调研》报告，对消费者针对续航问题的重视度和不满情况进行了分析。图 17-1 为对 4000 名新能源车主关于续航性能重视情况的调研结果，在给出的 4 个选项中，关注度最低的是高速公路行驶时车辆续航性能，占总样本数的 10%，有 1568 人的关注重点在低温环境或冬季时纯电动汽车的续航性能，占总样本数的 39%。图 17-2 为对 4000 名新能源车主关于续航性能不满情况的调研结果，1272 人表示当下纯电动汽车低温性能不能满足日常用车要求，占比为 32%。由此可见，纯电动汽车的低温续航性能是消费者用车过程中的重点考虑因素，提升纯电动汽车的低温续航性能对电动汽车市场发展有着至关重要的影响。

---

* 李向荣，高级工程师，中国汽车技术研究中心有限公司汽车测评管理中心副主任；周博雅，高级工程师，中国汽车技术研究中心有限公司汽车测评管理中心综合协调部部长；张诗建，工程师，任职于中国汽车技术研究中心有限公司汽车测评管理中心；孟庆宇，工程师，任职于中国汽车技术研究中心有限公司汽车测评管理中心。

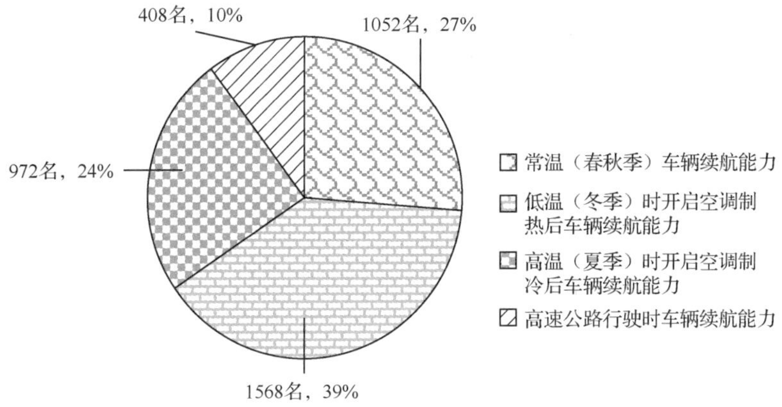

图 17-1　新能源车主关于续航性能的重视情况

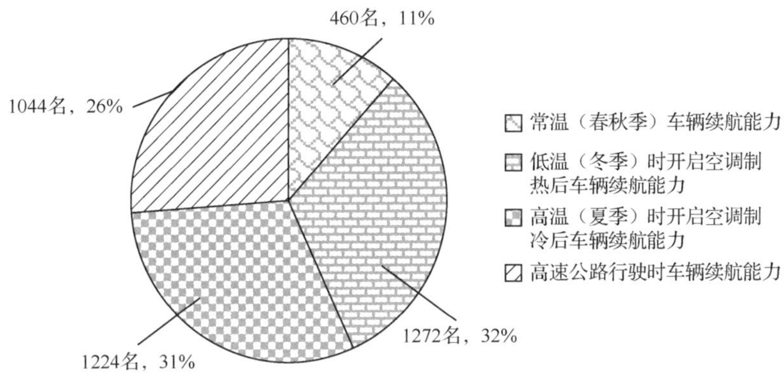

图 17-2　新能源车主关于续航性能的不满情况

数据来源：《2020 年中国新能源汽车消费者满意度调研》

第二节　纯电动汽车低温性能测试技术与评价方法的发展

一、低温性能测试技术与相关标准体系

（一）低温性能测试相关的国家标准积极更新，为低温性能优化提供参考与指导

纯电动汽车的低温性能近年来受到很大关注，多项国家标准在 2021 年进行了修订，为纯电动汽车低温性能测试确立了相应的参考规范。为了贯彻落实《汽车产业中长期发展规划》节能目标，确立统一的电动汽车低温性能的试验流程、试验循环及试验结果计算方法，国家市场监督管理总局与国家标准化管理委员会对《电动汽车 能量消耗量和续驶里程试验方法》（GB/T 18386—2017）进行了相关修订，《电动汽车 能量消耗量和续驶里程试验方法》（GB/T 18386—2021）已于 2021 年 10 月 1 日正式实施。2021 年版标准相较于 2017 年版，对电动汽车低温性能测试方式有了更加明确的规定，涵盖了环境温度设置、试验循环、结果计算等多方面的技术要求。

该标准修订后，试验循环工况由 2017 年版中的 NEDC 工况更换为 GB/T38146.1—

2019 附录 A 所述的中国轻型汽车行驶工况（CLTC-P）。NEDC 工况进行的能耗认证结果与用户车辆实际的能耗表现偏差很大，而基于中国实际交通情况的基础数据（运动特征、动力特征和环境特征等）形成的中国行驶工况（CLTC-P）的平均速度为 29km/h、怠速比约 22%，具有频繁加速及减速、高怠速比例、低平均速度的特点（见图 17-3）。

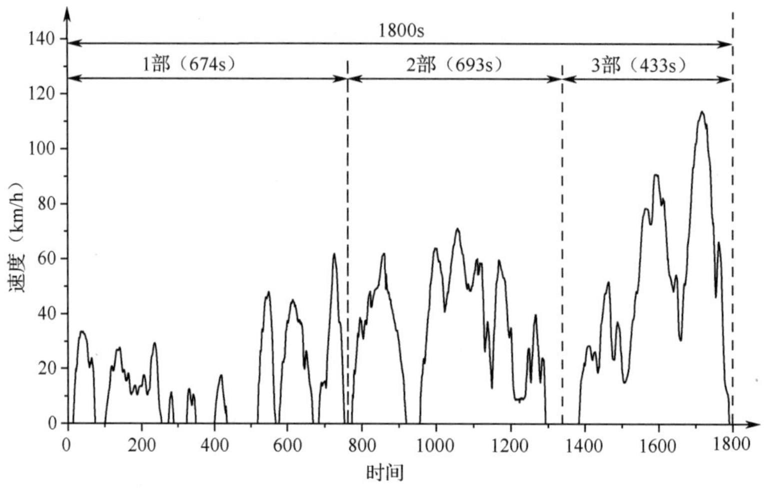

图 17-3　中国行驶工况及其主要特征

（二）低温续驶里程与低温剩余里程估计准确度是反映纯电动汽车低温性能的关键指标

1．低温续驶里程

《电动汽车 能量消耗量和续驶里程试验方法》（GB/T 18386—2021）附录 A 中详细规定了低温续驶里程的测试方法，有很重要的参考意义与指导作用。其流程如图 17-4 所示。

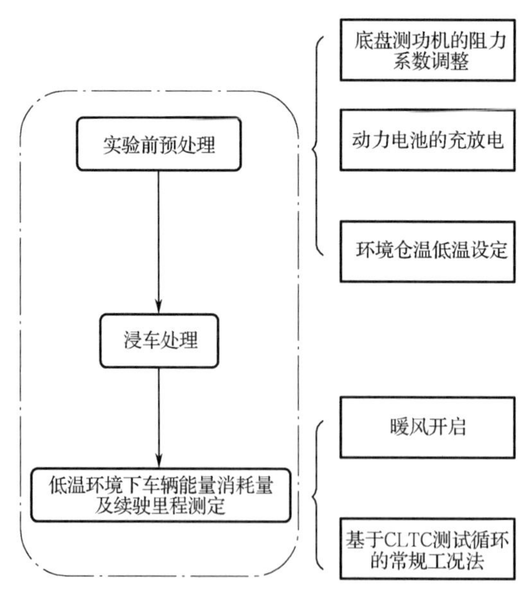

图 17-4　低温续驶里程测试流程

① 对动力蓄电池进行初次充电，常规充电推荐采取交流充电方式，充电功率应不高于 42kW。当存在多种交流充电方式（如传导充电、感应充电等）时，应使用传导充电的方式。如果有多个可用的传导充电功率水平，则应使用最高的充电功率。

② 在动力蓄电池充电结束后的 12 小时内，进行浸车预处理，低温试验前，应该在低温环境中浸车 12～15 小时。在此期间，要求每小时平均环境温度保持在(−7±3)℃内；瞬时温度不得低于−13℃，也不得高于−1℃，且不得连续 3 分钟低于−10℃或高于−4℃。

③ 浸车完成后，将常温续驶里程测试中的底盘测功机阻力值的 A、B、C 乘以 1.1，作为低温续驶里程测试中的底盘测功机阻力设定。在测试过程中，实时记录 REESS 电流值和电压值。

④ 试验后再次为动力电池充电，测量从外部充入的电量。

⑤ 计算车辆常温条件下续驶里程 $\mathrm{BER_N}$。

$$\mathrm{BER_L}=\frac{E_{\mathrm{REESS.CCP}}}{\mathrm{EC_{DC}}}$$

式中：

BER——低温续驶里程，单位为 km；

$\boldsymbol{E}_{\mathrm{REESS,CCP}}$——低温续驶里程试验前后，REESS 的电能变化量，单位为 W · h；

$\mathrm{EC_{DC}}$——基于 REESS 电能变化量的能量消耗量，单位为 W · h/km。

⑥ 在每两个步骤执行之间，如果需要移动车辆，不允许使用车上的动力将车辆移动到下一个试验地点，且确保再生制动系统未起作用。

2. 低温剩余里程估计准确度

剩余里程估计准确度是消费者关注的重要因素，准确的剩余里程估计能极大程度地缓解消费者的“里程焦虑”，是用户制订出行规划、充电行为的重要参考依据。低温剩余里程估计准确度试验与中国工况低温续驶里程试验同时进行。为了计算剩余里程估计准确度，需要采集仪表显示的剩余续驶里程与实际剩余续驶里程数据，如果被测车辆无剩余续驶里程仪表显示功能，则不进行此项实验。以仪表显示剩余里程为观测值，用 y_i 表示，实际剩余里程为回归直线，用 $\hat{y}_i$ 表示，通过确定系数这种拟合优度算法评价其偏差情况。剩余里程估计数学模型如图 17-5 所示。

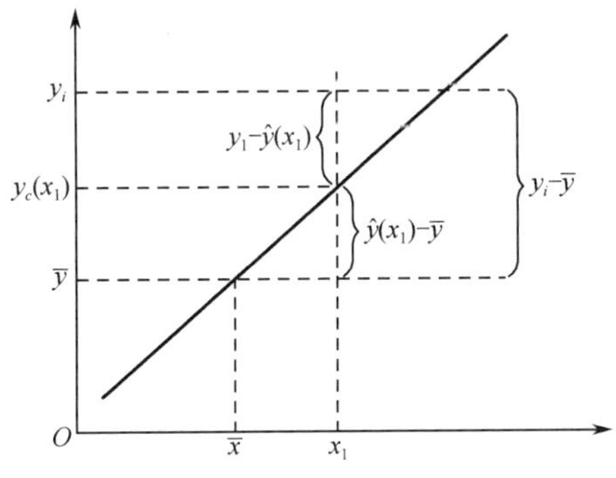

图 17-5　剩余里程估计数学模型

应该使用下式计算续驶里程准确度：

$$R^2 = 1 - \frac{\sum(\hat{y}_i - \hat{y})^2}{\sum(y_i - \overline{y})^2}$$

式中，

R^2——续驶里程准确度确定系数，结果保留至小数点后 4 位；

y_i——仪表显示剩余里程，续驶里程试验过程中，每个工况循环结束时仪表盘显示剩余里程数值，保留至整数位；

$\hat{y}_i$——实际剩余里程，记录对应仪表显示剩余里程（y_i）时车辆已行驶过的里程，用车辆完成续驶里程的里程值减去采样时已行驶的里程计算得到，单位为 km，保留至整数位；

$\overline{y}$——所有采样点记录的仪表显示剩余里程的平均值，单位为 km，保留至整数位。

（三）低温性能测试标准体系逐步建立，亟待进一步扩大标准体系影响力

低温性能是电动汽车技术领域的关键一环，关系到用户对电动汽车的满意度。《电动汽车 能量消耗量和续驶里程试验方法》（GB/T 18386—2021）的发布与运行，针对纯电动汽车的低温性能测试体系进一步完善，提供了更加精确的参考数据以缓解消费者的“里程焦虑”。需要关注的是，低温测试尚未列入纯电动汽车的国家强制标准，在现行的强制标准《轻型汽车能源消耗量标识》（GB 22757.2—2017）中，纯电动汽车的能耗标识要求如图 17-6 所示，其中，综合工况电能消耗量与续驶里程按照 GB/T 18386 测试标准执行，即常温（25℃）下的续航性能。纯电动汽车续航能力在 25℃时与低温环境差异较大，单一的指标并不能反映纯电动汽车的低温续航性能。

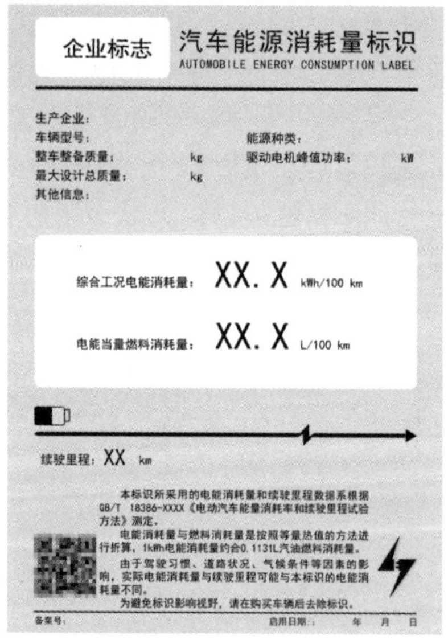

图 17-6　纯电动汽车能耗标识（2017）

国家强制标准《轻型汽车能源消耗量标识》（GB 22757.2—2017）在 2021 年年底完成了送审稿的修订，本次修订中纯电动汽车的标识变化较大，增加了续驶里程扩展信息部分，该部分的具体表示方法见表 17-1。

表 17-1　车辆续驶里程扩展信息

序号	特殊场景试验	续驶里程扩展信息
1	高温开空调、低温开暖风	A 和 B
2	高温开空调	A 和 D
3	低温开暖风	B 和 C
4	无特殊场景试验或车辆未安装空调	C 和 D

注 1：A 指的是“高温开空调：×× km”。

注 2：B 指的是“低温开暖风：×× km”。

注 3：C 指的是“高温开空调行业平均约下降：15 %”。

注 4：D 指的是“低温开暖风行业平均约下降：40 %”。

该标准更新后的能耗标识如图 17-7 所示。

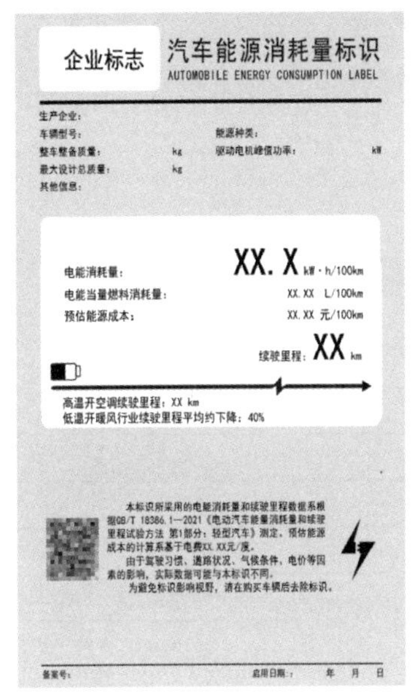

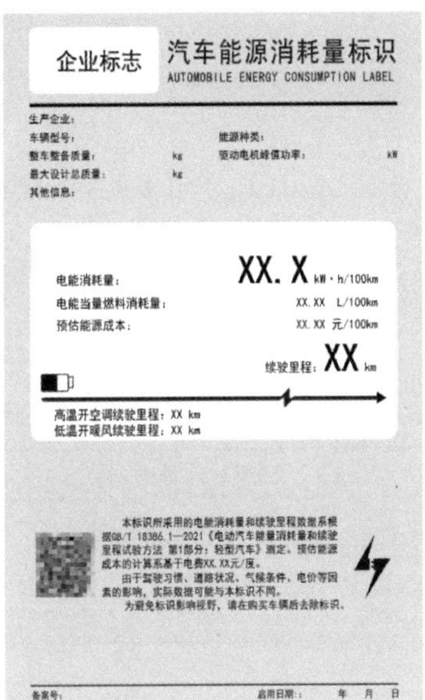

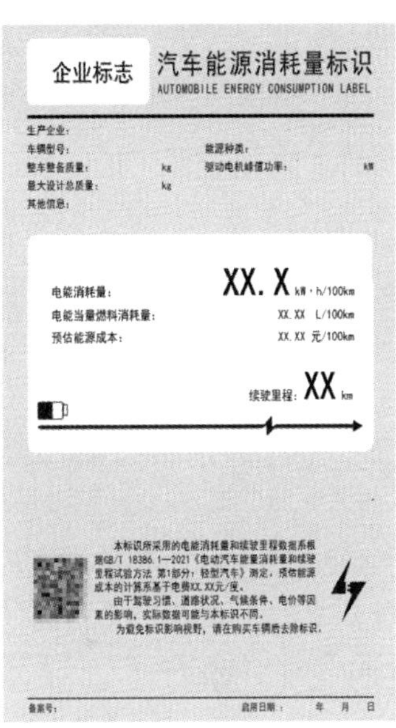

图 17-7　修订后能耗标识示例

修订后的《轻型汽车能源消耗量标识》（GB 22757.2—修改稿）并未强制要求车辆进行低温环境下的续驶里程测试，对于未做低温实验的车辆，要求标注行业下降率。该标准在一定程度上完善了低温性能测试体系，与《电动汽车 能量消耗量和续驶里程试验方法》（GB/T 18386—2021）一起为我国纯电动汽车低温性能测试体系奠定了良好基础。为了满足消费者对纯电动汽车低温性能的要求，后续发展中需要大力推广低温性能的测试评价工作和研究工作，加大成本投入和技术研究力度，同时完善强制标准体系。

二、CCRT 测评规程完善纯电动汽车低温性能评价体系

随着纯电动汽车技术和质量水平不断发展及用户性能需求的升级，《中国汽车消费者研究与评价（CCRT）管理规则（2021 年版）》完善了纯电动汽车低温性能评价体系，为行业和消费者提供了有力的参考。

1. 低温续驶里程得分

按照相关国家标准进行试验，以低温续驶里程为评分依据，评分方法如表 17-2 所示。

表 17-2　低温续驶里程评分表

指标名称	续驶里程（km）	得　分
低温续驶里程	<100	0
	150	60
	≥350	100

注：

（1）当 100km≤低温续驶里程≤150km，得分为 0～60 分，区间内线性插值。

（2）当 150km≤低温续驶里程≤350km，得分为 60～100 分，区间内线性插值。

2. 低温续航下降率得分

按照相关国家标准进行试验，以低温续驶里程相对常温续驶里程下降率为评分依据，计算公式为

$$(BER_N - BER_L)/BER_N \times 100\%$$

BER_N——常温续驶里程，单位为 km；

BER_L——低温续驶里程，单位为 km。

评分方法如表 17-3 所示。

表 17-3　低温续驶里程下降率评分表

指标名称	测量后计算值	得　分
低温续驶里程下降率	≥60%	0
	=40%	80
	≤30%	100

注：

（1）40%≤下降率≤60%，得分为 0～80 分，区间内线性插值。

（2）30%≤下降率≤40%，得分为 80～100 分，区间内线性插值。

（3）空调性能减分有两项：

a．车内温度首次达到目标温度的时间高于 15 分钟时，每增加 1 分钟扣 2 分，最多扣 10 分。

b．15 分钟后，直至测试结束，达不到温度区间的时间超过 1.5 小时，扣 10 分。

3. 低温剩余里程估计准确度得分

按照相关国家标准进行试验，以低温剩余里程估计准确度为评分依据，评分方法如表 17-4 所示。

表 17-4　低温剩余里程估计准确度评分表

指标名称	确定系数	得　分
低温剩余里程估计准确度	<0.40	0
	=0.99	100

注：0.40≤低温剩余里程估计准确度≤0.99，得分为 0～100 分，区间内线性插值。

三项关于纯电动汽车低温性能的评价指标描述了纯电动汽车的低温性能，并将其转换为百分制得分，能更加直观地向消费者展示被测车型的低温性能。

第三节　纯电动汽车低温性能技术发展趋势

一、纯电动汽车低温续驶里程逐年上升，但较常温续驶里程的下降率并无明显改善

近五年来的主流纯电动汽车低温续驶里程性能变化趋势如图 17-8 所示。随着相关技术的迭代，常温、低温环境下的续驶里程均呈上升趋势，常温续驶里程由 2017 年的 214km 逐年增加，于 2021 年达到了 568km，突破了 500km 大关。低温续驶里程方面，由 2017 年的 121km 逐年增长，在 2020 年突破了 300km，达到了 326km。从低温续驶里程绝对值看，纯电动汽车的续航能力在五年内一直呈增长趋势，2021 年的低温续驶里程较 2017 年增加了 225km，增幅高达 186%。但在低温续航下降率方面，近五年的纯电动汽车该值均在 40%左右，行业平均水平并未有大幅度提升。

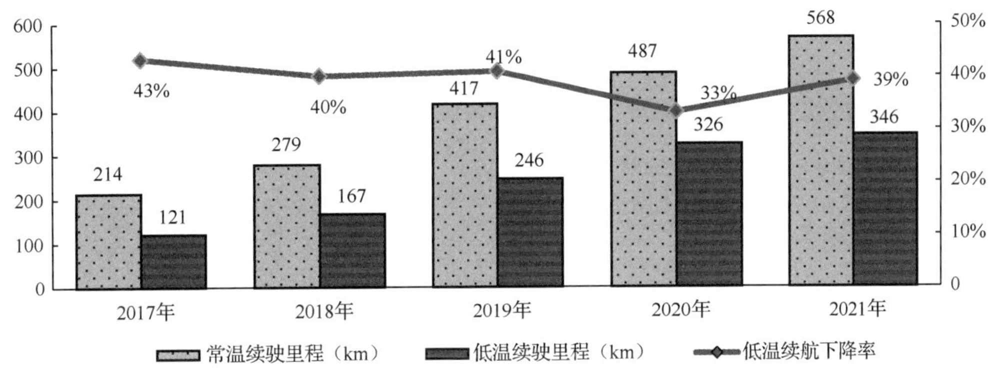

图 17-8　2017—2021 年主流纯电动汽车低温续驶里程变化趋势

数据来源：中国汽车技术研究中心有限公司

二、不同车型在低温环境下的续航表现差异较大

36 款测评车型在低温环境下的表现存在较大差异，低温续驶里程小于 200km 的车型有 17 款，占被测总样本的 47%，低温续航下降率大于 40%的有 20 款，占被测总样本的 56%。被测车型的低温续驶里程与低温续航下降率分布如图 17-9 所示。

图 17-10 展示了 36 款测评车型在常温环境（25℃）与低温环境（-7℃）的续驶里程情况。值得注意的是车型 1～车型 4 是于 2017 年测试的车型，在低温情况下电池管理系统（Battery Management System，BMS）对车辆动力系统进行了功率限制，并没能成功完成低温续航测试实验。2018 年以后，随着 BMS 的升级，所有被测车型均能在低温环境下成功完成续航测试。

低温续驶里程（km）
450
400
350
300
250
200
150
100
50
0
2017年
2018年
2019年
2020年
2021年
低温续航下降率（%）
70
60
50
40
30
20
2017年
2018年
2019年
2020年
2021年

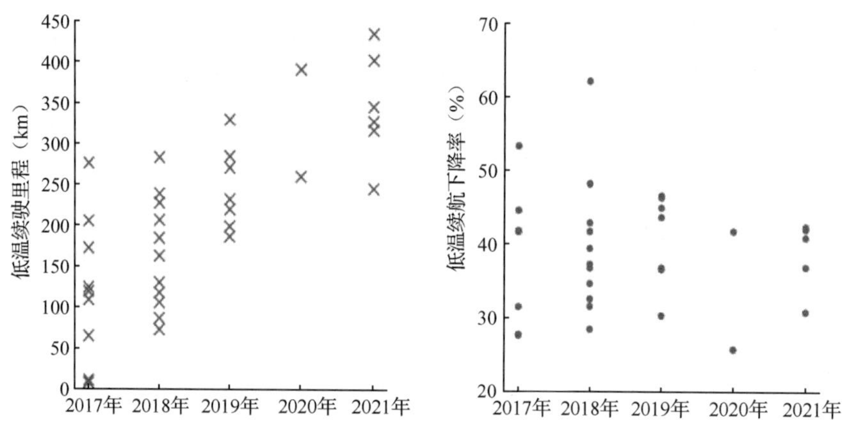

图 17-9 低温续驶里程、低温续航下降率分布

数据来源：中国汽车技术研究中心有限公司

车型36 403 698
车型35 435 629
车型34 346 586
车型33 317 550
车型32 391 527
车型31 328 520
车型30 330 518
车型29 271 505
车型28 260 447
车型27 228 441
车型26 232 435
车型25 245 424
车型24 283 414
车型23 285 409
车型22 220 391
车型21 276 382
车型20 239 378
车型19 199 362
车型18 207 317
车型17 173 312
车型16 185 306
车型15 187 296
车型14 185 295
车型13 206 284
车型12 130 251
车型11 87 230
车型10 163 228
车型9 119 205
车型8 109 187
车型7 106 182
车型6 124 181
车型5 118 175
车型4 11 159
车型3 65 139
车型2 73 128
车型1 8 75
低温续驶里程（km）
常温续驶里程（km）

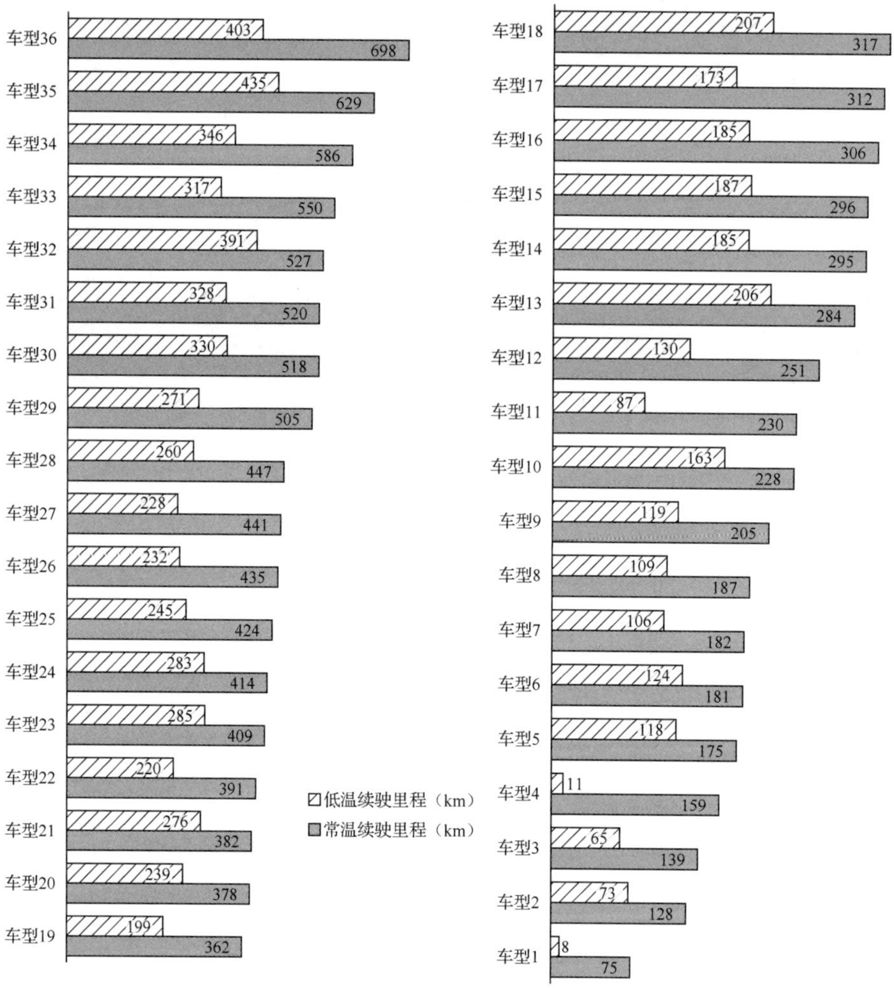

图 17-10 测评车型的续驶里程

数据来源：中国汽车技术研究中心有限公司

三、剩余里程估计准确度在常温环境下表现较好，而在低温环境下表现较差

图 17-11 展示了 15 款测评车型在常温环境与低温环境下的剩余里程估计准确度。常温环境下 15 款测评车型的剩余里程估计准确度较高，确定系数值为 0.9 以上的车型有 13 款，占比为 87%。由于 BMS 与里程预估算法受温度的影响较大，7 款车型在常温环境下的估计准确度均在 0.7 以上，但在低温环境下进行的准确度均低于 0.5，难以为消费者在用车过程中提供可靠的剩余里程估计信息，需要企业投入更大的精力进行研发。

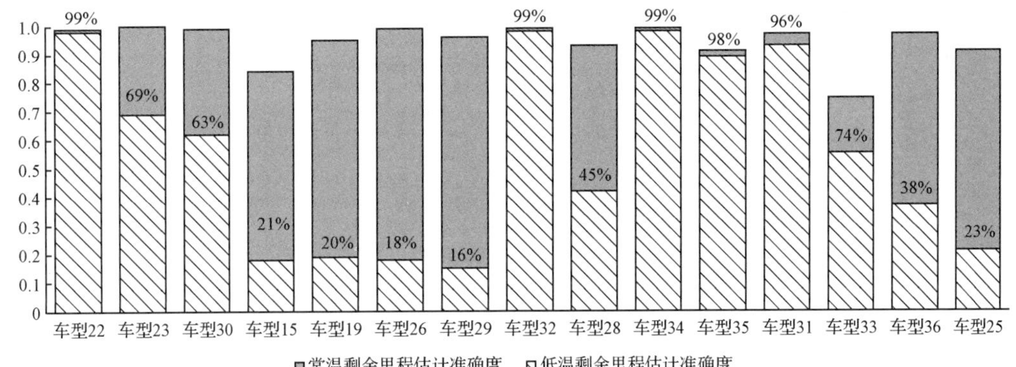

图 17-11　里程估计准确度对比

数据来源：中国汽车技术研究中心有限公司

时间维度上的低温剩余里程估计准确度分布如图 17-12 所示，在 2019 年引入该评价指标后，该年度测试的 7 款车型中有 4 款低温剩余里程估计准确度确定系数值低于 0.2。2021 年测评的 6 款车型中，2 款测评车型的确定系数值低于 0.5。综合来看，近年来低温环境下的剩余里程估计准确度提升不大，小部分企业的 BMS 与续驶里程估算模型将温度作为主要影响因素进行了优化，并取得了很好的效果。未综合考虑温度影响的估算模型在低温环境下的估计准确度大幅下降，难以为出行计划提供可靠支持。

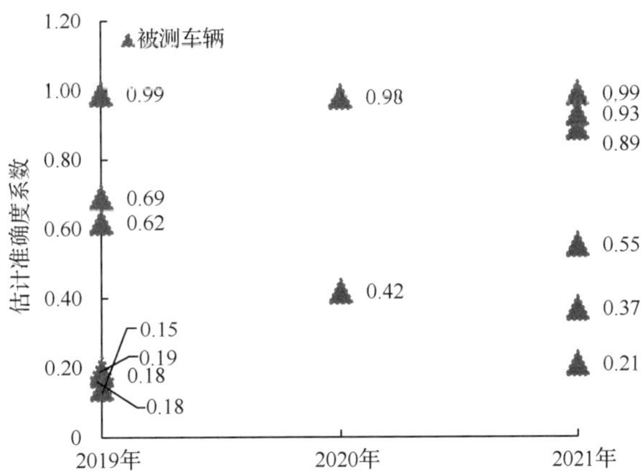

图 17-12　低温剩余里程估计准确度的年份分布

数据来源：中国汽车技术研究中心有限公司

四、低温环境下百公里直流充电时间增幅较大

充电是纯电动汽车用户的痛点问题之一，冬季充电问题更是影响消费者用车体验的关键因素。纯电动汽车低温百公里直流充电时间增加率是能够描述纯电动汽车冬季充电性能的一项指标，其计算公式如下：

$$K = \frac{T_{低温} - T_{常温}}{T_{低温}}$$

式中，$T_{常温}$为常温直流百公里充电时间，$T_{低温}$为低温直流百公里充电时间。

在25℃常温环境下，已完成测评的15款车型的直流百公里充电时间平均为0.5小时，最快为0.22小时，最慢为0.99小时，测试结果如图17-13所示。

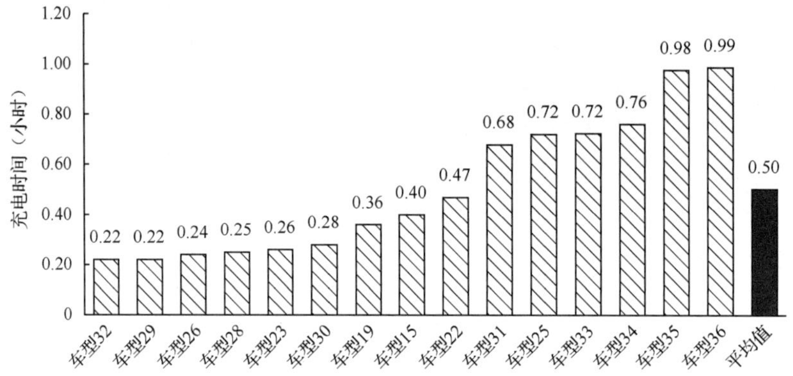

图17-13　常温环境下直流百公里充电时间

数据来源：中国汽车技术研究中心有限公司

在低温环境下已完成测评的15款测评车型的直流百公里充电时间增加率平均为66%，最小增加率（低温相对于常温）为4%，最大增加率（低温相对于常温）为237%，如图17-14所示。

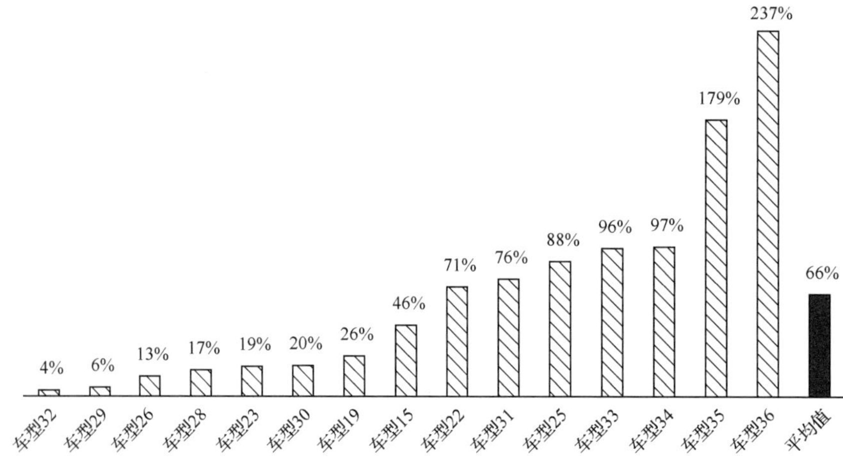

图17-14　低温环境下直流百公里充电时间增加率

数据来源：中国汽车技术研究中心有限公司

五、2021年度六款测评车型低温性能较往年有较大提升，但仍不理想

（一）2021年度六款测评车型低温续航下降率较为接近，需要提升

图17-15显示了六款测评车型低温续航的具体表现，此六款主流纯电动汽车的常温续驶里程均达到了400km以上。表现最优秀的小鹏P7达到了698km，低温续驶里程方面，比亚迪汉的表现最为出色，达到了435km。总体来看，2021年度测评车型的低温续航下降率仍然在40%左右，具有很大的提升空间。

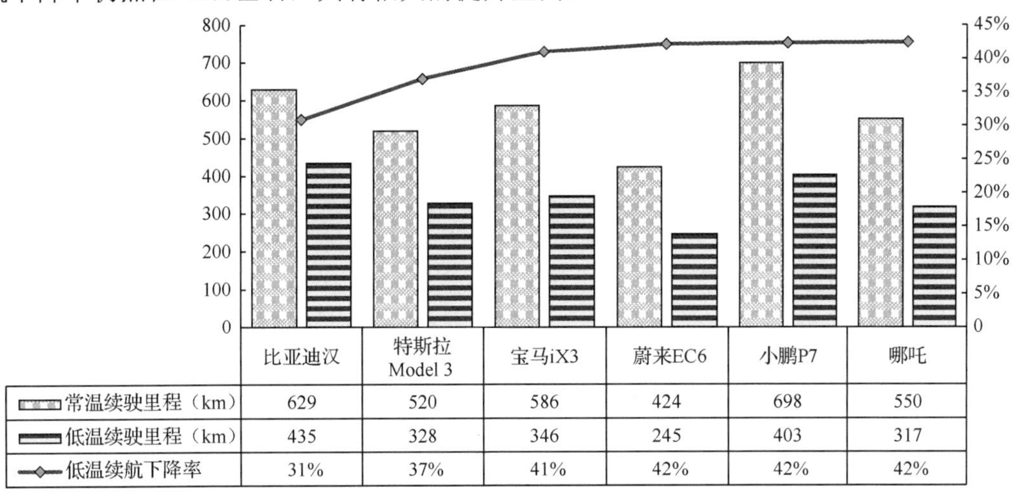

	比亚迪汉	特斯拉 Model 3	宝马iX3	蔚来EC6	小鹏P7	哪吒
常温续驶里程（km）	629	520	586	424	698	550
低温续驶里程（km）	435	328	346	245	403	317
低温续航下降率	31%	37%	41%	42%	42%	42%

图17-15　2021年度测评车型续驶里程情况

数据来源：中国汽车技术研究中心有限公司

（二）2021年度六款测试车型低温能耗增长率在15%～27%，不同车型之间存在较大差距

能耗水平是反映纯电动汽车行驶单位里程所消耗的电能，是反映车辆续航能力的重要指标。在所测试的六款主流车型中，特斯拉Model 3与比亚迪汉低温能耗相近，约14kW · h/100km，是被测车型中较为优秀的能耗水平。其中，比亚迪汉取得了测试车型中最低的低温能耗增长率，为16.77%。综合图17-16所示的测试结果，2021年所测的六款主流纯电动汽车的低温能耗在14～23kW · h/100km，平均值为16.55kW · h/100km，低温能耗（相较于常温能耗）增长率为15%～27%，各车型之间低温能耗增长率极差为10%，这表明不同企业对低温能耗控制有较大差距。

第四节　纯电动汽车低温性能关键技术分析

对纯电动汽车在低温环境下的续航性能优化是当下的研究热点，也是各大生产企业面临的技术难点。纯电动汽车的热管理技术是优化低温续航性能的重点举措，相较于燃油车的热管理系统（发动机、变速器、汽车空调），纯电动汽车的热管理涵盖了更多的元件，主要组成部分包括动力电池、驱动电机、空调循环系统、控制策略模块。

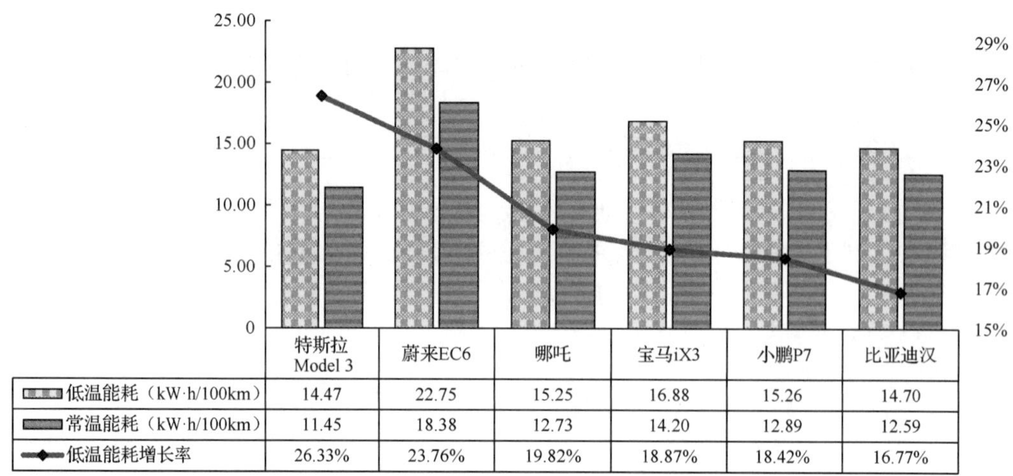

	特斯拉 Model 3	蔚来EC6	哪吒	宝马iX3	小鹏P7	比亚迪汉
低温能耗（kW·h/100km）	14.47	22.75	15.25	16.88	15.26	14.70
常温能耗（kW·h/100km）	11.45	18.38	12.73	14.20	12.89	12.59
低温能耗增长率	26.33%	23.76%	19.82%	18.87%	18.42%	16.77%

图 17-16　2021 年度测评车型能耗情况

数据来源：中国汽车技术研究中心有限公司

一、电池组预加热技术能够显著增加低温环境下的可用能量

动力电池组作为纯电动汽车唯一的能量来源，受温度的影响较大。当前的动力电池组多由锂离子电池组成，其温度特性曲线如图 17-17 所示，过低的温度会导致锂离子的电池性能下降，电池可用电荷量减少。如图 17-18 所示为电池可用能量示意图，低温环境下由于电池极化，导致端电压过早达到放电截止电压，电池有一部分能量无法利用。

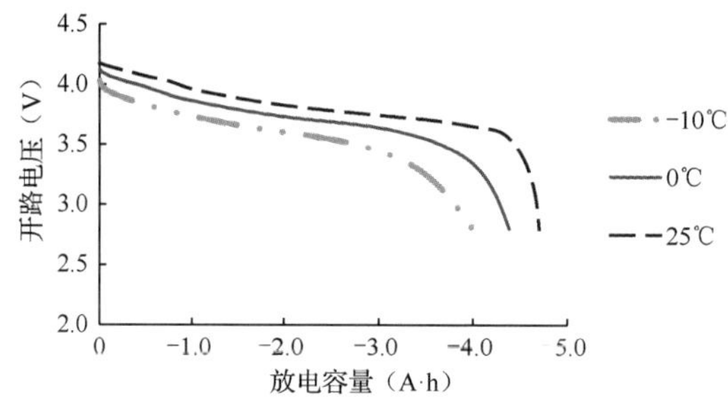

图 17-17　锂离子电池的温度特性

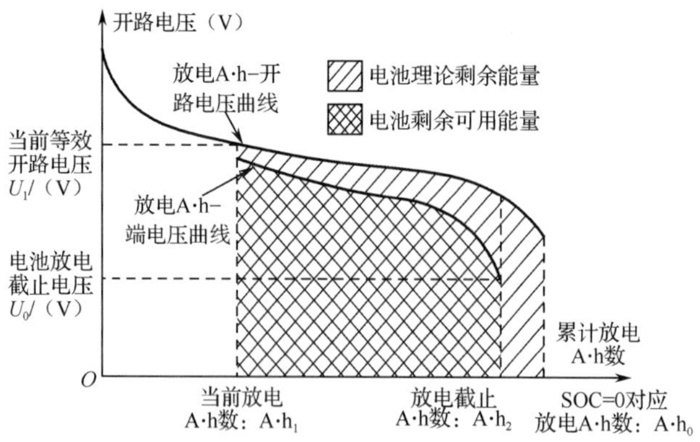

图 17-18　电池可用能量示意图

因此，为了让锂离子电池在较低的温度下正常工作，需要为锂离子电池配备加热装置，以提升锂离子电池的温度。目前的锂离子电池组加热方式如图 17-19 所示。

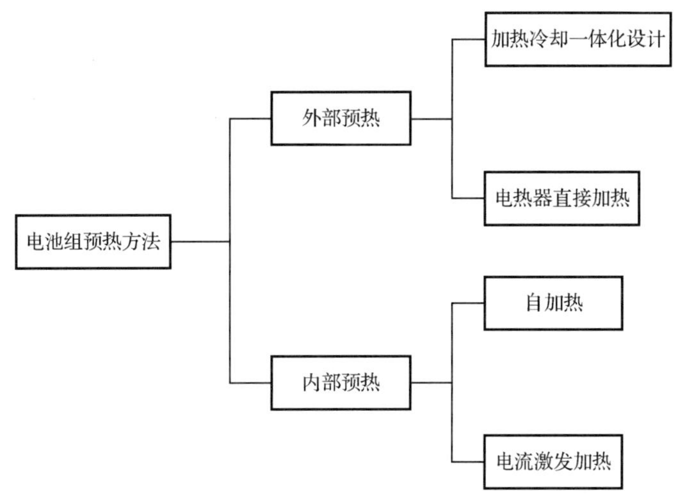

图 17-19　锂离子电池组加热方式

外部预热法是目前应用最为广泛的一种加热方式，主要是通过外部的热源对电池进行加热，特点是结构比较简单，但是外部加热效率较低，因此消耗的电能较多，同时容易在电池内部产生温度梯度，从而导致电池内部衰降速度不一致，影响锂离子电池的使用寿命。加热冷却一体化设计通过温控系统控制工作介质的状态，实现对电池组的升温。目前的工作介质多以空气、液体、相变材料等为主。通过电热器直接加热也是外部预热法的一种，加热器可分为 Peltier 效应加热器、电热片预热、电热套预热。

相比于外部预热，内部预热有更快的加热速度和更高的加热速率，因此内部预热法对锂离子电池进行加热也得到了广泛的关注，但是内部预热的控制机理相对比较复杂，并且一些方法还存在一定的安全隐患。

内部预热法可以分为两大类：自加热和电流激发加热。

自加热方法在升温速度上占有绝对的优势，这种方法是将一个 Ni 箔放入到电池内部，然后在电池外部引出极柱，通过外电路控制电池的加热。实验表明这种方法在将电池从−30℃加热到 0℃时的升温速率可达 60℃/min，而这一过程仅消耗 5.5%的能量。

电流激发加热法是通过不连续的大电流放电的方式，通过锂离子电池内部的欧姆阻抗产生的热量，实现对锂离子电池的加热。相比于空气预热的方式，脉冲放电预热的方式能够实现电池内部更为均匀的温度分布（温度梯度小于 2℃），从而有效减少因为电池内部温度梯度造成的容量衰降问题，但是采用这种方式为电池进行预热，需要在电池组内增加一个放电回路，从而导致电池成本的增加，因此目前这种加热方式还停留在实验室阶段，尚未有商业化的应用。

空气预热法和液体预热法由于结构比较简单，目前已经应用于纯电动汽车之中，其中空气预热法由于较低的热导率和较高的空间需求，因此只是应用在了一些早期的低能量密度的电动汽车上，而液体预热法因其较高的效率在纯电动汽车领域得到了越来越广泛的应用。近期发展起来的内部预热方式，凭借着超高的加热效率得到了广泛的关注，但是目前还尚未在纯电动汽车上应用。

二、提升空调系统制热效率可有效改善车辆低温续航下降率

（一）PTC 加热

空调制热系统决定了消费者在低温环境下的用车质量，纯电动汽车由于无法利用发动机的余热，导致在暖风开启的情况下能耗剧增，续驶里程减少。当下，大多数纯电动汽车使用电加热器加热作为制热手段，纯电动汽车电加热器一般是指陶瓷加热器（Positive Temperature Coefficient，PTC），它采用陶瓷发热组件与波纹管铝条，经高温胶粘而成。PTC 加热系统主要包括电动压缩机、蒸发器、冷凝器、膨胀阀、热芯、PTC 电加热器及冷却液循环泵。系统通过电加热冷却液后在热芯中与空气换热，达到加热空气的目的。PTC 空调系统特点如表 17-5 所示。

表 17-5　PTC 空调系统特点

	优　点	缺　点
PTC 空调系统	（1）工作可靠，自动控温，电阻的温度特性能很好地达到恒温效果。 （2）使用寿命长，维修成本低。 （3）可沿用传统的空调系统部件的布置	（1）PTC 的加热效率在 0.95 左右，能源效率低，需消耗电池的大量电能。 （2）严重削减纯电动汽车的续驶里程，可达 50%以上

（二）热泵空调

近年来备受关注的热泵空调技术是蔚来汽车提升空调制热能力的一种有效手段，热泵系统制热的基本原理为：从压缩机出来的高温高压的气态制冷剂流经室内侧热交换器，制冷剂释放的热能用于向乘客舱供暖，经膨胀阀节流之后，低温低压的气液混合制冷剂与室外环境进行换热，从环境中吸取热量之后变成低温低油的气态制冷剂，再回到压缩机吸气口。热泵空调系统的特点如表 17-6 所示。

表 17-6　热泵空调系统特点

	优　点	缺　点
热泵空调系统	（1）能源效率高，根据不同的环境温度，能源效率可以提高 1.4～2.4 倍。 （2）增加续驶里程。前期测试数据表明：热泵制热与 PTC 加热相比，前者根据不同的驾驶工况，可以增加 20%～30%的行驶里程	（1）热泵空调系统在低温环境下存在启动困难的问题，-10℃以下的环境工作困难。 （2）安装成本高，需要重新设计空调管路

三、热管理集成技术是改善车辆低温性能的有效措施

热管理系统通过控制热量的产生和传递，为整车各个系统、部件提供适宜的温度环境，从而提升纯电动汽车的续航能力。随着参与热管理系统的零部件数量越来越多，热管理系统的功能也越来越丰富。主流的热管理系统结构分为两种：并联模式与串联模式，具体布置如图 17-20 所示。通过控制各类加热器、电磁阀等元件实现整车的温度控制，

尤其是电池包、乘员舱的温度控制是热管理集成技术的核心。当前的各大生产企业在热管理集成技术上都有自己独特的结构与专利技术，核心思想是将热管理系统与三电系统深度融合，以电池和动力系统作为热管理系统的“功能性”部件，参与到热量传递过程中；同时利用加强冷媒循环与水路设计，实现对整车各零部件热能的有效管理，改善纯电动汽车的低温性能。

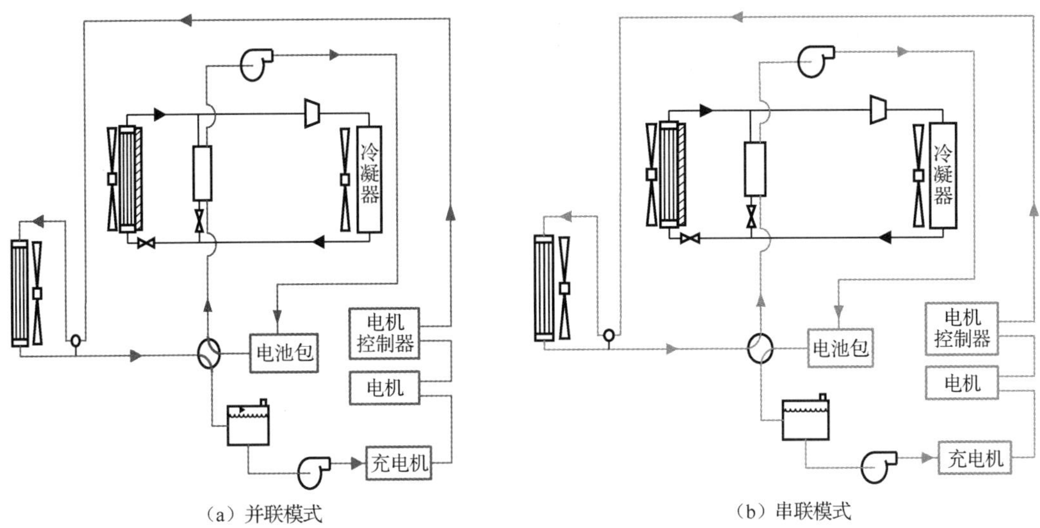

图 17-20　热管理系统结构示意图

第十八章 2021年智能网联汽车技术发展与应用情况

丁莉，邱海漩，陈东森，刘军*

摘要： 智能网联汽车随着互联网、大数据、云计算、人工智能、5G通信等科学技术的快速发展，已然成为汽车产业发展的重要战略方向。本章主要基于《智能网联汽车技术路线图2.0》"三横两纵"的技术架构，从车辆关键技术、信息交互关键技术、基础支撑关键技术、整车集成应用方面，对我国智能网联汽车主要技术的发展应用进行论述。最后，基于我国当前智能网联汽车技术发展情况，分析当前技术发展应用存在的问题和挑战，并由此对应提出推动技术发展应用的建议。

关键词： 智能网联；关键技术；产业发展。

第一节 引言

全球新一轮科技革命和产业变革蓬勃发展，"电动化、智能化、网联化、共享化"是汽车产业发展的潮流趋势，随着互联网、大数据、云计算、人工智能、5G通信等科学技术的快速发展，智能网联汽车正以相互促进、相互融合的方式重塑汽车产业生产。智能网联汽车已成为全球大国竞争的重要科技领域，美国、欧洲、日本等发达国家和地区都在加快制定智能网联汽车相关的战略规划、法律法规、标准规范，以全力抢占智能网联汽车产业战略制高点，力求赢得发展先机。我国也在大力推动汽车网联化、智能化、电动化的协同发展，不断完善政策体系，相继出台了《车联网（智能网联汽车）产业发展行动计划》《智能汽车创新发展战略》《关于加强智能网联汽车生产企业及产品准入管理的意见》等文件，用于指导、支持智能网联汽车关键技术的突破及产品的进一步落地。在市场应用层面，2021年，我国L2乘用车新车市场渗透率达到23%，自适应巡航（ACC）、交通拥堵辅助（TJA）、自动泊车（APA）等技术已经实现广泛上车应用。测试示范加快拓展，全国开放测试区域超过5000平方千米，安全测试里程超过1000万千米，已有四个国家级车联网先导区，高级别自动驾驶示范应用在特定区域优先落地，大型港口货运车辆自动驾驶应用占比达到50%，相关企业也依托各自领域技术优势不断推出商用产品。总体来看，智能网联汽车关键技术持续发展突破，智能网联汽车加快进入消费级市场，高度自动驾驶也在部分开放道路、限定区域实现常态化示范运营，智能网联汽车产业已经进入技术快速演进、产业加速布局的新阶段。

---

* 丁莉，上汽集团创新研究开发总院首席产品认证官；邱海漩，上汽集团创新研究开发总院总监；陈东森，上汽集团创新研究开发总院经理；刘军，上汽集团创新研究开发总院主管工程师。

第二节　智能网联汽车关键技术主要进展

2020 年 11 月，国家智能网联汽车创新中心发布的《智能网联汽车技术路线图 2.0》，是继《新能源汽车产业发展规划（2021—2035）》《节能与新能源汽车技术路线图 2.0》之后，一份定调未来智能网联汽车发展技术路线的顶层设计文件，意味着中国特色的智能网联汽车发展战略形成，并逐渐成为国际汽车发展体系的重要组成部分。

智能网联汽车涉及车辆、信息通信、智能交通、地图定位等多领域技术，《智能网联汽车技术路线图 2.0》将智能网联汽车技术架构划分为“三横两纵”关键技术架构（见图 18-1），“三横”指的是车辆关键技术、信息交互关键技术、基础支撑关键技术，“两纵”是指支撑智能网联汽车发展的车载平台和基础设施。其中，基础设施包括交通设施、通信网络、大数据平台、定位基站等，这些基础设施将逐步向数字化、智能化、网联化方向升级，支撑智能网联汽车发展。

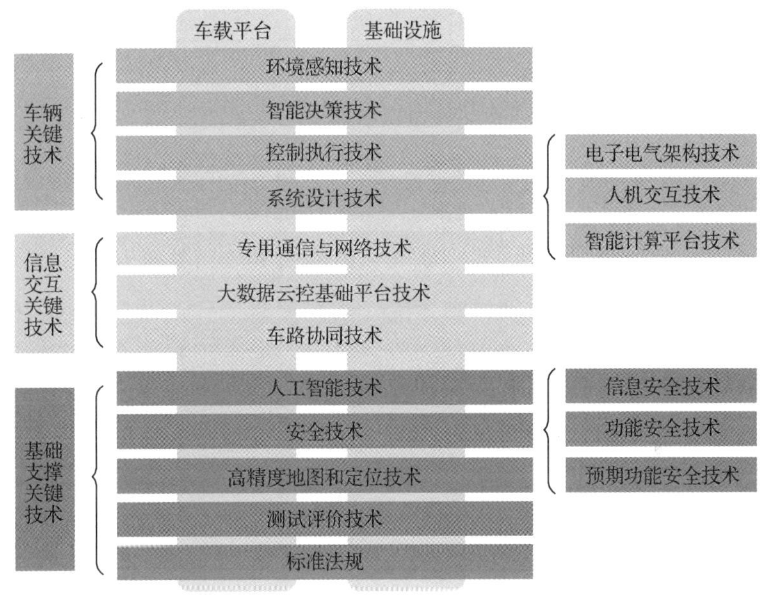

图 18-1　智能网联汽车“三横两纵”关键技术架构

2021 年，国内智能网联汽车关键技术不断突破，下文将主要基于智能网联汽车“三横两纵”关键技术架构进行分析介绍。

（一）车辆关键技术

1. 车载激光雷达进入商用元年

2021 年前，全球唯一搭载激光雷达的量产车型为 2017 年奥迪发布的 A8 车型，此后，激光雷达量产出现断层。进入 2021 年，车载激光雷达进入商用元年，小鹏 P5、北汽极狐、宝马 iX 等多款搭载激光雷达车型已量产交付，上汽飞凡、理想、蔚来、长安、智己、沃尔沃、广汽等企业也在 2022 年陆续推出搭载激光雷达的量产车型。

机械旋转式激光雷达是目前最为成熟的技术方案，已经在 Robotaxi、Robobus 及试验测试领域得到广泛应用，但成本较高且不易满足车规级要求。完全固态激光雷达虽是未来发展的必然趋势，但目前技术路线尚未成熟。半固态激光雷达是目前激光雷达的主流方案，按照扫描方式可分为转镜式、棱镜式、MEMS 微振镜式、“振镜+转镜”式（见表 18-1）。例如，华为 96 线程半固态激光雷达采用转镜式扫描结构，已搭载应用于北汽极狐 αS 华为 HI 版车型；大疆 Livox 推出的激光雷达采用棱镜式扫描方案，已搭载于小鹏 P5 量产车型；速腾聚创推出的 RS-LiDAR-M1 采用 MEMS 微振镜式方案，也达到前装量产要求，搭载于广汽 Aion LX 车型。图达通猎鹰（Ealcon）推出的激光雷达采用“转镜+振镜”式方案，产品也即将标配搭载至蔚来 ET7 量产车型。

表 18-1　半固态激光雷达类别及应用情况

类　别	产 品 型 号	探测距离（10%反射率）	探测视场角	量 产 情 况
转镜式	华为 96 线程半固态激光雷达	150m	120°	北汽极狐 αS 华为 HI 版
棱镜式	大疆 Livox	150m	120°	小鹏 P5
MEMS 微振镜式	速腾聚创 RS-LiDAR-M1	150m	120°	广汽 Aion LX
“转镜+振镜”式	图达通猎鹰（Falcon）	250m	120°	蔚来 ET7

当前激光雷达处于行业技术驱动阶段，随着行业发展，激光雷达在 L3 及以上智能驾驶层级的性能优势更加凸显，产品也逐步满足车规级、可量产、低成本的需求。

2. 毫米波雷达搭载量快速攀升，4D 成像毫米波雷达悄然崛起

随着 L2 智能网联汽车渗透率持续增加，毫米波雷达凭借其全天候、全天时等探测能力及可直接测量距离、速度的特点得到广泛应用，据高工智能汽车研究院数据显示，2021 年 1—11 月，国内上市新车搭载前向/角毫米波雷达上险量为 1186.91 万颗，同比增长 44.55%。目前市场份额主要由博世、大陆、安波福、海拉、法雷奥等国外零部件巨头所占据，国内产品正处于快速发展期，国内如华域汽车、德赛西威等企业也推出 24GHz 和 77GHz 毫米波雷达量产产品。

24GHz 毫米波雷达将逐步向 77GHz 频段前移。工信部在 2021 年 12 月发布关于《汽车雷达无线电管理暂行规定》，并于 2022 年 3 月 1 日正式实施，规定汽车雷达使用频率为 76～79GHz 频段，且不再受理和审批 24.25～26.65GHz 频段汽车雷达的无线电发射设备型号核准申请。

4D 成像毫米波雷达现已成为主流的升级方向之一。相比于传统毫米波雷达，4D 成像毫米波雷达通过高分辨率点云来感知汽车周围环境，从而增强环境测绘和场景感知能力，同时，新增的高度感知能力，意味着 4D 成像毫米波雷达的感知能力由原本的三维平面感知（距离、水平、速度）提升至四维立体空间感知（距离、水平、速度、垂直）。自 2020 年德国大陆推出第一款 4D 成像毫米波雷达量产方案 ARS540 后，华为、华域、采埃孚、博世、Mobileye、Waymo 等企业也陆续推出 4D 成像毫米波雷达产品。在前装市场，4D 成像毫米波雷达开始进入量产起步期，如采埃孚的 4D 成像毫米波雷达将在上汽飞凡 R7 车型上实现首发，其最大支持无线通道 192 个，水平视角范围±60°，探测范围最大可达 350 米。在传统雷达向激光雷达过渡的阶段，4D 成像毫米波雷达基于其可全

天候工作，可测速、可成像及相对激光雷达成本低的特点，市场发展未来可期。

3. 视觉传感器软硬件综合发展

视觉摄像头正朝着高分辨率（100万—200万—800万）的渐进式路线发展，同时摄像头的数量也在不断增加，由原来的单目向双目、多目的方向发展，安装位置也从原来的前视扩展到周视和后视，覆盖360°的范围感知。目前，前视单目是国内乘用车主流方案，部分企业也推出了双目前视摄像头的应用方案，如华为的双目摄像头已应用于北汽极狐αS车型，理想L9、小鹏G9等车型也计划搭载双目摄像头。图像处理算法方面，由之前单一的机器学习算法逐步引入深度学习算法，同时，算法的提升同步带来视觉功能的扩展，支撑提升自动驾驶感知结果的精度和鲁棒性。特斯拉在自动驾驶领域以视觉方案为主，在2021年的特斯拉AI日上，特斯拉推出纯视觉自动驾驶方案FSD Beta V9.0，并已推送应用于消费端。

4. 计算芯片向更高算力发展，头部企业陆续推出面向自动驾驶的计算平台

车载计算平台是智能网联汽车的“大脑”，车载计算平台主要包括硬件平台、系统软件及功能软件，其中硬件平台中的计算芯片则是算力时代下智能网联汽车的核心。

国外的英伟达、高通、英特尔、恩智浦等企业持续发力芯片赛道，如英伟达推出的Xavier平台和Orin平台持续迭代，赋能自动驾驶生态。国内华为、地平线、黑芝麻智能、国汽智控等企业也逐步推出高算力国产计算平台。如华为在2021年发布的计算平台MDC810，采用华为自研的昇腾芯片，最大算力达到400TOPS，可满足RoboTaxi及高阶自动驾驶需求，其开放、兼容的特点也支持OEM企业的快速开发、调测、运行自动驾驶算法与功能。地平线推出的征程3芯片也已用于理想2021款ONE车型，助力实现NOA导航辅助驾驶功能。地平线发布的征程5，其单片AI最大算力为128TOPS，基于征程5推出的全场景智能驾驶计算平台Matrix 5，单板算力高达512TOPS，能够满足ADAS、高阶自动驾驶、智能座舱多个场景的应用。另外，黑芝麻智能于2021年发布车规级自动驾驶计算芯片华山二号A1000 Pro及FAD计算平台，超星未来、国汽智控等企业也已在2021年发布新一代自动驾驶计算平台。长期来看，软硬结合如华为、地平线等企业从芯片、算法、工具链等自研打造的自动驾驶计算平台更有助于企业的快速开发。

5. 线控底盘技术伴随自动驾驶快速发展

底盘系统属于自动驾驶的“执行”机构，是最终实现自动驾驶的核心功能模块。随着L3及L3以上级别自动驾驶的实现，线控底盘模块将取得快速发展，以达到与上层的感知和决策的高度协同。线控油门及线控换挡已得到广泛应用。线控制动领域，目前主要以博世、采埃孚等企业的EHB（电子液压制动）方案为主，国内企业伯特利也在2021年发布了One-Box方案的WCBS产品。未来EMB（电子机械制动）方案则为真正意义上的线控制动系统，2021年，布雷博、万都均有发布其最新线控制动的EMB产品，长城旗下的精工底盘也发布了自主研发的EMB制动系统。线控转向市场上主要以博世、采埃孚等企业产品为主，国内的联创电子、拓扑集团仍处于研究原型机阶段，2021年丰田发布的量产版bZ4X也已搭载线控转向系统，是首款搭载线控转向系统的电动汽车产品，长城发布的“智慧线控底盘”技术中也包含了线控转向的功能。线控底盘集成领域，

国外的 Rivian、REE、Arrival 和 Canoo，国内的 PIX Moving、悠跑科技推出的“滑板底盘”产品，逐步实现线控系统的应用，长城汽车在 2021 年发布的长城智慧线控底盘，整合了线控转向、线控制动、线控换挡、线控油门和线控悬挂五大核心底盘系统。

6. “软件定义汽车”时代，电子电气架构向集中式发展

随着车辆智能网联化的发展，传统的分布式电子电气架构正向“区域集中—整车集中+区域—整车集中”架构不断演进。2021 年，长城汽车发布基于中央计算和区域控制的下一代全新电子电气架构——GEEP 4.0，进一步集中整车控制软件，实现高效集成管理、高度安全可靠和更快需求响应，全新电子电气架构以用户需求为导向，采用 SOA 设计理念，开放标准 API 接口，实现功能可扩展。小鹏汽车在 2021 年广州车展发布了新一代的 X-EEA3.0 电子电气架构，将率先搭载在 G9 车型上，其采用“中央超算+区域控制”的高融合硬件架构、千兆以太网主干通信架构、整车级分层式软件平台，可支持更高级的智能驾驶和更强大的智能座舱等智能功能。上汽零束推出的零束银河全栈技术解决方案之全栈 3.0 中央集中式电子架构，纵向实现云管端一体化车云协同，横向实现深度跨域融合，满足产品需求—功能/服务—系统—产品—测试—运维的整体链路打通，目前已搭载于上汽智己 L7 量产车型。大众 MEB 平台的 E3 架构，由车辆控制服务器 ICAS1、智能驾驶服务器 ICAS2 和信息娱乐服务器 ICAS3 组成的域集中式 EEA，首次应用于 2021 年 10 月发布的 ID3 量产车型。另外，吉利 SEA 浩瀚架构、奔驰 EVA 纯电架构、丰田 e-TNGA 架构均已发布全新一代电子电气架构并搭载于 2021 年量产车型。

目前，电子电器架构处于从域控到中央区块化进化期间的混合架构状态，随着行业发展，将向“中央+区域 EEA”的终极电子电气架构方向发展。

（二）信息交互关键技术

1. 专用通信网络 V2X 政策法规体系日趋完善

我国智能网联汽车产业发展为“单车智能+网联赋能”的发展战略，其中的网联方面已经将车联网（V2X）产业上升到国家战略高度，以推动 V2X 技术产业化发展和应用。

政策层面，2021 年 3 月，工信部、交通运输部及国家标准化管理委员会共同印发《国家车联网产业标准体系建设指南（智能交通相关）》的通知，加强顶层设计，主要针对智能交通通用规范、核心计划及关键应用，构建包括智能交通基础标准、服务标准、技术标准、产品标准等在内的标准体系，指导车联网产业智能交通领域相关标准的修订；11 月，工信部发布《“十四五”信息通信行业发展规划》，明确推动 C-V2X 与 5G 网络、智慧交通、智慧城市等统筹建设，加快在主要城市道路的规模化部署，加速车联网终端用户渗透等要求。

标准层面，我国在 V2X、5G 等新一代通信标准体系建设中也发挥了重要作用，国内积极开展 C-V2X 相关研究及标准化工作，车联网技术标准体系从国家标准层面完成顶层设计，初步形成了覆盖 C-V2X 标准协议栈各层次、各层面的标准体系。

在国家基础设施建设方面，工信部选择国内重点高速公路开展车联网部署，推动 G2 京沪高速的 C-V2X 基础设施建设与升级改造。2021 年 1 月，工信部复函重庆市政府，支持重庆（两江新区）创建国家级车联网先导区，重庆（两江新区）成为继江苏（无锡）、

天津（西青）、湖南（长沙）后的第四个国家级车联网先导区，提供跨行业融合创新的良好环境，加快车联网基础设施建设；5 月，工信部联合住建部组织开展智慧城市基础设施与智能网联汽车协同发展试点工作，确定北京、上海、广州、武汉、长沙、无锡 6 个城市为智慧城市基础设施与智能网联汽车协同发展第一批试点城市；12 月，确定重庆、深圳、厦门、南京等 10 个城市为智慧城市基础设施与智能网联汽车协同发展第二批试点城市，推动智能化基础设施、新型网络设施、“车城网”平台建设、标准制度完善等。

2. 车辆前装 V2X 开启商业化应用

在产业化进程中，在路侧端，截至 2021 年 10 月底，江苏（无锡）、天津（西青）、湖南（长沙）、重庆（两江新区）4 个国家级车联网先导区在 700 余千米的高速和城市道路上，共计部署了 4000 余台 RSU。在车端，2021 年，红旗 E-HS9、上汽飞凡 MARVEL R、广汽 Aion V、哪吒 U PRO、蔚来 ET7、比亚迪汉、长城 WEY 摩卡等产品已实现 C-V2X 前装量产。中国移动在 2021 年上海车展开启“5G+北斗高精度定位星耀行动路测计划”，联合车企在全国范围内开展路测。当前，国内企业如大唐、华为、东软、星云互联、千方科技、万集科技等均可提供支持 LTE-V2X 的 OBU 和 RSU 通信终端产品，华为、中兴也推出测试用 LTE-V2X 基站，国内各整车厂如一汽、上汽、长城等企业均积极进行典型 LTE-V2X 应用的开发。

2021 年 10 月，2021 CV2X“四跨”（沪苏锡）先导应用实践活动在长三角地区成功举办，该活动应用长三角地区车联网基础设施，从单车安全高效驾驶、多车协作通行、车路信息交互等多方面进行实车应用演示，依托 5G 网络、北斗高精度定位、边缘计算等基础设施，开展 C-V2X 车车、车路通信赋能车辆辅助和自动驾驶、5G 远程遥控驾驶、边缘计算与 C-V2X 融合等应用实践和演示，有效验证了 C-V2X 相关技术及产品的有效性。

（三）基础支撑技术

1. 信息安全体系加快建设

信息安全是智能网联汽车持续健康发展的重要基石，涉及智能网联汽车开发、生产、运维、报废等环节，随着智能网联汽车的快速发展，信息安全重要性日趋凸显。

智能网联汽车信息安全主要基于“云—管—端”三层架构，涉及车—车、车—路、车—人、车—云等场景，

智能网联汽车的复杂应用场景及多领域技术实现方式使其存在较多的信息安全风险，如车端的智能驾驶系统、OBD、信息娱乐系统，云端的车联网服务平台系统、数据信息，管端的车内网络、车载移动互联网络等都可能成为被攻击的对象。2021 年 4 月，黑客通过 Oclick 漏洞，成功入侵特斯拉信息娱乐系统，并打开车门及后备箱。同年 6 月，梅赛德斯-奔驰在美国出现云存储平台客户敏感个人信息泄露问题。同年 8 月，本田雅阁、思域等多款车型被曝存在密钥重放攻击漏洞，攻击者可以解锁车门、控制窗户。智能网联汽车信息安全涉及领域多、体系复杂，构建其全生命周期的综合防护体系是智能网联汽车信息安全发展的必然趋势。

网络安全方面的防护主要从智能汽车车端安全、移动应用安全、通信安全、车联网

服务平台安全等方面进行防护。针对智能汽车安全防护，一般采用 CAN 总线认证加密、IVI 漏洞分析、OTA 安全升级、传感器安全防护、车载入侵检测等技术。移动应用安全方面，一般使用密钥白盒、应用加固、移动应用安全检测等技术保障移动应用的安全。通信安全方面，通信安全的防护主要针对车—云通信，通过分级访问机制及分域管理降低访问控制风险，基于 PKI 和通信加密，构建可信“车—云”通信，同时在网络侧进行异常流量的监测预警，提升网络安全防护能力。车联网服务平台方面，一般从站点安全、主机安全、业务安全、数据安全四个方面进行安全防护。当前，整车厂不断加快信息安全领域的布局，尤其随着国家相关政策及国内外相关标准的颁布，整车厂从单纯的信息安全测试逐步过渡至智能网联汽车信息安全体系的建设。2021 年，长城汽车通过了 ISO 27001（信息安全管理体系）和 ISO 27701（隐私保护管理体系）双重认证。蔚来宣布获颁 UN R155（联合国欧洲经济委员会第 155 号法规）车辆网络安全管理体系认证，成为全球首批获得此项认证的公司。上汽集团发布网络安全管控标准 2.0，搭建“网络安全管理协同平台”，形成了覆盖全集团、全方位、全天候的网络安全协同保障能力，有效应对内外部安全风险。

政策标准助推智能网联汽车信息安全发展。2021 年，国家密集出台了二十余项智能网联汽车网络安全、数据安全领域的政策和法律法规，进一步规范行业秩序，为新技术、新业态发展提供合规路径。2021 年 8 月，工信部发布《关于加强智能网联汽车生产企业及产品准入管理的意见》，提出加强数据安全和网络安全管理能力。国家互联网信息办公室发布《汽车数据安全管理若干规定（试行）》，进一步规范汽车数据处理活动，保护个人、组织的合法权益，促进汽车数据合理开发利用。同年 9 月，工信部发布《关于加强车联网网络安全和数据安全工作的通知》，进一步明确智能网联汽车数据安全、网络安全的相关详细要求。标准层面，UN/WP 29 R155《信息安全与信息安全管理系统》是全球首部关于汽车信息安全的强制法规，对车联网安全做出规范要求与保障。国际化标准组织也在 2021 年发布了汽车信息安全领域首个国际标准 ISO/SAE 21434《道路车辆 信息安全工程》，定义车辆网络安全的完整框架和产品网络安全生命周期的相关流程。我国也在加紧网络安全、数据安全相关的制定，如《汽车信息安全应急响应管理指南》《汽车整车信息安全技术要求》《信息安全技术 汽车采集数据的安全要求》等相关标准均在制定中，根据最新发布的《车联网网络安全和数据安全标准体系建设指南》，我国将在 2023 年年底，初步构建起车联网网络安全和数据安全的标准体系，到 2025 年，将形成较为完善的标准体系。

2. 高精度地图技术应用加速发展

高精度地图为智能驾驶关键技术，既是感知系统的一部分，也是服务智能驾驶决策的重要一环，在大幅提升智能驾驶安全性的同时，提升车辆在复杂路况、隧道、雨雪雾天气等特殊环境下驾驶的有效性。随着智能网联汽车自动化、智能化水平提升，高精度地图的重要性日益凸显。

产业需求驱动高精度地图快速发展，资质仍属于稀缺资源。国家发展改革委等 11 个部委于 2020 年发布《智能汽车创新发展战略》，提出重点突破智能汽车基础地图技术、验证智能汽车基础地图服务能力、积极培育智能汽车基础地图新业态，开发标准统一的智能汽车基础地图等相关要求。2021年，国家自然资源部印发修订后的《测绘资质管理办法》和《测绘资质分类分级标准》，重新对测绘资质管理做出政策规定，提出压减资质类别等级、增设导航电子地图制作乙级测绘资质、强化地理信息安全、下放9项甲级测绘资质审批权限等要求，进一步适配行业发展需求，但被业内称为“高精度地图资质”的导航电子地图制作甲级测绘资质的审批管理、复审换证等工作，仍由自然资源部负责。截至2021年，我国共有30家企业获批导航电子地图制作甲级测绘资质，其中，仅有四维图新、高德、百度、易图通、中海庭、亿咖通6家公司拿到了高级辅助驾驶地图审图号，具备商业化的能力和资格。

高精度地图技术路线大体分为两类：软硬件双管齐下和主攻软件系统。实施高精度地图软硬件双管齐下技术路线有四维图新、高德等图商，如四维图新研发的国内首款车身控制芯片（MCU）配合其高精度地图产品可以更好地服务于自动驾驶系统，其也已完成全国32万千米高速公路高精度地图覆盖及超过5000千米复杂城市道路的覆盖，高德也在2021年发布了第三代车载导航，融合车辆视觉感知和高精度地图，实现车道级导航。第二类主攻软件技术路线的公司如宽凳科技、百度地图等，宽凳科技以纯视觉模式代替激光雷达，运用人工智能加工的方式解决地图规模化生产的问题。

高精度地图在商用车、乘用车等领域加快落地。2021年，威马发布的W6车型搭载了百度的自主泊车AVP方案，其中的高精度地图可帮助车辆应对停车场盲区等问题，百度Apollo智图已经与广汽、蔚来、威马、长安、长城、吉利、北汽等车企达成合作。上汽智己L7车型也搭载了与Momenta共同开发的全栈智驾算法，其高精度地图可支持智己L7提前实现全局路径规划。小鹏于2021年推出的全新P5车型，搭载高德高精度地图，实现最高厘米级测距精度。同年12月，华为发布的AITO问界M5车型，实现华为车载高精度地图的首次“上车”。另外，高精度地图在自动驾驶卡车、封闭场景无人驾驶、无人配送等商用车场景领域也在快速应用。

随着智能网联汽车的发展，高精度地图的作用越发重要，将成为自动驾驶时期的“重要基础设施”，也将在智慧交通、智慧城市等领域发挥“数据底座”的重要作用。

3. 智能网联标准法规逐步制定

国家在2021年发布的汽车标准化工作要点中提出加快推进整车信息安全、软件升级、自动驾驶数据记录系统等强制性国家标准的立项和制定，强化基础性标准支撑，完成智能网联汽车术语定义推荐性国家标准征求意见，启动并持续推进信息安全工程、操作系统等基础类标准制定，推动组合驾驶辅助、自动泊车等重点功能标准制定工作，加快自动驾驶应用功能要求和场地、道路试验方法等标准的制定出台等要求，我国智能网联汽车领域重点标准化已取得积极进展，正式发布标准11项，报批12项，起草和立项标准23项，预研7项。

先进驾驶辅助系统（ADAS）领域已开展18项推荐性国标的制定及2项标准化研究项目，其中6项已发布（见图18-2）。

自动驾驶领域已开展10项推荐性国标的制定及1项标准化研究项目，其中1项已发布，2项已报批（见图18-3）。

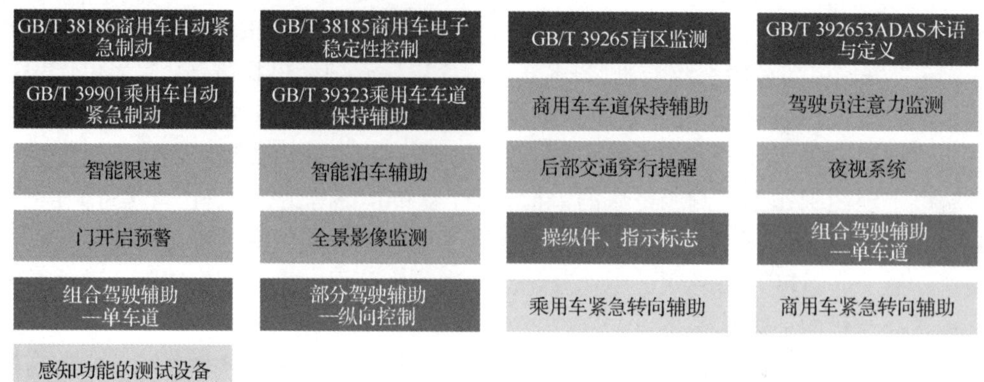

图 18-2　先进驾驶辅助系统（ADAS）领域标准化工作

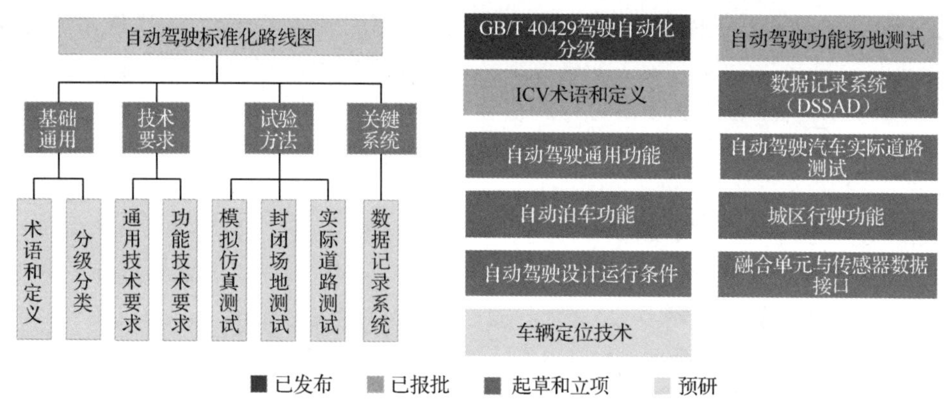

图 18-3　自动驾驶领域标准化工作

信息安全领域已开展 12 项推荐性国标的制定，其中 4 项已发布（见图 18-4）。

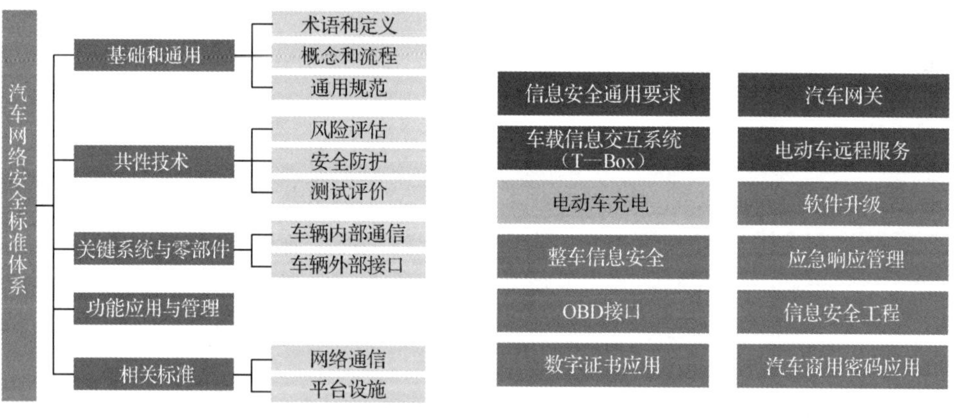

图 18-4　信息安全领域标准化工作

（四）整车集成技术

1. 乘用车L2及以上自动驾驶商业化落地加快

根据工信部数据显示，2021年国内L2智能网联乘用车渗透率达20%，同比增长5个百分点，标志着汽车智能化渗透率加速。一汽、东风、长安、上汽、广汽、蔚来、小鹏等企业已推出搭载L2的ADAS功能车型，逐步实现高速公路、城市快速路、停车场、城市道路等限定场景的自动驾驶（见表18-2）。

表18-2 2021年典型车辆自动驾驶方案

车 型	传 感 器	可实现自动驾驶功能
智己L7	15个高清摄像头，5个毫米波雷达，12个超声波雷达，预留激光雷达	高速/城市领航，车辆召唤，代客泊车全场景智能驾驶（高精度地图开放）
蔚来ET7	1个激光雷达，5个毫米波雷达，11个摄像头，12个超声波雷达	高速公路/快速路，城区自动导航辅助驾驶，停车场全自动泊车
小鹏P5	2个激光雷达，5个毫米波雷达，13个摄像头，12个超声波雷达	高速公路/快速路，城市NGP功能，覆盖多种城市场景
广汽Aion LX	3个激光雷达，6个毫米波雷达，12个摄像头，12个超声波雷达	高速/城市NDA，超视距召唤泊车，（高精地图开放）
北汽极狐αS华为HI版	3个激光雷达，6个毫米波雷达，13个摄像头，12个超声波雷达	高速公路/快速路，城区高阶自动驾驶，代客泊车

2. 限定场景的高级别自动驾驶逐步推广

开放道路由于其复杂的环境场景及技术上的“长尾问题”，当前商业化范围有限。在限定场景下，区域驾驶环境相对单一、固定，高级别自动驾驶更易实现。目前，港口、矿区、停车场、机场、干线物流、高速公路等场景的高级别自动驾驶已逐步落地应用。

无人配送场景方面，美团、阿里巴巴、京东都基于自身业务需求，打通园区封闭场景下的低速无人驾驶，如美团的魔袋20、阿里的小蛮驴、京东的第四代无人配送车均已实现封闭园区的商业化落地。港口场景方面，港口场景是比较典型的封闭和低速运营场景，目前西井科技、主线科技、上汽、一汽等企业已积极布局，天津港、宁波港、青岛港、厦门港、洋山港均已实现无人驾驶物流的应用。干线物流场景方面，一汽解放、东风商用车、中国重汽等企业均已发布无人驾驶卡车的试运营。2021年3月，赢彻科技发布“轩辕”自动驾驶系统，搭载于中国重汽、东风商用车的两款L3重卡。同年5月，主线科技和福佑卡车共同启动我国首个干线物流自动驾驶商业项目，该场景下的无人驾驶已逐步实现商业化落地。在RoboBus领域，由于其具备线路固定、车速慢、专道专用等特性，也是无人驾驶落地的理想场景，轻舟智航的龙舟ONE已在苏州Robo-BUS Q1路应用；文远知行和宇通联合开发的无人驾驶微循环小巴也于2021年批量下线，并在广州、南京、郑州等地开展常态化测试。在Robotaxi方面，由于其面临的道路场景最复杂，被认为是我国L4自动驾驶落地的焦点。目前百度、小马智行、上汽享道、滴滴、文远知行等企业已开始试点商业化运营，如百度已先后在长沙、沧州、北京、广州、上海、重庆、深圳等地开放Apollo Robotaxi自动驾驶出租车服务的常态化运营。

第三节　智能网联汽车发展存在的挑战及建议

（一）智能网联汽车发展存在的挑战

1. 顶层设计方面，政策法规体系需加快完善

顶层设计方面，我国存在着产品管理、道路交通管理、地理测绘等法律法规方面仍亟待完善的问题，如《中华人民共和国道路交通安全法》虽在修订稿中加入自动驾驶车辆的相关要求，但其仍处于修订阶段。另外，智能网联汽车准入管理、网络安全、数据安全方面具体的实施细则仍存在部分空白。

标准层面，我国建立国标、行标、团标协同配套的新型标准体系，围绕操作系统、计算平台、网联技术、汽车芯片、信息安全、数字证书等方面开展系统标准化研究。但在当下技术探索初步阶段，智能驾驶相关法规的建立存在无法全面覆盖当前技术发展需求的问题。

2. 发展车辆关键技术如车规级芯片、操作系统等

车规级芯片方面，传统车规级计算 AI 芯片主要由国外厂商垄断，包括设计工具在内的硬件设计产业链、制造工具在内的高端光刻板也掌握在外国企业手中。我国车规级芯片如 AI 芯片的设计生产能力尚处于起步阶段，在国家的大力支持及行业的引导下，部分企业推出的车规级芯片已实现前装量产，但其安全等级、性价比及量产能力与国外产品相比尚存在差距。另外，视觉处理芯片、毫米波雷达收发芯片、激光雷达收发芯片等环境感知核心元器件产品主要依赖国外进口，在软件定义汽车时代，智能网联汽车具有的通信能力、计算能力、存储能力、感知能力都依托于芯片，芯片是汽车产品升级的关键支撑，因此建立芯片设计、生产、应用的生态产业链是发展自主智能网联汽车产业体系的关键路径之一。

在操作系统方面，智能网联汽车操作系统是运行于车内的系统程序集合，目前相对成熟的内核系统及中间件等基本掌握在欧美厂商中。华为、中汽创智等企业虽已在积极构建自主操作系统，但汽车操作系统的发展需要建立一个从应用生态、价值链生态、技术生态到工具链和标准的完整生态体系，因此还需要较长时间发展落地。

3. 智能网联汽车的测试验证与真实驾驶环境仍存在差距

测试示范应用是智能网联汽车承接技术研发与市场应用的重要一环。目前针对智能网联汽车，行业主要采用模拟仿真测试、封闭场地测试和实际道路测试的多支柱法。当前，我国各地测试示范应用项目发展较快，但出于安全考虑，仍存在对复杂场景、复杂工况等开放不足的问题，开放场景相对单一，难以满足全场景真实环境的测试需求。另外，北京、上海、广州、深圳等城市均推出各自的智能网联汽车道路测试与示范应用管理规范，其对应的测试方法、路测设备等存在各自的标准要求，不同城市场景下的测试验证结果无法完全做到互认共享。

4. 智能网联汽车安全能力亟待提升

2021年，国家层面在智能网联汽车发展安全问题上持续发布指导性文件，以保障产业的健康高质量发展。智能网联汽车涉及车云、车车、车人、车路、车内五个通信场景，汽车在网联的同时，各环节的信息则可能涉及车辆安全、公共安全及个人信息安全等问题。在智能驾驶环节，功能安全、预期功能安全也是保障汽车安全运行的基础。2021年，工信部发布了《关于加强智能网联汽车生产企业及产品准入管理的意见》，提出企业应加强数据和网络安全管理，规范软件在线升级，加强产品管理，但企业在网络安全、数据安全等能力建设方面仍存在不足，对应的管理细则也亟待完善。

（二）智能网联汽车技术发展建议

我国智能网联汽车发展坚持“单车智能+网联赋能”的并行发展的技术路线，因此也就决定了我国智能网联汽车的发展涉及的领域，建议从以下5个方面保障推进智能网联汽车的高质量发展。

1. 进一步加强顶层设计

加快智能网联汽车在关键技术、计算平台、信息交互、应用场景、测试验证、网络安全、基础设备等全领域政策法规、标准体系架构的制定，同时，明确各相关板块主管部门与监管要求，有效引领智能网联汽车产业的健康快速发展。

2. 推进智能网联汽车基础设施建设配套

逐步完善智能网联汽车的通信环境，提升路面信息化能力，逐步建设符合各场景需求的智慧道路。同时扩大高精度地图的开放应用，加快建设智能网联汽车高精度地图平台体系。在示范区的基础上，加大智能网联测试的开放区域及开放区域的网联建设，进而不断丰富智能驾驶的场景库。积极推动建设国家智能大数据云控基础平台，规范统一云控平台基础要求。共同促进车路协同的发展。

3. 统筹推进智能网联汽车测试、示范应用

我国目前有多个智能网联汽车测试示范基地，但存在测试方案不统一、测试结果不互认、车路协同困难、无数据孤岛效应等问题。因此，建立完善统一的测试规范、测试互认的机制、数据共享的平台更有利于实现平台化测试数据、测试结果的互认，也有利于企业降低开发成本及测试示范成本，从而进一步推动智能网联汽车从测试评价的封闭区域迈向开放道路的新阶段。

4. 加强智能网联汽车安全问题监管

明确各部门在车联网行业领域的分工，依据国家政策要求监督指导相关单位落实智能网联汽车安全保护责任。加快车联网网络安全和数据安全标准体系的构建，进一步落实《数据安全法》《网络安全法》的相关要求，在产品开发及监管方面实现有法可依，有章可循。建设智能网联汽车安全监管平台，逐步建立完善“云—管—端”各环节网络安全和数据安全监管，尽快形成智能网联汽车全生命周期的数据安全和网络安全监管能力。

5. 加快关键核心技术攻关

加大车规级芯片研发、制造、应用方面的引导和支持，建立车规级芯片统一的技术规范和标准，协同行业共同建立国产大算力芯片的研发制造能力，打造健康的开发应用生态。坚持单车智能、网联赋能路线，进一步加快智能化和网联化的融合发展，发挥国家重点科技项目及头部企业的引导作用，推动车规级计算平台、操作系统、传感器、线控底盘等领域的突破，形成自主可控的产业链生态。

Part 7　零部件篇

第十九章　2021 年车载芯片需求趋势及全球供应链走向

薛凯，彭双印*

摘要：本章围绕 2021 年车载芯片需求、产业竞争格局、芯片供应链发展等多方面情况进行梳理，深入分析 2021 年我国车载芯片的需求趋势、竞争力、政策趋势。提出通过大力推动国产芯片、构建芯片检测认证体系、提高工艺制造能力和重视人才培养等方面的建议，促进我国车载芯片及供应链的发展。

关键词：车载芯片；竞争格局；需求趋势。

第一节　2021 年车载芯片行业需求分析

车载芯片也称车规级芯片。按功能分，车载芯片可分为控制类（MCU 微控制单元和 AI 芯片）、功率类、模拟芯片、传感器和其他（如存储器），主要应用于 LED 车灯、绝缘栅双极型晶体管（IGBT）、中央处理器（CPU）、互补金属氧化物半导体（CMOS）、神经网络、V2X、动态随机存取内存（DRAM）、超声波/毫米波雷达等（见图 19-1）。

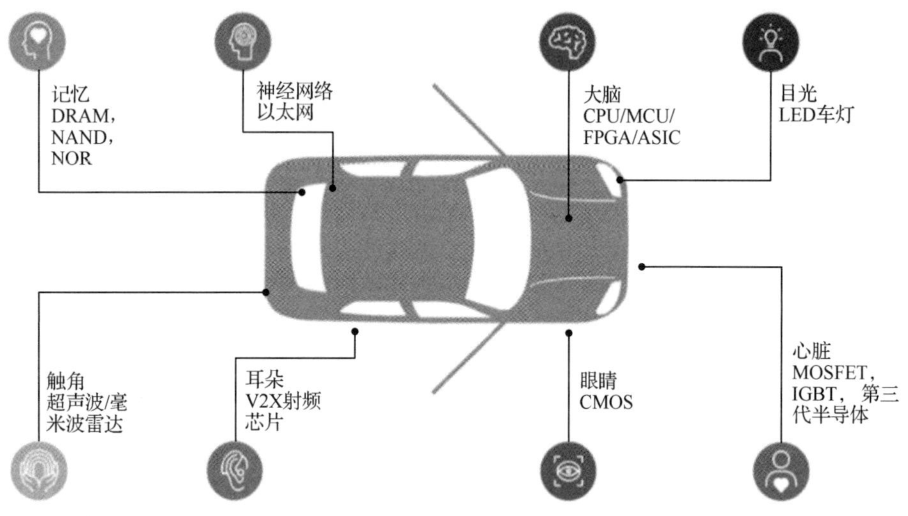

图 19-1　芯片在汽车上的主要应用

---

* 薛凯，硕士，中国汽研北京分院行业发展部项目主管；彭双印，长城汽车股份有限公司哈弗技术中心 EE 架构平台总监。

据美国半导体行业协会（Semiconductor Industry Association，SIA）发布的统计报告显示，2021 年全球芯片销量和销售额均创历史新高。其中，销量为 1.15 万亿颗；销售额达到 5559 亿美元，同比增长 26.2%。该协会指出，2022 年全球芯片销售额增长预计放缓。从地区来看，2021 年，美国市场的芯片销售额增长幅度最大（27.4%）；中国仍然是最大的单一半导体市场，中国芯片销售额达 1925 亿美元，同比增长 27.1%；欧洲、亚太/其他地区和日本的芯片年销售额分别同比增长 27.3%、25.9%和 19.8%。

而据 IC Insights 报告显示，与 2020 年相比，2021 年汽车行业的芯片出货量增长了 30%，高于全球芯片出货总量的增幅。2021 年汽车芯片出货量的增幅超过了 2017 年汽车芯片出货量 20%的增幅，创历史新高。全年汽车芯片出货量约 524 亿颗，是 2011 年（约 176 亿颗）的 3 倍（见图 19-2）。

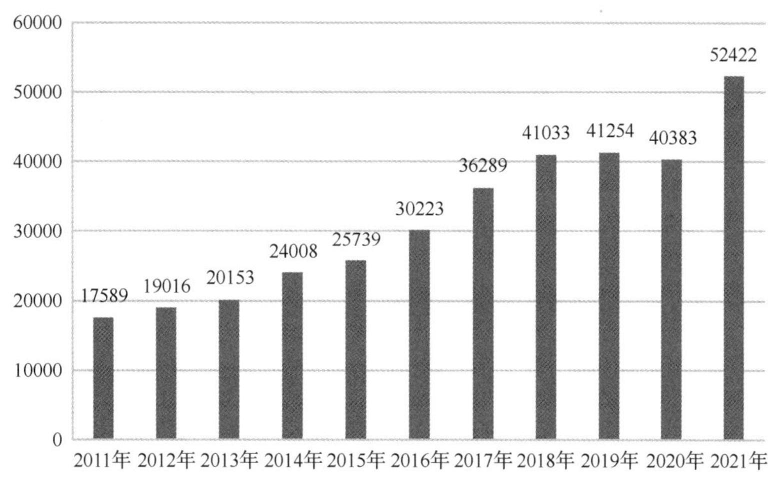

图 19-2　2011—2021 年汽车芯片出货量（单位：百万个）

数据来源：IC Insights

根据 Strategy Analytics 数据显示，在传统燃油汽车中，MCU 价值占比最高，达到 23%；其次为功率半导体，达到 21%；传感器排第三名，占比为 13%。而在纯电动汽车中，功率半导体使用量大幅提升，占比最高，达到 55%；其次为 MCU，达到 11%；传感器占比为 7%（见图 19-3）。当前，汽车的车载芯片数量越来越多，并且新能源汽车的芯片使用量要普遍高于传统燃油汽车，据中国汽车工业协会预计，2022 年中国传统燃油汽车的汽车芯片使用数量为每辆车 934 颗，中国新能源汽车平均芯片使用数量将高达每辆车 1459 颗。

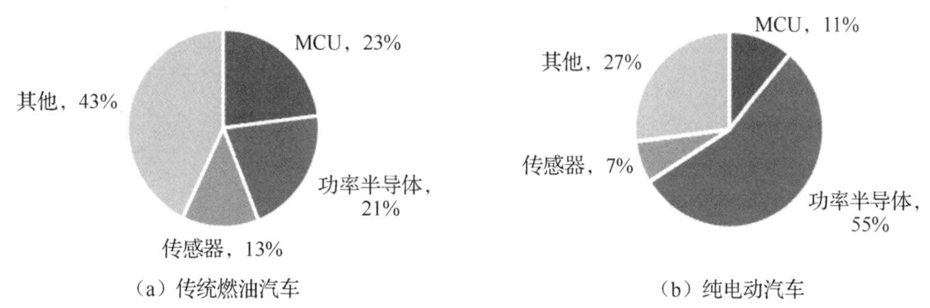

图 19-3　汽车各类芯片应用占比情况

数据来源：Strategy Analytics

汽车行业对车载芯片的需求正在不断增加，然而受限于半导体行业扩产周期，半导体供应商无法在短时间内提高产量来满足汽车行业芯片需求。与此同时，手机、电视、计算机、游戏和家用电器等产品的需求激增，半导体供应商又将他们的生产能力从汽车设备转移到其他需求更高的电子系统设备供应上，从而导致 2021 年汽车行业爆发了空前的缺芯潮。但随着全球新冠肺炎疫情的好转及半导体供应商对车载芯片的供需调整，车载芯片配套失衡的问题将得到缓解。

第二节　全球车载芯片竞争格局及重点企业分析

一、全球车载芯片竞争格局分析

在过去的几十年里，传统汽车控制类芯片 MCU 供应商以欧美和日本厂商为主，竞争格局基本处于稳定状态。随着汽车行业智能化的发展，芯片和软件在汽车中的占比将逐步提升，在此趋势下，在传统的车载 MCU 厂商如 ST、NXP、英飞凌、瑞萨发力研究自动驾驶方案的同时，消费级芯片厂商及人工智能公司也进入车规级领域，如英特尔、英伟达、高通等。除此之外，一些国内的科技公司开始自主研发芯片产品，如华为、百度、地平线等。如表 19-1 所列为汽车芯片领域主要竞争厂商。

表 19-1　汽车芯片领域主要竞争厂商

	公司名称	国家	部分汽车芯片产品	自动驾驶等级
传统车载芯片厂商（功能芯片 MCU）	恩智浦	荷兰	S32K 汽车 MCU	
	英飞凌	德国	32 位 TriCoreTM 微控制器	
	萨瑞电子	日本	RH850 系列	
	意法半导体	意大利/法国	SPC（32 位）/ST10（16 位）	
	德州仪器	美国	C2000 系列	
国外消费级芯片厂商（AI 芯片）	Mobileye	美国	EyeQ 系列	L0～L5
	英伟达	美国	Drive AGX Xavier/ORIN/Atlan	L2+～L5
	高通	美国	骁龙 602A/820A/SA8195/Ride	L1～L5
	特斯拉	美国	HW3.0/HW4.0	L3～L4
国内科技公司（AI 芯片）	华为	中国	昇腾系列	L3～L4
			麒麟系列	L4
	百度	中国	昆仑	
			鸿浩	
	地平线	中国	征程	L2～L4
	黑芝麻智能	中国	华山系列	L2、L3
	芯驰科技	中国	9 系列（智能座舱、智能驾驶、中央网关）	
	寒武纪	中国	恩远系列	
			IM（终端处理器）	

数据来源：公开信息

1. MCU 芯片

MCU 芯片行业集中度相对较高，现阶段市场空间最大。根据中汽中心数据显示，2020 年车规级 MCU 芯片市场空间为 65 亿美元，远超其他车规级芯片，2026 年预计增长至 88 亿美元（见图 19-4）。车规级 AI 芯片 2019 年市场空间为 10 亿美元，预计以年复合增长率超 35%的速度迅速扩张，到 2026 年 AI 芯片市场空间将达到 120 亿美元，成为市场空间最大的车规级芯片。

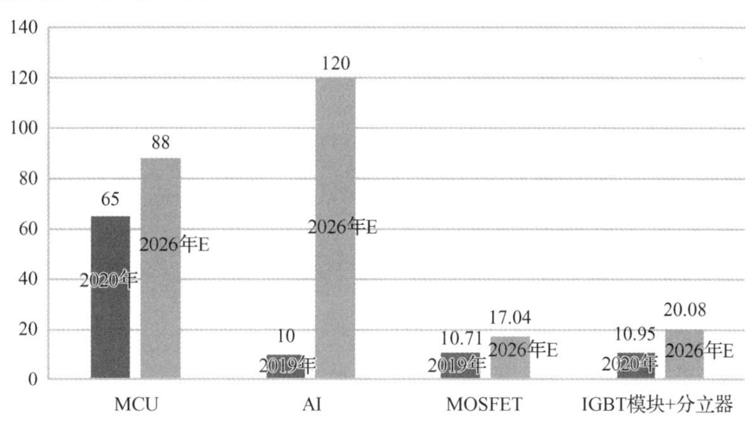

图 19-4　各类车规级芯片市场空间现状及预测（单位：亿美元）

数据来源：中汽中心

传统车规级控制芯片 MCU 厂商包括瑞萨电子、恩智浦、英飞凌、德州仪器、微芯电子、意法半导体等（见图 19-5）。从全球车规级 MCU 芯片市场占有率来看，瑞萨电子（30%）、恩智浦（26%）、英飞凌（14%）、赛普拉斯（9%）（被英飞凌收购）、德州仪器（7%）、微芯科技（7%）和意法半导体（5%）共抢占 98%的市场，其他厂商共占 2%。由于车规级 MCU 研发周期长，认证要求远高于消费和工业级 MCU，中国仅几家企业能够实现中低端品类的量产，国产渗透率很低，车规级 MCU 芯片市场大部分份额由欧美日等传统厂商瓜分。中国实现量产车规级 MCU 的主要企业包括上海芯旺微电子、杰发科技、赛腾微电子和比亚迪半导体。

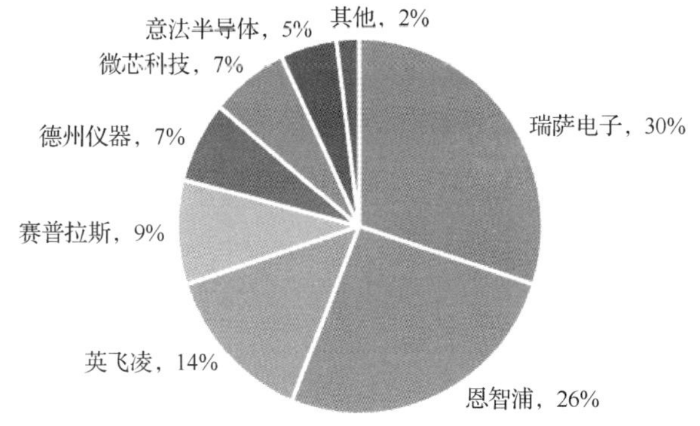

图 19-5　全球车规级 MCU 芯片市场占有率

数据来源：驭势资本

从产品和技术方面看，前五大 MCU 厂商的产品系列丰富、种类多样，具备从基础功能到高性能的覆盖面，同时随着技术进步也在不断出新（见表 19-2）。MCU 市场发展至今，制造技术和产品相对成熟，各家产品也各有特点，如日本瑞萨电子的 RH850 系列采用业界首创的瑞萨 40nm 制造工艺。恩智浦基于高性能混合信号的专业性，产品支持多种 loT 景观、提供极高集成度且广泛的软硬件支持。而英飞凌在开发产品时侧重于能源效率、移动性和安全性，于 2019 年收购赛普拉斯实现强强联合。在产品制造方面，各厂商都选择了代工厂进行晶圆委托制造，但在当前芯片行业环境紧张的情况下，许多代工厂也面临延迟交货的问题，从而造成了一定的经营风险。

表 19-2　汽车 MCU 芯片主要厂商产品

公　司	系列及产品		特　点
瑞萨电子	RL78 16 位汽车用 MCU	系列具有 5 种产品	具有超低功耗
	RH850 Automotive MCUs	系列具有 21 种产品	该 32 位 MCU 系列采用瑞萨电子 40 纳米工艺
恩智浦	S32 汽车电子处理平台系列	S32S 安全汽车动力学微控制器	基于 Arm®-R52DE 微控制器，目前尚在样品阶段
	S32K 微控制器	S32K1 微控制器和 S32K3 微控制器	基于 Arm® Cortex®-M 系列的低功耗微控制器
	EA 微控制器系列	系列包括 6 种产品	入门级 MCU 系列，适用于高质量通用汽车
	MAC57Dxxx 微控制器	系列包括 5 种产品	基于多核 Arm®的 MCU，适用于仪表板以及显示管理
英飞凌	32 位 TriCoreTM 微控制器	系列包括 AURIXTM，PRO-SILTM 安全产品等	基于 TriCoreTM 的产品在汽车中的应用非常广泛
	32 位 TrveoTMCore®微控制器	系列中有 4 种细分产品	Infineon+Cypress 产品
	32 位嵌入式电源 IC	系列中有 5 种细分产品	基于 Arm® Cortex®-M
德州仪器	基于 Arm 的微控制器	Arm-M4F 产品：TM4C MCU 产品系列 Arm Cortex-R4 和 R5 产品	适用于工业和汽车系统的高度集成、低成本 MCU，基于 Arm®的 32 位微控制器（MCU）
	C2000 实时微控制器	具有二十多个不同的系列 并提供广泛的性能和外设选项	采用专有的 32 位内核（C28x CPU） 已针对处理、传感和驱动进行优化以提高闭环性能
微芯科技	8 位 PIC®AVR®车用 MCUs	提供多种程序闪存大小的灵活包选项	PTC 用于创建经济高效、低功耗的触摸设计
	16 位 PIC24 车用 MCUs	dSPIC33shu'zi 信号控制器和 PIC24 微控制器，产品组合专为极端操作条件而设计	适合所有类型的动力总成应用，包括内燃机、电动和混合动力电动汽车
	32 位车用 MCUs	系列中有 10 种细分产品	可应用于高级驾驶员辅助系统和抬头显示器
意法半导体	SPC5 32 位汽车用 MCU	SPC5 通用系列 MCU SPC5 高性能系列 MCU	32 位 MCU 专用于车身和便利应用，配有适合实时应用的先进计时器

续表

公　司	系列及产品		特　点
意法半导体	ST10 16 位汽车用 MCU	ST10F272E 和 ST10F276E	集成了可扩展的单电压嵌入式内存
	Stellar 32 位汽车用 MCU	Stellar G 系列：SR6G7C3 和 SR6G7C7	具备安全数据路由的功能加速器并提供通信接口
		Stellar P 系列：SR6P7C3 和 SR6P7C7	具有多达六个 Arm® Cortex®-R52 内核

数据来源：公开信息

MCU 主要厂商近五年营收来源于亚洲地区居多，主要客户均为全球知名企业（见表 19-3）。根据 2016 年至 2020 年的企业数据，瑞萨电子、恩智浦、英飞凌、德州仪器、微芯科技和意法半导体这六家 MCU 主要厂商营收的主要来源地为亚洲地区居多，日本、中国及新加坡位居前三名。从各自的主要客户来看，六家 MCU 主要厂商的重要客户范围覆盖全球多个行业，包括知名车企（如比亚迪、本田）、汽车供应商（如德国大陆）、通信科技公司（如华为）、高科技公司（如苹果）等，而与其合作的企业也多为各自行业的龙头企业，可见其产品知名度和认可度。

表 19-3　汽车 MCU 主要厂商近五年主要客户及来源地

公司名称	主 要 客 户	主要客户来源地
瑞萨电子	最大客户为日本 RYOSAN，知名合作合伙有丰田、日产、本田等日系汽车	日本（39%）、中国（20%）、其他亚太地区（16%）、欧洲（15%）
恩智浦	苹果、安波福、博世、德国大陆、电装、爱立信、华为、LG、三星及伟世通等	中国（38%）、新加坡（12%）、美国（9%）、日本（8%）
英飞凌	安波福、博世、德国大陆、电装、比亚迪、现代、三菱、日立、李尔、万都、日本京滨等	中国(22%)、德国(15%)、美洲(12%)、其他亚太地区
德州仪器	知名合作伙伴有奥迪、百度、本田等	亚洲（60%）、欧洲中东非洲（18%）、美国（13%）
微芯科技	英特尔、戴尔、洛克希德·马丁、惠普、波音等	亚洲(55%)、欧洲(19%)、美洲(25%)
意法半导体	苹果、博世、德国大陆、华为、特斯拉、三星、惠普、希捷、任天堂、英特尔等	新加坡（45%）、荷兰（24%）、美国（10%）、亚太地区（9%）

数据来源：驭势资本

为应对缺芯危机，MCU 厂商正迅速扩大产能。英飞凌在 2021 年投资 16 亿欧元建成的 12 英寸（300mm）晶圆厂已正式投入使用。英飞凌目前拥有两座用于生产功率半导体器件的大型 300mm 薄晶圆工厂，分别位于德国德累斯顿和奥地利菲拉赫。晶圆“代工霸主”台积电则将营收的年复合增长率预期从 10%至 15%提高到 15%至 20%，还计划在美国亚利桑那州（5nm）、日本（22/28nm）等地兴建新晶圆厂，同时将南京工厂进行扩建，其他（2nm）的新建计划也正在评估中。日本芯片制造商瑞萨电子表示，到 2023 年将其汽车和电子产品关键部件的供应能力提高 50%以上。

2. AI 芯片

未来的全球无人驾驶行业市场前景广阔，汽车智能化发展将推动汽车芯片的发展。随着汽车智能化发展，无人驾驶汽车的市场前景越来越明朗，无人驾驶汽车的投入使用将带动无人驾驶系统行业的发展，根据 HIS 报告的数据，到 2035 年，全球无人驾驶系统的市场规模将达到 6000 亿元，而中国的市场规模则接近 1500 亿元。汽车自动驾驶芯片作为无人驾驶系统的核心元件之一，受益于智能驾驶行业的发展，将迎来不错的发展前景。

自动驾驶芯片常被称为 AI 芯片，算力以 TOPS（每秒万亿次）为单位。随着自动驾驶级别从 L0 到 L5 的提升，对提供大脑芯片的算力要求也在不断攀升。目前行业普遍认为 L4 需要的 AI 算力高于 100TOPS，L5 需要的 AI 算力则高达 500～1000TOPS。在算力上的竞争，已成为各家 AI 芯片厂商主要竞争的技术能力（见表 19-4）。

表 19-4　自动驾驶芯片算力对比

品　牌	产　品	算力（TOPS）	工艺（nm）	预计量产时间
英伟达	Atlan	1000	未知	2025 年
地平线	征程 5	128	16	2022 年
Mobileye	EyeQ Ultra	176	5	2025 年
安霸	CV3	500	5	2022 提供样片
黑芝麻智能	华山二号 A1000 Pro	196	16	2022 年
特斯拉	FSD Hardware 4.0	未知	7	已量产
芯驰科技	V9T	未知	16	2022 年
领跑汽车	凌芯 01	4.2	28	已量产
华为	昇腾 610	200	未知	未知

数据来源：智驾网

现有产品中，Mobileye 的 176TOPS 即可支持 L4/L5 级别自动驾驶。英伟达依靠强大的技术实力，在高级别自动驾驶领域遥遥领先。2021 年 4 月 12 日，英伟达在 GTC 大会上推出面向自动驾驶汽车的新一代 AI 处理器 NVIDIA DRIVE™Atlan，单颗 SoC 算力达到惊人的 1000TOPS，比大多数 L4 自动驾驶车辆整车的算力还要强，它将用于多家汽车制造商的 2025 年车型上。

英伟达 NVIDIA DRIVE Orin™ SoC 可提供 254 TOPS 的算力，可完整覆盖 ADAS 到 L5 自动驾驶的需求。DRIVE AGX Xavier 则可为 L2+和 L3 自动驾驶提供 30 TOPS 的运算，其核心是英伟达首次生产的车规级 Xavier 系统级芯片。Orin 与 Xavier 是当下车企搭载的主流，即将量产上市的蔚来 ET7、智己 L7、威马 M7、小鹏 P5 等车型均选择了 Orin X（见表 19-5）。

表 19-5　新车搭载 AI 芯片对比

车　型	Ai 芯片	综合算力	单片算力
宝马 iX	Mobileye EyeQ 5H	24	24

续表

车　　型	Ai 芯片	综合算力	单片算力
Model S	FSD 芯片	144	72
蔚来 ET7	英伟达 Orin X	1016	254
智己 L7	英伟达 Orin X	1016	254
威马 M7	英伟达 Orin X	1016	254
小鹏 P5	英伟达 Orin X	508	254
哪吒 S	华为 MDC610 平台	200	200
理想 X01	英伟达 Orin X	508	254
奔驰 EQS	英伟达 Xavier	30	30
机甲龙	华为 MDC610 平台	400	200

数据来源：智驾网

此外，美国芯片公司安霸推出基于 5nm 制程的 AI 域控制器芯片 CV3 系列，其 AI 等效算力达到 500eTOPS［eTOPS 中的 e 代表 equivalent（等效）］，可用于 L2+至 L4 自动驾驶。相比上一代 CV2，CV3 的 AI 性能提升了 42 倍，增幅惊人。电动卡车厂商 Rivian、自动驾驶技术公司 Motional 和电动汽车制造商 Arrival 等均采用基于安霸 CV2 的方案。而采用“全链路”路线的特斯拉也自研了 FSD（Full Self Driving）芯片。FSD 芯片的设计和规划始于 2016 年，目前已经应用于 Model 3 之上。

二、中国车载芯片竞争力分析

在汽车不断朝着智能化方向发展的今天，芯片价值愈发显现，根据麦肯锡数据预计，2030 年国内仅 L3 及以上级别的高阶自动驾驶汽车的半导体规模可达到 130 亿美元。中国汽车芯片市场长期被国外厂商垄断，国产芯片市占率不到 10%。然而“芯片荒”问题持续发酵，芯片持续供不应求，加之美国对中国芯片的“封杀”，国产化芯片之路势在必行。如表 19-6 所列为国产汽车芯片主要厂商。

表 19-6　国产汽车芯片主要厂商

细分领域		公司名称
传统车载控制芯片（MCU）		比亚迪电子、杰发科技、芯旺微
自动驾驶（AI 芯片）		华为、百度、地平线、芯驰科技、黑芝麻智能、寒武纪
存储及传感芯片	数字存储	北京君正
	CMOS 图像传感器	豪威科技
	图像信号处理器	豪威科技、富瀚微、北京君正
	激光雷达芯片	禾赛科技、纵慧芯光、长光华芯、博升光电、南京芯视界、睿熙科技

数据来源：公开信息

1. MCU 芯片

车身控制芯片对算力要求较低，通常以 8 位或 32 位的 MCU 芯片为主。这部分芯片被外资厂商高度垄断。它是汽车的微控制单元，可以理解为控制汽车各个部分的中枢神经，用以承载并实现不同的功能，一辆传统汽车平均用到 70 颗以上的 MCU 芯片，而每辆智能汽车可能采用超过 300 颗 MCU 芯片，因此 MCU 芯片也是“缺芯”浪潮中最“缺”的品类。MCU 引脚绝大多数在 200PIN 以内，主频在 240MHz 以内。国产 MCU 产品仅能满足部分场景应用需求。目前，除芯驰 E3 外，其他量产国产芯片算力偏低，只能做一些车身小控制器。在此背景下，比亚迪半导体、赛腾微电子杰发科技、芯旺微电子等一批企业正在加速替代（见表 19-7）。

表 19-7　国产车规级 MCU 厂商产品情况

公司	产品	位数	性能特点	量产情况
芯旺微电子	8 位汽车 MCU-KF8A 系列	8	基于 KungFu32 内核	2019 年，KF8A（AEC-Q100）实现量产，KF32A150 汽车 MCU 准备量产
	32 位汽车 MCU-KF32A 系列	32		
杰发科技	车规级 MCU-AC781x	32	芯片基于 ARM Cortex®-M3 内核 适用于汽车电子和高可靠性工业应用	2018 年年底，自主研发并量产了国内首颗车规级 MCU 芯片 AC781x 母公司四维图新已经和宝马、丰田、福特、大众等国内外车企建立了全面合作
	车规级 MCU-AC7801x		芯片基于 ARM Cortex®-M0+内核 主要用于电控领域	
赛腾微电子	8 位低功耗型 MCU-ASM87L（A）164X	8	单周期 8051 兼容 CPU 内核	截至 2019 年，针对汽车 LED 尾气、灯流水转向灯的主控 MCU 芯片（ASM87F0812T16CIT）已通过国内知名汽车厂家一系列上车测试认证。出货量超百万颗
	8 位超值型 MCU-ASM87F（A）081X		1T8051 兼容 CPU 内核	
	32 位电机控制型 Mcu-ASM30（A）M083X	32	ARM Cortex®-M0 内核	
比亚迪半导体	第一代 8 位车规级 MCU 芯片	8	基于 8051 内核的通用型 8 位 Flash 存储 MCU	截至 2020 年，比亚迪半导体车规级 MCU 批量装载在比亚迪全系列车型上，已累计装车超 500 万颗
	第一代 32 位车规级 MCU 芯片	32	BF7006AMXX 芯片系统	

数据来源：公开信息

2. AI 芯片

智能座舱和自动驾驶 AI 芯片方面，英伟达、高通、英特尔、三星、瑞萨等厂商凭借优越的芯片性能和供应链积累，在中高端座舱芯片领域占据大半江山。近年来，华为、地平线等企业冲出突围，开始落地上车。

目前，华为智能座舱芯片已应用于极狐αS 华为 HI 版，根据此前信息显示，车内座舱搭载的是麒麟 990A 芯片，具有 3.5TOPS 算力，支持 5G 网络连接；自动驾驶芯片上，华为主要采用将传感器、芯片、算法绑定销售的“全家桶”式方案，能够帮助主机厂快速上车量产。

地平线合作伙伴也以中国品牌为主，已经公布搭载地平线征程系列芯片的车型有长安 UNI-T、UNI-K、奇瑞蚂蚁、智己 L7、广汽埃安 Y、广汽传祺 GS4 Plus、岚图 FREE、思皓 QX、2021 款理想 ONE 等。上市车型目前多搭载征程 2 和征程 3 芯片，且智能驾驶和智能交互芯片为两个系统。与一些芯片公司不同，地平线所有芯片拥有完全开放的生态和完备易用的工具链，OEM 厂商可以在芯片、算法中的任意层次购买服务。

3. 存储及传感芯片

存储芯片主要用于数据存储功能，包括 DRAM（动态存储器）、SRAM（静态存储器）、FLASH（闪存芯片）等。传统汽车上的存储产品多数应用在导航系统、仪表盘等场景中，而在汽车智能化趋势下，车载存储应用逐渐丰富，开始应用于 360° 环视、自适应巡航、高端 HUD 等系统，车载储存产品单车用量也逐渐提升。与此同时，智能汽车对瞬时计算的要求提高，逐渐转变为计算平台，车辆需要对传感器所捕获的大量资料进行实时处理，这就对带宽和空间需求提出了更高的要求，越来越多的芯片企业聚焦这一领域。目前国内相关供应商较少，此前存储芯片供应商多聚焦于消费电子领域，2019 年年底，北京君正通过并购北京矽成（ISSI）进入了车载存储芯片领域。

传感芯片主要用于探测、感受外界的信号，并将探知的信息转变为电信号或其他所需形式传递给其他设备。主要包括 CMOS 图像传感器（CIS）、图像信号处理器（ISP）、激光雷达芯片等。

CIS 芯片是车载摄像头中价值量最高的产品，目前已有国内厂商进入头部。根据 Couetpoint 数据统计，2019 年全球车用 CIS 芯片市场份额前三名的厂商分别为安森美（60%）、豪威科技（29%）、索尼（3%）。其中，豪威科技于 1995 年成立于美国加州。2016 年年初，美国豪威科技被华创投资、中信资本和金石投资收购，成为北京豪威科技有限公司的子公司；2019 年 8 月 1 日，韦尔股份收购了北京豪威科技有限公司 85.53%的股权。

从 2005 年开始量产第一颗车用图像传感器至今，豪威科技在汽车领域出货量累计已超过 8 亿颗。2014 年 4 月，豪威科技加入英伟达自动驾驶汽车发展生态系统，并推出了第一组与英伟达 DRIVE AGX AI 计算平台兼容的 CIS 系列。目前，豪威车用 CIS 芯片主要销给欧洲客户，产品用于奔驰、宝马、丰田、大众、特斯拉等整车（见表 19-8）。

表 19-8　豪威科技 CIS 产品在汽车领域的应用场景

应用场景	具体描述
机器视觉	机器视觉应用，如碰撞检测和路标识别，需要精确的场景再现。传感器技术必须提供完整的场景内容，无论光线条件如何。豪威科技的 LFM+HDR 解决方案和低光性能解决了这些关键问题
驾驶员监控	驾驶员监控应用程序（如分心或昏昏欲睡的驾驶员检测）通常使用全局快门传感器，该传感器对近红外光高度敏感，结构紧凑，可隐藏在车辆内饰后面
显示图像系统	基于显示的图像系统，后视、环视系统和电子后视镜，需要惊人的图像质量。豪威科技的 BSI 技术与微光性能、HDR 技术和配套 ASIC 相结合，可实现经济高效的基于显示的系统
环绕视图视频	360° 环绕视图视频需要位于车辆两侧的摄像头，由中央处理器控制，以呈现鸟瞰图
自动驾驶系统	自动和半自动车辆处于传感技术的融合，包括高分辨率摄像机、雷达、激光雷达和 V2V 通信

数据来源：国盛证券

ISP 芯片方面，豪威也有布局。除此之外，富瀚微早在 2018 年便发布首款车规级前装 ISP 芯片，能够支持前视、环视和车内摄像头等应用场景；北京君正也拟定增资 14 亿元，其中 2.37 亿元用于车载 ISP 系列芯片的研发与产业化项目。

激光雷达芯片上，一部分激光雷达企业选择自研，以企业禾赛科技为例，公司拟募集资金 20 亿元，投向激光雷达的研发设计、产品方案、生产制造等关键环节。另有一部分专门从事激光雷达芯片的企业，如纵慧芯光、长光华芯、南京芯视界、博升光电、睿熙科技等，前三家华为都有投资入股。纵慧芯光在车规芯片领域，已完成 AEC-Q102 车规认证，且公司自有外延生产线；长光华芯拟通过 IPO 发展 VCSEL 及光通信激光芯片项目；南京芯视界产品包括单光子雪崩二极管 SPAD 芯片，可实现超高灵敏度光电探测及单光子器件阵列高密度集成度。

第三节　车载芯片供应链发展现状及趋势

一、车载芯片供应链现状

（一）产业链结构

如图 19-6 所示的汽车芯片产业链，上游一般为基础半导体材料（硅片、光刻胶、CMP 抛光液等）、制造设备和晶圆制造流程（芯片设计、晶圆代工和封装检测）。中游指汽车芯片制造环节，包括智能驾驶芯片制造（GPU 芯片、FPGA 芯片、ASIC 芯片）、辅助驾驶系统芯片制造（ADAS 芯片）、车身控制芯片制造（MCU 芯片）等。下游包含汽车车载系统制造、车用仪表制造及整车制造环节。

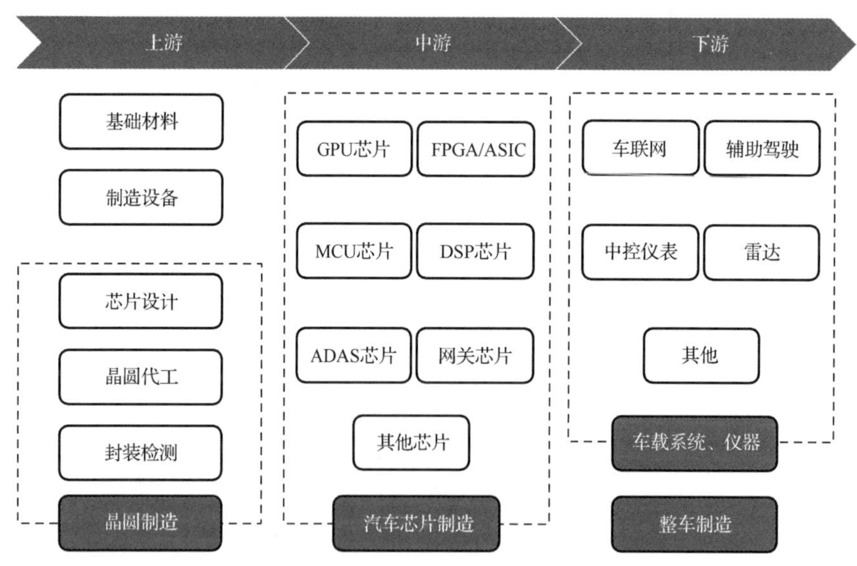

图 19-6　汽车芯片产业链

汽车芯片产业链涉及多个行业和企业（见图 19-7），上游的重点企业有原材料企业东京应化、晶瑞股份、日本信越等，芯片制造设备企业晶盛机电、日立科技等，晶圆制造企业台积电、格罗方德等。中游汽车芯片制造重点企业有瑞萨电子、赛灵思、德州仪器、意法半导体、英飞凌等。下游的重点企业则主要为车载系统、仪器及整车制造领先企业。汽车芯片产业链的重点企业基本为国外企业。

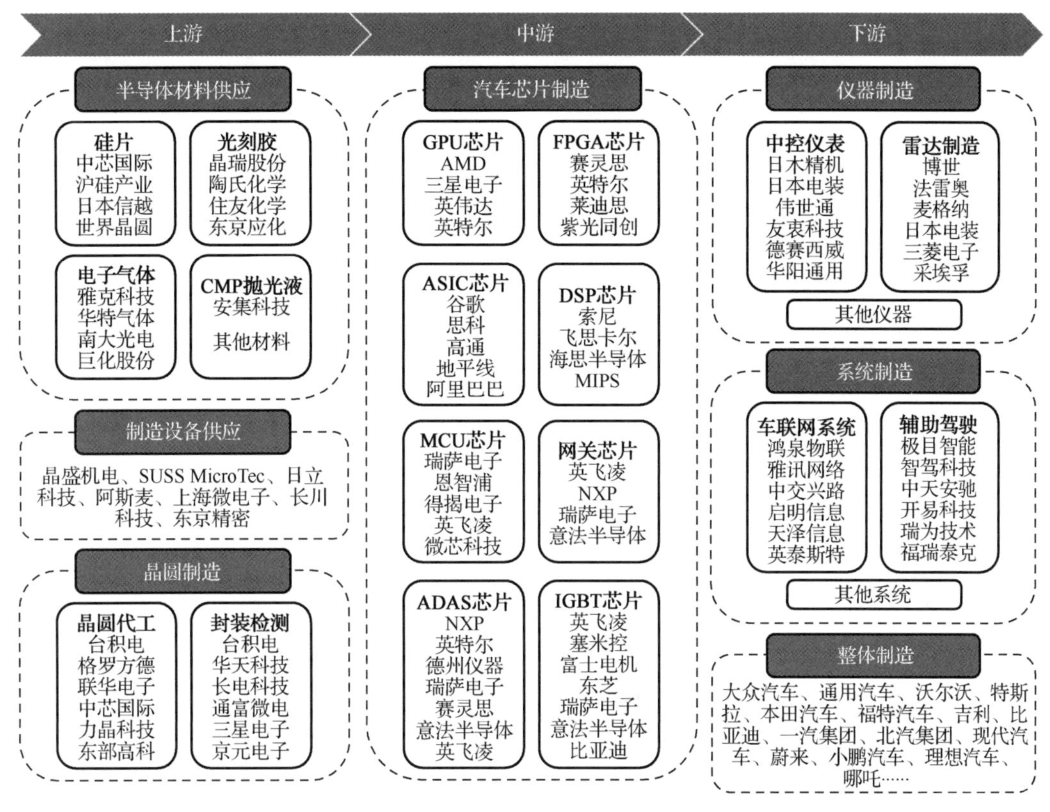

图 19-7　汽车芯片产业链全局图

芯片生产工序主要涉及芯片设计、晶圆加工、封装和测试。芯片企业经营主要分为 IDM、Fabless 两种模式，IDM 即芯片设计、生产、封装、检测自己完成；Fabless 厂商则专注于芯片的设计研发和销售，将晶圆制造、封装测试等外包给代工厂完成，代工厂也被称为 Foundry。目前，只有英特尔、三星、德州仪器等少数企业采用 IDM 模式，大部分芯片企业都只从事芯片设计，如华为、联发科、高通，台积电是全球最大的晶圆代工厂商。

（二）投资并购

随着行业的发展，多家新兴企业崛起，资本与技术纷纷入局。2021 年，多家初创企业获得新一轮融资（见表 19-9）。而传统芯片厂商在竞争压力下也开始寻求资本的支持。除了进一步开发新产品，通过并购完善技术与业务也是各大厂商普遍采用的模式。

表 19-9　芯片产业链 2021 年融资情况

公　司	融 资 情 况	融 资 金 额
地平线	C 轮	15 亿美元

续表

公　　司	融 资 情 况	融 资 金 额
紫光国微	可转债	15 亿元
曦华科技	A+轮	数千万元
芯驰科技	B 轮	10 亿元
聚芯微电子	C 轮	数亿元
联盛德	战略融资	数亿元
智联安	B+轮	亿元
黑芝麻智能	C 轮	数亿美元
凌波微步	A 轮	数千万元
臻驱科技	B 轮	3 亿元
上海芯钛	A 轮	近亿元
韬润半导体	新一轮	数亿元
亘存科技	A 轮	数千万元
云途半导体	战略融资	—
瞻芯电子	A++轮	数亿元
摩尔线程	A 轮	20 亿元
利普思半导体	A 轮	近亿元
芯长征	C 轮	5 亿元
耐能	—	2500 万元
芯旺微	C1 轮	数亿元

数据来源：智驾网

2021 年 6 月，地平线完成 C7 轮融资，融资金额高达 15 亿美元，投资机构包括韦豪创芯、京东方等，投后估值高达 50 亿美元。2021 年 7 月，芯驰科技宣布完成近 10 亿元 B 轮融资，除了多家基金与投融资公司外，宁德时代也通过晨道资本重仓加注。黑芝麻智能则在 2021 年 9 月完成由小米长江产业基金领投的数亿美元战略轮和 C 轮融资后，又于 2022 年 1 月完成 C+轮融资，投资方为博世集团旗下博原资本。2022 年 1 月 28 日，中国国家市场监督管理总局宣布，有条件地批准美国芯片企业 AMD 以 350 亿美元收购 FPGA 制造商赛灵思（Xilinx）的计划。此前，该交易已获得包括美国、英国和欧盟在内的诸多国家和经济体市场监管机构的批准。

二、发展趋势分析

（一）产品趋势

汽车架构从分布到集中，汽车芯片从 MCU 到 AI 芯片，汽车电子电气架构从分布式走向集中式，产生了算力更高的域控制器芯片需求。分布式 ECU 架构是当前汽车电子主流，每个单独的模块都拥有自己的 ECU，此时芯片的计算能力相对较弱。随着汽车电子化程度的提高，复杂的功能推动传统的分布式架构向中心化架构发展，对芯片算力的要求也随之提高。

博世的电子电气架构演进图表明，汽车的电子电气架构将经历三大阶段、六小阶段的发展。三大阶段分别是分布式结构阶段、区域中心化结构阶段、整车中心化结构阶段，六小阶段分别是模块化阶段、模块整合阶段、区域中心化阶段、区域整合阶段、整车整合阶段和车载云计算阶段。整车电子电气从分布式走向中心化成为一种趋势，当汽车电子电气架构形成域的概念后，将产生算力更高的域控制器芯片的需求（见图 19-8）。

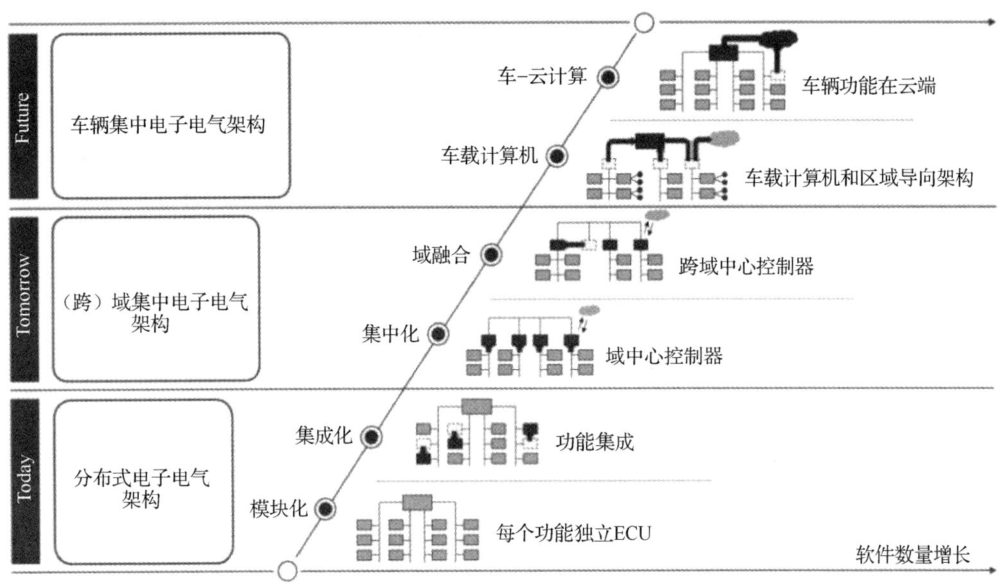

图 19-8　电子电气架构演进图

当前汽车级 MCU 主要有 8 位、16 位和 32 位三种型号。三种型号的 MCU 在汽车的应用场景上有所不同，随着位数的增加，MCU 的运算能力逐渐增强，适用的场景也更加高端。对芯片算力要求的提高推动 MCU 朝高位数方向发展。在传统的燃油汽车当中主要采用的是功能芯片 MCU，可以满足汽车对于发动机控制、制动力控制、转向控制等一系列简单功能的实现。随着汽车电子电器的发展，32 位 MCU 开始扮演车用电子系统中的主控处理中心角色，即将分散各处的低阶电子控制单元（ECU）集中管理。

随着汽车电子化程度的提高，单车装载的 ECU 数量也会随之增加，根据博世公布的数据显示，从 2006 年到 2016 年，平均每辆汽车的 ECU 数量从 28 个增加到 38 个。随着汽车智能化发展，汽车电子化程度会进一步提高，单车装载的 ECU/MCU 的数量也会进一步增加。另外，汽车电子电气架构（E/E 架构）的集成化发展会导致 ECU 数量的减少，同时 E/E 架构在发展过程中诞生的集成化的域控制器对芯片算力的要求更高，AI 芯片会对部分 MCU 进行替代，特斯拉现今的自动驾驶系统 Autopilot3.0 搭载的便是自研的 AI 芯片（FSD 芯片），而其他车企在自动驾驶/智能座舱域控制器中也开始搭载英伟达/高通的 AI 芯片，E/E 架构的集成化及 AI 芯片对 MCU 的替代会导致 ECU/MCU 数量的减少。

因此可以预计，到 2025 年之前，市场平均单车 MCU 数量将随着汽车电子化程度提高、中低端车型汽车电子加速渗透而提升，L2—L3 车型加速渗透，并逐步从分布式模块化向分布式集成化阶段过渡（见表 19-10）。2025 年之后，L4 开始渗透，L2—L4 车型电子电器架构预计均从分布式模块化转变为分布式集成化，并逐步向域集中电子电气架构过渡，由此带来市场平均单车 MCU 数量的减少，2025 年平均单车采用的 MCU 数量预计随着中低端车型电子化升级提升到 55 片；自 2025 年起，随着 L4/L5 的自动驾驶汽车开始渗透，L2/L3 加速切向分布式集成化架构，平均单车采用的 MCU 数量开始逐年下降，预计到 2030 年下降到 50 片。

表 19-10　ECU 的集成化发展

级　别	架构类型	说　明	ECU 数量（豪华车）
L1	分散式	常规做法	100+片
L2—L3	部分域集中化	按照域和功能将 ECU 加以整合	60～80 片
L4—L5	区集中化	按照所处位置将不同域的 ECU 加以整合	30～60 片
L4—L5	域集中化	整合为 1～5 个域控制器和 15～40 个区控制器，对所有域和区具有完全控制能力	20～45 片

不同于以 CPU 运算为主的 MCU，AI 芯片一般是集成了 CPU、图像处理 GPU、音频处理 DSP、深度学习加速单元 NPU+内存+各种 I/O 接口的 SoC 芯片。自动驾驶对于芯片算力的要求有着质的飞跃，现阶段 L2 自动驾驶计算量已达 10TOPS，L3 需要 60TOPS，L4 的算力将超过 100TOPS。车规级 AI 芯片拥有 TOPS 级别的运算能力，可以为自动驾驶提供保障，如英伟达 Xiavier/Orin/Atlan 芯片分别可以达到 30/200/1000TOPS 的算力。

AI 芯片主要分为 GPU、FPGA、ASIC，当前主流的 AI 芯片是 GPU，未来可能被 ASIC 替代。三类 AI 芯片之间的区别在于适用范围不同（见表 19-11）。GPU 属于通用型芯片，ASIC 则属于专用型芯片，而 FPGA 则是介于两者之间的半定制化芯片。但是由于当前用量有限，ASIC 难以形成规模，而 FPGA 的量产成本高，相比于 GPU 而言开发门槛又高，因此目前二者在 AI 芯片市场的占比均不高，GPU 由于运算速率快且通用性强，开发难度又相对较低，因此在目前及未来一段时间都将占据主流地位。

表 19-11　三类 AI 芯片的对比

指　标	GPU	FPGA	ASIC
特点	通用型	半定制化	专用型
芯片架构	叠加大量计算单元和高速内存，逻辑控制单元简单	具备可重构数字门电路和存储器，根据应用制定	电路结构可根据特点领域应用和特定算法定制
擅长领域	3D 图像处理，密集型并行运算	算法更新频繁或者市场规模较小的专用领域	市场需求量打的专用领域
优点	计算能力强，通用性强，开发周期短，难度小，风险低	功能可修改，高性能、功耗远低于 GPU，一次性成本低	专用性强、性能高于 FPGA、功耗低、量产成本低
缺点	价格贵、功耗高	编程门槛高、量产成本高	开发周期长、难度大、风险高、一次性成本高

随着 AI 芯片市场规模的扩大，预计在未来高性能、功耗低、量产成本低的 ASIC 将

对功耗高、成本高的 GPU 形成替代，成为主流的 AI 芯片。而 FPGA 由于功能可修改这一优势，在算法不断更新、迭代的环境下将有很强的竞争优势，在需求量较小的专用领域将保持住一定的市场份额。

预计全球车规级 AI 芯片的市场规模将在 2025 年达到 113 亿美元，到 2030 年达到 236 亿美元，年复合增长率可达 30.79%。同时，中国车规级 AI 芯片的市场规模将在 2025 年达到 68 亿美元，到 2030 年达到 124 亿美元以上，年复合增长率预计可达 28.14%。

（二）政策趋势

进入车用芯片供应链最基本的是要取得 AEC-Q100/101/200 认证，这是由北美汽车产业推出的针对集成电路应力测试认证的失效机理认证测试，其中 AEC-Q100 针对 IC 类产品、AEC-Q101 针对离散器件、AEC-Q 200 针对被动零件。除此之外，车规级芯片的生产流程需要符合零失效的供应链品质管理标准 ISO/TS 16949 规范要求，模块的质量测试需要符合 ISO 16750 标准中“道路车辆—环境条件以及电气电子设备测试标准”的相关规定。对于消费型产品的功能设计，国内芯片设计业者已驾轻就熟，但鉴于车规级芯片的更高要求和更大难度，以及需要投入的研发成本，目前国内企业涉及该领域的非常少。在当前汽车缺芯事件下，国内企业受制于上游的国外厂商，缺乏国产替代产品，缺乏自主可控供应链问题引起了政府的关注和重视。车规级芯片产业的扶持已上升到国家战略层面（见表 19-12）。2020 年 2 月 24 日，国家发展改革委等 11 个部委联合发布《智能汽车创新发展战略》，明确提出突破智能计算平台及车规级芯片等关键技术。2020 年 8 月 5 日，国务院印发《新时期促进集成电路产业和软件产业高质量发展的若干政策》，在研发政策上鼓励高端芯片研发。

表 19-12　芯片行业相关政策

时　间	发布部门	政策名称	主要内容
2021 年 3 月	财政部、海关总署、税务总局等	《支持集成电路产业和软件产业发展进口税收政策的通知》	支持集成电路产业和软件产业发展有关进口税收政策
2021 年 3 月	全国人大	《中华人民共和国国民经济和社会发展第十四个五年规划和 2035 年远景目标纲要》	加强集成电路设计工具，重点装备和高纯靶材等关键材料研发，集成电路先进工艺和绝缘栅双极型晶体管（IGBT）、微机电系统（MEMS）等特色工艺突破，先进存储技术升级，碳化硅、氮化镓等宽禁带半导体发展
2021 年 2 月	工信部	《汽车半导体供需对接手册》	支持企业持续提升芯片供给能力，将促进汽车半导体产业链上下游协作，推广优秀的汽车半导体产品，推动汽车企业与半导体企业的沟通对接
2020 年 10 月	国务院	《新能源汽车产业发展规划（2021—2035 年）》	突破车规级芯片、车用操作系统、新型电子电气架构、高效高密度驱动电机等关键技术和产品
2020 年 8 月	国务院	《新时期促进集成电路产业和软件产业高质量发展的若干政策》	鼓励集成电路设计、装备、材料、封装、测试企业和软件企业发展，自获利年度起，第一年至第二年免征企业所得税，第三年至第五年按照 25%的法定税率减半征收企业所得税

续表

时　间	发布部门	政策名称	主要内容
2020 年 2 月	国家发展改革委	《智能汽车创新发展战略》	推进车载高精度传感器、车规级芯片等汽车半导体产品研发与产业化
2019 年 5 月	财政部等	《关于集成电路战略设计和软件产业企业所得税政策的公告》	依法成立且符合条件的集成电路设计企业和软件企业，自获利年度起计算优惠期，第一年至第二年免征企业所得税，第三年至第五年按照 25%的法定税率减半征收企业所得税

数据来源：公开信息

芯片国产化已经引起国内各界人士的广泛关注和重视（见表 19-13）。2021 年 2 月，科技部部长王志刚在国新办发布会上表示，将主要聚焦集成电路、软件、高端芯片、新一代半导体技术等领域的一些关键核心技术和前沿基础研究，利用国家重点研发计划等给予支持；2021 年 4 月，清华大学成立集成电路学院，将致力于促进学科交叉融合，破解当前中国芯片所列难题；2022 年两会上，加速国内芯片产业发展再次成为汽车界两会代表及委员们关注的焦点和重要议题。

表 19-13　芯片行业热点资讯

时　间	内　容
2021 年 2 月 26 日	科技部部长王志刚在国新办发布会上表示，将主要聚焦集成电路、软件、高端芯片、新一代半导体技术等领域的一些关键核心技术和前沿基础研究，利用国家重点研发计划等给予支持
2021 年 3 月 1 日	工信部表示，中国政府将对芯片产业在国家层面上给予大力支持，共同营造一个市场化、法治化和国际化的营商环境和产业发展的生态环境
2021 年 3 月 30 日	工信部副部长辛国斌表示，一方面，要着眼当前供应问题，充分挖掘存量芯片和现有产能资源潜力，努力保障产业平稳健康运行；另一方面，要加紧长远战略布局，加强核心技术攻关，完善技术标准规范，提升测试验证能力，推动产业链供应链安全稳定发展
2021 年 4 月 15 日	国内收割基于国产内核的电力专用主控芯片已量产。 中国工程院院士、南方电网专家委员会主任委员指出，要持续推动数字电网技术的发展，未来电网科学要同时满足物理和信息规律，以新能源为主体，最终实现新能源的无条件接入
2021 年 4 月 22 日	清华大学举行了集成电路学院成立仪式。清华大学集成电路学院将致力于学科交叉融合，破解当前中国芯片难题。清华大学校长、中国科学院院士邱勇：“清华大学成立集成电路学院，就是要集中精锐力量投向关键核心技术主战场，加快培育国家急需的高层次创新人才。”
2021 年 6 月 11 日	由工信部电子信息司、装备工业一司支持，北京市经济和信息化局指导，中国汽车芯片产业创新战略联盟主办的汽车芯片保险签约仪式在北京举行。 2021 年年初，工信部指导中国汽车芯片产业创新战略联盟等机构编撰《汽车半导体供需对接手册》并发布，引导和支持汽车半导体产业发展，4 月，联盟成立汽车芯片保险专项工作组，围绕汽车芯片保险方案，针对三家保险公司的保险产品方案思路，进行了多轮探讨并结合主要芯片企业和整车企业、汽车电子厂商的需求进行了更新，最终形成“汽车芯片保险方案”，并在北京市经信局支持下开展汽车芯片保险试点

续表

时　间	内　容
2022年3月5日	两会提案：上汽集团董事长陈虹建议重点关注汽车芯片领域，加强政策保障促进国产大算力芯片发展；广汽集团提议推动建立国内车规级芯片的标准体系，并大力支持芯片企业自主创新；小康集团创始人张兴海建言汽车芯片的断供问题单纯靠市场手段难以实现有效调节，需要通过国家力量推动国产芯片产业崛起；长城汽车总裁王凤英提议在芯片问题短期优先解决缺芯问题、中期实现自主可控、长期可持续发展三步走之外，将中国汽车产业产能利用率提升与优化也作为重点提案；百度集团董事长兼CEO李彦宏则建言较快推广智能交通运营商模式，引导并支持地方政府出台政策以支持无安全员的无人车上路

数据来源：公开信息

与此同时，国外也在大力支持芯片产业的发展。2022年2月4日，《2022年美国竞争法案》获众议院通过，提出要为半导体产业提供520亿美元的资金支持；2022年2月8日，欧盟委员会正式发布《欧洲芯片法案》，提出欧盟将投入超过430亿欧元公共和私有资金，支持芯片生产、试点项目和初创企业。

第四节　促进我国车载芯片及供应链发展的建议

（一）大力推动车载芯片国产化替代

当前，车用芯片问题已经上升到国家战略之争，加快实现车用芯片自主可控已迫在眉睫。国产芯片企业想要有所突破，必须要做好坚持长期研发投入的思想准备，提高汽车芯片战略定位，由国家层面统筹资源、系统布局，以长远的眼光推动车载芯片产业的综合竞争力。坚持以创新引领国产化替代，明确国产化替代的范畴；全力支持内地市场优秀芯片代工企业，实现芯片材料、工艺、设计等基础环节的自主可控；支持国际一流汽车芯片生产厂商来国内投资建厂，将国内可控也作为国产化的一部分，从而加速国际先进技术的国产化。

（二）加快构建车载芯片检测认证体系

检测认证是本土汽车芯片厂商与车企互信的桥梁。良好的检测认证体系可以更好地推动国产芯片产品质量的迭代升级。检测认证体系需要由政府统筹规划，以权威第三方检测机构为核心，联合车企、芯片企业、一级供应商，共同打造以物理测试为基础的国内汽车芯片检测认证体系，在检测技术共研过程中促进互相信任与技术发展。

（三）精进制造工艺提升芯片制造能力

目前芯片制造工艺主流水平是7～14nm。台积电多年前已量产了7nm芯片，5nm芯片目前也进入了量产阶段，并正在研究2nm芯片。而中国芯片企业当前的制造水平还处于只能生产14nm芯片的阶段，与世界先进芯片制造相比还有一定的差距，这将严重阻碍我国芯片国产化的发展速度。精进制造工艺是提升我国车载芯片制造能力必须攻克的壁垒，使我国在最先进的7nm甚至更小芯片制造领域有所突破，才能真正提升中国芯片企业的制造水平。

（四）支持人才培养重视产学研结合

国内芯片企业在赶超国外技术能力的过程中，离不开专业领域的人才需求。在上游设计和中游制造的核心研发环节急需大量优质人才，集中力量攻破技术壁垒。国家应在短期内加大人才宏观引导政策支持力度，引进人才、留住人才、利用人才。高等院校应从人才供给端培养高层次半导体行业的人才，从而为本土发展提供基础学科和专业人才；企业应在发展规划中将重点放在科研上，重视优秀人才的引进。同时，企业应有意识地开展与高校、科研院所的战略性合作，建立国内自主的产学研基地，从而满足未来芯片行业的人才需求。

第二十章　2021 年动力电池产业与技术发展

孟祥峰，杜国栋，阮碧琳，刘景江*

摘要：本章对 2021 年动力电池产业与技术发展进行分析，主要从动力电池全球市场规模、动力电池企业竞争与产品配套情况、原材料价格上涨情况及影响、未来发展趋势等方面展开。回顾 2021 年，在新冠肺炎疫情持续、芯片短缺、原材料价格上涨等不利因素的影响下，全球新能源动力电池市场体量仍然较 2020 年市场体量实现翻倍增长，其中，国内市场装机量实现新突破，同比增长 142%。从动力电池企业竞争来看，装机量排名前 10 位的动力电池企业名单基本稳定，头部企业宁德时代、比亚迪领跑市场，市场集中度进一步提升至 68%。从供应链来看，2021 年动力电池主要原材料成本大幅上涨，使得电池综合成本上涨 29.5%，成本压力逐渐传导至整车厂商及消费者，原材料价格上涨对新能源汽车产业造成的冲击已逐步显现。从技术趋势来看，动力电池技术在安全性、能量密度、快充能力、超长循环使用寿命、低温性能、成本控制等方面需要进一步提升。

关键词：动力电池；市场格局；产业链；技术发展。

第一节　动力电池市场规模

一、全球动力电池需求加速跃升，龙头企业优势愈显

根据韩国 SNE Research 最新数据披露，2021 年全球新能源动力电池装机量为 296.8GWh，虽然面临新冠肺炎疫情持续、芯片短缺、原材料价格上涨等不利因素，但 2021 年市场体量仍然较 2020 年市场体量实现翻倍增长。

从地区来看，中国作为全球最大的动力电池市场，2021 年全球市场占有率达 50%，同比增速超过 130%，大大推动了全球动力电池市场的发展；欧洲市场增速放缓，市场占有率下滑至 31%。

从动力电池企业来看，全球市场份额前 10 名企业中，中国企业占据 6 个席位，以“一超多强”的模式抢占全球市场，动力电池竞争从“中日韩”逐渐变为“中韩”。行业龙头企业宁德时代全球市场占有率突破新高，以全球装机量 97GWh、全球市场占有率 33% 的成绩，连续 5 年蝉联动力电池企业全球市场份额第一名；比亚迪全球装机量快速攀升至 26.3GWh，同比增长 168%，全球市场占有率上升至 9%，中创新航、国轩高科、远景

* 孟祥峰，博士，宁德时代新能源科技股份有限公司董事长助理；杜国栋，任职于宁德时代新能源科技股份有限公司；阮碧琳，宁德时代新能源科技股份有限公司市场部高级数据分析师；刘景江，任职于宁德时代新能源科技股份有限公司。

动力、蜂巢能源紧跟其后。中国动力电池企业的优异表现使得日韩动力电池企业的市场受到挤压。2021 年，特斯拉上海工厂的动力电池订单大部分转向宁德时代，由宁德时代电池装配的特斯拉车型不仅在中国市场销售，而且以整车形式出口，导致特斯拉供应商之一韩国企业 LGES 的全球市场占有率下滑至 20%，与宁德时代的差距逐渐扩大；日本企业松下于 2021 年退出特斯拉中国的供应体系，主要为特斯拉海外车型、丰田新能源车型供应动力电池，全球市场占有率下滑至 12%。2020—2021 年动力电池企业全球市场占有率见图 20-1。

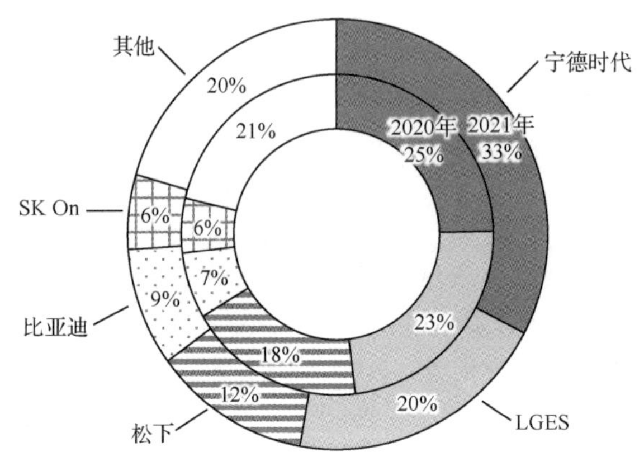

图 20-1　2020—2021 年动力电池企业全球市场占有率

中国动力电池企业的国际价值不仅仅来自中国市场的拉动，还在于国际性成长价值的提升。根据公开报道统计，2021 年，中国动力电池企业新增 20 多起与海外车企的合作订单或项目定点。宁德时代扩大与戴姆勒的合作关系，在电动卡车领域共同探索与研发；与菲斯克汽车达成长期电池供应协议；宣布与韩国现代摩比斯签署 CTP（电池车身一体化）技术许可与合作意向协议，该合作还包括在韩国乃至全球市场的 CTP 相关产品的供应，此次合作也开创了行业国际技术合作新模式，拓展了宁德时代电池创新技术的全球应用，将为全球电动化做出贡献。此外，蜂巢能源已与 Stellantis 集团达成约 160 亿元的动力电池订单，双方合作有望持续深化；亿纬锂能获得捷豹路虎 48V 项目定点；远景动力与法国雷诺集团达成全面战略合作，远景动力将发挥其领先产品优势与全球化运营能力，支持自身全面电动化战略。

二、中国新能源汽车市场转向消费驱动型，动力电池需求跃升

2016—2021 年，中国动力电池装机量趋势见图 20-2。自 2020 年下半年来，中国新冠肺炎疫情趋于稳定并进入常态化管理阶段，受新冠肺炎疫情影响而压制的消费者需求逐渐恢复，与此同时，新能源汽车产品的不断投入，新能源汽车与燃油汽车形成差异化，实现了新能源汽车市场对燃油汽车车市场的部分转换，中国新能源汽车市场开始由政策驱动型向消费驱动型转化。终端市场消费者需求的转变及市场化的选择带动新能源汽车市场快速发展，2021 年，动力电池装机量实现突破，装机量总计 154.5GWh，同比增长 142%。从 2020—2021 年动力电池装机量月度走势（见图 20-3）来看，2020 年第一季度市场几乎停摆，装机量过低，导致 2021 年第一季度同比增速较高，但从整体来看，2021

年全年同比增速为 140%左右。国外新能源汽车市场大多处于政策驱动型，中国新能源汽车市场已率先转向消费驱动型，景气度持续向上，且全球大部分动力电池产能集中在中国，说明在未来相当长的一段时间内，中国仍将引领全球新能源事业的发展，中国动力电池产业的全球竞争力难以撼动。

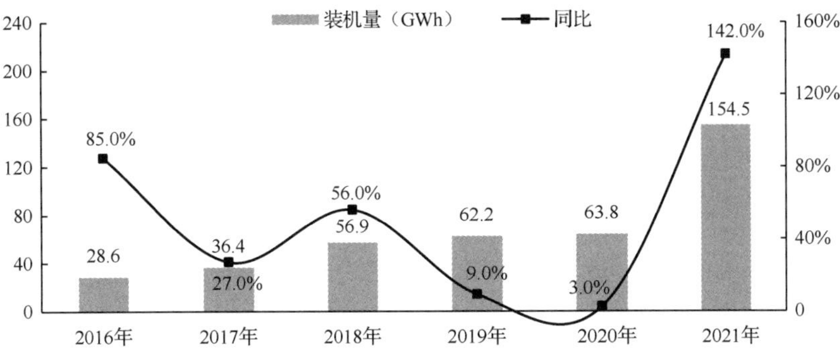

图 20-2　2016—2021 年中国动力电池装机量趋势

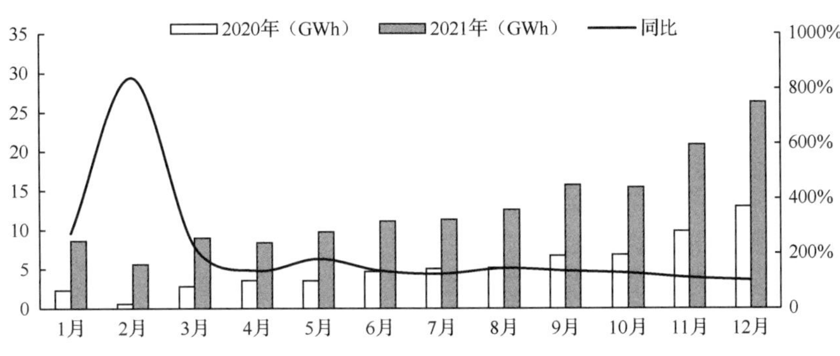

图 20-3　2020—2021 年中国动力电池装机量月度走势

第二节　动力电池企业竞争与产品配套情况

一、动力电池企业前 3 名均为中国企业，市场集中度进一步提升

根据合格证统计数据显示，2021 年共计 58 家动力电池企业在产或有动力电池产品装机，较 2020 年减少 14 家，其中，72%的动力电池企业装机量不足 1GWh。装机量前 10 名的动力电池企业基本稳定，前 10 名动力电池企业中仅 1 家韩国企业 LGES，LGES 在 2020 年装机量排第 3 名；松下、瑞浦能源、力神退出装机量前 10 名行列，蜂巢能源、塔菲尔、欣旺达交替进入，头部企业市场集中度持续提高，前 10 家动力电池企业市场占有率合计 92%，较 2020 年提升 5 个百分点。2021 年动力电池企业国内装机量及排名见表 20-1。

表 20-1　2021 年动力电池企业国内装机量及排名

2021 年					2020 年	
排名	电池企业	装机量（GWh）	市场占有率（%）	客户数量（家）	排名	市场占有率（%）
1	宁德时代	80.5	52	177	1	50

续表

2021 年					2020 年	
排名	电池企业	装机量（GWh）	市场占有率（%）	客户数量（家）	排名	市场占有率（%）
2	比亚迪	25.1	16	30	2	15
3	中创新航	9.1	6	26	4	6
4	国轩高科	8.0	5	62	5	5
5	LGES	6.3	4	3	3	6
6	蜂巢能源	3.2	2	9	13	1
7	塔菲尔	3.0	2	9	11	1
8	亿纬锂能	2.9	2	38	7	2
9	孚能科技	2.4	2	12	10	1
10	欣旺达	2.1	1	7	19	0
	其他	11.9	8			13
	总计	154.5	100	265（重复客户不计入）		100

头部企业宁德时代、比亚迪领跑市场，市场集中度进一步提升至 68%。宁德时代持续扩大领先优势，2021 年全年动力电池装机量为 80.5GWh，以 52%的市场占有率第 5 年蝉联市场第一，客户数量增加至 177 家。2021 年 8 月，由宁德时代配套的特斯拉 Model Y 国产版正式上市，替代 LGES 成为特斯拉中国市场最大的动力电池供应商，同年 8 月之后平均配套量市场占有率超过 90%，全年平均配套量市场占有率为 70%，特斯拉也成为宁德时代 2021 年最大的装机量客户。LGES 由于特斯拉中国订单的减少，在中国市场占有率降低至 3%，目前仅配套特斯拉、上汽通用、沃尔沃 3 家车企共计 6 款车型。比亚迪于 2021 年发布了主打低油耗的全新 DM-i 混动技术，搭配“纯电”的两条战略路线，新能源车型产量顺势迅速爬升。同时，比亚迪积极拓宽动力电池外供市场，动力电池外供车企客户由 2020 年的 16 家增加至 2021 年的 29 家，外供动力电池电量比例增加至 7%；全年动力电池装机量为 25.1GWh，同比增长 167%。值得注意的是，目前各大动力电池企业正在积极应对动力电池原材料涨价的巨大压力，而比亚迪“DM-i”车型受动力电池涨价影响空间小，加上比亚迪全产业链成本优势，PHEV（插电式混合动力汽车）市场很有可能迎来新一轮的规模上涨，从合格证统计数据来看，比亚迪 PHEV 车型装机比例逐月上升，并在 2021 年 12 月超过纯电动车型。

第二梯队动力电池企业积极开拓客户，减小业绩对单一车企的依赖。第 3～5 名的动力电池企业与 2020 年保持一致，不同的是，中创新航、国轩高科排名上升至第 3 名和第 4 名，LGES 下降至第 5 名。2021 年，中创新航成绩斐然，从 2018 年首次进入装机量十佳排名到 2021 年装机量突破 9GWh，以 6%的市场占有率位列行业第 3 名。中创新航瞄准纯电车型市场，主要为广汽乘用车、长安汽车、上汽通用五菱供应动力电池，2021 年新进入小鹏汽车、零跑汽车、广汽本田等多家车企供应体系，客户数量增加至 26 家。国轩高科在微型车市场具有一定的主导地位，成为微型车市场除宁德时代外最大的动力电池供应商，在五菱宏光 MINI、奔奔 E-Star、奇瑞小蚂蚁等车型上均有配套。第 6～10 名动力电池企业竞争激烈，排名不分伯仲，装机量大多集中在 3GWh 左右。目前来看，第二梯队动力电池企业较行业龙头企业宁德时代、比亚迪在产能、良品率、成本等方面仍有较大差距，在相当长的时间内处于追赶状态，上述企业会通过扩建产能、技术提升、成本控制等方式提升市场竞争力，梯队内竞争会越来越激烈。

二、动力电池企业产能方面竞争升级，迎接大规模制造时代

全球新能源汽车市场加速狂奔，对动力电池供应提出了更大的挑战，根据高工产业研究院预测，2025 年，全球动力电池出货量将达到 1.55TWh，正式进入“TWh 时代”。相较日韩系动力电池企业，中国动力电池企业扩充速度更快、规模更大，头部企业产能规划上升至百 GWh 级别。

面对如此巨大的市场预期，包括宁德时代、比亚迪、中创新航、国轩高科在内的 20 多家动力电池企业在 2021 年纷纷宣布扩充产能。宁德时代除了宁德、溧阳现有工厂扩建，新增“四子”落户福鼎、宜春、贵安、厦门，目前已经在全球形成十大生产基地，总产能规划超过 600GWh。比亚迪在吉林、安徽、山东的多个城市建立弗迪新工厂，整体动力电池远期规划产能超过 300GWh。此外，亿纬锂能于 2021 年 9 次扩产动力及储能电池产能；中创新航在全国布局七大生产基地，预计落地产能超过 260GWh。按照规划，未来 2～3 年将迎来动力电池产能的集中交付，各大动力电池企业在产能充足的情况下，市场订单的争夺会越来越激烈，二线动力电池企业也将有望获得更多的市场占有率，企业迅速成长的同时，需警惕市场“价格战”引发的白热化竞争，以及由过剩产能与低端产能引发的行业风险。

三、磷酸铁锂电池增速明显，与三元材料电池平分市场

从动力电池材料来看，市场结构发生较大变化，磷酸铁锂电池占比于 2021 年首次超过三元材料电池占比。根据合格证统计数据显示，2021 年磷酸铁锂电池装机量同比增长 232%，合计装机量为 80GWh，增速显著大于三元电池相关数据；2021 年磷酸铁锂电池占比达 52%，与三元材料电池几乎平分市场。2019—2021 年动力电池分材料装机量占比见图 20-4。

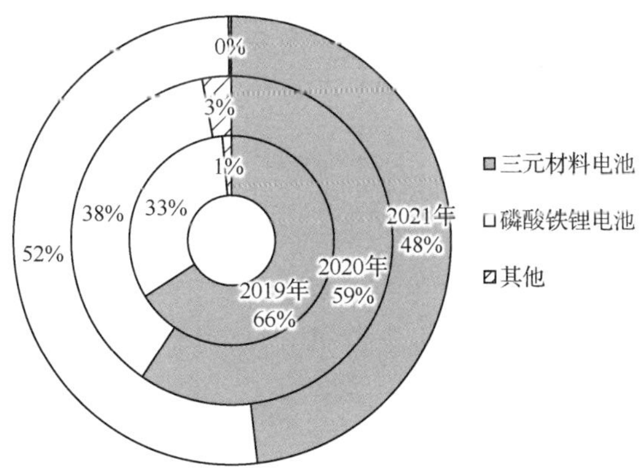

图 20-4　2019—2021 年动力电池分材料装机量占比

磷酸铁锂电池快速增长的主要原因有以下 3 个方面。一是动力电池企业新工艺提升了磷酸铁锂电池的能量密度，使现阶段磷酸铁锂电池的能量密度能够达到三元材料电池

普遍水平，因此，新能源汽车续航能力能够满足大众的基本需求。例如，特斯拉中国采用宁德时代 CTP 磷酸铁锂电池、比亚迪“刀片电池”的全系车型应用。二是磷酸铁锂电池成本更低，性价比优势明显。锂电池上游原材料涨价潮使得动力电池企业降本压力增大，磷酸铁锂电池在中低端车型中性价比优势明显，如微型车五菱宏光 MINI、中型车特斯拉 Model 3/Y、比亚迪全系车型 80%以上都搭载了磷酸铁锂电池。三是磷酸铁锂电池具有相对更佳的安全表现，2021 年，磷酸铁锂车型投放明显增多，中低端市场消费者选择性增加的情况下更倾向于选择磷酸铁锂电池。从应用领域来看，磷酸铁锂电池的增长不仅来自乘用车市场，还来自客车市场、专用汽车市场（2021 年总装机量为 22.3GWh，其中超过 97%的车型使用磷酸铁锂电池）。2021 年动力电池材料的车型应用及装机量见图 20-5。

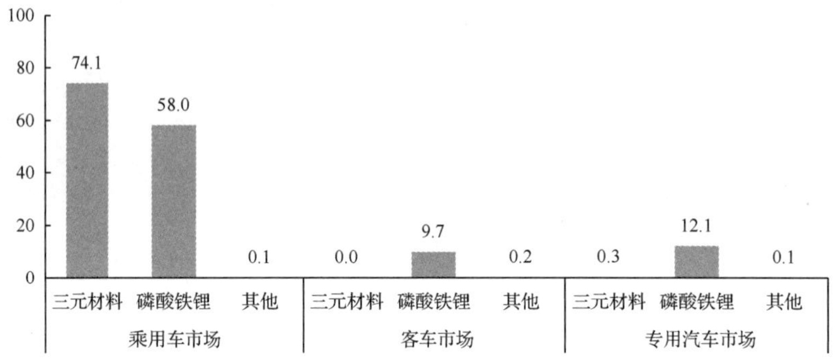

图 20-5　2021 年动力电池材料的车型应用及装机量（单位：GWh）

三元材料电池具有大容量、高能量密度、高快充效率等特点，在中高端及主打差异化的市场中具有不可替代的优势。磷酸铁锂电池的高速发展并不意味着三元材料电池的落幕，2021 年三元材料电池增量显著，同比增长 96%；除特斯拉外，绝大多数的中高端车型搭载三元材料电池。例如，蔚来汽车、小鹏汽车、广汽乘用车，理想汽车的畅销车型理想 ONE 更是 100%配套三元材料电池。从全球市场来看，目前，磷酸铁锂电池装机量主要集中在中国市场，海外市场（特别是欧美地区）仍然以三元材料电池为主，这也和海外动力电池企业 LGES、松下等企业主打三元材料电池有关。从动力电池材料形状来看，国内方壳电池的市场占有率从 2020 年的 79%提升至 2021 年的 88%；圆柱电池的市场占有率从 2020 年的 12%下滑至 2021 年的 8%，主要由于 LGES 在特斯拉中国的圆柱电池订单减少。2018—2021 年动力电池形状及装机量见图 20-6。

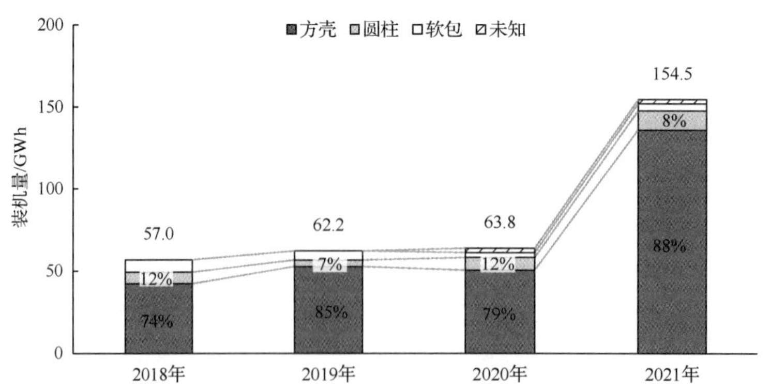

图 20-6　2018—2021 年动力电池形状及装机量（单位：GWh）

四、高能量密度和低成本仍是动力电池企业的主要发展目标

新能源汽车的快速发展与普及离不开动力电池性能的突破和成本的下降。作为新能源汽车的“心脏”，动力电池的性能直接决定了整车的安全性和续驶里程。2021 年，磷酸铁锂电池的装机量超过三元材料电池的装机量。在补贴退坡的大环境下，动力电池企业纷纷转向低成本、高安全的磷酸铁锂电池，其背后更多的原因是动力电池企业在磷酸铁锂电池上的系统创新，使磷酸铁锂电池能够满足现阶段市场的系统能量密度和续航需求，且和三元材料电池形成竞争，在不同的市场“各自为王”。2020—2021 年纯电动汽车动力电池能量密度分布见表 20-2。表 20-2 的数据也能说明上述现象，2021 年，不同能量密度的动力电池装机量都大幅度提升，且各区间分布较为均衡。在纯电动乘用车市场，越来越多的动力电池企业加入高能量密度电池的生产行列。例如，宁德时代、中创新航、SK On 于 2020 年就已经将电池能量密度大于 180Wh/kg 的电池量产装车；2021 年，孚能科技、国轩高科产品也相继上市，孚能科技配套的奔驰车型系统能量密度为 188Wh/kg，国轩高科配套的 BEIJING-EX3 系统电池能量密度突破 200Wh/kg。电池能量密度区间为[125,140)Wh/kg 的产品市场占有率提升最为显著，该区间的代表车型有宁德时代配套的特斯拉磷酸铁锂电池版本车型、蔚来系列换电车型及比亚迪自供的王朝系列车型等。

表 20-2　2020—2021 年纯电动汽车动力电池能量密度分布

车型大类	能量密度区间（$Wh \cdot kg^{-1}$）	装机量（GWh）		装机量市场占有率（%）	
		2020 年	2021 年	2020 年	2021 年
纯电动乘用车	(0,125)	1.5	5.7	3	5
	[125,140)	6.0	30.4	14	25
	[140,160)	11.1	37.8	26	31
	[160,180)	16.9	42.0	39	35
	≥180	6.9	4.1	16	3
	（空白）	0.8	1.8	2	1
纯电动客车	(0,135)	0.0	0.0	0	0
	[135,160)	6.7	4.2	57	44
	[160,180)	4.5	5.5	38	56
	≥180	0.4	0	4	0
	（空白）	0.1	0	1	0
纯电动专用汽车	(0,125)	14.7	0.1	6	1
	[125,140)	0.6	3.7	0	30
	[140,160)	0.2	6.5	0	53
	[160,180)	201.8	1.7	87	14
	≥180	0.0	0.1	0	1
	（空白）	14.4	0.1	6	1

除了系统创新，材料创新也是各大动力电池企业的研究方向。备受关注的“高镍路线”对技术研发和生产工艺的要求极高，通过提高镍元素的比例、降低钴元素的比例，使成本可控的同时，在一定程度上保证了电池能量密度，极大地提升了电池的续驶里程、循环使用寿命和安全性。作为国际竞争的主赛道，中日韩头部企业宁德时代、松下、LGES、SDI、SK On 基本都已研发和量产镍含量超过 80%的三元材料电池，并将目标投向更高比例镍含量的电池，如宁德时代“811 电池”、松下“4680 系列电池”、LGES“9 系电池”等。新能源汽车将朝着智能化发展，对车辆耗电量的要求越来越高，对于中高端车型，动力电池更偏向于选择“高镍低钴”的技术路线。2021 年，受芯片短缺影响，不少高端车型推迟上市，间接影响了高镍三元材料电池的产量，预计在 2022 年，芯片供应得到缓解，高端车型将密集上市，特别是海外市场对高镍三元材料电池的需求会逐步放量，从而进一步推动高镍三元电池的市场占有率。宁德时代“掺硅补锂”技术、蔚来汽车 NIO DAY 提到的“无机预锂化碳硅负极”、特斯拉“预锂化”等技术，目的也在于提高动力电池能量密度，满足市场高续航的需求。2021 年 7 月，宁德时代正式发布钠离子电池，第一代钠离子电池能量密度为 160Wh/kg，虽然低于目前磷酸铁锂电池和三元材料电池的水平，但钠离子电池在低温、快充方面具备天然优势；宁德时代提出“AB 电池”的混搭使用方案，在更高能量密度的钠离子电池量产之前，第一代钠离子电池能够通过混搭磷酸铁锂离子电池装车，使得钠离子电池和磷酸铁锂离子电池优势互补，即在加强电池低温、快充特性的同时，提升电池能量密度；钠离子电池在资源和成本上的先天优势，商业化后的市场与磷酸铁锂电池的应用领域可能会有所重叠。

对于动力电池企业来说，应增强技术储备，以多元化的技术路线更好地满足市场化需求。可以预见，在未来一段时间内，高能量密度和低成本仍是动力电池企业的主要发展目标，而技术路线的最终选择应该交由市场来决定。

第三节　原材料价格上涨情况及影响

动力电池的主要原材料包括正极材料、负极材料、隔膜和电解液等，这些原材料受锂、镍、钴等大宗商品及化工原料价格影响较大。在动力电池成本中，原材料成本占比约 60%，原材料价格波动是影响动力电池成本的关键因素。碳酸锂作为汽车动力电池的核心原材料和最重要的初级产品，被誉为“白色石油”，碳酸锂的稳定供应事关我国从汽车大国迈向汽车强国的战略全局。2021 年以来，我国新能源汽车产销量增长 160%，而国内碳酸锂价格暴涨 800%，成本逐步从电池厂商传导至整车厂商乃至消费者，原材料价格上涨对新能源汽车产业造成的冲击已逐步显现，部分对成本敏感的车型已被迫停产。

一、原材料价格上涨情况及对整车成本的影响

2019—2021 年年初，碳酸锂价格长期维持在 4～6 万元/吨；2021 年下半年开始，碳酸锂价格持续快速上涨，其中，2021 年 7—9 月，仅 3 个月的时间碳酸锂价格从 8 万元/吨上涨至 18 万元/吨，2021 年 12 月，碳酸锂价格上涨至 27 万元/吨。自 2022 年 1 月，新能源汽车产销环比下滑，但碳酸锂价格仍然继续飙升至 46 万元/吨，和 1 年前相比上涨约 40 万元/吨，涨幅近 8 倍。

作为动力电池的核心初级产品，碳酸锂价格每上涨 10 万元/吨，电池成本上涨 0.06 元/瓦时。按照 50 千瓦时/车计算，碳酸锂价格上涨对单车成本影响超过 10000 元。早期，电池企业扛负压力，未向下游传导；但由于涨价时间长、幅度大，自 2021 年年底，压力逐步传导至车企和消费者。

2021 年，除碳酸锂外，电解液中的六氟磷酸锂从 9 万/吨上涨至 55 万元/吨，辅料 PVDF（聚偏二氟乙烯）从 15 万元/吨上涨至 70 万元/吨，石墨从 14000 元/吨上涨至 28000 元/吨。2021 年，各种原材料价格涨幅对电池单位瓦时成本的影响：碳酸锂为 16.2%（目前已超过 30%）、六氟磷酸锂为 6.6%、PVDF 为 4.7%、石墨为 2.0%。将上述成本全部加在一起可知，电池综合成本上涨 29.5%。

二、原材料价格疯涨原因及影响分析

动力电池原材料价格的持续上涨的原因：一方面是下游新能源汽车动力电池旺盛的需求带动；另一方面受制于紧张的锂材料供求关系。据中国汽车工业协会统计，2021 年，我国新能源汽车产量和销量分别为 354.5 万辆和 352.1 万辆，同比均增长 1.6 倍。全球电动汽车销量进入陡峭增长期，动力电池企业订单火爆，为满足客户需求，动力电池企业快速扩大优质产能、增加储备，带动了锂需求量的快速上升，从而导致碳酸铁锂电池原料供不应求。由于全球锂矿、钴矿、镍矿资源多集中在海外，并被头部矿业集团垄断，且典型矿石生产碳酸锂产能释放周期较长，2020 年以来，受新冠肺炎疫情影响，动力电池原材料企业未能按预期实现扩产计划，导致原材料进口紧缺、供应紧张。

我国新能源汽车起步早，考虑整车和零部件成本不断下降，购车补贴自 2017 年开始逐年退坡，其中，2021 年、2022 年均退坡 20%，2023 年将全部退出。整车企业和动力电池企业的共同目标是不断降低成本，力争尽早实现新能源汽车和燃油汽车价格相当。上游原材料持续涨价，动力电池企业只能将成本压力向整车企业传导，进一步传递给消费者，叠加补贴退坡退出，将对新能源汽车产销量产生较大冲击。新能源汽车最关键的核心技术在动力电池环节，技术迭代快、研发投入大是动力电池行业的典型特点。上游原材料涨价，挤压动力电池企业利润空间，将影响动力电池企业的研发投入，影响技术进步和迭代速度。目前，动力电池原材料的上游矿产资源主要依赖进口（依存度高达 65%），中国动力电池材料价格上涨带来的利润空间刺激国外矿业头部企业坐地涨价，同时会强化西方国家对资源的控制，增加我国资源安全供应的风险。

第四节　未来发展趋势

动力电池是汽车电动化的核心零部件，2021 年，全球动力电池装机量达 296.8GWh。随着全球汽车电动化加速推进和主要 OEM（原始设备制造商）燃油汽车禁售计划的陆续出台，至 2030 年，动力电池市场规模将快速增长。根据韩国 SNE Research 预测，到 2025 年，动力电池装机量需求可达 1163GWh，到 2030 年将达 2963GWh。

从技术角度看，随着基础性能的达成，终端用户更关注电动汽车高安全、高性价比、持久耐用，以及个性化、长续航、快充电、良好的耐低温性能，终端用户需求将继续引领动力电池技术在安全性、能量密度、快充（快速充电）能力、循环使用寿命、低温性

能、成本控制等方面进一步提升。

一、安全性

近年来，随着保有量的增加和使用年限的增长，新能源汽车安全事故呈多发态势，国内外已经发生多起电动汽车安全事件，现代汽车和通用汽车更是在2021年发生了全系召回旗下电动汽车事件，为全球新能源汽车行业敲响警钟。要实现动力电池的高安全，需要从系统的安全设计、严格的制造品质管理、智能监控和预警系统、全生命周期的安全管理等多维度持续攻关。具体地，产品设计层需要构建材料、电池单体、模块、电池包多级安全防控体系，开发不起火电池技术，上述体系或技术正在成为当前动力电池行业安全新标杆。最主要的是源头的材料选择和产品设计应该更加谨慎；产品制造层需要注重制造过程的质量与安全管控，将产品缺陷率由ppm级降至ppb级；辅以基于大数据的动力电池系统热失控早期预警机制和注重动力电池全生命周期的安全管理策略，建立提升安全状态参数评估能力，增加电池安全事故预测的时间余量。

二、能量密度

过去几年，动力电池能量密度低，致使电动汽车续驶里程短。与此同时，充电桩数量有限、充电设施布局不合理等因素，导致电动汽车的便捷性大受影响。上述两个因素共同作用，里程焦虑一直影响着用户对电动汽车的选择。当前，随着电池系统能量密度提升、整车留给电池系统的空间优化、CTP等系统集成效率的提升及整车电耗的降低，单次充电可媲美燃油汽车续驶里程（>650km）的电动汽车陆续发布。随着充电桩数量的逐渐增加，里程焦虑可大大缓解，续驶里程的设定将逐步趋向理性，因此，经济性高的电动汽车会逐步成为主力，此部分车型配套的电池能量密度已完全满足需求，将随着整车智能化、娱乐化的加强而持续小步优化。同时，换电技术的逐步推广降低了终端用户对电池能量密度和续驶里程的高要求。追求长续航里程的高档车型或旗舰车型也会满足个性化市场，此部分车型会追求单次充电续驶里程大于 1000km。在电芯级别方面，具有高能量密度的高镍正极材料、高电压三元材料及硅等新型负极材料等将实现量产，与之匹配的电解液技术、负极黏结剂技术及电芯制造技术也将进一步提升，到2025年，量产电芯能量密度有望达到700Wh/L和350Wh/kg。同时，电动化、智能化CTC（电池底盘一体化技术）等全新、高效的动力电池系统集成技术将得到大规模应用，进一步提高动力电池能量密度。

三、快充能力

充电速度是决定电动汽车终端用户体验的关键因素。充电速度越快，用户充电等待时间越短，体验感越好，而充电时间媲美燃油汽车加油时间的电动汽车一直是用户的期望，因此，追求更短的充电时间会分化出更高快充的需求。预计到2025年，电动汽车充电时间将从30分钟以上降低到15分钟左右；到2035年，进一步降低到10分钟左右。在具体技术上，石墨负极的快充性能将进一步提升并得到大规模应用。同时，为了实现快速充电，在动力电池系统热管理方面，温度实时/高精度监控、高效冷却/加热、系统内部温度高均匀化控制等技术将得到显著发展，实现动力电池系统热管理精细化。

和长续航里程一样，考虑到整车性价比和经济性，对于拥有私人充电桩等充电方便的用户，快充的需求会降低。与此同时，换电的推广也使终端用户无须过多考虑充电时间，因此，在市场上，预期会出现高、低两类充电需求的细分车型和技术方向。

四、循环使用寿命

动力电池相当于电动汽车的“心脏”，动力电池的使用寿命在很大程度上决定了电动汽车的使用寿命。终端用户对价格高昂的电池质保及整车残值顾虑较大。以目前典型的电动乘用车为例，动力电池的循环使用寿命一般为1000～2000循环，对应的电动汽车质保时间为8年左右，总质保里程约为20万千米。更高质保诉求（大于15年）、提升二手电动汽车的交易残值、电池系统梯次利用、换电的推广发展等均需要开发更长使用寿命的电池以达成更高的经济性。要提高动力电池的使用寿命，需要对动力电池正负极材料及电解液添加剂等进行优化，如采用结构稳定性更好的正负极材料，使用成膜效果更好、保护性能更强的电解液添加剂等。同时，通过动力电池系统技术的提升，对动力电池的使用环境及使用方案进行优化，如更优的热管理和充电流程，以及全生命周期的智能管理，可以进一步提高动力电池的寿命。

五、低温性能

冬季续驶里程减少是新能源汽车的普通问题，主要由于低温下锂离子在正负极材料中的传导效率低、正负极颗粒表面的反应速度慢、电解液的黏度大等，限制了动力电池在低温下的放电能力。对于整车而言，低温续航方面的难题还在于整车能耗、热管理、空调等耗电器件的节能使用，以及里程缩短导致回充电量减少等。动力电池自身因素影响占比约60%。

打造全天候动力电池是未来动力电池技术的一个重要发展方向。通过对正负极材料成分、颗粒结构、表面性能进行优化，可以显著提高锂离子电池的低温放电保持率；通过优化材料结构和电解液，可以提升电芯的低温回充性能，以增加行驶中的回收电量。同时，通过对动力电池系统进行优化，采用更高效的热管理系统对动力电池进行加热或冷却，可以进一步拓宽动力电池的使用温度范围。

六、成本控制

新能源汽车能否被大众普遍接受，其成本是关键因素。随着新能源汽车渗透率的逐渐上升，终端用户的购车认可度在逐渐提升。动力电池降成本发展的重要方向有以下4点。

一是提升材料技术，例如，开发低钴甚至无钴含量材料、降低稀缺元素钴等的用量；开发高电压材料，提高充电电压，使单位质量的原材料提供更多的能量。

二是开发高效集成技术，如采用CTP等，降低系统级别的零部件数量，简化制造过程，降低制造成本。

三是规模化生产和标准化生产，提高制造效率和良品率。

四是新一代超低成本动力电池技术的探索开发，如钠离子电池、富锂锰基电池、5V

尖晶石高电压电池等。

除动力电池自身技术发展外，成本控制还有两个发展方向。一方面是整车空间优化，可使用低成本体系电池覆盖更高的续驶里程来达到整车降低成本（如配置磷酸铁锂电池的车型续驶里程在逐渐增加）；另一方面是降低整车电耗，达成相同续驶里程下降低配电量以进一步降本。

七、低碳化发展

新能源汽车已成为国家应对气候变化、实现“双碳”目标的战略举措。而动力电池作为新能源汽车重要的组成部分，兼具能源的存储使用和制造业的属性。如果能用绿色能源对其充电，那么就可以提高新能源的利用率，从本质上改变能源结构。而新能源汽车自身制造的低碳化也应该满足国家、国际社会对低碳发展的要求。尤其是欧盟自 2020 年 12 月发布《电池与废电池法》草案后，新增了要求电池生产和使用的低碳化、追踪碳足迹等规定，体现对动力电池更为明显和激进的“碳壁垒”特征。此举将影响新能源汽车产业链上下游参与者，需要中国从法律法规和产业结构上做相关完善和应对。

随着法规的落实和低碳要求的推进，可预计电池行业的变化趋势：电池制造、上游材料生产工艺都需要向低碳化方向调整，达到节能优化；大比例或全部使用清洁化电力；原材料中加大循环材料的使用比例；电池使用增加梯次利用，尽可能延长一次能源消耗生产的产品的使用周期。具体地，电芯工厂和正极材料工厂切换绿电生产，三元材料电池的过渡金属、铝壳、塑料组件使用回收材料。上述举措将带动生产环节向资源产地、清洁能源产地集中，加大低能耗工艺研发，提升能源使用效率。与此同时，相关产品做好碳足迹记录和追踪，国际贸易增加碳税，相关产业制定新的行业标准、国家标准、国际标准及法规等。

八、换电及车电分离应用

当前，制约新能源汽车普及的重要因素有安全、成本和充电便利性。其中，成本主要体现在整车的购置成本和残余价值，充电便利性主要体现在充电速度和获取充电机会的便捷性。从长期看，电池成本的降低依赖于供应链满足度提升和电化学体系的迭代技术进步，而充电便利性依赖于电池系统充电速度的提升和充电桩的普及。在当前短期内无法改变技术和资源的状态下，衍生了新的商业模式来解决这些难题，即换电和车电分离。该模式既能高效补能，又能降低成本。例如，乘用车换电仅需 3～5 分钟，远远快于充电所需的时间。而车电分离将电池集中管理，有助于降低终端用户的初始购置成本。换电的细分技术有蔚来的整包换电模式和宁德时代的“巧克力 1～3 块电池包按需换租模式”。到 2025 年，换电车型预计将达到新能源汽车的 30%，尤其在新能源汽车密度较高且桩车比不足的区域，发展换电的需求更为迫切。具有固定运营线路的商用车也可能优先发展换电模式。车电分离的发展对动力电池带来的变化将是电池系统架构和换电包的标准化。

第二十一章　2021 年电驱动总成产业与技术发展

王海斌，李红志，曹敬煜，庹瑞锐*

摘要：电驱动总成的技术构型正处于从简单集成到深度集成的发展过程中，电驱动总成的性能、效率、噪声各方面指标持续提升。本章总结了过去 10 余年国内外新能源汽车电驱动总成技术和发展趋势，分别从新能源乘用车和新能源商用车领域，系统分析 2021 年国内电驱动总成的技术发展现状及竞争格局，并展望未来发展趋势。在电驱动总成技术层面，未来将向集成化、轻量化、模块化、智能网联化趋势发展；在电驱动总成应用层面，针对不同车型，将向高效率、高可靠性、低噪声的系统构型方向发展。其中，新能源乘用车不断提升电驱动系统的集成度、一致性，打破合资品牌竞争格局；新能源商用车不断优化系统构型，提升电驱动系统的可靠性及整车的经济性，扩大新能源车型的渗透率，最终实现节能减排。

关键词：电驱动总成；驱动电机；电机控制器。

第一节　新能源乘用车电驱动总成产业与技术发展分析

一、国内外乘用车电驱动总成技术构型发展分析

总结过去 10 余年新能源汽车电驱动系统的发展历史，可分为如下三个阶段。

第一阶段：分立式。电机、减速器、控制器等模块独立布置，由简单的螺栓拼接构成电驱动总成。在新能源汽车行业发展的初期，受技术和市场成熟度的限制，企业通常在电机、减速器和控制器 3 个领域各有专长，分别独立为主机厂商供货，整车厂商负责系统集成。这种传统的分立构型，使得整车高低压线束、接插件、管路和箱体结构等比较多，且集成度低、空间利用率低、质量大、成本较高。分立式技术构型主要存在于 2017 年以前。

第二阶段：电动总成（“电机+减速器二合一”）。随着技术的进步，一些企业通过技术升级、合资合作或资本并购，具备了电机和减速器的集成设计能力，可以将电机和减速器设计制造集成一体为主机厂商供货，于是出现了短暂的“电机+减速器二合一”时期，主要是 2017－2018 年，典型代表为精进电动、博格华纳、大陆汽车电子等。

第三阶段：集成型电驱动总成（电机、减速器和控制器构成的“集成三合一”，以下

---

* 王海斌，博士，精进电动科技股份有限公司技术总监；李红志，高级工程师，苏州绿控传动科技股份有限公司研究院常务副院长；曹敬煜，工程师，苏州绿控传动科技股份有限公司总经理助理；庹瑞锐，工程师，精进电动科技股份有限公司公关关系与政府项目高级经理。

简称“集成三合一”）。集成型电驱动总成深度集成了电机、减速器和控制器，共享主要机械部件，冷却接口、高低压线束和机械方面都深度集成。

“集成三合一”的构型可以减少整车三相高压线束、低压接插件、冷却管路和箱体零件等，具有结构紧凑、布置便利等优势，有利于减轻质量、降低成本和提升效率。“集成三合一”构型对于电驱动系统的开发设计、试验验证、工艺制造、质量控制和企业资金实力都提出了很高的要求，主要企业有比亚迪、精进电动、上汽捷能、德国博世、美国博格华纳、韩国 LG、日本电产等。

随着电动汽车技术的不断进步，“集成三合一”甚至“集成多合一”的电驱动总成已成为未来发展趋势。高度集成化带来的成本优势也愈加凸显，集成型电驱动总成将成为未来市场的主流。

二、2021 年中国乘用车驱动电机发展现状分析

（一）新能源乘用车驱动电机总体发展情况

驱动电机是新能源汽车三大核心部件（即电机、控制器、电池）之一。驱动电机是新能源乘用车车辆行驶中的主要执行结构，也是汽车的重要部件，其驱动特性决定了电动新能源乘用车行驶的主要性能指标。

2000 年开始，中国政府依托 4 个“五年计划”中多个重大专项的研发推动，在混合动力汽车、燃料电池汽车与纯电动汽车等新能源乘用车领域，从整车及关键零部件等方面展开研发，为中国新能源乘用车行业发展奠定了较为完善的技术体系，从而推动中国新能源乘用车驱动电机行业进入快速发展阶段。当前，中国驱动电机在功率密度、转速、效率等关键技术指标与国外技术水平相当，比亚迪、精进电动、联合电子、上海电驱动等优秀的中国电机企业在国际行业竞争中不断取得优异成绩。

（二）新能源乘用车驱动电机产品配套情况

永磁同步电机仍是行业主要的驱动电机类型。2021 年，国内新能源乘用车驱动电机市场共装配 342.5 万台电机。其中，永磁同步电机数量为 323.3 万台，占比约 94%；交流异步电机占比约 5%。国内的驱动电机市场仍以永磁同步电机为主，主要原因包括以下两个方面。一方面，国内稀土资源较为丰富，供应链资源丰富；另一方面，新能源汽车发展初期仍以单电机的车型为主，需要相对较大的输出功率和扭矩。在双驱动电机版本的纯电动车型中，配套 1 台交流异步电机和 1 台永磁同步电机的车型较多，随着双驱动电机版本的纯电动车型的占比增加，交流异步电机在国内的市场份额仍有一定提升的空间。

三、2021 年中国乘用车电机控制器发展现状分析

（一）新能源乘用车电机控制器总体发展情况

电机控制器（以下简称“电控”）是电驱动系统中的核心部件。新能源汽车电控通过

接受 VCU（车载通信装置）指令，控制新能源汽车电机的电流及电压，使其按照需要的方向、转速、转矩、响应时间工作，此外，在能量回收过程中，新能源汽车电控还起到回充动力电池的作用。电控对新能源汽车电驱动系统的效率和功率密度有重要影响，通过 IGBT（绝缘栅双极型晶体管）芯片的不同结构设计，可以优化体积，减少物料使用，从而提升电驱动系统的功率密度；通过软件和硬件端的差异性，可以优化总成效率，改善续驶里程。

电机控制器主要包括功率半导体器件（如 IGBT）、PCB（印制电路板）、电容器、传感器、壳体和控制软件等。其中，传感器包括温度传感器、电流/电压传感器、转子位置传感器等，控制软件包括 AUTOSAR（汽车开放系统架构）等软件架构。功率半导体器件（IGBT 或碳化硅 SiC）是电机控制器的核心零部件，占整个新能源汽车电控系统总成本的 35%～40%。中国新能源汽车电控系统功率器件严重依赖进口，且上游供应商具有较高的市场集中度，导致电控系统集成商元器件采购成本较高。

电机控制器根据结构不同又可分为 IGBT 模块和 IGBT 单管并联两种方案，目前两种方案均有车企批量应用，各有其优势和劣势。

经过近 4 个“五年计划”的持续发展，目前，我国自主研发的电机控制器产品的峰值功率范围覆盖了 500kW 以下各类新能源汽车用电驱动系统的动力需求，关键指标（如功率密度、效率等）与国际同类产品水平相当。随着新能源汽车市场的发展，电机控制器行业也得到同步推动，整体发展市场呈现集成化、模块化、高效化等趋势，核心技术成为企业立足之本。

2021 年上半年，国内乘用车市场同比下降，2021 年下半年形势有所好转，2021 年的全年装机量实现了 38%的同比增长。2020—2021 年中国电控装机量如表 21-1 所示。

表 21-1　2020—2021 年中国电控装机量

月　份	2020 年装机量（台）	2021 年装机量（台）	同比增速（%）
1	53096	45132	-15
2	13001	11181	-14
3	57172	49168	-14
4	81559	71772	-12
5	82959	72174	-13
6	100376	90338	-10
7	104564	125477	20
8	117019	157976	35
9	153185	214459	40
10	150631	225947	50
11	210660	368655	75
12	285052	513094	80
总　计	1409274	1945373	38

（二）新能源乘用车电机控制器产品配套情况

现阶段，中国汽车产业正加速变革，随着汽车电气化水平的提升，电子硬件与配套软件在汽车整车中所占的比重逐步提升，电控开发需要从硬件、软件两个方面协同进步，电机控制器的核心指标为功率密度、效率。从硬件角度，IGBT 单管并联方案将具备高性价比优势，或成为 A 级以下车型的主流硬件配置；而 IGBT 模块方案凭借更高的可靠性，在中高端车型中占据核心地位；器件方面，碳化硅有望逐步渗透。从软件角度，电机控制器相关技术需要在可拓展性、易维护性、功能安全性等方面不断提高。

不论是已有的规模以上车企，还是“新造车势力”车企，对第三方驱动电机控制器的需求都比较高，部分车企直接采用电控、电机系统总成，为中国新能源汽车电控系统企业向系统集成商发展创造了条件。

现有的新能源汽车以“集成三合一”为主，集成度更高的“集成多合一”新产品也在不断问世。根据相关数据统计，2022 年 1—4 月新能源乘用车搭载的电驱动系统中，分体式、电机/电控“二合一”合计占比为 44%，“集成三合一”占比为 52%，“集成多合一”占比为 4%。同时，OBC（车载充电器）、DC-DC（直流控直流）、PDU（电源分配单元）等充配电系统集成产品应用不断增加，结合电驱系统集成产品将形成集成度更高的“集成多合一”平台。

四、2021 年中国乘用车电驱动总成企业竞争格局及重点企业情况

（一）新能源乘用车驱动电机企业竞争格局及重点企业情况

目前，国内新能源汽车驱动电机行业参与主体主要分为 3 类：整车厂商、从事新能源汽车电机供应的专业企业、涉及其他领域电机生产的传统企业。其中，整车厂商对驱动电机的性能和数量要求较高。2021 年中国驱动电机装机量 TOP10 企业如图 21-1 所示。

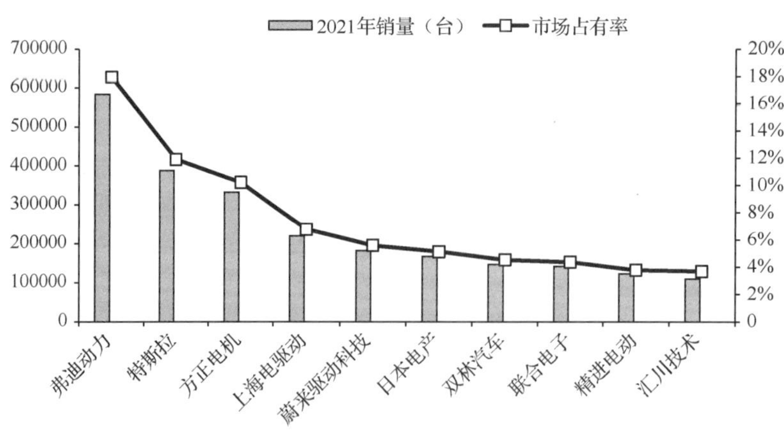

图 21-1　2021 年中国驱动电机装机量 TOP10 企业

第三方驱动电机供应商有宁波双林、方正电机、精进电动、日本电产、博格华纳、上海电驱动等。2021 年中国第三方驱动电机供应商的乘用车客户群如表 21-2 所示。

表 21-2　2021 年中国第三方驱动电机供应商的乘用车客户群

电机企业	乘用车客户群
宁波双林	上汽通用五菱
方正电机	上汽通用五菱、吉利汽车、小鹏汽车
精进电动	一汽、上汽、小鹏汽车、吉利汽车、广汽
日本电产	广汽乘用车、吉利汽车
博格华纳	长城汽车、威马汽车、理想汽车
上海电驱动	长城汽车、长安汽车、小鹏汽车、江淮汽车、奇瑞汽车

中国驱动电机企业的海外市场占有率还不高，目前，国际品牌驱动电机不断进入中国市场，但中国驱动电机配套欧美市场车型的数量较少。2016 年以来，精进电动油冷电机持续批量出口美国，配套菲亚特克莱斯勒汽车公司（FCA）的克莱斯勒和吉普品牌，在激烈的国际竞争中提出的中国方案得到了国际客户的采纳。

（二）新能源乘用车电机控制器企业竞争格局及重点企业情况

新能源汽车电控系统的开发包括软件、硬件设计与集成。硬件方面，车规级 MCU 芯片、功率半导体等核心器件仍依赖于进口。核心软件通常由下游新能源汽车主机厂商进行研发，而硬件与底层驱动软件可由汽车零部件供应商提供。目前，行业内中国企业主要分为两类。

一类是新能源汽车主机厂商。以比亚迪、北汽新能源为代表的新能源汽车主机厂商，借助其在整车及零部件制造等方面积累的经验与资源，自主研发、生产旗下车型配套的电控系统。

另一类是第三方电控系统集成商。第三方电控系统集成商拥有多年逆变器、伺服电机、工业电机等领域的制造经验，随着新能源汽车的兴起，第三方电控系统集成商快速将业务延伸至新能源汽车电控系统领域，其产品在新能源客车、传统车企、“新造车势力”领域已广泛应用。这类供应商包括汇川技术、大洋电机（含上海电驱动）、阳光电源、精进电动，以及新进入该领域的华为等。中国新能源汽车电控系统行业产业链见图 21-2。

目前，大部分第三方电控系统集成商的营业收入体量还比较小。2020—2021 年新能源汽车渗透率快速提升，给电驱动行业相关公司带来较快营收增长。但从绝对数值来看，大部分企业营收规模较小，多数企业的电控相关业务收入在 10 亿元以下。

2021 年，国内乘用车电控装机量最多的企业为比亚迪。在装机量 TOP10 的企业中，整车厂商电控自供的企业有比亚迪、特斯拉、蔚然动力（蔚来）、奇瑞新能源、北汽新能源，第三方电控系统集成商有汇川技术、联合汽车电子、宁波央腾、日本电产、上海电驱动。2021 年中国电控装机量 TOP10 企业见图 21-3。

从供应商配套的用户特征看，我国自主供应商主要配套商用车和中低端乘用车。国际品牌供应商如博世（联合电子）、日本电产等主要配套中高端乘用车。2021 年中国乘用车电控供应商的用户群分析如表 21-3 所示。

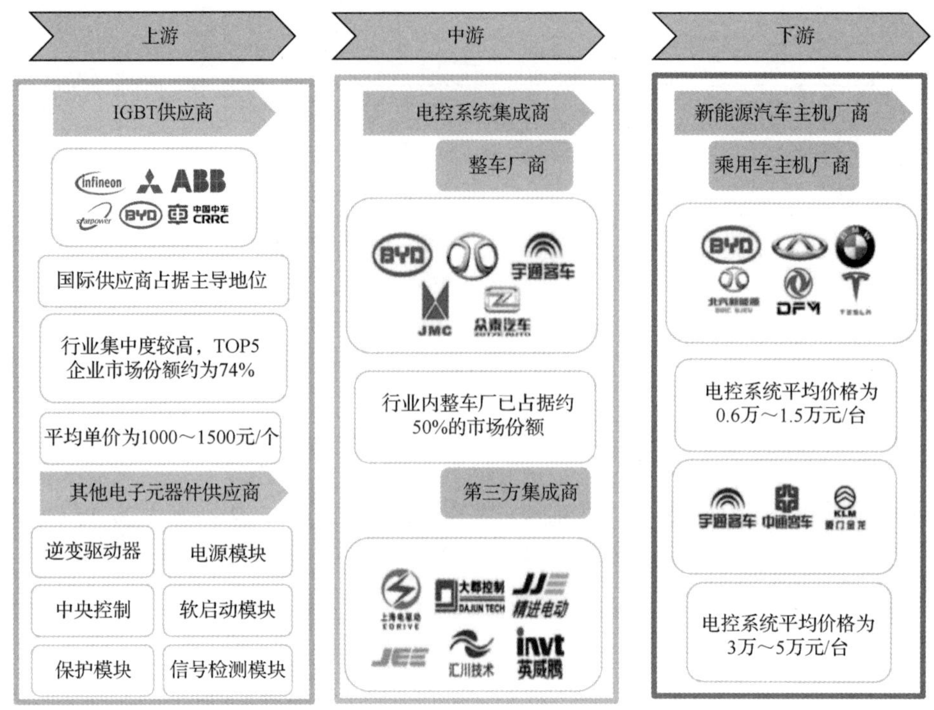

图 21-2　中国新能源汽车电控系统行业产业链

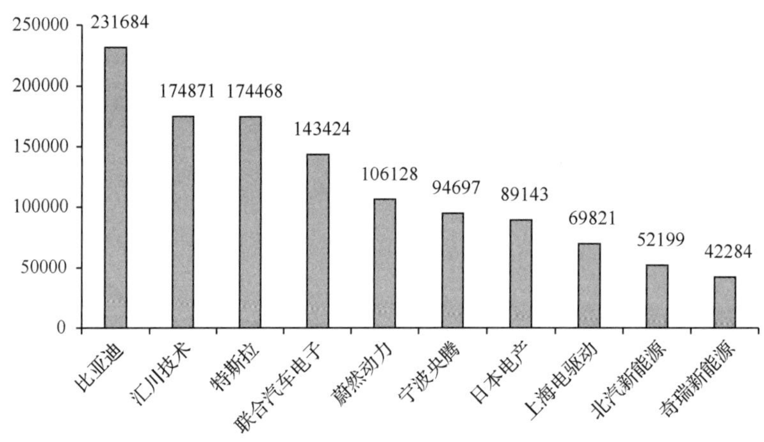

图 21-3　2021 年中国电控装机量 TOP10 企业（单位：台）

表 21-3　2021 年中国乘用车电控供应商的客户群分析

电控企业	客户群
比亚迪	广汽比亚迪、长城汽车
汇川技术	东风汽车、猎豹汽车、东南汽车、威马汽车、长安汽车
宁波央腾	上汽通用五菱
特斯拉	特斯拉
联合汽车电子	上汽、吉利汽车、宝沃汽车
蔚然动力	蔚来汽车

续表

电 控 企 业	客 户 群
日本电产	广汽乘用车（埃安）
上海电驱动	华晨汽车、奇瑞汽车、浙江吉利汽车、广汽、安徽江淮、一汽
精进电动	小鹏汽车、天机汽车
奇瑞新能源	奇瑞汽车
北汽新能源	北汽新能源汽车

第二节　新能源商用车电驱动总成产业与技术发展分析

一、国内外商用车电驱动总成技术构型发展分析

纯电动车型（纯电动总成构型）、插电式混合动力车型（混合动力总成构型）和燃料电池车型是新能源商用车的 3 种技术路线。纯电动车型和燃料电池车型的驱动系统总成没有本质区别，可归为同一类，本节按纯电动总成构型和混合动力总成构型来分析。

（一）纯电动总成构型

纯电动总成构型分为集中式驱动构型、集成式驱动构型和分布式驱动构型。集中式驱动构型结构简单，可以沿用内燃机动力车的部分传动装置，继承性好。集成式驱动构型的特点是质量小、传动效率高、占用空间小。分布式驱动构型将电机、减速器与传统驱动桥高度集成，取消传动轴，有利于整车布置。

1. 集中式驱动构型

集中式驱动构型有 3 种构型方式，具体分析如下。集中式驱动构型方案及对应的构型图如图 21-4 所示。

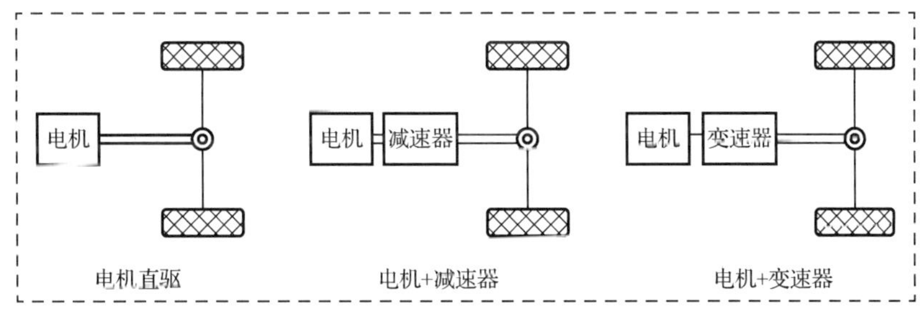

图 21-4　集中式驱动构型方案及对应的构型图

（1）电机直驱

电机直驱构型中将电机纵置，电机动力经传动轴直接驱动后桥，进而带动车辆行驶；最大扭矩为 3000～5000N · m，适用于 18 吨以下的商用车，以及吨位更大但最高车速低或爬坡度小的车型。

（2）电机+减速器

电机动力经减速器转换后驱动后桥，进而带动车辆行驶；一般采用高速电机，由于

减速器效率损失，能耗一般不如直驱，但成本及质量优于直驱；应用于总动力需求不大的场合，如轻卡、微面等车型。

（3）电机+变速器

电机+变速器构型中，可以是单电机，也可以是双电机。目前，市场上以单电机为绝对主流，双电机+变速器的方案也逐渐变多。电机动力经多挡变速转换后驱动后桥，进而带动车辆行驶；通过改变挡位调整电机工作点，在部分工况下能耗优于直驱；扭矩通过多挡变速箱放大，最大扭矩为30000N · m，满足整个系列商用车的动力需求。

当车辆动力需求较大时，单电机功率较大，用两个电机的成本与用单电机的成本相比增加有限，同时动力不中断，并且通过扭矩分配可以实现更高的系统效率。对于大型车辆，特别是路况复杂的情况下，是一种更优的选择。

2. 集成式驱动构型

集成式驱动构型有 4 种构型方式，具体分析如下。集成式驱动的构型方案及对应的构型图如图 21-5 所示。

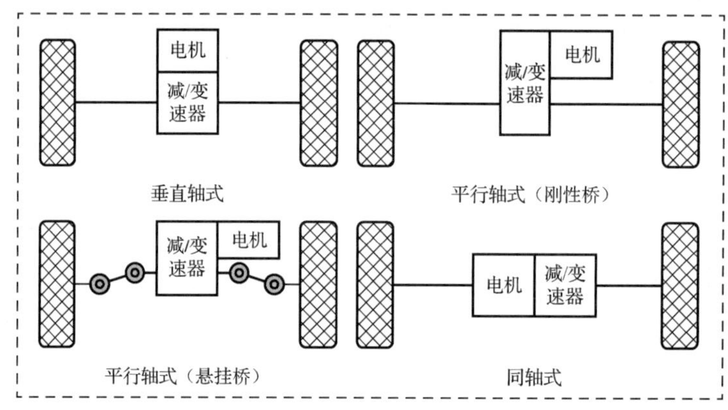

图 21-5　集成式驱动的构型方案及对应的构型图

（1）垂直轴式

驱动电机与驱动桥以垂直的角度进行连接传动。垂直轴式构型的特点为装车成本低、传动效率高、占用空间小，便于动力电池布置；NVH（噪声、振动和声振粗糙度）效果差；采用双曲面齿轮减速方式，汽车传动比较小，系统功率密度低。垂直轴式构型通常应用于中重型商用车型，代表厂商为美驰、Axle Tech。

（2）平行轴式（刚性桥）

电机与驱动桥呈平行状态布置，电机多偏置。平行轴式（刚性桥）构型特点为装车成本低、传动效率高；多用圆柱齿轮传动，汽车传动比高，功率密度高；占用空间小，便于动力电池包布置；簧下质量大且偏置，不利于整车操控性。

（3）平行轴式（悬挂桥）

电机与减速箱集成后安装于车架上。平行轴式（悬挂桥）构型特点为占用空间小，便于动力电池包布置；由于受独立悬挂技术限制，适合 4.5 吨以下车型。

（4）同轴式

电机与驱动桥同轴集成布置。同轴式构型特点为节省传动轴、悬置支架等零部件，质量小，装车成本低；传动效率高，占用空间小，便于动力电池包布置；由于电机与半轴螺栓连接，不适合大载重车辆，仅适合 4.5 吨以下车型。

3. 分布式驱动构型

分布式驱动构型有 3 种构型方式，分别为轮边驱动（刚性桥）、轮边驱动（悬挂桥）和轮毂驱动，具体分析如下。分布式驱动的构型方案及对应的构型图如图 21-6 所示。

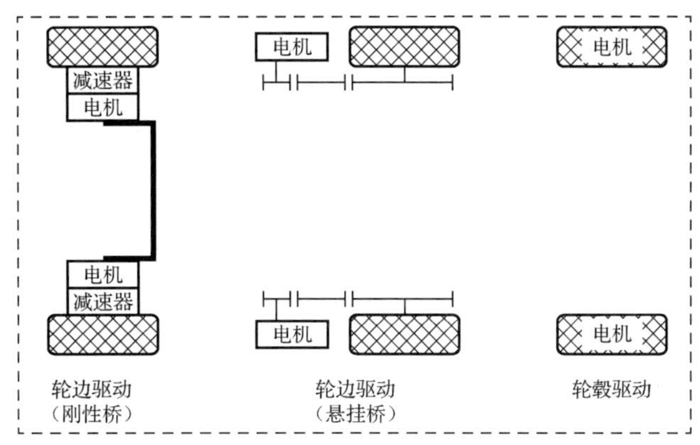

图 21-6　分布式驱动的构型方案及对应的构型图

（1）轮边驱动（刚性桥）、轮边驱动（悬挂桥）

轮边驱动构型中，电机与减速器、传统驱动桥高度集成，释放下底板空间，取消传动轴，有利于整车布置；缩短了传动链长度，取消了传统差速器，传动效率得以提高；电子差速的技术门槛高，匹配不好会出现轮胎过度磨损的问题；一般适合于对爬坡要求不高但车速较高的公交、牵引车，或对车速要求不高但爬坡度要求较高的重卡。采埃孚、比亚迪这类产品的应用较多。

（2）轮毂驱动

轮毂驱动中，电机、轮毂与驱动桥高度集成，电机直接驱动车轮进行动力传输，轮毂和电机结构相对简单，传动链少，效率高；受限于成本、体积和质量等因素，目前量产的外转子轮毂驱动电机仅适用于大型客车、公交车等。

电驱动系统构型对比分析如表 21-4 所示。集中式驱动构型的电机直驱方案适用于城市公交客车，分式布驱动构型的轮边驱动方案适用于高端低地板客车，集成式电驱动构型方案适用于卡车。国内外纯电动系统应用实例如表 21-5 所示。

表 21-4　电驱动系统构型对比分析表

性能	集中式驱动构型			集成式驱动构型				分布式驱动构型		
	电机直驱	电机+减速器	电机+变速器	同轴整体式	平行轴整体式	垂直轴整体式	平行轴断开式	轮边驱动（刚性桥）	轮边驱动（悬挂式）	轮毂驱动
系统效率	较高	一般	较高	高	高	较高	高	高	高	高
系统质量	较重	一般	一般	较轻	较轻	较轻	较轻	较重	较轻	较轻
成本	一般	较低	一般	低	低	低	低	较高	较高	高
可靠性	高	较高	一般	较高	较高	较高	较高	较高	较高	较高
舒适性	好	好	较好	一般	一般	一般	好	一般	一般	一般

表 21-5　国内外纯电动系统应用实例

<table>
<tr><th colspan="2">国内纯电动系统应用实例</th></tr>
<tr><td>徐工：纯电牵引车（集中式驱动构型）
</td><td>三一：纯电搅拌车（集中式驱动构型）
</td></tr>
<tr><td>东风：纯电轻卡（集成式驱动构型）
</td><td>比亚迪：纯电公交（分布式驱动构型）</td></tr>
<tr><th colspan="2">国外纯电动系统应用实例</th></tr>
<tr><td>三菱：纯电轻卡（集中式驱动构型）
</td><td>MAN：纯电牵引车（集中式驱动构型）
</td></tr>
<tr><td>奔驰：纯电重卡（集成式驱动构型）
</td><td>特斯拉：纯电卡车（分布式驱动构型）
</td></tr>
</table>

（二）混合动力总成构型

混合动力总成系统是指在传统发动机动力总成中增加电力驱动的电动机作为补充。目前，根据电动机的位置不同，可将混合动力系统相应分为 P0、P1、P2、PS、P3、P4 混合动力拓扑结构，混合动力总成构型如图 21-7 所示。其中，如果发动机动力和电动机动力可以同时驱动车轮，称之为并联混合动力系统；如果汽车只是由电动机驱动，发动机的主要作用是给电池充电，则称之为串联混合动力系统。混合动力总成系统根据其电动机提供动力的特性，以及电池获得能量的方式和大小还分为弱混合动力、强混合动力和插电式混合动力。混合动力总成构型对比如表 21-6 所示。国内外典型混合动力系统应用实例如表 21-7 所示。

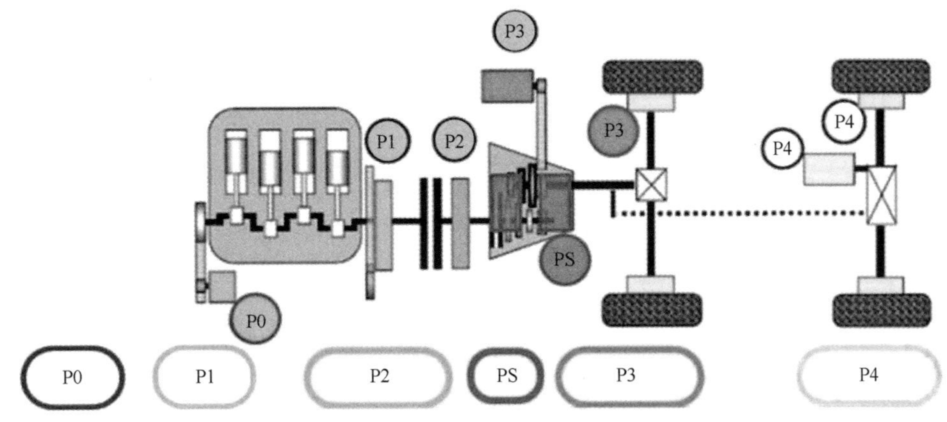

图 21-7 混合动力总成构型

表 21-6 混合动力总成构型对比

类型	优势	劣势	应用范围
P0	（1）可实现发动机驻车启停功能，有效减少驻车怠速油耗，有一定的加速助力和制动回收； （2）电机较小，成本增加少，整车改动小	由于空间限制，功率扭矩无法做大，应用范围受限，多用于 48V 动力系统	适用于整车改动空间有限的车型，如在常规车型基础上的简单升级款车型
P1	（1）加速助力和制动回收加大，相当于提高了发动机马力，多用于高压的混动系统； （2）电机效率及传动效率高于 P0，可以与手动变速箱搭配使用	（1）成本高于 P0； （2）无纯电行驶能力，依然存在半联动起步离合磨损问题	适用于需要进行动力强化且短期内无法切换自动变速箱的车型
P2	（1）具有纯电行驶、加速助力、行车启停、制动回收等全部混动功能； （2）国内外应用广泛，且必须匹配自动变速箱； （3）在高速路况较多、高速较为繁忙的地区，以及丘陵地区的干线上有明显的油耗优势	（1）成本高于 P1； （2）控制相对复杂	适用于频繁起步、怠速时间长、节油空间大的车型，如城建自卸车、水泥搅拌车；适用于大载重、长里程、油耗基数大、动力性要求高的车型，如干线牵引车，牵引车在丘陵地区或国道工况节油效果明显
P3、P4、PS	（1）具有纯电行驶、加速助力、行车启停、制动回收等全部混动功能； （2）平顺性好； （3）在工况匹配良好的情况下，油耗较低	（1）成本高于 P2； （2）P3、PS 在无变速器增扭情况下，无法覆盖重卡车型的起步扭矩需求； （3）P4 无法用于单桥驱动车型	应用范围受限，P3、PS 在国外用于皮卡、轻卡等较轻的车型

续表

类　型	优　势	劣　势	应用范围
串联构型	（1）发动机工作点经济，平均功率需求小的车型可大幅减小发动机； （2）车辆平顺性好	（1）双电机，且驱动电机通常较大，成本偏高； （2）发电机成本和系统平均功率需求存在矛盾； （3）驱动电机成本和系统动力性存在矛盾	适用于发动机工作点非常频繁、总体功率需求不高、高速及匀速工况少的车型，如工程机械
串并联构型	（1）可实现串并联行驶及较高的节油率； （2）发动机和两个电机可同时驱动，动力强，效率高	（1）成本高于P2； （2）速耦合系统需要专门开发，可借用的零部件少	由于构型方式较多、参数差异较大，需要结合具体结构分析适用车型和工况

表 21-7　国内外典型混合动力系统应用实例

国内混合动力系统应用实例	
联合卡车：P2 混动 	东风商用车：P1 混动 
吉利远程：P2 混动 	中国重汽：P2 混动 
国外混合动力系统应用实例	
日野：P2 并联 	奔驰：P2 并联 
沃尔沃：P2 并联  	斯堪尼亚：混联 

二、2021 年中国商用车驱动电机发展现状分析

（一）新能源商用车驱动电机配套情况

2021 年，新能源商用车驱动电机配套企业中，汇川联合动力配套量为 35025 台，占比为 17.77%，位居第一名；新能源商用车电机配套 TOP10 企业的销量占比达 62.12%。

郑州宇通、比亚迪、北汽福田、中车时代主要为自己的主机厂提供驱动电机配套；第三方电机供应商中，汇川联合动力位居第一名。2021 年中国新能源商用车驱动电机装机量 TOP10 企业如图 21-8 所示。

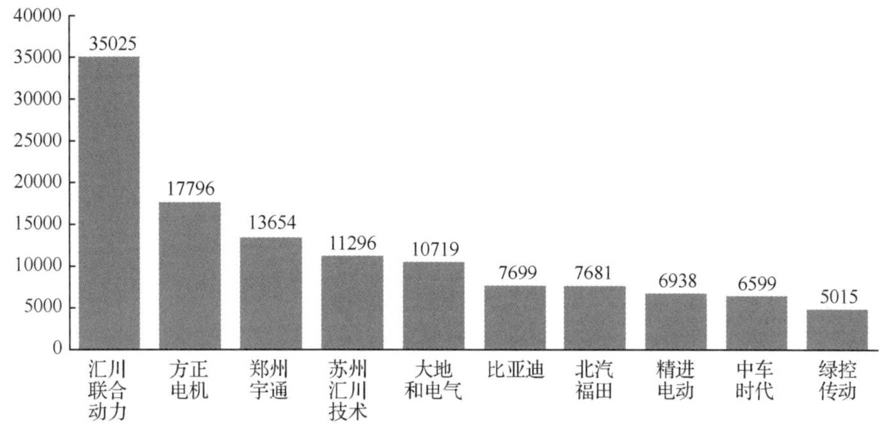

图 21-8　2021 年中国新能源商用车驱动电机装机量 TOP10 企业（单位：台）

（二）新能源客车驱动电机配套情况

2021 年，新能源客车驱动电机配套企业中，宇通客车（郑州宇通）配套量为 11366 台，占比 18.54%，位居第一名；新能源客车驱动电机配套 TOP10 企业的市场占有率达 80.84%。

宇通客车、比亚迪、中车时代、厦门金龙、苏州金龙、银隆电器、安凯汽车主要为自身主机厂提供电机配套；第三方电机供应商中，汇川联合动力位居第一名。2021 年，新能源客车驱动电机装机量 TOP12 企业如图 21-9 所示。

（三）新能源 3.5 吨以上载货车（N2+N3 类）驱动电机配套情况

2021 年，3.5 吨以上载货车驱动电机配套企业中，北汽福田配套量为 4694 台，占比 13.26%，位居第一名；新能源 3.5 吨以上载货车驱动电机配套 TOP10 企业的市场占有率达 72.6%。

北汽福田、吉利商用车、东风德纳主要为整车厂自主配套；第三方驱动电机供应商中，绿控传动位居第一名。2021 年的新能源商用车（N2+N3）驱动电机装机量 TOP10 企业如图 21-10 所示。

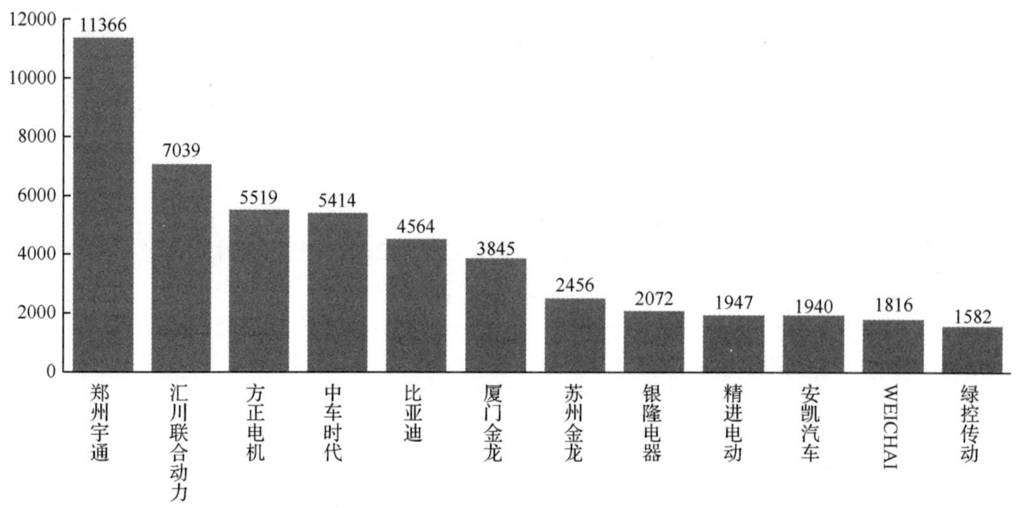

图 21-9　2021 年中国新能源客车驱动电机装机量 TOP12 企业（单位：台）

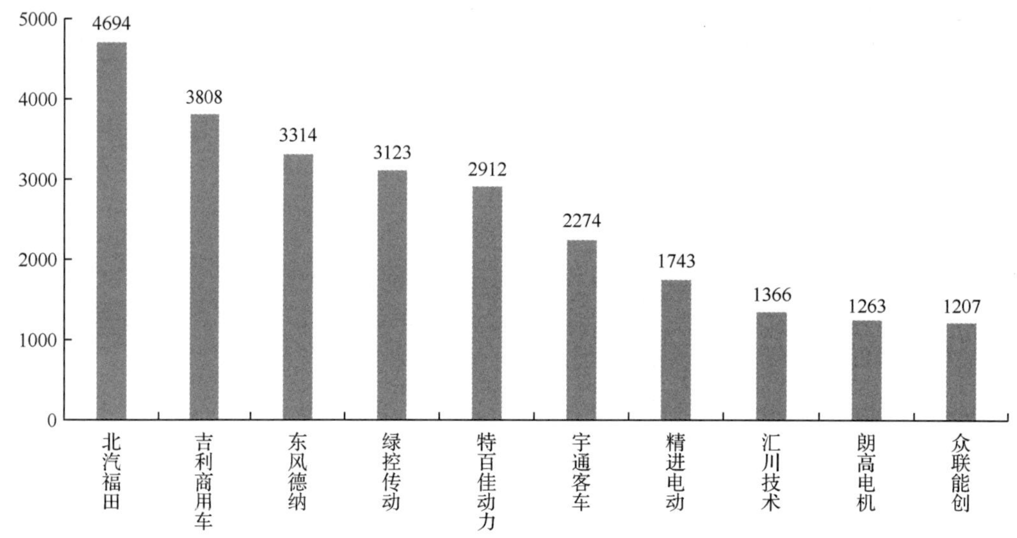

图 21-10　2021 年新能源商用车（N2+N3）驱动电机配套装机量 TOP10 企业（单位：台）

（四）新能源 3.5 吨以下载货车（N1 类）驱动电机配套情况

2021 年，3.5 吨以下载货车驱动电机配套企业中，汇川联合动力配套量为 27986 台，占比 27.95%，位居第一名；新能源 3.5 吨以上载货车驱动电机配套 TOP10 企业的份额达 80.38%。TOP10 均为第三方电机供应商。2021 年的新能源商用车（N1）驱动电机装机量 TOP10 企业如图 21-11 所示。

（五）新能源商用车配套电机企业市场分析

2021 年，为商用车配套的 TOP15 电机企业中，郑州宇通、比亚迪、北汽福田主要为整车厂自主配套。第三方电机企业中，汇川联合动力、方正电机、大地和电气的装机量依次位列前三名；绿控传动、精进电动的配套品牌数量相对较多。2021 年 TOP10 电机企业配套情况如表 21-8 所示。

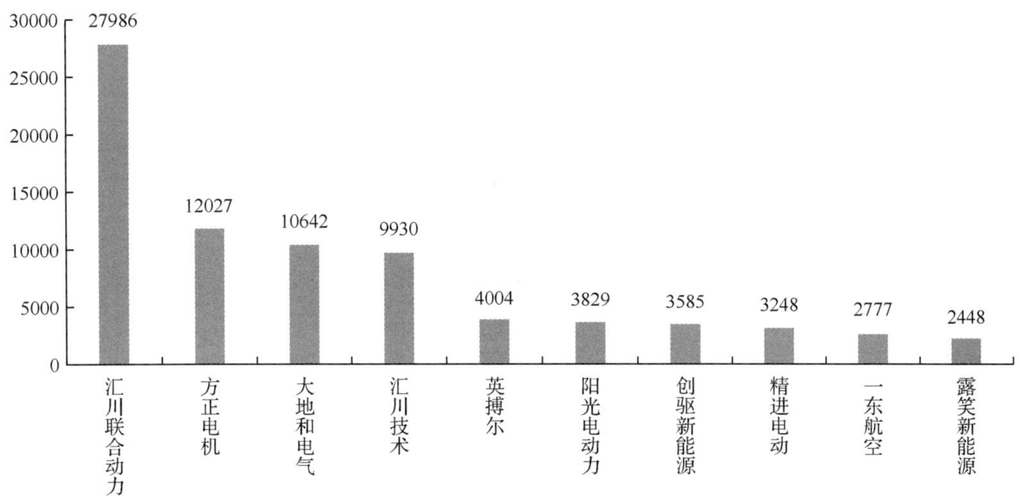

图 21-11　2021 年新能源商用车（N1）驱动电机配套装机量 TOP10 企业（单位：台）

表 21-8　2021 年 TOP10 电机企业配套情况

电机企业		整车企业 NO.1	整车企业 NO.2	整车企业 NO.3	摘　　要			2021 年销量（台）
1	汇川联合动力	华晨鑫源 16.53%	上汽通用五菱 16.33%	东风股份 13.96%	厦门金旅 8.03%	其他 45.14%	配套 25 家	35025
2	方正电机	瑞驰汽车 42.26%	东风小康 27.61%	新龙马 11.47%	华晨鑫源 10.60%	其他 8.06%	配套 6 家	17796
3	郑州宇通	宇通客车 83.67%	宇通集团 7.86%	宇通重工 7.21%	宇通重装 1.25%	其他 1.58%	配套 5 家	13654
4	苏州汇川技术	山西新能源 59.02%	奇瑞商用车 21.61%	东风股份 4.79%	广西汽车 4.02%	其他 10.56%	配套 13 家	11296
5	大地和电气	瑞驰汽车 86.35%	奇瑞商用车 9.71%	河北长安 1.49%	新福达 1.46%	其他 0.98%	配套 18 家	10719
6	比亚迪	比亚迪 92.73%	华林特装车 3.09%	中联环境 1.62%	蜀都客车 1.51%	其他 1.05%	配套 17 家	7699
7	北汽福田	北汽福田 99.23%	—	—	—	其他 0.77%	配套 4 家	7681
8	精进电动	华晨鑫源 34.33%	东风股份 21.46%	上汽大通 11.33%	中通客车 10.62%	其他 22.25%	配套 37 家	6938
9	中车时代	中车时代 61.83%	中国一汽 13.97%	中车电动 7.30%	奇瑞万达 4.27%	其他 12.62%	配套 16 家	6599
10	绿控传动	一汽解放 13.26%	江铃晶马 11.39%	三一汽车 8.73%	江淮汽车 8.35%	其他 58.27%	配套 61 家	5015

三、2020 年中国商用车电机控制器发展现状分析

（一）新能源商用车电机控制器配套情况

2021 年，商用车电机控制器配套企业中，汇川联合动力配套量超过 2.3 万台，占比为 12%，位居第一名；前 15 名的企业市场占有率累计超过 64.4%。其中，汇川联合动力、英威腾、汇川技术、阳光电动力的年度增速分别高达 136.9%、195.7%、73.8%和 59.6%。新能源商用车电机控制器装机量 TOP15 企业如图 21-12 所示。

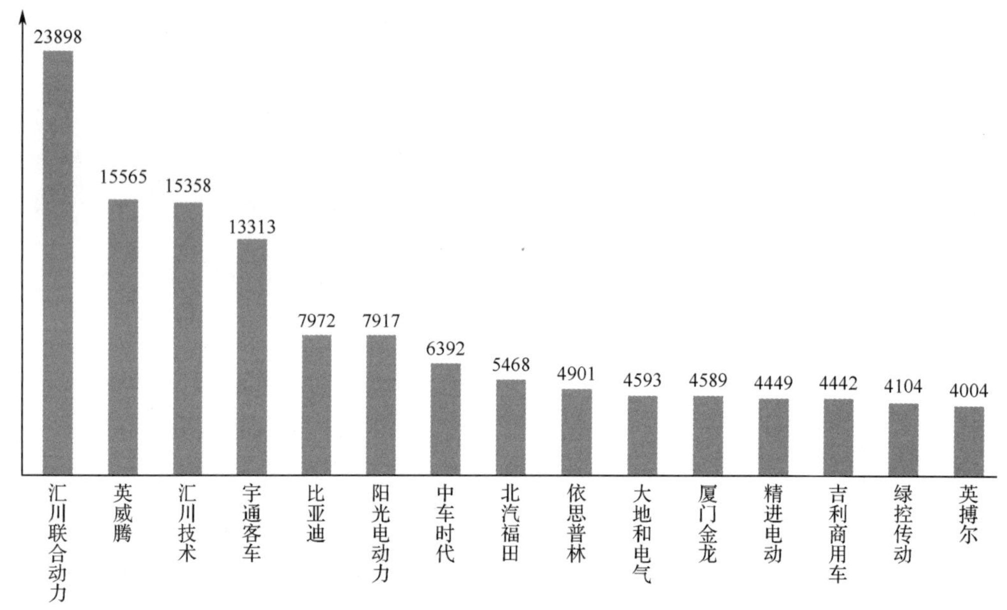

图 21-12　新能源商用车电机控制器装机量 TOP15 企业（单位：台）

（二）新能源客车电机控制器配套情况

2021 年，新能源客车电机控制器配套企业中，宇通客车配套量为 11278 台，位居第一名，配套量同比下降 29.4%，市场占有率同比下降约 9%。TOP15 企业的市场占有率超过 77%。其中，汇川联合动力、英威腾的年度增速分别高达 424.6%和 104.5%。新能源客车电机控制器装机量 TOP15 企业如图 21-13 所示。

（三）新能源货车电机控制器配套情况

2021 年，新能源货车电机控制器配套企业中，汇川技术配套量达 15198 台，占比 13.8%，位居第一名；TOP15 企业份额超过 66.7%。其中，英威腾配套量的年度增速超过 375%，占比达 7.7%，市场占有率同比上升近 5 个百分点；汇川技术、汇川联合动力配套量的年度增速分别达 72%和 65.5%。新能源专用车电机控制器装机量 TOP15 企业如图 21-14 所示。

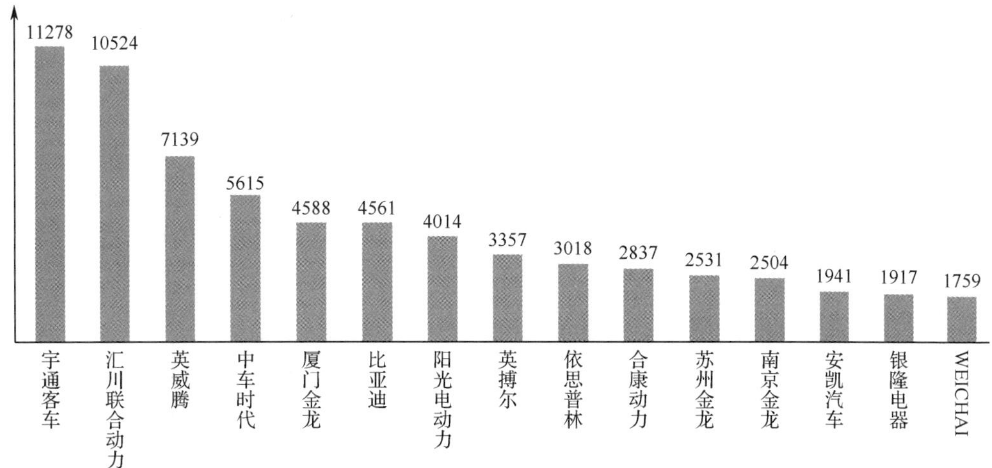

图 21-13　新能源客车电机控制器装机量 TOP15 企业（单位：台）

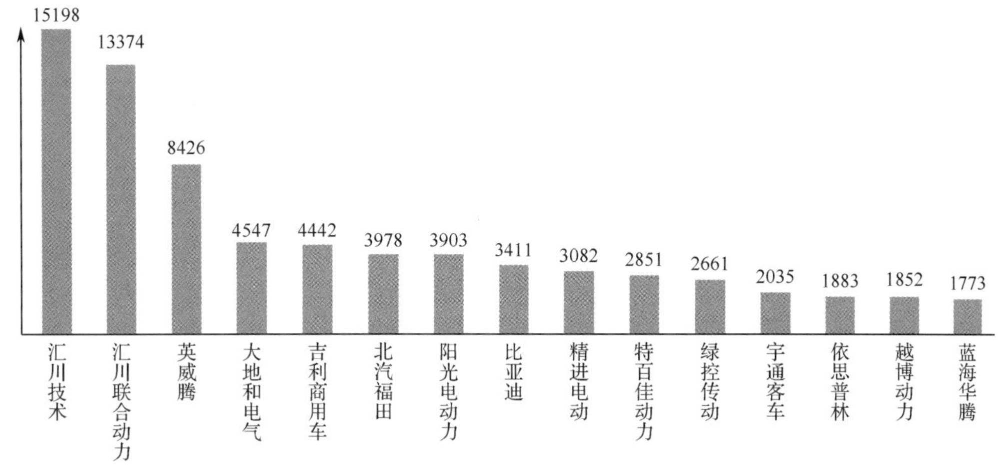

图 21-14　新能源货车电机控制器装机量 TOP15 企业（单位：台）

（四）新能源商用车电机控制器企业市场分析

2021 年，主流新能源电机控制器企业配套中，宇通客车、比亚迪、北汽福田、吉利商用车等整车企业自配量依然较高。其他第三方电控企业中，英搏尔、阳光电动力配套企业比较集中；汇川、英威腾、大地和、绿控传动、精进电动等配套的企业较多。2021 年主流电控企业配套情况如表 21-9 所示。

表 21-9　2021 年主流电控企业配套情况

电控企业	整车企业 NO.1	整车企业 NO.2	整车企业 NO.3	整车企业 NO.4	整车企业 NO.5	整车企业 NO.6	其他
汇川联合动力	上汽通用五菱 24%	华晨鑫源 15%	东风股份 11%	广西汽车 10%	厦门金旅 9%	奇瑞商用车 8%	另有 15 家 23%
英威腾	瑞驰汽车 48%	东风小康 30%	东风股份 17%	吉利商用车 4%	—	—	另有 10 家 1%
汇川技术	山西新能源 43%	东风股份 19%	奇瑞商用车 16%	吉利商用车 5%	广西汽车 4%	中通客车 3%	另有 16 家 10%

续表

电控企业	整车企业 NO.1	整车企业 NO.2	整车企业 NO.3	整车企业 NO.4	整车企业 NO.5	整车企业 NO.6	其他
宇通客车	自配 100%	—	—	—	—	—	—
比亚迪	自配 94%	华林特装车 2%	蜀都客车 1%	中联环境 1%	—	—	另有 12 家 1%
阳光电动力	厦门金旅 46%	福建新龙马 20%	奇瑞商用车 20%	飞碟汽车 6%	吉利商用车 4%	中通客车 3%	博能新能源 1%
中车时代	中车时代 64%	中国一汽 14%	中车电车 8%	奇瑞万达 4%	万象汽车 2%	上汽大通 2%	另有 8 家 5%
北汽福田	自配 100%	—	—	—	—	—	—
依思普林	山西新能源 56%	华晨鑫源 39%	河北长安 5%	吉利商用车 1%	—	—	—
大地和电气	瑞驰汽车 69%	奇瑞商用车 23%	新福达汽车 3%	河北长安 3%	龙马环卫 1%	—	另有 11 家 1%
奇瑞万达	厦门金龙 72%	苏州金龙 9%	厦门金旅 6%	武汉客车 4%	百路佳客车 3%	奇瑞万达 1%	另有 6 家 2%
精进电动	华晨鑫源 4%	中通客车 16%	东风汽车 5%	申沃客车 4%	江苏国唐 4%	飞驰汽车 3%	另有 29 家 13%
吉利商用车	自配 100%	—	—	—	—	—	—
绿控传动	三一汽车 11%	江淮汽车 10%	南京金龙 9%	徐工汽车 9%	江铃晶马 8%	一汽解放 8%	另有 53 家 44%
英搏尔	上汽大通 84%	瑞驰汽车 15%	延龙汽车 1%	程力汽车 1%	—	—	—

四、2021 年中国商用车电驱动总成企业竞争格局及重点企业情况

（一）新能源客车驱动系统企业竞争格局及重点企业情况

2021 年，新能源客车驱动电机配套市场中，郑州宇通的销量继续位居第一名、市场占有率为 18.54%；但增速同比下降 29.11%，市场占有率同比减少 5.04%。WEICHAI 的销量同比大增 94.43%，市场占有率为 2.96%，进入 TOP12。2021 年新能源客车驱动系统企业装机量 TOP12 企业如表 21-10 所示。

表 21-10　2021 年新能源客车驱动系统企业装机量 TOP12 企业

排名	电机企业	本期累计（台）	同期累计（台）	增速	本期市场占有率	同期市场占有率	市场占有率变化
1	郑州宇通	11366	16033	−29.11%	18.54%	23.58%	−5.04%
2	汇川联合动力	7039	2006	250.90%	11.48%	2.95%	8.53%
3	方正电机	5519	3041	81.49%	9.00%	4.47%	4.53%
4	中车时代	5414	6149	−11.95%	8.83%	9.04%	−0.21%
5	比亚迪	4564	5341	−14.55%	7.44%	7.86%	−0.41%
6	厦门金龙	3845	4642	−17.17%	6.27%	6.83%	−0.56%
7	苏州金龙	2456	3357	−26.84%	4.01%	4.94%	−0.93%
8	银隆电器	2072	1554	33.33%	3.38%	2.29%	1.09%
9	精进电动	1947	1921	1.35%	3.18%	2.83%	0.35%
10	安凯汽车	1940	3092	−37.26%	3.16%	4.55%	−1.38%
11	WEICHAI	1816	934	94.43%	2.96%	1.37%	1.59%
12	绿控传动	1582	2186	−27.63%	2.58%	3.22%	−0.63%

TOP12 的电机企业主要为大中型客车配套，并以纯电动为主，混合动力较少。汇川联合动力和方正电机只为轻客（含轻货）和微客配套，2021 年的销量和市场份额的增长明显；郑州宇通、中车时代、比亚迪、厦门金龙、苏州金龙、银隆电器、安凯汽车主要为整车厂自主配套。2021 年新能源客车驱动系统 TOP12 企业产品结构如表 21-11 所示。

表 21-11 2021 年新能源客车驱动系统 TOP12 企业产品结构

	电机企业	配套车型						
		大型客车（台）	中型客车（台）	轻型客车（台）	轻型货车（台）	微型客车（台）	装机量（台）	■EV ■FCV ■PHEV
1	郑州宇通	5025	5693	648	0	0	11366	
2	汇川联合动力	0	0	0	0	7039	7039	
3	方正电机	0	0	63	536	4920	5519	
4	中车时代	3660	1449	305	0	0	5414	
5	比亚迪	1955	1452	1157	0	0	4564	
6	厦门金龙	2176	1365	304	0	0	3845	
7	苏州金龙	787	1303	366	0	0	2456	
8	银隆电器	1476	319	277	0	0	2072	
9	精进电动	1292	578	77	0	0	1947	
10	安凯汽车	572	813	555	0	0	1940	
11	WEICHAI	1392	416	8	0	0	1816	
12	绿控传动	353	870	359	0	0	1582	

（二）新能源载货车电驱动总成企业竞争格局及重点企业情况

2021 年，新能源载货车市场中，汇川联合动力装机量遥遥领先，全年累计装机量达 27986 台，增速为 246.62%，市场占有率大幅上涨 7.63%。2021 年新能源载货车驱动系统企业装机量 TOP12 企业如表 21-12 所示。

表 21-12 2021 年新能源载货车车驱动系统企业装机量 TOP12 企业

排名	电机企业	本期累计（台）	同期累计（台）	增速	本期市场占有率	同期市场占有率	市场占有率变化
1	汇川联合动力	27986	8074	246.62%	20.61%	12.99%	7.63%
2	方正电机	12277	5356	129.22%	9.04%	8.61%	0.43%
3	汇川技术	11296	10079	12.07%	8.32%	16.21%	-7.89%
4	大地和电气	10717	9661	10.93%	7.89%	15.54%	-7.64%
5	北汽福田	6517	2513	159.33%	4.80%	4.04%	0.76%
6	精进电动	4991	1678	197.44%	3.68%	2.70%	0.98%
7	吉利商用车	4250	893	375.92%	3.13%	1.44%	1.69%
8	英搏尔	4004	115	3381.74%	2.95%	0.18%	2.76%
9	阳光电动力	3829	1968	94.56%	2.82%	3.17%	-0.34%
10	一东航空	3618	459	688.24%	2.66%	0.74%	1.93%
11	创驱新能源	3585	1699	111.01%	2.64%	2.73%	-0.09%
12	绿控传动	3433	2396	43.28%	2.53%	3.85%	-1.32%

从产品结构上看，市场上排名前 4 位的汇川联合动力、方正电机、汇川技术、大地和电气在轻型货车装机量上表现强劲。在中重型载货车领域，北汽福田、绿控传动有较多配套，其中，北汽福田为整车企业自主配套。2021 年新能源载货车驱动系统企业装机量 TOP12 企业如表 21-13 所示。

表 21-13　2021 年新能源载货车车驱动系统企业产品结构 TOP12 企业

电机企业		配套车型							
		重型货车（台）	中型货车（台）	轻型货车（台）	轻型客车（台）	微型货车（台）	皮卡（台）	装机量（台）	■EV ■FCV ■PHEV
1	汇川联合动力	0	0	22185	5801	0	0	27986	
2	方正电机	0	0	12230	12	0	35	12277	
3	汇川技术	0	0	11163	133	0	0	11296	
4	大地和电气	0	4	10667	44	2	0	10717	
5	北汽福田	772	78	4087	1525	0	55	6517	
6	精进电动	32	77	4881	1	0	0	4991	
7	吉利商用车	0	16	4234	0	0	0	4250	
8	英搏尔	0	0	647	3357	0	0	4004	
9	阳光电动力	0	0	0	3829	0	0	3829	
10	一东航空	00	1	805	2812	0	0	3618	
11	创驱新能源	0	0	3585	0	0	0	3585	
12	绿控传动	1760	195	1167	311	0	0	3433	

第三节　新能源汽车电驱动总成未来发展趋势

新能源汽车电驱动总成作为新能源汽车驱动的核心部件，在新能源汽车发展中起着关键作用，对于未来应用方面的发展趋势，在《新能源汽车产业发展规划（2021—2035年）》《节能与新能源汽车技术路线图 2.0》的指导下，为了早日实现碳达峰碳中和目标，新能源汽车的渗透率将不断提升。在技术路线方面，混合动力、纯电动、氢燃料趋于多种技术路线并存；在电驱动总成技术方面，将向集成化、轻量化、模块化、智能网联化趋势发展；在电驱动总成应用方面，针对不同车型，将向高效率、高可靠性、低噪声的系统构型方向发展。下面针对新能源乘用车和新能源商用车分别进行阐述。

一、新能源乘用车电驱动总成未来发展趋势

（一）新能源乘用车驱动电机未来发展趋势

现阶段，中国驱动电机企业在核心技术及制造工艺方面保持先进水平，已具备自主开发满足全线新能源汽车需求驱动电机产品的能力。面向未来，新能源乘用车驱动电机主要有以下发展趋势：

1. 高效率

随着国内电机厂商生产工艺的进步，方导体电机迅速普及。相较传统圆导体电机，方导体电机槽满率明显提升，散热性更佳，满足性能需求的同时叠长更短，有效材料用量更少。采用利兹线绕组和多股扁线换位技术可降低扁铜线绕组交流损耗，提高驱动电机的高速区转矩且效率更高，高效区明显增大。

2. 高压平台

整车电压平台朝着更高电压（800V）发展，电驱动系统的耐压器件电压也随之上升，

耐压等级高、开关频率范围宽的第三代功率半导体碳化硅的应用将成为关键。未来，随着碳化硅第三代功率半导体逐渐上量，将与 IGBT 形成互补的态势。随着 800V 高压供电和碳化硅控制器技术日益成熟，整车充电时间更短、铜耗等热损耗明显降低，效率得到提升。随着碳化硅功率半导体的应用，驱动电机应具有更高的耐电晕性能（PDIV 要求更高）和较低的轴电流；驱动电机应有合理的绕组结构布局，采用高耐电晕性能的电磁线、绝缘纸、绝缘套管、浸渍漆等材料。目前，应对轴电流的方法有提高三相交流磁场平衡度，以及使用导电环、陶瓷轴承、高绝缘性油脂等。

3. 高速化与轻量化

高速化是实现驱动电机轻量化的主要途径之一。下一代乘用车驱动电机最高转速将普遍达到或高于 16000r/min，并出现 18000～20000r/min 的高转速主驱电机。

4. 油冷及复合冷却技术的使用与普及

电驱系统电机向高功率密度、高转速发展，定子绕组及磁钢发热对系统冷却能力提出了更大的挑战。传统机壳水冷已难以满足需求，采用油水混合冷却技术可明显提升电机持续性能。相较于单一水冷，油水混合冷却的电机功率密度提升 20%，可带走更多的热量。油冷及复合冷却技术精进研发较早，并已批量应用。

5. 驱动电机核心材料性能进一步提升

依托新型材料的研发与应用，材料加工技术的升级改良，以及低损耗硅钢片技术、少重稀土永磁材料、方导体绝缘技术、高压下绝缘材料的技术进步，驱动电机核心材料开始在电机设计和生产过程中采用。

（二）电机控制器未来发展趋势

新能源汽车电机控制器技术方向瞄准更高功率密度、更高效率、更高可靠性和更低成本，电力电子高密度集成、功率模块高效冷却与封装、高功能安全与高 EMC（电磁兼容性）等级、第三代宽禁带半导体等是研究重点和关键方向。新能源乘用车电驱动系统总成发展路线如图 21-15 所示。

碳化硅（SiC）功率器件不仅在耐压和损耗水平上都能满足 800V 电压平台的需求，而且具备进一步拓展至 1200V 电压平台的潜力，SiC MOSFET（金属-氧化物半导体场效应晶体管）器件正被逐步用于高电压平台上。总体上，对比硅基器件，SiC 功率器件主要有三大优势。

（1）耐高温、高压

SiC 功率器件的工作温度理论上可达 600℃以上，是同等 Si 基器件的 4 倍，耐压能力是同等 Si 基器件的 10 倍，可承受更加极端的工作环境。

（2）器件小型化和轻量化

SiC 器件拥有更高的热导率和功率密度，能够简化散热系统，从而实现器件的小型化和轻量化，SiC 器件体积可减小至 IGBT 整机的 1/3～1/5，质量可减小至 40%～60%。

（3）低损耗、高频率

SiC 器件的工作频率可达 Si 基器件的 10 倍，且效率不随工作频率的升高而降低，可降低近 50%的能量损耗，同时因频率的提升减少了电感、变压器等外围组件体积，从而降低了组成系统后的体积及其他组件成本。

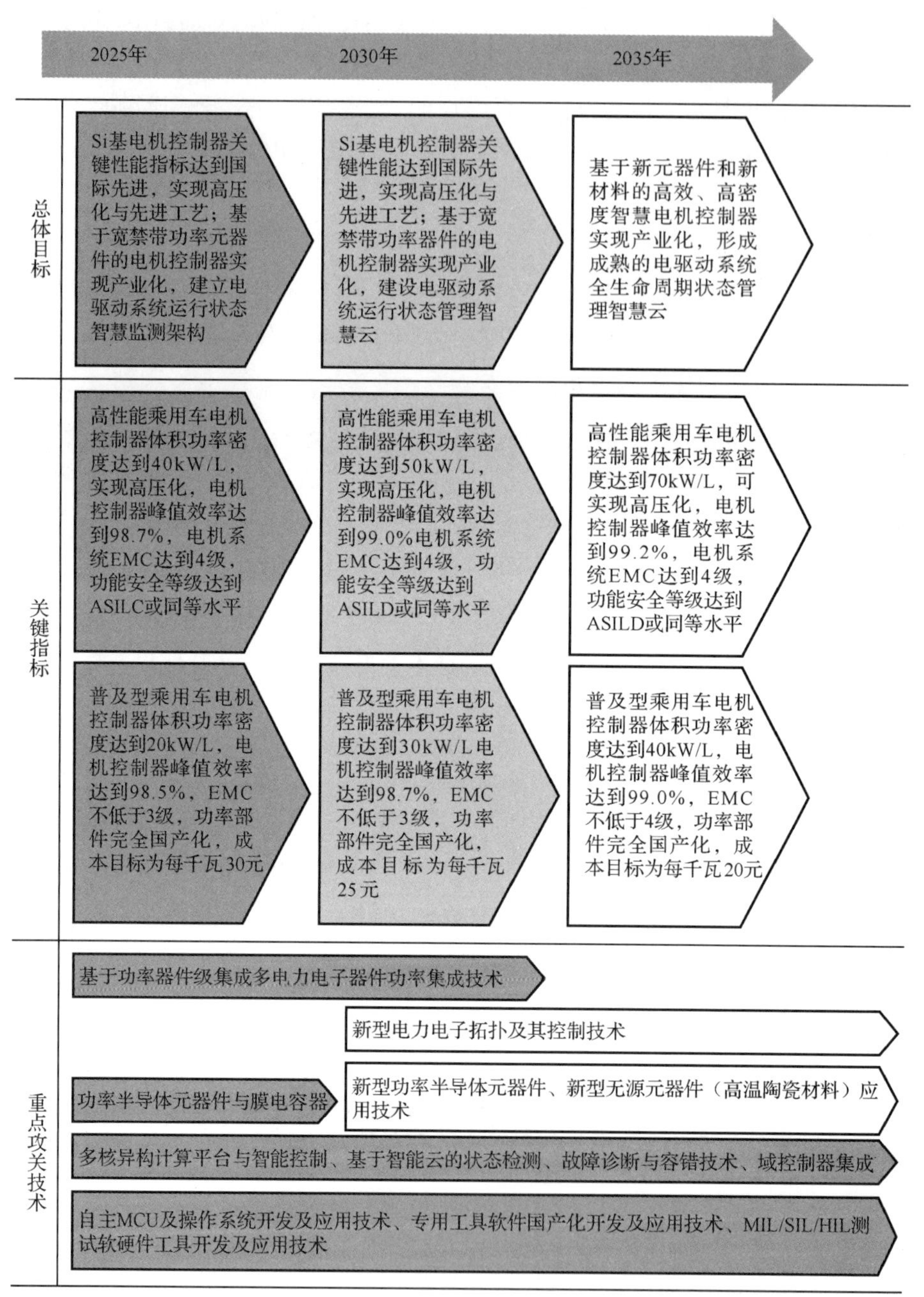

图 21-15　新能源乘用车电驱动系统总成发展路线图

近年来，零部件及整车企业纷纷布局 SiC 器件。2018 年，特斯拉 Model 3 成为全球首个将 SiC MOSFET 器件应用于主驱动逆变器的车型。2019 年，华为旗下哈勃投资入股第三代半导体材料碳化硅制造商山东天岳。2020 年，意法半导体推出从 SiC 功率器件到逆变器系统的完整解决方案。2020 年，比亚迪汉 EV 搭载其自主研发、制造的 SiC

MOSFET，使其零百加速达 3.9s。2021 年 4 月，“比亚迪 e 平台 3.0”将搭载全新一代 SiC 电控系统，功率密度提升 30%，最高效率达 99.7%。据比亚迪官网发布信息，预计到 2023 年，比亚迪在旗下的电动车中，实现 SiC 基车用功率半导体对硅基 IGBT 的全面替代。

（三）乘用车电驱动总成未来发展趋势

电驱动系统集成化产品功率密度和成本优势显著，未来发展趋势明确。电机、电控和减速器构成的“三合一”驱动总成，以及 PDU、OBC、DC-DC 构成的“三合一”电源总成是目前主要的集成技术路径，相比于独立零部件，“三合一”总成节省了接插件及壳体等物料的使用，实现了质量和体积上的降低，从而在功率密度及成本上更具优势。此外，在“三合一”总成的基础上可以实现进更深层次的集成，将“三合一”驱动总成和“三合一”电源总成进一步集成为“六合一”电驱动总成产品。以英搏尔的“六合一”总成为例，“三合一”电源总成较单体零部件可以实现降低成本 500 元，“六合一”总成在“三合一”总成的基础上可以实现降低成本 1000 元，合计降低成本 1500 元。

二、新能源商用车电驱动总成未来发展趋势

（一）技术发展趋势

（1）变速器应用

更多的新能源商用车将使用自动变速器，自动变速器可适用于复杂工况，提高爬坡等动力性，同时协调电机最大限度地工作在高效率区间，并缩小电机规格、减少总成质量，提高乘驾舒适性。

（2）多电机应用

对于重卡车型，整车需求的功率和扭矩较大，使用单电机难以满足要求。双电机或多电机的应用能够实现更低的能耗、更强的动力，以及更平顺的动力输出。

（3）集成度越来越高

目前，我国已经开发生产了集成驱动电机、控制器、减速器的一体化总成，更高程度的集成将成为发展方向。例如，将驱动电机、电控、变速箱与车桥集成形成电驱动桥，将电驱动桥与电池包、车架、悬架等集成形成电动化专用底盘。

（4）轻量化

通过高速驱动电机及专用 AMT（电控机械式自动变速器），以及集成化设计和新材料、新技术的应用，实现轻量化。新材料、新技术包括齿轮涂层技术、驱动电机的扁线油冷、驱动电机的灌封、碳化硅控制器、超级硅钢、超级铜线等。

（5）高效率

优化动力系统构型设计是实现电驱动总成高效率的前提。与此同时，需要加强部件在设计、工艺、生产过程中的高效率保证，通过软件控制实现电驱动总成的高效运行。

（6）智能网联化

智能网联汽车是我国汽车产业转型升级的重要突破口，除解决道路安全、交通拥挤等问题外，还可以更节能、更高效，以降低污染排放，如基于路况预测的合理分配能量。

从现阶段的辅助驾驶、自动刹车报警、车道偏离警告、紧急刹车等功能，到未来的无人驾驶，都将依靠电控系统完成。

（二）应用发展趋势

1. 公路客车发展趋势

公路客车电驱动系统将向低成本、低维护、轻量化、模块化、低能耗、高可靠性、低噪声的方向发展，公路客车将追求高车速、大爬坡度、强加速的高性能系统。公路客车电驱动系统现状如表 21-14 所示，公路客车电驱动系统发展趋势如表 21-15 所示。

表 21-14　公路客车电驱动系统现状

主 要 构 型	优　　势	劣　　势
低速电机直驱	结构简单，技术成熟，可靠性高，开发难度小	成本较高，低速电机质量较重，安装尺寸大，爬坡度不高，公路工况能耗较高
低速电机+自动变速器	动力性能强，同时兼顾高车速大爬坡度，公路工况能耗低，同输出扭矩成本低，质量轻	结构比直驱复杂，增加了变速箱的故障点，可靠性低于直驱，需要对变速箱进行维护

表 21-15　公路客车电驱动系统发展趋势

米　　段	系 统 构 型
6～8m	电机直驱
8～10m	电机直驱 电机+两挡自动变速器

2. 物流车/轻卡发展趋势

物流车/轻卡电驱动系统也将向低成本、低维护、轻量化、模块化、低能耗、高性能方向发展，但与公路客车不同，物流车/轻卡追求更大的载物空间，以经济性为主要目标。物流车/轻卡电驱动系统现状如表 21-16 所示，物流车/轻卡电驱动系统发展趋势如表 21-17 所示。

表 21-16　物流车/轻卡电驱动系统现状

主 要 构 型	优　　势	劣　　势
低速电机直驱	结构简单，技术成熟，可靠性高，开发难度小	成本较高，质量较重，安装空间大
集成式刚性桥	高度集成，成本低，质量轻，传动效率高，安装空间大	簧下质量较重，舒适性较差
电机+2 挡箱	动力性能强，同时兼顾高车速大爬坡度，工况适应性好	结构比直驱复杂，增加了变速箱的故障点，可靠性低于直驱，高于电驱桥

表 21-17　物流车/轻卡电驱动系统发展趋势

吨　位	系 统 构 型		
4～6 吨	低速电机直驱	集成式刚性桥	电机+2 挡 AMT
6～8 吨	低速电机直驱	集成式刚性桥	电机+2 挡 AMT
8～10 吨	—	集成式刚性桥	电机+2 挡 AMT

3. 重卡发展趋势

重卡电驱动系统也将向低成本、低维护、轻量化、模块化、低能耗、大爬坡度、高可靠性方向发展，但与轻卡不同，重卡追求更高的车速和载质量，同样以经济性为主要目标。在重卡领域，针对不同车型，性能要求也不尽相同，如环卫车追求低速度、低噪声。重卡电驱动系统现状如表21-18所示，重卡电驱动系统发展趋势如表21-19所示。

表21-18　重卡电驱动系统现状

主要构型	优　势	劣　势
低速大扭矩单电机/双电机直驱	结构简单，技术成熟，可靠性高，开发难度小	成本较高，质量较重，仅适用于较小车型或爬坡度需求小的车型
低速电机+AMT变速箱	动力性能强，相对同性能直驱方案，成本低、质量轻	复杂度比电机直驱高，可靠性比电机直驱略低

表21-19　重卡电驱动系统发展趋势

吨　位	系统构型	
10～20吨	高速电机+减速器	电机+两挡AMT
20～30吨	电机+两挡AMT	电机+四挡AMT
30吨及以上	电机+四挡AMT	电机+六挡AMT 双电机+DET

第二十二章　2021 年智能汽车线控底盘系统技术发展与应用

李亮，黄悦峰，陈镇涛，邓凯，张友朋，王轶睿，徐迎港*

摘要：本章紧扣宏观政策、科技研究与行业动态，分析总结了汽车智能化电动化趋势现状，明确了智能新能源汽车对线控底盘系统的根本要求，重点阐述了在汽车智能化电动化背景下传统底盘系统的局限性与线控底盘系统的优越性，并列举了近年来行业协会、重点高校与领先企业围绕线控底盘系统所攻克的核心技术。本章还剖析了线控制动、线控转向、线控驱动等关键线控技术的典型案例与发展情况，总结了底盘全矢量线控与动力学域控技术研究现状与行业动态，对比了各项底盘线控技术的问题与缺陷，重点阐明了近年来在线控技术研究和企业发展方面呈现出的薄弱环节。最后，总结并展望了线控制动、线控转向、线控驱动、全矢量线控与动力学域控等前瞻技术的发展趋势。

关键词：智能新能源汽车；线控底盘；底盘线控技术；全矢量线控；动力学域控。

第一节　智能新能源汽车底盘线控革命

一、汽车智能化电动化发展趋势

1994 年，国务院批准发布《汽车工业产业政策》，正式确立我国汽车工业在 20 世纪末必须打下坚实基础的目标；2004 年发布的《汽车产业发展政策》，进一步巩固我国汽车产业在“十一五”期间发展成为国民经济支柱产业的方针。历经固本强基、改革深化、跨越发展等关键阶段，中国现已形成门类齐全、流程完备的汽车工业生产制造体系，规模经济初步实现、供应链条迭代升级、产业组织逐步合理。在新一轮科技革命和产业变革的历史趋势下，促进以人工智能为代表的新一代信息技术、以清洁高效可持续为目标的能源技术与传统汽车制造业深度融合，赋能汽车工业体系向智能化、绿色化转型升级，使得智能新能源汽车有望成为深化供给侧结构性改革、做强产业链供应链创新链、推动经济高质量发展的重要抓手。

所谓汽车智能化，是车辆通过搭载视觉、激光、毫米波雷达等传感元件，融合大数

* 李亮，教授，博士生导师，汽车安全与节能国家重点实验室副主任，清华大学车辆与运载学院汽车工程研究所所长；黄悦峰，博士研究生，汽车安全与节能国家重点实验室；陈镇涛，博士研究生，汽车安全与节能国家重点实验室；邓凯，硕士研究生，清华大学车辆与运载学院；张友朋，硕士研究生，清华大学车辆与运载学院；王轶睿，硕士研究生，清华大学车辆与运载学院；徐迎港，博士研究生，汽车安全与节能国家重点实验室。

据、人工智能、云计算等先端信息技术，使其成为具备一定级别自动驾驶功能的移动出行空间或智能应用终端。而汽车电动化是指以锂电池、燃料电池等作为规模储能装置，将车用电机作为动力转换输出部件，进而实现车辆动力传动系统清洁低碳、安全高效的绿色化转型变革。近年来，宏观政策的积极引导、科学技术的核心支持，为推动行业领先企业打造汽车智能化电动化深度融合、协同发展的集约创新平台起到强大作用。智能汽车线控底盘通过电信号交互指令控制驱动、制动、转向或悬架系统作动，具有响应速度快、执行精度高等显著特点，并且制动系统线控化是新能源汽车具备制动助力功能的必然要求，因此线控底盘被认为是智能新能源汽车的“基本盘”。

（一）宏观政策引导

智能新能源汽车创新发展源自宏观政策的积极引导。自《节能与新能源汽车产业发展规划（2012—2020 年）》发布以来，国内汽车电动化发展趋势逐年向好。2021 年，工信部发布汽车标准化工作要点，强调深入贯彻落实《新能源汽车产业发展规划（2021—2035 年）》，进一步聚焦重点领域、注重协同创新、强化应用牵引。同年，工信部等五部门联合印发《新能源汽车动力蓄电池梯次利用管理办法》，加强新能源汽车动力蓄电池梯次利用管理，提升资源综合利用水平，保障梯次利用电池产品的质量。在我国纯电驱动战略的持续引领下，国内新能源汽车保有量目前约占全球总量的一半，预计到 2025 年实现新能源汽车年销量达到新车销售总量的 20%左右。2020 年，国家发展改革委、工信部等部委联合发布《智能汽车创新发展战略》，明确智能汽车已成为全球汽车产业发展的战略方向，我国要加快推进智能汽车创新发展；2021 年，由工信部提出 GB/T 40429—2021《汽车驾驶自动化等级》标准，旨在确定分级原则、要素、各级定义和技术要求框架，解决我国汽车驾驶自动化分级的规范性问题。预计到 2025 年，我国有条件自动驾驶的智能汽车将实现规模化生产，高度自动驾驶的智能汽车在特定环境下将实现市场化应用。

（二）科学技术支持

智能新能源汽车产学协同受益于科学技术的核心支持。先端传感与信息、节能与新能源、整车综合控制等科技领域方兴未艾，促使汽车智能化电动化趋势不断向前发展。先端传感与信息技术是推动汽车智能化的内生动力，涵盖环境感知（如视觉雷达、定位导航、激光雷达等）、智能决策（如自动驾驶域控制器、云计算与边缘计算等）等方面，代表性技术有“CPU+XPU”型自动驾驶 SoC 芯片技术、华为大阵列高分辨率毫米波雷达技术等。节能与新能源技术是促进汽车电动化的关键要素，技术组成上主要包括先进的电池、电机、电控技术，动力来源上主要分为纯电驱动、混合动力、燃料电池驱动等，代表性成果有清华大学牵头攻关的商用车机械自动变速式混合动力系统总成关键技术、比亚迪汽车研发的高性能纯电动乘用车高压深度集成架构关键技术、宁德时代发明的多功能复合集流体技术等。以线控底盘为代表的整车综合控制技术，是传感与信息、节能与新能源技术模组相关电信号的输入层，其核心包括线控制动、线控转向、线控驱动及悬架控制等细分领域，主要涉及底盘域控制平台、协调控制算法等软硬件技术，代表性成果有包含异构多核可扩展芯片与统一 I/O 接口底盘域控制器、乘用车线控 EHB 制动系统、汽车 EPS 系统、商用车线控 EBS 系统等。

（三）行业企业发展

智能新能源汽车行业发展关键在于政策、科技双重保障。在政策引导、科技支持下，汽车智能化电动化成为行业领先企业的主流发展趋势。我国当前在新能源汽车产业链供应链上具有较好基础，其中动力电池、电机、电控等技术均处于国际先进水平。2021 年，以理想汽车、小鹏汽车等为代表的自主“新势力”整车企业已占据一定国内市场份额，以比亚迪为代表的自主企业在刀片电池、DM-i 超级混动系统等先端技术领域已全面领跑新能源汽车市场。此外，诸如“雷诺-日产-三菱”“大众-福特”等的国际汽车战略联盟在智能化电动化领域业已开启深度合作，将针对自动驾驶、纯电驱动等前沿技术研究形成合力、稳步发力。围绕汽车智能化，国内标杆车企先后发布智能汽车发展计划，较为典型的包括一汽集团“旗偲计划”、东风汽车“五化”战略、北汽集团“海豚+”战略、比亚迪“D++开放生态”等，百度、小马智行、图森未来等企业也针对智能驾驶进行了广泛深入研究。但与此同时，传统车辆底盘与汽车智能化电动化趋势不相适配的缺陷越发暴露，亟待研发基于电信号交互、响应速度快、控制精度高的线控底盘系列产品。

二、传统底盘向线控底盘的变革

传统汽车底盘主要通过机械系统实现驾驶员操纵输入与车用动力传动，存在系统结构复杂、响应速度慢、控制精度差等缺点，无法满足汽车智能化电动化的发展要求。而线控汽车底盘以电气连接取代机械结构、以电子信号传输取代机械能量传递，具有精度高、质量轻、不依赖制动助力真空源等显著特点，因此底盘线控化是传统汽车底盘变革与发展的必然趋势，并且线控底盘有望成为智能新能源汽车的最优执行控制系统。

（一）传统底盘的局限性

传统汽车底盘已无法满足智能化电动化的技术要求。底盘系统是车辆的重要组成部分，主要包括动力传动、制动、转向、悬架与车身电子等多个子系统，能够执行驾驶员操纵请求、保证车辆安全平稳行驶。传统底盘的横纵向操纵输入系统与响应执行输出系统间主要通过机械结构进行联结，因此存在以下缺点：①系统质量较大、结构复杂，导致底盘系统的设计和维修均十分困难；②机械响应延迟大，系统响应速度慢，且控制精度不高；③系统摩擦损耗大，机械传动效率低，因此能量传递效率不高；④易致机械部件磨损，使得后期维护成本高。传统底盘的诸多局限在过去并不凸显，但在汽车智能化电动化趋势蓬勃发展的大背景下，车辆将不再只是交通工具或运输载体，而必将成为智慧绿色、跨域融合的移动出行终端或智能运载系统，此时以机械结构为主的传统底盘将难以满足质量轻、响应快、精度高的客观要求。因此，基于电信号交互的车辆线控底盘备受学界和行业关注。

（二）线控底盘的优越性

线控底盘被视为智能新能源汽车关键控制执行系统。通过角度、位移传感器等将驾驶员操纵输入的原始机械信号转换为电信号，并将电信号作为线控底盘动力学域控制平台的输入信号，再由域控制平台对执行系统发出逻辑指令，进而实现线控驱动、线控动与线控转向等基本功能。与传统底盘相比，线控底盘不主要依赖机械连接结构与气液压辅助装置，而以电信号交互取代机械能量传递，因此车用电机、车载控制器等电气电子部件在底盘中所占比例会大大提高。这是因为在传统底盘架构下，当驾驶员转动方向盘、踩下制动或加速踏板时，力或位移通过机械结构传导至执行部件，并在气液压装置辅助下实现车辆作动响应；而在线控底盘架构下，各传感器将驾驶员施加给方向盘、加速或制动踏板的力与位移全部转化为电信号输入底盘域控制平台，在该平台中完成计算后输出控制指令，并由车用电机驱动执行器完成整车作动响应。

相对于传统汽车底盘，线控底盘系统具有以下优势：①通过电信号交互传输，系统响应速度快、控制精度高，有利于保障车辆行驶安全性；②以线控系统取代机械连接，能有效减轻底盘质量，有助于提升轻量化水平；③采用传感器记录驾驶员操纵指令，通过 I/O 全接口输入底盘域控制平台，使得各子系统间的协调性大幅提升；④取消部分机械连接，增强底盘设计灵活性，有利于优化底盘系统布局，同时实现模块化设计方案；⑤可磨损机械部件有所减少，系统能量传递效率更高，长期使用维护成本降低；⑥电动汽车的制动系统必须线控化，因发动机被动力电池替代后车辆制动时无法产生真空助力，所以必须采用 eBooster 或 One Box 线控系统进行制动助力。总体上讲，线控底盘与传统底盘相比，一方面执行响应速度与能量传递效率有所提高；另一方面其精度高、质量轻、无须真空源等优点为汽车智能化电动化发展提供了坚实的技术保障。

（三）线控底盘行业动态

线控驱动、线控制动、线控转向等行业发展不尽同步。其中，线控驱动技术发展经过多年积累已较为成熟，本土市场渗透率较高、市场格局相对稳定。国内供应商（如南京奥联、重庆青山、宁波高发等）和国外供应商（如采埃孚、康斯博格、富士机工等）研发的线控驱动技术目前均已落地应用。

而在线控制动技术方面，当前国外供应商仍然占据市场主导地位，国内线控制动系统供应链正处于发展初期并努力实现全面赶超。2021 年行业量产方案仍以 Two Box 为主，英创汇智“TBS+ESC”系统已对上汽荣威和 Momenta 公司实现批量装车，拿森电子 NBooster 产品宣布进入量产阶段；同时，行业也在集中力量研发 One Box 产品，清华大学、英创汇智稳步推进 T-IBC 核心技术攻关，宁波拓普升级推出 IBS-PRO 产品构型，芜湖伯特利线控制动 WCBS 正在试制装车。整体上，自主零部件厂商线控制动产品的国内市场渗透率仍处于较低水平，但在各界努力下，本土技术渗透率已逐步呈现上升态势。

线控转向技术是传统底盘 EPS 系统之优化升级。2013 年英菲尼迪发布国际首款量产线控转向系统，此后该技术发展因人机共驾法规、伦理问题曾出现一段时间的停滞。近年来，高校代表性成果包括斯坦福大学双电机前轮独立线控转向系统、清华大学全矢量线控综合实验平台、同济大学“春晖三号”微型电动车、吉林大学线控转向试验车等；耐世特、丰田等行业领先企业也分别在 2021 年、2022 年创新推出 SBW、One Motion Grip 产品，学界、行业为线控转向技术的发展与应用共同做出贡献。

第二节　汽车底盘线控技术发展与应用

一、底盘线控技术发展趋势

在汽车智能化电动化背景下，新能源汽车系统动力学与控制技术将实现从高级驾驶辅助系统到人机共驾智能系统、再到高级自动驾驶系统的转型升级，底盘动力学控制维度也将不再局限于“纵横垂”的维度。在现有底盘电气电子架构下，线控制动、线控转向和线控驱动技术蓬勃发展，同时引起各电控系统的控制器、执行器数量激增，因此导致底盘电控子系统间功能冗余、电气电子架构烦琐复杂。为满足“纵横垂”联合稳定性控制客观要求，重构底盘电控系统以实现软硬件分离控制架构，智能新能源汽车的统一观测、模型解算、协调控制等成为亟待攻克的关键技术，以推动底盘域控制技术不断发展。

（一）线控制动技术

商用车制动系统与乘用车制动系统有着完全不同的发展路径。商用车载重大、行驶路况相对恶劣，主要采用气压制动系统。现有气压线控制动系统多为基于传统气压制动的改进线控系统，通常又称电子制动系统（EBS）。EBS 历经三代产品的迭代和发展：初代产品通过增加比例阀来实现线控制动系统压力控制，但缺点是系统部件数量多、气路较为复杂；二代产品将比例阀与继动阀集成为比例桥模块，在很大程度上减少了系统部件、简化了气路连接；三代产品使用高速开关阀替代比例阀，可有效提高阀组工作寿命、降低系统成本，因此成为当前 EBS 主流技术产品。商用车气压制动系统基本被德国克诺尔、美国威伯科等国际龙头企业所垄断，因为具有完整、成熟的技术和工艺，其气压 ABS 及线控 EBS 系统等颇受国际市场青睐。乘用车线控制动系统正逐渐向电动化、集成化方向发展。目前主流乘用车制动系统分为液压式线控制动系统（EHB）、机械式线控制动系统（EMB）等类型。EMB 系统通过舍弃复杂液压管路和零部件，具备制动响应快、效率高、系统质量轻、空间占用率低等优点，但同时对系统散热工艺、电机耐高温性及整车低压供电能力均提出很高要求，因此量产推广的可行性受到严重限制。而 EHB 系统则延续了传统的液压制动系统结构，成为当前主流的制动系统。基于 EHB 系统的标志性产品包括制动防抱死系统（ABS）、电子稳定性系统（ESC）、电子助力制动系统（eBooster）和集成式制动系统（One Box）。若面向 L4 及以上级别自动驾驶，Two Box 方案与“One Box + RBU”方案必将成为主流。

我国 EHB 系统的设计制造与批量生产目前已突破国际技术封锁。国际主要汽车零部件供应商（如德国博世、德国大陆、德国采埃孚、韩国万都等）凭借其在汽车底盘电控领域长期累积形成的技术优势，基本实现市场垄断并引领市场发展趋势；而近年来以英创汇智为代表的国内自主 Tier 1 正努力实现赶超，部分产品已能与国际水平对标对表，目前国内自主零部件企业主要线控制动产品介绍如表 22-1 所示。全球芯片危机加剧为我国实现自主核心技术突破创造了机遇，本土企业正合力寻求芯片国产方案，并力求尽早进入量产适配阶段。

表 22-1　目前国内自主零部件企业主要线控制动产品介绍

公司名称	主要产品系列
武汉元丰	以液压 ABS 为主
京西重工	以液压 ABS、液压 ESC 为主
浙江亚太	以液压 ABS 为主，涵盖其他制动组件
英创汇智	以液压 ABS、液压 ESC、TBS 为主，在研 T-IBC
联创	液压 ABS、液压 ESC、eBooster
拿森	解耦式 Booster（NBooster）
同驭	解耦式 Booster（EHB）
瑞立科密	以气压 ABS、气压 EBS 为主，涵盖其他制动组件
浙江万安	以气压 ABS、气压 EBS 为主，涵盖其他制动组件
宁波拓普	在研 One Box（IBS-PRO）
芜湖伯特利	气压 ABS、液压 ABS、液压 ESC，One Box（WCBS）

国产 ABS 技术已经相对成熟并实现批量生产，基本可以与博世系列产品直接竞争。过去由于国外同类产品价格较低，国内 ABS 零部件供应商利润空间较小，但近年来自主技术需求加剧使得国产 ABS 竞争力逐渐增强。ESC 的技术核心主要包括线性高速开关阀设计制造、整车动力学控制算法两个方面。目前，以英创汇智为代表的自主企业已实现核心技术突破并推向产业化应用，且由于内部市场对于国产 ESC 的需求高涨，自主 Tier 1 的技术优势和市场竞争力将逐步凸显。eBooster 的核心技术主要在于电机与传动机构设计。国内已有部分企业实现自主设计制造，并在部分车型搭载应用。对于 One Box 而言，轻量化、集成化与高可靠性是重要性能指标，其关键在于多类型高速开关阀、传动机构和液压流道设计制造，但由于是面向高级别自动驾驶的线控制动产品，故障诊断与冗余安全将成为最为突出的设计难题。

（二）线控转向技术

汽车转向系统的变革大致经历了五个阶段，分别为纯机械转向系统、液压助力转向系统、电子液压助力转向系统、新一代电动助力转向系统、前轮线控转向与主动转向系统。汽车转向系统始终向着机电一体、灵活轻便的方向发展，受自动驾驶技术发展的影响，近年来线控转向（SBW）技术研发水平已成为衡量企业竞争力的关键指标之一。

受科技发展、法规伦理等限制，当前国内外 SBW 技术应用仍处于较低水平。事实上，SBW 概念自 20 世纪 50 年代提出以来，至今已走过约 70 年的历程。早期 SBW 系统主要在概念车上呈现，主要车型有：1999 年宝马 BMW Z22，2001 年奔驰 F400 Carving，2002 年通用 GM Hy-Wire，2003 年丰田 Lexus HPX，以及 2005—2011 年间日产陆续推出的 PIVO、PIVO 2 和 PIVO 3 等。虽然历经长时间研发，但目前为止市面上搭载 SBW 系统的量产车型仅有：2014 年英菲尼迪 Q50，2022 年丰田 bZ4X、雷克萨斯 RZ。清华大学、英创汇智自 2020 年开始布局 T-RES 冗余电控转向系统研发团队，但相关产品尚未成熟，未能推向量产；上汽泛亚和同济大学正在预研 SBW 技术，但与零部件厂商还未达成合作，诸如博世、采埃孚等领先企业研发的 SBW 系统也还仍未见实车搭载应用，表明该技术由预研到量产还有很长距离。

（三）线控驱动技术

与线控制动、线控转向相比，线控驱动技术目前已在国内外广泛应用。国内方面，我国自主研发的线控驱动系统已在上汽、比亚迪、长城、蔚来的多款车型上实现搭载，使得线控驱动成为最为成熟的线控技术之一。国外方面，特斯拉、丰田的多款车型采用全电子线控驱动系统，通过传感器冗余设计有效提升行车安全。此外，日本电产、博格华纳、联合电子、西门子、采埃孚等外资巨头均拥有自己的线控驱动技术。由于线控驱动技术成熟、成本较低，当前国内车型搭载率相对稳定、市场层面增量较小。

（四）全矢量线控与动力学域控

全矢量线控（FVCW）是指在定义的物理空间内被控系统任意方向运动均可控的架构。此概念在 2020 年由清华大学首次提出，是一种各车轮横纵垂三个维度作用力均独立可控的新型汽车线控方法。传统汽车是典型的欠驱动系统，因为其只有加速踏板、制动踏板和转向盘等关键操纵装置，只能实现车辆纵向、横向两个相对独立的可控输入。而 FVCW 平台是典型的过驱动系统：每个车轮都具有驱动、制动、转向和悬架等独立操控部件，对于常见的四轮车辆系统则共有 16 个可控输入，涵盖车辆的最大独立输入集合，即理论上能够实现 12 个轮胎作用力的独立调控。

动力学域控（DMC）是指从安全高效行驶角度统一解算全矢量线控指令集合的方法。在汽车动力学与控制领域，自 20 世纪末开始曾兴起针对底盘集成控制技术的研究。上海交通大学、同济大学、合肥工业大学、江苏大学等分别提出过纵横向集成控制策略、多阶梯式集成控制架构、底盘分层协调控制机制、多智能体底盘集成构想等，但总体上底盘集成控制仍属于反馈控制范畴，是在汽车 ESC 系统基础上升级开发的临界失稳干预策略。2020 年以来，清华大学提出并研究面向智能新能源汽车的底盘动力学域控制技术，围绕动力学域控制架构布局十余项国家发明专利，旨在将各电控子系统的核心算法上移至域控平台，在子系统 ECU 内仅保留底层液压模型，并打造传感器量测值和状态观测量的统一输入接口，基于模型解算、协调控制策略计算输出最佳执行控制指令作用于底层控制系统。在智能系统架构下，底盘域控制器能精确量化智能驾驶过程中车辆安全稳定运行边界条件、获取车辆当前与预瞄动力学状态，并反馈至智能决策层，为智能新能源汽车构建出类经验驾驶员视角。从图 22-1 可以看出，车辆底盘作为智能新能源汽车的执行控制系统，正由“驾驶员-受控车辆-路面环境”闭环中的传统机电液复合系统，向“智能系统—数字车辆—路面环境”闭环中的线控化底盘域控制系统不断变革。

滑板底盘是近两年由行业市场推动而在国内掀起热潮的一类新形态线控底盘系统。2021 年，中国电动汽车百人会曾预测滑板底盘会给汽车设计制造行业发展带来一场技术革命。滑板底盘是基于“全线控”技术的线控底盘系统，但滑板底盘和一般线控底盘的核心差异在于，前者在线控底盘电信号交互的基础上，还可以通过软件算法自定义底盘功能和性能，即采用滑板底盘可以实现底盘行驶特性的定义自由。同年，国内悠跑科技、PIX Moving、清华大学、英创汇智等单位均研究制定了滑板底盘战略布局，并分阶段开展技术研发走向量产；而由于 Rivian、Arrival、Canoo、REE、Shaeffler 等国际企业对滑板底盘的研发远早于国内，当前各家均已推出面向市场的量产滑板底盘产品。

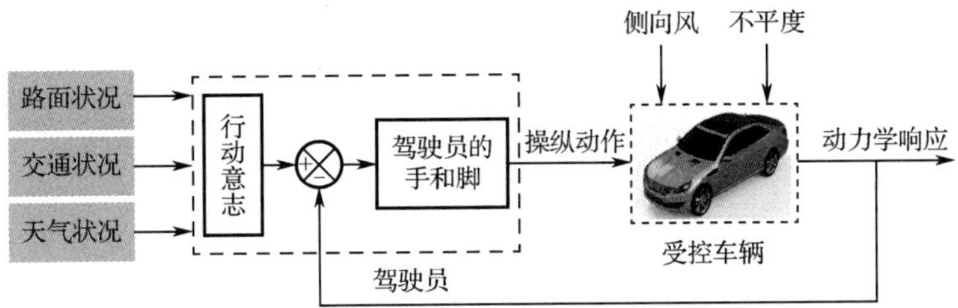

（a）“驾驶员–受控车辆–路面环境”闭环中的传统机电液复合系统

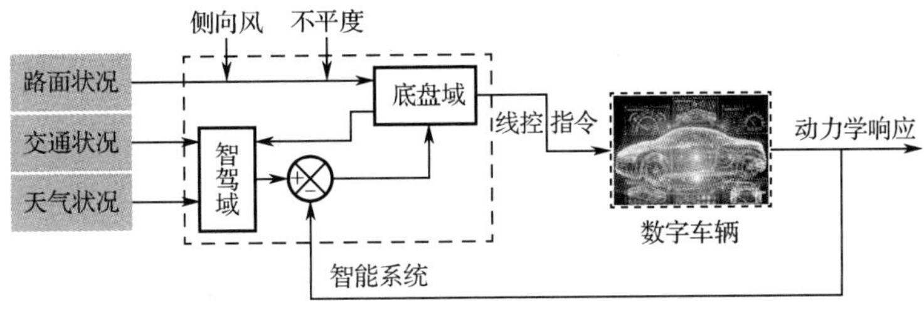

（b）“智能系统–数字车辆–路面环境”闭环中的线控化底盘域控制系统

图 22-1　“驾驶员-受控车辆-路面环境”闭环向“智能系统-数字车辆-路面环境”闭环转型发展

二、底盘线控技术应用情况

汽车智能化电动化发展大力推动了线控底盘产品的广泛应用。近年来，线控制动、线控转向与线控驱动技术不断成熟、装车量逐步扩大。国内零部件厂商正缩小与博世、大陆等领先企业的技术差距，部分本土企业研发的底盘线控技术已经走向量产。全矢量线控与动力学域控作为智能新能源汽车动力学与控制的未来解决方案，国内外都在同步加大技术研发力度。国内方面，清华大学、英创汇智已于 2020 年开始独立研发底盘域控制器（DMC），并进行阶段实车试验、完成功能算法验证；国外方面，采埃孚、博世等公司近年也分别推出 VMC 解决方案、IVC 控制策略，提出底盘 EEA 未来可能的发展趋势。滑板底盘应用领域依然由国外公司占据主要份额，国内企业仍处于研发试制阶段。

（一）线控制动技术

当前，全球市场 ABS 和 ESC 系统需求量约为 700 万套。其中，国内部分自主 ESC 产品供应商及配套客户如表 22-2 所示。

表 22-2　国内部分自主 ESC 产品供应商及配套客户

公 司 名 称	配 套 客 户
京西重工（原德尔福）	吉利、长安等
英创汇智	东风、江淮、华晨雷诺等
浙江亚太	东风、奇瑞等
芜湖伯特利	奇瑞、金龙客车等

近年来 eBooster 产品市场需求量不断上升，但目前仍以国外企业供货为主。值得一提的是，国内自主技术产品研发应用进度与国外产品差距当前已不明显，且数家自主企业已经初步具备量产能力并可批量定点装车。集成式线控制动（IBC）系统具有全解耦、高度集成化的优势，更适合应用于高级别自动驾驶车辆与滑板底盘汽车中。其市场基本由德国博世、德国大陆和德国采埃孚等公司垄断，近年来装车量不断上升，国内自主零部件厂商大多计划在 2025 年全面推向量产。当前，清华大学、英创汇智、宁波拓扑等已研制出 One Box 样机并小批试制，但尚未达到量产水平；仅有芜湖伯特利的 One Box 产品 WCBS 于 2021 年 6 月实现量产，并逐渐搭载于自主品牌车型。电子机械制动（EMB）系统的研究开始得较早，但因制动盘摩擦生热容易引起制动参数变化、电机永磁体消磁、机械结构强度衰退等恶性问题，所以其夹紧力难以精确控制，甚至可能导致制动失效的高危情况。EMB 产品的不稳定性和低可靠性一直是各大零部件厂商尚未解决的问题，因此其至今仍未能实现量产装车。

（二）线控转向技术

线控转向技术长期掌握在国际核心企业手中，具备线控转向量产资质的企业主要包括：美国天合、通用，德国 Kasselmann、奔驰、博世、大陆，意大利 Berstone，日本丰田、英菲尼迪等。但实现量产搭载的只有英菲尼迪 Q50、丰田 bZ4X 两款车型。英菲尼迪 Q50 装备的线控转向系统采用离合器进行连接，系统正常工作时离合器断开，当系统出现故障时离合器闭合，使得驾驶员能够在紧急情况下操纵控制车辆，进而实现线控转向的安全冗余。作为搭载线控转向系统的最新量产车型，丰田最近上市的 bZ4X 同样受到全行业和消费者的密切关注。不论是英菲尼迪 Q50，还是丰田 bZ4X，都不失为线控转向技术量产之路上有意义的尝试。近年来，国内自主品牌正逐步打破国际垄断。2021 年，蔚来、吉利、集度等成为线控转向技术发展和标准化研究的联合牵头单位，共同研讨制定线控转向相关国家标准；长城汽车发布支持 L4 及以上级别自动驾驶的线控转向技术，并将于 2023 年实现量产装车。

（三）线控驱动技术

一般来讲，车辆线控驱动可通过直接扭矩通信、伪油门安装、节气门调节等技术实现。针对开放发动机和电机扭矩通信接口协议的车辆系统，线控驱动控制器可直接通过控制器局域网络（CAN）向发动机或者电机发送目标扭矩请求，进而实现整车纵向加速度控制，此方案无须进行机械改装且结构简单可靠；针对不开放扭矩通信接口协议的车辆，可方便地安装节气门调节机构或者伪油门来实现线控驱动功能。对于传统内燃动力汽车，线控驱动技术目前在乘用车和商用车上已得到普遍应用，市场占有率高达 99%；而针对智能新能源汽车的线控驱动技术已经实现全面应用，现阶段主要采用的是前后双电机驱动等集中式动力方案，随着汽车 EEA 的转型升级，未来将向前后三电机、轮边电机、轮毂电机等线控分布式驱动方案进一步发展。

（四）全矢量线控与动力学域控

全矢量线控和动力学域控是支持线控底盘由分布式向集中式发展的核心技术，而滑板底盘则是二者有机结合的一种关键表现形式。

2021 年，现代摩比斯发布了具备四轮独立驱动和转向的概念车，其所有车轮均能实现 180 度自由旋转。从全矢量线控的概念上讲，这就是全自由度动力学控制的应用载体。PIX Moving 公司开发的滑板底盘同样采用了全线控技术，可实现四轮独立驱动和转向，并且能满足各类复杂动力分配方案，因此该底盘具有良好的场景适应和地形应变能力。

就国内而言，尽管传统的分布式控制架构仍然是行业主流，但是底盘动力学域控制技术当前已处于预研关键阶段。一般来讲，基于域控制器和车载以太网的网络拓扑结构，将车内电气电子架构划分为五个基本域，即智能驾驶域、底盘域、动力传动域、车身域、信息娱乐域。环境传感单元所获得的外界感知数据直接输入智能驾驶域控制器，而进行车辆自身状态观测的传感器信息则直接输入底盘域控制器，由底盘域控平台观测得到的车辆状态和道路条件同时可馈入智能驾驶域控制器作为上层决策的边界限制条件，这使得上层感知决策与底层执行控制具有相当程度的协调适配性，进而保障智能新能源汽车的安全、稳定、高效行驶。

清华大学、英创汇智针对底盘动力学域控制技术提出软件架构布局，如图 22-2 所示。底盘动力学域控制旨在通过机器自动控制替代传统的“驾驶员-受控车辆-路面环境”闭环系统中驾驶员的主观判断，自顶向下实现底盘数字化和自感知量化。从软件层面上讲，底盘动力学域控制技术可提供新电控算法的定制化平台，促使制动-驱动-转向-悬架的配合联动，还可量化智能驾驶域动力学边界约束，保障高速低附极端条件下车辆行驶的动力学稳定性。从硬件层面上讲，底盘动力学域控制技术还能实现各电控功能集成控制，降低底盘线束及 ECU 布置方案复杂度，能定义标准化的功能模块接口，提高整车企业在电控设计上的话语权。因此，该项前瞻技术具有显著市场应用前景，能够产生良好的效益。

滑板底盘概念首次出现在 2002 年通用汽车发布的 Hy-wire 概念车型，该车型在设计过程中引入航空领域线控技术，并将线控底盘系统与氢能动力技术相结合，采用滑板底盘标配非承载式车身的设计方案。此外，特斯拉也曾推动过滑板底盘的发展，例如 Model S 车型就采用了滑板底盘的设计思路，但其并未实现车身和底盘的解耦分离。近年来，在滑板底盘领域表现出色的企业包括：国外的 RIVIAN、Canoo、Arrival、REE 等公司；国内的悠跑科技、PIX Moving 等民企，并且东风汽车、清华大学、英创汇智都针对该项前瞻性技术研究做了中长期战略布局。其中，Arrival 公司旨在基于滑板底盘融合环境感知技术，打造具备高级别自动驾驶功能的商用运人载货汽车；REE 目前已成功研发 EEboard、Ecorners 两款滑板底盘，力争采用标准化线控底盘满足多样化、差异化的智能新能源汽车车型需求；Canoo 公司依托其发布的滑板底盘，针对日常生活场景、物流运输场景、极地越野场景分别开发了相应底盘构型；RIVIAN 推出的滑板底盘产品分乘用车和商用车两条路线展开，目前已推出电动 SUV R1S、电动皮卡 R1T 两款代表车型；悠跑科技的核心理念为“通过滑板底盘实现车辆上下舱体解耦升级”，目前已对外发布其研发的 UP 超级底盘技术，以及基于超级底盘的多款 UP SPACE 超级舱体概念车型。

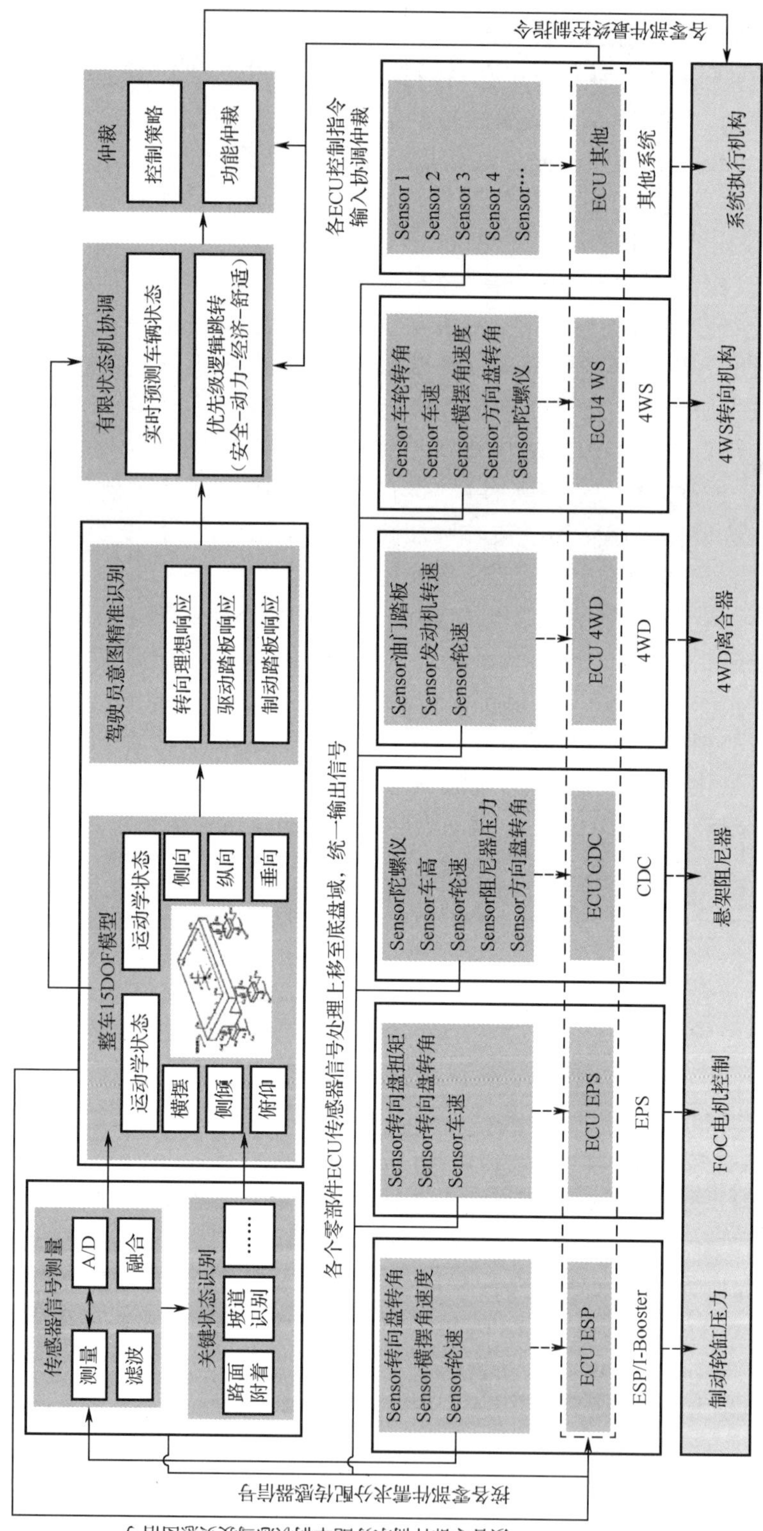

图 22-2　底盘动力学域控制软件架构布局示意图

第三节　底盘线控系统薄弱环节与存在的问题

一、线控制动技术

线控制动系统在机电元件、控制芯片、冗余安全等方面存在的问题亟待引起重视。第一是机电元件方面。驱动电机、高速开关阀和滚珠丝杠等作为制动系统的核心部件，其耐温性、稳定性和耐久性对车辆制动过程中的安全性和稳定性起着决定作用。结构设计、制造工艺缺陷容易导致车辆行驶过程中制动器频繁振动、产生噪声，这会严重影响车辆平顺性和驾乘人员舒适性。线控制动系统响应过程中，建压时间、建压能力将直接影响系统控制效果，因此需要对建压过程进行高精度线性控制。第二是控制芯片方面。近年全球芯片危机导致国际领先企业断供，为国产芯片进一步打入国内线控制动供应市场创造了机遇，但当前国产芯片在安全性、稳定性、算力水平方面仍存在一系列问题，要解决采用国产芯片替代原线控制动系统配套芯片后技术水平和产品性能降低的缺陷，以及国产芯片当前产能尚不能满足市场供货需求的非平衡性问题。第三是冗余安全方面。随着智能驾驶系统的进步，特别是面向 L3 及以上级别自动驾驶技术的快速发展，对智能新能源汽车的执行层软硬件水平和底盘安全稳定性能提出更高要求，其中最为迫切的是线控制动系统的冗余安全问题。因为线控制动系统必须有可靠的多级冗余机制，尤其是高级别自动驾驶全解耦式线控制动系统在主控制器等关键零部件失效时的实时故障识别、故障类型诊断、故障分级与容错控制等关键问题亟待解决。

二、线控转向技术

线控转向系统在研发过程中也暴露出冗余安全、路感反馈、电机效率等方面存在的问题。首先，线控转向技术对系统鲁棒性要求较高，由于原有转向机构被电气连接取代，为保证系统程序安全稳定运行，目前主流做法是提升计算性能的同时，考虑程序安全冗余备份，当主系统突发故障时冗余安全系统应急工作，进而保证驾乘人员生命安全。但是，备份系统的设计布置，以及主系统与备份系统的交互通信仍存在一定研发难度。其次，线控转向系统需要通过路感电机实时反馈轮胎路面接触信息，以适应驾驶员长此以往形成的驾驶习惯和心理预期，避免驾驶员因路感反馈不足操作失误威胁生命安全，但这对转向系统控制程序的高效性、实时性和智能性都提出了更高要求。此外，线控转向系统对转向电机功率和效率要求较高，因此转向执行电机的成本必然增加。同时转向系统冗余安全方案需要配备相应的冗余传感器、电机、芯片等，相较于机械转向系统，在很大程度上增加了线控转向系统的整体成本，不利于线控转向技术的落地应用和量产推广。

三、线控驱动技术

智能新能源汽车线控驱动系统的难点主要在于驱动电机和电控技术两个方面。驱动电机方面的主要问题在于永磁同步电机效率提升、轮边电机技术突破、轮毂电机量产应用等方面，也涉及电机冷却、系统集成等技术难题。电控技术方面存在的问题包括 IGBT 散热、封装、布局技术等。值得一提的是，电机控制器芯片功能安全等级也必须随着自动驾驶级别的升高而逐步提升。对于分布驱动的智能新能源车辆系统而言，不仅需要精度更高的车辆状态观测算法、鲁棒性更强的车辆稳定性控制方法，还需要解决不同算法、多执行器、多控制器之间的协调问题。因此，分布式线控驱动系统的设计是一项巨大挑战，这要求在多类型复杂工况下充分验证该类驱动系统的稳定性和适应性。

四、全矢量线控与动力学域控

全矢量线控技术完全颠覆了传统汽车底盘设计方法，原有底盘系统特性彻底改变。全矢量线控除必须实现线控制动、线控驱动、线控转向之外，还要求实现四轮独立转向功能，因此底盘结构需要完全重新设计、系统布局需要重新调整优化、技术标准需要重新制定，技术研发难度大、周期长、见效慢，这或成为限制全矢量线控技术发展的关键因素。动力学域控制技术对控制器芯片性能依赖度较高，在原有分布式控制架构演变为整体域集中式控制架构的过程中，底盘原电控子系统的传感器核心控制算法全部集成到底盘域控制平台上，因此域控系统复杂性强、集成度高，这就要求研究底盘域控制过程中必须着重关注协调控制算法与联合执行控制。此外，还需考虑底盘执行器部分故障或完全失效的情况，建立底盘域控制失效冗余应对机制，保证智能新能源汽车控制系统的功能安全。基于全矢量线控与动力学域控的滑板底盘系统最大的技术阻碍，在于底盘轴距不可调的固有特性，这极大限制了滑板底盘的延展性。而且，由于滑板底盘系统已经被零部件供应商标准化定制，整车企业只能对车舱进行改造升级，这将进一步降低造车技术壁垒，削弱整车企业的技术积累。

第四节　总结与展望

新一轮科技革命和产业变革的历史趋势正逐渐推动传统汽车制造业与先端信息技术和节能新能源技术深度融合。在宏观政策的积极引导、科学技术的核心支持之下，汽车智能化电动化成为行业主流发展趋势，线控底盘系统将替代传统底盘系统成为支持智能新能源汽车产业稳步推进、蓬勃发展的基石。

作为线控底盘系统的关键技术，线控驱动、线控制动、线控转向等领域发展进程不尽相同。线控驱动技术已较为成熟，本土市场渗透率较高、市场格局相对稳定。线控制动技术方面，当前国外供应商仍然占据市场主导地位，国内线控制动系统供应链正处于发展初期并努力实现全面赶超。线控转向技术最早在国外量产，尽管受到法规伦理的限制，近年来国内学界和行业仍共同推动了线控转向技术的发展。

乘用车线控制动系统正逐渐向电动化、集成化方向发展，当前主流 EHB 技术的标志性产品包括 ABS、ESC、eBooster、One Box（RBU）等。我国 EHB 系统的设计制造与批量生产目前已突破国际技术封锁，清华大学、英创汇智、武汉元丰、上海同驭等单位或企业经过多年积累正逐步将技术推向产业化应用。

近年来线控转向技术研发水平已成为衡量企业竞争力的关键指标之一，但核心技术仍被国际领先企业垄断，且受科技发展、法规伦理等限制，当前国内外技术应用仍处于较低水平。近年来，长城、蔚来、吉利、集度等国内自主汽车品牌为打破国际垄断做了努力，正致力于解决线控转向系统冗余安全、路感反馈、电机效率等方面的问题。

与线控制动、线控转向相比，线控驱动技术目前已在国内外广泛应用。由于线控驱动技术成熟、成本较低，当前国内车型搭载率相对稳定、市场层面增量较小，而且针对智能新能源汽车的线控驱动技术已实现全面应用。现阶段主要采用的是集中式动力方案，未来将向线控分布式驱动方案进一步发展，但需关注驱动电机和电控技术两方面问题。

全矢量线控与动力学域控的概念和软硬件架构由清华大学首次提出，是一种各车轮横纵垂向作用力均独立可控的新型汽车线控方法，旨在将原有电控系统的核心算法上移至域控平台，并打造域控平台的统一 I/O 全接口。滑板底盘是近两年由行业市场推动而在国内掀起热潮的一类新形态线控底盘系统，是全矢量线控和动力学域控有机结合的一种关键表现形式。近年来，国外的 RIVIAN、Canoo、Arrival、REE 等公司，国内的东风汽车、清华大学、英创汇智、悠跑科技、PIX Moving 等企事业单位，都针对滑板底盘技术研究做了中长期战略布局。全矢量线控技术研发要克服难度大、周期长、见效慢的弊端；动力学域控机制研究必须着重关注协调控制算法与联合执行控制，并建立底盘域控平台的失效冗余应对机制，保证智能新能源汽车控制系统功能安全；而滑板底盘系统开发过程中，除底盘轴距不可调的固有缺陷外，还需要平衡滑板底盘技术被零部件供应商掌握后，因造车技术壁垒降低导致整车企业技术积累被削弱的问题。

附　　录

一、2021 年全球汽车产量分国别排行榜

排　名	国家/地区	乘用车（辆）	商用车（辆）	汽车（辆）	全球增速	全球份额
—	全球	57054295	23091693	80145988	3%	100%
1	中国	21407962	4674258	26082220	3%	32.5%
2	美国	1563060	7604154	9167214	4%	11.4%
3	日本	6619242	1227713	7846955	-3%	9.8%
4	印度	3631095	768017	4399112	30%	5.5%
5	韩国	3162727	299677	3462404	-1%	4.3%
6	德国	3096165	212527	3308692	-12%	4.1%
7	墨西哥	708242	2437411	3145653	-1%	3.9%
8	巴西	1707851	540402	2248253	12%	2.8%
9	西班牙	1662174	435959	2098133	-8%	2.6%
10	泰国	594690	1091015	1685705	18%	2.1%
11	俄罗斯	1352740	213577	1566317	9%	2.0%
12	法国	917907	433401	1351308	3%	1.7%
13	土耳其	782835	493305	1276140	-2%	1.6%
14	印度尼西亚	889756	232211	1121967	63%	1.4%
15	加拿大	288235	826767	1115002	-19%	1.4%
16	捷克	1105223	6209	1111432	-4%	1.4%
17	斯洛伐克	1000000	0	1000000	1%	1.2%
18	英国	859575	72913	932488	-6%	1.2%
19	意大利	442432	353424	795856	2%	1.0%
20	南非	239267	259820	499087	12%	0.6%

数据来源：OICA

二、2021 年中国汽车产量

单位：万辆

产品类别	1月	2月	3月	4月	5月	6月	7月	8月	9月	10月	11月	12月	总计	增速
汽车	215.0	166.4	255.0	235.2	226.8	204.0	165.0	157.1	193.3	207.5	245.0	285.2	2555.7	3.6%
乘用车	176.4	108.5	176.9	162.1	157.9	143.7	140.5	133.2	158.9	175.8	209.4	247.3	1990.6	4.5%
商用车	38.7	57.9	78.0	73.1	68.9	60.3	24.6	23.9	34.4	31.8	35.6	37.9	565.1	0.7%
其中：货车	28.9	46.9	57.6	51.4	52.9	44.3	17.1	17.0	26.4	24.1	27.3	26.9	420.9	47.2%
客车	0.8	0.4	0.9	0.9	1.1	1.3	0.8	0.7	0.9	0.8	1.1	1.6	11.3	-4.7%
专用汽车	4.4	5.5	8.9	9.0	8.3	8.0	3.1	3.7	4.0	3.6	3.9	5.0	67.5	-64.5%
挂车	4.5	5.1	10.6	11.7	6.6	6.7	3.5	2.4	3.0	3.2	3.2	4.3	64.8	-11.7%
新能源汽车	19.5	12.0	19.8	18.5	20.1	23.0	23.7	27.3	32.3	33.2	43.6	53.7	326.7	155.4%
乘用车	18.7	11.6	18.5	17.2	18.6	21.5	22.0	25.5	30.2	31.2	40.8	49.7	305.6	166.2%
商用车	0.8	0.4	1.3	1.3	1.4	1.5	1.7	1.8	2.1	2.0	2.8	4.0	21.0	60.7%

数据来源：机动车出厂合格证

三、2021 年中国新能源汽车分技术类型产量

单位：万辆

产品类别	1月	2月	3月	4月	5月	6月	7月	8月	9月	10月	11月	12月	总计	增速
新能源汽车	19.5	12.0	19.8	18.5	20.1	23.0	23.7	27.3	32.3	33.2	43.6	53.7	326.7	155.4%
其中：纯电动汽车	16.9	10.7	16.8	15.5	16.5	19.1	19.5	22.4	27.5	27.6	35.5	44.8	272.8	160.7%
插电式混合动力汽车	2.6	1.3	3.0	2.9	3.6	3.9	4.2	4.9	4.8	5.6	8.1	8.9	53.6	131.9%
新能源乘用车	18.7	11.6	18.5	17.2	18.6	21.5	22.0	25.5	30.2	31.2	40.8	49.7	305.6	166.2%
其中：纯电动汽车	16.1	10.4	15.6	14.2	15.1	17.7	17.9	20.6	25.4	25.7	32.7	40.9	252.4	174.0%
插电式混合动力汽车	2.6	1.3	3.0	2.9	3.5	3.8	4.2	4.8	4.7	5.6	8.1	8.8	53.3	134.8%
新能源商用车	0.8	0.4	1.3	1.3	1.4	1.5	1.7	1.8	2.1	2.0	2.8	4.0	21.0	60.7%
其中：纯电动汽车	0.8	0.4	1.2	1.3	1.4	1.4	1.6	1.7	2.1	2.0	2.7	3.9	20.4	63.3%
插电式混合动力汽车	0.0	0.0	0.0	0.0	0.0	0.1	0.1	0.0	0.0	0.0	0.0	0.0	0.4	-18.6%

数据来源：机动车出厂合格证

四、2021 年汽车公告目录新车型分批次情况

单位：个

产品类别	340	341	342	343	344	345	346	347	348	349	350	351	合计
汽车	1755	1613	1832	2332	2229	2105	2190	1988	2296	2116	1856	1938	24250
乘用车	115	80	158	123	105	148	103	101	115	86	73	148	1355
商用车（含底盘）	1640	1533	1674	2209	2124	1957	2087	1887	2181	2030	1783	1790	22895
底盘	206	178	216	233	195	206	230	204	185	231	134	142	2360
其中：客车底盘	10	6	7	12	15	19	20	11	11	10	6	4	131
货车底盘	196	172	209	221	180	187	210	193	174	221	128	138	2229
整车	1434	1355	1458	1976	1929	1751	1857	1683	1996	1799	1649	1648	20535
其中：客车整车	50	47	43	89	75	85	69	56	78	62	61	45	760
货车整车	1384	1308	1415	1887	1854	1666	1788	1627	1918	1737	1588	1603	19775

数据来源：《道路机动车辆生产企业及产品公告》

五、2021 年新能源汽车推广应用推荐车型目录分批次情况

单位：个

产品类别	1	2	3	4	5	6	7	8	9	10	11	12	合计
新能源汽车	193	197	374	308	280	363	338	358	420	426	610	661	4528
其中：纯电动汽车	168	169	321	276	235	307	299	303	369	363	516	571	3897
插电式混合动力汽车	19	13	26	12	33	40	20	16	16	22	60	48	325
燃料电池汽车	6	15	27	20	12	16	19	39	35	41	34	42	306

数据来源：《新能源汽车推广应用推荐车型目录》

六、2021 年中国汽车产量 TOP10 企业

1．乘用车产量 TOP10 企业

排　　名	企 业 名 称	乘用车产量（辆）
1	一汽大众汽车有限公司	1726617
2	上汽大众汽车有限公司	1249019
3	浙江吉利控股集团有限公司	1245066
4	东风汽车有限公司	1080856
5	上汽通用五菱汽车股份有限公司	1048943
6	上汽通用汽车有限公司	1007346
7	长城汽车股份有限公司	927481
8	重庆长安汽车股份有限公司	902614
9	广汽丰田汽车有限公司	822394
10	广汽本田汽车有限公司	786932

注：浙江吉利控股集团有限公司包含浙江吉利和浙江豪情。

2．货车产量 TOP10 企业

排　　名	企 业 名 称	货车产量（辆）
1	北汽福田汽车股份有限公司	518633
2	中国第一汽车集团有限公司	428748
3	上汽通用五菱汽车股份有限公司	391221
4	中国重汽集团济南商用车有限公司	242031
5	安徽江淮汽车集团股份有限公司	202180
6	长城汽车股份有限公司	190635
7	东风汽车股份有限公司	165557
8	江铃汽车股份有限公司	159907
9	陕西汽车集团股份有限公司	151162
10	重庆长安汽车股份有限公司	126911

3．客车产量 TOP10 企业

排　　名	企 业 名 称	客车产量（辆）
1	宇通客车股份有限公司	32144
2	厦门金龙联合汽车工业有限公司	8844
3	北汽福田汽车股份有限公司	7389
4	江铃汽车股份有限公司	6773
5	中通客车股份有限公司	6245
6	厦门金龙旅行车有限公司	5877
7	金龙联合汽车工业(苏州)有限公司	5481

续表

排　　名	企 业 名 称	客车产量（辆）
8	中车时代电动汽车股份有限公司	3601
9	安徽安凯汽车股份有限公司	3196
10	比亚迪汽车工业有限公司	2941

4．专用汽车产量 TOP10 企业

排　　名	企 业 名 称	专用汽车产量（辆）
1	北汽福田汽车股份有限公司	69258
2	三一汽车制造有限公司	41603
3	程力专用汽车股份有限公司	30019
4	中联重科股份有限公司	28605
5	中国第一汽车集团有限公司	26342
6	徐州工程机械集团有限公司	19519
7	安徽江淮汽车集团股份有限公司	17221
8	长沙中联重科环境产业有限公司	16007
9	中国重汽集团济南商用车有限公司	13178
10	东风商用车有限公司	12135

5．挂车产量 TOP10 企业

排　　名	企 业 名 称	挂车产量（辆）
1	扬州中集通华专用车有限公司	20971
2	山东锣响汽车制造有限公司	11824
3	深圳中集专用车有限公司	11715
4	河北桂华专用车制造有限公司	11315
5	驻马店中集华骏车辆有限公司	11051
6	山东天瑞车辆有限公司	10224
7	梁山扬天交通设备制造有限公司	10117
8	河北宏泰专用汽车有限公司	8735
9	芜湖中集瑞江汽车有限公司	7375
10	河北昌骅专用汽车有限公司	6864

6．新能源乘用车产量 TOP10 企业

排　　名	企 业 名 称	新能源乘用车产量（辆）
1	比亚迪汽车工业有限公司	552163
2	上汽通用五菱汽车股份有限公司	448535
3	特斯拉(上海)有限公司	322364
4	长城汽车股份有限公司	134592
5	安徽江淮汽车集团股份有限公司	129673

续表

排　名	企 业 名 称	新能源乘用车产量（辆）
6	广汽乘用车有限公司	124433
7	上海汽车集团股份有限公司	116484
8	重庆长安汽车股份有限公司	100181
9	奇瑞新能源汽车股份有限公司	93383
10	重庆理想汽车有限公司	89692

注：比亚迪汽车工业有限公司包含比亚迪汽车和比亚迪汽车工业。

7．新能源客车产量 TOP10 企业

排　名	企 业 名 称	新能源客车产量（辆）
1	宇通客车股份有限公司	11126
2	中通客车股份有限公司	4148
3	中车时代电动汽车股份有限公司	3563
4	金龙联合汽车工业(苏州)有限公司	3083
5	比亚迪汽车工业有限公司	2941
6	厦门金龙联合汽车工业有限公司	2633
7	安徽安凯汽车股份有限公司	1793
8	南京金龙客车制造有限公司	1783
9	厦门金龙旅行车有限公司	1725
10	北汽福田汽车股份有限公司	1274

8．新能源专用车产量 TOP10 企业

排　名	企 业 名 称	新能源专用车产量（辆）
1	重庆瑞驰汽车实业有限公司	22229
2	东风汽车股份有限公司	11931
3	山西新能源汽车工业有限公司	10096
4	上汽大通汽车有限公司	9105
5	奇瑞商用车(安徽)有限公司	8746
6	厦门金龙旅行车有限公司	7844
7	广西汽车集团有限公司	7440
8	北汽福田汽车股份有限公司	7140
9	华晨鑫源重庆汽车有限公司	7120
10	保定长安客车制造有限公司	6689

数据来源：机动车出厂合格证

七、工业和信息化部《道路机动车辆生产企业及产品公告》检测检验机构备案信息

机构名称	地点	检验范围
北方汽车质量监督检验鉴定试验所	北京	汽车零部件
广西壮族自治区汽车拖拉机研究所有限公司	广西柳州	汽车零部件
广州海关技术中心	广东广州	汽车零部件
国家电池产品质量监督检验中心	河南新乡	汽车零部件
国家高原机动车质量监督检验中心	云南昆明	汽车整车
国家工程机械质量检验检测中心	北京	汽车整车
国家化学储能材料及产品质量监督检验中心（广东）	广东广州	汽车零部件
国家化学与物理电源产品质量监督检验中心	天津	汽车零部件
国家机动车产品质量监督检验中心（上海）	上海	摩托车整车
		汽车整车
国家机动车质量检验检测中心（重庆)	重庆	摩托车整车
		汽车整车
		三轮汽车
国家轿车质量检验检测中心	天津	汽车整车
		三轮汽车
国家客车质量检验检测中心	重庆	汽车整车
国家摩托车及配件质量检验检测中心（广东）	广东江门	摩托车整车
国家摩托车质量检验检测中心	陕西西安	摩托车整车
		汽车零部件
国家摩托车质量检验检测中心（天津）	天津	摩托车整车
		汽车零部件
国家摩托车质量检验检测中心（重庆）	重庆	摩托车整车
国家农机具质量监督检验中心	北京	汽车整车
		三轮汽车
国家汽车电气产品质量监督检验中心	江苏苏州	摩托车整车
		汽车整车
国家汽车零部件产品质量监督检验中心（长春）	吉林长春	汽车零部件
国家汽车质量监督检验中心(广东)	广东佛山	汽车整车
		三轮汽车
国家汽车质量监督检验中心(长春)	吉林长春	汽车整车
国家汽车质量检验检测中心（北京顺义）	北京	汽车整车

续表

机构名称	地点	检验范围
国家汽车质量检验检测中心（北京通州）	北京	汽车整车
国家摩托车质量监督检验中心（重庆）	重庆	摩托车整车
国家农机具质量监督检验中心	北京	汽车整车
		三轮汽车
国家汽车电气产品质量监督检验中心	江苏苏州	摩托车整车
		汽车整车
国家汽车零部件产品质量监督检验中心（长春）	吉林长春	汽车零部件
国家汽车质量监督检验中心(广东)	广东佛山	汽车整车
		三轮汽车
国家汽车质量监督检验中心(长春)	吉林长春	汽车整车
国家汽车质量检验检测中心（北京顺义）	北京	汽车整车
国家汽车质量检验检测中心（北京通州）	北京	汽车整车
国家汽车质量检验检测中心（襄阳）	湖北襄阳	汽车整车
国家汽车质量检验中心（广西）	广西柳州	汽车整车
国家轻型电动车及电池产品质量检验检测中心	江苏无锡	摩托车整车
国家拖拉机质量检验检测中心	河南洛阳	汽车整车
		三轮汽车
国家消防装备质量检验检测中心	上海	汽车整车
国家新能源汽车质量监督检验中心（广州）	广东广州	汽车整车
国家新能源汽车质量检验检测中心	湖北武汉	汽车整车
国家再制造汽车零部件产品质量监督检验中心	江苏苏州	汽车零部件
国家智能清洁能源汽车质量检验检测中心	河南焦作	汽车整车
国家智能商用车质量检验检测中心	江苏常州	汽车整车
国家重型汽车质量监督检验中心	山东济南	汽车整车
		三轮汽车
国联汽车动力电池研究院有限责任公司国家动力电池创新中心检测试验中心	北京	汽车零部件
华业检测技术服务有限公司	江苏苏州	汽车零部件
机械工业车辆产品质量检测中心(镇江)	江苏镇江	摩托车零部件
		汽车零部件
		三轮汽车零部件
机械工业拖拉机农用运输车产品质量检测中心	吉林长春	汽车零部件
		三轮汽车零部件
江苏出入境检验检疫局机电产品及车辆检测中心	江苏无锡	汽车零部件
江苏精锐检测技术有限公司	江苏丹阳	汽车零部件

续表

机构名称	地点	检验范围
江苏省车用灯具产品质量监督检验中心	江苏丹阳	摩托车零部件
		汽车零部件
南昌摩托车质量监督检验所有限公司	江西南昌	摩托车零部件
		汽车零部件
上海电器设备检测所有限公司	上海	汽车零部件
上海华依汽车检测技术有限公司	上海	汽车零部件
上海通敏车辆检测技术有限公司	上海	汽车零部件
威凯检测技术有限公司	广东广州	摩托车零部件
		汽车零部件
		三轮汽车零部件
武汉汽车车身附件研究所质量监督检验中心	湖北武汉	摩托车零部件
		汽车零部件
浙江方圆检测集团股份有限公司	浙江杭州	汽车零部件
中国建材检验认证集团咸阳有限公司	陕西咸阳	汽车零部件
中机寰宇（山东）车辆认证检测有限公司	山东德州	汽车零部件
中机寰宇认证检验有限公司	北京	摩托车零部件
		汽车零部件
中汽研汽车零部件检验中心（宁波）有限公司	浙江宁波	摩托车零部件
		汽车零部件
中认英泰检测技术有限公司	江苏苏州	汽车零部件

八、2021年新发布汽车产品标准清单

序号	标准号	标准名称	代替标准号	发布日期	实施日期
1	GB/T 20076—2021	摩托车和轻便摩托车发动机最大扭矩和最大净功率测量方法	GB/T 20076—2006	2021/12/31	2022/7/1
2	GB/T 25981—2021	道路隔离装置清洗车	GB/T 25981—2010	2021/12/31	2022/7/1
3	GB/T 24551—2021	汽车安全带提醒装置	GB/T 24551—2009	2021/12/31	2022/7/1
4	GB/T 21437.2—2021	道路车辆 电气/电子部件对传导和耦合引起的电骚扰试验方法 第2部分：沿电源线的电瞬态传导发射和抗扰性	GB/T 21437.2—2008	2021/12/31	2022/7/1
5	GB/T 21437.1—2021	道路车辆 电气/电子部件对传导和耦合引起的电骚扰试验方法 第1部分：定义和一般规定	GB/T 21437.1—2008	2021/12/31	2022/7/1
6	GB/T 21437.3—2021	道路车辆 电气/电子部件对传导和耦合引起的电骚扰试验方法 第3部分：对耦合到非电源线电瞬态的抗扰性	GB/T 21437.3—2012	2021/12/31	2022/7/1

续表

序号	标准号	标准名称	代替标准号	发布日期	实施日期
7	GB/T 38775.7—2021	电动汽车无线充电系统 第7部分：互操作性要求及测试 车辆端		2021/10/11	2022/5/1
8	GB/T 12678—2021	汽车可靠性行驶试验方法	GB/T 12678—1990	2021/10/11	2022/5/1
9	GB/T 40625—2021	汽车加速行驶车外噪声室内测量方法		2021/10/11	2022/5/1
10	GB/T 38775.5—2021	电动汽车无线充电系统 第5部分：电磁兼容性要求和试验方法		2021/10/11	2022/5/1
11	GB/T 40822—2021	道路车辆 统一的诊断服务		2021/10/11	2022/5/1
12	GB/T 39851.3—2021	道路车辆 基于控制器局域网的诊断通信 第3部分：排放相关系统的需求		2021/10/11	2022/5/1
13	GB/T 40578—2021	轻型汽车多工况行驶车外噪声测量方法		2021/10/11	2022/5/1
14	GB/T 40861—2021	汽车信息安全通用技术要求		2021/10/11	2022/5/1
15	GB/T 40855—2021	电动汽车远程服务与管理系统信息安全技术要求及试验方法		2021/10/11	2022/5/1
16	GB/T 33598.3—2021	车用动力电池回收利用 再生利用 第3部分：放电规范		2021/10/11	2022/5/1
17	GB/T 40856—2021	车载信息交互系统信息安全技术要求及试验方法		2021/10/11	2022/5/1
18	GB/T 40857—2021	汽车网关信息安全技术要求及试验方法		2021/10/11	2022/5/1
19	GB/T 27840—2021	重型商用车辆燃料消耗量测量方法	GB/T 27840—2011	2021/10/11	2022/5/1
20	GB/T 12535—2021	汽车起动性能试验方法	GB/T 12535—2007	2021/10/11	2022/5/1
21	GB/T 40711.2—2021	乘用车循环外技术/装置节能效果评价方法 第2部分：怠速起停系统		2021/10/11	2022/5/1
22	GB/T 40711.3—2021	乘用车循环外技术/装置节能效果评价方法 第3部分：汽车空调		2021/10/11	2022/5/1
23	GB/T 40711.4—2021	乘用车循环外技术/装置节能效果评价方法 第4部分：制动能量回收系统		2021/10/11	2022/5/1
24	GB/T 39037.1—2021	用于海上滚装船运输的道路车辆的系固点与系固设施布置 通用要求 第1部分：商用车和汽车列车（不包括半挂车）		2021/10/11	2022/5/1
25	GB/T 5334—2021	乘用车 车轮 弯曲和径向疲劳性能要求及试验方法	GB/T 5334—2005	2021/10/11	2022/5/1
26	GB/T 5909—2021	商用车 车轮 弯曲和径向疲劳性能要求及试验方法	GB/T 5909—2009	2021/10/11	2022/5/1
27	GB/T 40712—2021	多用途货车通用技术条件		2021/10/11	2022/5/1
28	GB/T 19754—2021	重型混合动力电动汽车能量消耗量试验方法	GB/T 19754—2015	2021/10/11	2022/5/1
29	QC/T 1153—2021	汽车紧固连接螺栓轴力测试 超声波压电陶瓷片法		2021/8/21	2022/2/1
30	QC/T 1155—2021	汽车用USB功率电源适配器		2021/8/21	2022/2/1

续表

序号	标准号	标准名称	代替标准号	发布日期	实施日期
31	QC/T 1156—2021	车用动力电池回收利用单体拆解技术规范		2021/8/21	2022/2/1
32	QC/T 1154—2021	汽车微电机用换向器		2021/8/21	2022/2/1
33	QC/T 550—2021	汽车用蜂鸣器	QC/T 550—1999	2021/8/21	2022/2/1
34	QC/T 1152—2021	电动摩托车和电动轻便摩托车用 DC/DC 变换器技术条件		2021/8/21	2022/2/1
35	QC/T 62—2021	摩托车和轻便摩托车减震器	QC/T 62—2007	2021/8/21	2022/2/1
36	QC/T 271—2021	微型货车防雨密封性试验方法	QC/T 271—1999	2021/8/21	2022/2/1
37	QC/T 942—2021	汽车材料中六价铬的检测方法	QC/T 942—2013	2021/8/21	2022/2/1
38	GB/T 40494—2021	机动车产品使用说明书		2021/8/19	2022/3/1
39	GB/T 34015.3—2021	车用动力电池回收利用 梯次利用 第 3 部分：梯次利用要求		2021/8/19	2022/3/1
40	GB/T 24347—2021	电动汽车 DC/DC 变换器	GB/T 24347—2009	2021/8/19	2022/3/1
41	GB/T 40432—2021	电动汽车用传导式车载充电机		2021/8/19	2022/3/1
42	GB/T 40433—2021	电动汽车用混合电源技术要求		2021/8/19	2022/3/1
43	GB/T 40428—2021	电动汽车传导充电电磁兼容性要求和试验方法		2021/8/19	2022/3/1
44	GB/T 40501—2021	轻型汽车操纵稳定性试验通用条件		2021/8/19	2022/3/1
45	GB/T 40499—2021	重型汽车操纵稳定性试验通用条件		2021/8/19	2022/3/1
46	GB/T 40430—2021	道路车辆 基于控制器局域网的诊断通信符号集		2021/8/19	2022/3/1
47	GB/T 40507—2021	乘用车 自由转向特性 转向脉冲开环试验方法		2021/8/19	2022/3/1
48	GB/T 40509—2021	汽车转向中心区操纵性过渡特性试验方法		2021/8/19	2022/3/1
49	GB/T 40521.1—2021	乘用车紧急变线试验车道 第 1 部分：双移线		2021/8/19	2022/3/1
50	GB/T 40521.2—2021	乘用车紧急变线试验车道 第 2 部分：避障		2021/8/19	2022/3/1
51	GB/T 40512—2021	汽车整车大气暴露试验方法		2021/8/19	2022/3/1
52	GB/T 38146.3—2021	中国汽车行驶工况 第 3 部分：发动机		2021/8/19	2022/3/1
53	GB/T 34015.4—2021	车用动力电池回收利用 梯次利用 第 4 部分：梯次利用产品标识		2021/8/19	2022/3/1
54	GB/T 31498—2021	电动汽车碰撞后安全要求	GB/T 31498—2015	2021/8/19	2022/3/1
55	GB/T 40429—2021	汽车驾驶自动化分级		2021/8/19	2022/3/1
56	GB/T 14172—2021	汽车、挂车及汽车列车静侧倾稳定性台架试验方法	GB/T 14172—2009	2021/8/19	2022/3/1
57	QC/T 1149—2021	大件运输专用车辆		2021/5/17	2021/10/1
58	GB/T 40032—2021	电动汽车换电安全要求		2021/4/30	2021/11/1
59	GB 9656—2021	机动车玻璃安全技术规范	GB 9656—2003	2021/4/30	2023/1/1

续表

序号	标准号	标准名称	代替标准号	发布日期	实施日期
60	GB 40164—2021	汽车和挂车 制动器用零部件技术要求及试验方法		2021/4/30	2022/1/1
61	GB/T 19237—2021	汽车用压缩天然气加气机	GB/T 19237—2003	2021/3/9	2021/10/1
62	GB/T 39896—2021	厢式货车系列型谱		2021/3/9	2021/10/1
63	GB/T 39895—2021	汽车零部件再制造产品 标识规范		2021/3/9	2021/10/1
64	GB/T 39899—2021	汽车零部件再制造产品技术规范自动变速器		2021/3/9	2021/10/1
65	GB/T 39901—2021	乘用车自动紧急制动系统（AEBS）性能要求及试验方法		2021/3/9	2021/10/1
66	GB/T 39897—2021	车内非金属部件挥发性有机物和醛酮类物质检测方法		2021/3/9	2021/10/1
67	GB/T 39851.2—2021	道路车辆 基于控制器局域网的诊断通信 第 2 部分：传输层协议和网络层服务		2021/3/9	2021/10/1
68	GB/T 18386.1—2021	电动汽车 能量消耗量和续驶里程试验方法 第 1 部分：轻型汽车	全部代替：GB/T 18386—2017 部分代替：GB/T 18386—2017	2021/3/9	2021/10/1
69	GB/T 19753—2021	轻型混合动力电动汽车能量消耗量试验方法	GB/T 19753—2013	2021/3/9	2021/10/1
70	GB/T 32694—2021	插电式混合动力电动乘用车 技术条件	GB/T 32694—2016	2021/3/9	2021/10/1
71	GB/T 26779—2021	燃料电池电动汽车加氢口	GB/T 26779—2011	2021/3/9	2021/10/1
72	QC/T 417—2021	摩托车和轻便摩托车用电线束总成		2021/3/5	2021/7/1
73	QC/T 1144—2021	摩托车和轻便摩托车用氧传感器		2021/3/5	2021/7/1
74	QC/T 1147—2021	汽车发动机电控硅油风扇离合器		2021/3/5	2021/7/1
75	QC/T 1146—2021	甲醇燃料发动机技术条件		2021/3/5	2021/7/1
76	QC/T 1148—2021	汽车背门电动开闭系统		2021/3/5	2021/7/1
77	QC/T 207—2021	汽车用普通气弹簧	QC/T 207—1996	2021/3/5	2021/7/1
78	QC/T 629—2021	汽车遮阳板	QC/T 629—2005	2021/3/5	2021/7/1
79	QC/T 1151—2021	甲醇燃料汽车技术条件		2021/3/5	2021/7/1
80	QC/T 1150—2021	甲醇汽车燃料系统技术条件		2021/3/5	2021/7/1
81	QC/T 1145—2021	柴油/甲醇双燃料发动机技术条件		2021/3/5	2021/7/1
82	QC/T 1143—2021	汽车车轮静态弯曲刚度试验方法		2021/3/5	2021/7/1
83	QC/T 1142—2021	汽车车轮固有频率试验方法		2021/3/5	2021/7/1
84	QC/T 1130—2021	甲醇汽车燃料消耗量试验方法		2021/3/5	2021/7/1
85	GB 17675—2021	汽车转向系 基本要求	GB 17675—1999	2021/2/20	2022/1/1
86	GB 26512—2021	商用车驾驶室乘员保护	GB 26512—2011	2021/2/20	2022/1/1
87	GB 19578—2021	乘用车燃料消耗量限值	GB 19578—2014	2021/2/20	2021/7/1